수료증

성   명:

학습기간:

학습과정: 방구석 부트캠프 자바 58DAYS

위 사람은『방구석 부트캠프 자바』의 DAY 01~58 과정을 충실히 학
습하여 방탈출에 성공하였기에 이 증서를 드립니다.

_____년 _____월 _____일

방구석 부트캠프 캠프장

자바

기본으로 돌아가 체계적으로 시작하는 견고한 개발자 되기

방구석 부트캠프 자바

초판 1쇄 발행 2024년 10월 21일

지은이 김경록

펴낸이 전정아

편집 윤진호, 김미정 **일러스트** 이진숙

본문 디자인 및 조판 nuːn **표지 디자인** 육일구디자인

펴낸곳 리코멘드

등록일자 2022년 10월 13일 **등록번호** 제 2024-000194호

주소 서울특별시 마포구 월드컵북로 400 5층 16호

전화 0505-055-1013 **팩스** 0505-130-1013

이메일 master@rdbook.co.kr

홈페이지 www.rdbook.co.kr

페이스북 rdbookkr

인스타그램 recommendbookkr

* 책값은 뒤표지에 있습니다.

* 이 책은 저작권법에 따라 보호를 받는 저작물이므로 무단 전재와 복제를 금지합니다.

　이 책의 내용 전부 또는 일부를 이용하려면 반드시 저작권자와 리코멘드의 동의를 받아야 합니다.

* 잘못 인쇄되거나 제본된 책은 서점에서 바꿔드립니다.

기본으로 돌아가 체계적으로 시작하는
견고한 개발자 되기

김경록 지음

ChatGPT가 다 알려 주고 코딩도 잘 해주지만 이 책으로 자바를 공부해야 하는 이유

우리는 지금 AI가 일상이 된 시대에 살고 있습니다. 거의 모든 개발 지식은 ChatGPT에게 물어보면 웬만한 시니어 개발자들보다 잘 알려 줍니다. 많은 현업 개발자들도 AI의 도움을 받아 업무를 수행하고 있습니다.

"그렇다면 왜 자바를 공부해야 하나요?"

이쯤에서 나올 법한 뻔한 질문입니다. ChatGPT가 다 알려 주고 코딩도 잘 해주지만 자바를 공부해야 하는 이유는 여전히 유효합니다. 그 이유를 기반으로 이 책이 기획, 집필, 구성되었기에 '자바를 공부해야겠다'는 마음이 먹어지면 꼭 이 책으로 시작하길 자신있게 추천드립니다. 그 이유는 다음과 같습니다.

현장에서는 실무 경험과 개발 환경의 구조를 이해하는 개발자를 필요로 합니다.

AI 도구들이 코드 작성을 도와줄 수는 있지만, 실제 개발 환경의 구조와 흐름을 이해하고 실행력을 높이는 것은 여전히 사람의 몫입니다. 자바는 객체 지향으로, 단순히 작동하는 코드를 넘어 재사용 가능하고 유지 보수가 쉬운 구조를 만드는 법을 배울 수 있는 프로그래밍 언어입니다. 이 책을 집필하면서 가장 중요하게 생각한 것도 변수 이름, 클래스 이름, 클래스 호출 구조 등 실무에서의 코드 흐름과 구조를 경험할 수 있도록 하는 것이었습니다. 이는 AI가 제공하기 어려운 실질적인 경험입니다.

'쉬우면서도 실전에 쓸 수 있게'라는 요구를 매주 받았습니다.

저는 개발자를 하면서 주말에 강사도 몇 년간 병행을 했고, 자바 백엔드 부트캠프 6개월 과정도 가르쳐 보는 경험을 했습니다. 지금은 개발자를 하고 있지만, 이러한 경험은 실무와 부트캠프의 눈높이를 이해하는 소중한 경험이었습니다.

부트캠프에는 '신병 훈련소'라는 의미가 있습니다. 24시간 통제된 생활을 하면서 사회의 물을 빼고 군인이 되어 가는 과정입니다. 코딩 부트캠프도 비전공자를 개발자로 전환시키는 도전적인 과정입니다. 그러나 너무 많은 것을 때려박듯 주입하는 6개월이라는 과정은 "비전공자도 할 수 있어요"라는 부트캠프의 야심찬 캐치프레이즈와는 달리, 처음 프로그래밍을 배우는 입문자들에게는 너무 어렵습니다. 그렇다 보니 수업을 진행하면서 '쉬우면서도 실전에 쓸 수 있게'라는 요구를 매주 받았습니다. 부트캠프에는 대부분 취업을 위해 들어오는데, 실무에서는 부트캠프 졸업한 사람들을 채용하면 실무의 눈높이에 맞지 않다고 합니다. 수업을 쉽게 하면 실무를 할 수 없고, 실무 눈높이로 가르치면 어려워서 쫓아오지를 못합니다.

이 책은 "비전공자도 할 수 있어요"라는 문구에 딱 걸맞는 '신병 훈련소'와 같은 책입니다.

'신병 훈련소'가 민간인을 군인으로 전환시키는 중요한 과정을 담당하듯, 프로그래밍의 기초를 논리적 사고 단계에 따라 하나씩 업그레이드하면서 상황에 맞게, 예측할 수 있게, 읽기 편하게 코딩하는 방법을 익힐 수 있도록 설명하고 있기 때문에 실제 부트캠프보다 훨씬 짧은 시간이지만, 자바 하나만큼은 제대로 시작하게 해 드립니다.

개발자를 그저 '코더(Coder)'로 생각했다면 AI가 단순한 코딩 작업을 자동화하고 더 잘하기 때문에 '개발자 위기론'에 흔들린 취업 준비생들도 많을 것입니다. 그러나 이 책은 기획 당시부터 개발자의 본질은 코드 작성 그 이상에 있다고 생각하고 복잡한 문제를 창의적으로 해결하고, 프로젝트 전체를 이해하고 발전시키는 능력을 키우는 것에 초점을 맞춰 설계를 했기 때문에 오히려 AI 시대에 꼭 익혀야 할 프로그래밍 언어 책이 되지 않았나 감히 장담합니다.

길다면 길고 짧다면 짧을 수 있는 58일을 함께하다 보면 코딩 능력이 아닌 개발 능력, 문제 해결 능력, 팀워크, 의사소통 능력도 함께 성장하는 경험을 할 수 있을 것입니다.

방구석 부트캠프에서 익힌 것으로 방탈출에 성공해 이 시대에 꼭 필요한 개발자가 되시기 바랍니다.

2024년 10월 **김경록** 드림

대학교 2학년 여름 방학은 유난히 더웠습니다. 냉장고로 반쯤 입구가 가려진 좁은 방 안에서 선풍기 하나 틀어 놓고 종일 터보 C 프로그래밍을 했던 기억이 선명합니다. 전공도 아닌데 왜 프로그래밍을 배우려고 했는지는 잘 모르겠습니다. 그때는 부트캠프 같은 교육 프로그램이 없었지만 책상 위에 놓여 있던 두꺼운 터보 C 책 한 권이 저의 선생님이고 동료였습니다. 아마 그때만큼 코딩으로 행복을 느끼는 순간은 앞으로 없을 것 같습니다.

요즘엔 다양한 부트캠프와 교육 기관 덕분에 프로그래밍을 배울 수 있는 기회가 많아졌습니다. 하지만 내 손이 닿는 곳에 놓인 좋은 책 한 권이 주는 가치는 여전히 큽니다.

〈방구석 부트캠프〉 시리즈의 꼼꼼하고 알찬 구성을 보니 바로 이 책이 그런 책이라는 생각이 듭니다. 온라인 클래스에 집중하기 힘들거나 오프라인 수업이 부담스럽다면 내 방 안에 직접 부트캠프를 차려 보세요. 컴퓨터는 성능이 좋지 않아도 괜찮습니다. 어질러진 책상 위를 정리하고 컴퓨터 옆에 『방구석 부트캠프 자바』 책을 놓은 다음 바로 시작하는 거죠. 캠프를 마치고 당당히 수료증에 이름을 써서 책상 옆에 붙여 보세요. 벽에 붙인 〈방구석 부트캠프〉 수료증이 늘어날수록 자신감도 당연히 커질 것입니다. 그럼 아마 이 책을 만난 순간을 잊지 못할거예요!

박해선(Microsoft AI MVP, 『혼자 공부하는 머신러닝+딥러닝』 저자)

『방구석 부트캠프 자바』는 현대 IT 교육에서 점점 높아지는 부트캠프의 경쟁률과 비용 문제를 해결할 수 있는 탁월한 대안을 제시하는 책입니다. 겸임교수로서 현업과 교육에서 본 바, 이 책은 단순한 기초 자바 문법을 전달하는 데 그치지 않고, 람다 표현식과 제네릭과 같은 심화 내용까지 포괄적으로 다루며 체계적인 구성을 갖추고 있습니다.

특히, 학습자가 스스로 진도표를 체크하며 자기 주도 학습을 할 수 있도록 설계된 점이 인상적입니다. 58일에 걸친 학습 과정은 각 단계별로 명확한 목표와 실습 예제를 제공해 학습의 성취감을 높이고 지속적인 학습 동기를 부여합니다. 학습 과정이 끝나면 수료증을 작성해 보는 구성 역시 실제 부트캠프에 참여하는 듯한 몰입감을 더해 줍니다.

맹윤호(이화여대 신산업융합대학 겸임교수, 스퀘어라이드 대표)

개발자라는 꿈을 꾸는 사람들에게 필요한 것은 거창한 준비물이나 특별한 환경이 아닙니다. 그보다는 작은 실천과 꾸준함이 성공을 이끄는 열쇠가 됩니다. 바로 이 점을 강조하며, 이 책은 독자들에게 일상 속에서 편안하게 자바를 배우고 익히는 길을 제시합니다.

기존의 개발서와는 다른 접근 방식을 취한 『방구석 부트캠프 자바』는 특히 혼자 공부하기 어렵다고 느끼는 초심자에게 필요한 개념들을 명확히 짚어 주며, 예제를 통해 지식을 실제로 적용해 볼 수 있게 구성되었습니다. 개발에 대한 열정이 있지만 시작하기가 어려운 사람들에게 강력히 추천할 만한 자바 입문서입니다.

자바라는 방대한 언어의 전체를 설명하는 데는 한계가 있을 수 있지만, 이 책은 프로그래밍의 기초를 탄탄히 다지고 '작은 실천'이 모여 '큰 목표'로 나아가는 여정을 정교하게 구성했습니다. 독자가 자신의 페이스에 맞춰 꾸준히 학습하면 어느새 견고한 개발자로 성장할 수 있을 것입니다.

함정호(IKC Technical Consultant, SAAS 솔루션 개발)

어떤 공부든지 용어가 정의되어야만 학습의 흐름을 잡을 수 있다고 믿는 사람 중에 하나입니다. 이 책은 용어를 통해 코딩이 어떻게 흘러가는지 흐름을 이해하게 해줍니다.

그것도 아주 친절하게. 시중에는 불친절한 책들이 너무 많기에 이 책은 어두컴컴한 동굴 천장의 작은 틈을 삐져나온 한 줄기 빛과 같다고 느꼈습니다. 처음 자바 공부를 시작했을 때 들었던 의문 포인트를 하나하나 다 설명해 놓았습니다. 낯선 용어와 개념이 등장하면 어김없이 등장하는 적절한 예시가 한 줄기 빛 그 자체였습니다. 비전공자인지라 문과식 비유를 했어야 이해를 했던 내 시점을 정확히 반영한 책입니다.

전공자들에게는 너무나 당연하기 때문에 보이지 않던 포인트들을 비전공자 시점에서 이해하기 쉽게 설명하여 근본적인 이해를 돕기 위한 저자의 의도에 큰 박수를 보냅니다.

자바에 입문했을 때 이 책으로 시작했다면 조금 더 친숙하게 코딩을 접하지 않았을까 생각해 봅니다.

김영환(메타넷 시스템 엔지니어)

<방구석 부트캠프>는 편안한 나만의 공간에서 하루 30분~1시간, 작은 실천을 위한 마음가짐으로 시작하는 **견고한 개발자 되기** 프로젝트입니다. **작은 실천**이 모여 **큰 목표**에 한 걸음 다가가는 것을 돕기 위해 <방구석 부트캠프>는 정교하게 기획 구성되었습니다.

방구석 부트캠프 시작을 위한 세 가지 요건

하나, 방구석(편안한 나만의 공간)

이 책은 학습자가 집에서 혹은 편안한 본인만의 공간에서 자율적으로 몰입하여 집중적으로 학습할 수 있게 구성하였습니다. 이동 시간이나 공간 제약 없이 오로지 책 한 권만으로 언제든 학습할 수 있습니다.

둘, 하루 30분~1시간

방구석 부트캠프는 빠른 진도, 많은 과제, 높은 난이도 등이 버거운 입문자들을 위해 하루 30분에서 1시간의 투자로 기본 개념부터 심화 학습까지 체계적으로 학습합니다. 특히 이 책은 주입식 프로그래밍 문법, 이론이 빠진 실습 위주의 스파르타식 학습이 아닌 '태어나서 코딩은 처음'인 사람도 상황에 맞게(적절한 비유와 예시), 예측할 수 있게(점진적으로 쌓아가는 코딩), 읽기 편하게(실무에서의 코드 흐름과 구조 이해) 코딩할 수 있도록 알려 줍니다.

셋, 작은 실천을 위한 마음가짐

'태어나서 코딩은 처음'인데 내가 할 수 있을까라는 생각으로 시작하는 게 쉽지 않습니다. 이 책은 58DAYS로 구성된 점진식 학습법을 추구합니다. 날짜별로도 갑자기 어려워지는 것이 없도록 완만한 난이도로 구성한 것은 물론, 예제 또한 학습자의 논리적 사고 단계에 따라 하나씩 업그레이드해 나가며 완성합니다. 이런 학습 방식은 날이 거듭될수록 체화되어 어떤 복잡한 문제를 만나도 쉽게 해결하고 있는 자신을 발견할 수 있을 것입니다. 하루하루 건너뛰지 않고 매일 실천할 수 있는 마음가짐만 준비하세요. 어느새 프로그래밍 언어를 익혀 '프로그래밍할 수 있는 사람'이 되어 있을 것입니다.

저자 깃허브에서 예제 다운로드받기

아래 링크로 들어가면 저자가 관리하는 『방구석 부트캠프 자바』 깃허브 페이지에 접속할 수 있습니다. src/main/java/org/book을 클릭해 들어가면 CHAPTER별로 예제 파일을 확인할 수 있으므로 다운로드받아 학습에 활용하세요.

URL https://github.com/Kyeongrok/java-book

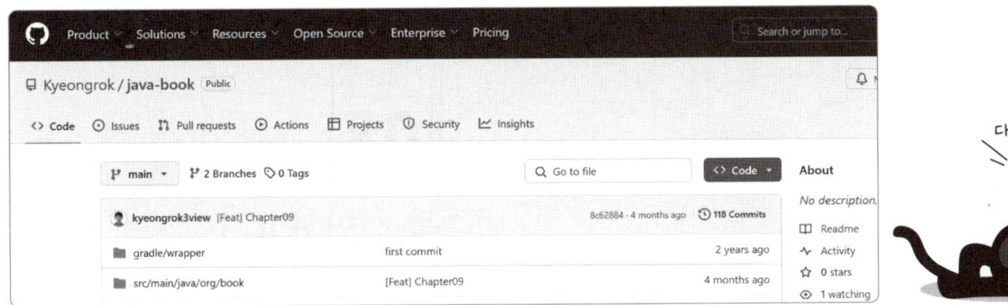

리코멘드가 제공하는 예제 다운로드받기

아래 링크로 들어가면 리코멘드가 제공하는 예제를 다운로드받을 수 있습니다. 저자 깃허브의 파일과 동일하며 CHAPTER별로 제공하고 있으니 원하는 방식으로 편하게 다운로드받아 학습에 활용하세요.

URL https://bit.ly/3TT8cUA

저자 블로그에서 소통하기

아래 링크로 들어가면 저자가 운영하는 〈뷰티풀 프로그래밍〉 블로그에 접속할 수 있습니다. 저자가 경험을 공유하며 소통하는 장이니 책에서 만나지 못한 주옥같은 콘텐츠를 확인해 보세요.

URL https://krksap.tistory.com/

이 책의 구성 미리보기

『방구석 부트캠프 자바』는 총 11개의 **CHAPTER**와 58개의 **DAY**로 구성되었습니다. 이 구성에서 자바의 모든 것을 알려드릴 수 없지만, 적어도 시작하는 사람들이 포기하지 않고 제대로 익힐 수 있도록 꼭 알아두어야 하는 **용어와 개념**, **명령어** 그리고 직접 해 보면서 익혀야 하는 **필수 예제**를 시작과 마무리에서 짚어 줍니다.

매일매일 진행하면 58일째 완성하는 커리큘럼으로 구성되어 있습니다. 중간중간에 등장하는 〈종합 예제〉는 흥미를 더해 줄 것입니다.

해당 DAY에는 더 많은 예제가 있습니다. 이 예제들은 해당 DAY에서 반드시 잡고 가야 하는 것으로 생각해 주세요.

해당 DAY에서 꼭 알아 두어야 하는 용어와 개념입니다. 본문에서 놓친 건 없는지 체크해 보세요.

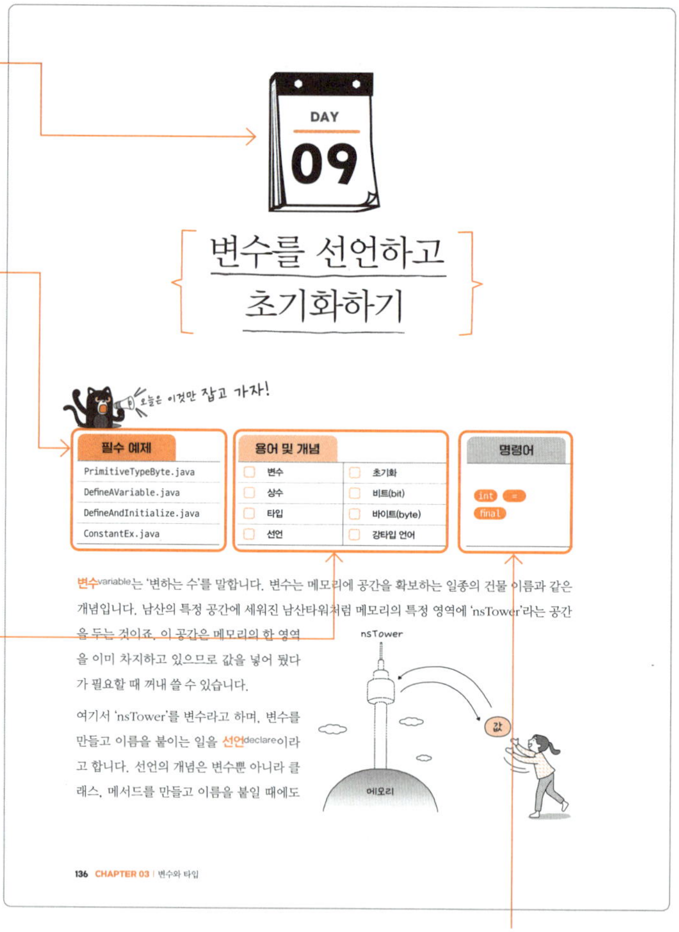
DAY 09

변수를 선언하고 초기화하기

오늘은 이것만 잡고 가자!

필수 예제
PrimitiveTypeByte.java
DefineAVariable.java
DefineAndInitialize.java
ConstantEx.java

용어 및 개념	
변수	초기화
상수	비트(bit)
타입	바이트(byte)
선언	강타입 언어

명령어
int =
final

변수variable는 '변하는 수'를 말합니다. 변수는 메모리에 공간을 확보하는 일종의 건물 이름과 같은 개념입니다. 남산의 특정 공간에 세워진 남산타워처럼 메모리의 특정 영역에 'nsTower'라는 공간을 두는 것이죠. 이 공간은 메모리의 한 영역을 이미 차지하고 있으므로 값을 넣어 뒀다가 필요할 때 꺼내 쓸 수 있습니다.

여기서 'nsTower'를 변수라고 하며, 변수를 만들고 이름을 붙이는 일을 선언declare이라고 합니다. 선언의 개념은 변수뿐 아니라 클래스, 메서드를 만들고 이름을 붙일 때에도

136 CHAPTER 03 | 변수와 타입

해당 DAY에서 꼭 알아 두어야 하는 명령어입니다. 새롭게 등장하는 명령어 위주로 나열하고 있으므로 앞서 배운 명령어와 함께 꼭 챙겨 가세요.

이 책은 3회 반복해서 공부할 것을 추천합니다. 3회를 반복하면
시간도 확연하게 줄어드는 것을 확인할 수 있습니다.
1회는 익숙해지는 단계,
2회는 확실하게 알아가는 단계,
3회는 헷갈리거나 몰랐던 것까지 완벽하게 아는 단계입니다.

공부한 날짜와 걸린 시간을 적어 보세요.

10분 단위로 구분되어 있는 상자를
채워 막대 그래프로 회차별 걸린 시간을
비교해 보세요.

직접 해 보면서 익혀야 하는 필수
예제 목록입니다. 놓친 건 없는지 꼭
확인하세요.

코딩은 AI가 더 잘한다는 시대입니다.
우리가 알고 있는 것을 최대한 정확히,
자세히 설명할 수 있어야 AI로부터
원하는 결과를 얻어낼 수 있습니다.
용어와 개념은 공부에 있어 '시작이
반'이나 되는 중요한 요소입니다. 안 보고
이야기할 수 있을 때까지 읽고 또 읽어
완전히 내것으로 만드세요.

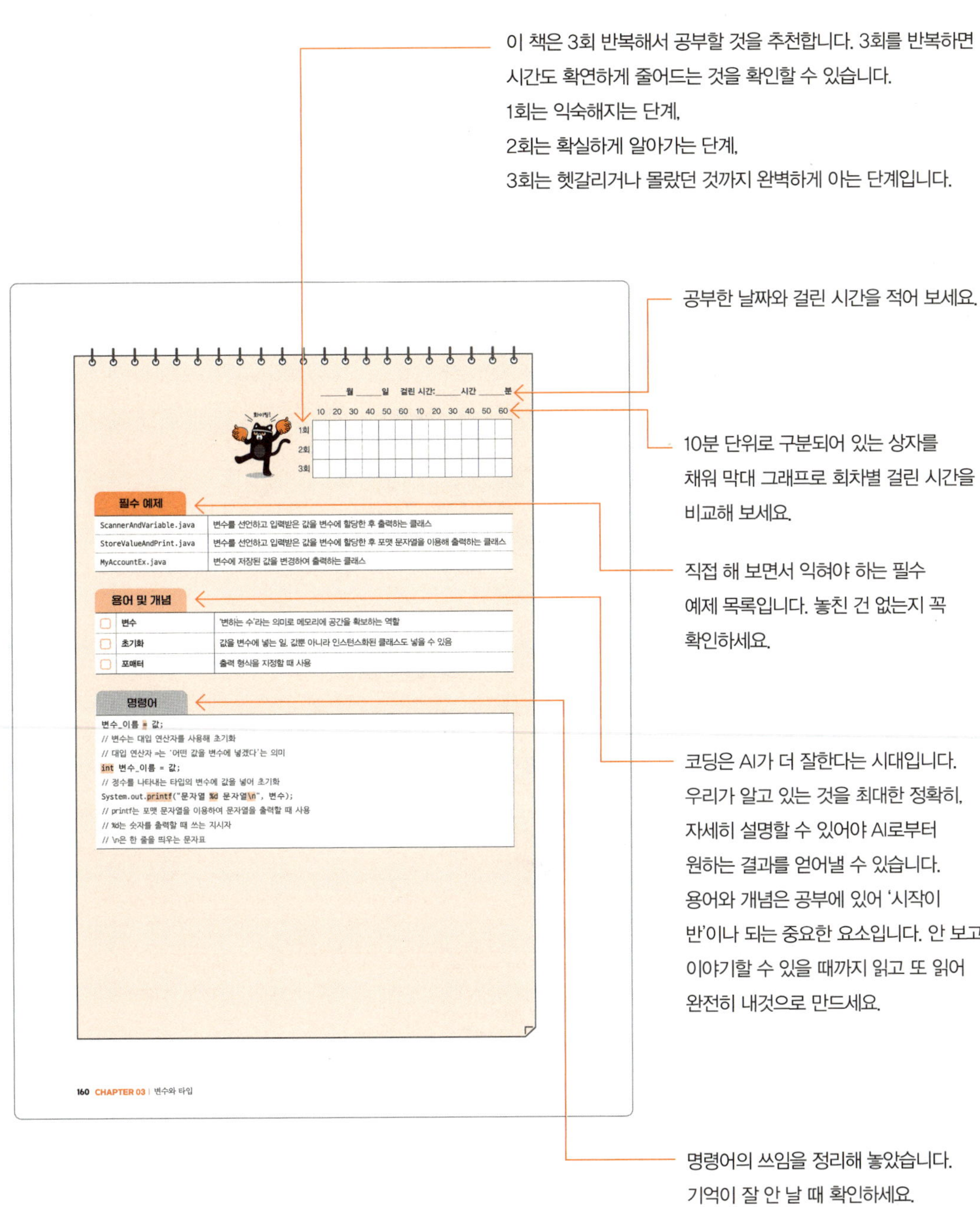

명령어의 쓰임을 정리해 놓았습니다.
기억이 잘 안 날 때 확인하세요.

이 책의 코드는 **논리적 사고** 단계를 따라가며 하나씩 업그레이드해 나가는 과정을 보여 줍니다. 복잡한 문제도 이와 같이 하나씩 해결해 나가면 하나도 어렵지 않습니다. **상황에 맞게, 예측할 수 있게, 읽기 편하게** 코딩하는 방법을 익혀 보세요.

이 책의 클래스 이름, 메서드 이름, 변수 이름 등은 다소 깁니다. 코딩에서 이름을 짓는 것은 매우 중요합니다.
각각의 이름은 정해진 규칙을 따르되, 그럼에도 의미 없는 단어로 아무렇게나 짓지 말고 이름만 봐도 대충 어떤 프로그램인지 짐작할 수 있도록 짓자는 의도를 담았습니다. 이 책을 통해 수많은 이름을 짓다 보면 코딩 시 이름을 짓는 것도, 다른 사람이 지어 놓은 이름을 이해하는 것도 쉬워 코드 해석 능력이 좋아집니다.

04 메서드 블록에 작성한 InputStreamReader에 이어서 다음 코드를 작성합니다. 이는 문자열을 입력받은 후 아스키 코드로 출력하는 코드인데, 사용된 명령어는 차근차근 알아보겠습니다.

```java
import java.io.InputStreamReader;

public class JavaInput {
    public void readAChar() {
        // InputStreamReader 클래스를 is라는 이름으로 변수 선언  ❶
        InputStreamReader is;

        // InputStreamReader를 인스턴스화
        is = new InputStreamReader(System.in);

        // InputStreamReader에서 한 글자를 읽어 옴
        // read()는 InputStreamReader 클래스에 포함되어 있는 메서드
        int asciiCode = is.read();

        // 읽어 온 문자열 코드를 출력
        System.out.println(asciiCode);
    }
}
```

`JavaInput.java`

❶ 이 부분은 코드 설명을 위해 추가한 **주석**입니다. 따라 입력하지 않아도 되며, 반복되는 코드에서는 생략하겠습니다. ⏩ 주석은 87쪽에서 자세히 다룹니다.

앞서 진행 중인 예제에서 달라진 부분을 형광펜으로 표시해 놓았습니다.

본문의 흐름에 방해되지 않도록 중간중간 독자들이 궁금할 것 같은 내용을 따로 빼서 설명합니다.

궁금한 건 못 참아

선언의 의미

클래스 선언, 메서드 선언처럼 **선언**은 책 전반에 자주 등장하는 개념입니다. 변수는 값을 저장하는 메모리상의 공간이므로 자바에서는 값을 저장하기 위해 메모리에 공간을 잡아 놓아야 하는데 **변수 선언**을 통해 메모리 공간을 확보합니다. 앞의 코드에서 InputStreamReader 타입의 is, int 타입의 asciiCode가 변수에 해당합니다. is는 InputStreamReader 클래스를 인스턴스화했을 때 반환하는 메모리 주소 참조 값을 저장하기 위한 용도로, 그리고 asciiCode는 읽어 온 한 글자를 저장하기 위한 용도로 사용하기 위해 선언한 것입니다. ⏩ 변수는 CHAPTER 03에서 자세히 다룹니다.

이와 같은 테두리 상자는 진행 중인 예제입니다.


```java
import java.io.IOException;
import java.io.InputStreamReader;

public class JavaInput {
    public void readAChar() throws IOException {
        InputStreamReader is;
        is = new InputStreamReader(System.in);
        int asciiCode = is.read();
        System.out.println(asciiCode);
    }
}
```

`JavaInput.java`

이와 같은 배경색이 있는 상자는 완성된 예제입니다.

개발은 단순한 이론적 지식만으로는 부족합니다. 실무나 실전 경험을 통해 쌓은 **노하우**가 있다면 실수나 시행착오를 줄일 수 있는 것은 물론 **경쟁력의 중요한 요소**가 됩니다.

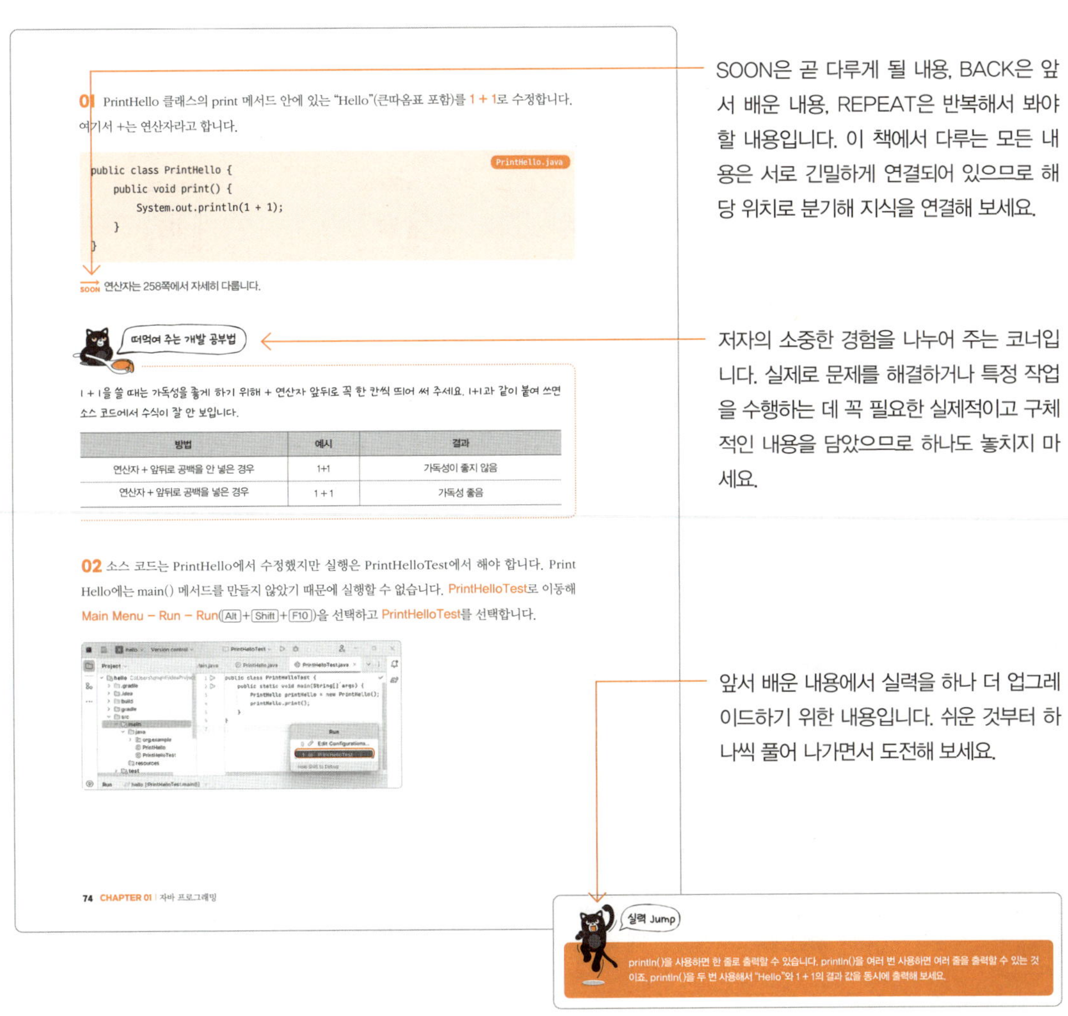

SOON은 곧 다루게 될 내용, BACK은 앞서 배운 내용, REPEAT은 반복해서 봐야 할 내용입니다. 이 책에서 다루는 모든 내용은 서로 긴밀하게 연결되어 있으므로 해당 위치로 분기해 지식을 연결해 보세요.

저자의 소중한 경험을 나누어 주는 코너입니다. 실제로 문제를 해결하거나 특정 작업을 수행하는 데 꼭 필요한 실제적이고 구체적인 내용을 담았으므로 하나도 놓치지 마세요.

앞서 배운 내용에서 실력을 하나 더 업그레이드하기 위한 내용입니다. 쉬운 것부터 하나씩 풀어 나가면서 도전해 보세요.

DAY
01
자바와
객체 지향
24년 10월 21일 | 0시간 15분

DAY 02 | 년 월 일 | 시간 분
DAY 03 | 년 월 일 | 시간 분
DAY 04 | 년 월 일 | 시간 분
DAY 05 | 년 월 일 | 시간 분

DAY 06 | 년 월 일 | 시간 분
DAY 07 | 년 월 일 | 시간 분
DAY 08 | 년 월 일 | 시간 분
DAY 09 | 년 월 일 | 시간 분
DAY 10 | 년 월 일 | 시간 분

DAY 11 | 년 월 일 | 시간 분
DAY 12 | 년 월 일 | 시간 분
DAY 13 | 년 월 일 | 시간 분
DAY 14 | 년 월 일 | 시간 분
DAY 15 | 년 월 일 | 시간 분

DAY 16 | 년 월 일 | 시간 분
DAY 17 | 년 월 일 | 시간 분
DAY 18 | 년 월 일 | 시간 분
DAY 19 | 년 월 일 | 시간 분
DAY 20 | 년 월 일 | 시간 분

DAY 21 | 년 월 일 | 시간 분
DAY 22 | 년 월 일 | 시간 분
DAY 23 | 년 월 일 | 시간 분
DAY 24 | 년 월 일 | 시간 분
DAY 25 | 년 월 일 | 시간 분

DAY 26 | 년 월 일 | 시간 분
DAY 27 | 년 월 일 | 시간 분
DAY 28 | 년 월 일 | 시간 분
DAY 29 | 년 월 일 | 시간 분
DAY 30 | 년 월 일 | 시간 분

DAY 31
년 월 일   시간 분
DAY 32
년 월 일   시간 분
DAY 33
년 월 일   시간 분
DAY 34
년 월 일   시간 분
DAY 35
년 월 일   시간 분
DAY 36
년 월 일   시간 분
DAY 37
년 월 일   시간 분
DAY 38
년 월 일   시간 분
DAY 39
년 월 일   시간 분
DAY 40
년 월 일   시간 분
DAY 41
년 월 일   시간 분
DAY 42
년 월 일   시간 분
DAY 43
년 월 일   시간 분
DAY 44
년 월 일   시간 분
DAY 45
년 월 일   시간 분
DAY 46
년 월 일   시간 분
DAY 47
년 월 일   시간 분
DAY 48
년 월 일   시간 분
DAY 49
년 월 일   시간 분
DAY 50
년 월 일   시간 분
DAY 51
년 월 일   시간 분
DAY 52
년 월 일   시간 분
DAY 53
년 월 일   시간 분
DAY 54
년 월 일   시간 분
DAY 55
년 월 일   시간 분
DAY 56
년 월 일   시간 분
DAY 57
년 월 일   시간 분
DAY 58   람다 표현식
학습한 주요 내용을 적어 보세요.
학습한 날짜와 걸린 시간을 적어 보세요.
24년 12월 17일   0시간 30분
학습 난이도를 이모티콘으로 표현해 보세요.
인간승리!

CHAPTER 01 자바 프로그래밍 틀잡기 ——————

DAY 01 자바와 객체 지향 프로그래밍 알아보기 32

DAY 02 개발 환경 구축하기 40

DAY 03 Hello를 출력하는 기능 만들기 58

조그만 더!

CHAPTER 06 제어문

CHAPTER 08 생성자

CHAPTER 10 인터페이스

좋았어!

자바 프로그래밍 틀잡기

자바는 프로그래밍 언어입니다. 프로그래밍 언어는 단어 의미 그대로 프로그램을 만드는 언어입니다. 컴퓨터에 어떤 사항을 실행 요청할 때 사용하기 때문에 '언어'라고 하죠. 지금부터 컴퓨터가 자바 언어를 어떻게 이해하고 실행하는지 알아보겠습니다. 또한 자바 언어의 가장 큰 특징인 객체 지향 프로그래밍을 이해하는 것을 시작으로 흥미로운 프로그래밍의 세계로 들어가 보겠습니다.

자바와 객체 지향 프로그래밍 알아보기

용어 및 개념

☐ 객체 지향 프로그래밍	☐ 프로그램	☐ 자바
☐ 객체 지향	☐ 소스 코드	☐ 컴파일
☐ 기계어	☐ 소스 파일	☐ 객체
☐ 프로그래밍 언어	☐ 실행 파일	☐ 추상화

처음 자바를 공부할 때 **객체 지향 프로그래밍**Object-Oriented Programming이라는 개념 때문에 어려워하는 사람이 많습니다. "꼭 객체 지향으로 프로그래밍을 해야 하나요?"라는 질문을 하기도 하고, 결국 이 어려움 때문에 프로그래밍 언어 공부의 벽을 넘지 못하고 포기하기도 합니다. 동기 부여를 위해 한 가지 이야기를 들려드리겠습니다.

객체 지향 프로그래밍을 배워 볼 필요

인간은 계산을 정확하게 할 수 있지만 '217321632137 + 218731871320231713'와 같이 단순한 계산이라도 자릿수가 많아지면 계산하는 데 시간이 오래 걸립니다. 이런 단순 계산을 빠르게 하기 위해 계산기가 만들어졌습니다.

이런 단순한 용도로 잘 사용되다가 제2차 세계대전이 터졌습니다. 독일군은 에니그마Enigma라는 암호화 플랫폼을 이용해 잠수함 유보트에 암호화된 명령으로 작전을 지시해 영국의 배를 가라앉혔습니다. 독일의 잠수함 작전으로 영국으로 오는 모든 물자가 가라앉는 바람에 영국 국민은 먹을 게 없어서 굶어 죽을 정도로 힘든 상황에 처하게 되었습니다.

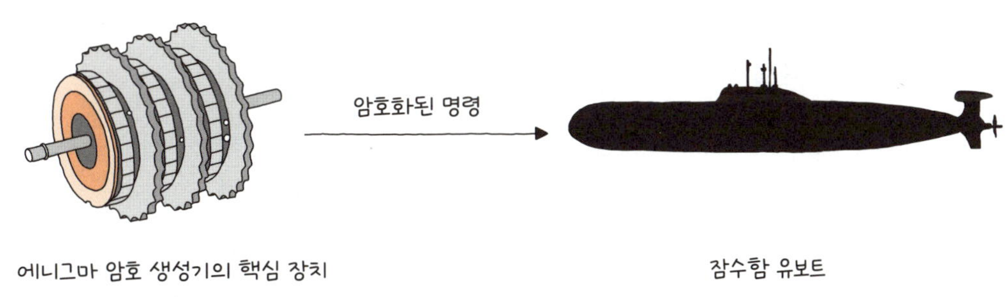

에니그마 암호 생성기의 핵심 장치　　　　　　　　　　잠수함 유보트

영국은 이 암호를 해독하고 싶어했습니다. 하지만 에니그마 암호는 매일 해독하는 방식이 바뀌었습니다. 영국의 수학자들과 암호학자들이 암호를 해독해서 규칙을 찾아도 다음 날이면 해독하는 방식이 바뀌어 버리기 때문에 인간의 연산 속도로는 해독을 할 수 없었습니다. 이때 엔지니어이자 학자였던 앨런 튜링이 암호를 해독하는 기계를 만들었습니다. 이 기계는 앨런 튜링이 만들었기 때문에 튜링 머신Turing Machine이라는 이름이 붙었죠. 튜링 머신은 알고리즘을 입력하면 그 알고리즘대로 계산해 주는 기계입니다. 튜링 머신의 힘을 빌려 독일군의 암호를 해독할 수 있게 된 영국은 독일군 잠수함을 무사히 막을 수 있었습니다.

이때까지만 해도 기계는 더하기 빼기 등 간단한 연산만 수행했지만 튜링 머신이 나오면서 입력한 알고리즘대로 계산을 하는 시대로 바뀐 것입니다. 튜링 머신을 기점으로 복잡한 연산도 기계를 이용해 빠른 시간 안에 계산할 수 있다는 사실을 인류는 깨닫게 되었습니다. 우리가 쓰는 컴퓨터는 튜링 머신을 기초로 만들어졌고 작동 원리가 비슷합니다. 이처럼 기술은 필요에 따라 점점 발전합니다.

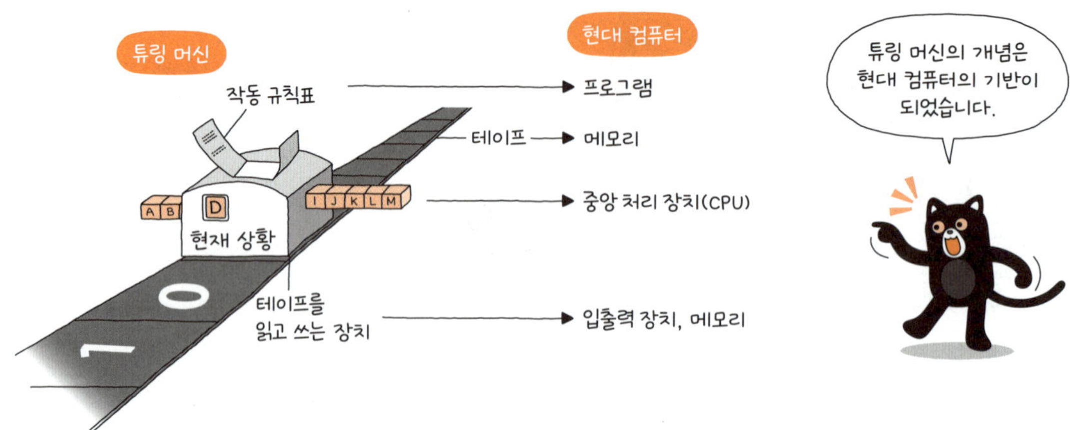

앞에서 설명한 튜링 머신의 사용 방법은 손가락이나 주판보다 훨씬 복잡합니다. 튜링 머신까지 갈 것 없이 자동차만 봐도 걷는 것이나 자전거보다 다루기가 까다롭습니다. 운전 면허도 따야 하고 교통 법규도 까다롭게 지켜야 합니다. 그럼에도 운전 면허를 따고 자동차를 구매하고 이용합니다. 왜냐하면 자동차로 인해 할 수 있는 것들이 많아지기 때문입니다.

객체 지향 프로그래밍 개념도 마찬가지입니다. **객체 지향 프로그래밍**은 복잡한 계산을 구조화하여 효율적으로 수행함으로써 더 많은 일을 하기 위해 나온 개념입니다. 그런데 객체 지향 개념이 어려워서 조금 더 쉬워 보이는 파이썬이나 자바스크립트를 사용하다 보면 언젠가 복잡한 프로그램을 개발해야 하는 순간이 옵니다. 결국 그 언어에서도 **객체 지향**object-oriented 프로그래밍 개념을 써서 프로그래밍을 해야 합니다.

학습 곡선이 있는 복잡하고 어려운 것들은 처음에 다루기는 어렵습니다. 하지만 도보에서 자동차로 그리고 비행기로 복잡도가 올라갈 때마다 이동 반경이 넓어지듯이 우리가 개발하는 프로그램의 복잡도와 안정성도 올라간다고 생각하면 객체 지향 프로그래밍을 배워야 할 이유는 명확해집니다. 더 많은 것들을 하기 위해서죠.

프로그래밍에서 객체 지향 개념은 중요합니다. 이 개념만 제대로 잡으면 어떤 언어를 사용하든 간에 복잡한 프로그램을 다 만들 수 있습니다. 이 책이 DAY 01부터 객체 지향을 설명하고 DAY 03에서 클래스, 메서드, 인스턴스화 등과 같은 생소한 개념을 다루면서 다른 책과는 달리 앞부분에서 **객체 지향 언어의 틀잡기**를 하는 이유입니다.

객체 지향 프로그래밍 언어, 자바

컴퓨터는 반도체로 구성되어 있어서 전기가 통한 것은 1, 통하지 않은 것은 0으로 상태를 나타냅니다. 즉, 컴퓨터는 0과 1만 이해하는 기계입니다. 그래서 0과 1의 조합으로 만들어진 언어를 **기계어**machine language라고 하죠.

010101과 같은 형태로 되어 있는 기계어를 사람이 직접 다루기에는 어려우니 자바 또는 파이썬, C 등과 같이 사람이 쉽게 이해할 수 있는 **프로그래밍 언어**programming language로 **프로그램**program을 작성한 후 기계어로 번역해서 실행합니다. 이때 사람이 프로그래밍 언어로 작성한 내용을 **소스 코드**source code, 그 소스 코드가 담긴 파일을 **소스 파일**source file, 소스 파일을 기계어로 번역한 파일을 **실행 파일**executable file이라고 합니다. 이 책에서 다룰 **자바**JAVA 역시 프로그래밍 언어이고, 프로그램을 작성하면 **컴파일**compile이라는 번역 과정을 거쳐 **기계어**가 됩니다. 컴퓨터는 이 기계어를 실행합니다.

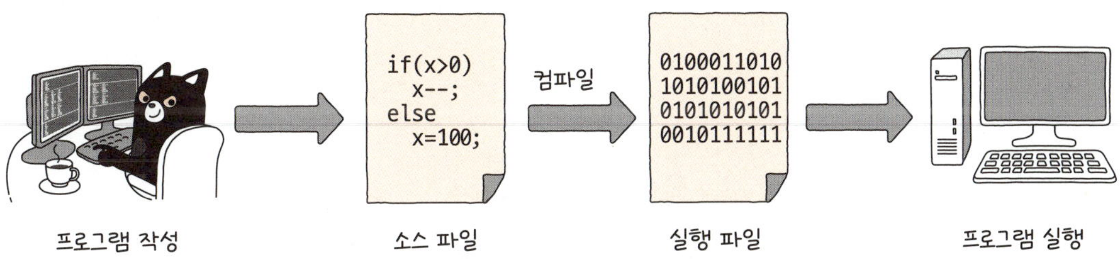

자바는 콘셉트를 가지고 개발된 언어입니다. 콘셉트는 **객체 지향 프로그래밍**Object-Oriented Programming, 줄여서 **OOP**입니다. object가 '객체', oriented가 '지향'으로 번역되어 객체 지향 프로그래밍입니다. 단순히 해석해 보면 객체를 중심으로 프로그램을 만드는 방법이라고 할 수 있습니다.

자동차를 예로 들어 볼까요? 자동차는 엔진, 바퀴, 서스펜스 등 수많은 부품으로 이루어져 있습니다. 부품을 하나하나 만들고 이것들을 서로 연결해서 조립합니다. 그러면 자동차가 완성되죠. 객체 지향 프로그래밍도 이와 유사합니다. 객체라는 부품을 각각 만들고, 그 객체들이 상호 작용할 수 있도록 엮어서 프로그램을 만드는 방법입니다.

이러한 콘셉트를 바탕으로 하는 자바는 '객체를 작동시키기 위한 표준화된 프로세스를 지향'하는 언어라고 할 수 있습니다. 그래서 자바는 아주 간단한 'Hello'를 출력하는 기능조차도 객체에 담아서 사용합니다.

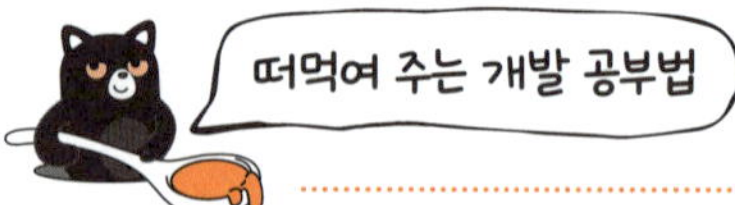

자바는 C라는 언어 다음에 나왔습니다. 그래서 C 언어와 비슷한 부분이 있습니다. 만약 C 언어를 공부해 본 적이 있다면 자바를 조금 더 쉽게 이해할 수 있습니다. 그렇다고 해서 C 언어를 꼭 알아야 한다는 것은 아니니 걱정하지 마세요. C 언어를 몰라도 자바를 배우는 데 아무 문제 없습니다.

객체의 의미

이쯤되면 객체가 뭔지 궁금하시죠? 표준국어대사전에 따르면 **객체**object는 '동사의 행위가 미치는 대상'입니다. 예를 들어 자동차는 '차 문을 연다', '시동을 건다', '에어컨을 켠다', '음악을 듣는다', '운전한다', '깜박이를 켠다', '주차한다', '시동을 끈다' 등과 같은 행위의 객체입니다. 이를 프로그래밍에 연결시켜 보면, 객체란 프로그램상에서 어떤 역할을 수행하는 요소, 데이터, 기능 등이라고 할 수 있습니다.

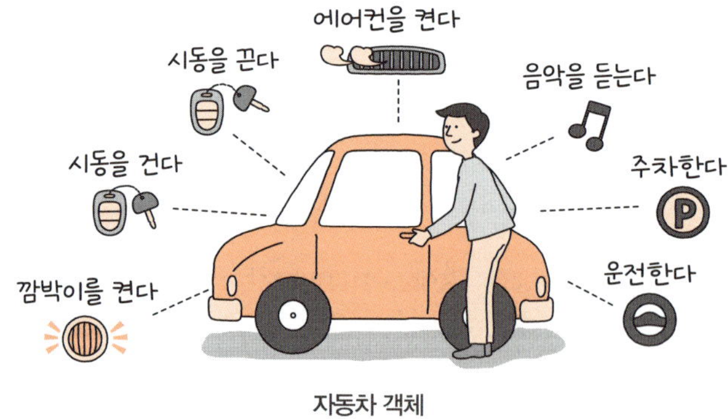

자동차 객체

자바가 **객체 지향**object-oriented이기 때문에 자바를 처음 배울 때 진입장벽이 있습니다. 하지만 객체 지향이라는 개념에 익숙해지면 객체를 조합하여 여러 기능을 덧붙일 수 있으므로 프로그램이 복잡해졌을 때 도움이 됩니다. 자바는 모든 것을 객체 단위로 생각하므로 추상화되었을 때 그 강점이 발휘됩니다.

추상화의 의미

객체도 이해가 제대로 안 되었는데 추상화는 또 뭐냐고요? **추상화**abstraction란 복잡한 행위를 단순화해서 그 행위의 본질적인 특징에만 집중하는 것을 의미합니다.

옛날 자동차의 경우 열쇠를 꽂고 돌려서 시동을 걸었습니다. 요즘 자동차는 그저 버튼만 누르면 시동이 걸리죠. 이 두 가지 행위의 본질적인 특징은 '시동을 건다'입니다. 즉, '열쇠를 꽂고 돌린다'와 '버튼을 누른다'와 같은 두 가지 행위를 '시동을 건다'로 추상화할 수 있습니다. 한 가지 비슷한 예를 들어 보면 옛날 자동차는 수동으로 기어를 변속했습니다. 반면 요즘 자동차는 모드를 D에 놓기만 하면 자동으로 변속이 되죠. 이 행위 역시 '변속한다'로 추상화할 수 있습니다. 이러한 특징을 모두 모아 옛날 자동차와 요즘 자동차를 '자동차'라고 추상화할 수도 있습니다.

그렇다면 왜 객체 지향이라는 특성이 추상화되었을 때 강점을 발휘할까요?

관절을 예로 들어 보겠습니다. 여러분의 손가락을 한번 보세요. 관절이 있습니다. 집게 손가락을 반만 구부리려면 '둘째 관절을' 접어야 합니다. 또한 오므리려면 '첫째, 둘째 관절을' 접어야 합니다. 이처럼 관절이 있어야 손가락을 유연하고 정확하게 움직일 수 있습니다.

그런 것처럼 앞서 언급한 추상화된 작동법인 '주차한다'에는 '공영 주차장에', '지하 주차장에', '기계식 주차장에' 등으로, '음악을 듣는다'에는 '라디오에서', 'CD 플레이어에서', '블루투스에서' 등과 같이 하나의 프로세스에 첫째, 둘째 관절처럼 마디마디 단서를 추가해서 다양한 문제를 유연하게 해결할 수 있습니다.

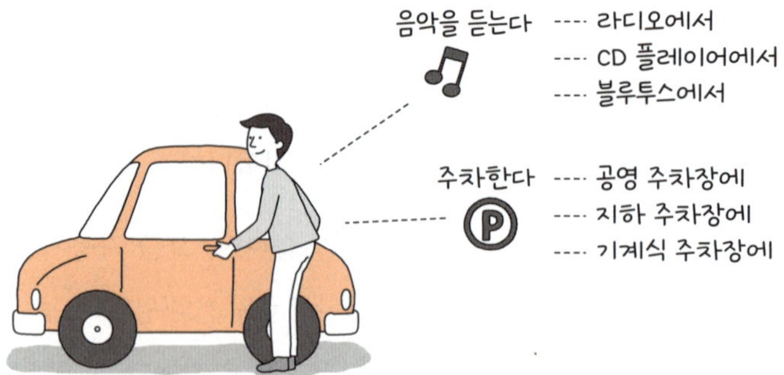

이처럼 추상화는 소프트웨어 개발에서 중요한 개념으로 추상화를 사용하면 행위 자체를 변화시키지 않으면서 유연하게 확장할 수 있다는 장점이 있습니다. 추상화가 가능한 언어라는 특성으로 인해 자바는 디지털 솔루션 개발에 여전히 많이 사용되고 있습니다.

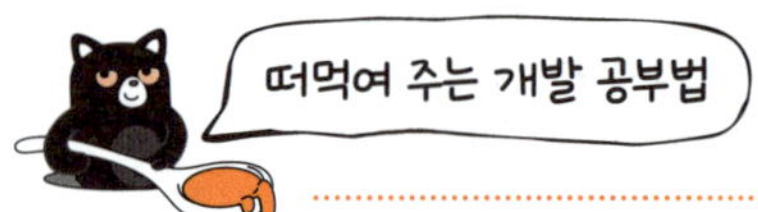

조금 어려운 개념이지만, 객체와 추상화를 DAY 이부터 설명한 이유는 두 개념이 자바에서 매우 중요하기 때문입니다. 하지만 자바를 처음 배우는 시점에서는 바로 이해하기가 어려운 것도 사실입니다. 그럼에도 이 두 개념을 머릿속에 넣고 수시로 떠올리면서 반복해 공부하다 보면 객체 지향이라는 개념에 스며들어 있는 자신을 발견할 수 있을 것입니다.

_______월 _______일 걸린 시간: _______시간 _______분

	10	20	30	40	50	60	10	20	30	40	50	60
1회												
2회												
3회												

용어 및 개념

☐	**객체 지향 프로그래밍 (OOP)**	– 현실 세계에 있는 복잡한 개념을 구조적이고, 이해하기 쉬우며, 유지 보수하기 쉽게 만들어 더 많은 일을 시키기 위해 나온 소프트웨어 개발 패러다임 중 하나 – OOP; Object Oriented Programming
☐	**객체**	– 동사의 행위가 미치는 대상 – 프로그램상에서 어떤 역할을 수행하는 요소, 데이터, 기능 등
☐	**객체 지향**	객체를 조합하여 여러 기능을 덧붙일 수 있으므로 프로그램이 복잡해졌을 때 유리
☐	**프로그래밍 언어**	컴퓨터는 0과 1밖에 모르기 때문에 비교적 사람이 쉽게 읽고 쓸 수 있도록 만든 규칙의 집합(예: 자바, 파이썬, C 등)
☐	**프로그램**	어떤 문제를 해결하기 위한 일련의 명령의 집합
☐	**소스 코드**	프로그래밍 언어로 작성한 명령어
☐	**소스 파일**	소스 코드가 담긴 파일
☐	**실행 파일**	소스 파일을 기계어로 번역한 파일
☐	**컴파일**	인간이 읽고 쓸 수 있는 프로그래밍 언어로 작성한 소스 파일을 0과 1의 조합인 기계어로 번역하는 과정
☐	**기계어**	– 0과 1의 조합으로 만들어진 컴퓨터가 이해하는 언어 – 반도체에 전기가 통하면 1, 통하지 않으면 0이 되는 원리
☐	**자바**	– 객체 지향 프로그래밍이라는 콘셉트를 가지고 개발된 프로그래밍 언어 – 소프트웨어 개발에 중요한 개념인 추상화가 가능한 언어라는 특성 때문에 디지털 솔루션 개발에 여전히 많이 사용되고 있음
☐	**추상화**	복잡한 행위를 단순화해서 그 행위의 본질적인 특징에만 집중하여 재사용이 가능하도록 만드는 것

개발 환경 구축하기

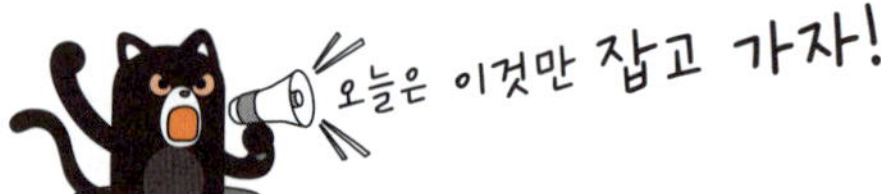

용어 및 개념	
☐ 통합 개발 환경(IDE)	☐ 프로젝트
☐ 소프트웨어 개발 도구(SDK)	☐ 빌드
☐ 자바 개발 도구(JDK)	☐ 라이브러리

해야 할 것	
☐ 인텔리제이 설치하기	☐ 프로젝트 화면 살펴보기
☐ 인텔리제이 실행하기	☐ 환경 설정하기
☐ 프로젝트 만들기	

자바로 개발을 시작하려면 자바 코드를 작성하는 도구를 이용하는 것이 좋습니다. 소스 코드는 문자열 덩어리이기 때문에 개발자가 메모장으로 작성하든 인텔리제이^{IntelliJ}, 이클립스^{Eclipse}, 비주얼 스튜디오 코드^{VS Code}를 이용하든 컴퓨터 입장에서는 별 차이가 없습니다.

그러나 개발자 입장에서는 어떤 도구로 개발을 하는지에 따른 차이가 큽니다. 우리가 게임을 할 때도 내 캐릭터가 스킬을 많이 가지고 있으면 사냥하거나 게임 콘텐츠를 이용할 때 편하고 좋습니다. 그런 의미에서 메모장은 아무런 스킬이 없는 캐릭터에 비유할 수 있습니다. 이에 반해 인텔리제이, 이클립스 등은 다양한 스킬을 가지고 있는 캐릭터에 비유할 수 있습니다. 프로그램 개발과 관련하여 필요한 작업, 즉 코딩, 디버깅, 컴파일, 배포 등을 하나의 프로그램에서 처리해 주는 환경을 가진 소프트웨어죠. 이와 같은 소프트웨어를 **통합 개발 환경**Integrated Development Environment, 줄여서 **IDE**라고 부릅니다.

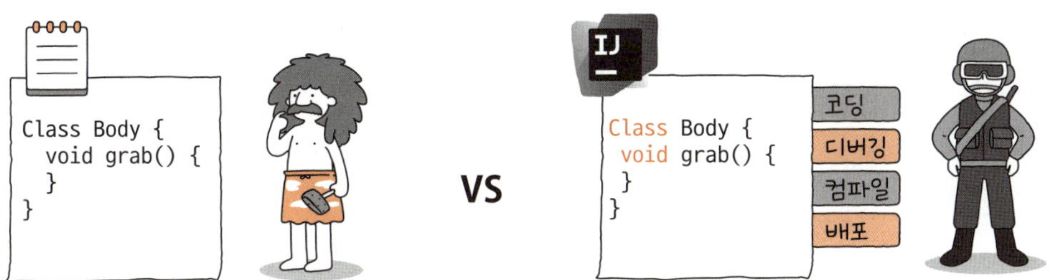

아무런 스킬도 장비도 없는 캐릭터로 게임을 하면 강한 몬스터를 사냥할 수 없습니다. 개발도 마찬가지입니다. 별 기능이 없는 메모장을 사용하면 프로그램을 만들기가 어렵습니다. 따라서 IDE는 개발자에게 필수라고 할 수 있습니다. 이 책에서는 IDE 중 **인텔리제이**를 사용합니다.

인텔리제이를 쓰는 이유

어떤 개발 도구를 쓸지 결정하는 것은 오롯이 개발자 개인의 취향입니다. 하지만 자바를 개발하는 데 있어 인텔리제이가 유용합니다. 인텔리제이는 자바를 개발하는 데 있어 많은 기능을 제공하기 때문입니다. 그렇다면 어떤 기능을 제공할까요? 주요 기능 두 가지를 알아보겠습니다.

첫째, JDK라는 자바 개발 도구 설치를 지원합니다.

JDK는 개발에 도움을 주는 도구, 즉 디버깅, 문서, API 등의 모음을 일컫는 **소프트웨어 개발 도구**Software Development Kit, SDK 중 하나로, 특별히 자바만 개발할 수 있는 **SDK**를 **자바 개발 도구**Java Development Kit, JDK라고 합니다. **인텔리제이**는 JDK 설치를 지원하는 가장 대표적인 자바 통합 개발 환경입니다.

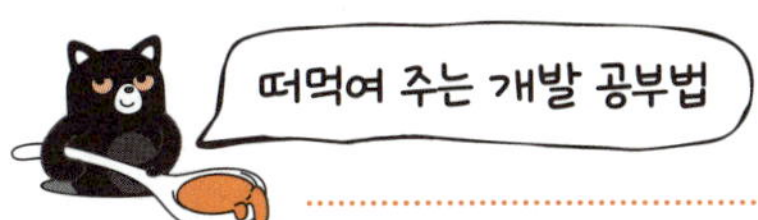

왜 인텔리제이를 설치해야 할까요? 자바를 공부하겠다고 마음먹고 나서 가장 간단한 'Hello'를 출력하려고 하거나 1+1을 계산해 보려고 해도 개발 환경을 구축하는 데 상당히 많은 시간을 쓰게 됩니다. 이렇게 시간을 써 개발 환경을 구축했는데 막상 잘 안 되면 꽤나 진이 빠지죠. 이러한 과정이 진입장벽이 되어 자바 입문 자체를 어렵게 합니다. 처음 입문할 때뿐만 아닙니다. 프로젝트에 들어가서 고객사에서 제공한 PC나 노트북으로 개발하려고 할 때 개발 환경을 구축하는 데 시간이 오래 걸리면 일을 시작하기 전에 진이 빠집니다. 하지만 인텔리제이는 설치 즉시 바로 개발을 시작할 수 있게 잘 만들어져 있어 매우 편리합니다.

둘째, 인텔리제이는 똑똑하고 사용하기 편리한 자동 완성 기능을 지원합니다.

인텔리제이는 반복되는 코드를 단축키, 단축 명령 등으로 만들어 지원하기 때문에 직접 입력해야 하는 업무를 많이 줄여 줍니다. 이러면 작업 속도도 빨라질 뿐 아니라 코드를 잘못 입력하는 실수도 방지할 수 있습니다.

인텔리제이 설치하기

이제 인텔리제이를 다운로드하고 설치해 보겠습니다. 인텔리제이는 유료 버전인 Ultimate와 무료 버전인 Community Edition, 두 가지 버전이 있습니다. Ultimate는 Community Edition보다 더 많은 프로그래밍 언어를 지원하고 더 많은 기능을 제공합니다. 하지만 이 책의 내용을 실습하는 데에는 어떤 버전을 사용해도 상관이 없습니다. 따라서 무료 버전인 Community Edition을 다운로드한 후 이를 설치해 보겠습니다.

`note` 두 가지 버전의 자세한 차이점을 알고 싶다면 다음 URL을 참고하세요.

`URL` https://www.jetbrains.com/ko-kr/products/compare/?product=idea&product=idea-ce

01 구글에서 intellij idea로 검색하면 다운로드 페이지로 갈 수 있습니다. 인텔리제이 다운로드 페이지로 이동합니다. 또는 다음 URL로 접속해도 됩니다.

`URL` https://www.jetbrains.com/ko-kr/idea/download

02 다운로드 페이지에서는 앞서 언급한 Ultimate와 Community Edition, 두 가지 버전을 다운로드할 수 있습니다. 아래로 스크롤해 Community Edition의 **다운로드**를 클릭합니다.

note 대학생이라면 학교 이메일을 이용해 학생 라이선스를 받아서 Ultimate를 무료로 사용할 수 있습니다. 다음 URL로 접속해서 학생 인증을 받으면 됩니다.

URL https://www.jetbrains.com/ko-kr/community/education/#students

03 다운로드한 설치 파일을 클릭해 실행합니다. 설치 파일의 버전은 다운로드한 시기에 따라 업데이트되어 이 책과 다를 수 있습니다. 최신 버전을 다운로드해도 실습에는 무리가 없습니다.

tip 설치 파일의 다운로드 위치 및 실행 방법은 브라우저에 따라 다릅니다. 다운로드를 클릭한 후 브라우저 창 다운로드 목록에서 설치 파일을 클릭해 실행해도 됩니다.

04 설치 화면이 나옵니다. **다음**을 클릭합니다.

tip 설치 화면이 나오기 전에 '이 앱이 디바이스를 변경하는 것을 허용하시겠어요?'라는 창이 나오면 **예**를 클릭합니다.

05 설치 위치를 선택하는 화면이 나옵니다. 찾아보기를 클릭해서 원하는 위치로 변경할 수 있습니다. 여기서는 변경하지 않고 다음을 클릭하겠습니다.

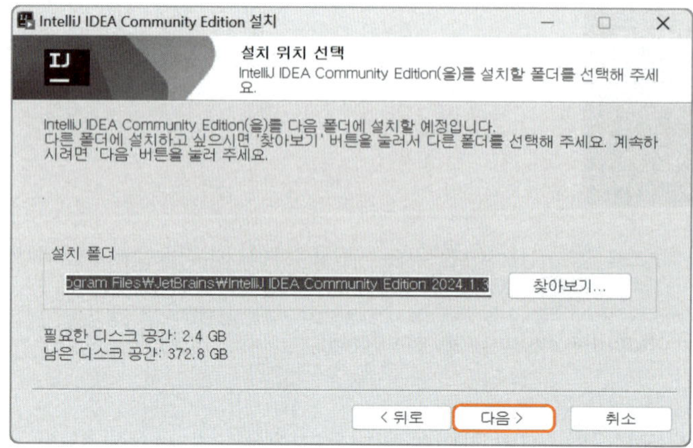

06 여러 가지 설치 옵션을 지정하는 화면입니다. 설치 옵션 중 '데스크탑 바로가기 생성'의 IntelliJ IDEA Community Edition만 체크 표시하고 다음을 클릭합니다.

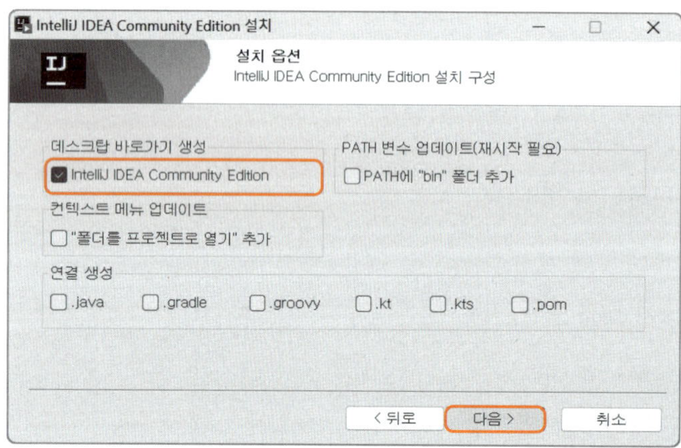

07 시작 메뉴에 어떤 이름으로 폴더를 만들지 지정하는 화면입니다. 기본값은 JetBrains입니다. 여기서는 기본값을 그대로 두겠습니다. **설치**를 클릭합니다.

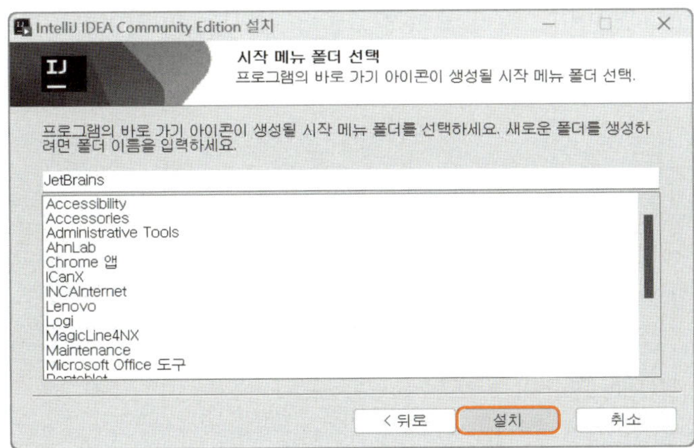

tip 윈도우 사용자라면 설치가 완료된 후 **시작** 메뉴에서 이곳에 입력한 이름을 찾아서 인텔리제이를 실행할 수 있습니다.

08 잠시 기다리면 설치가 완료됩니다. 이 화면이 나오면 잘 설치된 것입니다. **마침**을 클릭해 종료합니다.

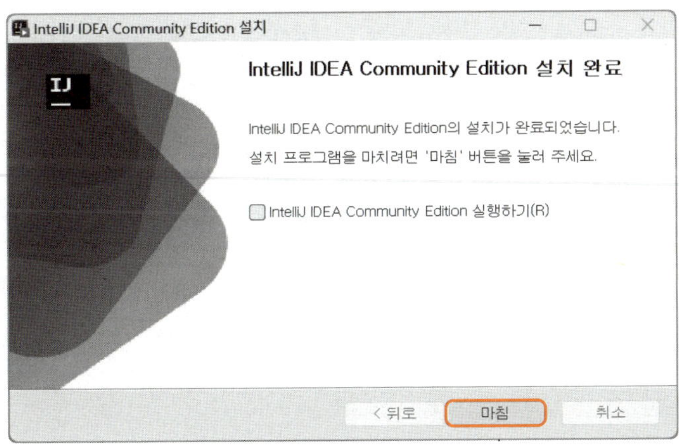

인텔리제이 실행하기

설치 옵션(〈인텔리제이 설치하기〉의 따라하기 06)에서 '데스크탑 바로가기 생성'의 IntelliJ IDEA Community Edition에 체크 표시를 했다면 아이콘이 만들어져 있을 것입니다. 이 아이콘을 더블클릭하거나 윈도우의 **시작** 메뉴 아이콘을 클릭한 후 **모든 앱**에서 IntelliJ IDEA Community Edition을 실행합니다.

tip 윈도우 10을 사용 중이라면 **시작** 메뉴 아이콘을 클릭한 후 JetBrains 폴더에서 **IntelliJ IDEA Community Edition**을 실행합니다.

인텔리제이에서 프로젝트 만들기

인텔리제이에서 **프로젝트**는 애플리케이션을 개발하는 단위입니다. 인텔리제이에서는 프로젝트별로 디렉토리(폴더)를 다르게 관리합니다. 한 디렉토리에는 한 개의 애플리케이션에 필요한 모든 파일이 들어갑니다.

note 애플리케이션은 앱 또는 응용 프로그램이라고도 불리며, 운영체제를 제외한 나머지 프로그램을 의미합니다. 이 책에서는 스마트폰 앱 및 자바로 만든 프로그램을 지칭할 때 사용합니다.

01 인텔리제이를 처음 실행하면 다음과 같은 시작 화면이 나옵니다. **New Project**를 클릭합니다.

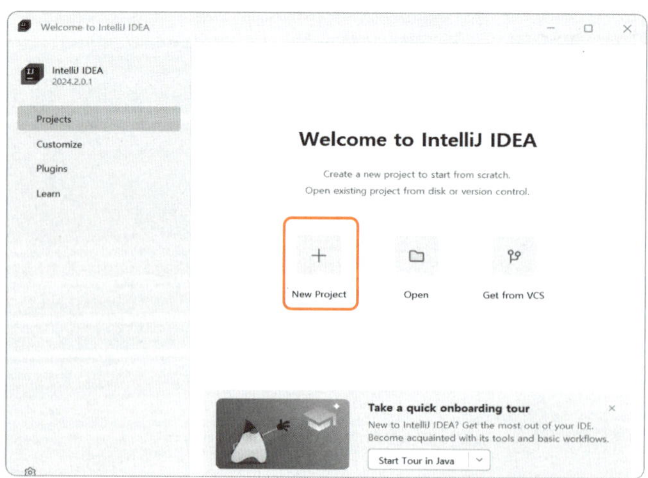

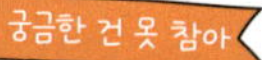

인텔리제이 프로그램 창 테마 변경하기

이 책에서는 가독성을 위해 인텔리제이의 기본 테마를 밝은색(Light with Light Header)으로 설정했습니다. 시작 화면의 왼쪽 메뉴에서 Customize를 클릭한 후 Theme에서 Light 혹은 Light with Light Header를 선택하면 밝게, Dark 혹은 Darcula로 선택하면 어둡게 변경할 수 있습니다.

SOON 자세한 내용은 52쪽의 〈인텔리제이 환경 설정하기〉를 참고하세요.

02 프로젝트를 만드는 화면이 나옵니다. New Project에 프로그래밍 언어가 Java로 선택되어 있는지 확인합니다. Name에서 프로젝트 이름을 정할 수 있습니다. 여기에서는 java-practice라고 정했습니다. Build System은 Gradle로, Gradle DSL은 Groovy로 합니다. 나머지는 기본값으로 둡니다.

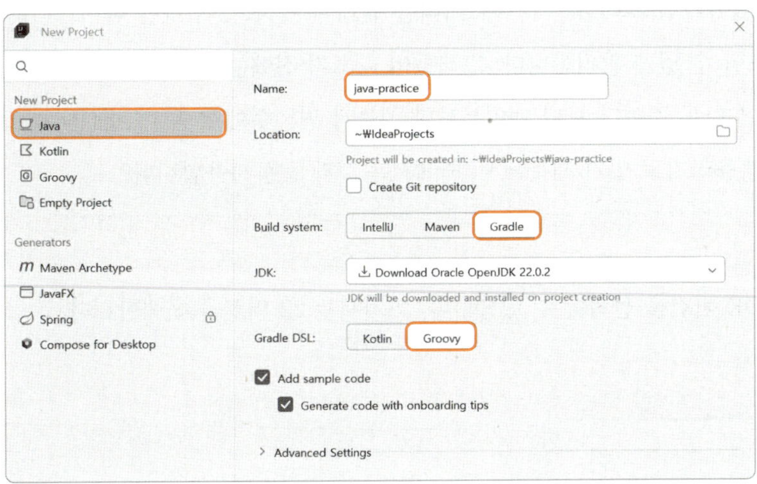

03 다음은 SDK 설치입니다. 여기서는 JDK를 설치해 볼 텐데, 이미 JDK를 설치한 적이 있다면 인텔리제이가 JDK 위치를 자동으로 찾아서 나타내 줄 것입니다. JDK 설치를 위해 Download JDK를 선택합니다.

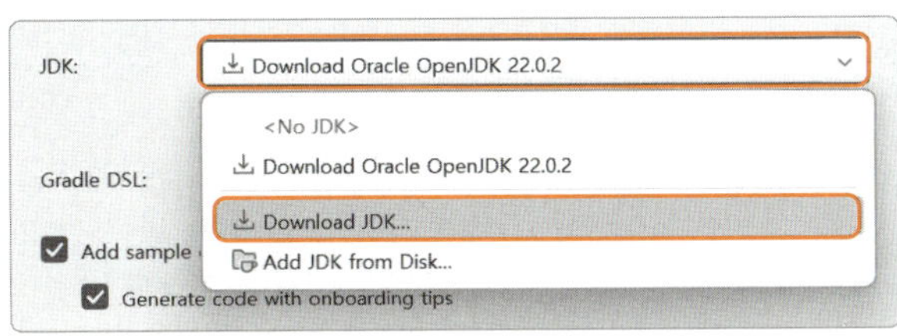

빌드와 라이브러리

그래들Gradle은 빌드 도구이자, 라이브러리 관리 도구입니다. 그래들 옆에 보이는 **메이븐**Maven, **인텔리제이**IntelliJ도 같은 기능의 도구입니다. 그렇다면 이 세 가지 도구의 차이점을 이해하기에 앞서 먼저 빌드와 라이브러리가 뭔지 알아야겠죠?

빌드build란 프로그램을 개발자가 아닌 일반 사용자가 사용할 수 있는 상태로 만드는 것입니다. 자바에서는 .jar 파일로 만드는 것을 보통 빌드라고 합니다. 이 파일은 자바 애플리케이션이나 라이브러리를 배포하기 위한 패키지입니다.

라이브러리library란 누군가(혹은 회사)가 자바로 만들어 인터넷에 올려 놓은 유용한 기능을 모아 둔 것입니다. 자바에서 유명한 라이브러리로는 스프링Spring, 스프링 부트Spring Boot, SLF4J, Jackson 등이 있으며, 지금도 전 세계 수많은 자바 개발자들이 자바로 만든 프로그램을 오픈 소스로 공개해서 모두가 사용할 수 있도록 하고 있습니다.

다시 빌드 시스템 이야기로 돌아가면 그래들은 라이브러리를 쉽게 추가하고, 추가한 라이브러리를 빠짐없이 .jar 파일로 빌드할 수 있게 관리합니다. 그래들이 나오기 전에는 메이븐도 많이 썼는데, 아무래도 그래들이 나중에 나온 것이다 보니 메이븐보다 성능과 편의성에서 좀 더 개선되었고 그래들의 사용자 비율도 점점 올라가고 있기 때문에 이 책에서는 그래들을 사용합니다.

04 다음 대화상자에서는 JDK 버전을 선택할 수 있습니다. 여기서는 22 버전을 선택합니다.

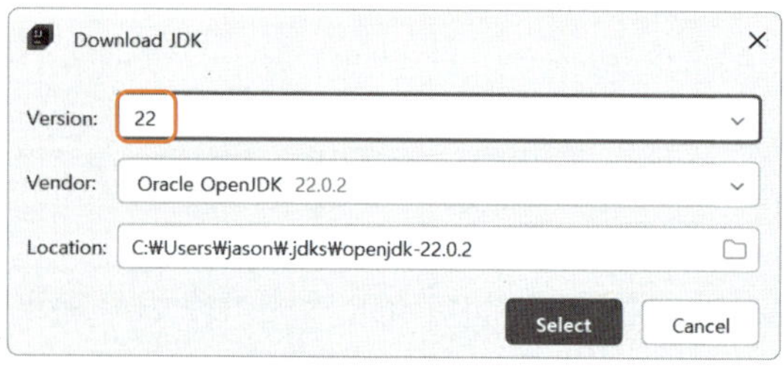

 다음으로 JDK Vendor를 선택합니다. 자바는 오픈 소스이기 때문에 공개되어 있습니다.
몇몇 자바를 이용하는 회사들이 최적화된 JDK를 만들어서 배포합니다. 여기서는 GraalVM
Community Edition을 선택합니다.

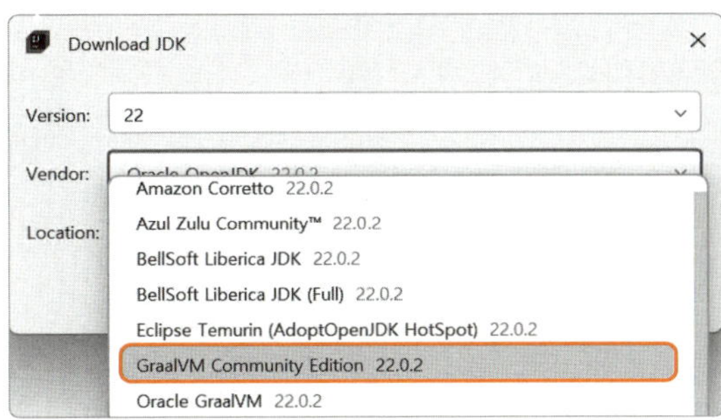

GraalVM과 Oracle OpenJDK

자바에 대한 권리를 가지고 있는 회사는 오라클입니다. 그래서 Oracle OpenJDK
를 많이 사용합니다. GraalVM(그랄VM) 역시 오라클에서 만든 가상 머신Virtual
Machine, VM이자 JDK입니다. GraalVM은 자바 애플리케이션 실행 속도를 높이기 위해 최적화
를 많이 시킨 버전입니다. Enterprise 버전에서 GraalVM을 사용하려면 비용을 내야 하지만,
Community Edition에서는 무료로 쓸 수 있기 때문에 이 책에서는 Oracle OpenJDK보다 성능
이 개선된 GraalVM을 사용합니다. Oracle OpenJDK를 써도 이 책의 내용을 따라하는 데 문제는
없습니다.

 Version을 22, Vendor를 GraalVM Community Edition 22로 선택했다면 Select를 클릭합
니다.

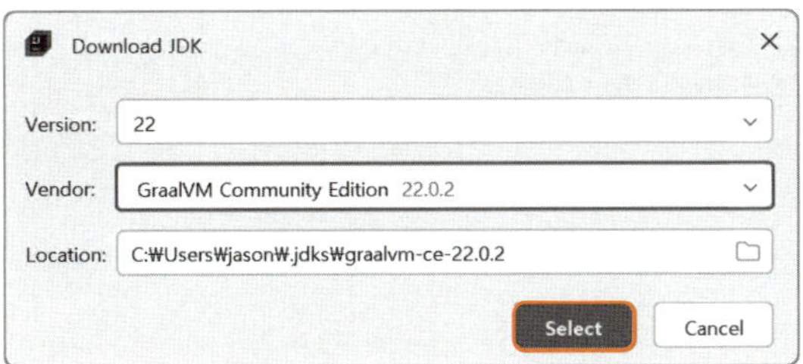

07 JDK는 프로젝트를 생성할 때 다운로드하고 설치할 거라고 하네요. **Create**를 클릭합니다.

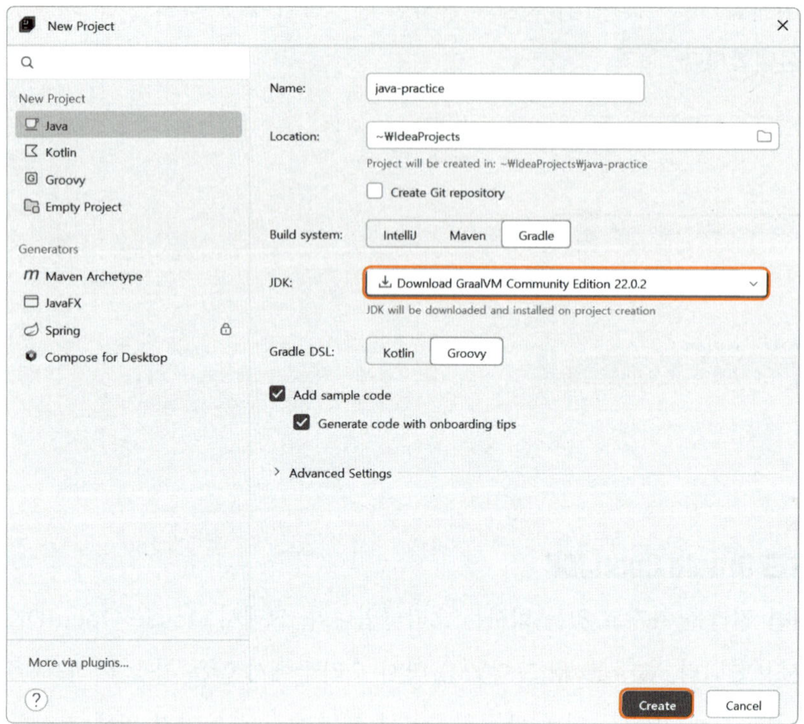

08 java-practice라는 이름의 자바 프로젝트가 생성됩니다.

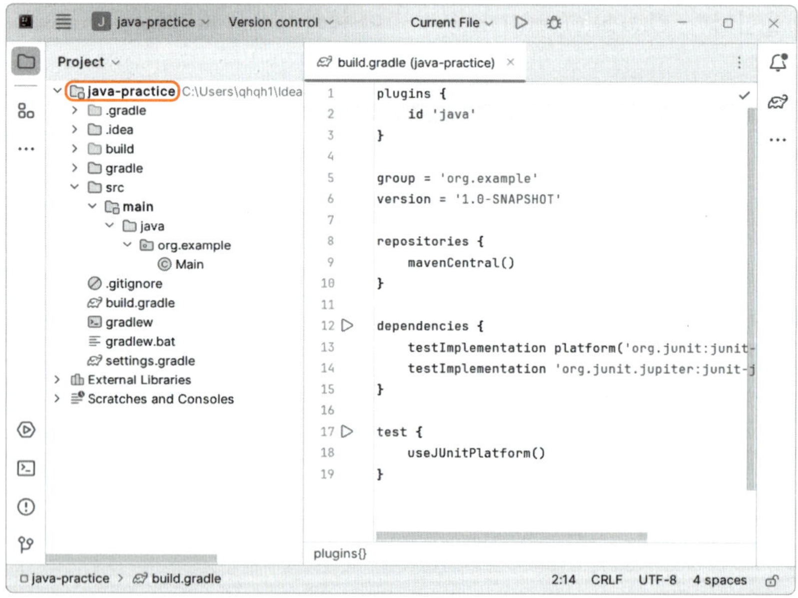

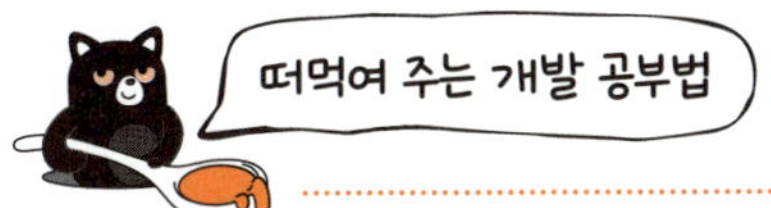

가장 많이 사용되는 자바 버전은 2014년에 나온 자바 8입니다. 자바 8은 그 이전 버전과 아주 많은 차이가 있습니다. 특히 모던한 자바 문법이 본격적으로 도입된 것이 자바 8입니다. 자바 8은 나온 지 10년이 되었지만 호환성 문제로 인해 아직 자바 8을 쓰는 회사도 많습니다.

그러나 이제 자바 버전을 꼭 올려야 하는 이유가 있습니다. 그 이유는 스프링부트 3.x 버전부터는 자바 17 미만 버전을 지원하지 않습니다. 보통 자바 애플리케이션 개발의 90% 이상이 스프링부트를 사용해 이루어집니다. 그런데 스프링부트가 무엇이냐고요?

스프링부트는 자바의 웹 프레임워크인 스프링 기반의 애플리케이션을 쉽게 생성하고 배포하기 위한 모듈입니다. 프레임워크를 뼈대라고도 하는데, 쉽게 설명하자면 프랜차이즈 빵집을 예로 들 수 있습니다. 프랜차이즈 빵집에서는 기본 재료를 본사에서 제공해 주죠. 이와 유사하게 프로그래밍할 때 자주 사용되는 기본 구조를 제공해 주는 것이 바로 프레임워크입니다.

아무튼 여러분이 자바를 어느 정도 공부하고 나면 스프링부트를 쓰게 될 텐데, 대체로 스프링부트는 3.x 버전을 사용할 것입니다. 따라서 JDK 17 이상 버전을 사용해 실습하는 것이 좋습니다.

인텔리제이 프로젝트 화면 살펴보기

앞으로 우리가 자주 보게 될 프로젝트 화면을 살펴보겠습니다.

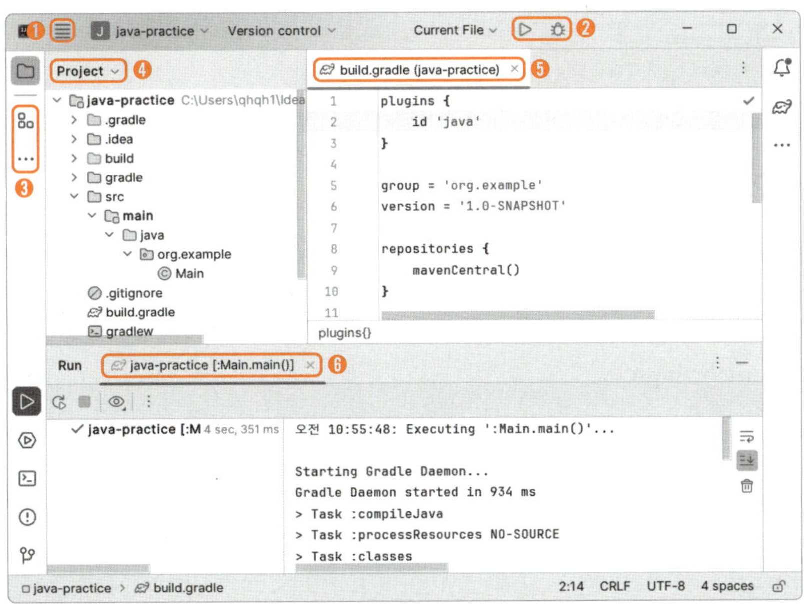

❶ **메인 메뉴:** 프로젝트, 파일, 빌드, 실행, 도구 창 등의 주요 기능을 제공합니다.

❷ **내비게이션 바:** 자주 사용하는 기능(빌드, 실행, 디버깅 등)을 아이콘으로 표시하여 바로 사용할 수 있도록 제공하는 도구 모음입니다.

❸ **툴 바:** 여러 가지 도구 창(실행 창, 프로젝트 도구 창, 터미널 창 등)을 아이콘으로 표시하여 바로 열고 닫을 수 있도록 제공하는 또 다른 도구 모음입니다.

❹ **프로젝트 도구 창:** 현재 열려 있는 프로젝트 및 파일을 나열하여 탐색할 수 있는 창입니다.

❺ **에디터 창:** 코드 편집 및 디버깅에 사용하는 창입니다.

❻ **실행 창:** 프로그램 수행 결과가 출력되는 창입니다. 프로젝트 실행 시 자동으로 나타납니다.

인텔리제이 환경 설정하기

인텔리제이에서는 개발자의 상황에 맞게 여러 가지 설정을 할 수 있습니다. 개발은 모니터를 오래 보면서 해야 하기 때문에 글꼴이나 테마를 내가 보기 좋도록 만들고 작업을 하는 게 좋습니다.

글꼴 크기 바꾸기

눈에 보이는 글자가 너무 작거나 크다면 그 크기를 조정할 수 있습니다.

01 Main Menu – File – Settings를 선택해 설정 화면으로 이동합니다.

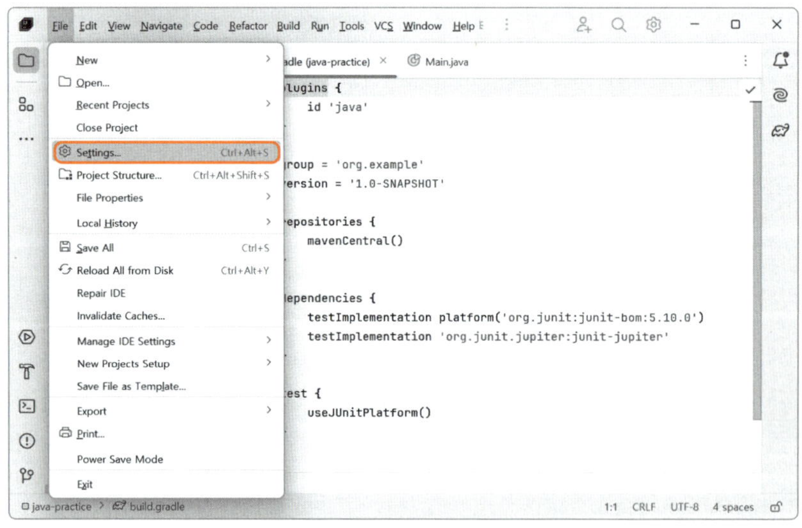

02 검색 창에서 원하는 설정을 검색합니다. font를 입력하면 왼쪽 메뉴의 Editor – Font에서 글꼴 크기를 설정할 수 있습니다. 현재 Font는 JetBrains Mono로 되어 있고 Size는 13입니다.

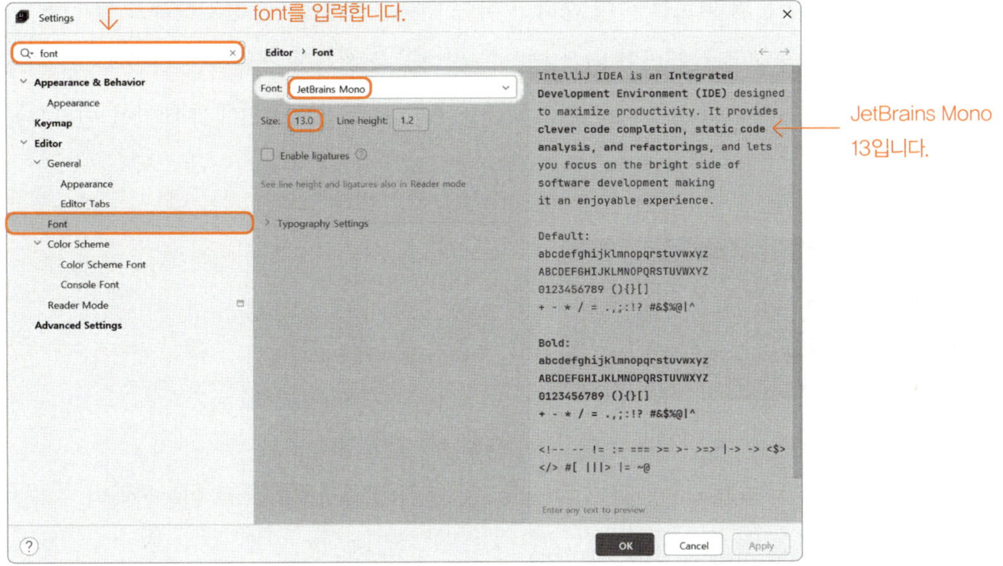

03 Size를 원하는 크기로 바꿔 줍니다. 20으로 변경해 보겠습니다. 오른쪽 미리 보기 화면에서 확실히 커진 글꼴을 확인할 수 있습니다. 글자 크기가 마음에 든다면 OK를 클릭합니다.

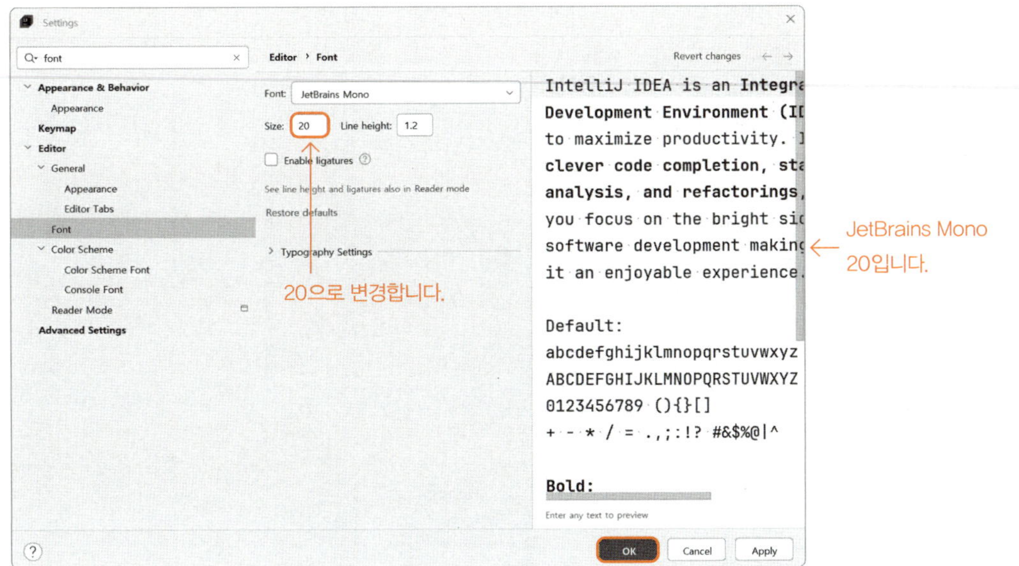

테마 바꾸기

인텔리제이의 기본 테마는 다음과 같이 검은색 화면입니다. 개발자의 경우 장시간 화면을 바라보며 코드를 작성하다 보니 눈의 피로를 줄여 준다고 하는 어두운 테마를 더 선호한다고 합니다. 가장 좋은 것은 환경에 따라 어두운 테마와 밝은 테마를 왔다갔다 설정을 전환하는 것인데, 이 책에서는 인쇄 후 가독성을 고려해 밝은 테마로 변경하겠습니다. 프로젝트 화면에서 테마를 변경하는 방법을 알아보겠습니다.

```java
public class Hello {
    no usages
    public static void main(String[] args) {
        System.out.println("Hello");
    }
}
```

01 Main Menu – File – Settings(Ctrl+Alt+S)를 선택해 설정 화면으로 이동합니다.

02 검색 창에 theme를 입력한 후 왼쪽 메뉴에서 Appearance & Behavior – Appearance를 선택합니다.

03 앞에서 기본 테마를 변경하지 않았다면 Theme 목록에서 Light with Light Header로 바꿔 봅시다. OK를 클릭하면 테마가 변경됩니다.

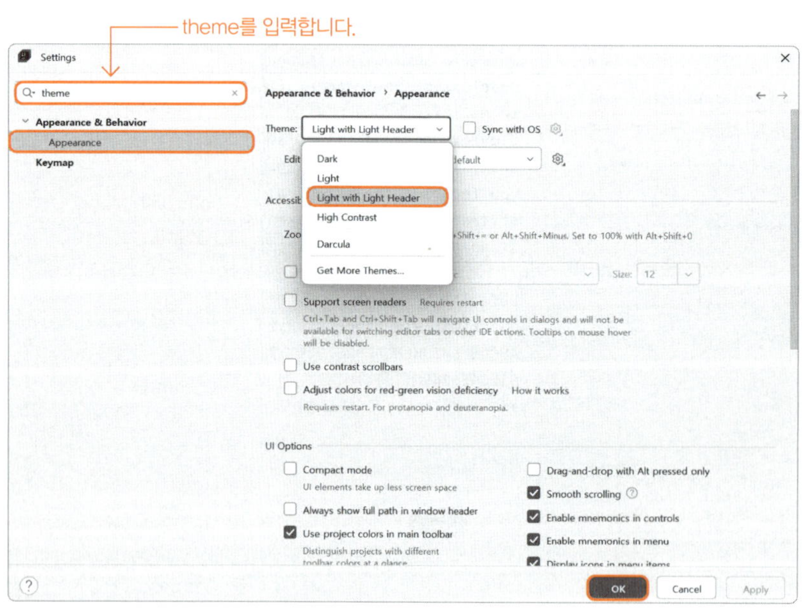

tip 인텔리제이에서 기본으로 제공하는 테마로는 Dark, Light, Light with the Header, High Contrast, Darcular가 있습니다. 하나씩 선택해 보고 원하는 테마로 변경해 보세요.

테마 설치하기

인텔리제이가 기본으로 제공하는 테마 외에 다른 테마를 설치할 수 있습니다.

01 Main Menu – File – Settings(Ctrl + Alt + S)를 선택해 설정 화면으로 이동한 후 왼쪽 메뉴 Appearance & Behavior – Appearance를 선택합니다. 그런 다음 Theme 목록에서 Get More Themes를 클릭합니다.

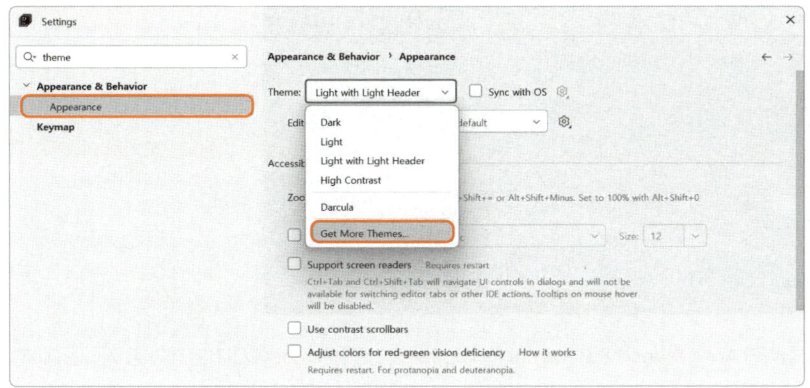

02 Plugins 검색 창에서 /tag:theme로 자동 검색되며, 설치할 수 있는 테마들이 나옵니다. Dark Purple Theme의 Install을 클릭해 보겠습니다.

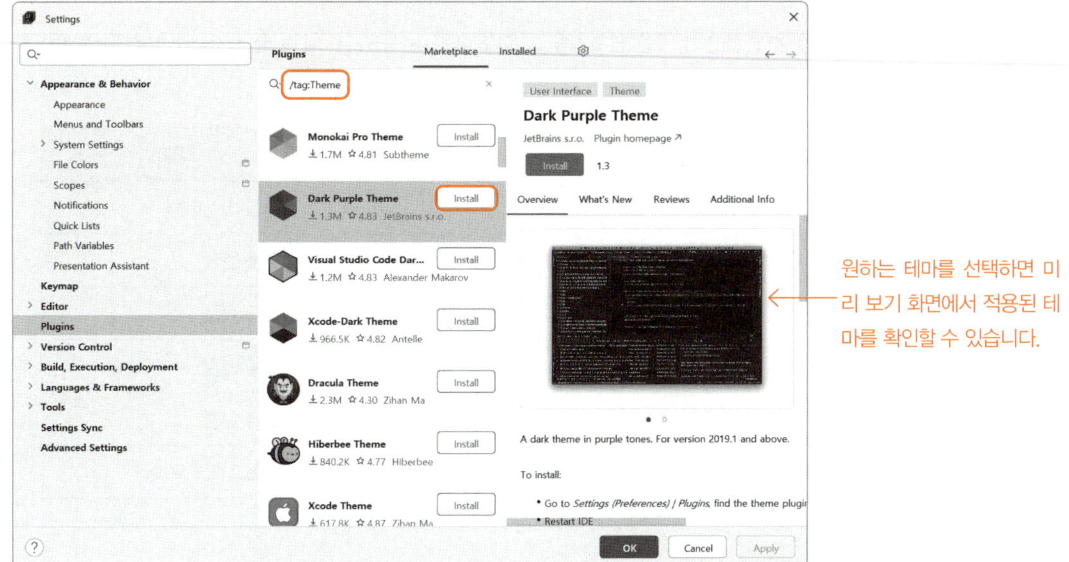

원하는 테마를 선택하면 미리 보기 화면에서 적용된 테마를 확인할 수 있습니다.

03 설치가 완료되면 해당 테마로 자동 변경됩니다. 마음에 든다면 OK를 클릭해 적용합니다.

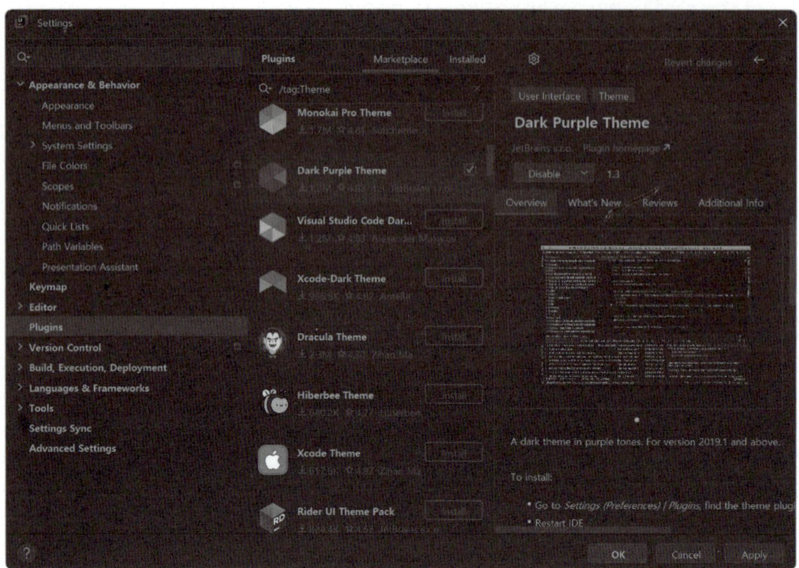

tip 기본 테마로 다시 돌아가고 싶다면 Appearance & Behavior − Appearance의 Theme에서 기본 테마 중 원하는 테마를 선택하면 됩니다.

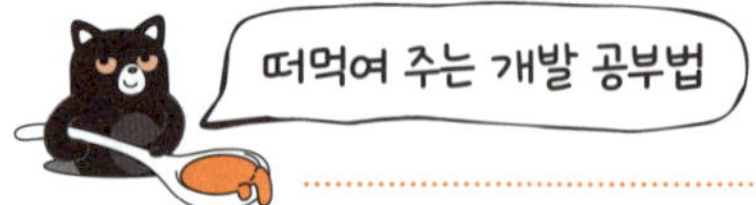

개발하면서 일상적으로 자주 사용하는 명령은 단축키를 외워뒀다가 사용하면 훨씬 원활하게 작업할 수 있습니다.

단축키	의미		단축키	의미
Alt + 1	프로젝트 도구 창으로 이동		ESC	편집기로 이동
Ctrl + Space	코드 자동 완성		Alt + Enter	자동 완성
Ctrl + Alt + S	설정 창		Ctrl + Alt + L	코드 정렬
Ctrl + /	코드 주석 처리/해제		Shift + F6	이름 변경
Shift, Shift	모든 곳에서 검색		Ctrl + Shift + F10	선택 실행
Shift + F10	실행		Shift + F9	디버그 모드로 실행

_____ 월 _____ 일 걸린 시간: _____ 시간 _____ 분

	10	20	30	40	50	60	10	20	30	40	50	60
1회												
2회												
3회												

용어 및 개념

☐	**통합 개발 환경(IDE)**	– 프로그래밍 개발과 관련하여 필요한 작업, 즉 코딩, 디버깅, 컴파일, 테스트, 실행, 배포 및 자동 오류 체크, 자동 완성 등 여러 기능들이 모여 있는 프로그램 – 인텔리제이는 대표적인 자바 통합 개발 환경 중 하나
☐	**소프트웨어 개발 도구(SDK)**	개발에 도움을 주는 도구, 즉 디버깅, 문서, API 등의 모음
☐	**자바 개발 도구(JDK)**	– 자바로 프로그래밍을 하기 위해 필요한 개발 도구 – 인텔리제이는 대표적인 자바 통합 개발 환경 중 하나
☐	**프로젝트**	프로그램을 개발하는 단위로 개발자가 만드는 소스 코드로 이루어짐
☐	**빌드**	프로그래밍 언어로 작성된 소스 코드를 컴퓨터가 이해하기 쉽게 번역한 컴파일된 소스 코드와 개발한 애플리케이션을 실행하기 위해 필요한 모든 것들을 특정 조건이나 실행 환경에 맞게 한데 묶는 작업
☐	**라이브러리**	– 소스 코드의 묶음 – 내가 만든 코드라는 의미이나 다른 개발자들이 개발한 소스 코드 묶음을 가리키는 말로 주로 사용됨

Hello를 출력하는 기능 만들기

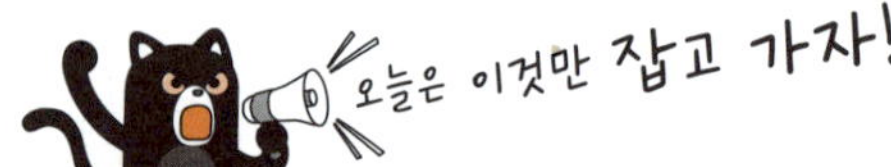

필수 예제	용어 및 개념		명령어
PrintHello.java	☐ 클래스	☐ 메인 메서드	`public class` `void`
PrintHelloTest.java	☐ 메서드	☐ 인스턴스화	`System.out.println();`
	☐ 명령	☐ 캐멀 케이스	`static` `main`
	☐ 변수	☐ 자바 가상 머신(JVM)	`new`

자바로 프로그램을 만들고 실행하는 방법을 익히기 위해 Hello를 출력하는 아주 간단한 기능을 만들어 보겠습니다. Hello를 출력하는 간단한 기능을 만들려면 세 가지 요소가 필요합니다. 그것은 **클래스**class, **메서드**method, **명령**command입니다.

자바는 클래스 단위로 프로그램을 실행하고 나누기 때문에 명령이 한 줄만 있더라도 반드시 클래스를 만들어 주어야 합니다. 메서드는 기능입니다. 메서드는 단독으로 존재할 수 없으며, 반드시 클래스 안에 만들어야 합니다.

여기서는 Hello를 화면에 출력하는 기능을 실행하는 프로그래밍 과정에서 클래스, 메서드, 명령이 어떻게 구성되는지 살펴보겠습니다. PrintHello 클래스에 print() 메서드를 만들어 보겠습니다. 사용하는 명령은 println()입니다. 최종 형태는 다음과 같습니다.

```java
public class PrintHello {        ❶
    public void print() {        ❷
        System.out.println("Hello");
    }                            ❸
}
```

❶ PrintHello 클래스 ❷ print() 메서드 ❸ println 명령

앞서 설명한 용어를 지금 당장 이해하지 못했다고 실망할 필요는 없습니다. 지금부터 여러 번 반복해서 차근차근 설명할 거니까요.

클래스 선언하기

앞에서도 잠시 언급했지만 자바는 객체 지향 언어입니다. 객체는 object를 한국어로 번역한 말인데요, 앞서 객체를 '프로그램상에서 어떤 역할을 수행하는 요소, 데이터, 기능'이라고 설명했습니다. 자바에서 객체는 프로그램에서 어떤 역할을 수행하기 위해 필요한 상태(변수)와 기능(메서드)의 묶음을 의미합니다. 그리고 상태와 기능이 묶인 객체를 **클래스**로 표현합니다.

게임을 예로 들어 보겠습니다. 다음은 '스페이스 인베이더'라는 게임입니다. 왼쪽과 오른쪽으로 우주선을 이동하면서 위에서부터 침공해 오는 외계인들을 모두 쏴서 없애는 게임입니다.

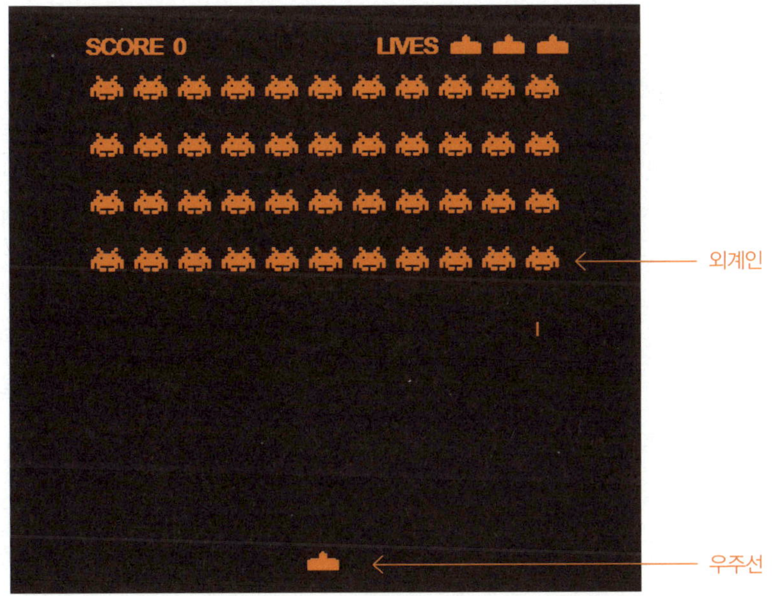

이 게임의 상단에는 점수SCORE와 목숨LIVES이 있습니다. 침공하는 외계인을 맞춰서 없애면 점수가 올라갑니다. 침공하는 외계인도 우주선을 공격할 수 있습니다. 우주선의 목숨은 3으로 시작하고 외계인이 발사한 총알에 맞으면 하나씩 줄어들어 목숨이 0일 때 한 대 더 맞으면 게임 오버가 됩니다.

이 게임을 클래스로 표현해 보면 다음과 같습니다.

```java
public class SpaceInvaders {            ←————————————————— ❶
    private int lives = 3;        // 목숨 ┐
    private int score = 0;        // 점수 ┘←—————— ❷


    private void moveLeft() {    ┐

    }                            │
                                 ├←—————————— ❸
    private void moveRight() {   │

    }                            ┘
}
```

❶ 클래스 이름은 SpaceInvaders이고

❷ lives와 score라는 상태가 있습니다. lives는 목숨이라서 게임 진행 중에 특정 상황마다 변하는 값입니다. score도 마찬가지로 게임 진행 중에 변하는 값입니다. 자바에서 상태를 나타내는 값이 바로 **변수**variable입니다.

→ SOON 변수는 CHAPTER 03에서 자세히 다룹니다.

❸ 또한 moveLeft(), moveRight()라는 두 개의 **메서드**method가 있습니다. 기능에 해당합니다. 조이스틱을 움직이거나 키보드의 왼쪽 오른쪽 화살표를 누르면 우주선을 움직이게 하는 기능입니다.

게임뿐 아니라 비즈니스 애플리케이션, 은행 애플리케이션 등 모든 프로그램은 '상태'와 '기능'이 필요하고 서로 밀접한 관계가 있습니다. 자바에서는 서로 밀접한 '상태'와 '기능'을 묶어 클래스로 만들어 프로그래밍하도록 강제하고 있습니다. **클래스**를 한마디로 정의하면 '상태'와 '기능'으로 객체를 정의하는 틀 혹은 설계도라고 할 수 있습니다. 즉 클래스를 통해 객체가 만들어지는 것이죠. 이러한 객체가 모여 자바 프로그래밍을 구성하기 때문에 자바를 **객체 지향 언어**라고 합니다.

이를 바탕으로 클래스를 선언하는 형식을 간단히 정리하면 다음과 같습니다.

```
public class 클래스_이름() {
    ...
}
```

클래스 이름 앞에 있는 class는 "**클래스 이름**이 클래스다!"라고 선언하는 부분입니다. class 앞에 있는 **public**은 **접근 제어자**로 "이 클래스는 어디에서든 접근할 수 있다"는 뜻입니다. SOON 접근 제어자는 432쪽에서 자세히 다룹니다. 중괄호{} 사이를 블록이라고 하는데 이 안에 우리가 넣고 싶은 메서드를 입력합니다.

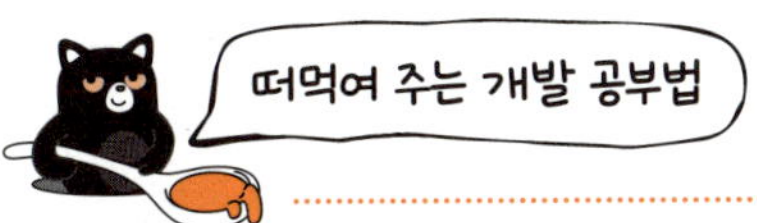

클래스에 관해서는 차차 배워가기로 하고 여기에서는 우선 개념만 간단하게 이해하고 넘어갑니다. 지금 또 완벽하게 이해가 안 되었다고 해서 너무 실망하지는 마세요. 계속 많은 이야기가 나올 테니 뒤에 가서 이해해도 됩니다. 지금은 '자바에서는 클래스가 필요하다' 정도만 이해해도 괜찮습니다.

01 Main Menu – File – New – Project를 선택하면 나타나는 New Project는 프로젝트를 만드는 대화상자입니다. Name에 hello를 입력하고 나머지 설정은 47쪽에서 만들었던 java-practice 프로젝트와 동일하게 한 뒤 Create를 클릭해 새 프로젝트를 만듭니다.

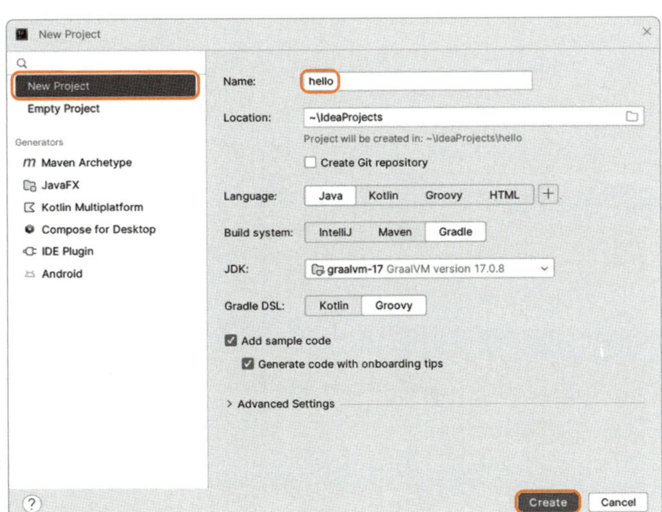

tip 프로젝트가 열린 상태에서 새로운 프로젝트를 만들면 현재 창This Window에 프로젝트를 열지 아니면 새로운 창New Window에 프로젝트를 열지를 묻는 창이 나타납니다. 기존 프로젝트를 동시에 띄울 필요가 없으므로 여기서는 This Window를 클릭합니다.

tip 인텔리제이를 다시 시작했을 때 프로젝트 화면이 아닌 인텔리제이 시작 화면이 나온다면 화면 오른쪽 위에서 New Project를 클릭합니다.

02 프로젝트 도구 창 src – main 하위의 java 폴더에서 마우스 오른쪽 버튼을 클릭한 후 New
– Java Class를 선택합니다.

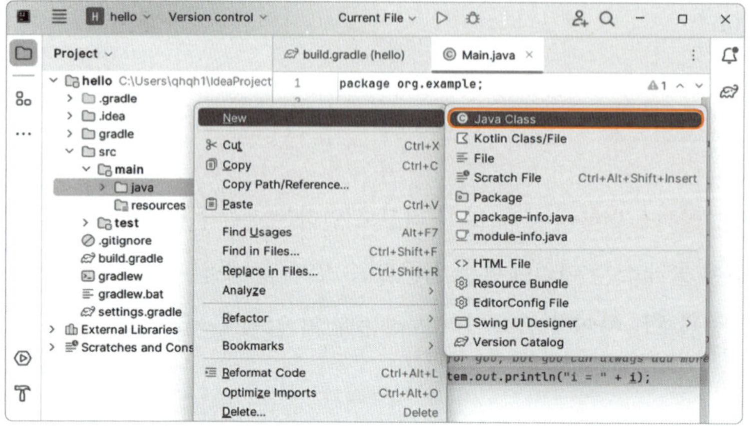

tip 반드시 java 폴더에 클래스를 생성해야 합니다. 그렇지 않으면 실행이 안 될 수 있습니다.

03 클래스를 만들 수 있는 창이 나타납니다.
Name에 클래스 이름을 지정할 수 있습니다.
클래스 이름을 PrintHello라고 입력하겠습니다.
그리고 [Enter]를 누릅니다.

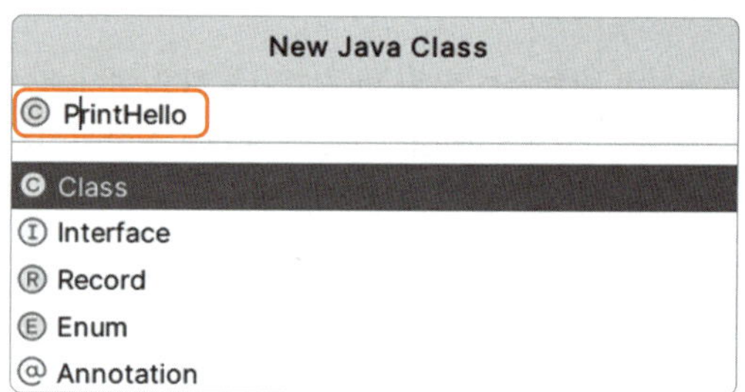

tip 메뉴에서 Class가 선택된 상태로 이름을 지정하고 [Enter]를
눌러야 클래스가 생성됩니다. 혹시 다른 항목을 실수로 선택했다
면 다시 Class로 변경합시다.

04 프로젝트 창에서 src – main – java – PrintHello가 나타났다면 클래스가 잘 만들어진 것
입니다.

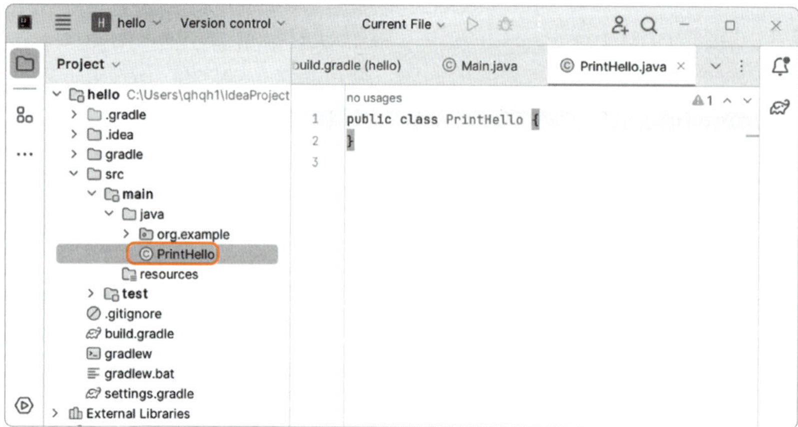

05 이제 오른쪽 에디터 창을 봅시다. PrintHello라는 이름으로 클래스가 생성되었습니다.

```
public class PrintHello {                                    PrintHello.java


}
```

tip 자바는 클래스 이름과 파일 이름이 같아야 합니다. 소스 코드를 수정하다가 클래스 이름이 파일 이름과 달라질 경우에는 에러가 나므로 주의해야 합니다. 참고로 파일 이름을 변경하려면 파일 위에서 마우스 오른쪽 버튼을 클릭한 후 Refactor – Rename을 누릅니다.

자바 클래스가 잘 만들어졌는지 확인하려면!

자바 클래스를 생성할 때 위치가 잘못되면 실행이 안 될 수 있습니다. 애초에 위치가 맞지 않으면 마우스 오른쪽 버튼을 클릭하면 나오는 바로 가기 메뉴에 Java Class라는 선택지가 표시되지 않습니다.

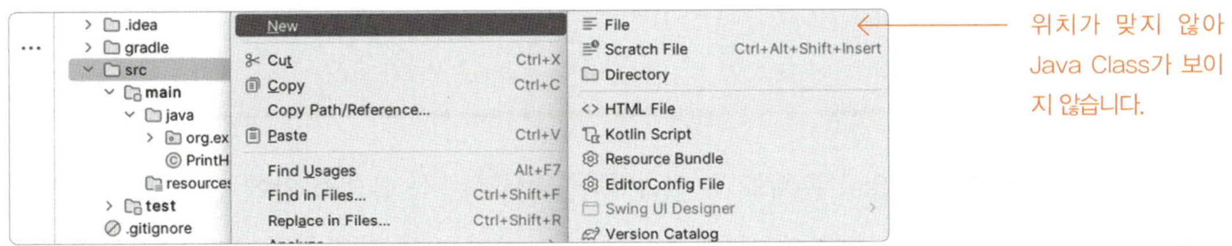

또한 자바 클래스를 만들기는 했는데, 정확한 위치가 아니라면 아이콘 모양이 다르게 나옵니다. 아이콘 모양이 다르다면 삭제하고 정확한 위치에 다시 만들어 주세요. 삭제는 프로젝트 창의 지우고자 하는 파일 위에서 마우스 오른쪽 버튼을 클릭한 후 Delete를 선택하거나 파일을 선택한 후 Delete 를 누르면 됩니다.

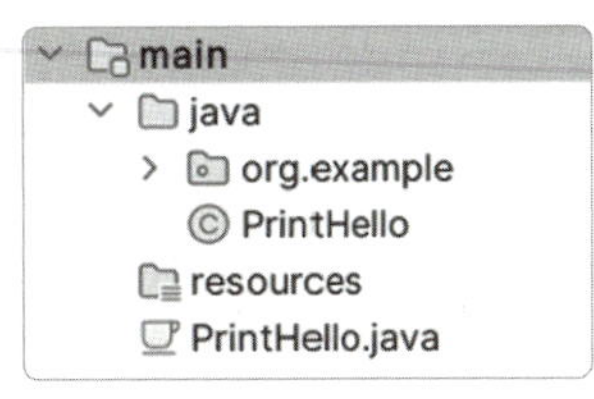

앞서 클래스를 만들 때 PrintHello라는 형태로 클래스 이름을 지었습니다. 여기서 'P'와 'H'를 대문자로 표현했는데, 이는 그냥 아무렇게나 지은 것이 아니라 나름의 규칙을 따른 것입니다. 자바에서 **클래스 이름**은 다음과 같은 규칙으로 작성합니다.

- 반드시 대문자로 시작해야 합니다.
- 숫자로 시작해서도 안 됩니다.
- 중간에 띄어쓰기 또는 특수 문자도 사용할 수 없습니다.

예를 들어 Print Hello와 같이 중간에 띄어쓰기를 한다거나 Print_Hello와 같이 중간에 영문자가 아닌 다른 문자열이 들어가도 안 됩니다. 2by2와 같이 숫자로 시작해도 안 됩니다. 그래서 띄어쓰기로 단어를 구분해야 할 때는 PrintHello와 같이 대문자를 사용해서 작성하는데, 이러한 표현 방법을 **캐멀 케이스**camel case라고 합니다. 낙타의 등을 보면 볼록 튀어 나와 있는데요. 중간중간 대문자가 섞인 모양이 낙타의 등과 같아서 붙여진 이름입니다. 자바에서는 모든 개발자가 캐멀 케이스 규칙을 꼭 지켜서 개발합니다. 그러므로 여러분도 캐멀 케이스로 이름을 짓는 습관을 가지도록 합시다.

메서드 선언하기

자바에서는 메서드만 단독으로 존재할 수 없습니다. **메서드**는 꼭 클래스 안에 만들어야 합니다. 클래스를 우리 몸body이라고 했을 때 메서드는 잡기grab, 차기kick와 같은 동작이라고 할 수 있습니다. 팔과 다리는 몸에 붙어 있어야 작동할 수 있습니다. 팔과 다리가 몸에서 떨어지면 단독으로 움직일 수 없는 것처럼 메서드도 클래스에서 떨어져 단독으로 움직일 수 없습니다.

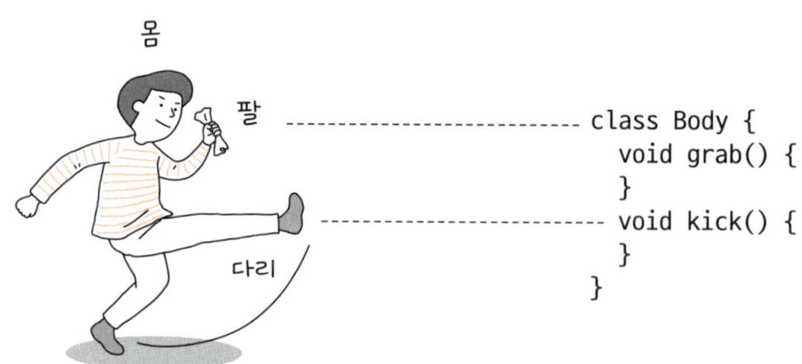

메서드는 다음과 같은 형식으로 만듭니다.

```java
public void 메서드_이름() {
    ...
}
```

void를 메서드 이름 앞에 붙여 줍니다. 그리고 그 앞에 클래스와 마찬가지로 public을 붙여 줍니다. public은 이 메서드로 아무나 접근할 수 있다는 뜻이며, void는 이 메서드(기능)의 실행 결과로 리턴return되는 값의 형태가 따로 없다는 것을 의미합니다. 메서드 이름 뒤에는 소괄호()를 붙여 주고 괄호 뒤에는 중괄호{}를 붙여 줍니다. 이 안에 넣고 싶은 기능을 입력합니다. 지금은 '메서드 선언을 이렇게 하는구나' 정도로만 알아 둡시다.

앞서 메서드를 '기능'이라고 했습니다. 따라서 Hello를 출력하는 기능을 만들기 위해서는 메서드를 선언해야 합니다. 메서드를 선언하는 방법은 간단합니다. 에디터 창에서 PrintHello 클래스의 중괄호 블록에 메서드를 작성하면 됩니다. 앞서 만든 PrintHello 클래스 중괄호 블록에 다음 코드를 작성합니다.

```java
public class PrintHello {
    public void print() {

    }
}
```
PrintHello.java

방금 만든 메서드 이름을 살펴봅시다. print라고 지어 주었는데 클래스 이름과는 다르게 대문자로 시작하지 않습니다. 메서드 이름 작성 규칙은 클래스 이름 작성 규칙과 조금 다릅니다.

- 첫 글자를 소문자로 시작합니다.
- 메서드 이름이 여러 단어의 조합으로 구성된 경우에는 단어와 단어를 연결할 때 시작 단어를 대문자로 씁니다.
- 동사를 포함해서 짓습니다.

클래스 이름과 마찬가지로 대부분의 자바 개발자는 이 규칙에 따라 메서드 이름을 작성하기 때문에 규칙을 꼭 기억해 둡시다.

명령 추가하기

사실 앞에서 선언한 클래스와 메서드는 Hello를 화면에 출력하는 명령 하나를 실행하기 위한 과정이었습니다. **명령**은 자바 애플리케이션에 어떤 일을 하도록 지시하는 것입니다. 화면에 Hello를 출력하는 명령어 코드를 추가해 보겠습니다. 명령은 print 메서드의 중괄호 블록에 다음과 같이 작성하면 됩니다.

```java
public class PrintHello {
    public void print() {
        System.out.println("Hello");
    }
}
```

PrintHello.java

이 한 줄의 명령이 자바에서 기본으로 제공하는 println()이라는 메서드(기능)를 불러오는 것입니다. **System.out.println()**은 소괄호() 안에 있는 문자열을 화면에 출력하는 명령입니다. 문자열은 앞뒤에 큰따옴표를 붙여 입력합니다.

```java
System.out.println("Hello");
```

명령어를 추가할 때 주의해야 할 점이 있는데 명령 끝에는 세미콜론(;)을 반드시 붙여야 합니다. 이 세미콜론은 명령과 명령 사이를 구분하는 기준이 됩니다. 자바에서는 세미콜론이 없다면 줄바꿈을 하더라도 한 줄로 인식하므로 명령이 제대로 실행되지 않을 수 있습니다.

"123"과 123의 구분

"123"은 문자열이지만 123은 숫자입니다. 문자열과 숫자를 구분하는 기준 중 하나는 큰따옴표("")가 있는지 여부입니다. 문자열의 덧셈은 두 문자열을 연결합니다.

```
"123"          ←──────────────── 문자열
"1" + "2" = 12
123       ←──────────────────── 숫자
1 + 2 = 3
```

메인 메서드 만들기

PrintHello라는 클래스(몸)에 print라는 메서드(기능)를 만들었습니다. 작성한 자바 코드를 실행하려면 **메인 메서드**가 필요합니다. 자바는 실행할 때 메인 메서드를 찾아서 실행하기 때문입니다. 메인 메서드를 만들지 않는 것은 총을 만들어 놓고 방아쇠를 만들지 않는 것과 같습니다. 총을 잘 만들었다고 해도 방아쇠가 없으면 쏠 수 없는 것처럼 메인 메서드가 없으면 자바 코드를 실행할 수 없습니다.

메인 메서드는 **main()**이라는 이름만으로 간단하게 만들어지는 건 아닙니다. 자바에서 정해 준 형태가 있습니다. 다음과 같은 형태로 작성해야 합니다.

```
public static void main(String[] args)
   ❶      ❷     ❸    ❹         ❺
```

각각은 모두 의미가 있습니다.

❶ **public**은 접근 제어자라는 것이고

❷ **static**은 자바 가상 머신에 static 영역이라는 곳이 있는데, 이 영역에 만들겠다는 뜻이고

❸ **void**는 리턴 타입 중 하나인데 리턴되는 값이 없다는 사실을 표현하는 것입니다.

❹ **main**은 메서드 이름입니다.

❺ **String[] args**는 자바 프로그램을 실행할 때 특정 값들을 전달할 수 있는 매개변수입니다.

지금 이 내용을 모두 외울 필요는 없습니다. 메인 메서드는 이와 같은 형태로 무조건 선언되어야 한다는 사실만 알고 넘어갑시다.

SOON 메인 메서드는 464쪽에서 자세히 다룹니다.

이제 본격적으로 메인 메서드를 선언하겠습니다. 그전에 먼저 클래스부터 선언하겠습니다. 메서드는 클래스 안에 있어야 한다는 사실 기억하죠?

01 프로젝트 도구 창 src – main 하위의 java 폴더에서 마우스 오른쪽 버튼을 클릭한 후 New
– Java Class를 선택합니다.

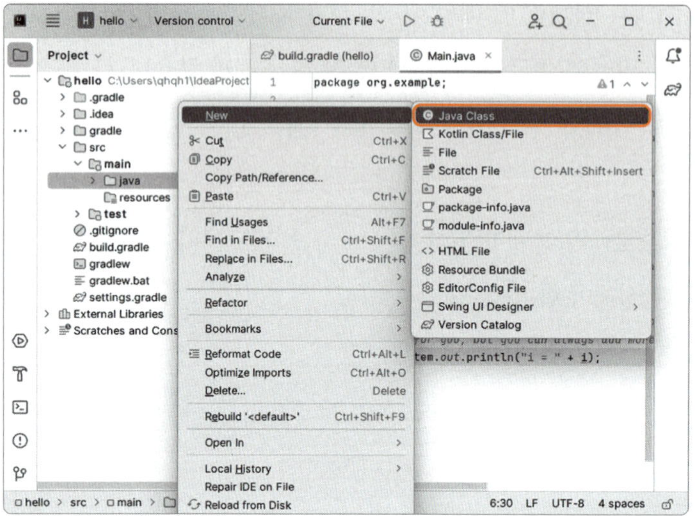

02 클래스 이름은 PrintHelloTest라고 입력하겠습니다. Enter 를 눌러 클래스를 만듭니다.

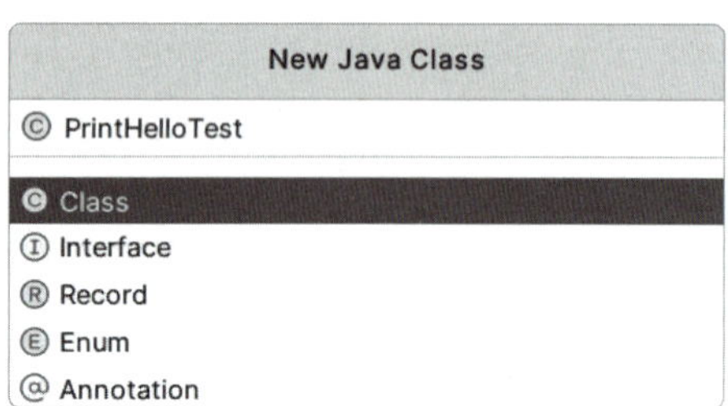

03 다음과 같이 PrintHelloTest 클래스의 중괄호{} 안에 메인 메서드를 입력합니다.

```java
public class PrintHelloTest {
    public static void main(String[] args) {

    }
}
```
PrintHelloTest.java

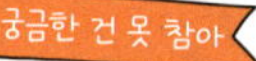

인텔리제이의 자동 완성 기능으로 메인 메서드 선언하기

인텔리제이에서 자동 완성 기능을 이용하면 코드를 쉽게 입력할 수 있습니다. public static void main(String[] args)의 경우 중괄호 사이에서 **m** 혹은 **psvm**을 입력하면 자동 완성 기능이 있는 보조 메뉴가 나타나고 여기서 main이 선택된 상태에서 [Enter]를 누르면 메인 메서드 코드가 자동으로 입력됩니다. m은 main, psvm은 public static void main의 약자입니다.

```
public class PrintHelloTest {
    m|
}
    main          main() method declaration
    Ctrl+Down and Ctrl+Up will move caret do...Next Tip
```

인스턴스화하기

이제 앞에서 만든 PrintHello 클래스를 인스턴스화하겠습니다. **인스턴스화**는 작성한 자바 클래스 소스 코드를 메모리에 올리는 것입니다. 모든 소스 코드를 메모리에 올려 놓고 쓰면 좋겠지만 메모리는 비싸기 때문에 필요한 것만 담아서 효율적으로 써야 합니다. 게임을 할 때 혹은 인터넷을 쓸 때 로딩이 발생하는 이유는 지금 필요 없는 것을 메모리에서 내리고 소스 코드 형태로 있는 코드를 우리 눈에 보이는 만큼만 메모리에 올리는 작업을 하기 때문입니다.

new 연산자로 인스턴스화하기

01 인스턴스화에 사용하는 연산자는 **new**입니다. new 연산자는 따라하기가 끝난 후 설명하겠으니 우선은 다음 내용을 그대로 메인 메서드 안에 작성합니다.

PrintHelloTest.java

```
public class PrintHelloTest {
    public static void main(String[] args) {
        PrintHello printHello = new PrintHello();
    }
}
```

02 이어서 PrintHello 클래스에 만들어 놨던 print() 메서드를 실행하는 코드를 작성하겠습니다. 다음과 같이 new 연산자 다음에 작성합니다.

```java
public class PrintHelloTest {
    public static void main(String[] args) {
        PrintHello printHello = new PrintHello();
        printHello.print();
    }
}
```
PrintHelloTest.java

03 이제 Hello를 출력하는 기능을 실행해 보겠습니다. Main Menu – Run – Run을 선택합니다. 단축키는 Alt + Shift + F10 입니다.

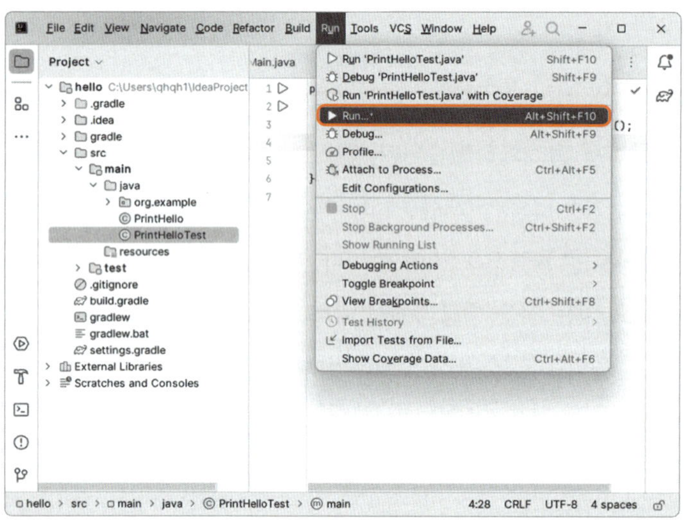

04 다음과 같은 창이 뜨면 PrintHelloTest를 선택합니다. 그러면 해당 클래스가 실행됩니다.

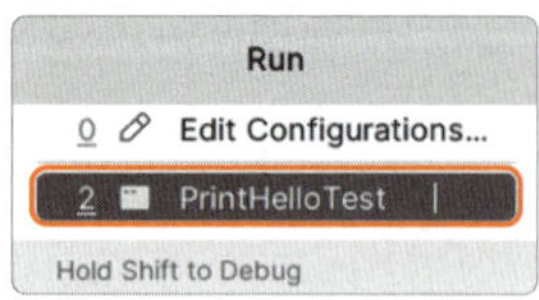

05 잠시 기다리면 아래쪽에 실행 창이 나타나면서 Hello가 출력된 것을 확인할 수 있습니다.

```
> Task :PrintHelloTest.main()
Hello
```

note Hello는 결과 화면 중간 정도 위치에서 확인할 수 있습니다.

new 연산자 알아보기

자바로 만든 애플리케이션을 실행시키면 JVM이라는 것이 작동합니다. **JVM은 자바 가상 머신**Java Virtual Machine의 줄임말로 자바로 작성한 소스 코드를 실행해 주는 프로그램입니다. **new** 연산자는 소스 코드 상태인 클래스를 JVM이 관리하는 메모리로 불러와 적재하는 역할을 합니다.

'포켓몬스터'를 예로 들면 포켓몬이 몬스터볼에 들어 있으면 포켓몬은 사용할 수 있는 상태가 아닙니다. 몬스터볼에서 꺼내야 포켓몬으로 물도 뿌리고 불도 쏘고 전기도 씁니다. 포켓몬을 몬스터볼에 담아서 다니는 이유는 여러 마리의 포켓몬을 여행할 때 우루루 데리고 다니면 힘들기 때문입니다. 그래서 필요할 때 꺼내고 필요하지 않으면 다시 몬스터볼에 넣습니다.

마찬가지로 자바에서 new라는 연산자를 사용한다는 것은 소스 코드 상태로 되어 있는 클래스를 JVM(현실 세계)의 Heap(힙)이라는 영역으로 소환해 사용 가능한 상태로 만드는 것입니다. 힙 영역으로 소환되면서 비로소 클래스는 객체를 생성합니다. 이 과정을 **인스턴스화**instantiate라고 하며 이 과정에서 생성된 객체를 **인스턴스**instance라고 합니다. 앞서 클래스는 객체를 만드는 틀이자 설계도라고 했고 이 클래스를 통해 객체가 만들어진다고 했던 것 기억하죠?

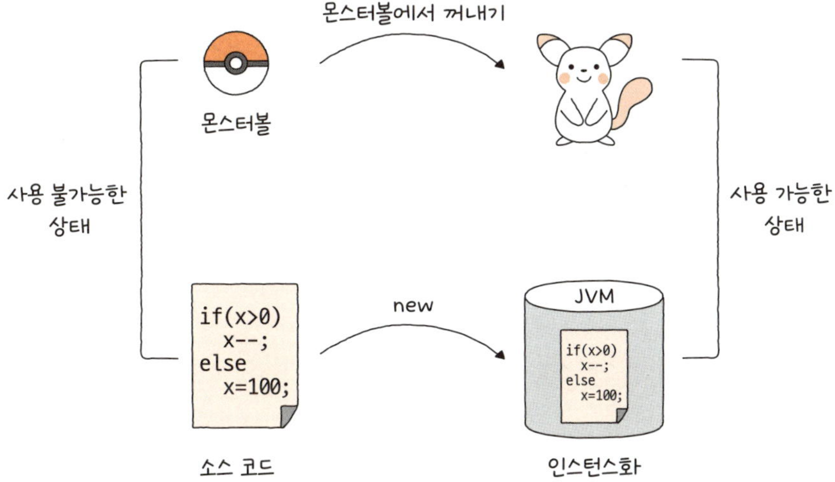

SOON 힙 영역은 168쪽에서 설명합니다.

비슷한 예이지만 한 가지 더 살펴보겠습니다. PrintBye와 PrintHello 두 개의 클래스가 있다고 생각해 봅시다.

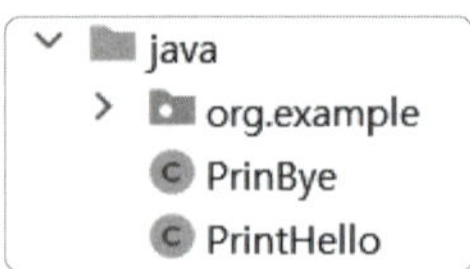

다음 소스 코드를 보면 JVM(현실 세계)에 소환한 것, 즉 인스턴스화된 건 PrintHello뿐입니다. PrintBye는 아직 소스 코드 상태이기 때문에 PrintBye에 있는 기능은 사용할 수 없습니다.

```java
public class RealWorld {
    public static void main(String[] args) {
        PrintHello printHello = new PrintHello();
    }
}
```

new 연산자를 사용하는 형식은 다음과 같습니다. 간단해 보이지만 많은 의미를 함축하고 있습니다. 그러나 오늘은 자바로 프로그램을 어떻게 만들고 실행하는지를 익히기 위해 틀잡기를 하는 시간이므로 다음과 같은 형식으로 '인스턴스화 한다'라고 이해하고 넘어가겠습니다.

```
PrintHello printHello = new PrintHello();

클래스(타입)   변수(객체)  = new   클래스();
     ❶            ❷      ❹ ❸       ❺
```

❶ PrintHello라는 클래스 타입으로

❷ 변수를 선언한 후

❸ new 연산자로 메모리에 적재하고 메모리 주소 참조 값을 리턴하면

❹ 이를 변수에 저장하고

❺ 생성자를 호출함으로써 인스턴스화가 완료됩니다.

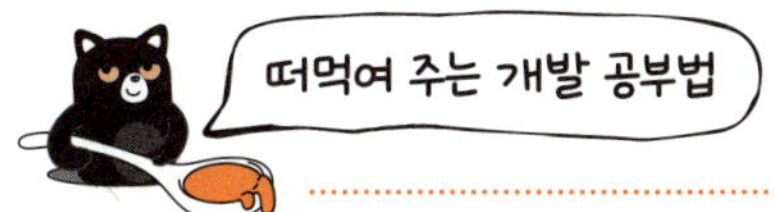

매번 소스 코드를 만들거나 수정하면서 실행을 계속 진행할 텐데 실행 속도가 느리면 공부하는 데 지칠 수 있습니다. 컴퓨터 사양 문제 등으로 실행 속도가 느리다면 다음과 같이 설정해 보세요.

01 Main Menu – File – Settings(Ctrl + Alt + S)를 선택해 설정 화면으로 이동한 후 검색 창에 gradle을 입력해 gradle 관련 설정 메뉴로 이동합니다.

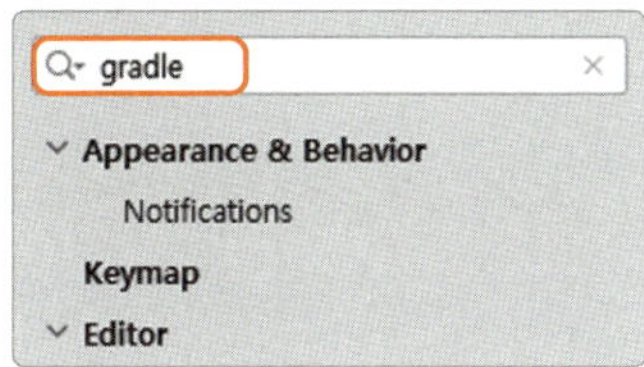

02 Build and run using과 Run tests using을 모두 IntelliJ IDEA로 변경하고 OK를 클릭합니다.

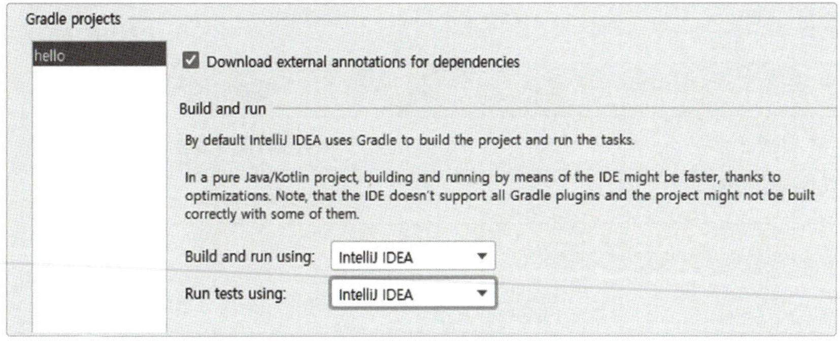

Hello 대신 1+1 출력하기

Hello 대신 1+1을 출력해 보겠습니다. 앞에서 작성한 PrintHello 클래스의 print() 메서드를 수정합니다.

tip 파일 간 이동은 프로젝트 도구 창에서 해당 파일을 더블클릭하거나 에디터 창 위쪽의 파일 탭을 클릭합니다. 인텔리제이에서 이전에 편집했던 소스 코드로 가는 단축키는 Ctrl + Tab 입니다.

01 PrintHello 클래스의 print 메서드 안에 있는 "Hello"(큰따옴표 포함)를 1 + 1로 수정합니다.
여기서 +는 연산자라고 합니다.

```java
public class PrintHello {
    public void print() {
        System.out.println(1 + 1);
    }
}
```

PrintHello.java

SOON 연산자는 258쪽에서 자세히 다룹니다.

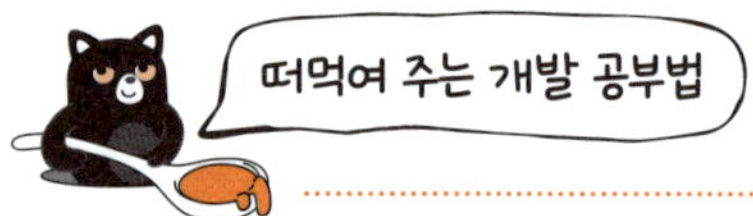

1 + 1을 쓸 때는 가독성을 좋게 하기 위해 + 연산자 앞뒤로 꼭 한 칸씩 띄어 써 주세요. 1+1과 같이 붙여 쓰면
소스 코드에서 수식이 잘 안 보입니다.

방법	예시	결과
연산자 + 앞뒤로 공백을 안 넣은 경우	1+1	가독성이 좋지 않음
연산자 + 앞뒤로 공백을 넣은 경우	1 + 1	가독성 좋음

02 소스 코드는 PrintHello에서 수정했지만 실행은 PrintHelloTest에서 해야 합니다. Print
Hello에는 main() 메서드를 만들지 않았기 때문에 실행할 수 없습니다. PrintHelloTest로 이동해
Main Menu – Run – Run(Alt + Shift + F10)을 선택하고 PrintHelloTest를 선택합니다.

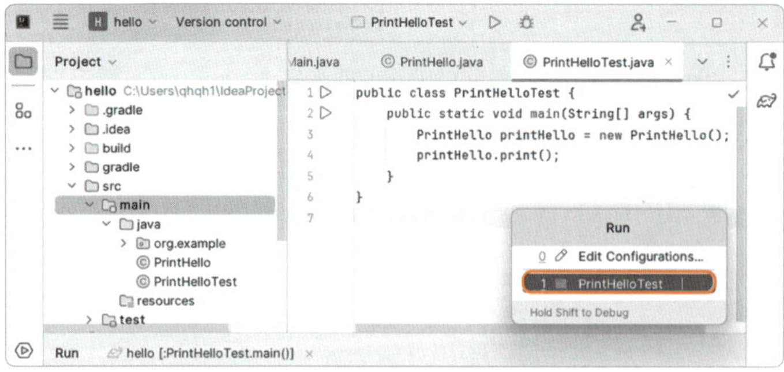

03 1 + 1을 계산한 결과인 2가 출력됩니다.

```
> Task :PrintHelloTest.main()
2
```

자바로 개발하다 보면 PrintHello.java, PrintHelloTest.java처럼 클래스를 하나 생성할 때마다 파일을 한 개씩 추가합니다. 그리고 기능을 계속 추가하면 클래스도 자연스럽게 많아집니다. 그렇기 때문에 모든 클래스를 한 개의 디렉토리에 만들면 어디에 어떤 파일을 만들었는지 찾기가 어렵죠.

윈도우에서 파일을 만들 때 폴더를 만들어서 정리하듯 자바에서도 패키지(package)를 만들어 관련 있는 클래스들끼리 모아 놓습니다. 즉 비슷한 기능끼리 분류해 놓은 것이죠. 패키지는 새로운 개념이 아니라 우리에게 익숙한 디렉토리(폴더)입니다. 그저 자바에서는 패키지라고 부를 뿐이죠. 물론 단순히 분류하는 것뿐 아니라 접근 제어 기능도 제공합니다.

println()을 사용하면 한 줄로 출력할 수 있습니다. println()을 여러 번 사용하면 여러 줄을 출력할 수 있는 것이죠. println()을 두 번 사용해서 "Hello"와 1 + 1의 결과 값을 동시에 출력해 보세요.

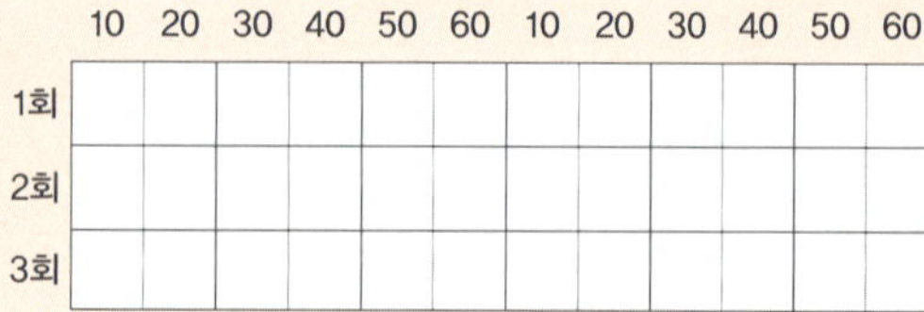

	10	20	30	40	50	60	10	20	30	40	50	60
1회												
2회												
3회												

필수 예제

`PrintHello.java`	Hello를 화면에 출력하는 기능을 실행하는 클래스
`PrintHelloTest.java`	PrintHello를 실행하는 클래스

용어 및 개념

☐	**클래스**	소스 코드를 여러 번 재사용하기 위해 '상태'와 '동작'을 묶은 단위
☐	**메서드**	클래스에서의 '동작'을 의미하며 여러 개의 명령이나 지정된 연산을 재사용하기 위해 묶어 놓는 단위. 자바는 모든 기능을 '클래스' 단위로 개발하기 때문에 '함수' 대신 '메서드'라고 지칭함
☐	**명령**	프로그램을 구성하는 단위로, 소스 코드의 한 줄 한 줄이 명령이 됨
☐	**변수**	상태를 나타내는 값
☐	**메인 메서드**	자바가 실행될 때 가장 먼저 실행되는 메서드로, 메인 메서드가 없다면 실행할 수 없음
☐	**인스턴스화**	작성한 자바 클래스 소스 코드를 메모리에 올리는 과정. 뷔페에서 차려진 음식을 내가 먹을 접시로 담아 오는 과정과 유사함
☐	**캐멀 케이스**	자바에서 변수, 메서드, 클래스 등의 이름을 정할 때 두 개 이상의 단어를 쓴다면 단어가 바뀔 때마다 첫 글자를 대문자로 쓰는 규칙
☐	**자바 가상 머신(JVM)**	자바로 작성한 소스 코드를 실행해 주는 프로그램

명령어

```java
public class 클래스_이름() { … }
// public: 아무나 접근할 수 있다는 것을 의미하는 접근 제어자
// class: 클래스 선언을 의미
public void 메서드_이름() { … }        // 실행 결과로 리턴되는 값이 따로 없다는 것을 의미
System.out.println();                  // 소괄호() 안에 있는 내용을 화면에 출력하는 명령
public static void main(String[] args)
// static: 자바 가상 머신 static 영역에 메인 메서드를 만들겠다는 의미
// main: 메인 메서드를 의미
// String[] args: 자바 프로그램을 실행할 때 특정 값들을 전달할 수 있는 매개변수
타입_변수 = new 클래스(); // 소스 코드 상태의 클래스를 JVM에 올려 사용 가능한 상태로 만드는 것
```

입력과 출력

프로그램(애플리케이션)은 '기능'입니다. 조금 더 정확하게는 '기능'의 모임입니다. 예를 들어 계산기를 만든다고 생각해 봅시다. 계산기에 숫자(1, 2, 3)와 연산자(+, −, ×, /)를 눌러 '입력'하면 작은 화면에 연산 결과를 '출력'해 줍니다. 이처럼 계산기라는 프로그램(기능)은 누군가에게 '사용'되기 위해 만들어집니다. 누군가(사용자) 사용할 수 있도록 하려면 프로그램은 '입력'받을 수 있어야 하고, 실행한 결과를 '출력'할 수 있어야 합니다. CHAPTER 02에서는 '입력'받는 방법과 '출력'하는 방법을 알아보겠습니다.

한 글자씩 입력받기

필수 예제	용어 및 개념		명령어

필수 예제
JavaInput.java
JavaInputTest.java

용어 및 개념
☐ 입력 ☐ 아스키 코드
☐ 내장 클래스 ☐ 주석
☐ 예외 처리
☐ 초기화

명령어
import read()
InputStreamReader()
System.in
throws IOException

카페에서 아메리카노를 주문해 본 적이 한번쯤은 있을 것입니다. 아메리카노를 만들려면 에스프 레소를 추출해야 하는데요, 에스프레소를 추출하려면 커피 원두가 있어야 하죠. 어떤 좋은 커피 머신도 커피 원두 없이는 커피를 뽑을 수 없습니다.

자바로 만든 애플리케이션도 커피 머신에 원두를 넣듯이 데이터를 입력해 주면 입력한 데이터를 가공하고 연산하는 처리 과정을 거쳐 우리가 원하는 결과를 만들어 낼 수 있습니다. 자바로 만든 애플리케이션에 데이터를 넣는 과정을 **입력**input이라고 합니다.

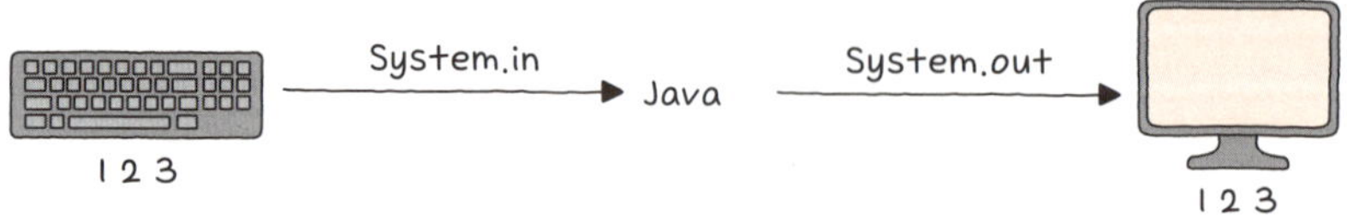

앞서 그림에 System.in이라는 새로운 것이 보이는데요. **System**은 자바 애플리케이션의 표준 입출력을 담당하는 내장 클래스입니다. 자바에서는 자주 사용되는 기능을 클래스로 만들어서 제공하는데 이를 **내장 클래스**라고 합니다. System에는 변수를 통해 다양한 기능을 지정하고 있는데, in 변수에는 입력과 관련된 메서드가, out 변수에는 출력과 관련된 메서드가 저장되어 있습니다. 그래서 **System.in**이 입력을 담당하고 **System.out**이 출력을 담당하는 것이죠.

1 입력 메서드를 저장하는 변수

2 출력 메서드를 저장하는 변수

3 멤버 접근 연산자

변수와 멤버 접근 연산자(.)에 대해서는 차차 알아가기로 하고 우선 입력부터 받아 보겠습니다.

> **SOON** 변수는 CHAPTER 03, 멤버 접근 연산자는 166쪽에서 자세히 다룹니다.

프로그래밍에서 입력받는다는 것의 의미

사람이 Happy new year라는 문자열을 읽을 때 한번에 읽는 것 같지만 그렇지 않습니다. 실은 맨 앞에 있는 H부터 a, p, p, y, 공백, n, e, w, 공백, y, e, a, r 이렇게 한 글자씩 읽은 후 뇌에서 조합합니다.

자바도 마찬가지로 데이터를 한 글자씩 읽지만 우리가 느끼기에는 한번에 읽는 것처럼 느껴집니다. 자바에서 입력을 다룰 때 이런 점을 알면 이해가 쉽습니다. 먼저 한 글자를 읽어 보겠습니다.

자바에서 한 글자를 읽을 때는 **InputStreamReader**라는 클래스를 사용합니다. 자바가 우리의 뇌라고 가정하면 InputStreamReader는 시신경이라고 할 수 있습니다. 우리가 눈으로 글자를 입력받아서 뇌에서 조합하듯이 자바는 InputStreamReader로 데이터를 입력받아 처리합니다.

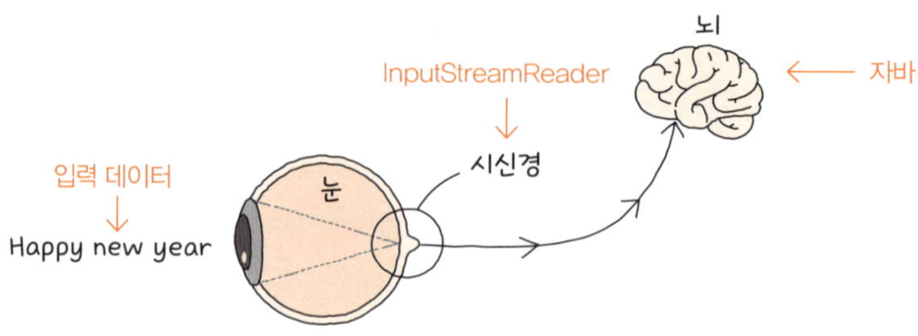

빛이 우리 눈으로 들어오면 시신경을 자극하고 시신경은 뉴런이라는 통로를 통해 전달받은 신호를 뇌로 보내 줍니다. 뇌는 자극된 신경으로 들어온 빛을 해석하고 그것이 글자라는 것을 인식해서 우리가 알고 있던 Happy new year라는 단어와 연결시킵니다. 이 과정이 아주 빠르게 진행되므로 우리는 빛이 눈으로 들어오는지, 시신경이 자극되는지, 신경을 통해 신호가 전달되는지를 느낄 틈도 없이 눈으로 글자를 보고 읽습니다.

자바의 입력도 마찬가지입니다. 여러 단계를 거쳐 화면에 Happy new year라는 글자가 출력되는 것이지만, 이 모든 과정은 컴퓨터 안에서 빠른 속도로 이루어지므로 우리는 단계별로 어떤 일이 일어나고 있는지는 잘 느끼지 못합니다. 하지만 프로그래밍을 한다는 것은 이런 과정에 대한 이해가 필요합니다. 지금부터 한 단계씩 알아보겠습니다.

스트림이란

스트림stream은 데이터를 작은 블록 단위로 나누어 처리하는 입출력 방식 중 하나입니다. 데이터를 블록 단위로 조금씩 나누어 처리하기 때문에 스트림을 사용하면 전체 데이터를 메모리에 올리는 부담을 줄일 수 있습니다. 이는 대용량 데이터나 네트워크에서의 전송 등에서 효율적인 메모리 사용을 가능케 하며 데이터를 보다 빠르게 처리할 수 있게 해 줍니다.

InputStreamReader로 입력받기

자바에서 데이터를 입력받을 때 **InputStreamReader**라는 내장 클래스를 사용합니다. 이 클래스에 포함되어 있는 **read()**라는 메서드를 사용하면 한 글자를 읽어 올 수 있습니다. 지금부터 InputStream Reader를 사용하는 코드를 작성해 보겠습니다.

note CHAPTER 02에서 작성하는 예제는 CHAPTER02 프로젝트를 생성해 저장하겠습니다. 앞으로 CHAPTER별로 프로젝트를 만들어서 실습을 진행하세요! 새 프로젝트 생성 방법을 잊었다면 46쪽을 참고하세요.

01 CHAPTER02 프로젝트에 JavaInput이라는 클래스를 만듭니다. ⟵BACK 클래스 만들기는 62쪽을 참고하세요. 이어서 한 개의 글자를 입력한다는 의미의 readAChar라는 이름으로 메서드를 만듭니다.

```java
public class JavaInput {
    public void readAChar() {

    }
}
```


02 그런 다음 중괄호 {로 시작해서 }로 끝나는 메서드 블록 안에 InputSt를 입력합니다. 자동 완성 목록이 나타나면 InputStreamReader를 선택하고 Enter를 누릅니다.

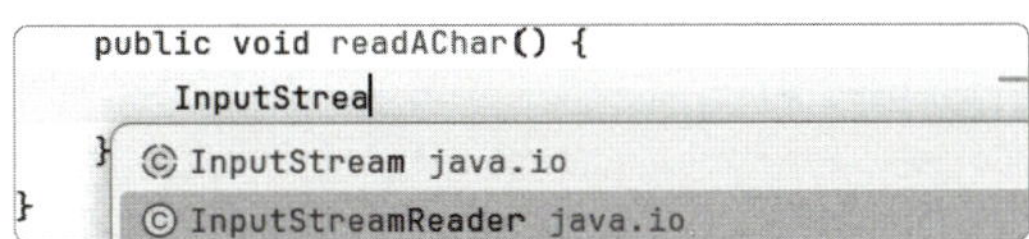

tip 자바는 대소문자를 정확히 구분합니다. 따라서 클래스 이름을 입력할 때 대소문자를 정확히 입력해 주세요.

03 그러면 클래스를 만든 후 위쪽에 다음과 같은 내용이 추가됩니다. import라는 명령인데, 이 내용은 java.io라는 곳에 미리 만들어져 있는 InputStreamReader를 불러온다는 뜻입니다.

```java
import java.io.InputStreamReader;
```

import란?

자바에서 이미 만들어진 기능을 불러올 때 import 명령어를 씁니다. 모두 다 불러오면 되지 않느냐 싶지만 도서관에 있는 책을 읽기 위해 도서관 전체를 빌리지 않는 것과 같습니다. 도서관에서 책을 한 권씩 빌려 와 읽듯이 import를 써서 필요한 기능만 불러오는 것이죠. import는 다음과 같이 사용합니다. 이는 패키지에서 특정 클래스를 불러오라는 뜻입니다.

```java
import 패키지_이름.클래스_이름
```

04 메서드 블록에 작성한 InputStreamReader에 이어서 다음 코드를 작성합니다. 이는 문자열을 입력받은 후 아스키 코드로 출력하는 코드인데, 사용된 명령어는 차근차근 알아보겠습니다.

```java
import java.io.InputStreamReader;                          JavaInput.java

public class JavaInput {
    public void readAChar() {
        // InputStreamReader 클래스를 is라는 이름으로 변수 선언  ←——— ❶
        InputStreamReader is;

        // InputStreamReader를 인스턴스화
        is = new InputStreamReader(System.in);

        // InputStreamReader에서 한 글자를 읽어 옴
        // read()는 InputStreamReader 클래스에 포함되어 있는 메서드
        int asciiCode = is.read();

        // 읽어 온 문자열 코드를 출력
        System.out.println(asciiCode);
    }
}
```

❶ 이 부분은 코드 설명을 위해 추가한 **주석**입니다. 따라 입력하지 않아도 되며, 반복되는 코드에서는 생략하겠습니다.  주석은 87쪽에서 자세히 다룹니다.

선언의 의미

클래스 선언, 메서드 선언처럼 **선언**은 책 전반에 자주 등장하는 개념입니다. 변수는 값을 저장하는 메모리상의 공간이므로 자바에서는 값을 저장하기 위해 메모리에 공간을 잡아 놓아야 하는데 **변수 선언**을 통해 메모리 공간을 확보합니다. 앞의 코드에서 InputStreamReader 타입의 is, int 타입의 asciiCode가 변수에 해당합니다. is는 InputStreamReader 클래스를 인스턴스화했을 때 반환하는 메모리 주소 참조 값을 저장하기 위한 용도로, 그리고 asciiCode는 읽어 온 한 글자를 저장하기 위한 용도로 사용하기 위해 선언한 것입니다. 변수는 CHAPTER 03에서 자세히 다룹니다.

05 코드를 입력하고 인텔리제이 에디터 창을 보니 read 아래쪽에 빨간색 물결선이 나타납니다. 이는 코드를 실행했을 때 **read()** 메서드에서 에러가 발생한다는 의미이며, 이를 **예외**라고 합니다. **예외 처리**라는 과정을 통해 예외(에러)에 대비해 주어야 하는데, 인텔리제이에서는 Alt + Enter 를 누르면 예외 처리 방법이 표시됩니다. 두 가지 방법 중 하나를 골라 실행합니다.

- 첫째, 메서드 단위에서 메서드를 불러온 곳으로 에러를 넘겨 예외로 처리하는 방법(Add exception to method signature)입니다.
- 둘째, try/catch 블록을 이용해 처리하는 방법(Surround with try/catch)입니다.

여기서는 첫 번째 방법으로 처리하겠습니다. **Add exception to method signature**를 선택합니다.

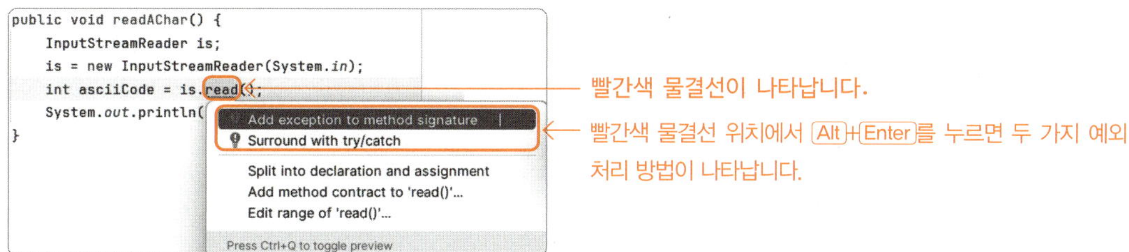

→ SOON 예외 처리는 633쪽에서 자세히 다룹니다.

06 그러면 다음과 같이 에러 처리된 코드가 입력됩니다. readAChar() 메서드 뒤에 **throws IOException**과 맨 위쪽에 **import java.io.IOException;**이 추가되었습니다. throws IOException은 호출한 곳으로 예외를 넘겨준다는 의미의 명령입니다.

```java
import java.io.IOException;
import java.io.InputStreamReader;

public class JavaInput {
    public void readAChar() throws IOException {
        InputStreamReader is;
        is = new InputStreamReader(System.in);
        int asciiCode = is.read();
        System.out.println(asciiCode);
    }
}
```
JavaInput.java

07 실행하려면 메인 메서드에서 JavaInput이라는 클래스를 인스턴스화시켜 주어야 합니다. 메인 메서드를 만들기 위해 클래스를 선언하겠습니다. 클래스 이름은 앞에서 JavaInput이라는 클래스를 만들었으므로 JavaInput 클래스를 테스트한다는 의미로 **JavaInputTest**로 지었습니다. 그리고 메인 메서드에 JavaInput의 readAChar()을 실행하는 코드를 작성해 보겠습니다. 다음과 같이 코드를 입력합니다.

```java
                                                          JavaInputTest.java
public class JavaInputTest {
    public static void main(String[] args) {
        // JavaInput 클래스를 javaInput이라는 변수로 선언
        JavaInput javaInput;  ←———————— ❶

        // JavaInput 클래스를 인스턴스화하면서 javaInput 변수를 초기화 함
        javaInput = new JavaInput();  ← ❷

        // readAChar() 메서드 호출
        javaInput.readAChar();
    }
}
```

❶ JavaInput 클래스를 사용하기 위해서는 우선 해당 클래스 타입의 객체를 선언해야 합니다. 그래서 **JavaInput** 타입으로 **javaInput**이라는 변수(객체)를 선언합니다. 이 변수는 ❷에서 인스턴스화를 거쳐 메모리에 할당될 객체입니다. ⟶ **SOON 변수 선언은 144쪽에서 자세히 다룹니다.**

```java
JavaInput javaInput;
```

❷ 이제 **new**라는 명령으로 인스턴스화합니다. CHAPTER 01에서도 잠깐 언급했지만 인스턴스화한다는 것은 소스 코드로 되어 있는 자바 코드를 JVM^Java Virtual Machine의 Heap(힙)이라는 영역에 올려 주는 것을 말합니다. 힙 영역에 인스턴스화가 된 이후에야 이 코드를 사용할 수 있습니다. 이처럼 메모리가 할당된 인스턴스에는 주소가 주어지고 참조할 주소로써 처음으로 변수에 저장하는 것을 **초기화**라고 합니다.

```java
javaInput = new JavaInput();
```

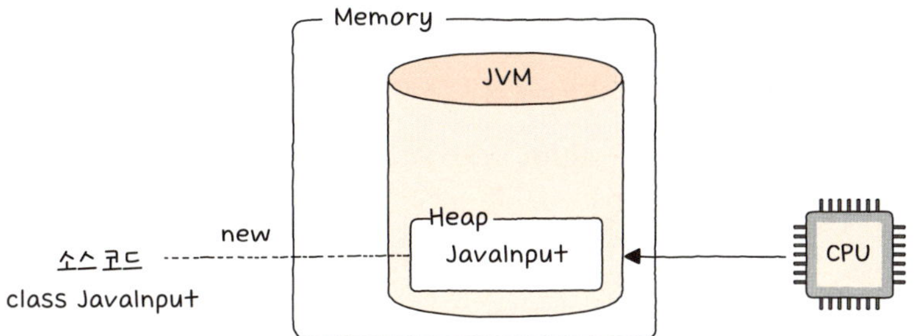

변수 선언과 인스턴스화를 동시에 하는 방법

아마 코드를 보자마자 바로 이상한 점을 느꼈을 것입니다. 왜냐하면 이 코드에서 인스턴스화하는 과정은 CHAPTER 01과 다소 다르기 때문이죠. 사실 CHAPTER 01에서는 다음과 같이 변수 선언과 인스턴스화라는 두 과정이 하나로 합쳐져 있었던 것입니다.

```
JavaInput javaInput;
javaInput = new JavaInput();
```

➡

```
JavaInput javaInput = new JavaInput();
```

앞의 코드에서는 인스턴스가 정확히 어떤 과정을 통해 이루어지는지 보여 주기 위해 두 과정을 분리해서 보여 주었고 실제 개발할 때는 대부분 이처럼 한 줄로 합쳐서 인스턴스화합니다.

08 코드를 실행하는 데 문제가 있습니다. 문제의 코드는 readAChar() 메서드입니다. 앞에서 예외 처리했던 코드 read() 메서드를 다시 한번 생각해 보겠습니다. 예외를 처리하는 방법 중 Add exception to method signature는 메서드를 호출하는 곳으로 예외 처리를 넘기는 방법이라고 했습니다. 그러니 호출하는 부분에서 다시 예외 처리를 해 주어야 합니다. readAChar() 메서드에서 Alt + Enter 를 눌러 Add exception to method signature를 선택합니다.

```
public static void main(String[] args) {
    JavaInput javaInput;
    javaInput = new JavaInput();
    javaInput.readAChar();
}
        Add exception to method signature |
        Surround with try/catch
        Press Ctrl+Q to toggle preview
```

09 그러면 read 때와 마찬가지로 맨 위쪽에 import java.io.IOException;이, 메인 메서드 뒤에 throws IOException이 추가되어 예외도 처리되고 다음과 같은 코드가 완성됩니다. 코드를 실행해 보겠습니다. Main Menu – Run – Run(Alt + Shift + F10)을 선택하고 실행 가능한 클래스 목록에서 JavaInputTest를 선택합니다.

```java
import java.io.IOException;                          JavaInputTest.java


public class JavaInputTest {
    public static void main(String[] args) throws IOException {
        JavaInput javaInput;
        javaInput = new JavaInput();
        javaInput.readAChar();
    }
}
```

10 실행 창에 별다른 표시가 없습니다. 실행 창을 마우스로 클릭해 봅니다. 커서가 깜빡이면 abcd를 입력하고 Enter를 누릅니다. 97이라는 결과가 나옵니다. 알파벳 a에 해당하는 아스키 코드가 97번이기 때문에 97이 출력되었습니다.

```
abcd Enter
97
```

왜 abcd를 입력했는데 97이 나오는지 의아하죠? 앞서 InputStreamReader의 read() 메서드는 입력받은 값들을 무조건 아스키 코드로 변환해서 출력하도록 코딩했기 때문입니다. 게다가 InputStreamReader는 몇 글자를 입력했던지 간에 한 글자만 읽어 옵니다. 그래서 abcd라고 네 글자를 입력했지만 첫 번째 글자인 a에 해당하는 아스키 코드 값 97만 출력되었습니다.

아스키 코드는 JavaInputTest의 메인 메서드에서 JavaInput을 인스턴스로 생성한 후 read AChar() 메서드를 호출하는 과정으로 실행됩니다.

아스키 코드의 역할

아스키 코드ASCII code는 American Standard Code for Information Interchange의 줄임말이며, 미국에서 정보를 교환할 때 사용하는 표준 코드입니다. 컴퓨터는 인간처럼 문자를 바로 인식하지 못하기에 문자(a)를 숫자(97)로 바꾸고 0과 1의 이진수로 표현된 기계어(1100001)로 번역하여 인식합니다. 우리는 'a'라고 입력하지만 컴퓨터는 110001로 인식하는 것입니다.

```
a → 97 → 1100001
```

표준 코드는 알파벳이나 숫자 등을 코드로 표현할 때 누구는 a를 1번, 누구는 97번, 누구는 123번 이렇게 표현하면 혼선이 오기 때문에 정해진 것입니다.

몇 가지 아스키 코드를 살펴보겠습니다. 다음은 ! " # $ %와 같이 키보드에 있는 기호, 숫자, 알파벳 대문자, 알파벳 소문자 등에 대응하는 아스키 코드를 나타낸 표입니다. 뒤쪽에서 문자를 숫자로 바꾸는 등의 작업을 할 때 아스키 코드를 기반으로 사용하기 때문에 미리 알아두면 좋습니다.

문자	아스키 코드	문자	아스키 코드	문자	아스키 코드	문자	아스키 코드
!	33	0	48	A	65	a	97
"	34	1	49	B	66	b	98
#	35	2	50	C	67	c	99
$	36	3	51	D	68	d	100
…	…	…	…	…	…	…	…

note 아스키 코드 전체 내용은 다음 링크를 참고하세요.
URL https://ko.wikipedia.org/wiki/ASCII

주석의 작동 원리

예제 중간 중간에 **//**(슬래시 두 개)를 봤을 겁니다. 이것을 **주석**comment이라고 합니다. 주석은 소스 코드를 설명하거나 해당 줄을 실행하고 싶지 않을 때 사용됩니다.

자바에서 소스 코드를 기계어로 컴파일할 때 //가 나오면 이후 한 줄을 번역하지 않습니다. 기계 어로 번역하지 않으므로 실행도 되지 않습니다. 이것이 바로 주석의 작동 원리입니다. 또한 비슷한 원리로 **/*** 로 시작해서 ***/**로 끝나는 사이에 내용을 입력하면 여러 줄에 걸쳐 주석을 처리할 수 있습니다.

다음은 자바에서 주석을 사용하는 예시입니다. 실행해도 아무것도 출력되지 않습니다.

```java
public class CommentEx {
    public static void main(String[] args) {
        // 이것은 한 줄 주석입니다.
        // System.out.println("이 줄은 실행되지 않습니다.");
    }
}
```

다음은 여러 줄을 주석 처리하는 예시입니다. 역시나 아무것도 출력되지 않습니다.

```java
public class CommentExMultiLines {
    public static void main(String[] args) {
        /*
        이것은 여러 줄 주석입니다.
        System.out.println("이 줄은 실행되지 않습니다.");
        System.out.println("이 줄도 실행되지 않습니다.");
        */
    }
}
```

이 두 가지 예시는 모두 주석 안에 설명과 코드가 들어 있기 때문에 자바 입장에서는 빈 줄이나 마찬가지입니다. 주석은 개발하는 입장에서만 보이는 것입니다. 따라서 코드에서 흐름상 특이한 부분이나 개발하면서 추가 설명이 필요한 부분에 꼭 참고해야 하는 내용을 주석으로 달아 놓으면 개발을 계속 진행하다가 코드가 복잡해질 때 그리고 다른 사람이 이어서 개발할 때 큰 도움이 됩니다.

두 글자씩 데이터 입력받기

앞서 작성한 InputStreamReader의 read() 메서드는 한 글자만 값으로 읽어 온다고 했습니다. 그래서 abcd라고 네 글자를 입력했지만 a 한 글자에 해당하는 아스키 코드 값인 97만 출력되었죠. 이제 두 글자를 출력해 보겠습니다.

01 우선 JavaInput2라는 새로운 클래스를 만들고 다음 코드를 입력하세요. InputStream
Reader를 통해 입력된 값 중 맨 앞의 한 글자를 출력하는 코드입니다.

```java
import java.io.IOException;
import java.io.InputStreamReader;


public class JavaInput2 {
    public void readTwoChars() throws IOException {
        // InputStreamReader 선언하면서 인스턴스화
        InputStreamReader is;
        is = new InputStreamReader(System.in);      ❶
        // 한 글자 읽어서 코드 출력
        System.out.println(is.read());              ❷
    }
}
```

JavaInput2.java

❶ InputSt 입력 후 자동 완성에서 InputStreamReader를 선택

❷ Alt + Enter 를 누른 후 Add exception to method signature를 선택

02 앞서 만든 코드에 is.read()를 한 번 더 사용하면 abcd에서 ab까지 입력받을 수 있습니다. 다
음과 같이 is.read()를 한 번 더 추가합니다.

```java
import java.io.IOException;
import java.io.InputStreamReader;


public class JavaInput2 {
    public void readTwoChars() throws IOException {
        InputStreamReader is;
        is = new InputStreamReader(System.in);
        System.out.println(is.read());


        // 한 글자 더 읽어서 코드 출력
        System.out.println(is.read());
    }
}
```

JavaInput2.java

03 실행을 위해 인스턴스화해야 합니다. **JavaInput2Test** 클래스를 만듭니다. 메인 메서드를 만들고, JavaInput2의 인스턴스를 생성한 후 readTwoChars() 메서드를 호출하는 코드를 작성합니다.

```java
import java.io.IOException;

public class JavaInput2Test {
    public static void main(String[] args) throws IOException {
        // JavaInput2의 인스턴스를 생성
        JavaInput2 javaInput2 = new JavaInput2();
        // readTwoChars() 호출
        javaInput2.readTwoChars();                    ❶
    }
}
```

JavaInput2Test.java

❶ Alt + Enter 를 누른 후 Add exception to method signature를 선택

tip readTwoChars에서 Alt + Enter 를 누르지 않고 코드를 그대로 따라 입력해도 정상 작동합니다.

04 Main Menu – Run – Run(Alt + Shift + F10)을 선택하고 **JavaInput2Test**를 실행합니다. 그런 다음 실행 창에 abcd를 입력하고 Enter 를 누르면 97, 98이 출력됩니다. a의 아스키 코드 값이 97이므로 98은 b의 아스키 코드라는 것을 예상할 수 있습니다.

```
abcd Enter
97
98
```

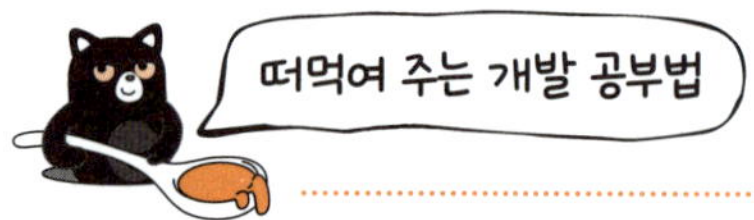

대용량의 데이터를 다룰 때 한 글자씩 읽는 방법은 속도나 메모리 효율성 면에서 좋지 않습니다. 지금처럼 글자 수가 많지 않다면 이 방법을 쓰면 되지만 실제로 프로그램에서 다루어야 할 데이터 양은 훨씬 큽니다. 글자 수로 따지면 억 단위, 조 단위 정도의 대용량 데이터를 다룰 수도 있습니다. 벽돌 공장에서 공사 현장으로 수많은 벽돌을 보낼 때 효율적인 방법은 벽돌을 큰 차에 실어서 한번에 보내는 방법이겠죠?

	10	20	30	40	50	60	10	20	30	40	50	60
1회												
2회												
3회												

필수 예제

JavaInput.java	한 글자를 입력받는 클래스
JavaInputTest.java	JavaInput을 실행하는 클래스

용어 및 개념

	입력	– 자바 프로그램을 통해 값을 전달받는 것 – 자바로 만든 애플리케이션에 데이터를 넣는 과정
	내장 클래스	자바에 미리 정의되어 있는 클래스
	예외 처리	개발 당시 예측한 범위를 넘어서는 값을 입력할 때 발생하는 오류를 '예외'라고 하는데 프로그램을 멈추지 않고 사용자에게 다른 값을 입력하라고 알려주거나 다시 입력 창을 띄우는 등의 '처리'를 하는 것
	초기화	– 변수나 객체를 처음 사용 가능한 상태로 만들어 주는 일로, '없는 상태'가 되지 않도록 수행하는 것 – 자바에서는 숫자 타입뿐 아니라 모든 타입을 초기화해서 사용해야 함
	아스키 코드	컴퓨터에서 문자를 나타내기 위해 사용하는 표준 코드 체계로, 7비트를 사용하기 때문에 0부터 127까지 값이 지정되어 있음
	주석	– 프로그래밍 코드에서 사람이 읽기 위한 설명을 추가하기 위해 사용하는 문장이나 구문으로, //와 /*~*/ 기호 사용 – 해당 줄을 실행하고 싶지 않을 때 사용

명령어

```
import 패키지_이름.클래스_이름
// 자바에서 이미 만들어져 있는 기능을 불러올 때 사용하는 명령어
is = new InputStreamReader(System.in)
// InputStreamReader: 한 글자를 읽을 때 사용하는 내장 클래스
// System: 표준 입출력을 담당하는 내장 클래스
// in: System 내장 클래스 안에 위치하며 입력 메서드를 저장하는 변수
System.out.println(is.read());
// InputStreamReader라는 내장 클래스 안에 위치하며 한 글자를 읽어 오는 메서드
throws IOException
// 호출한 곳으로 예외를 넘겨준다는 의미의 명령어
```

버퍼를 이용해 한 줄 단위로 입력받기

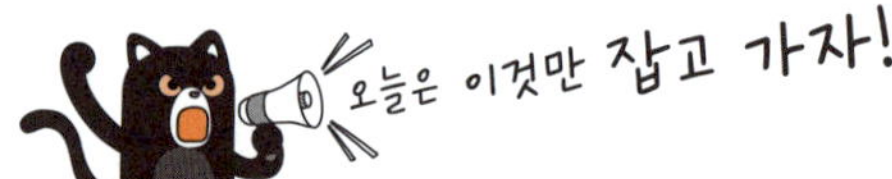

필수 예제	용어 및 개념		명령어
BufferedReaderEx.java	☐ 버퍼	☐ 스토리지	BufferedReader
BufferedReaderExTest.java	☐ 메모리		readLine()

앞에서 InputStreamReader를 이용해 데이터를 한 글자씩 읽어 오는 방법을 배웠는데요. 오늘은 BufferedReader라는 내장 클래스를 활용해 데이터를 한 줄 단위로 읽어 오는 방법을 배우겠습니다.

BufferedReader는 버퍼buffer를 이용해 데이터를 읽는 클래스입니다. 버퍼는 데이터를 한 곳에서 다른 곳으로 전송하는 동안 일시적으로 데이터를 저장하는 메모리 영역입니다.

은행에 가면 창구 앞에서 직접 기다리는 대신 번호표를 뽑아서 대기석에서 기다립니다. 여기에서 대기석을 버퍼라고 할 수 있습니다. 파일에서 메모리로 데이터를 읽어 올 때도 '버퍼'라는 대기석에 올렸다가 불러오면 조금 더 원활하게 데이터를 불러올 수 있습니다.

이해를 위해 한 가지 예를 더 들어보겠습니다. 우리는 마트에서 장을 볼 때 물건을 한 개씩 계산대로 가져가 계산하지 않고 카트를 끌고 다니면서 필요한 물건을 모두 담은 후에 한번에 계산대로 가져갑니다. 이 카트가 버퍼라고 생각하면 이해가 쉽습니다.

BufferedReader로 입력받기

BufferedReader를 이해하기 위해 벽돌 공장에서 건설 현장으로 벽돌을 배송하는 과정을 생각해 보겠습니다. 여기에서 BufferedReader는 벽돌을 실어서 옮기는 '화물차', InputStreamReader는 벽돌을 옮기는 '사람'에 비유할 수 있습니다.

이 비유를 바탕으로 BufferedReader를 선언하는 코드를 살펴보겠습니다.

```
// InputStreamReader 선언 및 인스턴스화
InputStreamReader isr = new InputStreamReader(System.in);
// BufferedReader 선언 및 인스턴스화
// InputStreamReader를 BufferedReader라는 화물차에 태우기
BufferedReader br = new BufferedReader(isr);
```

여기서 주목해야 할 점은 두 번째 코드입니다. 해당 코드의 주석을 보면 'InputStreamReader 를 BufferedReader라는 화물차에 태우기'라고 되어 있습니다. 나중에 CHAPTER 07에서 자 세히 설명하겠지만, 소괄호( )에 값을 넣으면 해당 클래스나 메서드로 값을 전달한다는 의미 입니다. 따라서 new BufferedReader(isr);은 BufferedReader 클래스를 인스턴스화하면서

isr(InputStreamReader)를 해당 클래스로 전달하는 것이죠. isr은 InputStreamReader를 인스턴스화하면서 선언한 변수이며, 이 모습이 마치 화물차에 짐을 실는 것과 비슷하죠. 그래서 '태운다'라는 표현을 사용한 것입니다.

이렇게 하면 InputStreamReader를 통해 하나씩 들어온 값을 하나하나 화물차에 실을 수 있죠. 이 화물차가 버퍼에 문자를 운반하는 것이고요. 이렇게 버퍼로 운반된 글자들을 한 번에 읽으면 한 줄로 읽는 것과 같죠.

BufferedReader 클래스에는 readLine() 메서드가 있습니다. 이 메서드를 통해 한 줄로 읽어 올 수 있습니다. 설명은 이쯤하고 BufferedReader를 연습한다는 의미를 담아 BufferedReaderEx라는 클래스 이름으로 예제 코드를 만들어 보겠습니다.

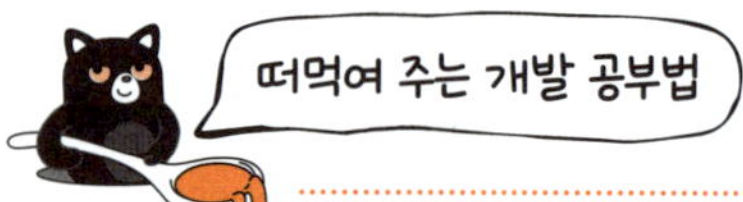

앞서 BufferedReader를 선언하면서 이해를 돕기 위해 코드를 두 줄로 썼지만, 실제 개발할 때는 isr이라는 변수를 사용하지 않고 주로 한 줄로 씁니다.

■ isr 변수를 사용해 코드를 두 줄로 쓴 경우

```java
InputStreamReader isr = new InputStreamReader(System.in);
BufferedReader br = new BufferedReader(isr);
```

■ isr 변수를 사용하지 않고 코드를 한 줄로 쓴 경우

```java
BufferedReader br = new BufferedReader(new InputStreamReader(System.in));
```

변수를 사용하면 공간 복잡도가 늘어나기도 하고 BufferedReader는 InputStreamReader와 함께 쓰는 경우가 많으므로 실제 개발할 때는 InputStreamReader를 변수로 따로 선언하지 않고 한 줄로 씁니다. 이 코드는 BufferedReader를 new 명령으로 생성할 때 InputStreamReader를 생성자(Constructor)라는 것을 통해 주입하는 방식입니다. 지금은 이 내용을 이해하지 못하더라도 괜찮습니다. 생성자라는 것이 있고 이것도 뒤에서 중요하게 다뤄진다는 사실만 기억합시다.

SOON 생성자는 CHAPTER 08에서 자세히 다룹니다.

01 우선 BufferedReaderEx 클래스를 만들고 readALine() 메서드를 만듭니다. 향후 예외가 발생할 것을 대비해 throws IOException을 미리 추가합니다. 메서드 이름을 지을 때는 이 메서드가 어떤 기능인지를 이름만 보고도 유추할 수 있도록 짓는 것이 중요합니다. 메서드 맨 앞 글자는 클래스와 달리 소문자로 시작한다는 것 기억하죠? **BACK** 메서드 이름 작성 규칙은 65쪽을 참고하세요.

```
                                                          BufferedReaderEx.java
public class BufferedReaderEx {
    public void readALine() throws IOException {

    }
}
```

02 이어서 readALine() 메서드 안에 다음 코드를 입력합니다. InputStreamReader와 출력하는 System.out.println() 사이에 BufferedReader를 두는 형태입니다. 구조가 다소 복잡하지만 한 줄에 입력된 여러 문자를 readLine() 메서드로 출력할 수 있습니다.

```
                                                          BufferedReaderEx.java
public class BufferedReaderEx {
    public void readALine() throws IOException {

        InputStreamReader isr = new InputStreamReader(System.in);
        BufferedReader br = new BufferedReader(isr);
        // 한 줄 읽어 와 line 변수에 담기
        String line = br.readLine();
        // line 변수에 있는 한 줄 출력하기
        System.out.println(line);
    }
}
```

03 자동 완성 없이 직접 입력했다면 IOException, BufferedReader, InputStreamReader가 빨간색으로 표시됩니다. 이 기능을 사용할 수 있게 불러오는 과정이 필요합니다. 빨간색 물결선에서 Alt + Enter 를 누르면 자동 완성 목록이 나옵니다. Import class를 선택합니다.

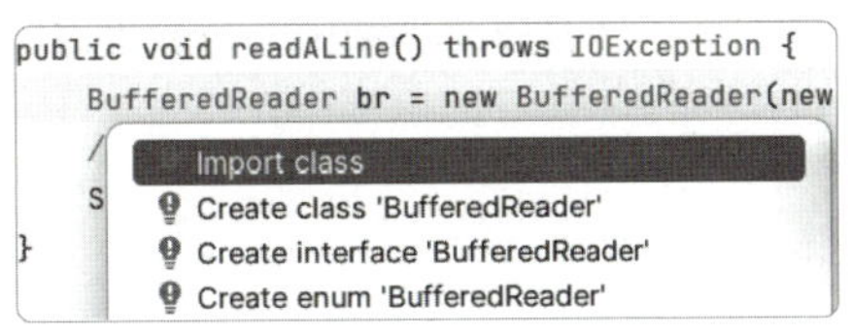

tip readLine()도 빨간색으로 표시되지만 이는 무시해도 됩니다. 해당 메서드는 BufferedReader 내장 클래스에 포함되어 있습니다. 따라서 BufferedReader를 불러오면 readLine의 빨간색도 사라집니다.

04 그러면 다음과 같이 위쪽에 import java.io.BufferedReader;를 포함한 import 명령 세 줄이 자동으로 추가됩니다. 앞서 java.io라는 곳에서 해당 기능을 불러오는 뜻이라고 했던 것 기억하죠?

```java
import java.io.BufferedReader;
import java.io.IOException;
import java.io.InputStreamReader;

public class BufferedReaderEx {
    public void readALine() throws IOException {
        InputStreamReader isr = new InputStreamReader(System.in);
        BufferedReader br = new BufferedReader(isr);
        String line = br.readLine();
        System.out.println(line);
    }
}
```
BufferedReaderEx.java

tip IOException, BufferedReader, InputStreamReader를 입력한 후 `Alt`+`Enter`를 누르지 않고 자동 완성 기능을 사용해도 됩니다.

05 이제 실행을 위한 준비를 해 보겠습니다. BufferedReaderExTest라는 클래스를 만들고 앞에서 만든 BufferedReaderEx 클래스를 인스턴스화한 후 readALine() 메서드를 호출합니다.

```java
import java.io.IOException;←————— ❷

public class BufferedReaderExTest {
    public static void main(String[] args) throws IOException {
                                                          ↑————— ❶
        // BufferedReaderEx 선언 및 초기화
        BufferedReaderEx bufferedReaderEx = new BufferedReaderEx();
        // readALine() 메서드 호출
        bufferedReaderEx.readALine();
    }
}
```
BufferedReaderExTest.java

❶ 자동 완성 기능을 활용해서 작성 또는 직접 입력 후 `Alt`+`Enter`를 누르고 Import class 선택

❷ IOException을 불러오는 코드가 추가됨

06 Main Menu – Run – Run(Alt + Shift + F10)을 선택한 후 BufferedReaderExTest를 실행합니다. 실행 창을 클릭하면 커서가 깜빡입니다. 이는 무언가 입력해 주기를 기다리고 있다는 것입니다. 아무 글자나 입력해 봅시다. Welcome to 58days bootcamp라는 글자를 입력했더니 입력한 글자가 그대로 출력되는 것을 볼 수 있습니다.

```
Welcome to 58days bootcamp Enter
Welcome to 58days bootcamp
```

두 개의 숫자 입력받기

바로 앞에서는 한 줄에 입력된 모든 문자열을 출력해 보았습니다. 이번에는 숫자 두 개를 입력받아 보겠습니다. readLine()을 두 번 실행하면 첫 번째 줄에 입력한 값과 두 번째 줄에 입력한 값을 구분하여 입력받을 수 있습니다.

01 앞에서 만든 BufferedReaderEx의 readALine() 메서드를 다음과 같이 수정해 보겠습니다. BufferedReaderExTest가 아니라는 사실에 주의합시다.

```java
import java.io.BufferedReader;
import java.io.IOException;
import java.io.InputStreamReader;

public class BufferedReaderEx {
    public void readALine() throws IOException {

        BufferedReader br = new BufferedReader(new InputStreamReader(System.in));
        System.out.println(br.readLine());
        // 한 줄 추가해 입력 한 번 더 받아 출력하기
        System.out.println(br.readLine());
    }
}
```

BufferedReaderEx.java

02 Main Menu – Run – Run(Alt + Shift + F10)을 선택한 후 BufferedReaderExTest를 실행합니다. 실행 창을 클릭하면 커서가 깜빡입니다. 이는 무언가 입력해 주기를 기다리고 있다는 것입니다. 숫자 100을 입력하고 Enter를 누릅니다.

```
100 Enter
100
```

03 Enter를 눌러도 프로그램이 종료되지 않습니다. readLine()을 한 번 더 호출했기 때문에 한 줄 더 입력받겠다는 것입니다. 이번에는 숫자 200을 입력하고 Enter를 눌러 봅시다.

```
100 Enter
100
200 Enter
200
```

이와 같은 코드를 통해 두 개의 숫자를 줄 단위로 입력받고 출력까지 할 수 있습니다.

입력받은 숫자 더하기

System.out.println()을 이용해 100과 200을 입력받아 각각 출력해 보았습니다. 이번에는 입력받은 두 개의 숫자 100과 200을 더해서 출력해 보겠습니다.

01 BufferedReaderTwoNumbers, BufferedReaderTwoNumbersTest 두 개의 클래스를 만듭니다. BufferedReaderTwoNumbersTest에는 메인 메서드까지 만들어 줍니다. 앞에서 배운 m 또는 psvm 자동 완성을 이용해 쉽게 만들 수 있습니다.

```java
public class BufferedReaderTwoNumbers {
}
```
BufferedReaderTwoNumbers.java

```java
public class BufferedReaderTwoNumbersTest {
    public static void main(String[] args) {

    }
```
BufferedReaderTwoNumbersTest.java

```java
}
```

02 BufferedReaderTwoNumbers 클래스에 두 개의 숫자를 더한다는 의미로 plusTwoNums 메서드를 만듭니다. 이때 throws IOException도 자동 완성으로 입력합니다.

```java
import java.io.IOException;

public class BufferedReaderTwoNumbers {
    public void plusTwoNums() throws IOException {


    }
}
```

BufferedReaderTwoNumbers.java

03 이어서 InputStreamReader, BufferedReader를 만들고 인스턴스화한 후 System.out. println 안에 br.readLine() + br.readLine() 코드를 다음과 같이 추가합니다. 이때 import 명령어로 InputStreamReader, BufferedReader를 불러옵니다. 이러면 값을 두 개 입력받아 더한 값을 출력합니다.

```java
import java.io.IOException;
import java.io.BufferedReader;
import java.io.InputStreamReader;

public class BufferedReaderTwoNumbers {
    public void plusTwoNums() throws IOException {
        BufferedReader br = new BufferedReader(new InputStreamReader(System.in));
        // 값을 두 개 입력받아 더하기
        System.out.println(br.readLine() + br.readLine());
    }
}
```

BufferedReaderTwoNumbers.java

SOON 산술 연산자는 265쪽에서 자세히 다룹니다.

04 BufferedReaderTwoNumbersTest에서 BufferedReaderTwoNumbers를 인스턴스화한 후 plusTwoNums()를 호출합니다.

```java
import java.io.IOException;

public class BufferedReaderTwoNumbersTest {
    public static void main(String[] args) throws IOException {
        // BufferedReaderTwoNumbers 인스턴스화하기
        BufferedReaderTwoNumbers brtn = new BufferedReaderTwoNumbers();
        // 앞에서 만든 plusTwoNums() 호출하기
        brtn.plusTwoNums();
    }
}
```
BufferedReaderTwoNumbersTest.java

05 BufferedReaderTwoNumbersTest를 실행한 후 실행 창에 100과 200, 두 개의 숫자를 각각 입력하고 [Enter]를 누릅니다.

```
100 [Enter]
200 [Enter]
100200
```

자, 그런데 분명 100 + 200의 결과는 300이 나와야 할 것 같은데 100200이 나왔습니다. 이렇게 나온 이유는 InputStreamReader는 입력을 '문자열'로 간주하기 때문입니다. 100과 200이 숫자로 인식된 것이 아니고 1, 0, 0, 2, 0, 0 각각 문자로 인식되었기에 100 + 200 = 300이 나오게 하려면 문자열을 숫자로 바꿔 주는 **타입 캐스팅**type casting을 해야 합니다. 타입 캐스팅은 복잡한 개념이므로 추후에 다시 설명합니다. ➡ **SOON** 타입 캐스팅은 DAY 14에서 자세히 다룹니다.

타입 캐스팅이라는 걸 해야 하는 불편함이 있어서 처음 자바를 공부하거나 간단한 코드로 만들 때는 BufferedReader보다는 이어서 배울 Scanner라는 것을 더 많이 사용합니다. 자바 공부를 하다 보면 Scanner를 이용한 예제를 많이 만나볼 텐데, '왜 처음부터 Scanner 하나만 설명하지 않고 BufferedReader를 복잡하게 설명하는 거지?'라고 생각할 수도 있습니다.

자바로 입력받을 때 가장 속도가 빠른 것은 지금 배운 BufferedReader에 InputStreamReader를 연결해서 사용하는 방법입니다. 대용량 데이터 처리를 할 때는 빠른 입력이 필요하므로 조금 불편하지만 BufferedReader를 사용하는 게 더 좋습니다. 반대로 Scanner는 InputStreamReader에 비해 쉽게 사용할 수 있다는 장점이 있습니다. 그러니 두 가지 방법 모두 알아 두고 상황에 맞게 적절히 활용하는 것이 가장 좋은 방법입니다.

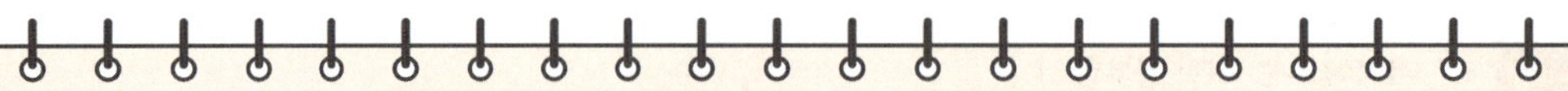

_____월 _____일 걸린 시간: _____시간 _____분

	10	20	30	40	50	60	10	20	30	40	50	60
1회												
2회												
3회												

필수 예제

BufferedReaderEx.java	한 줄을 입력 받는 클래스
BufferedReaderExTest.java	BufferedReaderEx를 실행하기 위한 클래스

용어 및 개념

☐	**버퍼**	– 속도 차이를 극복하기 위한 임시 저장소 – 데이터를 한 곳에서 다른 곳으로 전송하는 동안 일시적으로 데이터를 저장하는 메모리 영역
☐	**메모리**	– CPU에서 데이터를 읽어 올 때 거치는 RAM과 같은 주기억 장치 – 전력이 공급되지 않으면 데이터가 소실됨
☐	**스토리지**	전력이 공급되지 않아도 데이터를 계속 저장할 수 있는 보조 기억 장치

명령어

```java
BufferedReader br = new BufferedReader(isr);
// 버퍼(buffer)를 이용해 데이터를 읽는 내장 클래스
String line = br.readLine();
// BufferedReader 클래스에 포함되어 있으며 한 줄로 읽어 올 때 사용하는 메서드
```

숫자형 데이터를 입력받아 안내문 출력하기

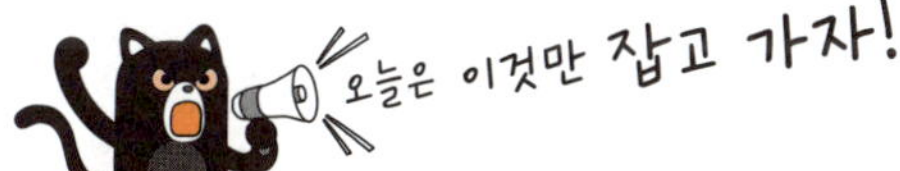

필수 예제	용어 및 개념	명령어
ScannerEx.java	☐ 정수	Scanner
ScannerWithGuide.java	☐ 문자열	sc.nextInt() sc.next()
ScannerWithGuide2.java		print() println()

앞에서 BufferedReader를 이용해 숫자 두 개(100, 200)를 입력받아 더한 값(300)을 출력하고 싶었지만 문자열로 인식되어 100200으로 출력되었습니다. 타입 캐스팅type casting이라는 과정을 통해 문자열을 숫자로 바꿔 줄 수 있지만, 아직 타입type 개념을 배우지 않았기에 더 설명하지 않았습니다.

BufferedReader를 사용하지 않고 숫자를 입력하는 방법이 있습니다. 바로 자바의 내장 클래스 중 하나인 Scanner를 사용하는 방법입니다. Scanner 클래스는 자바의 여러 입력 방법 중 가장 대표적인 것으로, 키보드로 데이터를 입력받을 때 주로 사용합니다. 다만 데이터 타입에 해당하는 Scanner 메서드를 같이 써 줘야 합니다. 예를 들어 100과 200을 정수로 입력받고 싶으면 nextInt()를 사용하고, 문자열로 입력받고 싶으면 next()를 사용하는 식입니다. InputStreamReader를 추가로 연결하지 않고 Scanner 클래스에 알맞은 메서드만 붙여서 만들면 되므로 사용이 간편합니다. 설명은 이만하고 Scanner 사용하는 방법을 자세히 알아보겠습니다.

Scanner로 입력받은 정수 더하기

지금부터 Scanner를 이용해 입력받은 숫자를 의도에 맞게 더해 보겠습니다. ScannerEx, ScannerExTest 두 개의 클래스를 이용할 것이므로 어떤 클래스에 코딩할 것인지 정확히 확인하세요.

01 먼저 ScannerEx, ScannerExTest 클래스를 만듭니다. ScannerExTest에서는 ScannerEx에 만든 기능을 실행할 것이므로 여기에 메인 메서드를 만들고 그 안에 ScannerEx도 인스턴스화합니다.

```java
public class ScannerEx {

}
```
ScannerEx.java

```java
public class ScannerExTest {
    public static void main(String[] args) {
        ScannerEx scannerEx = new ScannerEx(); // ScannerEx 인스턴스화
    }
}
```
ScannerExTest.java

02 이제 ScannerEx에 메서드와 기능을 만들겠습니다. 두 개의 숫자를 입력받아서 더하는 기능을 만들 것이기 때문에 메서드 이름을 readTwoNumbersAndPlus()라고 지어 줍니다. 그리고 Scanner를 인스턴스화합니다.

```java
public class ScannerEx {
    public void readTwoNumbersAndPlus() {
        Scanner sc = new Scanner(System.in);
    }
}
```
ScannerEx.java

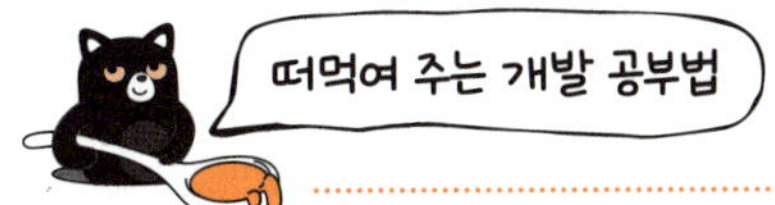

메서드 이름은 조금 길더라도 그 메서드로 구현하고 싶은 기능을 표현하는 것이 좋습니다. 뒤에서 배울 클래스의 다형성 기능을 이용해 메서드를 분리해서 만든다면 이름이 조금 더 간단해지겠지만 현재 배우는 단계에서는 조금 길어 보이더라도 메서드의 기능을 예측할 수 있게 짓는 연습을 해 보세요.

SOON 다형성은 535쪽에서 다룹니다.

03 자동 완성 없이 직접 입력했다면 Scanner가 빨간색으로 표시됩니다. Scanner를 사용할 수 있게 패키지를 불러오겠습니다. 아무 Scanner에서 Alt + Enter 를 눌러 **Import class**를 선택합니다. 그러면 java.until에서 Scanner 클래스를 불러오는 import 명령이 추가됩니다.

```java
import java.util.Scanner;

public class ScannerEx {
    public void readTwoNumbersAndPlus() {
        Scanner sc = new Scanner(System.in);
    }
}
```
ScannerEx.java

04 계속해서 Scanner 클래스의 메서드 중 입력 데이터를 숫자형으로 받는 **sc.nextInt()**를 이용해 더하기 연산을 해 줍니다. 그리고 **System.out.println();**으로 입력받은 두 값을 더한 결과 값을 출력합니다. 다음과 같이 코드를 입력합니다.

```java
import java.util.Scanner;

public class ScannerEx {
    public void readTwoNumbersAndPlus() {
        Scanner sc = new Scanner(System.in);
        // sc.nextInt() + sc.nextInt()를 출력
        System.out.println(sc.nextInt() + sc.nextInt());
    }
}
```
ScannerEx.java

nextInt에서 Int의 의미

Int는 Integer(정수) 앞 세 글자입니다. 정수는 음수(… −2, −1 등)와 0 그리고 양수 (1, 2 … 등)를 포함하는 숫자형입니다. 보통 자바를 포함한 프로그래밍에서 숫자를 다룰 때 가장 많이 쓰는 타입이 Integer입니다. 정수가 아닌 숫자는 표현하는 데 조금 더 많은 메모리를 쓰기 때문입니다.

앞에서 100 + 200이 300이 아니고 100200이 나온 이유는 BufferedReader 클래스의 readLine() 메서드를 썼을 때 타입이 문자열string이었기 때문입니다.

SOON 타입은 CHAPTER 03에서 자세히 다룹니다.

05 이제 실행하기 위해 ScannerExTest에서 scannerEx에서 만든 readTwoNumbersAndPlus() 메서드를 호출합니다. 그리고 ScannerExTest를 실행합니다.

```java
public class ScannerExTest {
    public static void main(String[] args) {
        ScannerEx scannerEx = new ScannerEx();
        scannerEx.readTwoNumbersAndPlus();
    }
}
```
ScannerExTest.java

06 실행 창을 클릭해 커서가 깜박이면 100과 200을 차례로 입력합니다. 그러면 다음과 같이 100 + 200의 결과인 300을 확인할 수 있습니다.

```
100 Enter
200 Enter
300
```

Scanner로 입력받은 문자 합치기

100과 200을 입력하면 Scanner의 nextInt() 메서드는, 처음에는 사용자가 입력한 데이터를 문자열로 받지만 그 문자열이 숫자로 변환할 수 있는 데이터면 바꿔 줍니다. 그래서 100과 200을 입력하면 100도 숫자로 변환할 수 있고 200도 숫자로 변환할 수 있기에 sc.nextInt() + sc.nextInt()가 연산되어 300이 출력된 것입니다. 그러면 '가', '나'와 같은 문자를 입력하면 어떻게 될까요? 앞에서 작성한 **ScannerExTest**를 다시 실행해 **가**를 입력하고 Enter 를 누릅니다. 그러면 다음 값을 입력하기도 전에 InputMismatchException이 발생하면서 프로그램이 종료됩니다.

```
Exception in thread "main" java.until.InputMismatchException
```

InputMismatchException은 입력된 문자열을 숫자형으로 바꿀 수 없을 때 발생하는 예외입니다. nextInt()를 사용한다면 숫자를 입력해 주어야 하는데 문자열인 '가'를 입력했기 때문이죠. Scanner를 이용해 문자열을 입력받고 싶다면 다음과 같이 nextInt() 대신 **next()**를 사용합니다.

01 다음과 같이 **ScannerEx**에서 nextInt()를 **next()**로 수정한 후 실행해 보세요.

```java
import java.util.Scanner;

public class ScannerEx {
    public void readTwoNumbersAndPlus() {
        Scanner sc = new Scanner(System.in);
        // 문자열을 처리하기 위해 sc.next() 사용
        System.out.println(sc.next() + sc.next());
    }
}
```
ScannerEx.java

02 실행 창에 문자를 입력해 봅시다. 이 책에서는 **안녕하세요.**와 **자바부트캠프입니다.**를 입력했습니다. 다음과 같이 잘 나오는 것을 확인할 수 있습니다.

```
안녕하세요. Enter
자바부트캠프입니다. Enter
안녕하세요. 자바부트캠프입니다.
```

숫자는 더하면(100 + 200) 더하기 연산이 되고(300) 문자열("안녕하세요." + "자바부트캠프입니다.")은 연결concat됩니다. 문자열string과 숫자integer를 구분하는 것이 프로그래밍할 때는 꼭 필요한 과정입니다.

tip next()는 Enter 와 SpaceBar 를 누르기 전까지의 내용을 읽습니다. 공백을 포함한 한 줄을 읽으려면 nextLine()을 써야 합니다.

한글이 깨져서 나온다면

이때 한글이 깨져서 나타난다면 **인코딩**을 **UTF-8**로 변경해주면 됩니다. 인코딩encoding은 데이터를 특정 형식이나 방식으로 변환하는 과정을 의미합니다.

Main Menu – File – Settings(Ctrl + Alt + S)를 선택해 설정 화면으로 이동한 후 왼쪽 상단 검색 창에 **encoding**이라고 입력합니다. File Encodings 창이 나타나면 다음과 같이 Project Encoding과 Default encoding for properties files를 모두 **UTF-8**로 설정합니다.

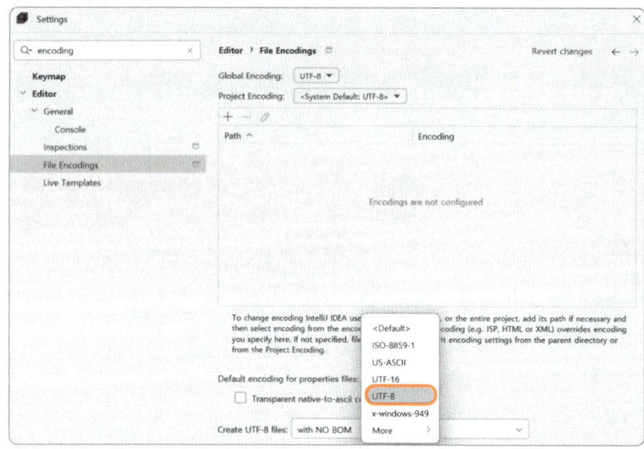

입력 시 안내문 출력하기

코드를 실행했는데 아무 설명도 없이 커서만 깜박인다면 사용자는 우리가 열심히 만든 프로그램을 어떻게 사용하는지 알 수 없고 결국 프로그램은 휴지통에 담기게 됩니다. 그러므로 프로그램을 만들 때는 사용자에게 어떻게 사용해야 하는지 안내해 줄 필요가 있습니다. 지금부터 안내문을 출력하는 방법을 알아보겠습니다. 개발자가 프로그램을 개발하지만 실제로 사용하는 것은 사용자입니다. 처음 배울 때는 배우는 데 집중하기 때문에 사용자가 사용할 것에 대해 깊이 생각하지 않습니다. 하지만 프로그램을 작성하기 전에 사용자가 어떻게 사용할지를 고려한다면 더 좋은 코드를 개발할 수 있습니다.

입력받기 전 안내문 출력하기

sc.nextInt()로 입력받기 전에 안내문을 출력하는 방법은 앞서 Hello를 출력할 때 사용한 println()으로 안내문을 출력하는 것입니다. 그러면 값을 어떻게 입력해야 하는지 안내할 수 있습니다.

01 ScannerWithGuide 클래스와 printWithScanner 메서드를 만들고 Scanner를 인스턴스화한 후 println 코드를 다음과 같이 입력합니다. 여기에서 신경쓸 점은 밑에 있는 println의 " 두 번째:"입니다. "두 번째:"가 아닙니다. 무슨 차이냐고요? 앞에 공백이 있습니다. "두" 앞에 공백을 넣지 않으면 "첫 번째:100두 번째:200" 이렇게 값이 붙어서 출력되기 때문에 보기 불편합니다.

```java
import java.util.Scanner;          ❶                   ScannerWithGuide.java


public class ScannerWithGuide {
    public void printWithScanner() {
❷ ⟶  Scanner sc = new Scanner(System.in);
        // 입력을 받기 전 println()으로 안내문 먼저 출력하기
        System.out.println("두 개의 숫자를 입력하세요.");
        System.out.println("첫 번째 숫자:" + sc.nextInt() + " 두 번째 숫자:" +
                         sc.nextInt());
    }
}
```

한 칸 띄어쓰기

❶ 자동 완성 기능을 활용해서 작성 또는 직접 입력 후 [Alt]+[Enter]를 누르고 Import class 선택

❷ Scanner를 불러오는 코드가 추가됨

02 ScannerWithGuideTest 클래스를 다음과 같이 만들고 실행합니다.

```java
public class ScannerWithGuideTest {
    public static void main(String[] args) {
        ScannerWithGuide swg = new ScannerWithGuide();
        swg.printWithScanner();
    }
}
```
ScannerWithGuideTest.java

03 앞서 첫 번째 println에 입력한 안내문이 나옵니다. 차례로 100을 입력한 후 Enter, 200을 입력한 후 Enter를 누릅니다. 그러면 다음과 같이 순서대로 안내문과 함께 숫자가 출력됩니다.

```
두 개의 숫자를 입력하세요.
100 Enter
200 Enter
첫 번째: 100 두 번째: 200
```

입력받는 순간에도 안내문 출력하기

print()를 사용하면 입력을 받기 전에 입력 가이드를 안내문으로 출력할 수 있듯이 입력하는 순간에도 안내문으로 가이드를 해 줄 수 있습니다. print()는 한 줄을 띄우지 않고 출력하는 기능의 메서드입니다. 참고로 println()은 한 줄을 띄우고 출력합니다.

01 ScannerWithGuide2 클래스와 printWithScanner( ) 메서드를 만든 후 다음과 같이 코드를 작성해 보세요.

```java
import java.util.Scanner;                            ❶

public class ScannerWithGuide2 {
    public void printWithScanner() {
        Scanner sc = new Scanner(System.in);
                                                     ❷
        System.out.println("두 개의 숫자를 입력하세요.");
```
ScannerWithGuide2.java

```java
        System.out.print("첫 번째 숫자: "); // 입력하는 순간에도 안내해 주기
        System.out.println("첫 번째 숫자는 "
                        + sc.nextInt() + "(을)를 입력했습니다.");
        System.out.print("두 번째 숫자: "); // 입력하는 순간에도 안내해 주기
        System.out.println("두 번째 숫자는 "
                        + sc.nextInt() + "(을)를 입력했습니다.");
    }
}
```

❶ 자동 완성 기능을 활용해서 작성 또는 직접 입력 후 Alt + Enter 를 누르고 Import class 선택

❷ Scanner를 불러오는 코드가 추가됨

02 ScannerWithGuide2Test 클래스를 다음과 같이 만들고 실행합니다.

`ScannerWithGuide2Test.java`

```java
public class ScannerWithGuide2Test {
    public static void main(String[] args) {
        ScannerWithGuide2 swg2 = new ScannerWithGuide2();
        swg2.printWithScanner();
    }
}
```

03 코드에 입력한 안내문이 나온 후 "첫 번째 숫자: " 옆에 커서가 깜박입니다. 100을 입력하고 Enter 를 누릅니다. 그리고 첫 번째 입력한 값이 출력되고 "두 번째 숫자: " 옆에 커서가 깜박입니다. 200을 입력하고 Enter 를 누릅니다.

```
두 개의 숫자를 입력하세요.
첫 번째 숫자: 100 Enter
첫 번째 숫자는 100(을)를 입력했습니다.
두 번째 숫자: 200 Enter
두 번째 숫자는 200(을)를 입력했습니다.
```

Scanner에 사용할 수 있는 다양한 입력 메서드

앞에서는 정수만 다루었습니다. Scanner를 통해 소수점을 입력받을 수도 있습니다. 이때는 nextFloat() 또는 nextDouble()을 쓸 수 있습니다. float은 소수점 여섯 째 자리까지만 정확하게 표현합니다. 소수점 일곱 째 자리부터는 double을 써야 합니다.

다음 코드를 실행하고 입력 값으로 소수점 일곱 째 자리 숫자 3.3334445를 float 타입으로 입력했지만 3.3334446으로 나오는 것을 확인할 수 있습니다.

```java
import java.util.Scanner;

public class ScannerWithGuide3 {
    public static void main(String[] args) {
        Scanner sc = new Scanner(System.in);
        float fValue = sc.nextFloat();   // 소수점 6자리까지
        double dValue = sc.nextDouble();
        System.out.println(fValue);
        System.out.println(dValue);
    }
}
```

ScannerWithGuide3.java

실행 결과
```
3.3334445
4.5556667
3.3334446
4.5556667
```

이러한 결과가 나오는 이유는 float 타입이 소수점 여섯 자리까지만 정확하게 표현하기 때문입니다. double 타입은 소수점 이하 15자리까지 유효합니다.

SOON float 타입과 double 타입은 184쪽에서 자세히 다룹니다.

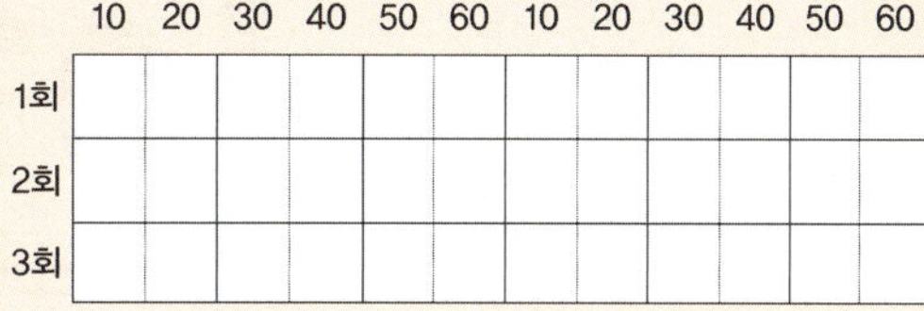

	10	20	30	40	50	60	10	20	30	40	50	60
1회												
2회												
3회												

필수 예제

ScannerEx.java	입력받은 정수를 더하는 클래스
ScannerWithGuide.java	입력받기 전 안내문을 출력하는 클래스
ScannerWithGuide2.java	입력받는 순간에 안내문을 출력하는 클래스

용어 및 개념

☐	정수	− 0, 양수, 음수만을 포함하는 숫자 − 정수가 아닌 숫자를 표현하려면 조금 더 많은 메모리를 쓰기 때문에 프로그래밍에서는 '정수'를 많이 사용
☐	문자열	큰따옴표(" ") 안에 넣어 표현할 수 있는 모든 문자

명령어

```java
Scanner sc = new Scanner(System.in);
// 키보드로 데이터를 입력받을 때 주로 사용하는 자바의 대표적인 내장 클래스
System.out.println(sc.nextInt());
// Scanner 클래스에 포함되어 있으며 정수를 입력받을 때 사용하는 메서드
System.out.println(sc.next());
// Scanner 클래스에 포함되어 있으며 문자열을 입력받을 때 사용하는 메서드
System.out.print();
// 소괄호() 안에 있는 내용을 한 줄을 띄우지 않고 출력하는 기능의 메서드
System.out.println();
// 소괄호() 안에 있는 내용을 한 줄을 띄우고 출력하는 기능의 메서드
```

여러 가지 방법으로 출력하기

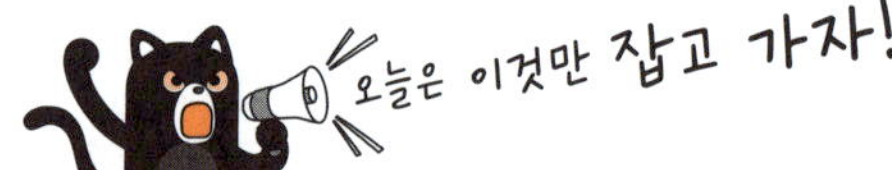

필수 예제	용어 및 개념	명령어
PrintfEx.java	☐ 출력	System.out.printf()
PrintfDate.java	☐ 포맷	%s %d %f
PrintfFloatDigit.java	☐ 포매팅	%n \n

출력은 눈에 보이게 하는 모든 것들을 말합니다. 컴퓨터가 입력을 받아 처리하고 그 결과를 사용자에게 보여 주는 것입니다. 모니터 화면에 보이는 것도 출력이고 프린터를 이용해 종이에 인쇄하는 것도 모두 출력이죠. 따라서 모니터, 스피커, 프린터 등은 출력 장치가 됩니다.

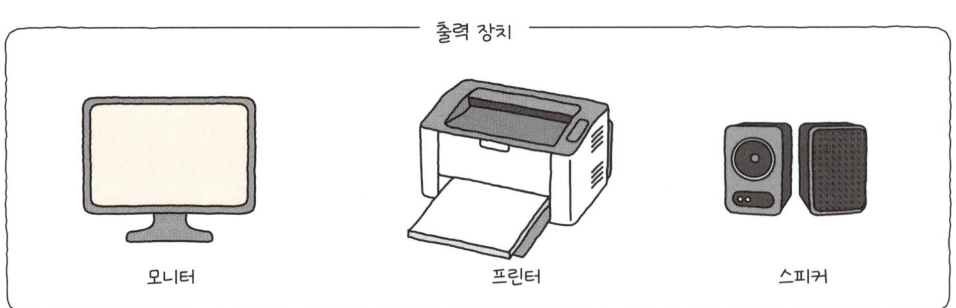

프로그램에서 출력이라 하면 모니터에 프로그램 실행 결과를 내보내는 것을 말하죠. 이를 자바에 적용하면 콘솔에 여러 값을 나오게 하는 것이 출력이라 할 수 있습니다.

 콘솔이란 IDE에서 실행 결과가 나오는 곳을 말합니다.

앞서 언급한 것과 같이 자바의 System 내장 클래스에는 다양한 기능이 저장되어 있는데, **System.out**이 출력을 담당합니다. out 변수에는 다양한 출력을 담당하는 메서드가 있습니다. 그중 대표적인 것이 바로 print()와 println()입니다.

앞서 안내문을 출력할 때 print()를 처음으로 사용해 보았습니다. **print()**는 한 줄을 띄우지 않고 출력합니다. 반면 **println()**은 한 줄을 띄우고 출력합니다. print()를 사용해서도 println()과 똑같이 한 줄을 띄울 수 있습니다. 출력할 내용 뒤에 \n을 붙이면 됩니다. 쉽게 생각하면 print()에 \n이 붙어 있는 명령어가 println()이라고 할 수 있습니다.

```
System.out.print("abc");
System.out.print("def");
```
➡
```
abcdef
```

```
System.out.println("abc");
System.out.println("def");
```
➡
```
abc
def
```

메인 메서드에서 바로 실행하기

자바에 입문하면 Hello, 1 + 1 등 간단한 값부터 출력해 봅니다. 이 책에서도 모두 해 본 것들입니다. Hello를 출력하기 위해 클래스와 메서드를 만들고 System.out.println()을 사용해 값을 출력했습니다.

앞에서 작성했던 **PrintHello**, **PrintHelloTest** 클래스를 다시 한번 살펴보겠습니다.

```
public class PrintHello {
    public void print() {
        System.out.println(1 + 1); // "Hello"를 1 + 1로 바꿨음
    }
}
```
PrintHello.java

```java
public class PrintHelloTest {
    public static void main(String[] args) {
        PrintHello printHello = new PrintHello();
        printHello.print();
    }
}
```
PrintHelloTest.java

PrintHello의 경우 "Hello"를 출력하는 코드였다가 숫자 연산 결과를 출력하도록 수정했기 때문에 1 + 1이 들어가 있습니다. PrintHello를 실행하기 위해 PrintHelloTest 클래스를 생성하고 public static void main() 메서드를 만들어서 PrintHello 클래스를 인스턴스화한 후 실행 결과를 확인했습니다. 이는 자바가 '객체 지향 언어'라는 것을 보여 주기 위한 예제였습니다.

자바로 개발하다 보면 클래스를 계속 만들게 될 텐데 그때마다 실행하기 위해 OOOOTest 클래스를 만들어야 한다면 번거로울 뿐 아니라 코드가 많아져서 관리하는 데 매우 복잡할 것입니다. 이 문제를 해결하는 방법이 있습니다. 바로 OOOOTest 클래스를 따로 만들지 않고 이미 만들어 놓은 클래스에 '메인 메서드'만 추가해서 실행하는 방법입니다. 지금부터 그 방법을 알아보겠습니다.

01 우선 PrintOnePlusOne 클래스를 만들고 print() 메서드를 추가한 후 그 밑에 메인 메서드를 추가하겠습니다. print() 메서드는 PrintHello에서 만들었던 print() 메서드와 동일합니다. 그대로 복사해도 되고 다음 코드를 보며 직접 입력해도 됩니다.

```java
public class PrintOnePlusOne {
    public void print() {
        System.out.println(1 + 1);
    }


    // 메인 메서드를 print 메서드 안에 넣는 것이 아님
    public static void main(String[] args) {

    }
}
```
PrintOnePlusOne.java

02 PrintOnePlusOneTest 클래스를 만드는 대신 **메인 메서드**를 추가합니다. 그 안에서 PrintOnePlus One 클래스를 **new** 명령으로 인스턴스화한 후 **print()** 메서드를 호출합니다.

```java
public class PrintOnePlusOne {
    public void print() {
        System.out.println(1 + 1);
    }


    public static void main(String[] args) {
        PrintOnePlusOne printOnePlusOne = new PrintOnePlusOne();
        printOnePlusOne.print(); // print() 메서드 호출
    }
}
```
PrintOnePlusOne.java

03 이제 실행하겠습니다. Main Menu – Run – Run(Alt+Shift+F10)을 선택하고 PrintOne PlusOne을 실행합니다. 이러면 OOOOTest 클래스를 만들어서 실행한 것과 똑같이 실행이 잘 된 것을 볼 수 있습니다.

2

printf()로 포매팅해서 출력하기

앞에서는 println()을 이용해 콘솔에 Hello, 1 + 1 등의 값을 출력했습니다. **println()**은 print()에 한 줄을 띄우는 \n이 추가된 메서드입니다. **printf()**는 print()에 **포매팅**formatting 기능이 추가된 것입니다. 두 기능의 차이점을 살펴봅시다.

다음은 **print**를 이용해 두 가지 값을 한 줄에 출력하는 코드입니다. x와 y를 연결 연산자인 +를 이용해 연결합니다.

```java
int x = 10;
double y = 3.14;
System.out.print("x 값: " + x + ", y 값: " + y);
```
실행 결과

```
x 값: 10, y 값: 3.14
```

다음과 같이 printf를 이용하면 포매팅 기능으로 똑같이 출력할 수 있습니다.

```java
int x = 10;
double y = 3.14;
System.out.printf("x 값: %d, y 값: %.2f", x, y);
```

> **실행 결과**
> ```
> x 값: 10, y 값: 3.14
> ```

println()은 직관적이고 사용하기 편하지만 자바로 알고리즘 문제를 풀거나 복잡한 기능을 추가해 출력할 때는 printf() 메서드를 이용합니다. 지금부터 printf() 메서드의 사용 방법을 실습을 통해 알아보겠습니다.

01 printf() 메서드를 실습할 것이기 때문에 PrintfEx라는 클래스를 만듭니다. 그리고 PrintfEx Test를 만드는 대신 PrintfEx에 메인 메서드를 추가합니다.

```java
public class PrintfEx {
    public static void main(String[] args) {

    }
}
```
PrintfEx.java

02 이제 Hello를 출력해 보겠습니다. 메인 메서드 안에 System.out.printf("hello");를 입력하고 실행합니다.

```java
public class PrintfEx {
    public static void main(String[] args) {
        System.out.printf("Hello");
    }
}
```
PrintfEx.java

> **실행 결과**
> ```
> Hello
> ```

System.out.println()과 System.out.printf()도 자동 완성하기

인텔리제이에서 System.out.println()은 sout, System.out.printf()는 souf라는 단축 명령어를 이용해 자동 완성할 수 있습니다. 메인 메서드 안에 souf라고 입력해 보면 자동 완성 목록이 나타납니다. 만약 메인 메서드를 만들지 않고 souf를 입력하면 빨간색 글자가 나타나면서 자동 완성이 되지 않으므로 유의하세요.

여기까지는 앞서의 Hello.java 예제와 크게 차이가 없습니다. 이제부터 차이를 만들어 보겠습니다. printf에서 f는 **포매팅**formatting의 줄임말로 내용을 지정된 형식으로 출력해야 할 때 사용합니다. 우리가 문자열을 출력할 때는 한 줄에 한 개의 값만 출력할 수도 있지만 여러 개의 문자열을 출력해야 할 때도 있습니다. 이럴 때 printf()로 포매팅해서 출력합니다. printf()는 포맷과 출력할 데이터로 구성되어 있습니다.

```
System.out.printf("%s", "Hello");
```
      포맷 출력할 데이터

03 포매팅을 경험하기 위해 "Hello" 앞에 포매팅 지시자 **"%s", (쉼표 뒤에 공백)**을 추가하고 실행해 봅시다. %s 자리에 Hello가 들어가기 때문에 실행 결과와 같이 Hello가 출력됩니다.

```
public class PrintfEx {
    public static void main(String[] args) {
        System.out.printf("%s", "Hello");
    }
}
```
PrintfEx.java

실행 결과
```
Hello
```

똑같이 Hello를 출력하는데 .printf("%s", "Hello");와 같이 복잡하게 출력을 해야 할까 싶을 수도 있습니다. 하지만 특정 패턴을 만들어 놓고 값만 바꾸어서 입력하면 편리한 경우가 있습니다. 예를 들면 "안녕하세요, XXXXX(주) OOO 님."과 같이 XXXXX에는 회사 이름이 들어가고 OOO에는 사람 이름이 들어가는 경우입니다. "안녕하세요, 부트캠프(주) 김경록 님."과 같이 회사 이름과 사람 이름을 넣은 예입니다. 이어서 여러 유형으로 포매팅해서 출력하는 방법을 본격적으로 알아보겠습니다.

포매팅해 문자열 출력하기

"안녕하세요, 부트캠프(주) 김경록 님."은 println()을 이용해서도 출력이 가능합니다. 그러나 회사 이름과 사람 이름만 바뀌는데 모든 문장을 매번 입력해야 하고 출력 내용 중간중간에 띄어쓰기를 챙겨야 하는 것은 물론 +로 일일이 연결해야 하는 번거로움이 있습니다. 다음과 같이 말이죠.

```java
System.out.println("안녕하세요, " + "부트캠프(주) " + "김경록 님.");
```

그러나 포매팅해서 출력한다면 다음과 같이 할 수 있습니다.

```java
System.out.printf("안녕하세요, %s(주) %s 님.", "부트캠프", "김경록");
```

회사 이름과 사람 이름만 바꿔서 다음과 같이 출력할 수도 있죠.

```java
System.out.printf("안녕하세요, %s(주) %s 님.", "리코멘드", "홍길동");
```

"안녕하세요, %s(주) %s님."에는 %s가 두 개 있습니다. 각 %s에는 그 뒤에 있는 두 개의 문자열이 차례로 들어갑니다.

```java
System.out.printf("안녕하세요, %s(주) %s 님.", "부트캠프", "김경록");
```

실제로 두 개의 포맷과 입력할 값을 입력한 후 실행해 봅시다. PrintfEx를 수정해서 실행하면 다음과 같은 결과를 확인할 수 있습니다.

```java
public class PrintfEx {
    public static void main(String[] args) {
        System.out.printf("안녕하세요, %s(주) %s 님.", "부트캠프", "김경록");
    }
}
```

PrintfEx.java

실행 결과

```
안녕하세요, 부트캠프(주) 김경록 님.
```

포매팅 지시자와 들어갈 값의 개수가 다를 경우

%s를 두 개 썼지만 들어갈 값을 한 개만 쓰면 다음과 같이 MissingFormat ArgumentException 예외가 발생합니다.

```java
public class PrintfTwoValuesShortage {
    public static void main(String[] args) {
        System.out.printf("%s 님 %s", "김경록");
    }
}
```

```
김경록 님 Exception in thread "main" java.util.MissingFormatArgumentException:
Format specifier '%s'
at java.base/java.util.Formatter.format(Formatter.java:2688)
at java.base/java.io.PrintStream.format(PrintStream.java:1209)
at java.base/java.io.PrintStream.printf(PrintStream.java:1105)
at PrintfTwoValuesShortage.main(PrintfTwoValuesShortage.java:3)
```

반면 %s를 한 개만 쓰고 들어갈 값을 두 개 쓰면 실행은 되지만 두 번째 넘긴 값은 출력되지 않습니다.

```java
public class PrintfTwoValuesShortage {
    public static void main(String[] args) {
        System.out.printf("%s님", "김경록", "안녕하세요.");
    }
}
```

실행 결과

```
김경록 님
```

포매팅해 숫자 출력하기

숫자를 출력할 때는 %s 대신 %d를 사용합니다. % 뒤에는 출력할 데이터의 형태를 적어 주면 되는데, s는 string(문자열), d는 decimal(10진 정수), f는 float(실수)를 의미합니다.

구구단 2단 중 하나를 출력해 보겠습니다. println을 사용하면 다음과 같이 쓸 수 있습니다. "2"는 문자열, 2는 숫자라는 사실 기억하죠?

```java
System.out.println("2" + " * " + "2" + " = " + "4");
```

이를 printf를 사용해서 똑같이 만들어 보면 다음과 같습니다. %d 자리에는 숫자가 올 수 있습니다.

```java
System.out.printf("%d * %d = %d", 2, 2, 4);
```

이러면 이전과 같이 2 * 2 = 4라는 실행 결과가 나옵니다. 그런데 왜 숫자를 표현할 때 %d를 써야 할까요? 그 이유는 숫자를 날짜 형식으로 출력하는 방법을 살펴보면서 알아보겠습니다.

2024년 1월 18일을 표시할 때 일반적으로 연, 월, 일을 2024-01-18과 같이 -(하이픈)으로 구분해서 적습니다. 1월은 01로 적고 11월은 두 자리이기 때문에 11로 적는 방법입니다. 숫자를 출력할 때 %s를 사용해도 출력할 수는 있지만 %d를 사용하는 이유는 바로 여기에 있습니다. 1월을 01과 같이 앞에 0을 붙여서 출력해야 할 때 포매팅 방식을 이용하면 비교적 간단하게 처리할 수 있습니다. "%02d"와 같이 씁니다.

%02d는 두 자리로 표현하고 십의 자리가 없다면 0을 붙여 준다는 뜻입니다. 그래서 1은 01로 2는 02로 출력되지만 11은 십의 자리에 숫자가 있기 때문에 11 그대로 출력됩니다. 비슷하게 %03d를 쓴다고 하면 총 세 자리로 표현되고 백의 자리, 십의 자리가 없다면 앞에 0을 붙여 줍니다. 3은 003으로 출력되고 33은 033으로 출력되지만 333은 모든 자리에 숫자가 있기 때문에 그대로 출력됩니다.

다음은 숫자를 포매팅해서 출력하는 예제입니다. 다음과 같이 PrintfDate 클래스에 메인 메서드를 만들고 결과를 확인해 봅시다. 흔히 보는 날짜 형식과 같이 출력됩니다.

PrintfDate.java

```java
public class PrintfDate {
    public static void main(String[] args) {
        System.out.printf("%d-%02d-%02d", 2024, 1, 9);
    }
}
```

실행 결과

```
2024-01-09
```

note 지금까지는 여러분의 이해를 돕기 위해 클래스를 만드는 과정과 메인 메서드를 만드는 과정을 순서에 맞게 설명했습니다. 이제는 이 과정에 어느 정도 익숙해졌다고 생각합니다. 앞으로는 특별한 경우가 아니면 지금처럼 완성된 예제 코드를 제시하겠습니다.

%2d로 표현하는 경우

앞에서는 %02d와 같이 2 앞에 0을 추가했습니다. 그렇다면 0을 빼고 %2d와 같이 표현하면 어떻게 될까요? %2d 역시 %02d와 마찬가지로 두 자리를 표현합니다. 하지만 다음과 같이 해당 정수가 두 자리보다 작으면 0 대신 공백을 채웁니다.

```java
public class PrintfDate2 {
    public static void main(String[] args) {
        System.out.printf("%d-%2d-%2d", 2024, 1, 9);
    }
}
```

실행 결과
```
2024-1-9
```

결과를 보면 2024- 1- 9와 같이 조금 어색하게 출력이 되었다는 사실을 확인할 수 있습니다. 그래서 2024-01-09와 같이 표현하고 싶다면 %02d를 써서 자릿수를 2로 지정하면서도 해당 정수가 두 자리보다 작으면 0으로 채워지게 해야 합니다. 만약 2024-1-9와 같이 표현하고 싶다면 자릿수를 지정하지 않는 %d를 사용하면 됩니다.

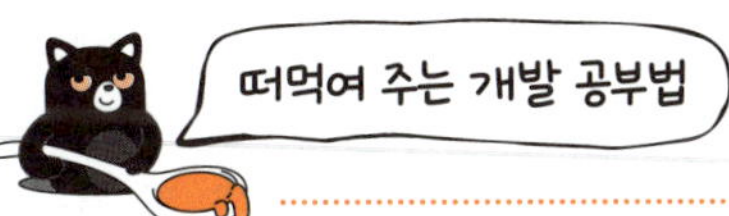

%d를 사용하지 않고 위와 같이 출력하려면 뒤에서 배울 if문을 사용해 '10을 넘지 않으면 앞에 0을 붙이고 넘으면 그냥 출력한다'와 같은 조건을 넣어 코드를 작성해야 하므로 더 어렵습니다. 그러므로 %02d라는 포맷으로 쉽게 처리하는 방법을 꼭 알아두세요. SOON if문은 316쪽에서 자세히 다룹니다.

한 줄 띄우기

지금까지 모든 출력은 한 줄에 이루어졌습니다. 다음과 같이 printf를 연달아서 사용하면 어떻게 될까요? 앞서 만든 PrintfEx에 다음과 같이 한 줄의 printf() 메서드를 추가하고 실행해 봅시다.

```java
public class PrintfEx {
    public static void main(String[] args) {
        System.out.printf("안녕하세요, %s(주) %s 님.", "부트캠프", "김경록");
        System.out.printf("안녕하세요, %s(주) %s 님.", "리코멘드", "홍길동");
    }
}
```

실행 결과

```
안녕하세요, 부트캠프(주) 김경록 님. 안녕하세요, 리코멘드(주) 홍길동 님.
```

두 줄에 걸쳐 출력될 것 같지만 실행해 보면 의도치 않은 결과가 나옵니다. 바로 두 printf가 줄 바꿈 없이 이어져 나오는 결과죠. 이는 **println( )**은 결과를 출력하고 개행(줄 바꿈)하는 기능이 있는 메서드이지만, **printf( )**는 개행 기능이 없는 메서드라서 수동으로 한 줄을 띄워야 하기 때문에 발생하는 문제입니다. 즉, println()을 사용하면 무조건 한 줄이 띄워지고 printf()를 사용하면 한 줄을 띄울지 말지를 사용자가 결정할 수 있습니다. 기능이 있다 없다는 불편하다 편하다로 구분할 것이 아니라 사용자 의도에 맞게 골라 쓴다고 생각하면 됩니다.

printf()는 한 줄을 띄우지 않기 때문에 한 줄을 띄우려면 의도적으로 입력한 문자열 맨 뒤에 개행 문자(줄 바꿈 문자)인 **%n** 또는 **\n**을 넣어 주어야 합니다.

tip \n의 \는 슬래시/가 아니고 백슬래시\입니다. 보통 키보드에서 Enter 위에 있으며 \로 표시되어 있습니다. 사용 중인 글꼴에 따라 \가 ₩로 표시되는 경우도 있습니다.

다음과 같이 PrintfEx에 **개행 문자(줄 바꿈 문자)**를 넣고 실행해 봅시다. 그러면 우리가 처음 예상했던 결과대로 줄이 바뀐 채로 출력된다는 사실을 확인할 수 있습니다.

```java
public class PrintfEx {
    public static void main(String[] args) {
        System.out.printf("안녕하세요, %s(주) %s 님.\n", "부트캠프", "김경록");
        System.out.printf("안녕하세요, %s(주) %s 님.\n", "리코멘드", "홍길동");
        System.out.printf("반갑습니다.");
    }
}
```

실행 결과

```
안녕하세요, 부트캠프(주) 김경록 님.
안녕하세요, 리코멘드(주) 홍길동 님.
반갑습니다.
```

앞에서 만들다가 중단했던 구구단 2단을 이어서 만들겠습니다. 개행 문자 \n을 사용해 완성한 코드는 다음과 같습니다.

<code>PrintfNextLineMultiTable.java</code>

```java
public class PrintfNextLineMultiTable {
    public static void main(String[] args) {
        System.out.printf("%d * %d = %d\n", 2, 1, 2);
        System.out.printf("%d * %d = %d\n", 2, 2, 4);
        System.out.printf("%d * %d = %d\n", 2, 3, 6);
        System.out.printf("%d * %d = %d\n", 2, 4, 8);
        System.out.printf("%d * %d = %d\n", 2, 5, 10);
        System.out.printf("%d * %d = %d\n", 2, 6, 12);
        System.out.printf("%d * %d = %d\n", 2, 7, 14);
        System.out.printf("%d * %d = %d\n", 2, 8, 16);
        System.out.printf("%d * %d = %d\n", 2, 9, 18);
    }
}
```

실행 결과

```
2 * 1 = 2
2 * 2 = 4
2 * 3 = 6
2 * 4 = 8
2 * 5 = 10
2 * 6 = 12
2 * 7 = 14
2 * 8 = 16
2 * 9 = 18
```

2 * 1 = 2를 출력하기 위해 숫자 세 개가 필요하므로 포맷에는 %d를 세 개 넣어 주고, 한 줄을 띄우기 위해 포맷 뒤에 \n을 넣어서 다음과 같은 포맷을 만들었습니다. 그리고 포맷에는 숫자만 바꿔 넣어 주면 되므로 %d 개수 만큼 숫자를 추가해 2단 전체를 출력했습니다.

```
"%d * %d = %d\n"
```

소수점 출력하기

소수점은 1.5, 3.2와 같이 1보다 작은 수를 정수와 함께 표현하기 위해 사용하는 방법입니다. 소수점은 우리 인간에게는 그렇게 어려운 개념이 아닙니다. 평소에 쓰던 숫자에 .(점)만 찍어서 1보다 작은 부분을 표현하면 됩니다. 하지만 컴퓨터에게 소수는 .(점)만 찍는 개념이 아닙니다. 컴퓨터는 정수 부분과 소수 부분을 나누어서 저장합니다. 소수에 관해서는 뒤에서 자세히 다루겠습니다. 여기서는 개발할 때 **소수**는 조금 특별하게 다루어 주어야 한다는 것만 꼭 알아 두세요.

SOON 소수는 타입과 함께 182쪽에서 자세히 다룹니다.

소수점은 숫자이지만 %d로는 출력되지 않습니다. 실제로 그런지 %d를 이용해 0.5를 출력하는 코드를 작성하고 실행해 보겠습니다.

```
System.out.printf("%d\n", 0.5);
```

그러면 그 결과로 **IllegalFormatConversionException** 예외가 발생합니다. 말 그대로 맞지 않는 포맷을 사용했다는 뜻인데 그도 그럴 것이 소수점을 출력할 때는 %d가 아닌 **%f**를 사용해야 합니다.

```
Exception in thread "main" java.until.IllegalFormatConversationException
```

숫자를 출력할 때 %s 대신 %d를 쓰면 앞에 0을 쉽게 붙일 수 있듯이 소수점을 출력할 때 %f를 사용하면 자릿수를 지정해서 출력할 수 있습니다. **%f**는 기본적으로 여섯 자리로 출력됩니다. 3.389라는 숫자를 %f로 출력하면 3.389000으로 나옵니다. 하지만 소수점 자릿수가 많아지면 보기가 불편하므로 보통은 소수점 셋째 자리에서 반올림해서 둘째 자리까지만 보여 주는 3.39로 쓰거나 소수점 둘째 자리에서 반올림하여 3.4로 표현하는 경우가 많습니다.

printf()에 %f를 사용하면 반올림한 소수점을 쉽게 표현할 수 있습니다. 둘째 자리에서 반올림하고 싶으면 **%.1f**, 셋째 자리에서 반올림하고 싶으면 **%.2f**와 같이 쓰면 됩니다.

상황	포맷	결과
기본 소수점	%f	3.389000
둘째 자리에서 반올림(첫째 자리까지 표현)	%.1f	3.4
셋째 자리에서 반올림(둘째 자리까지 표현)	%.2f	3.39
...		
여덟째 자리에서 반올림(일곱째 자리까지 표현)	%.7f	3.3890000

실제로 한번 써 보면서 확인해 봅시다. 다음과 같이 3.389라는 숫자를 %f, %.1f, %.2f를 사용해 출력하는 코드를 만들고 실행해 봅시다. 자릿수가 제대로 표현된다는 사실을 확인할 수 있습니다.

```java
public class PrintfFloatDigit {
    public static void main(String[] args) {
        System.out.printf("%f\n", 3.389);
        System.out.printf("%.1f\n", 3.389);
        System.out.printf("%.2f\n", 3.389);
    }
}
```


실행 결과

```
3.389000
3.4
3.39
```


다양한 포맷 알아보기

지금까지 다양한 포매터 지시자를 알아봤습니다. 책에서 다룬 것뿐 아니라 다루지 않은 다양한 타입에 대해 정리하고 넘어가겠습니다. 여기서는 여러 가지 타입이 언급되어 있는데 이는 바로 이어지는 장에서 자세히 다룹니다.

구분	세부 구분	지시자
정수 포맷	10진수 정수	%d
	8진수 정수	%o
	16진수 정수	%x 또는 %X
부동 소수점 포맷	부동 소수점 실수	%f
	지수 형식으로 표현된 부동 소수점 수	%e 또는 %E
문자열 포맷	문자열	%s
	문자(1글자)	%c
논리값 포맷	논리값(true 또는 false)	%b
시간 및 날짜 포맷	시간 및 날짜 포맷 지시자로 시작	%t
	요일(월요일, 화요일, ...)	%tA
	월(1월, 2월, ...)	%tB
	일(01, 02, ...)	%td
여덟째 자리에서 반올림 (일곱째 자리까지 표현)	년도(2022, 2023, ...)	%tY

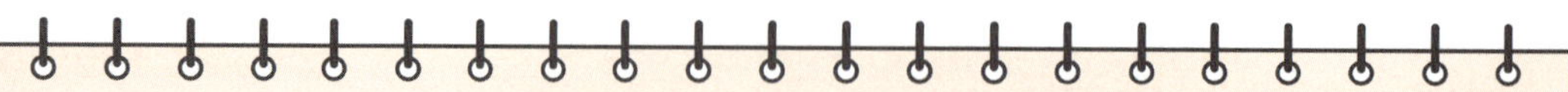

<table>
<tr><td colspan="13">______월 ______일 걸린 시간: ______시간 ______분</td></tr>
<tr><td></td><td>10</td><td>20</td><td>30</td><td>40</td><td>50</td><td>60</td><td>10</td><td>20</td><td>30</td><td>40</td><td>50</td><td>60</td></tr>
<tr><td>1회</td><td></td><td></td><td></td><td></td><td></td><td></td><td></td><td></td><td></td><td></td><td></td><td></td></tr>
<tr><td>2회</td><td></td><td></td><td></td><td></td><td></td><td></td><td></td><td></td><td></td><td></td><td></td><td></td></tr>
<tr><td>3회</td><td></td><td></td><td></td><td></td><td></td><td></td><td></td><td></td><td></td><td></td><td></td><td></td></tr>
</table>

필수 예제

`PrintfEx.java`	포매팅해 문자열을 출력하는 클래스
`PrintfDate.java`	포매팅해 숫자를 출력하는 클래스
`PrintFloatDigit.java`	포매팅해 소수점을 출력하는 클래스

용어 및 개념

☐	**출력**	– 프로그램에서 출력이라 하면 모니터에 프로그램 실행 결과를 내보내는 것 – 자바에서 출력이라 하면 '콘솔'에 여러 값을 나오게 하는 것
☐	**포맷**	– 데이터나 정보의 특정한 구조나 형식을 나타내는 것 – 예: 12300 → 12,300, 1만 2천 3백
☐	**포매팅**	– 값을 포맷에 맞게 가공하거나 정리하는 것 – 자바에서는 printf 명령과 %s, %d, %f와 같은 포매팅 지시자를 조합하여 사용함

명령어

```java
System.out.printf()
// System: 표준 입출력을 담당하는 내장 클래스
// out: System 내장 클래스 안에 위치하며 출력 메서드를 저장하는 변수
// printf(): 포매팅해서 출력하는 기능의 메서드
System.out.printf("%s", "Hello");                  // 문자열을 포매팅하는 지시자
System.out.printf("%d * %d = %d", 2, 2, 4);        // 정수를 포매팅하는 지시자
System.out.printf("%f", 3.389);                    // 소수를 포매팅하는 지시자
System.out.printf("안녕하세요, %s 님.%n", "김경록"); // 줄을 바꾸는 개행 문자
System.out.printf("안녕하세요, %s 님.\n", "김경록"); // 줄을 바꾸는 개행 문자
```

입력과 출력 활용하기

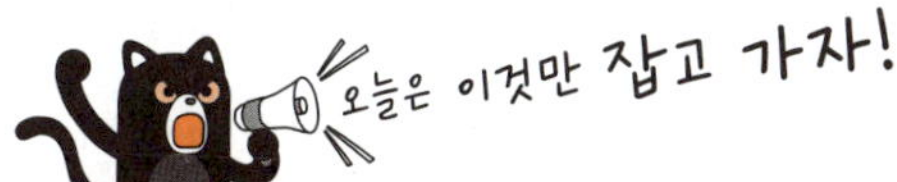

필수 예제	명령어
ScannerFloat.java	Scanner
ScannerAndFormat.java	nextFloat() nextInt() printf() %,d

입력받은 세 개의 숫자 평균 구하기

Scanner로 세 개의 숫자를 입력받아 평균을 구해 보겠습니다. 나눗셈의 경우 소수점이 나올 수 있기 때문에 %f를 사용해 소수점 형식으로 출력해야 합니다. 클래스 이름은 ScannerFloat로 지정해서 만든 뒤 결과를 확인해 봅시다. 앞에서 배웠던 Scanner를 사용합니다. nextInt()를 사용하면 연산 결과가 소수점으로 나오지 않기 때문에 nextFloat()를 사용합니다. nextFloat()의 Float는 실수를 의미합니다. 나누기 연산자는 /입니다.

```java
import java.util.Scanner;

public class ScannerFloat {
    public static void main(String[] args) {
        Scanner sc = new Scanner(System.in);
        System.out.printf("%.1f", (sc.nextFloat() + sc.nextFloat() +
                          sc.nextFloat()) / 3);
    }
}
```


입력받은 값을 곱해서 세 자리마다 ,로 구분해서 출력하기

1 + 2, 20 + 30과 같이 단순한 연산의 결과는 포매팅을 하지 않아도 쉽게 읽을 수 있습니다. 하지만 '15000원짜리 물건을 30개 샀을 때의 가격'을 구했다면 그와 같은 큰 수는 읽기가 쉽지 않을 것입니다. 이처럼 자릿수가 제법 많은 경우 포매팅을 통해 세 자리마다 쉼표(,)를 찍어 주면 좋습니다.

그런 의미로 두 개의 값 val1과 val2를 입력받아 곱한 후 세 자리마다 쉼표(,)를 찍어서 출력해 보겠습니다. 먼저 두 개의 값을 입력받기 위해 Scanner의 nextInt()를 두 번 사용합니다.

```java
import java.util.Scanner;

public class ScannerAndFormat {
    public static void main(String[] args) {
        Scanner sc = new Scanner(System.in);
        int val1 = sc.nextInt();
        int val2 = sc.nextInt();
        System.out.printf("val1:%d val2:%d", val1, val2);
    }
}
```

15000원짜리 물건을 30개 샀다고 가정하겠습니다. 실행 후 **15000**과 **30**을 차례로 입력하면 val1
은 15000으로, val2는 30으로 출력됩니다.

이제 여기에 곱하는 연산을 하는 명령인 val1 * val2를 출력하기만 하면 됩니다. 하지만 이렇게 하
면 결과는 450000이 나옵니다. 여기에 printf()와 포매팅 지시자를 활용해 쉼표(,)를 찍을 수 있습
니다. 세 자리마다 쉼표(,)를 추가하는 포매팅 지시자는 %,d입니다.

printf()와 %,d를 이용해 val1 * val2한 결과를 출력해 보겠습니다. 다음과 같이 printf()의 소괄호
블록을 수정합니다.

```java
import java.util.Scanner;

public class ScannerAndFormat {
    public static void main(String[] args) {
        Scanner sc = new Scanner(System.in);
        int val1 = sc.nextInt();
        int val2 = sc.nextInt();
        System.out.printf("%,d", val1 * val2);
    }
}
```

ScannerAndFormat.java

실행 결과
```
15000 [Enter]
30 [Enter]
450,000
```

그런 다음 이전과 같이 **15000**과 **30**을 차례로 입력해 봅시다. 그러면 실행 결과와 같이 세 자리마
다 쉼표(,)가 찍히는 모습을 확인할 수 있습니다.

지금까지 입출력에 대해서 알아봤습니다. 다른 책에서는 보통 입출력을 후반부에 다룹니다. 여러
내용을 알고 있어야 쉽게 할 수 있는 내용이기 때문입니다. 하지만 이 책에서 입출력을 앞에 다룬
이유는 입출력은 실습했을 때 결과를 가장 잘 보이게 하는 역할을 하기 때문입니다. 다년간 강의
를 진행하면서 이론 부분에서 흥미를 느끼지 못하고 실행 결과를 보기도 전에 지치는 경우를 많이
보았습니다. 그래서 입출력 부분을 먼저 알려줬더니 강의를 끝까지 따라 오는 경우가 더 늘었습니
다. 조금은 어렵지만 실제로 내가 무언가를 하고 있다는 사실을 눈으로 확인했을 때 뭔가 제대로
하고 있다는 느낌이 들기 때문인 것 같습니다.

그리고 한 가지 이유가 더 있습니다. 바로 변수, 다형성, 타입 등 앞으로 배울 내용이 어떤 것이 있는지 전체적으로 살펴볼 수 있다는 것입니다. 이렇게 하면 내가 무엇을 배워야 하며 무엇을 집중적으로 살펴봐야 하는지 명확히 알 수 있습니다. 이제 여러분이 배워야 할 내용의 대부분을 알게 되었습니다. 다음 CHAPTER부터는 지금까지 언급만 되었던 개념들을 하나씩 살펴보겠습니다.

🔄 이 책의 모든 내용을 다 배운 후 CHAPTER 02 입력과 출력을 다시 살펴보세요. 그러면 이 책에서 배운 내용을 정리할 수 있습니다.

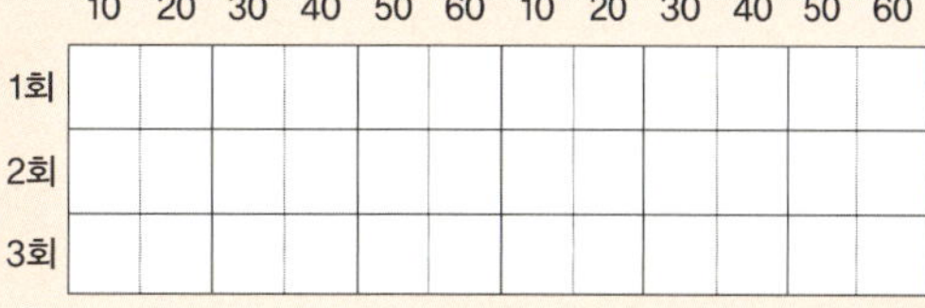

필수 예제

ScannerFloat.java	입력받은 값의 평균을 구하는 클래스
ScannerAndFormat.java	입력받은 값을 곱하고 세 자리마다 ,로 구분해 출력하는 클래스

명령어

```java
Scanner sc = new Scanner(System.in);
// 키보드로 데이터를 입력받을 때 주로 사용하는 자바의 대표적인 내장 클래스
System.out.println(sc.nextFloat());
// Scanner 클래스에 포함되어 있으며 실수를 입력받을 때 사용하는 메서드
int val1 = sc.nextInt();
// Scanner 클래스에 포함되어 있으며 정수를 입력받을 때 사용하는 메서드
System.out.printf("%,d", val1 * val2);
// printf(): 포매팅해서 출력하는 기능의 메서드
// %,d: 정수 세 자리마다 ,를 찍는 포매팅 지시자
```

변수와 타입

자바에서 변수는 아주 중요하고 핵심적인 개념입니다. 자바 프로그램의 모든 과정에서 변수가 사용됩니다. 변수를 사용할 때 자바는 변수 타입을 꼭 지정해 주어야 합니다. 타입은 우리가 물을 사용할 때 컵에 담으면 마실 물, 욕조에 담으면 목욕물, 우물에 담겨 있으면 우물물, 약수터에서 떠 오면 약수물이 되듯이 똑같은 1이라도 문자로 취급할 것인지 숫자로 취급할 것인지를 정하는 것입니다. 이번 장에서는 변수와 타입에 대해 알아보겠습니다.

변수를 선언하고 초기화하기

필수 예제	용어 및 개념		명령어
PrimitiveTypeByte.java	☐ 변수	☐ 초기화	`int` `=`
DefineAVariable.java	☐ 상수	☐ 비트(bit)	`final`
DefineAndInitialize.java	☐ 타입	☐ 바이트(byte)	
ConstantEx.java	☐ 선언	☐ 강타입 언어	

변수variable는 '변하는 수'를 말합니다. 변수는 메모리에 공간을 확보하는 일종의 건물 이름과 같은 개념입니다. 남산의 특정 공간에 세워진 남산타워처럼 메모리의 특정 영역에 'nsTower'라는 공간을 두는 것이죠. 이 공간은 메모리의 한 영역을 이미 차지하고 있으므로 값을 넣어 뒀다가 필요할 때 꺼내 쓸 수 있습니다.

여기서 'nsTower'를 변수라고 하며, 변수를 만들고 이름을 붙이는 일을 **선언**declare이라고 합니다. 선언의 개념은 변수뿐 아니라 클래스, 메서드를 만들고 이름을 붙일 때에도

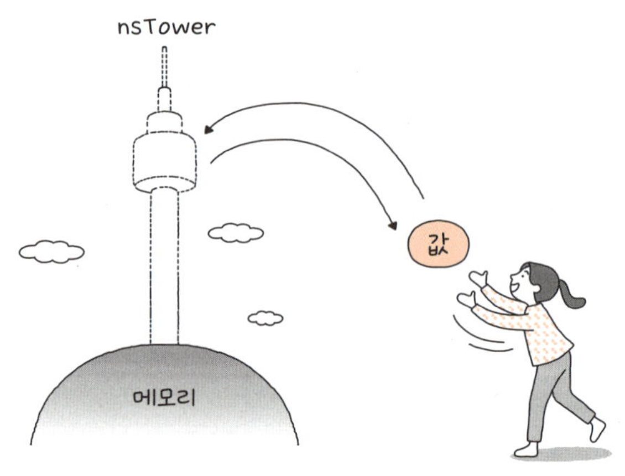

사용됩니다. 하지만 선언된 변수에는 아무 값도 없습니다. 땅만 차지하고 기능이 없는 건물인 것이죠. 건물을 분양해서 상가든 주택이든 채워 넣어야 합니다. 이처럼 선언된 변수에 처음으로 값을 할당하는 과정을 **초기화**initialize라고 합니다. 이때 변수에는 숫자뿐 아니라 다양한 형태의 값이 들어갈 수 있습니다. 일종의 값을 기록하는 역할도 하는 것이죠. 그래서 CHAPTER 01에서 '상태'를 표현하는 것이 변수라고 했습니다.

변수와 대비되는 것이 상수입니다. 상수 역시 변수와 마찬가지로 메모리 공간을 확보하고 값을 담는다는 특징이 있습니다. 그런데 **상수**constant는 '항상 같은 수'를 뜻합니다. 상수는 값을 담으면 절대 그 값을 바꿀 수 없습니다. 현실 세계에서는 건물의 엘리베이터, 계단, 바닥, 벽 등과 같이 고정된 것들을 말하고, 프로그래밍 세계에서는 원주율 3.141592…와 같이 항상 고정된 값을 말합니다.

개념 설명은 이쯤하고 본격적으로 변수와 상수가 프로그래밍에서 어떻게 사용되는지 알아보겠습니다.

변수의 의미

변수를 정의할 때 '변하는 수'로 이야기하는 것은 variable을 '변수'로 번역했기 때문입니다. 이러한 정의 때문에 다소 헷갈리는 면도 있습니다. 왜냐하면 **변수**는 단지 '변하는 수'가 아닌 메모리에 공간을 확보하는 역할을 하기 때문입니다.

변수는 1, 2, 3 그리고 "a", "b", "c"와 같은 값을 기록하는 역할도 하지만 자바에서 클래스를 인스턴스화할 때 메모리 공간을 확보하는 역할이 더 큽니다.

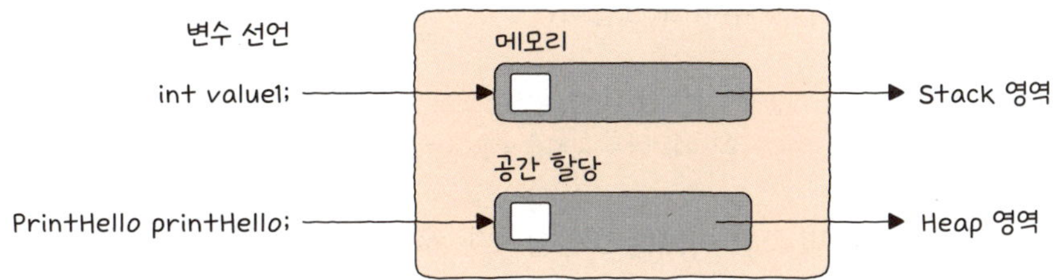

tip 자바에서 변수는 특정 값을 임시로 저장하는 기능뿐 아니라 메모리 공간의 특정 영역을 사용하는 모든 과정과 연관되어 있다고 볼 수 있습니다.

우리는 지금까지 알게 모르게 많은 변수를 선언하고 사용했습니다. CHAPTER 01에서 PrintHello 클래스를 인스턴스화할 때 PrintHelloTest의 메인 메서드에서 PrintHello 클래스를 printHello라는 **변수**로 **선언**하고 new 연산자를 이용해 생성한 인스턴스로 변수를 **초기화**했습니다.

```java
public class PrintHelloTest {
    public static void main(String[] args) {
        PrintHello printHello = new PrintHello();
        printHello.print();
    }
}
```
PrintHelloTest.java

이것이 바로 변수

CHAPTER 02에서는 입력을 받기 위해 다음과 같이 변수를 선언했었죠.

```java
JavaInput javaInput; // 세 번째 줄
```
JavaInputTest.java

```java
// 여섯 번째, 일곱 번째 줄
InputStreamReader isr = new InputStreamReader(System.in);
BufferedReader br = new BufferedReader(isr);
```
BufferedReaderEx.java

타입의 의미

자바에서는 변수를 선언할 때 **타입**type을 꼭 지정해 주어야 합니다. 앞에서 문자열과 숫자 그리고 소수점까지 총 세 가지 타입을 다루어 보았습니다.

note 이 책은 type을 음차하여 주로 '타입'으로 표기하고 때로는 '형'이라는 단어로도 표현합니다. type을 한국어로 번역해서 쓸 때 형태를 뜻하는 한자 '형(型)'으로 쓰는 경우도 많기 때문에 두 가지를 병행해서 씁니다.

타입이란 '단위'라고 생각하면 조금 이해하기 쉽습니다. 우리가 마트에서 장을 본다고 생각해 보겠습니다. 대파, 계란, 파스타 면, 파스타 소스를 살 예정입니다. 각 항목은 단위가 다릅니다. 대파를 살 때는 한 단, 계란을 살 때는 한 판, 파스타 면을 살 때는 한 봉지, 파스타 소스를 살 때는 한 병, 이렇게 다 똑같이 한 개씩 사지만 그 단위가 다르듯이 변수도 똑같은 1이라도 문자열일 때, 숫자일 때, 소수점이 포함된 숫자일 때 표현하는 방식과 타입이 다릅니다.

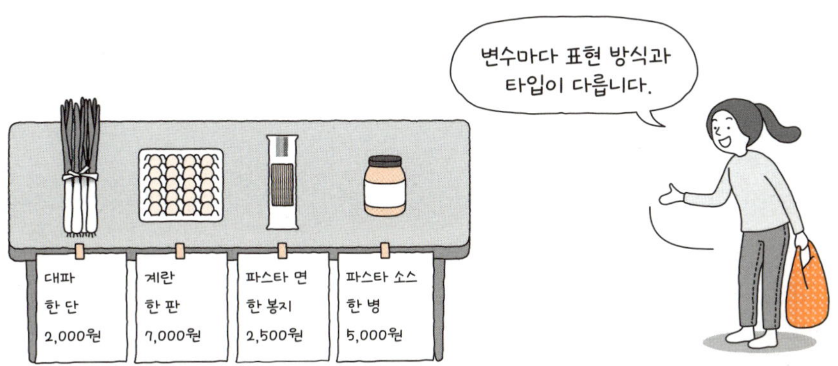

이처럼 해당 변수의 데이터가 어떻게 저장되고 처리되어야 하는 형태인지 지정하는 것이 바로 **타입**인 것이죠. 자바는 변수 앞에 무조건 타입을 명시해 주어야 하는 **강타입 언어**입니다. 타입 없이는 변수를 선언할 수도 사용할 수도 없습니다.

- **타입을 선언한 경우(사용 가능)**

```
int value1 = 10;
System.out.println(value1);
```

- **타입을 선언하지 않은 경우(사용 불가)**

```
value1 = 10;
System.out.println(value1);
```

다음은 타입의 종류입니다. 각 타입에는 기본값이 정해져 있습니다.

타입	종류	크기	설명
byte	정수형	1byte	−128부터 127까지 해당합니다.
short	정수형	2bytes	−32,768부터 32,767까지 해당합니다.
int	정수형	4bytes	−2,147,483,648부터 2,147,483,647까지 해당합니다.
long	정수형	8bytes	−9,223,372,036,854,775,808부터 9,223,372,036,854,775,807까지 해당합니다.
float	정수형	4bytes	소수점을 저장합니다. 10진수로 7자리 수를 저장할 수 있습니다.
double	정수형	8bytes	소수점을 저장합니다. 10진수로 15자리 수를 저장할 수 있습니다.
boolean	논리형	1bit	true와 false에 해당합니다.
char	문자형	2bytes	한 글자 혹은 아스키 코드(ASCII Code) 값에 해당합니다.

가장 많이 사용하는 타입은 int입니다. 숫자를 저장할 때 사용합니다. 자바에는 int 외에도 숫자를 저장할 때 사용하는 여러 가지 타입이 있습니다. byte, short, int, long, float, double 이렇게 총 여섯 가지입니다.

byte와 short는 담을 수 있는 숫자의 크기가 작아서 잘 사용하지 않습니다. 주로 int를 사용하다가 int 범위보다 더 큰 숫자를 담아야 할 때는 long을 사용합니다. 그리고 소수점을 담아야 한다면 float나 double을 사용합니다.

char는 한 글자만 담을 수 있습니다. 한 글자 이상, 예를 들어 "ab", "abc" 등의 문자열을 담으려면 string 타입을 써야 합니다.

타입의 분류

타입은 크게 **원시 타입**primitive type과 **참조 타입**reference type으로 분류합니다. 앞서 표에서 언급한 타입은 원시 타입입니다. string은 참조 타입이기 때문에 표에서 언급하지 않았습니다. 표에 열거한 원시 타입 외에는 모두 참조 타입이라고 해도 무방합니다. 그리고 지금까지 우리가 직접 만들었던 모든 클래스, 예를 들어 PrintHello, PrintHelloTest, BufferedReaderEx, BufferedReaderExTest도 참조 타입입니다.

원시 타입 변수는 정수, 실수, 논리, 문자 등과 같은 값을 직접 저장하지만, 참조 타입 변수는 객체의 주소를 저장하고 있다가 객체를 사용할 때 참조 타입 변수에 저장된 객체의 주소를 불러와 사용하는 방식입니다.

SOON 원시 타입과 참조 타입은 180쪽에서 자세히 다룹니다.

변수의 크기

왜 복잡하게 숫자를 담는 변수는 여러 가지일까요? int만 있든지, int보다 더 큰 long만 있든지, 둘 중 하나만 있으면 여러 개를 익힐 필요도 없고 어떤 것을 쓸 것인지 고민하지 않아도 되니 더 좋을 것 같은데 말이죠.

우리가 이사할 때 1톤 트럭을 부를 것인지, 2.5톤 트럭을 부를 것인지, 5톤 트럭을 부를 것인지는 가지고 있는 짐에 따라 다르게 선택합니다. 왜냐하면 큰 차를 부를수록 비용이 오르기 때문이죠. 1톤 트럭이면 되는데 2.5톤을 부르진 않습니다. 물론 짐이 애매하게 많아서 1톤 트럭으로는 책상과 냉장고를 못 싣는 상황이 발생할 것 같으면 넉넉하게 2.5톤을 부르겠지만 대체로는 비용을 줄이는 선택을 할 것입니다.

변수를 선언할 때도 마찬가지로 해당 변수에 들어갈 값의 크기를 고려해 타입을 선택해야 메모리를 효율적으로 사용할 수 있습니다. 그렇기 때문에 여러 가지 크기의 변수 타입이 있는 것입니다.

숫자가 100 이하로 들어갈 것 같으면 1byte만 사용하는 byte 변수를 이용하는 것이 괜찮은 선택이 될 수 있습니다. 1byte는 −128에서 127까지 숫자를 담을 수 있습니다. 왜 이렇게 되는지 원리를 알아보겠습니다.

1byte(바이트)는 **8bit(비트)**입니다. 8bit라는 것은 0 또는 1을 표현하는 이진수 자릿수가 여덟 개라는 것입니다. 다음 표에는 각 자릿수를 의미하는 십진수가 적혀 있습니다. 컴퓨터는 기계어라는 이진수를 사용한다는 사실 기억하죠?

128	64	32	16	8	4	2	1
0	0	0	0	0	0	0	0

네 개의 자릿수를 가지는 이진수 1111은 8 + 4 + 2 + 1이라서 15입니다. 네 개의 자릿수로는 0~15까지 총 16개의 숫자를 표현할 수 있습니다.

128	64	32	16	8	4	2	1
0	0	0	0	1	1	1	1

이와 같은 논리로 여덟 개의 자릿수 11111111로 표현할 수 있는 최대 숫자는 128 + 64 + 32 + 16 + 8 + 4 + 2 + 1 = 255입니다. 여덟 개의 자릿수로는 0부터 255까지 총 256개의 숫자를 표현할 수 있습니다.

128	64	32	16	8	4	2	1
1	1	1	1	1	1	1	1

하지만 앞서 표에서 byte 타입은 255까지가 아닌 127까지 표현할 수 있다고 되어 있습니다. 왜냐하면 여덟 개의 자릿수 중 맨 앞의 한 자리는 +− 부호로 사용되기 때문입니다. 맨 앞자리를 음수 −128로 보고 0이면 양수, 1이면 음수로 처리하는 것이죠. 그래서 양수의 경우 총 일곱 자리가 사용되니 01111111의 경우 $64 + 32 + 16 + 8 + 4 + 2 + 1 = 127$까지 표현할 수 있습니다.

−128	64	32	16	8	4	2	1
0	1	1	1	1	1	1	1

음수의 경우 128이 − 부호로 사용되므로 −128인 상태로 시작합니다. 즉 애당초 −128인 상태로 시작하므로 10000000의 경우 $−128 + 0 + 0 + 0 + 0 + 0 + 0 + 0 = −128$이 되는 것이죠. 그래서 앞의 표에서 '−128에서 127까지'라고 설명한 것입니다.

−128	64	32	16	8	4	2	1
1	0	0	0	0	0	0	0

byte 타입의 변수에 값을 할당한 뒤 출력하는 예제 코드를 작성해 보겠습니다. 변수를 선언하고 할당하는 방법은 뒤에 배우겠지만 우선은 그냥 한번 따라해 보세요.

```java
public class PrimitiveTypeByte {
    public static void main(String[] args) {
        byte bValFrom = -128; // -129 이하는 안 됨
        byte bValTo = 127;      // 128 이상은 안 됨
        System.out.printf("from:%d to:%d", bValFrom, bValTo);
    }
}
```

PrimitiveTypeByte.java

실행 결과

```
from:-128 to:127
```

−129나 128처럼 범위를 벗어나는 숫자를 넣어 보면 인텔리제이에서 빨간색 물결선을 표시하면서 그렇게는 할 수 없다는 사실을 알려 줄 것입니다.

변수가 필요한 경우

변수가 꼭 필요하지 않을 때는 변수를 쓰지 않아도 됩니다. 앞에서도 언급했지만 변수를 선언하는 것은 메모리 공간을 쓰는 것입니다. 그래서 변수를 많이 쓰면 그만큼 메모리 공간이 부족해질 수 있습니다. 하지만 변수가 필요할 때는 꼭 써야 합니다.

다음 상황은 변수를 써야 해결할 수 있습니다. CHAPTER 02에서 Scanner를 사용할 때 작성했던 예제 코드를 다시 한번 살펴보겠습니다. 이 코드는 sc.nextInt()를 두 번 써서 두 개의 숫자를 입력받고 더한 결과를 출력하는 것입니다.

```java
import java.util.Scanner;

public class ScannerEx {
    public void readTwoNumbersAndPlus() {
        Scanner sc = new Scanner(System.in);
        System.out.println(sc.nextInt() + sc.nextInt());
    }
}
```
ScannerEx.java

기존에는 ScannerExTest라는 클래스를 만들어서 메인 메서드를 따로 만들어 주었는데 여기에서는 같은 클래스에 메인 메서드를 추가해서 실행해 보겠습니다. 클래스 이름을 ScannerExInt로 새로 만들어 메인 메서드를 추가합니다. 실행 후 2와 3을 입력해서 결과로 5가 나오는지 확인해 보세요.

```java
import java.util.Scanner;

public class ScannerExInt {
    public void readTwoNumbersAndPlus() {
        Scanner sc = new Scanner(System.in);
        System.out.println(sc.nextInt() + sc.nextInt());
    }
    // 새로 추가한 메인 메서드
    public static void main(String[] args) {
        ScannerExInt scannerExInt = new ScannerExInt();
        scannerExInt.readTwoNumbersAndPlus();
    }
}
```
ScannerExInt.java

실행 결과

```
2 Enter
3 Enter
5
```

5라는 숫자가 나옵니다. 하지만 포매팅을 이용해서 "2와 3의 합은 5입니다."와 같이 출력하고 싶다면 변수를 써야 합니다. **SOON** 이에 대한 예제는 156쪽에서 설명합니다. 변수를 사용하지 않으면 값을 그대로 나열할 수밖에 없습니다. 즉, 입력받은 값을 다양한 방식으로 활용하려면 변수가 반드시 필요합니다.

지금부터 변수를 선언해 원하는 형식으로 결과를 출력하는 방법을 알아보겠습니다.

변수 선언하기

변수는 다음과 같이 타입을 지정하고 변수 이름을 지어 선언합니다. 변수를 선언할 때는 원시 타입과 참조 타입 모두 선언할 수 있습니다.

```
타입 변수_이름;
```

우선 원시 타입인 int 타입의 변수를 선언해 보겠습니다. 변수를 선언하는 예제는 다음과 같습니다.

```java
public class DefineAVariable {
    public static void main(String[] args) {
        int iVal; // 변수 선언
    }
}
```

DefineAVariable.java

이 예제에서 변수 이름은 iVal로 지었습니다. 변수 이름 iVal은 int 타입을 i로 표현하였고 Value를 Val로 표현한 이름입니다. 자바로 개발할 때 변수 이름은 메서드 이름과 유사하게 캐멜 케이스 camel case를 사용해 짓습니다.

- 메서드 이름은 소문자로 시작합니다.
- 단어가 바뀔 때 첫 글자는 대문자로 씁니다.

선언한 변수를 System.out.println() 메서드를 이용해 콘솔에 출력해 보겠습니다.

```java
public class DefineAVariable {
    public static void main(String[] args) {
        int iVal;                   // 변수 선언
        System.out.println(iVal);   // 초기화하지 않아서 에러 발생
    }
}
```


이렇게 작성하면 iVal에 빨간색 물결선이 그어지면서 잘못된 문법으로 나타납니다. 실행을 하면 에러 메시지가 나오죠. 에러 메시지는 변수 iVal이 '초기화'되지 않았다는 뜻입니다.

```
java: variable iVal might not have been initialized
```

초기화는 잠시 후에 알아보기로 하고 이어서 앞에서 만들었던 PrintHello 클래스를 변수로 선언해 보겠습니다. 클래스를 변수로 선언한다는 것은 클래스도 타입이 될 수 있다는 것입니다. 클래스를 타입으로 사용하면 참조 타입이 됩니다. 참조 타입도 역시 다음과 같은 형태로 선언합니다.

```
타입 변수_이름;
```

```java
public class DefineAVariableClass {
    public static void main(String[] args) {
        PrintHello printHello;   // 변수 선언
    }
}
```


그리고 앞에서 만들었던 print() 메서드를 호출합니다.

```java
public class DefineAVariableClass {
    public static void main(String[] args) {
        PrintHello printHello; // 변수 선언
        printHello.print();      // 초기화하지 않아서 에러
    }
}
```


tip PrintHello 클래스를 불러오려면 PrintHello.java 파일과 같은 프로젝트에 DefineAVariableClass 클래스를 만들어야 합니다. PrintHello 클래스를 새로 만듭시다.

BACK PrintHello 클래스를 만드는 방법은 62쪽을 참고하세요.

이 역시 빨간색 물결선이 그어지고 실행해 보면 에러 메시지가 나타납니다.

```
java: variable printHello might not have been initialized
```

초기화initialized가 안 되어 발생한 에러입니다. 이처럼 변수를 선언만 하고 초기화하지 않으면 그 변수를 사용할 수 없습니다. 앞에서 1톤, 2.5톤, 5톤 화물차의 예를 들었는데요. 변수를 선언한다는 것은 비유하자면 화물차를 예약하는 것입니다. 예약했다고 해서 화물차가 바로 오는 것은 아닙니다. 예약을 하고 비용까지 결제를 해야 화물차가 약속한 날짜에 옵니다.

자바에서 초기화란 결제를 하는 것과 같습니다. 변수를 선언만 하는 것은 예약만 하고 결제를 하지 않는 것과 같다고 볼 수 있습니다. 값을 넣어줌으로써 결제를 진행하는 것이죠.

이어서 초기화하는 방법을 알아보겠습니다.

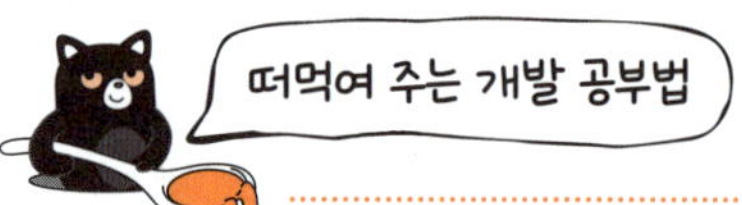

자바를 처음 배울 때 변수 이름은 꼭 두 글자 이상으로 짓는 습관을 들이는 것을 추천합니다. 그래야 개발자로 업무를 수행할 때 한 글자 변수 이름을 습관적으로 피할 수 있습니다. 그 변수에 어떤 값을 담을지 예측할 수 있게 변수 이름을 짓는 것이 나중에 코드를 다시 볼 때라든지 동료와 협업할 때 이해하기 쉽기 때문입니다. a, b, c 등과 같이 의미없는 한 글자로 지으면 이 변수가 어떤 용도인지 나중에는 알기가 어렵습니다.

변수 초기화하기

변수는 **대입 연산자 =**를 사용해 **초기화**Initialized시킬 수 있습니다. 자바에서 대입 연산자 =는 '어떤 값을 변수에 넣겠다'는 의미입니다. =를 이용하면 값뿐 아니라 인스턴스화된 클래스도 넣을 수 있습니다.

> 변수_이름 = 값;

SOON 대입 연산자 =는 277쪽에서 자세히 다룹니다.

DefineAVariable에서 만든 iVal 변수를 초기화해 보겠습니다. iVal 변수를 선언했던 코드 아래쪽에 **iVal = 1;**이라고 입력해 초기화하면 됩니다. 변수를 초기화했다면 이를 출력해 보겠습니다.

```java
public class DefineAVariable {
    public static void main(String[] args) {
        int iVal;
        iVal = 1;
        System.out.println(iVal);
    }
}
```

DefineAVariable.java

실행 결과
```
1
```

이어서 DefineAVariableClass에서도 초기화를 진행해 보겠습니다. PrintHello 클래스를 new 연산자를 이용해 인스턴스화한 후 printHello 변수를 초기화하여 PrintHello에 선언했던 메서드인 print()를 호출해 보겠습니다. printHello 변수 선언 아래쪽에서 초기화를 하면 됩니다.

```java
public class DefineAVariableClass {
    public static void main(String[] args) {
        PrintHello printHello;              // PrintHello 타입으로 변수 선언
        printHello = new PrintHello();      // PrintHello 클래스를 인스턴스화
        printHello.print();                 // print() 메서드 호출
    }
}
```

DefineAVariableClass.java

실행 결과
```
2
```

앞에서는 PrintHello 타입으로 printHello 변수를 '선언'만 하고 '초기화'를 하지 않았기 때문에 PrintHello의 print() 메서드를 사용할 수 없었지만 new를 이용해 초기화하고 난 이후에는 사용할 수 있습니다. 그래서 print()의 기능인 1 + 1을 계산하여 2가 출력되었습니다.

변수 선언과 초기화를 한 번에 하기

앞에서는 다음과 같이 변수를 선언하는 부분과 초기화하는 부분을 나누어 변수에 값을 할당했습니다. 이번에는 한 번에 하는 방법을 알아보겠습니다.

■ **원시 타입으로 변수 선언**

```
int iVal;
iVal = 1;
```

■ **참조 타입(Class)으로 변수 선언**

```
PrintHello printHello;
printHello = new PrintHello();
```

원리는 아주 간단합니다. 앞의 경우는 선언하는 부분 따로, 초기화하는 부분 따로 두 줄에 걸쳐 코딩했습니다. 이 코드를 살펴보면 변수 이름이 겹친다는 사실을 확인할 수 있습니다. 이 겹치는 변수 이름을 한 줄로 이어 주면 됩니다. 그러면 선언과 동시에 초기화를 할 수 있습니다. 다음과 같이 말이죠.

■ **원시 타입으로 변수 선언**

```
int iVal = 1;
```

■ **참조 타입(Class)으로 변수 선언**

```
PrintHello printHello = new PrintHello();
```

이러한 원리를 기반으로 변수 선언과 초기화를 한 번에 하는 방법을 정의하면 다음과 같습니다.

```
타입 변수_이름 = 값;
```

이를 이제 코드에 적용해 보겠습니다. DefineAndInitialize의 iVal 변수를 다음과 같이 변수를 선언하면서 값을 할당(초기화)해 봅시다.

```java
public class DefineAndInitialize {
    public static void main(String[] args) {
        int iVal = 1;
    }
}
```


클래스를 초기화할 때도 마찬가지로 한 줄에 선언과 초기화를 동시에 할 수 있습니다. DefineAnd InitializeClass의 printHello 변수에 적용해 봅시다.

```java
public class DefineAndInitializeClass {
    public static void main(String[] args) {
        // 변수 선언 + new로 초기화
        PrintHello printHello = new PrintHello();
    }
}
```


우리가 지금까지 값을 입력받을 때 사용한 Scanner도 선언과 동시에 초기화 과정을 거쳤습니다. 다음과 같이 Scanner를 선언과 초기화를 분리해서 사용해도 문법상 문제는 없습니다.

```java
Scanner sc;
sc = new Scanner(System.in);
```

그러나 대체로 다음과 같이 선언과 동시에 초기화해서 사용합니다. 참고로 여기서 소괄호는 Scanner 클래스에 있는 메서드의 매개변수로 System.in을 값으로 넘긴다는 의미입니다.

```java
Scanner sc = new Scanner(System.in);
```

SOON 매개변수는 451쪽에서 자세히 다룹니다.

자바에는 Scanner라는 클래스가 내장되어 있고 import 명령어를 이용해 불러와서 사용하는 것이라는 사실 기억하죠? 앞으로 변수를 선언할 때는 선언과 동시에 초기화해 사용합시다.

상수 선언과 값 할당하기

변수를 조금 더 잘 기억하기 위해서 변수의 반대 개념인 상수에 대해서도 배워 보겠습니다. **상수** constant는 한 번 값을 지정하면 바꿀 수 없습니다. 선언한 변수에 값을 지정한 후 바뀔 일이 없다면 변수 대신 상수를 쓰는 것이 좋습니다. 값이 바뀌는 것을 고려하지 않기 때문에 메모리를 사용하는 데 더 효율적입니다.

처음 배우는 단계에서는 상수를 쓸 일이 많지 않습니다. 특정 구간에서 값이 바뀌지 않는다는 것이 보장되어야 하는 경우는 프로그램이 엄청 복잡해질 때이기 때문입니다. 상수를 사용해서 프로그램의 안정성을 높일 수 있습니다. 지금은 잘 쓰지 않더라도 나중에 꼭 필요한 개념이므로 익혀 두길 바랍니다.

상수를 선언하는 방법은 간단합니다. 변수 앞에 **final**을 붙이면 됩니다. final을 붙이면 값을 딱 한 번만 할당할 수 있고 값을 할당한 후에는 바꿀 수 없습니다. 이때 상수 이름은 변수와는 다르게 대문자로 작성한다는 규칙이 있습니다.

```
final 타입 상수_이름; // 상수 이름은 대문자로 작성
```

상수를 선언하고 출력해 보겠습니다.

```java
public class ConstantEx {
    public static void main(String[] args) {
        final int IVAL;              // 변수 선언 앞에 final을 붙입니다.
        IVAL = 1;                    // 최초에 한 번 값을 지정할 수 있습니다.
        System.out.println(IVAL);
    }
}
```

ConstantEx.java

실행 결과

```
1
```

IVAL= 1;로 지정한 IVAL 변수에 **final**이 붙었으므로 이는 **상수**입니다. 즉, 상수 IVAL에는 1이라는 값이 들어 있습니다.

이 상태에서 IVAL = 2;를 지정해 값을 바꾸려고 하면 빨간색 물결선이 그어지면서 문법 오류를 알려 줍니다. 문법에 오류가 있음에도 실행해 볼 수는 있습니다. 실행했을 때 어떤 오류가 발생하는지 확인해 보겠습니다.

```java
public class ConstantEx2 {
    public static void main(String[] args) {
        final int IVAL;              // 앞에 final을 붙입니다.
        IVAL = 1;                    // 최초에 한 번 값을 지정할 수 있습니다.
        IVAL = 2;                    // 한 번 지정한 후 바꿀 수 없습니다.
        System.out.println(IVAL);
    }
}
```

ConstantEx2.java

'IVAL은 이미 값이 할당되어 있다'는 에러가 표시됩니다.

```
java: variable IVAL might already have been assigned
```

이처럼 값을 한 번 할당한 후 바뀔 일이 없는 객체 앞에 **final**을 붙여서 불변^{immutable}으로 만들어 주는 것입니다.

int뿐 아니라 PrintHello와 같은 클래스도 final을 써서 불변 객체로 만들 수 있습니다. 기존에 선언하고 초기화하는 코드 앞에 다음과 같이 final만 붙이면 됩니다.

```java
public class ImmutableObject {
    public static void main(String[] args) {
        final PrintHello printHello = new PrintHello();
    }
}
```


눈치 빠른 독자라면 이미 알겠지만 상수 역시 선언과 동시에 값을 할당할 수 있습니다. 이 코드에서도 실제로 상수를 선언하고 바로 값을 할당했습니다.

final은 값보다는 클래스 앞에 주로 사용합니다. 자바는 객체 지향 언어로 한 번 만든 클래스(객체)를 객체끼리 관계를 맺으며 재사용할 수 있습니다. 객체를 사용할 때 조립된 객체가 변하면 코드의 유지 보수성이 떨어지기 때문에 final을 붙여 변하지 않게 만들어 사용합니다. 후에 객체 지향 개념을 이해하면 이 부분이 이해가 갈 것이기 때문에 지금은 이런 것이 있구나 정도로만 알아 둡시다. 상수는 코드의 가독성과 유지 보수성을 향상시키는 데 유용하며, 변하지 않는 값이 필요한 경우에 사용한다는 사실만 기억합시다.

키워드와 클래스, 변수, 메서드 이름 규칙

키워드는 자바에서 이미 사용되고 있는 이름을 의미합니다. 미리 사용되고 있으므로 **예약어**라고도 합니다. 대표적인 키워드로는 int, float, boolean, final, if, case 등을 들 수 있습니다. 이 키워드는 클래스나 메서드, 변수 이름으로 사용하면 안 됩니다. 이미 사용되고 있기 때문이죠. 다음과 같이 int와 float를 변수 이름으로 사용하면 에러가 발생합니다.

```java
int int = 10;
int float = 11;
```

혹시 변수 이름에 이 변수가 어떤 타입을 가지는지 알리고 싶다면 다음과 같이 각 타입의 첫 번째 글자를 변수 이름 앞에 붙이기도 합니다.

```java
int iVal = 10;
float fVal2 = 11.12f;
```

강타입 언어 vs 동적 타입 언어

자바는 **강타입 언어**로 모든 변수에는 반드시 타입을 지정해 주어야 합니다. 변수를 선언할 때 어떤 타입을 써야 하는지 고민이 필요합니다.

```
int iVal1 = 10;
String sVal1 = "10";
```

강타입 언어라고 구별해서 부르는 것을 보면 그렇지 않은 언어도 있다는 말이겠죠? 맞습니다. 실제로 파이썬이나 자바스크립트와 같이 타입을 지정하지 않고 변수를 선언하는 언어도 있습니다. 다음의 파이썬 코드를 살펴봅시다.

```
val1 = 10
val2 = "10"
```

숫자인 10도, 문자열인 "10"도 모두 타입(int, String)을 지정하지 않고 선언한 것을 볼 수 있습니다. 이처럼 타입을 지정하지 않고도 변수를 선언할 수 있는 언어를 **동적 타입 언어**라고 합니다.

동적 타입 언어는 어떤 타입을 쓸 지 고민할 필요도 없고 코드의 길이를 짧게 할 수 있다는 장점이 있습니다. 반면 강타입 언어는 프로그램이 복잡해졌을 때 문제가 생길 만한 부분을 비교적 예측해서 처리하기가 쉽습니다. 변수에 타입을 모두 선언해 두어서 개발자가 제어할 수 있기 때문이죠. 그래서 프로젝트 초반에는 빨리 만들기 위해 동적 타입 언어를 써서 만들지만 기능이 추가되고 변화가 많아져 프로그램이 정교하게 작동해야 하는 경우는 자바와 같은 강타입 언어로 넘어가는 경우가 많습니다.

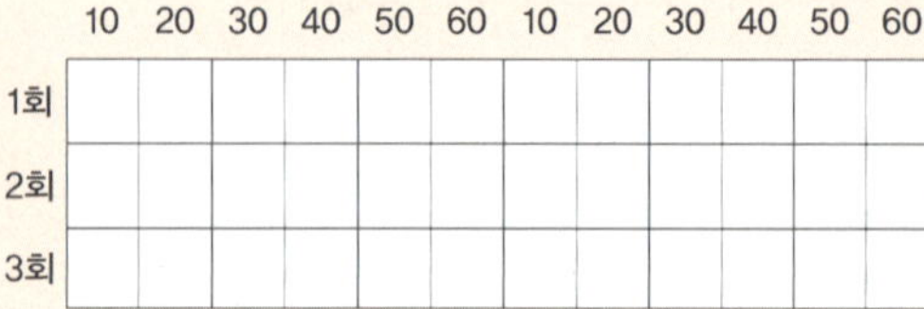

_____월 _____일 걸린 시간: _____시간 _____분

	10	20	30	40	50	60	10	20	30	40	50	60
1회												
2회												
3회												

필수 예제

PrimitiveTypeByte.java	byte 타입의 변수에 값을 할당한 뒤 출력하는 클래스
DefineAVariable.java	변수를 선언하고 초기화하는 클래스
DefineAndInitialize.java	변수 선언과 초기화를 한 번에 하는 클래스
ConstantEx.java	상수를 선언하고 초기화하는 클래스

용어 및 개념

☐	변수	'변하는 수'라는 의미로 메모리에 공간을 확보하는 역할
☐	상수	'항상 같은 수'라는 의미로, 지정된 값은 바꿀 수 없음
☐	타입	– 일종의 변수 단위로, 해당 변수의 데이터를 어떻게 저장하고 처리해야 하는지 지정하는 것 – 숫자를 지정할 수 있는 타입은 byte, short, int, long, float, double이 있고 논리형 타입은 boolean, 문자형 타입은 한 글자만 담을 수 있는 char과 한 글자 이상을 담을 수 있는 string이 있음
☐	선언	변수 또는 클래스, 메서드를 만들고 이름을 붙이는 일
☐	초기화	– 선언된 변수에 처음으로 값을 할당하는 과정 – 값뿐만 아니라 인스턴스화된 클래스도 넣을 수 있음
☐	비트(bit)	0과 1을 가지는 이진수의 자릿수를 나타내는 단위
☐	바이트(byte)	여덟 개의 비트가 모인 단위로, 1바이트는 8비트
☐	강타입 언어	변수 앞에 무조건 타입을 명시해 주어야 하는 언어

명령어

```
int 변수_이름 = 값;
// int: 정수를 나타내는 타입
// =: 선언된 변수에 값을 할당하는 대입 연산자
final 타입 상수_이름;
// 한 번 정해진 값을 바꿀 수 없음을 보장하는 키워드
```

변수와 상수 활용하기

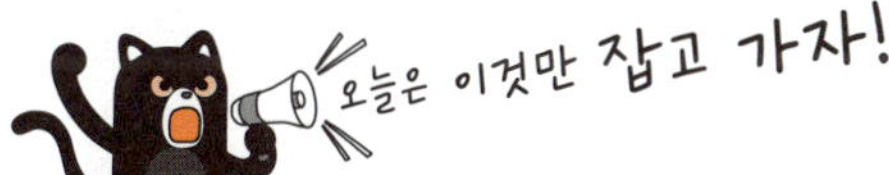

필수 예제	용어 및 개념	명령어
ScannerAndVariable.java	☐ 변수	`int` `=` `%d` `\n`
StoreValueAndPrint.java	☐ 초기화	`printf()`
MyAccountEx.java	☐ 포매터	

변수에 값을 담아 출력하기

변수 선언하기, 변수 초기화하기, 변수 선언하면서 초기화하기의 총 세 가지 개념을 알아보았습니다. 배운 것을 활용해 입력받은 값을 변수에 넣고 출력까지 해 봅시다. 여기서 입력 값은 정수입니다. 클래스 이름은 ScannerAndVariable로 해서 여러분이 직접 한번 만들어 보세요. 그리고 난 후 다음의 예제 코드를 확인해 봅시다.

> **hint** Scanner를 사용합니다. 메인 메서드를 따로 만들지 않고 하나의 클래스에 추가해서 만듭시다. 변수를 선언하고 sc.nextInt() 로 초기화합니다. println() 안에 sc.nextInt() 대신 변수를 넣어 봅시다.

```java
import java.util.Scanner;

public class ScannerAndVariable {
    public static void main(String[] args) {
        Scanner sc = new Scanner(System.in);
        // 변수 선언 + sc.nextInt()로 입력받은 값으로 초기화
        int iVal = sc.nextInt();        // ①
        // iVal 출력
        System.out.println(iVal);       // ②
    }
}
```


① int 타입의 iVal을 선언함과 동시에 sc.nextInt()를 이용해 값을 입력받아 변수에 할당합니다.

```java
int iVal = sc.nextInt();
```

② 실행 후 10을 입력하고, iVal을 출력하니 10이 출력되었습니다.

```java
System.out.println(iVal);
```

변수에 담았던 값 출력하기

앞에서 Scanner를 이용해 값을 두 개 입력받고 그 합을 출력하는 예제를 실행해 보았습니다. BACK
104쪽 〈Scanner로 입력받은 정수 더하기〉를 참고하세요. 그런데 Scanner만으로는 입력받은 두 개의 값과
더한 결과만 출력할 수 있었고 "2와 3의 합은 5입니다."와 같은 형식으로 출력하려면 변수가 필요
하다고 했었죠. 이제 변수를 선언하는 방법도, 변수에 값을 저장한 후 출력하는 방법도 배웠으므
로 "2와 3의 합은 5입니다."와 같이 출력하는 코드를 만들어 보겠습니다.

우선 CHAPTER 02에서 만들었던 ScannerEx를 다시 살펴보겠습니다. 이 코드를 바탕으로 새로
운 코드를 만들 것입니다.

```java
import java.util.Scanner;

public class ScannerEx {
    public void readTwoNumbersAndPlus() {
        Scanner sc = new Scanner(System.in);
        System.out.println(sc.nextInt() + sc.nextInt());
    }
}
```

이 코드에 int 타입의 first, second 두 개의 변수를 선언한 후 sc.nextInt()로 입력받은 숫자를 저장했다가 출력해 보겠습니다. 우선 StoreValueAndPrint라는 클래스 파일을 만들고 ScannerEx의 코드를 복사합니다. 이때 public class ScannerEx를 public class StoreValueAndPrint로 바꿔 주어야 합니다. 그리고 다음과 같이 코드를 수정하고 실행해 봅시다.

```java
import java.util.Scanner;

public class StoreValueAndPrint {
    public static void main(String[] args) {
        Scanner sc = new Scanner(System.in);
        int first = sc.nextInt();    // 첫 번째 입력 값 저장       ──┐
        int second = sc.nextInt();  // 두 번째 입력 값 저장      ──┘ ❶
        // 첫 번째 입력 값, 두 번째 입력 값, 더한 값 출력
        System.out.printf("%d과(와) %d의 합은 %d입니다.", first, second, first +
                second); ← ❷
    }
}
```

실행 결과

```
10 Enter
20 Enter
10와(과) 20의 합은 30입니다.
```

❶ **nextInt()** 메서드를 사용하여 두 개의 정수를 입력받아 변수 **first**와 **second**에 저장합니다. 코드를 실행한 후 10과 20을 입력했으므로 first에는 10, second에는 20이 들어갑니다.

```java
int first = sc.nextInt();
int second = sc.nextInt();
```

❷ **printf()** 메서드를 사용하여 두 정수의 합을 출력합니다. printf() 메서드는 포맷 문자열을 이용하여 문자열을 출력하는 메서드로, **%d**는 정수형 데이터를 출력할 때 사용하는 **포매터**입니다.

```java
System.out.printf("%d과(와) %d의 합은 %d입니다.", first, second, first + second);
```

결과적으로 10과 20, 두 개의 값을 더한 결과인 30을 서식 문자와 함께 출력할 수 있습니다.

변수에 담긴 값 바꾸기

변수는 '변'하는 '수'라고 앞에서 배웠습니다. 변수를 선언한 후 값을 바꿀 수 있기 때문에 변수입니다. 즉, 값을 지정한 후 값이 바뀔 수 있다는 말입니다.

통장 잔고를 예로 들어 보겠습니다. 통장은 영어로 하면 Account이므로 sumOfMyAccount라는 이름으로 통장 잔고 변수를 만들었습니다. 해당 변수에 저장된 값을 바꿔 보겠습니다. 다음 코드는 **sumOfMyAccount** 변수 값을 1000으로 할당했다가 2000으로 변경하여 출력하는 예제 코드입니다.

```java
public class MyAccountEx {                                    MyAccountEx.java
    public static void main(String[] args) {
        int sumOfMyAccount = 1000;←─ ❶
        System.out.printf("내 통장에는 %d원이 들어 있습니다.\n", sumOfMyAccount);←
                                                                              ❷
        sumOfMyAccount = 2000; ←──────────── ❸
        System.out.printf("내 통장에는 %d원이 들어 있습니다.\n", sumOfMyAccount);←
    }                                                                         ❹
}
```

실행 결과
```
내 통장에는 1000원이 들어 있습니다.
내 통장에는 2000원이 들어 있습니다.
```

❶ **sumOfMyAccount** 변수를 선언하면서 **1000**을 할당하여 초기화합니다.

```java
int sumOfMyAccount = 1000;
```

❷ 그런 다음 printf() 메서드를 사용하여 값을 출력합니다. 1000이 출력됩니다. 맨 뒤에 \n을 넣어서 줄 바꿈을 합니다.

```java
System.out.printf("내 통장에는 %d원이 들어 있습니다.\n", sumOfMyAccount);
```

❸ 그리고 sumOfMyAccount 변수 값을 2000으로 변경합니다. 앞에서는 선언을 하면서 초기화를 했기 때문에 int sumOfMyAccount = 1000;과 같이 변수 타입을 써 주었습니다. 하지만 변수에 값을 바꿀 때는 타입을 쓰지 않습니다.

```java
sumOfMyAccount = 2000;
```

❹ 마지막으로 printf() 메서드를 사용하여 변경된 값을 출력합니다.

```java
System.out.printf("내 통장에는 %d원이 들어 있습니다.\n", sumOfMyAccount);
```

필수 예제

ScannerAndVariable.java	변수를 선언하고 입력받은 값을 변수에 할당한 후 출력하는 클래스
StoreValueAndPrint.java	변수를 선언하고 입력받은 값을 변수에 할당한 후 포맷 문자열을 이용해 출력하는 클래스
MyAccountEx.java	변수에 저장된 값을 변경하여 출력하는 클래스

용어 및 개념

☐	변수	'변하는 수'라는 의미로 메모리에 공간을 확보하는 역할
☐	초기화	값을 변수에 넣는 일. 값뿐 아니라 인스턴스화된 클래스도 넣을 수 있음
☐	포매터	출력 형식을 지정할 때 사용

명령어

```java
변수_이름 = 값;
// 변수는 대입 연산자를 사용해 초기화
// 대입 연산자 =는 '어떤 값을 변수에 넣겠다'는 의미
int 변수_이름 = 값;
// 정수를 나타내는 타입의 변수에 값을 넣어 초기화
System.out.printf("문자열 %d 문자열\n", 변수);
// printf는 포맷 문자열을 이용하여 문자열을 출력할 때 사용
// %d는 숫자를 출력할 때 쓰는 지시자
// \n은 한 줄을 띄우는 문자표
```

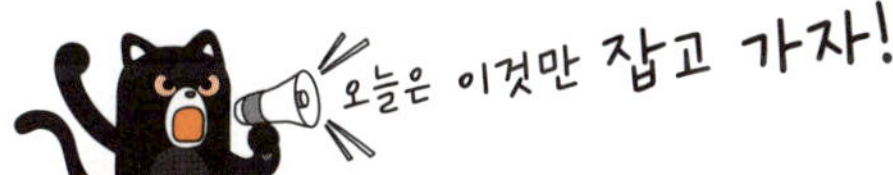

필수 예제	
SpaceInvadersMemberVariable.java	

용어 및 개념

☐	멤버 변수	☐	가비지 컬렉션
☐	지역 변수	☐	힙 영역
☐	JVM	☐	스택 영역

지금까지는 변수를 메서드 안에서 선언했지만 클래스 안에 변수를 선언하는 경우도 많습니다. 클래스 안에 선언한 변수를 **멤버 변수**member variable라고 합니다.

메서드 안에 변수를 선언하면 해당 메서드 실행이 끝날 때 선언했던 변수도 사라집니다. 만약 변수에 계속 값을 누적하거나 바뀐 상태를 유지해야 하는 경우에는 메서드 안에 직접 선언하는 방법으로는 해결하기 어렵습니다.

또한 클래스 단위로 값을 묶어서 사용해야 하는 경우도 있습니다. 지도상의 x, y 좌표나 학생의 국어, 수학, 영어 점수 그리고 사용자 정보 등 여러 개의 정보를 한 개의 객체로 구성해야 하는 경우입니다. 이럴 때 멤버 변수를 사용합니다.

멤버 변수를 어떻게 선언하고 사용하는지 알아보겠습니다.

멤버 변수의 의미

멤버 변수란 무엇일까요? '멤버(member)'가 구성원이라는 의미인 걸 생각해 보면 어딘가에 소속되어 있는 변수라는 걸 떠올릴 수 있습니다. 클래스에 선언한 변수를 **멤버 변수**member variable라고 합니다. 반대로 메서드 안에 선언한 변수는 **지역 변수**local variable라고 합니다.

지금까지 우리가 선언했던 변수는 메인 메서드 안에 선언했기 때문에 지역 변수라고 할 수 있습니다. 메서드 안에 변수를 선언하면 해당 메서드의 실행이 끝난 후에는 그 변수를 더 이상 사용할 수 없습니다. 한 마디로 메서드라는 지역을 벗어나면 사용할 수 없으므로 지역 변수라고 불리는 것이죠. 이런 문제점을 해결하기 위해 멤버 변수라는 개념이 등장했습니다. 자바는 객체 지향 언어다 보니 객체를 만드는 틀인 '클래스'를 기본으로 생각해야 하는 것이죠.

tip 멤버 변수는 클래스에 선언하므로 '클래스 변수'라고도 하며, 해당 클래스라는 특정 공간(필드)에서 선언되므로 '필드'라고도 합니다. 또한 CHAPTER 01에서 변수는 '상태'를 나타낸다고 했는데, 멤버 변수는 클래스의 상태를 나타내기도 하므로 '속성'이라고도 합니다. 따라서 멤버 변수, 클래스 변수, 필드, 속성, 이 네 가지 용어 모두 같은 의미라고 기억해 두어도 무방합니다.

멤버 변수가 필요한 경우

멤버 변수 이해를 위해 앞에서 언급한 '스페이스 인베이더' 게임을 다시 생각해 보겠습니다. 여기에서 멤버 변수로 표현해 볼 만한 값은 바로 외계인을 맞춰서 없애기 위해 이리 저리 움직이는 우주선의 위치location입니다. 자세한 설명은 코드를 보면서 하겠습니다.

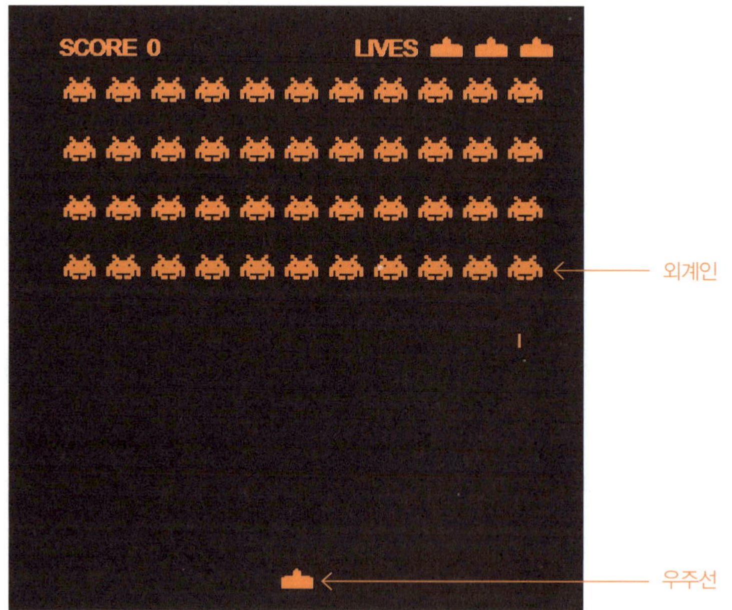

다음 코드는 '스페이스 인베이더' 게임에서 우주선이 왼쪽, 오른쪽으로 이동하는 기능을 메서드로
표현한 것입니다.

```java
public class SpaceInvaders2 {
    private void moveLeft() {
        // 왼쪽으로 이동하는 메서드
        int location = 0;
        location = -1; // 변수 사라짐
    }

    private void moveRight() {
        // 오른쪽으로 이동하는 메서드
        int location = 0;
        location = 1;  // 변수 사라짐
    }
}
```

'스페이스 인베이더' 게임에서 플레이어가 조종하는 우주선은 왼쪽, 오른쪽으로만 이동할 수 있기
때문에 moveLeft와 moveRight 두 가지 메서드만 있습니다. 하지만 지금까지 사용했던 **지역 변
수**만 사용해서는 이동하는 것을 표현하기가 어렵습니다.

왜냐하면 키보드나 게임 패드에서 왼쪽 방향 키를 누르면 moveLeft() 메서드가 실행될 텐데, 그
때 location이라는 변수가 생성되었다가 −1 위치로 이동한 후 location이라는 변수는 사라지기
때문입니다. 왼쪽으로 두 칸을 이동하면 −2인데 moveLeft() 메서드 실행이 끝났다고 다시 0으로
초기화되면 안 되는 거죠. 즉 변수가 사라지므로 우주선을 움직일 수 없게 됩니다. 우주선을 움직
이게 하려면 클래스에 **멤버 변수**를 선언해야 합니다.

이처럼 변수에 메서드 실행 결과가 남아 있도록 클래스에 멤버 변수를 선언해서 사용해야 할 일은
매우 많습니다. 다른 프로그램에서도 특정 연산의 중간 결과를 저장해 놓는다든지, 데이터를 전달
한다든지, DB에서 데이터를 불러와서 사용한다든지 하는 경우에 말이죠.

멤버 변수 선언하기

멤버 변수는 지역 변수를 선언하는 것과 비슷하지만 선언하는 위치가 메서드 안쪽이 아닌 클래스 안쪽이라는 차이가 있습니다.

```java
public class 클래스_이름 {
    타입 변수_이름;                    // 멤버 변수
    public static void main(String[] args) {
        타입 변수_이름;                // 지역 변수
    }
}
```

메인 메서드 안쪽에 선언하는 지역 변수와의 차이점이 보이나요? 멤버 변수는 클래스 안쪽에 바로 선언했고 지역 변수는 클래스 안에 있는 메인 메서드 안에 선언했습니다.

멤버 변수를 이용해 '스페이스 인베이더'의 우주선을 이동시키는 클래스를 다시 만들어 보겠습니다. int 타입의 location 변수를 클래스에 바로 선언합니다. 클래스 이름은 SpaceInvaders에 MemberVariable을 선언한 것이기 때문에 SpaceInvadersMemberVariable로 지었습니다.

```java
public class SpaceInvadersMemberVariable {          // SpaceInvadersMemberVariable.java
    int location;                    // 멤버 변수 선언 그러나 초기화하지 않음
    public void moveLeft() {         // 왼쪽으로 이동하는 메서드
        location = location - 1;     // 기존 값에 -1
    }

    public void moveRight() {        // 오른쪽으로 이동하는 메서드
        location = location + 1;     // 기존 값에 +1
    }
}
```

여기에서 눈여겨 볼 점은 location을 멤버 변수로 선언한 후 초기화하지 않았다는 점입니다.

```java
int location;
```

초기화를 하지 않았지만 연산할 때 location 기본값이 0으로 처리되기 때문에 moveLeft()나 moveRight()를 한 번 실행하면 해당 값이 −1이 됩니다.

Test 클래스를 만들어서 실행해 보겠습니다. new를 이용해 SpaceInvadersMemberVariable을 simv 변수에 인스턴스화하고 moveLeft(), moveRight()를 이용해 멤버 변수인 location에 변화를 줍니다.

<code>SpaceInvaderMemberVariableTest.java</code>

```java
public class SpaceInvaderMemberVariableTest {
    public static void main(String[] args) {
        SpaceInvadersMemberVariable simv = new SpaceInvadersMemberVariable();
        simv.moveLeft();        // 왼쪽으로 이동 -1
        simv.moveLeft();        // 왼쪽으로 이동 -1
        simv.moveRight();       // 오른쪽으로 이동 +1
    }
}
```

System.out.println(), .printf() 등을 써서 출력하지 않았기 때문에 결과는 아무것도 출력되지 않았지만 location 변수는 다음과 같이 바뀝니다.

−4	−3	−2	−1	0	1	2	3	4
				우주선				

우주선의 처음 위치 0

−4	−3	−2	−1	0	1	2	3	4
			우주선					

moveLeft()를 한 번 실행한 후 0에서 −1 위치로 이동

−4	−3	−2	−1	0	1	2	3	4
		우주선						

moveLeft()를 한 번 더 실행한 후 −1에서 −2 위치로 이동

−4	−3	−2	−1	0	1	2	3	4
			우주선					

moveRight()를 실행한 후 −2에서 −1 위치로 이동

멤버 변수는 클래스 안에 있는 moveLeft(), moveRight()와 같은 메서드의 실행이 끝나도 사라지지 않고 실행한 결과를 남겨 놓습니다. 그러나 클래스의 사용이 모두 끝나면 멤버 변수가 없어집니다. 예를 들면 '스페이스 인베이더' 게임을 하다가 목숨을 모두 사용하면 게임 오버가 됩니다. 게임 오버가 되면 우주선 위치 이동 클래스도 종료됩니다. 이러면 우주선의 위치가 사라지는 거죠.

클래스 사용이 끝나면 자바는 **가비지 컬렉션**garbage collection을 실행해 **힙 영역**heap area에 있는 SpaceInvadersMemberVariable을 메모리에서 없앱니다. ▶ **SOON** 가비지 컬렉션은 170쪽, 힙 영역은 168쪽에서 자세히 설명합니다.

멤버 변수로 접근하기

앞에서 클래스에 멤버 변수를 선언하는 방법과 선언한 location 변수 값이 −1, −2, −1로 변하는 과정을 알아보았습니다. 이번에는 실제로 값이 변했는지를 콘솔에 출력해 확인해 보겠습니다.

다음과 같이 **멤버 접근 연산자 .** 를 사용해서 멤버 변수로 접근할 수 있습니다.

```
클래스_변수_이름·멤버_변수_이름
```

다음과 같은 형식으로 표현할 수 있습니다.

```
simv.location
```

SpaceInvadersMemberVariable 클래스를 앞 글자만 따서 변수 이름을 simv로 지었으므로 Space InvadersMemberVariable의 멤버 변수인 location 변수에 접근하려면 **simv.location**을 써야 합니다. SpaceInvaderMemberVariableTest 코드를 다시 작성하고 실행해 봅시다.

```java
public class SpaceInvaderMemberVariableTest2 {                    SpaceInvaderMemberVariableTest2.java
    public static void main(String[] args) {
        SpaceInvadersMemberVariable simv = new SpaceInvadersMemberVariable();
        System.out.println(simv.location); // 멤버 변수로 접근
    }
}
```

실행 결과

```
0
```

그러면 location 변수의 현재 값이 바로 출력되는 것을 알 수 있습니다. 초기화를 하지 않았으므로 자동으로 할당된 0이 출력되었습니다.

이제 왼쪽으로 이동한 후에 실행해 보겠습니다. 다음과 같이 simv.moveLeft();를 한 번 더 호출하고 simv.location을 출력하는 코드를 입력한 후 실행해 봅시다.

```java
public class SpaceInvaderMemberVariableTest2 {
    public static void main(String[] args) {
        SpaceInvadersMemberVariable simv = new SpaceInvadersMemberVariable();
        System.out.println(simv.location);

        simv.moveLeft();                          // 왼쪽으로 이동 -1
        System.out.println(simv.location);
    }
}
```

SpaceInvaderMemberVariableTest2.java

실행 결과
```
0
-1
```

결과의 첫 번째 줄에 나온 0은 왼쪽으로 이동하기 위해 simv.location에 들어 있던 값이고, 두 번째 줄에 나온 −1은 simv.moveLeft()에 의해 0에서 −1을 계산한 값이므로 −1이 나옵니다.

moveLeft() 메서드를 한 번 더 호출해서 −1만큼 더 이동해 보겠습니다. 다음과 같이 simv.moveLeft();를 한 번 더 호출하고 simv.location을 출력하면 됩니다.

```java
public class SpaceInvaderMemberVariableTest2 {
    public static void main(String[] args) {
        SpaceInvadersMemberVariable simv = new SpaceInvadersMemberVariable();
        System.out.println(simv.location);

        simv.moveLeft();
        System.out.println(simv.location);

        simv.moveLeft();                          // 왼쪽로 한 칸 더 이동 -1
        System.out.println(simv.location);
    }
}
```

SpaceInvaderMemberVariableTest2.java

실행 결과
```
0
-1
-2
```

실행 결과에서 첫 번째 줄과 두 번째 줄은 각각 초기 값과 왼쪽으로 한 번 움직인 값입니다. 여기에 moveLeft()를 한 번 더 호출했기 때문에 최종 결과는 −2가 되었습니다. location을 멤버 변수로 선언했기 때문에 메서드를 호출하여 연산한 후의 결과가 계속 유지될 수 있습니다.

simv 변수에 생성되어 있는 SpaceInvadersMemberVariable 클래스는 사용이 끝났기 때문에 가비지 컬렉션의 대상이 되어 메모리에서 정리됩니다.

멤버 접근 연산자

is.read(), simv.moveLeft(), simv.moveRight() 등의 코드를 보면 .(점) 연산자가 사용되었습니다. .을 쓰면 해당 클래스의 멤버에 접근할 수 있습니다. 멤버란 변수 또는 메서드입니다. InputStreamReader는 자바에서 제공하는 클래스로 read()라는 메서드를 포함한 여러 기능을 제공합니다. 이 클래스에 있는 기능 중 read()라는 멤버 메서드를 불러오려면 멤버 접근 연산자인 .(점)을 찍어 read()와 같이 불러와서 쓸 수 있습니다.

JVM 메모리 구조: 스택 영역 vs 힙 영역

스택 영역과 힙 영역을 이해하기 위해서는 JVM이 뭔지, JVM의 메모리 구조는 어떻게 동작하는지를 알아야 합니다. JVM^{Java Virtual Machine}은 자바 가상 머신으로 자바 애플리케이션을 실행해 주는 프로그램입니다. '자바 코드 실행기'라고 할 수 있습니다. JVM(자바 코드 실행기)만 설치되어 있다면 윈도우, 맥, 리눅스를 가리지 않고 자바 애플리케이션을 실행할 수 있습니다.

자동차를 운전하려면 자동차의 조작법만 알면 되지만 '자동차 정비사'가 되려면 자동차 구조에 대해 잘 알아야 하듯이 프로그램을 사용하는 사용자라면 프로그램 사용법만 알면 되지만 개발자는 프로그램이 작동하는 환경에 대해 알고 있어야 합니다. 자바 애플리케이션은 반드시 JVM 위에서 작동하기 때문에 자바로 프로그래밍을 하는 개발자는 JVM의 구조를 잘 알고 있어야 합니다.

JVM의 구조 중 가장 중요한 것은 JVM의 메모리 관리 방법입니다. 메모리는 한정된 자원이므로 효율적으로 관리해야 하기 때문이죠. JVM에는 스택 영역과 힙 영역이 있습니다.

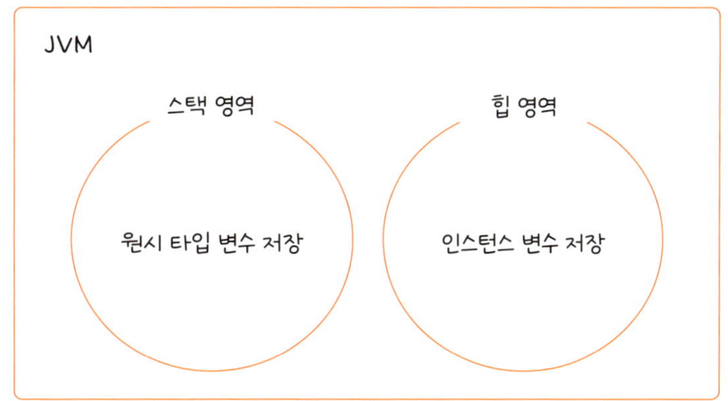

스택 영역stack area은 **스택**stack이라는 아래에서부터 쌓이는 자료 구조로 데이터를 저장하고, **힙 영역**heap area은 **힙**heap이라는 이진 트리 기반의 자료 구조로 데이터를 저장하는 곳입니다. 스택 영역에는 원시 타입primitive type의 변수들이 저장되고 힙 영역에는 개발자가 생성하고 해제하는, 즉 인스턴스로 생성되는 인스턴스 변수와 같은 것들이 저장됩니다. 힙에 데이터를 넣으면 특정 조건에 의해 정렬해 줍니다. 다음과 같이 말이죠.

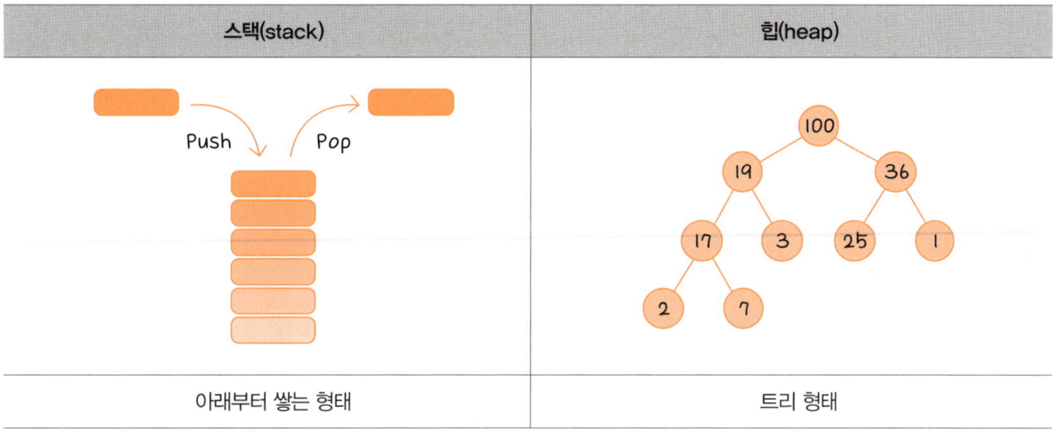

자바의 모든 클래스를 메모리에 로드해 놓고 사용하면 메모리 공간이 낭비되므로 new라는 명령어로 필요할 때 클래스를 불러서 사용하고 사용이 끝난 클래스를 메모리에서 제거하는 구조로 되어 있습니다.

힙 자료 구조에 들어 있는 데이터는 앞서 살펴본 것처럼 이진 트리 형식으로 이미 정렬이 되어 있기 때문에 메모리를 할당받았던 변수를 효율적으로 제거할 수 있습니다.

가비지 컬렉션

가비지 컬렉션 Garbage Collection, GC은 자바에서 아주 중요한 개념입니다. 가비지 컬렉션은 사용이 완료된 인스턴스화된 클래스를 메모리에서 비우는 작업입니다.

가비지 컬렉션은 우리 몸의 신장과 간에서 하는 해독 작용이나 불순물을 걸러내는 작용과 비슷하다고 할 수 있습니다. 우리 몸에서 간과 신장이 일을 해서 소변이 만들어지고 이를 몸 밖으로 배출하지요. 우리도 모르는 사이에 너무나 일상적으로 신장과 간이 우리 몸에 있는 불순물을 걸러 소변을 만들기 때문에 평소에 우리는 불순물이 걸러지는 간과 신장의 소중함을 모르고 지냅니다. 하지만 신장과 간이 제 기능을 못해서 불순물을 걸러내지 못하는 상황이 발생한다면 우리는 병원에 있는 인공신장실에서 몇 시간씩 혈액 투석을 받아야 합니다.

자바에서 가비지 컬렉션은 신장과 간의 작용 만큼 중요하지만 이 역시 우리도 모르는 사이에 일어나기 때문에 코드 개발에만 집중하다 보면 몇 년이 지나도 그 과정과 중요성에 대해 잘 모를 수 있습니다.

우리가 인스턴스화해서 사용하는 클래스는 물건에 비유해 볼 수 있습니다. 물건을 사면 물건을 감싸고 있던 포장지는 쓰레기가 됩니다. 물건 또한 사용 후 더이상 쓸모가 없어지면 쓰레기가 됩니다. 예를 들면 티슈같은 제품은 처음에는 제품이지만 티슈로 책상에 흘린 커피를 닦고 나면 그 기능이 다 해서 쓰레기가 되는 것입니다.

쓰레기도 처음에는 우리에게 필요한 제품이었습니다. 자바 클래스도 마찬가지로 필요에 의해 new라는 키워드로 생성해서 사용했지만 더이상 사용하지 않는 상태가 되면 메모리 공간만 차지하는 가비지(쓰레기)가 되죠. 메모리에 사용하지 않는 클래스들이 계속 자리만 차지하고 있으면 메모리는 꽉 차게 되고 결국 서버에 부담을 줍니다.

가비지 컬렉션은 말 그대로 '쓰레기 줍기'입니다. new로 생성한 클래스의 인스턴스를 메모리에서 제거하여 메모리 공간을 효율적으로 쓸 수 있도록 하는 것입니다. 가비지 컬렉션은 자바에서 도입되었습니다. 자바는 C 언어의 영향을 받아서 만들어졌다고 앞에서 잠시 언급을 했습니다. 그러나 C 언어는 가비지 컬렉션을 하는 **가비지 컬렉터**garbage collector가 없기 때문에 개발자가 메모리를 할당하고 메모리를 비워 주는 것까지 코딩해 주어야 합니다. 이 작업이 너무나 패턴화되어 있고 빈번하게 일어나기 때문에 자바에서는 **new** 연산자를 실행하면 가비지 컬렉션으로 알아서 쓰레기를 수집해서 메모리를 비우도록 설계되어 있어 매우 편리합니다.

이해를 돕기 위해 여행 시 숙박 업소를 이용하고 쓰레기를 치우는 과정에 비유해 보겠습니다. C 언어는 방을 사용하고 쓰레기를 직접 분리 수거해야 하는 것이라면 자바는 방을 사용하는 것까지는 똑같지만 쓰레기를 그냥 방 안에 놔 두고 나가면 직원이 수거해 가는 방식이라고 생각하면 쉽게 이해할 수 있을 것입니다.

가비지 컬렉션은 자바 백엔드 개발자 기술 면접에서 단골로 나오는 질문 중 하나입니다. 가비지 컬렉션 개념을 이해하고 있는지 여부는 매우 중요합니다. 자바 개발자 면접에서 가비지 컬렉션에 대해 물어보는 이유는 가비지 컬렉션이 발생하는 이유와 작동 방식을 이해해야만 안정적인 서버 프로그래밍을 할 수 있기 때문입니다.

_____월 _____일 걸린 시간: _____시간 _____분

	10	20	30	40	50	60	10	20	30	40	50	60
1회												
2회												
3회												

필수 예제

SpaceInvadersMemberVariable.java	우주선을 이동시키는 클래스

용어 및 개념

☐	멤버 변수	– 클래스 안에 선언한 변수 – 클래스에 선언했으므로 메서드 실행이 끝나도 사용할 수 있음 – 클래스 변수, 필드, 속성이라고도 함
☐	지역 변수	메서드 안에 선언한 변수로, 메서드 실행이 끝나면 사라짐
☐	JVM	– Java Virtual Machine, 자바 가상 머신 – 자바 코드 실행기라고 할 수 있으며 자바 애플리케이션을 실행해 주는 프로그램
☐	가비지 컬렉션	사용이 끝난 인스턴스화된 클래스를 메모리에서 비우는 작업
☐	힙 영역	'힙(heap)'이라는 이진 트리 기반의 자료 구조에 데이터를 저장하는 메모리 영역
☐	스택 영역	아래부터 쌓이는 '스택(stack)'이라는 자료 구조에 데이터를 저장하는 메모리 영역

명령어

```
클래스_변수_이름.멤버_변수_이름
// 멤버 접근 연산자 .를 사용해서 멤버 변수로 접근
```

멤버 변수 활용하기

필수 예제	용어 및 개념	명령어
PointTest.java	☐ 멤버 변수	int .
UserTest.java	☐ 인스턴스 변수	String
FactoryTest.java		

2D 좌표 평면상의 점 표현하기

클래스 멤버 변수는 2D 좌표 평면에 x, y 좌표로 점point
을 표현할 때 사용하면 좋습니다. 좌표 평면의 '점'이라
는 것은 x 좌표와 y 좌표로 구성되어 있습니다. x, y 두
개의 값이 하나의 점을 구성하고 있기 때문에 클래스와
멤버 변수로 표현하기 좋습니다.

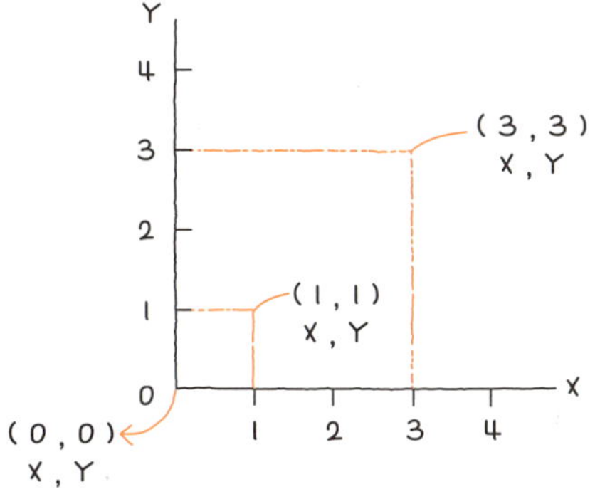

Point 클래스는 2D 평면에서 점 x와 y 좌표를 나타냅니다. Point 클래스를 만들고 두 개의 멤버 변수 x와 y를 다음과 같이 정의하겠습니다.

```java
public class Point {
    int x;
    int y;
}
```


이어서 PointTest 클래스를 만들고 다음과 같이 코드를 입력한 후 실행해 봅시다.

```java
public class PointTest {
    public static void main(String[] args) {
        Point point = new Point();        ❶
        point.x = 10;   // x에 10이라는 값 할당
        point.y = 20;   // y에 20이라는 값 할당      ❷

        // 할당한 값을 .(멤버 접근 연산자)로 접근해 출력
        System.out.println("Point: (" + point.x + ", " + point.y + ")");   ❸
    }
}
```


실행 결과
```
Point: (10, 20)
```

❶ **new**를 이용해 point라는 변수 이름으로 Point 클래스의 새 인스턴스를 만듭니다.

```java
Point point = new Point();
```

❷ **멤버 접근 연산자 .**를 이용하여 Point 클래스의 멤버 변수에 바로 접근한 후 point.x, point.y의 값을 각각 10, 20으로 할당합니다.

```java
point.x = 10;
point.y = 20;
```

❸ println으로 좌표를 출력합니다. 출력할 때도 값을 할당할 때와 마찬가지로 point.x, point.y 를 이용해 값에 접근합니다.

```java
System.out.println("Point: (" + point.x + ", " + point.y + ")");
```

User를 클래스와 멤버 변수로 표현하기

앞에서는 x, y 좌표를 멤버 변수로 포함시켰습니다. 이번에는 사용자가 이름, 전화번호, 나이, 세 가지 멤버 변수를 가지도록 표현하겠습니다. 다음과 같이 클래스 두 개를 작성하고 실행합니다.

User.java
```java
public class User {
    String name;          ❶
    String phoneNumber;   ❷
    int age;
}
```

UserTest.java
```java
public class UserTest {
    public static void main(String[] args) {
        User user = new User();
        user.name = "김경록";
        user.phoneNumber = "010-0000-0000";
        user.age = 37;

        System.out.println("이름: " + user.name);
        System.out.println("전화번호: " + user.phoneNumber);
        System.out.println("나이: " + user.age);
    }
}
```

실행 결과
```
이름: 김경록
전화번호: 010-0000-0000
나이: 37
```

❶ 이름은 문자이므로 String을 사용해서 name이라는 멤버 변수를 선언합니다.

```
String name;
```

❷ 전화번호는 숫자이긴 하나 '010-0000-0000'과 같이 숫자 사이에 '-'을 사용할 것이므로 String으로 멤버 변수를 선언합니다.

```
String phoneNumber;
```

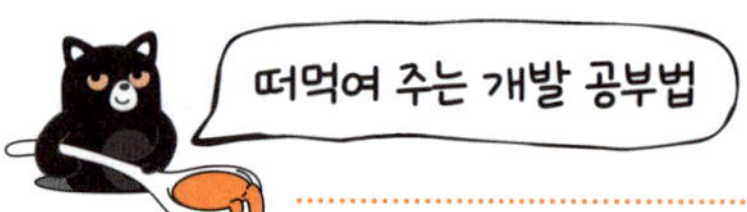

이 예제에서는 User 클래스의 인스턴스 변수에 바로 접근하여 값을 할당하고 있지만, 일반적으로는 게터 (getter)와 세터(setter) 메서드를 사용하여 객체의 속성에 접근하고 값을 설정하는 것이 좋습니다. 이렇게 하면 객체의 속성에 보다 안전하게 접근할 수 있습니다.

SOON 게터 메서드와 세터 메서드는 475쪽에서 자세히 다룹니다.

공장(Factory)을 클래스와 멤버 변수로 표현하기

다음은 '공장' 객체를 Factory 클래스로 표현한 예제입니다. 문자열 타입의 '공장 이름', '공장 주소'와 true 또는 false를 저장하는 불리언^{boolean} 타입의 '가동 여부' 그리고 숫자 타입의 '기계 대수', 총 네 가지 멤버 변수로 구성되어 있습니다. 공장의 가동/비가동 상태를 표현하기 위해 이용한 불리언에 대해서는 바로 뒤에 다루겠습니다.

Factory.java

```
public class Factory {
    String name;       // 공장 이름
    boolean enabled;   // 가동 여부
    String address;    // 공장 주소
    int machines;      // 기계 대수
}
```

다음 코드는 Factory 클래스의 멤버 변수에 값을 할당하고 printf를 이용하여 출력하는 예제입니다. name, enabled, address, machines는 각각 문자열, 불리언, 문자열, 정수형으로 지정되어 있습니다. 타입에 맞게 값을 할당하고 printf를 이용해 포매팅해서 출력합니다.

```java
public class FactoryTest {
    public static void main(String[] args) {
        Factory factory1 = new Factory(); // Factory 인스턴스화
        factory1.name = "경기1공장";
        factory1.enabled = true;
        factory1.address = "경기도 광주시 오포읍 햇빛로 173";
        factory1.machines = 5;

        System.out.printf("공장 이름:%s 가동 여부:%b \n주소:%s 기계 대수:%d",
                        factory1.name, factory1.enabled, factory1.address,
                        factory1.machines);
    }
}
```

FactoryTest.java

실행 결과

```
공장 이름:경기1공장 가동 여부:true
주소:경기도 광주시 오포읍 햇빛로 173 기계 대수:5
```

String은 %s 지시자, boolean은 %b 지시자, 정수는 숫자를 출력할 때 쓰는 지시자인 %d를 이용해 출력했습니다. \n은 한 줄을 띄우는 문자표입니다. 첫 번째 줄에는 공장 이름과 가동 여부, 두 번째 줄에는 주소와 기계 대수가 출력된 것을 확인할 수 있습니다.

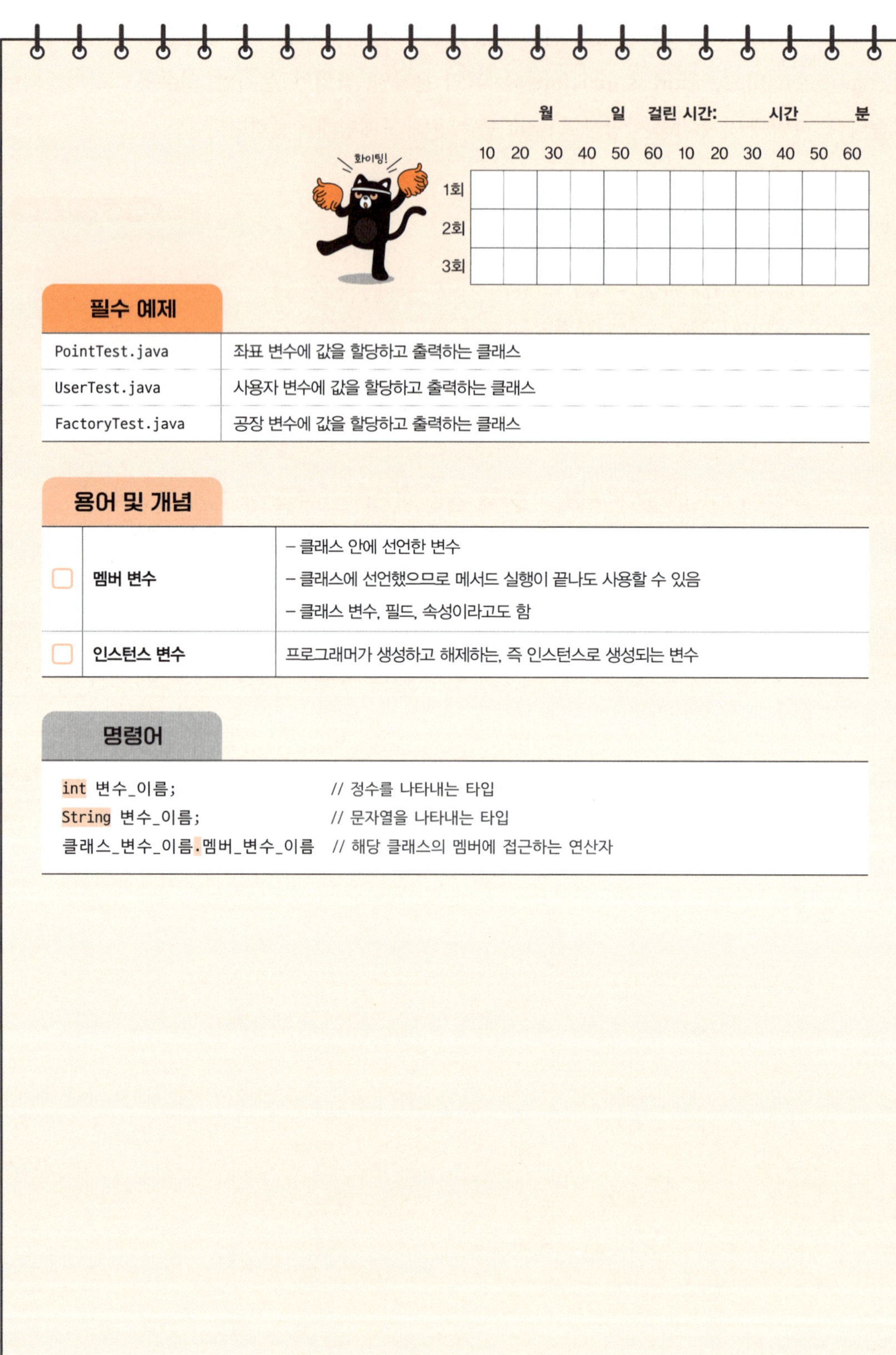

	10	20	30	40	50	60	10	20	30	40	50	60
1회												
2회												
3회												

필수 예제

PointTest.java	좌표 변수에 값을 할당하고 출력하는 클래스
UserTest.java	사용자 변수에 값을 할당하고 출력하는 클래스
FactoryTest.java	공장 변수에 값을 할당하고 출력하는 클래스

용어 및 개념

☐	**멤버 변수**	– 클래스 안에 선언한 변수 – 클래스에 선언했으므로 메서드 실행이 끝나도 사용할 수 있음 – 클래스 변수, 필드, 속성이라고도 함
☐	**인스턴스 변수**	프로그래머가 생성하고 해제하는, 즉 인스턴스로 생성되는 변수

명령어

```
int 변수_이름;                        // 정수를 나타내는 타입
String 변수_이름;                     // 문자열을 나타내는 타입
클래스_변수_이름.멤버_변수_이름      // 해당 클래스의 멤버에 접근하는 연산자
```

숫자와 논리를 나타내는 타입 알아보기

필수 예제	용어 및 개념		명령어
VariableEx.java	☐ 원시 타입	☐ 불리언	`float`
DefineAFloatAndDouble.java	☐ 참조 타입		`double`
FloatLength.java	☐ 정밀도		`boolean`
BooleanTypeResult.java	☐ 부동 소수점		`==`

자바의 타입에는 **원시 타입**primitive type과 **참조 타입**reference type 두 가지가 있습니다. 원시 타입은 앞에서도 잠시 언급했듯이 자바 언어의 기본 구성 요소이며, int, float, double, char, boolean 등이 있습니다. 참조 타입은 뒤에서 자세히 배우겠지만 모든 클래스, 배열 및 인터페이스가 포함됩니다. 대표적인 참조 타입은 문자열을 저장할 때 쓰는 String입니다.

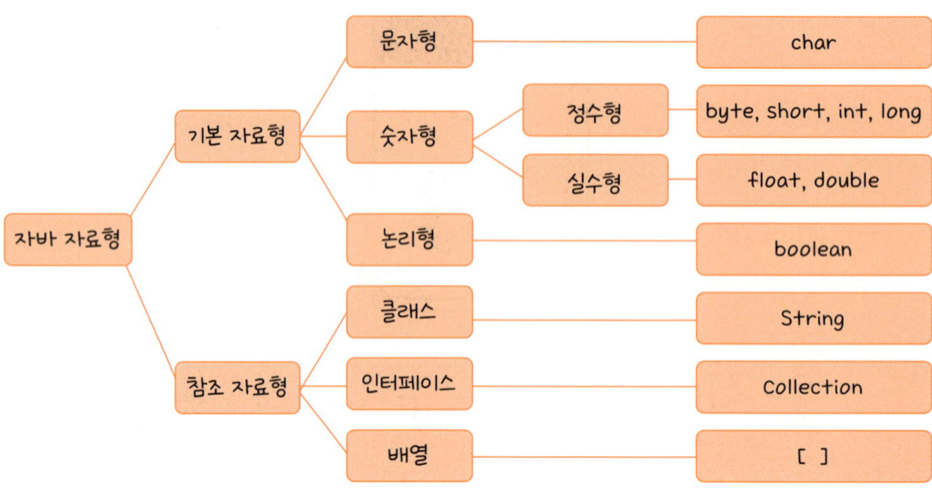

원시 타입과 참조 타입

혹시 앞에서 타입 종류를 잠깐 살펴볼 때 참조 타입과 원시 타입의 조금 다른 점을 발견하셨나요? 원시 타입의 종류는 int, float, double, char 등과 같이 소문자로 시작하는데, 대표적인 참조 타입으로 잠시 언급했던 String은 대문자로 시작하죠. 자바에서 대문자로 시작한다는 것은 클래스를 의미합니다. 즉 String 역시 클래스이고 참조 타입은 클래스를 타입으로 가지는 것이죠. 클래스를 타입으로 가진다는 건 클래스의 메모리상 주소를 저장하겠다는 의미입니다. 주소를 참조하므로 참조 타입인 것이죠. 실제로 다음과 같이 참조 타입으로 변수를 선언하고 초기화하면 printHello 변수는 PrintHello 클래스의 주소를 저장하기 위해 메모리에 공간을 할당받고 new PrintHello()를 통해 인스턴스화된 PrintHello 클래스의 메모리 주소를 저장하는 것이죠.

```java
PrintHello printHello;                // 참조 타입인 PrintHello로 선언된 printHello 변수
printHello = new PrintHello(); // printHello 변수를 PrintHello 클래스의 주소로 초기화
```

이처럼 값을 직접 저장하는 것이 아니라 클래스의 주소를 참조하므로 **참조 타입**이라고 합니다. 반면 **원시 타입**은 문자나 숫자와 같은 값 자체의 타입을 의미합니다. 그러므로 원시 타입의 변수는 해당 값을 그대로 저장합니다. 예를 들어 int 타입의 변수는 '10'이라는 값을 직접 가지는 것이죠.

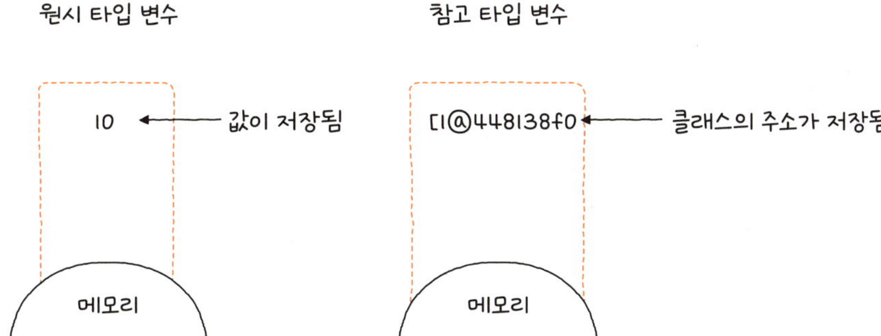

코드를 살펴보겠습니다. 다음 코드에서 num은 int라는 원시 타입을 가지고 name은 String이라는 참조 타입을 가집니다. num은 원시 타입이기 때문에 값이 메모리에 직접 저장됩니다. name은 String 타입이고 String은 PrintHello 클래스와 같은 클래스입니다. 따라서 String에는 String 클래스의 메모리 주소가 저장되는 것이죠.

```
int num = 10;            // 원시 타입 int
String name = "김경록"; // 참조 타입 String
```

"아니 String이 클래스라면 앞서 살펴본 PrintHello 클래스와 마찬가지로 new를 통해 인스턴스화해야 하는 것 아닌가요?"라는 의문이 들 수 있습니다. 네, 맞습니다. 편의를 위해 다음과 같이 new 없이 String 값을 초기화합니다.

```
String name = "김경록";
```

하지만 실제로 자바 내부적으로는 다음과 같이 new가 사용됩니다.

```
String name = new String("김경록");
```

적절한 타입 사용의 중요성

우리가 보기에 "1", 1, 1.0은 모두 1이지만 자바에서는 타입에 따라 연산 결과가 다르게 나옵니다. 자바에서 적절한 타입 사용이 왜 중요한지 알아보겠습니다. 세 가지 타입에 값을 지정해 보겠습니다.

먼저 String 타입의 변수 sOne에 문자열 "1"을 할당합니다. 두 번째 int 타입의 변수 iOne에 정수 1을 할당합니다. 세 번째 float 타입의 변수 fOne에 실수 1.0을 할당합니다. sOne, iOne, fOne이라는 변수 이름은 각각 String, int, float 타입의 1이라는 숫자를 저장하겠다는 의미를 담고 있습니다.

> **tip** 앞에서도 언급했지만 처음 배울 때는 변수 이름으로 s, i, f 등과 같은 한 글자는 가급적이면 피하는 것이 좋습니다. 변수 이름만 보고도 담길 값들을 예상할 수 있게 변수 이름을 짓는 것이 중요합니다.

세 가지 타입의 변수에 값을 각각 할당한 후, printf() 메서드를 사용하여 각 변수의 값을 출력합니다. printf()는 지정된 포맷에 대응하는 값들을 출력하는 메서드입니다. sOne, iOne, fOne의 타입이 각기 다르므로 %s, %d, %f를 각각 다르게 사용해 String, int, float 타입의 변수를 출력할 수 있습니다.

```java
public class VariableEx {
    public static void main(String[] args) {
        String sOne = "1";
        int iOne = 1;
        float fOne = 1.0f;

        System.out.printf("String:%s Number:%d Float:%f", sOne, iOne, fOne);
    }
}
```

VariableEx.java

실행 결과

```
String:1 Number:1 Float:1.000000
```

이 코드는 String 변수 sOne의 값을 %s 형식 문자열에 대응하여 출력하고, int 변수 iOne의 값을 %d 형식 문자열에 대응하여 출력하고, float 변수 fOne의 값을 %f 형식 문자열에 대응하여 출력합니다. sOne과 iOne은 각각 1, 1로 출력되었고 fOne은 1.000000(소수점 6자리)으로 출력되었습니다.

sOne과 iOne은 똑같이 1로 표현되었지만 sOne의 1은 숫자가 아니라 문자열입니다. 따라서 문자열String 타입인 sOne과 정수int 타입인 iOne의 값을 더할 수 없습니다. 타입이 다르면 1 + 1의 결과로 2가 나오지 않을 수 있고 또는 에러가 날 수도 있습니다. 실제로 정수와 문자열을 +로 연산해 보면 11이라는 결과가 나옵니다.

```java
System.out.println("1" + 1);        // 문자열 "1" + 정수 1
```

정수와 정수를 더하면 우리가 생각하는 결과인 2가 나옵니다.

```java
System.out.println(1 + 1);       // 정수 1 + 정수 1
```

자바에서 덧셈 연산자 +는 서로 다른 타입의 값이면 자바에서 지정한 타입으로 변환한 후 연산합니다. 정수 1과 문자열 "1"을 더하라고 하면 자바는 문자열 "1"을 정수로 변환하지 않고 정수 1을 문자열 "1"로 변환한 후 문자열 결합 연산을 수행합니다. 따라서 결과는 정수 2가 아니라 문자열 "11"이 됩니다.

그러면 1 + "1"의 결과를 int 변수에 저장하면 어떻게 될까요?

```java
int result = 1 + "1"; // 정수 1 + 문자열 "1"
```

이 코드는 컴파일 시에 오류가 발생합니다. 왜냐하면 자바에서는 정수와 문자열을 더하는 연산을 수행할 수 없습니다. 코드에서 문자열 "1"을 정수로 자동으로 타입 변환할 수 없기 때문에 타입이 다른 연산은 컴파일러가 오류를 발생시킵니다.

만약 정수와 문자열을 더해야 하는 상황이 발생한다면 문자열을 정수로 변환하는 메서드를 사용해 더할 수는 있습니다. 다음과 같이 작성할 수 있습니다.

```java
int result = 1 + Integer.parseInt("1");
```

⟶ SOON Integer.parseInt 메서드는 194쪽에서 자세히 다룹니다.

이처럼 타입에 따라 1을 표현하더라도 전혀 다른 값이 될 수 있습니다. 따라서 타입을 제대로 설정하는 일은 중요합니다. 이와 관련된 한 가지 예시를 더 살펴보겠습니다.

정수 1을 2로 나누는 예시입니다. 자바에서 두 정수를 나누면 결과는 정수가 되고 정수는 가장 가까운 정수로 소수점을 버림합니다. 다음 코드를 살펴봅시다. 이 코드에서 1 / 2는 정수 1을 정수 2로 나누는 연산입니다. 1 / 2는 분수값이 되고 소수점으로 표현하면 0.5가 됩니다. 정수 나눗셈이 소수점 이하가 아닌 정수로 버림하기 때문에 0이 됩니다.

```
System.out.println(1 / 2);
```

1 / 2의 결과가 0.5로 나오게 하려면 정수 1 대신 1.0 / 2를 하면 됩니다. 1.0은 실수로 인식하기 때문에 결과에서 소수점 버림이 일어나지 않고 0.5를 출력합니다.

```
System.out.println(1.0 / 2);
```

소수점을 다루는 float와 double

자바에서 소수점을 다룰 때는 float와 double, 두 가지 타입을 사용합니다.

float는 32비트 크기를 가지며, 1비트는 부호(+인지 −인지를 구분)를, 8비트는 지수를, 23비트는 가수를 나타내는 데 사용됩니다. float는 대략 일곱 자리의 **정밀도**를 가집니다.

tip 정밀도는 말그대로 얼마나 숫자를 정밀하게 표현할 수 있는지를 의미하는데, 여기서는 표현할 수 있는 소수점의 유효 자릿수를 의미합니다.

double은 float보다 두 배의 메모리를 사용하기 때문에 '두 배'를 의미하는 'double'이라는 이름이 붙었습니다. **double**은 64비트 크기를 가지며, 1비트는 부호를, 11비트는 지수를, 52비트는 가수를 나타내는 데 사용됩니다. double은 대략 열다섯 자리의 정밀도를 가집니다.

타입	크기	차지하는 메모리(byte)
float	4byte(32bit)	
double	8byte(64bit)	

이것저것 생각하기 골치 아프니까 소수점 자릿수 크기를 고려할 필요 없는 double을 사용하면 좋을 것 같지만 꼭 그렇지만은 않습니다. double(8byte)은 float(4byte)의 두 배의 메모리를 사용합니다. 메모리라는 것이 눈에 보이지도 않고 어차피 한 번 구매해서 사용하는 것인데 8byte를 할당해서 쓰든 4byte를 할당해서 쓰든 별 차이가 없지 않냐고 생각해서 개발할 때 편하자고 double을 쓰는 경우가 심심치 않게 많습니다.

하지만 메모리는 잘 생각해서 써야 합니다. 가구를 예로 들었을 때 보관할 물건이 별로 없는데 큰 서랍장을 사면 쓸 데 없이 공간만 차지해서 정작 중요한 다른 가구를 넣지 못하는 일이 발생할 수도 있습니다. 이는 개발할 때도 마찬가지입니다. 정작 중요한 순간에 메모리가 부족하게 되는 일이 발생할 수도 있습니다.

메모리를 효율적으로 사용하지 않으면 애플리케이션의 성능이 떨어지고 성능이 떨어지면 그에 따른 많은 문제가 추가로 발생하기 때문에 크기를 꼭 고려해야 합니다.

float의 의미

float는 floating point의 줄임말입니다. floating point를 번역한 말은 '부동 소수점'입니다. 소수점이 둥둥 떠다니는 것 같기 때문에 floating point라는 이름이 붙었습니다. 순화 용어로는 '떠돌이 소수점'입니다. '부동 소수점'에서 '부동'의 한자는 *浮動*입니다. 한자 *浮*는 '뜰 부'입니다. 둥둥 떠다닌다, 부유한다고 할 때 사용합니다. 반면 부동산을 표현할 때 사용되는 부동*不動*은 '움직이지 않는다'는 뜻이 있어서 '부동 소수점'이라는 말만 들었을 때는 자칫 움직이지 않는다는 뜻이 떠오를 수 있습니다. '고정 소수점'과 헷갈리는 경우가 많이 있지만 '부동*浮動*'과 '부동*不動*'은 발음은 같지만 반대 의미를 가지고 있습니다. 헷갈리지 않도록 주의합시다.

float와 double 타입 변수 선언하기

float와 double 변수를 선언하고 초기화하는 방법은 앞에서 배웠던 int 타입과 크게 다르지 않습니다. 차이점이 있다면 float 변수는 숫자 뒤에 f를 붙여서 표현하고, double 변수는 그냥 숫자만으로 표현합니다. 또는 지수 표현법으로 표현할 수도 있습니다. 다음 코드를 입력하고 실행해 봅시다.

```java
public class DefineAFloatAndDouble {
    public static void main(String[] args) {

        // float 변수 선언 및 초기화
        float f1 = 3.14f;
        float f2 = 1.23e10f;

        // double 변수 선언 및 초기화
        double d1 = 3.141592653589793;
        double d2 = 1.23e100;

        // float와 double 변수 연산
        float result1 = f1 * 2.0f;
        double result2 = d1 / 2.0;

        // float과 double 변수 출력
        System.out.println("f1 = " + f1);
        System.out.println("f2 = " + f2);
        System.out.println("d1 = " + d1);
        System.out.println("d2 = " + d2);
        System.out.println("result1 = " + result1);
        System.out.println("result2 = " + result2);
    }
}
```


실행 결과

```
f1 = 3.14
f2 = 1.23000003E10
d1 = 3.141592653589793
d2 = 1.23E100
result1 = 6.28
result2 = 1.5707963267948966
```

소수점 쓸 때 주의할 점

다음 코드는 f1이라는 **float** 타입 변수에 3.141592653589793을 할당하는 코드입니다. 그런데 이 코드는 실행하면 에러가 발생합니다.

```java
public class FloatLength {
    public static void main(String[] args) {
        float f1 = 3.141592653589793;
        System.out.println(f1);
    }
}
```



```
java: incompatible types: possible lossy conversion from double to float
```

이 코드는 두 가지 문제점이 있습니다.

첫째, float 타입 변수에 double 타입의 값을 할당했습니다.

float는 소수점 이하 일곱 자리까지 표현할 수 있습니다. 하지만 3.141592653589793은 소수점 이하 자릿수가 15자리이기 때문에 float 타입을 사용하기에는 적절하지 않습니다. 그래서 자바는 3.141592653589793을 double 타입의 값이라고 판단하고 에러를 발생합니다. possible lossy conversion from double to float 에러 메시지는 double 타입의 숫자를 float에 담을 때 자릿수가 초과하는 숫자들은 잘릴 수 있으며 이는 정밀도 손실이 발생할 수 있다는 내용입니다.

둘째, float 타입의 변수 f1에 값을 담을 때 맨 뒤에 f를 붙이지 않았습니다.

float 변수에 값을 직접 담을 때는 맨 뒤에 f를 붙여 주어야 합니다.

이와 같은 문제점을 해결하려면 다음과 같이 코드를 수정해야 합니다.

```java
public class FloatLength {
    public static void main(String[] args) {
        float f1 = 3.141592f;              // ❶
        double d1 = 3.141592653589793;     // ❷

        System.out.println(f1);
        System.out.println(d1);
    }
}
```

실행 결과

```
3.141592
3.141592653589793
```

❶ float 타입에 담을 때는 소수점 이하 6자리까지 담는 것이 반올림을 고려했을 때 좋은 선택입니다. 그리고 f를 붙여 줍니다.

```java
float f1 = 3.141592f;
```

❷ 3.141592653589793은 float에 담으면 소수점이 잘려서 정확도가 떨어지기 때문에 double 타입에 담아 줍니다.

```java
double d1 = 3.141592653589793;
```

true와 false를 저장하는 boolean 타입

컴퓨터는 계산기에서 출발했으며 계산을 빠르게 해서 인간의 의사 결정을 도와줍니다. 처음에는 물건 가격을 계산해서 손님에게 얼마를 받을 것인지를 빨리 결정할 수 있게 도와주는 단순한 기능을 제공했습니다. 하지만 지금은 환자의 x-ray나 CT 사진 등을 판독해서 처방을 제안해 주는 기능 등을 제공할 정도로 발전했습니다.

여기에서 의사 결정이란 '할 것인지?', '말 것인지'를 선택하는 것입니다. 지하철에서 카드를 찍고 개찰구를 통과할 때도 컴퓨터는 '지불이 됐는지? 안됐는지?', '카드에 잔액이 남았는지? 모자란지?' 등을 판단합니다.

다음 그림은 지하철을 탈 때 카드를 찍고 지나가면 컴퓨터가 연산해 주는 과정을 나타낸 플로차트 flowchart입니다.

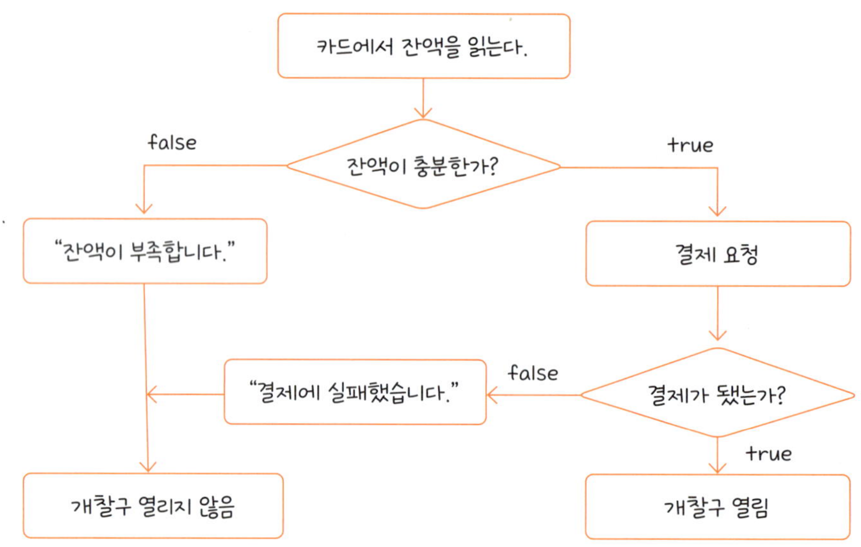

개찰구에서 카드를 대면 개찰구 기계는 카드에 있는 잔액을 읽어 옵니다. 잔액이 충분하면 '결제 요청' 후 카드에서 지하철 요금이 지불되고 개찰구가 열립니다. 잔액이 부족하면 '잔액이 부족합니다.'라는 음성 안내가 나오고 어떤 다른 이유로 결제가 안 되면 '결제에 실패했습니다.'라는 음성 안내가 나오며 개찰구는 열리지 않습니다.

수도권 하루 평균 지하철 이용객은 400만 명 정도라고 합니다. 컴퓨터는 400만 명의 잔액을 확인하고 승차 처리하는 직업을 자동으로 하고 있습니다. 컴퓨터가 자동으로, 그리고 빠르게 승차 처리를 하지 못하면 사람으로 붐비는 출퇴근 시간에 지하철을 이용하는 시민들이 기다리느라 불편함을 많이 겪을 것입니다.

여기에서 '잔액이 충분한가?', '결제가 됐는가?'와 같은 특정 조건을 만족했는지 여부인 true(참), false(거짓)를 저장하는 타입이 boolean(불리언)입니다. 플로차트 기준으로는 마름모 도형이 true 인지 false인지에 따라 분기가 나누어지는 것을 나타내는 표시입니다.

boolean 타입은 true와 false 두 개의 값을 가지는데 주로 조건문^{if}에서 사용됩니다. boolean 타입으로 변수를 선언할 때는 보통 변수 이름 앞에 is를 붙여서 이 변수가 불리언임을 나타냅니다. 잔액이 충분한데 결제가 완료되지 않았음을 나타내는 boolean 타입의 변수는 다음과 같은 형식으로 선언하고 초기화할 수 있습니다.

```java
boolean isBalanceSufficient = true;    // 잔액이 충분함
boolean isPaymentSuccess = false;      // 결제가 완료되지 않음
```

조건문은 317쪽에서 자세히 다룹니다.

boolean 타입 변수에는 true, false 형태로 연산 결과가 나오는 논리 연산의 결과도 저장할 수 있습니다. 논리 연산은 나중에 자세히 배우겠지만 간단하게 언급하면 ==은 같은지를 비교하는 비교 연산자입니다. 1 + 1에서 +가 더하는 연산자이듯이 == 기호는 1 == 1처럼 앞에 있는 값과 뒤에 있는 값을 비교해서 같으면 true, 다르면 false라고 알려 줍니다.

논리 연산은 302쪽에서 자세히 다룹니다.

다음은 1과 1이 같은지, 1과 2가 같은지 결과를 각각 **boolean** 변수인 result1과 result2에 저장하고 출력하는 예제입니다. 비교 연산자 ==에 의해 1이 1과 같으므로 result1은 true가 됩니다. 반면, 1이 2와 같지 않으므로 result2는 false가 됩니다. 이후 두 변수를 각각 출력하면 true와 false 가 출력됩니다.

```java
public class BooleanTypeResult {
    public static void main(String[] args) {
        boolean result1 = 1 == 1;
        boolean result2 = 1 == 2;
        System.out.println(result1);
        System.out.println(result2);
    }
}
```


조건문을 배운 다음 다시 살펴보세요.

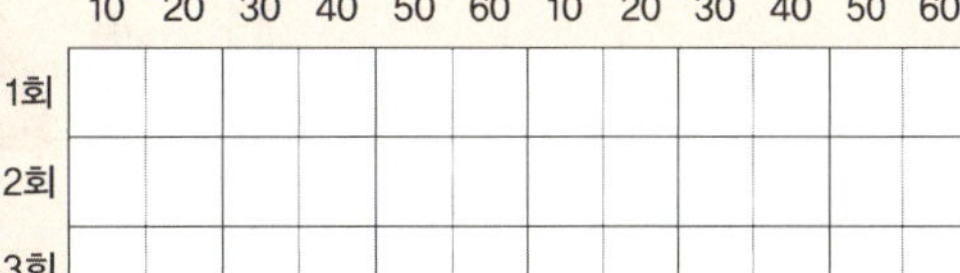

	10	20	30	40	50	60	10	20	30	40	50	60
1회												
2회												
3회												

필수 예제

VariableEx.java	String, int, float 타입의 변수를 출력하는 클래스
DefineAFloatAndDouble.java	float, double 타입의 변수를 출력하는 클래스
FloatLength.java	소수점 이하 자릿수가 15자리인 숫자를 출력하는 클래스
BooleanTypeResult.java	boolean 타입의 변수를 출력하는 클래스

용어 및 개념

☐	원시 타입	– 문자나 숫자 등의 값을 그대로 저장하는 타입 – int, float, double, char, boolean 등이 대표적
☐	참조 타입	– 값을 직접 지정하지 않고 클래스의 주소를 참조하는 타입 – String이 대표적
☐	정밀도	표현할 수 있는 소수점의 유효 자릿수
☐	부동 소수점	floating point로 소수점이 둥둥 떠다니는 것 같아 붙인 이름
☐	불리언	true와 false 두 개의 값을 가지는 데이터 타입

명령어

```
float 변수_이름 = 값;
 // 일곱 자리의 정밀도를 가지는 소수를 나타내는 타입
double 변수_이름 = 값;
// 대략 열다섯 자리의 정밀도를 가지는 소수를 나타내는 타입
boolean 변수_이름 = 논리값;
// 특정 조건을 만족했는지 여부를 true(참), false(거짓)로 저장하는 타입
boolean 변수_이름 = 값 == 값;
// 두 값이 같은지를 비교하는 연산자
```

DAY 14

데이터 타입을 변환하는 타입 캐스팅

필수 예제	용어 및 개념	명령어
NarrowingCasting.java	☐ 타입 캐스팅	`Integer.parseInt()`
StringPlusInteger.java	☐ 자동 형 변환	`Float.parseFloat()`
StringPlusDecimal.java	☐ 강제 형 변환	`Double.parseDouble()` `BigDecimal`

타입 캐스팅type casting은 변수를 하나의 데이터 타입에서 다른 데이터 타입으로 변환하는 것을 말합니다. 이때 변수에 저장된 값은 바뀌지 않습니다. 오직 타입만 바뀌는 것이죠. 타입type을 '형'이라고도 하기 때문에 '형 변환'이라고도 합니다.

자바에서 암시적으로 데이터 타입을 **자동 형 변환**widening casting해 주기도 하지만 때에 따라서 명시적으로 데이터 타입을 **강제 형 변환**narrowing casting해 주어야 하는 상황이 발생할 수 있습니다. 두 방식의 차이를 정리하면 다음과 같습니다.

자동 형 변환(widening casting)	강제 형 변환(narrowing casting)
• 작은 데이터 타입에서 큰 데이터 타입으로 변함 • 자동으로 형 변환이 일어남 • 데이터 손실 없음 • 암시적 형 변환, 암묵적 형 변환이라고도 함 • 예: int → long, float → double	• 큰 데이터 타입에서 작은 데이터 타입으로 변함 • 명시적으로 형 변환을 지정해 주어야 함 • 데이터 손실 가능 • 명시적 형 변환이라고도 함 • 예: double → int, long → short

원시 타입 간 타입 캐스팅하기

자바에서는 원시 타입 간 타입 캐스팅 방법과 원시 타입과 참조 타입, 참조 타입 간 타입 캐스팅 방법이 다릅니다. 우선 원시 타입 간 타입 캐스팅 방법부터 알아보겠습니다. 그 방법은 다음과 같습니다.

> (변환할_타입) 변수_이름_또는_값

코드를 살펴보면서 실제 사용법을 확인해 봅시다. 다음 코드는 원시 타입인 double을 또 다른 원시 타입인 int로 타입 캐스팅하는 코드입니다.

```java
public class NarrowingCasting {
    public static void main(String[] args) {
        double dVal = 123.456;

        // double 타입인 d를 int 타입으로 강제 형 변환
        int iVal = (int) dVal;
        System.out.println("dVal = " + dVal);
        System.out.println("iVal = " + iVal);
    }
}
```

NarrowingCasting.java

실행 결과

```
dVal = 123.456
iVal = 123
```

double 타입인 dVal을 int 타입으로 강제 형 변환하고, 그 결과를 int 타입인 iVal 변수에 저장합니다. 이때 double 타입인 dVal 값 123.456은 int 타입으로 형 변환하면 소수점 이하의 값을 잃어버리기 때문에 int 타입으로 형 변환한 값은 123이 됩니다.

문자열(String)을 정수형(int)으로 타입 캐스팅하기 ─────────

앞에서 1 + "1"의 결과를 바로 출력했을 때 문자열 "11"이 나왔습니다. 이때 자바는 자동으로 정수 1을 문자열 "1"로 타입을 변환해 주었습니다. 타입을 변환해 주지 않으면 계산이 안 되기 때문입니다. 문자열 "11" 대신 숫자 2가 나오게 하고 싶다면 어떻게 해야 할까요?

자바에서 기본으로 설정되어 있는 연산 기능 대신 개발자가 직접 문자열 "1"을 숫자형으로 바꾸어서 연산해 주어야 합니다. 하지만 앞서 설명한 (int) str 방법으로는 문자열을 정수형으로 타입 캐스팅할 수는 없습니다. 문자열String은 참조 타입이므로 해당 타입의 변수에는 값이 아닌 주소가 저장되어 있고, 이 주소를 통해 값을 찾고 변환하는 과정이 필요하기 때문입니다. 자바에서는 이와 같은 변환 과정을 내장 클래스로 지원합니다. 문자열을 정수형으로 바꿀 때는 Integer라는 내장 클래스의 parseInt() 메서드를 사용하면 됩니다.

다음 예제는 str 변수에 저장된 "1"이라는 문자열을 Integer.parseInt()를 사용하여 int 타입으로 변환한 후 num 변수에 저장하는 예제입니다.

```java
public class StringPlusInteger {
    public static void main(String[] args) {
        String str = "1";
        int num = Integer.parseInt(str);

    }
}
```
StringPlusInteger.java

이때 parseInt()로 전달되는 문자열은 숫자로만 구성되어 있어야 합니다. 만약 다음과 같이 전달된 문자열에 숫자가 아닌 문자(abc)가 포함되어 있으면 Integer.parseInt() 메서드를 실행하는 과정에서 NumberFormatException 예외가 발생합니다.

```java
String str = "123ab";                // 숫자가 아닌 문자가 포함됨
int num = Integer.parseInt(str);
```

문자열을 숫자로 바꾸는 방법을 알아봤으니 1 + "1"이 문자열 11이 아닌 2가 나오게 해 보겠습니다.

```java
public class StringPlusInteger {                    StringPlusInteger.java
    public static void main(String[] args) {
        String str = "1";
        int num = Integer.parseInt(str);

        int result = 1 + Integer.parseInt("1");
        System.out.println(result);
    }
}
```

실행 결과
```
2
```

여기서 Integer.parseInt("1")은 문자열 "1"을 정수 1로 변환한 값이며, 이 값과 1을 더하여 result 변수에 저장합니다. 따라서 result 변수의 값은 2가 됩니다.

소수점 문자열을 실수형으로 변환하기

문자열을 다루다 보면 소수점도 나오기 때문에 소수점 문자열을 숫자로 바꾸는 방법도 알아보겠습니다.

다음과 같이 문자열 "1.5"와 문자열 "2.5"가 있습니다. 숫자 1.5와 2.5를 더하면 4.0이 되겠지만 val1과 val2는 둘 다 문자열String 타입이므로 val1 + val2 연산에서 더하기 연산자 +는 두 문자열을 연결concatenate하는 문자열 연결 연산을 수행합니다.

```java
String val1 = "1.5";
String val2 = "2.5";
System.out.println(val1 + val2);
```

문자열을 연결하는 연산을 했기 때문에 4.0이 아닌 1.52.5가 결과로 나옵니다. 숫자 1.5 + 2.5 연산을 하고 싶다면 String 타입의 val1과 val2를 숫자형으로 바꿔 주어야 합니다. 하지만 Integer. parseInt()를 쓸 수는 없습니다. parseInt() 메서드는 정수만 변환할 수 있기 때문입니다.

우리가 표현하고자 하는 숫자는 실수이므로 실수형(float 또는 double)으로 변환하는 기능을 사용해야 합니다. 실수형으로 변환하는 기능은 Float 클래스의 parseFloat() 메서드 또는 Double 클래스의 parseDouble() 메서드에서 제공합니다.

다음은 **Float.parseFloat()**로 String 타입을 float 타입으로 변환하는 예제입니다.

```java
public class StringPlusDecimal
    public static void main(String[] args) {
        String val1 = "1.5";
        String val2 = "2.5";
        float result = Float.parseFloat(val1) + Float.parseFloat(val2);
        System.out.println(result);
    }
}
```

StringPlusDecimal.java

실행 결과
```
4.0
```

이렇게 소수점 이하 자릿수가 한 자리라면 크게 문제가 없지만 만약 일곱 자리가 넘는 여덟 자리 연산을 하면 문제가 생깁니다. 실제로 그런지 확인해 봅시다.

다음과 같이 앞서 코드에서 val1, val2의 값을 각각 "1.11111111", "2.11111111"로 수정한 후 실행해 봅시다. 결과로 3.22222222가 나올 것 같지만 정확하지 않은 결과가 출력될 것입니다.

```java
public class StringPlusDecimal {
    public static void main(String[] args) {
        String val1 = "1.11111111"; // 소수점 여덟 자리
        String val2 = "2.11111111"; // 소수점 여덟 자리
        float result = Float.parseFloat(val1) + Float.parseFloat(val2);
        System.out.println(result);
    }
}
```

StringPlusDecimal.java

실행 결과
```
3.2222223
```

결과가 3.22222222가 아닌 3.2222223이 출력되었습니다. 앞에서 float과 double을 배울 때 float은 소수점 이하 일곱 자리까지의 정밀도를 가지고, double은 소수점 이하 열다섯 자리까지의 정밀도를 가진다고 배웠습니다. 1.11111111, 2.11111111은 각각 소수점 이하 자릿수가 여덟 자리이므로 float 타입으로 연산을 한다면 정확한 값이 나오지 않습니다. 그래서 소수점 여덟 자리 이상의 연산은 double 타입으로 진행해야 합니다.

Float.parseFloat()을 Double.parseDouble()로 바꿔 보겠습니다. 다음과 같이 코드를 수정하고 실행해 봅시다. 그러면 결과는 3.22222222(여덟 자리)로 정확하게 나옵니다.

```java
public class StringPlusDecimal {
    public static void main(String[] args) {
        String val1 = "1.11111111";
        String val2 = "2.11111111";
        double result2 = Double.parseDouble(val1) + Double.parseDouble(val2);
        System.out.println(result2);
    }
}
```

StringPlusDecimal.java

실행 결과
```
3.22222222
```

double은 소수점 이하 열다섯 자리까지 정확한 연산을 지원합니다. 그러면 소수점 이하 열여섯 자리를 넘어서는 경우는 자바에서 정확하게 연산할 수 없을까요? 예를 들면 비트코인 같은 경우 단위가 워낙 커져서 소수점 이하 열여섯 자리 이상을 처리해야 하는 경우가 발생할 수 있습니다. 이럴 때는 BigDecimal이라는 클래스를 사용합니다.

BigDecimal 클래스는 고정 소수점 방식을 사용하여 원하는 만큼 정밀도를 조절할 수 있으며, 정확한 계산을 보장합니다. 예를 들어 1.234567890123456789를 열여덟 자리까지 정확하게 표현하고자 한다면 다음과 같이 BigDecimal 클래스를 사용할 수 있습니다. 입력한 소수점 이하 열여덟 자리를 그대로 출력해 1.234567890123456789라는 결과가 나옵니다.

```java
BigDecimal bigDecimal = new BigDecimal("1.234567890123456789");
System.out.println(bigDecimal);
```

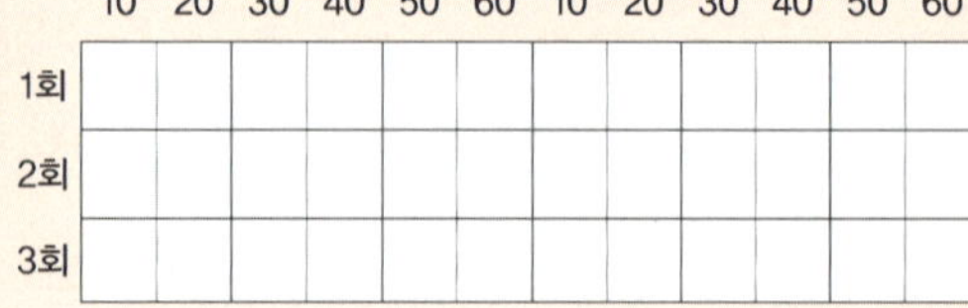

	10	20	30	40	50	60	10	20	30	40	50	60
1회												
2회												
3회												

필수 예제

NarrowingCasting.java	double 타입을 int 타입으로 형 변환하는 클래스
StringPlusInteger.java	String 타입을 int 타입으로 형 변환하는 클래스
StringPlusDecimal.java	String 타입을 Double 타입으로 형 변환하는 클래스

용어 및 개념

	타입 캐스팅	변수를 하나의 데이터 타입에서 다른 데이터 타입으로 변환하는것 (=형 변환)
☐	자동 형 변환	– 자바에서 암시적(자동)으로 타입 캐스팅을 해 주는 것 – 주로 작은 데이터 타입에서 큰 데이터 타입으로 변환됨
☐	강제 형 변환	– 개발자가 명시적(수동)으로 타입 캐스팅을 하는 것 – 주로 큰 데이터 타입에서 작은 데이터 타입으로 변환할 때 사용

명령어

```
Integer.parseInt(변수_이름_또는_값);
// Integer: int 타입과 관련된 다양한 기능을 제공하는 내장 클래스
// parseInt(): String 타입을 int 타입으로 바꿔 주는 기능의 메서드
Float.parseFloat(변수_이름_또는_값);
// Float: float 타입과 관련된 다양한 기능을 제공하는 내장 클래스
// parseFloat(): String 타입을 float 타입으로 바꿔 주는 기능의 메서드
Double.parseDouble(변수_이름_또는_값);
// Double: double 타입과 관련된 다양한 기능을 제공하는 내장 클래스
// parseDouble(): String 타입을 double 타입으로 바꿔 주는 기능의 메서드
new BigDecimal("값");
// BigDecimal: 소수점 이하 열여섯 자리 이상을 나타낼 때 사용하는 참조 타입
```

문자열을 나타내는 String 타입 알아보기

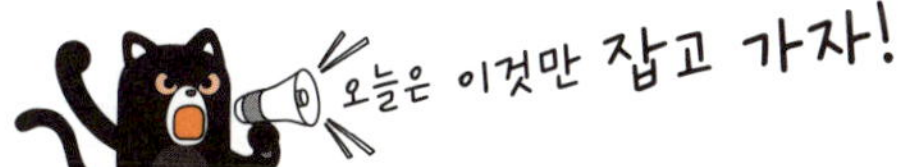

필수 예제	용어 및 개념	명령어
StringFormat.java	☐ 문자열 연결	+ String.format() substring()
HelloSubstring.java	☐ 포매팅	equals() indexOf()
StringEqualsSubstring.java	☐ 인덱스	contains() split()

자바에서 문자열은 **String** 타입으로 표현합니다. String 변수를 선언하고 초기화하려면 다음과 같이 코드를 작성합니다. 이때 주의할 점은 문자열을 입력할 때 이를 큰 따옴표로 감싸야 한다는 것입니다.

```
String 변수_이름 = "문자열";
```

여러 번 언급하는 내용이지만, String은 자바에서 원시 타입이 아니라 참조 타입입니다. 앞서 참조 타입은 객체, 즉 클래스라고 했던 것 기억하죠? 따라서 문자열 타입 String 역시 클래스이므로 여러 가지 메서드를 가지고 있습니다. 문자열 연결, 비교, 검색, 추출, 분리, 길이 세기 등의 기능이 대표적입니다. 그중 문자열을 연결하는 메서드부터 차근차근 살펴보겠습니다.

문자열 연결하기

자바에서 **문자열 연결**concatenation은 더하기 연산자 +를 쓰거나 concat() 메서드를 이용합니다. 더하기 연산자 +를 이용하는 방법이 직관적이므로 더 많이 사용됩니다. **더하기 연산자 +**를 이용해 문자열을 연결하는 방법을 배워 보겠습니다.

문자열끼리 연결하기

더하기 연산자 +를 이용해 두 개의 문자열을 연결하는 방법을 예제로 나타내면 다음과 같습니다.

```java
String str1 = "Hello";
String str2 = "World";
String result = str1 + str2;
```

이 코드에서 더하기 연산자 +로 두 개의 문자열인 str1과 str2를 연결하여 새로운 문자열 result를 생성합니다. result 변수에 들어 있는 값은 다음과 같습니다.

```
"HelloWorld"
```

하지만 조금 가독성이 좋지 않습니다. "Hello World"처럼 Hello와 World 사이에 한 칸 띄어쓰기가 되어 있으면 좋을 것 같은데 말이죠.

띄어쓰기가 없는 이유는 더하기 연산자 +는 두 개의 문자열을 연결할 때 각각의 문자열을 그대로 연결하기 때문입니다. 즉 위의 코드에서 "Hello"와 "World" 문자열에는 공백이 없으므로 더하기 연산자 +로 연결하면 "HelloWorld" 문자열이 생성되는 것이죠.

만약 "Hello"와 "World" 문자열 사이에 띄어쓰기를 추가하고 싶다면 다음과 같이 " "(공백)을 str1과 str2 사이에 추가하면 됩니다.

```java
String result = str1 + " " + str2;
```

" "을 str1과 str2 사이에 추가하면 result 변수에는 다음과 같은 값이 들어갑니다.

```
"Hello World"
```

문자열과 변수 연결하기

문자열 연결을 이용하는 예제를 한 가지 더 살펴보겠습니다. 바로 문자열과 변수를 연결하는 것인데 애플리케이션을 개발할 때 많이 사용하는 기능입니다. 예를 들면 "○○○ 님의 통장 잔고는 ×원입니다."라는 알림 메시지를 만들고 싶을 때 변수와 문자열을 연결해야 합니다.

다음과 같이 두 개의 변수 name, balance가 있다고 했을 때 "○○○ 님의 통장 잔고는 ×원입니다."의 ○○○에는 name이, ×에는 balance가 들어가는 코드가 필요합니다. 다음 코드는 name 변수와 balance 변수를 사용하여 "○○○ 님의 통장 잔고는 ×원입니다"라는 문자열을 생성하는 방법을 코드로 표현한 것입니다.

```java
public class StringConcat {
    public static void main(String[] args) {
        String name = "김경록";
        int balance = 10000;
        String message = name + " 님의 통장 잔고는 " + balance + "원입니다.";
        System.out.println(message);
    }
}
```

실행 결과
```
김경록 님의 통장 잔고는 10000원입니다.
```

예제에서는 **더하기 연산자 +**를 사용하여 문자열과 정수를 연결했습니다. 문자열과 정수를 더하기 연산자 +로 연결하면 정수는 자동으로 문자열로 변환되며, 두 개의 문자열이 하나로 합쳐집니다.

name 변수와 balance 변수는 각각 문자열과 정수형으로 선언되어 있습니다. name 변수와 " 님의 통장 잔고는 " 문자열, balance 변수, "원입니다." 문자열을 더하기 연산자 +로 연결하여 문자열을 생성했습니다.

더하기 연산자 +를 사용한 문자열 연결은 간단하고 직관적이지만, 문자열이 길어지면 가독성이 떨어질 수 있습니다. 따라서 문자열을 복잡하게 연결해야 하는 경우에는 String.format()을 사용하는 것이 좋습니다.

문자열 포매팅하기

문자열 사이에 변수를 넣어서 메시지를 만들고 싶을 때 더하기 연산자 +를 사용할 수도 있지만 앞에서 배웠던 .printf()와 같은 포매팅을 사용할 수도 있습니다.

System.out.printf()는 콘솔 출력에 사용하기 때문에 포매팅한 문자열을 변수에 넣을 수는 없습니다. 즉 한번 출력하면 끝인 것이죠. 변수에 포매팅한 문자열을 저장하기 위해서는 String.format()을 사용해야 합니다. System.out.printf()와 String.format()은 모두 자바에서 문자열을 포매팅하는 방법을 제공하는 메서드입니다. 이 두 메서드는 사용법이 비슷하며, 내부적으로 동일한 방식으로 작동합니다.

앞에서 printf()를 배울 때 다루었던 코드를 다시 한번 보겠습니다. 해당 코드의 "○○○ 님의 통장 잔고는 ×원입니다."라는 문자열을 printf() 메서드로 출력해 보겠습니다.

```
String name = "김경록";
int balance = 10000;

System.out.printf("%s 님의 통장 잔고는 %d원입니다.", name, balance);
```

%s는 문자열을 대입하기 위한 포맷 문자이며, %d는 정수를 대입하기 위한 포맷 문자입니다. 따라서 name은 %s에, balance는 %d에 각각 대입되어 출력됩니다.

String.format()을 사용하는 방법도 printf()와 비슷합니다. 다음은 printf() 메서드를 String.format() 메서드로 변경한 예제 코드입니다.

StringFormat.java

```
public class StringFormat {
    public static void main(String[] args) {

    String name = "김경록";
    int balance = 10000;

    String result = String.format("%s 님의 통장 잔고는 %d원입니다.", name,
                                  balance);
    System.out.println(result);
    }
}
```

실행 결과

```
김경록 님의 통장 잔고는 10000원입니다.
```

이 코드를 살펴보면 printf()와 동일한 방식으로 포매팅했다는 사실을 알 수 있습니다. 다만 printf()와는 다르게 **String.format()** 메서드를 사용하여 문자열과 변수를 조합한 결과를 result 변수에 저장하고, println() 메서드를 사용하여 result 변수의 값을 출력합니다. ⬅ᴮᴬᶜᴷ 포매팅은 117쪽을 참고하세요!

문자열 자르기

문자열을 연결하는 기능을 알아보았으니 이어서 문자열을 자르는 기능도 알아보겠습니다. 문자열을 자를 때는 **substring()** 메서드를 이용합니다. 예를 들어 Hello에서 H만 분리하거나 Hello에서 He까지만 분리하고 싶을 때, "대한민국"에서 "대한"만 혹은 "민국"만 분리하고 싶을 때 substring()을 사용할 수 있습니다. 다음과 같은 방식으로 말이죠.

```
"문자열".substring(시작_인덱스, 미만_인덱스)
"문자열".substring(시작_인덱스)
```

여기에서 **인덱스**index라는 말이 처음 나왔습니다. 인덱스는 주로 컴퓨터에서 개수를 세기 위해 숫자를 매겨 나열하는 방식을 의미합니다. 사람은 숫자 다섯 개를 세면 1, 2, 3, 4, 5와 같이 1부터 세지만, 컴퓨터는 숫자 다섯 개를 셀 때 0부터 시작해서 0, 1, 2, 3, 4와 같이 셉니다.

여기서 시작 인덱스는 말 그대로 시작하는 자릿수를 의미합니다. 그렇다면 미만 인덱스는 무엇일까요? 끝나는 자릿수를 의미하는데 그 숫자 미만까지만 다루라는 것입니다. 자세한 사용법은 예제를 통해 알아보겠습니다.

컴퓨터가 숫자를 0부터 세는 이유

컴퓨터는 기계어를 사용한다고 배웠습니다. 기계어는 0과 1로 구성되어 있으며, 반도체에서 전기가 통하면 1, 통하지 않으면 0이 되는 원리를 이용해 계산을 한다고 했죠. 그러니 우리가 일반적으로 사용하는 1, 2, 3, 4와 같은 숫자들도 결국 컴파일러가 기계어로 번역한 후 CPU에서 연산하는 것이죠.

십진수	8	4	2	1
이진수(기계어)	1	1	1	1

이진수 1111은 8 + 4 + 2 + 1이기 때문에 15입니다. 네 개의 자릿수를 사용했습니다. 네 개의 자릿수를 사용하면 0부터 15까지 총 16개의 숫자를 표현할 수 있습니다. 이런 체계로 작동하므로 보통 컴퓨터는 숫자를 0부터 셉니다. 그래서 인덱스도 마찬가지로 0부터 시작하는 것이죠.

Hello에서 H만 분리하기

Hello에서 맨 앞에 있는 H는 사람이 봤을 때 첫 번째 글자이지만 컴퓨터 입장에서 봤을 때 0번째 인덱스에 위치합니다. 그래서 "Hello"에서 "H"만 잘라내고 싶다면 다음과 같이 0 이상 1 미만으로 값을 넘겨 주어야 합니다.

```
"Hello".substring(0, 1);
```

tip 미만은 '포함하지 않는다'는 뜻인 것은 알고 있죠? 0 이상 1 미만이면 0은 포함하지만 1은 포함하지 않습니다. 1 이상 4 미만이라고 하면 1, 2, 3까지는 포함하지만 4는 포함하지 않습니다.

다음은 "Hello"에서 H만 분리하는 예제입니다.

```java
public class HelloSubstring {
    public static void main(String[] args) {
        String str = "Hello";
        String firstLetter = str.substring(0, 1); // 첫 번째 글자(H) 자르기
        System.out.println(firstLetter);
    }
}
```

`HelloSubstring.java`

실행 결과
```
H
```

이 코드에서 str.substring(0, 1)은 str 문자열의 인덱스 0부터 1 미만의 부분 문자열을 잘라 줍니다. 따라서 첫 번째 글자인 H만 분리해 firstLetter 변수에 저장하고 출력하면 "H"가 출력됩니다.

"대한민국"에서 "대한"만 분리하기

다음으로 "대한민국"에서 앞 두 글자인 "대한"을 분리해 보겠습니다. "대한민국"에서 "대한"은 0번째에 위치하는 "대"부터 두 번째에 존재하는 "민" 미만까지를 자르면 됩니다.

```java
public class KoreaSubstringFront {
    public static void main(String[] args) {
        String str = "대한민국";
        String subStr = str.substring(0, 2); // 인덱스 0부터 2 미만까지 자르기
        System.out.println(subStr);
    }
}
```

`KoreaSubstringFront.java`

실행 결과
```
대한
```

이 코드에서 str.substring(0, 2)는 str 문자열의 인덱스 0부터 2 미만까지의 부분 문자열을 반환합니다. 따라서 "대한"만 잘라내어 subStr 변수에 저장하고 출력하면 "대한"이 출력됩니다.

"대한민국"에서 "민국"만 분리하기

이번에는 "대한민국"에서 "민국"만 잘라보겠습니다. "민국"만 자르는 것은 조금 다릅니다. 앞에서는 substring() 기능을 쓸 때 시작 인덱스, 미만 인덱스 값을 두 가지 넘겼지만 "대한민국"에서 "민국"만 자르는 경우는 "민"부터 끝까지 자르는 것이기 때문에 시작 인덱스만 넘겨 주면 됩니다.

"대한민국"에서 "민국"만 자르는 예제는 다음과 같습니다.

```java
public class KoreaSubstringEnd {
    public static void main(String[] args) {
        String str = "대한민국";
        String result = str.substring(2);

        System.out.println(result);
    }
}
```

실행 결과

```
민국
```

substring() 기능에 시작 인덱스를 전달하여 해당 인덱스부터 끝까지의 문자열을 잘라냅니다. 따라서 str.substring(2)는 str의 2번 인덱스부터 끝까지의 문자열을 반환하므로 "민국"이 됩니다.

"대한민국"에서 "한민"만 추출하기

이번에는 중간에 두 글자만 잘라보겠습니다. "대한민국"에서 가운데 두 글자인 "한민"만 자르고 싶다면 substring() 메서드에 시작 인덱스로 1을 넣고 미만 인덱스에 3을 넣으면 됩니다.

다음은 "한민"만 잘라내는 예제입니다.

```java
public class KoreaSubstringCenter {
    public static void main(String[] args) {
        String str = "대한민국";
        String result = str.substring(1, 3);

        System.out.println(result);
    }
}
```

실행 결과

```
한민
```

이 코드에서 1은 "한"의 시작 인덱스이고, 3은 "민"의 다음 인덱스인 2+1을 미만 인덱스로 지정한 것입니다.

문자열 비교하기

문자열이 같은지 비교하는 기능도 많이 사용합니다. 자바에서는 문자열을 비교할 때 우리가 생각한 방법보다 조금은 특별하게 비교합니다. 자바에서 문자열을 비교하는 방법을 알아보고 문자열을 비교하는 과정에서 어떤 일이 일어나는지 살펴보겠습니다.

비교 연산자 ==로 문자열 비교하기

'A라는 사용자의 등급이 "GOLD"이고, 오늘 A라는 사용자의 생일이라면 30% 할인 쿠폰을 발급하는 로직을 개발해 달라'는 요청이 기획팀으로 들어왔습니다. 여기에서 A라는 사용자의 등급이 "GOLD"인지 알아내기 위해서는 문자열을 비교해야 합니다. 자바에서 값을 비교할 때 **==라는 비교 연산자**를 사용할 수 있습니다. =을 한 개만 쓰는 경우는 변수에 값을 저장할 때입니다. 비교할 때는 변수에 값을 저장할 때와는 다르게 = 두 개를 써 ==와 같이 나타냅니다.

SOON 비교 연산자는 300쪽에서 자세히 다룹니다.

다음은 "GOLD"라는 문자열이 "GOLD"와 같은지 비교하는 예시입니다.

```
System.out.println("GOLD" == "GOLD");
```

결과는 당연하게도 true가 나옵니다. 비교가 잘 되는 것 같습니다. 하지만 이 과정은 조금 특이하기 때문에 비교 연산자 ==를 쓰는 방법이 적절하지 않아 보입니다. 앞서 잠시 설명한 것처럼 true는 boolean(불리언) 타입입니다. 왜 이런 결과가 나온 것일까요? 이는 자바의 메모리 관리 방식과 깊은 연관이 있습니다.

자바는 같은 문자열을 메모리에 중복해서 올리지 않는 방식으로 메모리를 관리합니다. 책을 구매했으면 읽다가 책장에 넣어 놓고 다시 보고 싶을 때 책장에서 꺼내오는 것과 비슷한 과정이라고 생각하면 이해하기 편할 겁니다.

위 코드에서 "GOLD"는 두 번 사용되었습니다. 하지만 두 번 만들어 주지는 않습니다.

첫 번째 "GOLD"는 메모리에 올라갑니다. 값이 메모리에 올라가면 '주소' 형태로 관리됩니다. 예를 들어 "GOLD"의 메모리 주소가 'AA01'로 발급된다고 해 보겠습니다. println()에는 println("GOLD")처럼 "GOLD"가 들어가는 것 같지만 실제로는 "GOLD"라는 문자열 대신 println(AA01)과 같이 메모리의 특정 위치 주소가 들어갑니다.

두 번째 "GOLD"의 경우는 메모리에 "GOLD"라는 값이 들어 있는지를 먼저 검색을 합니다. 검색을 한 번 하는 것이 메모리에 "GOLD"라는 값을 저장하고 주소를 한 개 더(ex AA02) 만드는 것보다 연산이 덜 들고 공간도 덜 차지하기 때문에 메모리를 검색하는 것이죠.

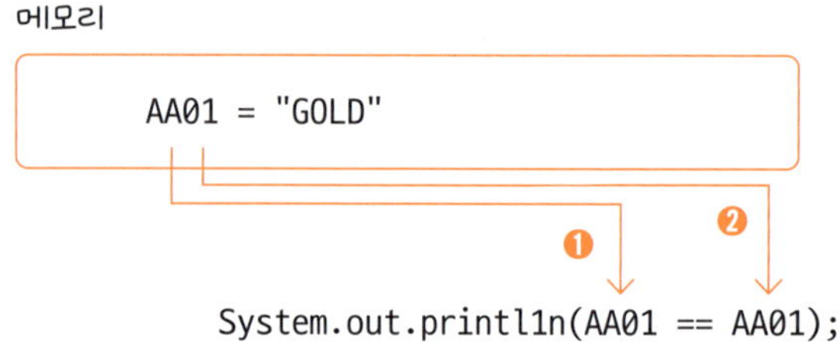

결국은 문자열이 같은지가 아니라 메모리의 '주소'가 같은지를 비교하기 때문에 결과는 'true'로 나오는 것입니다. 그래서 ==이 직관적이고 비교적 사용하기 편하기 때문에 문자열을 비교하는 데 사용하지만 결국 true라고 나와야 하는 상황에서 false가 나오는 상황이 발생하고 무엇이 잘못되었는지 몰라 한참을 고민하게 됩니다. 그 상황은 이어서 살펴보겠습니다.

substring()으로 문자열 자른 후 == 연산자로 비교하기

substring()으로 "GOLD"에서 맨 앞에 "G"만 분리한 후 그냥 입력한 문자열 "G"와 비교했을 때의 결과는 처음 자바를 배우는 입장에서는 당황스러울 수 있습니다.

다음 예제는 "GOLD"에서 substring() 메서드를 이용해 맨 앞글자인 "G"를 분리한 결과와 문자열 "G"를 비교하는 예시입니다.

```
String str1 = "GOLD";
String str2 = "G";
System.out.println(str1.substring(0, 1) == str2);
```

결과로 true가 나올 것 같지만 false가 나옵니다. str1.substring(0, 1)은 "G" 문자열만 잘라내서 결과가 "G"로 나오는데, 이 문자열과 str2 변수의 값인 "G" 문자열은 메모리에서 서로 다른 주소(위치)에 저장되기 때문입니다.

처음에 "GOLD"가 AA01이라는 메모리 주소에 저장되고 .substring(0, 1)로 "G"를 분리하면 분리한 "G"는 새로운 위치인 AA02에 저장됩니다. 그리고 String str2 = "G";는 새로운 메모리 주소인 AA03에 저장됩니다(정확히는 AA01의 n번째 주소를 참조합니다).

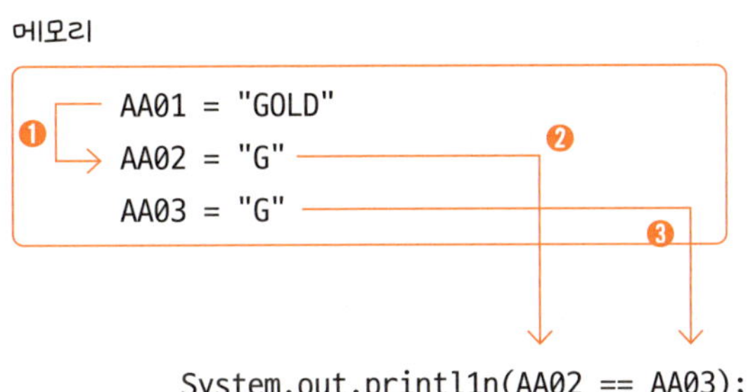

결과적으로 System.out.println(AA02 == AA03);으로 연산됩니다. 자바는 기본적으로 '주소'에 저장된 '값'을 비교하는 것이 아니라 '주소 자체'를 비교합니다. 이에 앞에서 "GOLD"끼리 비교한 .println(AA01 == AA01);은 true가 나오지만 "G"를 잘라낸 값은 메모리에 따로 저장하므로 .println(AA02 == AA03);은 false가 나옵니다. 그래서 ==를 쓰는 방법은 적절하지 않습니다. 문자열을 비교하고 싶다면 equals()를 써야 합니다.

문자열을 비교할 때는 equals() 메서드

앞서 살펴본 것처럼 문자열을 비교할 때 ==를 쓰면 주소를 비교하기 때문에 원하는 결과가 나오지 않습니다. 원하는 결과가 나오게 하고 싶다면 equals() 메서드를 써야 합니다.

equals()는 문자열 객체String의 문자열이 동일한지 비교하는 데 사용됩니다. 이 메서드는 true 또는 false 형태의 boolean 타입으로 값을 알려 줍니다. 두 String 객체의 문자열이 동일하면 true, 그렇지 않으면 false가 나옵니다.

.equals()의 사용 방법은 다음과 같습니다.

```
"문자열1".equals("문자열2")
```

물론 다음과 같이 String 타입의 변수끼리도 비교할 수 있습니다.

```java
String str1 = "GOLD";
Strint str2 = "GODL";
str1.equals(str2);
```

다음은 "GOLD"에서 "G"를 분리해 낸 값과 문자열 "G"를 .equals()를 이용해 비교하는 예제입니다.

```java
public class StringEqualsSubstring {
    public static void main(String[] args) {
        String str1 = "GOLD";
        String str2 = "G";
        System.out.println(str1.substring(0, 1).equals(str2));
    }
}
```

StringEqualsSubstring.java

실행 결과

```
true
```

equals()를 이용하면 ==를 썼을 때 메모리 주소를 비교하는 것과 다르게 해당 메모리 주소에 저장된 '값'을 서로 비교합니다. 이 예제에서 "GOLD"에서 분리한 "G"와 str2에 들어 있는 "G"는 메모리 주소가 다르지만 '값' 자체는 같으므로 true가 나왔습니다. 이와 같이 문자열을 비교할 때는 == 대신 equals()를 써야 합니다.

문자열에서 문자열의 위치 확인하기

문자열에서 특정 문자열이 존재하는지 여부에 따라 뒤에서 배울 조건문을 통해 여러 가지 분기 처리를 할 수 있습니다. 지정한 문자열이 존재하는지 여부를 알고 싶다면 indexOf(), contains()를 이용하면 됩니다.

특정 문자열이 포함되어 있는 위치 확인하기

indexOf() 메서드는 특정 문자열이 시작하는 인덱스를 반환합니다. 만약 찾고자 하는 문자열이 존재하지 않으면 −1을 반환합니다. 사용자는 문자열이 어디에서 시작하는지 정확한 위치를 알고 싶을 때 indexOf()를 사용할 수 있습니다. 특정 문자열이 어느 위치에 있는지 알아야 하는 경우나 해당 위치를 기준으로 특정 작업을 수행해야 하는 경우에 유용합니다.

다음은 indexOf() 메서드를 사용하여 세 가지 병원 이름에서 "화이트"가 몇 번째에 등장하는지를 확인하는 예제입니다.

```java
public class IndexOfExample {
    public static void main(String[] args) {
        String hospitalNameA = "성남 상록 이비인후과";
        String hospitalNameB = "분당 화이트 치과";
        String hospitalNameC = "영광 의원";

        System.out.println(hospitalNameA.indexOf("화이트"));
        System.out.println(hospitalNameB.indexOf("화이트"));
        System.out.println(hospitalNameC.indexOf("화이트"));
    }
}
```

IndexOfExample.java

실행 결과
```
-1
3
-1
```

특정 문자열이 포함되었는지 여부는 indexOf()를 실행한 결과가 0보다 크거나 같은지 여부를 이용해 판단할 수 있습니다. indexOf()는 지정한 문자열이 대상 문자열에 포함되어 있으면 그 문자열이 처음 등장하는 위치를, 등장하지 않으면 −1을 알려 줍니다. "성남 상록 이비인후과", "분당 화이트 치과", "영광 의원" 세 개의 병원 이름에서 "화이트"라는 문자열이 몇 번째에 등장하는지 확인해 보면 각각 −1, 3, −1이 됩니다.

특정 문자열이 포함되어 있는지 확인하기

contains()를 이용하면 지정한 문자열이 포함되어 있는지 여부를 true 또는 false로 알려 줍니다. 이 결과에 따라 뒤에 나올 if문을 이용해 다른 처리를 할 수 있습니다.

다음은 병원 이름에 '치과'가 포함되어 있는지 여부를 contains()를 이용해 알아보는 예제입니다.

```java
public class ContainsExample {
    public static void main(String[] args) {
        String hospitalNameA = "성남 상록 이비인후과";
        String hospitalNameB = "분당 화이트 치과";
        String hospitalNameC = "영광 의원";
```

ContainsExample.java

```java
        System.out.println(hospitalNameA.contains("치과"));
        System.out.println(hospitalNameB.contains("치과"));
        System.out.println(hospitalNameC.contains("치과"));
    }
}
```


"성남 상록 이비인후과", "분당 화이트 치과", "영광 의원" 세 개의 병원 이름에서 "치과"라는 문자열이 포함되어 있는지 확인해 보면 각각 false, true, false가 나옵니다.

문자열 분리하기

이제 마지막으로 문자열을 분리해 보겠습니다. 문자열을 자른 값을 구하는 것이 아니라 특정 형식을 기준으로 문자열을 나누는 것입니다. 이때는 split() 메서드를 이용합니다.

다음은 "10 3 19 28 7 488" 문자열을 split() 메서드를 이용해 공백을 기준으로 분리하고, 분리된 문자열을 인덱스로 접근하여 출력하는 예제입니다.

```java
public class StringSplit {
    public static void main(String[] args) {
        String str = "10 3 19 28 7 488";
        String[] strArr = str.split(" ");

        // strArr 배열에서 인덱스로 접근하여 값을 출력
        System.out.println(strArr[0]); // 10
        System.out.println(strArr[1]); // 3
        System.out.println(strArr[2]); // 19
        System.out.println(strArr[3]); // 28
        System.out.println(strArr[4]); // 7
        System.out.println(strArr[5]); // 488
    }
}
```


이 예제에서는 String 타입의 변수 str에 "10 3 19 28 7 488" 문자열을 할당하고 str.split(" ") 메서드를 사용하여 공백을 기준으로 문자열을 분리합니다. 이렇게 분리된 문자열은 String 타입의

strArr 배열에 저장됩니다. 그 다음으로 strArr 배열의 인덱스로 접근하여 각 원소의 값을 출력하는 것이죠.

여기서 배열이란 같은 타입의 여러 값에 인덱스를 붙여 나열한 것이라고 할 수 있습니다. 그래서 strArr 배열에는 10, 3, 19, 18, 7, 488 여섯 개의 숫자가 0번부터 5번까지 들어 있습니다. 만약 다음과 같이 존재하지 않는 6번 인덱스를 사용하면 ArrayIndexOutOfBoundsException이 발생합니다.

```java
System.out.println(strArr[6]);
```

따라서 배열의 인덱스를 사용할 때는 반드시 배열의 길이를 고려해야 합니다. 지금 여기에 있는 내용을 정확히 이해하지 못해도 괜찮습니다. 왜냐면 배열에 관한 내용은 다음 CHAPTER에서 이어서 다룰 거니까요.

🔄 배열을 배운 다음 다시 살펴보세요.

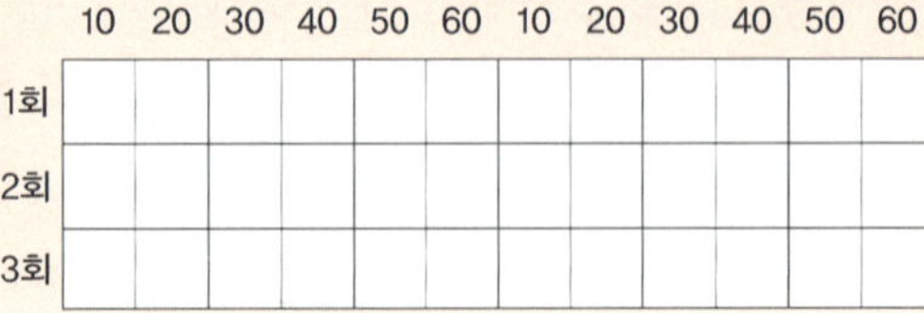

	10	20	30	40	50	60	10	20	30	40	50	60
1회												
2회												
3회												

필수 예제

StringFormat.java	포매팅한 문자열을 변수에 저장하는 클래스
HelloSubstring.java	문자열의 특정 부분만 자르는 클래스
StringEqualsSubstring.java	문자열을 비교하는 기능을 실행하는 클래스
IndexOfExample.java	특정 문자열이 포함되어 있는 위치를 확인하는 클래스
ContainsExample.java	특정 문자열의 포함 여부를 확인하는 클래스
StringSplit.java	특정 형식을 기준으로 문자열을 분리하는 클래스

용어 및 개념

☐	**문자열 연결**	서로 다른 문자열을 서로 연결해서 마치 하나의 문자열처럼 표현하는 것
☐	**포매팅**	문자열 사이에 변수를 넣어서 메시지를 만들고 싶을 때 사용하는 방식
☐	**인덱스**	− 컴퓨터에서 개수를 세기 위해 숫자를 매겨 나열하는 방식 − 1이 아닌 0부터 시작

명령어

```
String 변수_이름 = "문자열";
// 변수를 String 타입으로 선언하고 문자열을 할당하여 초기화함
"문자열" + "문자열"
// 문자열과 문자열 사이에 사용하면 서로 연결할 수 있음
String.format();
// 문자열을 포매팅하는 기능의 메서드, 포매팅한 값을 변수에 저장할 수 있음
"문자열".substring(시작 인덱스, 미만 인덱스)
// 문자열을 특정 부분을 잘라내는 기능의 메서드
"문자열1".equals("문자열2")
// 문자열을 비교할 때 사용하는 메서드
"문자열".indexOf("찾고자 하는 문자열")
// 특정 문자열이 시작하는 인덱스를 반환하는 메서드
"문자열".contains("찾고자 하는 문자열")
// 지정한 문자열이 포함되어 있는지 여부를 확인하는 메서드
"문자열".split("분리할 기준 문자열");
// 특정 조건에 따라 문자열을 분리하는 메서드
// 분리할 기준 문자열로 공백인 " "을 입력하면 띄어쓰기를 기준으로 문자열이 분리됨
```

배열

이번 장에서 배울 배열은 CHAPTER 03에서 익힌 변수의 연장선에서 한 걸음 더 나아간 저장 기능으로 생각할 수 있습니다. 배열을 쓴다는 것이 어떤 의미인지 배열을 선언하고 값을 넣어 보는 과정을 통해 살펴보겠습니다.

필수 예제	용어 및 개념	명령어
ArrayDefineAndPrint4.java	☐ 배열	`int[]`
FloatStringArr.java	☐ 해시 코드	`float[]`
ReferenceTypeArray.java	☐ null(널)	`String[]`
ClassInSchool.java	☐ 일대다(1:N)	`Arrays.toString()`

배열array은 같은 타입의 여러 값을 순서대로 나열한 것입니다. 여기서 순서를 나타내는 번호가 바로 **인덱스**index입니다. 지금까지 변수에는 하나의 값만 저장할 수 있었는데 배열을 사용하면 한 개의 변수에 여러 값을 저장할 수 있습니다.

30명 학생이 있는 한 개 반을 떠올려 보세요. 학생 한 명은 한 개 반에 소속됩니다. 학생1은 1반이면서 2반일 수는 없습니다. 이 학생의 수학 점수는 변수 하나를 선언해 저장할 수 있습니다.

```java
int student1MathScore = 100; // 학생1의 수학 점수 100점
```

한 반에 30명 학생의 점수를 저장하려면 변수 30개가 필요합니다.

```
int student1MathScore = 100;   // 학생1의 수학 점수 100점
int student2MathScore = 100;   // 학생2의 수학 점수 100점
...
int student30MathScore = 100; // 학생30의 수학 점수 100점
```

하지만 변수 30개를 선언하고 관리하는 것은 쉬운 일이 아닙니다. 그리고 변수가 30개라면 일일이 변수 이름을 만들고 출력하는 것도 쉽지 않습니다. 이럴 때 배열을 씁니다.

배열 선언하기

배열은 다음과 같이 배열 타입을 정하고 대괄호[]를 입력하고 그 뒤에 변수 이름을 정해 선언합니다.

```
타입[] 배열_이름;
```

다음은 iArr이라는 변수를 선언하는 예시입니다.

```
int[] iArr;        배열_타입 대괄호 배열_이름
```

변수를 선언하는 방법과 비슷하지만 중간에 대괄호[]가 들어갑니다. 배열은 Array를 번역한 말이기 때문에 배열을 선언할 때는 배열 이름에 'Arr'을 많이 넣습니다. 그래서 예시로 선언한 배열은 int 타입이므로 iArr이라는 이름을 지었습니다.

변수와 마찬가지로 선언만 한다고 바로 사용할 수 있는 건 아닙니다. 자바에서 배열은 클래스로 표현되므로 선언하고 초기화를 해 주어야 합니다. 다음과 같이 new 연산자를 이용해 인스턴스화 하면서 변수 타입과 개수를 지정합니다.

```
배열_이름 = new 타입[개수];
```

다음은 배열을 선언하고 개수를 다섯 개로 초기화하는 예시입니다.

```
int[] iArr;
iArr = new int[5];
```

배열은 선언하고 초기화할 때 개수를 반드시 지정해 주어야 합니다. 배열을 선언할 때 개수를 지정한다는 것은 두 가지 의미가 있습니다.

첫째, 지정한 개수 만큼 메모리 공간을 미리 잡아 놓는다는 것입니다.

영화관이나 공연장을 지을 때 몇 석 규모로 할 것인지 미리 설계하듯이 배열도 몇 칸을 메모리에 미리 할당해 놓을 것인지 잘 생각해서 지정해야 합니다.

둘째, 이미 선언한 배열의 개수는 바꿀 수 없습니다.

소프트웨어software는 하드웨어hardware에 비해 비교적 쉽게 바꿀 수 있기 때문에 배열의 크기도 쉽게 바꿀 수 있다고 생각할 수 있지만 전혀 그렇지 않습니다.

다시 영화관이나 공연장 좌석 설계 예시로 돌아가 보겠습니다. 영화관이나 공연장의 좌석 수는 고정되어 있고 임의로 늘리기가 어렵습니다. 이를 조정하려면 기존에 만들어 놓은 좌석을 철거하고 간격을 조절해 다시 설치해야 합니다.

예를 들어 100칸의 배열을 선언했을 때 100칸이 꽉 차서 101번째에 한 칸을 늘리고 싶어도 노트에 한 칸을 그려 넣듯이 메모리에 한 칸을 더 그려 넣을 수는 없다는 이야기입니다. 100칸짜리 배열을 A라고 했을 때 B라는 101칸짜리 배열을 선언한 후 배열 A에 있는 값을 101칸으로 선언한 배열 B에 모두 복사하고 배열 A를 지웁니다. 그런 다음 배열 B에 한 개의 값을 추가하는 방식으로는 작동할 수 있습니다.

0~99까지 100칸의 배열 A에 1~100까지의 값이 있습니다.

인덱스	0	1	2	...	97	98	99
값	1	2	3	...	98	99	100

0~100까지 101칸의 배열 B를 한 개 더 만들고 배열 A에 있던 모든 값을 복사합니다.

인덱스	0	1	2	...	97	98	99	100
값	1	2	3	...	98	99	100	

복사가 끝나면 기존 배열 A를 지웁니다. 그리고 배열 B에 한 개의 값을 추가합니다.

인덱스	0	1	2	...	97	98	99	100
값	1	2	3	...	98	99	100	101

이 과정을 거치면서 순간적으로 같은 데이터가 동시에 존재하면서 메모리는 두 배로 사용됐습니다.

배열을 사용하면 여러 변수를 일일이 선언할 필요가 없어서 유용하긴 하지만 크기를 바꿀 수 없으므로 배열의 크기를 잘못 예측해서 초기화하면 이와 같은 상황이 연출되기도 합니다.

따라서 배열은 크기를 지정해서 선언해야 한다는 것과 선언한 후에는 크기를 바꿀 수 없다는 것을 기억하고 생성해 주세요.

배열을 선언하면서 초기화하기

변수를 선언할 때와 마찬가지로 배열도 선언하면서 초기화할 수 있습니다. 실제로는 이 방법을 더 많이 사용합니다.

```java
int[] iArr = new int[3]; // 세 칸 배열 생성
```

배열을 선언하고 초기화까지 했기 때문에 배열의 내용을 출력할 수 있습니다. 배열 iArr을 println()을 이용해 출력해 보겠습니다.

```java
public class ArrayDefineAndPrint {
    public static void main(String[] args) {
        int[] iArr = new int[3];
        System.out.println(iArr);
    }
}
```


실행 결과로 출력되는 것은 배열에 들어 있는 값을 출력하려고 했던 의도와는 달리 메모리 주소 값이 출력됩니다. 다음과 같은 형태입니다.

[I@해시_코드   int_타입의_배열   구분자

해시 코드는 메모리의 특정 위치를 찾아갈 수 있게 부여된 주소입니다. 그리고 [I는 int 타입의 배열을 나타내며 @는 구분자입니다.

배열 값에 접근하기

배열을 그대로 출력했더니 타입과 해시 코드가 출력되었습니다. 배열에 있는 값을 출력하기 위해서는 배열을 그대로 출력하는 것이 아닌 배열의 인덱스를 통해 배열 요소에 직접 접근해야 합니다. 인덱스는 '방 번호'입니다. 배열에서 방 번호는 0번부터 시작하는 것이 기본입니다. 숫자를 0, 1, 2, 3과 같이 0부터 세는 것을 **인덱스**index라고 부릅니다.

세 칸 크기의 배열을 선언하고 초기화를 한다면 다음 코드는 방 번호 0번부터 2번까지 int 타입의 기본값인 0으로 초기화된 배열을 생성합니다.

```java
int[] iArr = new int[3]; // 세 칸 배열 생성
```

인덱스	0	1	2
값	0	0	0

배열에 접근하는 방법은 다음과 같이 배열 이름에 대괄호[]를 붙이고 몇 번째 인덱스로 접근할 것

인지 적어 주는 것입니다.

```
iArr[0];
```

이제 배열에 접근하는 방법을 알았으니 실제 코드에 적용해 보겠습니다. 다음은 크기가 3인 int 타입의 배열을 생성하고 배열의 첫 번째 요소를 출력하는 예제입니다.

```
public class ArrayDefineAndPrint2 {
    public static void main(String[] args) {
        int[] iArr = new int[3];      // 세 칸 배열 생성
        System.out.println(iArr[0]); // 첫 번째 요소 출력
    }
}
```


배열은 생성과 동시에 각 칸의 요소가 0으로 초기화되었기 때문에 이 예제에서는 iArr[0]의 값으로 0이 출력된 것입니다.

0번째, 1번째, 2번째를 모두 출력하고 싶다면 이 예제에서 (O) 부분을 다음과 같이 수정합니다. 출력 결과는 모두 0입니다.

```
int[] iArr = new int[3];
System.out.println(iArr[0]);
System.out.println(iArr[1]);
System.out.println(iArr[2]);
```

이 예제에서는 배열의 크기가 3이기 때문에 iArr[0], iArr[1], iArr[2]를 써서 하나씩 접근해 출력할 수 있었습니다. 하지만 세 개가 아닌 30개면 어떻게 할까요? iArr[0], iArr[1] … iArr[29] 이렇게 30개에 모두 접근해서 출력해야 할까요? 가장 좋은 방법은 반복문을 이용해 배열의 각 방을 한 개씩 모두 돌아가면서 방문하는 것인데, 반복문은 아직 배우지 않았으므로 여기서는 Arrays 클래스의 toString() 메서드를 이용하는 방법을 살펴보겠습니다. Arrays.toString()을 이용하면 배열의 모든 내용을 콘솔에 출력할 수 있습니다.

SOON 반복문은 356쪽에서 자세히 다룹니다.

다음은 Arrays.toString()을 이용해 배열을 출력하는 예제입니다.

```java
import java.util.Arrays;   // ➊

public class ArrayDefineAndPrint3 {
    public static void main(String[] args) {
        int[] iArr = new int[3]; // 세 칸 배열 생성

        // 출력하기 위해 String 형태로 변환
        System.out.println(Arrays.toString(iArr));   // ➋
    }
}
```

ArrayDefineAndPrint3.java

실행 결과
```
[0, 0, 0]
```

➊ Arrays.toString()은 명령어에서 알 수 있듯이 자바에서 기본 제공하는 Arrays에 있는 기능입니다. 따라서 import로 Arrays를 불러와야 합니다.

```java
import java.util.Arrays;
```

➋ Arrays.toString()은 배열을 문자열로 변환하는 메서드로, 해당 배열의 각 요소를 대괄호[]로 둘러싸인 문자열로 만들어 줍니다. 배열의 각 요소는 쉼표로 구분됩니다.

```java
System.out.println(Arrays.toString(iArr));
```

tip Arrays 클래스는 java.util에 있는 내장 클래스로 정렬, 검색, 비교 등 배열과 관련된 다양한 메서드를 제공합니다.

배열에 값 할당하기

배열에서 값을 추출하는 방법까지 알아보았습니다. 그런데 계속 0만 나오니 허전합니다. 배열에 값을 넣어 보겠습니다. 배열에 값을 넣는 방법은 두 가지가 있습니다.

첫째, 배열의 몇 번 인덱스에 어떤 값을 넣을 것인지를 정하는 방법입니다.

```
배열_이름[인덱스] = 넣을_값;
```

다음은 2, 4, 7을 각각 0번 인덱스, 1번 인덱스, 2번 인덱스에 넣는 예제입니다.

```java
int[] iArr = new int[3];
iArr[0] = 2;   // 첫 번째 요소에 2 할당
iArr[1] = 4;   // 두 번째 요소에 4 할당
iArr[2] = 7;   // 세 번째 요소에 7 할당
```

값을 추출할 때와 마찬가지로 배열의 인덱스는 0부터 시작하기 때문에 첫 번째 요소에는 iArr[0], 두 번째 요소에는 iArr[1]과 같이 접근할 수 있습니다.

둘째, new 연산자로 배열을 초기화하면서 중괄호{} 안에 배열에 넣을 요소를 정하는 방법입니다.

이 방법을 이용하면 배열을 선언하면서 값까지 할당할 수 있습니다. 또한 요소를 같이 할당하기 때문에 개수는 자동으로 지정됩니다.

다음은 네 칸의 배열에 1, 2, 3, 8의 숫자를 넣으면서 초기화하고 0~3번까지 각 요소의 값을 출력하는 예제입니다.

```java
public class ArrayDefineAndPrint4 {
    public static void main(String[] args) {
        int[] iArr = new int[]{1, 2, 3, 8};
        System.out.printf("%d %d %d %d", iArr[0], iArr[1], iArr[2], iArr[3]);
    }
}
```

실행 결과

```
1 2 3 8
```

여러 가지 타입의 배열 선언하기

배열은 여러 가지 타입으로 선언할 수 있습니다. 원시 타입뿐 아니라 참조 타입도 배열로 선언할 수 있습니다. 참조 타입은 원시 타입을 제외한 모든 클래스를 말합니다. 클래스에는 자바에서 미리 만들어 놓은 String, Scanner 등의 클래스부터 개발자가 직접 만든 PrintHello와 같은 커스텀 클래스까지 포함됩니다.

다음은 여러 가지 타입의 배열을 선언하는 예시입니다.

```java
int[] iArr;            // 원시 타입 int 타입 배열 선언
float[] fArr;          // 원시 타입 float 타입 배열 선언
double[] dArr;         // 원시 타입 double 타입 배열 선언
char[] cArr;           // 원시 타입 char 타입 배열 선언
String[] sArr;         // 참조 타입 String 타입 배열 선언
Scanner[] scArr;       // 참조 타입 Scanner 타입 배열 선언
PrintHello[] phArr;    // 참조 타입 PrintHello 타입 배열 선언
int[][] iArrArr;       // 참조 타입 int[] 타입 배열 선언
```

원시 타입의 배열과 **참조 타입의 배열**은 다른 점이 있습니다. 원시 타입은 기본값이 있기 때문에 원시 타입으로 배열을 선언하고 초기화하면 기본값으로 값이 할당되지만, 참조 타입은 null이 할당됩니다. **null(널)**이라는 개념은 객체(클래스)를 선언하고 초기화하지 않은 경우를 말합니다. 자바로 개발을 하다 보면 **NullPointerException**이라는 예외를 자주 만나게 될 텐데 'Null'이 여기에서 말하는 null 개념입니다.

그러면 null이라는 객체 상태는 어떤 경우에 NullPointerException이라는 예외를 발생시킬까요? 자바에서 참조 타입은 객체의 주소를 저장하는 변수입니다. 앞에서 배열을 그냥 출력했을 때는 [I@448139f0와 같이 **[타입@해시_코드** 형태로 객체 주소가 출력되었습니다. 배열도 String, Scanner, PrintHello와 같은 참조 타입 형태의 변수이기 때문에 메모리 주소만 저장하는 방식을 사용합니다.

참조 타입은 기본적으로 null 값으로 초기화되며, 이는 아무런 객체도 가리키지 않는 상태를 의미합니다. 이렇게 null 값을 할당하는 이유는 참조 타입으로 선언한 참조 변수가 객체를 가리키지 않을 때를 명시적으로 표현하기 위함입니다.

다음 예제는 float 타입과 String 타입의 배열을 생성하고, Arrays.toString 메서드를 사용하여 배열의 값을 문자열로 변환한 후 출력하는 예제입니다.


```java
import java.util.Arrays;

public class FloatStringArr {
    public static void main(String[] args) {
        float[] fArr = new float[3];        ❶
        String[] sArr = new String[10];     ❷
        System.out.println(Arrays.toString(fArr));
        System.out.println(Arrays.toString(sArr));
    }
}
```

실행 결과

```
[0.0, 0.0, 0.0]
[null, null, null, null, null, null, null, null, null, null]
```

❶ **float** 타입의 배열인 **fArr**은 원시 타입이므로 float 타입의 초기 값인 **0.0**이 할당되지만,

```java
float[] fArr = new float[3];
```

❷ **String** 타입의 배열인 **sArr**은 String이 참조 타입이기 때문에 **null**로 초기화된 것을 볼 수 있습니다.

```java
String[] sArr = new String[10];
```

다음은 여러 가지 타입의 배열을 선언하면서 초기화하는 예시입니다. 원시 타입인 int, float, double, char와 참조 타입인 String, Scanner, PrintHello를 선언하고 초기화합니다. 마지막에 있는 int[]는 뒤에 대괄호[]가 있으므로 배열입니다. int[] 배열을 또 한번 배열로 만들어 주는 것입니다.

SOON 배열에 또 한번 배열을 만들어 주는 2차원 배열은 235쪽에서 자세히 다룹니다.

```java
int[] iArr = new int[3];                         // int 타입 배열 선언과 초기화
float[] fArr = new float[3];                      // float 타입 배열 선언과 초기화
double[] dArr = new double[3];                     // double 타입 배열 선언과 초기화
char[] cArr = new char[3];                         // char 타입 배열 선언과 초기화
String[] sArr = new String[3];                     // String 타입 배열 선언과 초기화
Scanner[] scArr = new Scanner[3];                  // Scanner 타입 배열 선언과 초기화
PrintHello[] phArr = new PrintHello[3];            // PrintHello 타입 배열 선언과 초기화
int[][] iArrArr = new int[3][3];                   // int[] 타입 배열 선언과 초기화
```

 배열을 선언할 때 대괄호[]를 쓴다는 것과 new 연산자를 이용하고 개수를 꼭 지정해야 한다는 점을 잊지 마시기 바랍니다.

참조 타입의 배열 선언하기 ———————

앞에서 String[] 배열도 선언해 보았지만 자바에서 제공하는 클래스뿐 아니라 우리가 만든 클래스도 배열로 선언할 수 있습니다. 자바는 객체 지향 언어이기 때문에 자바의 모든 요소는 클래스와 연관지어 생각할 필요가 있습니다.

다음 클래스는 '학생' 정보를 저장하기 위한 Student 클래스입니다. Student 클래스는 이름 (name), 전화번호(phoneNumber), 나이(age)를 멤버 변수로 가지고 있습니다.

```java
public class Student {
    String name;
    String phoneNumber;
    int age;
}
```

이 '학생' 정보를 저장하는 Student 클래스도 배열로 선언할 수 있습니다. 한 반에 30명의 학생이 있다고 했을 때 Student 타입의 Student[] 배열을 30개 생성하면 30명 분의 학생 정보를 한 개의 변수에 저장할 수 있습니다. Student 클래스는 개발자의 필요에 의해 만들어 낸 클래스이지만 String이나 Scanner와 같이 자바에서 기본으로 제공하는 클래스처럼 '타입'이 될 수 있습니다.

헷갈릴 수 있는 클래스, 객체, 타입 용어

클래스class, 객체object, 타입type 이런 용어들이 계속 같이 나오고 있습니다. 앞에서 한 번씩 다 언급하면서 배운 것이지만 많이 헷갈릴 수 있습니다. 도대체 이것들이 '같다'는 것인지 '다르다'는 것인지 이해할 수 있게 설명해 달라는 요청이 많이 있습니다. 객체 지향 언어인 자바에서 이 세 가지는 굉장히 밀접하게 연결되어 있습니다. 이를 다음과 같은 문장으로 설명할 수 있습니다.

"클래스로 특정 타입을 가진 객체(인스턴스)를 생성한다"

클래스로 객체를 생성한다는 개념은 이 책의 CHAPTER 01에서 Hello를 출력하는 기능의 코드를 작성할 때 설명했으니 그 부분을 참고해 보세요. 하지만 **타입**이라는 말이 선뜻 와닿지는 않을 것입니다. 또한 이 말이 직관적으로 혹은 논리적으로 맞는 말인가 싶을 수 있습니다. 클래스, 객체, 타입처럼 이것이면서 저것이고 저것이면서 이것이라고 하면 사실 공부하기가 쉽지는 않습니다. 그러니 자바를 공부할 때 자바의 세계는 '객체의 세계'라고 생각을 전환해 보기 바랍니다. 여러분이 자바의 세계로 들어와서 자바에 관해 더 깊이 이해하는 데 도움이 될 것입니다.

자바에서 클래스는 선언하는 순간부터 타입이 될 수 있습니다. 엄밀히 말하면 클래스와 타입은 조금 다릅니다. 모든 클래스는 타입이 될 수 있지만 모든 타입이 클래스는 아닙니다. 앞에서부터 계속 나오는 원시 타입이라는 게 있습니다. 원시 타입은 클래스가 아닙니다. 하지만 참조 타입은 클래스가 될 수 있죠.

우리가 앞에서 만들어 보았던 PrintHello도 참조 타입이고 멤버 변수를 배울 때 만들어 보았던 Point, User도 모두 참조 타입입니다. 참조 타입이기 때문에 배열로 만들 수 있습니다.

참조 타입의 배열을 선언하는 방법은 원시 타입의 배열을 선언하는 방법과 같습니다.

```
참조_타입[] 변수_이름 = new 참조_타입[개수];
```

다음은 Student 클래스를 선언하고, 선언한 클래스를 타입으로 하는 배열을 만드는 예제입니다.

```java
public class Student {
    String name;
    String phoneNumber;
    int age;
}
```
Student.java

```java
public class ReferenceTypeArray {
    public static void main(String[] args) {
        Student[] students = new Student[2]; // 배열의 초기화
        students[0] = new Student();           // Student 클래스의 초기화
        students[0].name = "김경록";           // Student 클래스 초기화 후 가능
        students[0].phoneNumber = "010-1234-5678";
        students[0].age = 37;
        students[1] = new Student();
        students[1].name = "김지유";
        students[1].phoneNumber = "010-2468-1357";
        students[1].age = 2;
    }
}
```
ReferenceTypeArray.java

Student 타입의 배열을 선언하고 배열의 크기는 2로 지정해서 초기화했지만, students[0]에 있는 student 객체를 바로 사용할 수는 없습니다.

```java
Student[] students = new Student[2];
```

students[0]의 Student 객체를 초기화해 주어야 사용할 수 있습니다.

```
students[0] = new Student();
```

다음과 같이 Student[ ] 배열만 new를 실행한 후 students[0]에 접근하려고 하면 NullPointer Exception이 발생합니다.

```
Student[] students = new Student[2];
// students[0] = new Student();를 하지 않음
students[0].name = "김경록";
students[0].phoneNumber = "010-1234-5678";
students[0].age = 37;
```

앞에서 String[ ] 배열을 열 개 선언하고 배열의 내용을 출력했을 때 [null, null, null, null, null, null, null, null, null, null]이 나왔습니다.

```
String[] sArr = new String[10];
System.out.println(Arrays.toString(sArr));
```

String의 경우는 sArr[0] = "ABC";와 같이 문자열을 할당하면 내부적으로 new String("ABC");로 초기화되기 때문에 new가 따로 필요 없는 것처럼 보이지만 String도 객체이기 때문에 초기화를 해 주지 않으면 null이 됩니다. 그럼 참조 타입의 배열에서 각 인덱스를 어떻게 초기화할 수 있을까요?

Student 클래스에는 name, phoneNumber, age 세 가지의 변수가 있습니다. 이 클래스를 배열로 선언하면 이 세 가지 변수가 하나의 인덱스를 구성합니다. 즉 하나의 인덱스에 세 가지 값이 들어가는 것이죠. 각 변수를 다음과 같이 점 연산자를 활용해 초기화할 수 있습니다.

```
배열_이름[인덱스].클래스_변수_이름 = 넣을_값;
```

```java
students[0].name = "김경록";
students[0].phoneNumber = "010-1234-5678";
students[0].age = 37;
```

tip 객체(Class) 타입으로 배열을 선언할 수 있고 초기화도 할 수 있지만 배열의 각 요소(0, 1, 2...번째 인덱스에 저장된 값)를 사용하려면 각 인덱스에 해당하는 배열마다 초기화를 해 주어야 한다는 것을 꼭 기억하세요.

배열을 멤버 변수로 사용하기

앞에서 변수를 클래스의 멤버 변수로 사용하는 방법을 배웠습니다. 모든 객체는 클래스의 멤버 변수가 될 수 있습니다. 배열도 마찬가지입니다. 배열을 멤버 변수로 사용하는 것은 꽤나 객체 지향적이라고 할 수 있습니다.

객체 지향에서는 현실 세계의 어떤 것들을 '객체'로 표현합니다. 실제로 User, Student 등의 클래스를 인스턴스화해서 객체를 만들어 보았고, 바로 앞에서는 객체인 Student 타입의 배열 Student[] students를 선언했습니다. 배열을 쓴다는 것은 '여러 개의 같은 것들을 다루겠다'는 뜻입니다. 자바는 객체 지향 언어이기 때문에 어떤 것을 배우더라도 객체와 연관지어 쓴다는 것을 전제해야 합니다.

학생은 학교에 다닙니다. 학생이 학교에 다니면 반에 소속됩니다. 배열을 이용하면 한 반에 여러 학생을 포함하는 반(Class) 클래스를 만들 수 있습니다. 영어로 반이 Class이기 때문에 Class를 포함하는 이름을 지을 텐데, Class는 클래스를 선언할 때 쓰는 명령어이므로 단독으로 쓰면 안 됩니다. 그래서 ClassInSchool이라고 클래스 이름을 정했습니다. 이제 멤버 변수로 배열을 선언해 보겠습니다.

다음은 1반, 2반에 해당하는 값을 저장하는 no와 그 반의 담임 선생님 이름인 teacherName 그리고 학생들 배열로 구성된 클래스입니다.

ClassInSchool.java

```java
public class ClassInSchool {
    int no;
    String teacherName;
    Student[] students;
}
```

반과 학생의 관계를 **일대다(1:N)** 관계라고 합니다. 일(1)은 반(Class)이고 다(N)는 학생(Student) 입니다. 이러한 일대다 관계는 자주 등장합니다. 여러분들이 자바로 개발을 한다면 계속 만나게 될 것입니다. 비슷한 예로는 글(Post)과 댓글(Comment)이 있습니다. 커뮤니티에 글을 쓰면 댓글을 달 수 있습니다. 글 하나에 댓글은 여러 개 달릴 수 있기 때문에 일대다 관계입니다.

다음은 글(Post)과 댓글(Comment) 예시입니다.

```java
public class Post {
    String title;
    String content;
    Comment[] comments;
}
```

```java
public class Comment {
    String content;
}
```

Post 클래스의 멤버 변수에 Comment[]가 있습니다. 타입 뒤에 대괄호[]가 붙어 있기 때문에 Comment 배열이 되어 여러 개의 댓글이 들어갈 수 있는 구조가 만들어졌습니다.

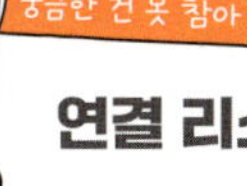

연결 리스트 vs 배열

자료 구조 중에 **연결 리스트**Linked List라는 것이 있습니다. 링크드 리스트라고도 부르는 연결 리스트는 배열과 유사한 형태로 사용되지만 배열처럼 크기만큼 메모리 공간을 미리 만들어 놓는 것이 아니라 추가될 때 다음 위치의 주소를 같이 저장하는 형식입니다.

그렇기 때문에 크기를 고려할 필요도, 크기가 맞지 않을 때 새로 만들고 전체 데이터를 복사하는 연산도 필요 없습니다. 다음은 LinkedList의 예제입니다. 배열처럼 길이를 지정하지 않아도 **add()** 메서드를 이용해 값을 계속 넣을 수 있습니다. 꺼낼 때는 **get()**을 이용해 n번째 있는 값을 꺼낼 수 있습니다.

```java
import java.util.LinkedList;

public class LinkedListExam {
    public static void main(String[] args) {
        LinkedList linkedList = new LinkedList(); // LinkedList 선언
        linkedList.add(10); // 10 넣기
        linkedList.add(20); // 20 넣기
        System.out.println(linkedList.get(0)); // 0번째 출력
        System.out.println(linkedList.get(1)); // 1번째 출력
    }
}
```


실행 결과

```
10
20
```

데이터의 길이가 자주 변한다면 LinkedList를 사용하는 것이 효율적입니다.

길이를 지정하지 않지만 값을 무한히 넣을 수 있는 것은 아닙니다. 다음 코드는 LinkedList에 1을 10억 개 넣는 코드입니다. 실행을 해 보면 한참 넣다가 OutOfMemoryError 예외가 발생합니다. 왜냐하면 메모리 공간은 무한이 아니기 때문입니다.

```java
import java.util.LinkedList;

public class LinkedListExamBillion {
    public static void main(String[] args) {
        LinkedList linkedList = new LinkedList();   // LinkedList 선언
        for (long i = 0; i < 1_000_000_000; i++) { // 10억 개 넣기
            linkedList.add(1);
        }
    }
}
```

```
Exception in thread "main" java.lang.OutOfMemoryError: Java heap space
    at java.base/java.util.LinkedList.linkLast(LinkedList.java:146)
    at java.base/java.util.LinkedList.add(LinkedList.java:342)
    at org.book.chapter04.p016.LinkedListExam.main(LinkedListExam.java:10)
```

10억 개는 잘 안 들어가지만 1만 개나 10만 개는 금방 들어가기 때문에 데이터의 추가가 많은 연산일 때는 배열 대신 LinkedList 사용을 고려하세요.

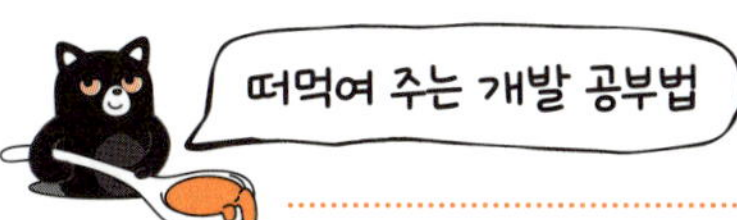

배열은 길이를 정해 주어야 하므로 배열 대신 LinkedList를 쓰면 되지 않을까 싶지만 LinkedList에도 치명적인 단점이 있습니다. 데이터에 접근할 때 순서대로만 접근해야 한다는 것입니다. 1만 번째 데이터를 확인하고 싶다면 1만 번을 거쳐 접근을 해야 합니다. 왜냐하면 LinkedList는 다음 데이터의 주소를 같이 저장하기 때문에 다음 데이터에 접근하려면 주소를 묻고 묻고 물어서 가야 합니다. 하지만 배열은 100번째 인덱스에 저장된 값에 접근하고 싶다면 arr[100]을 쓰면 되고 10000번째 인덱스에 저장된 값에 접근하고 싶다면 arr[10000]을 쓰면 됩니다. 거치지 않고 갈 수 있기 때문에 접근 속도가 빠릅니다.

이러한 이유로 여전히 배열을 많이 사용합니다. 이 책에서는 연결 리스트를 배열의 이해를 돕기 위한 정도로 여기까지만 설명하겠습니다. 연결 리스트와 자료 구조에 관해 더 자세히 알고 싶은 독자는 이 책을 모두 읽고 난 다음 따로 공부해 봅시다.

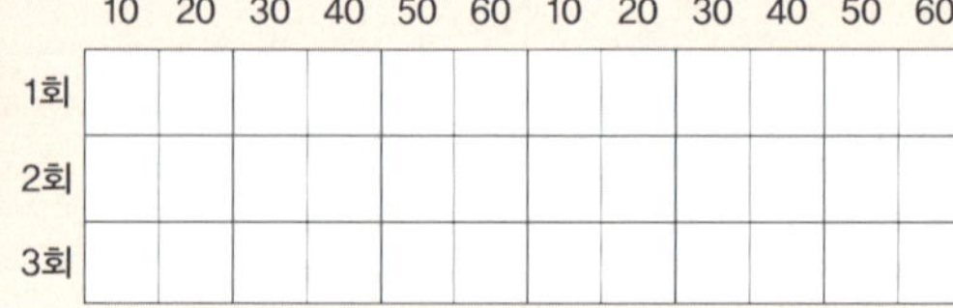

	10	20	30	40	50	60	10	20	30	40	50	60
1회												
2회												
3회												

필수 예제

ArrayDefineAndPrint.java	배열을 선언하면서 초기화하는 클래스
ArrayDefineAndPrint2.java	배열 값에 접근하는 클래스
ArrayDefineAndPrint3.java	배열의 값을 출력하는 클래스
ArrayDefineAndPrint4.java	배열에 값 할당한 후 각 요소의 값을 출력하는 클래스
FloatStringArr.java	배열의 값을 문자열로 변환한 후 출력하는 클래스
ReferenceTypeArray.java	참조 타입의 배열을 선언하는 클래스
ClassInSchool.java	배열을 멤버 변수로 사용하는 클래스

용어 및 개념

	배열	– 같은 타입의 여러 값을 순서대로 나열한 것 – 순서를 나타내는 번호를 인덱스라고 함 – 배열을 사용하면 한 개의 변수에 여러 개의 값 지정 가능
	해시 코드	메모리의 특정 위치를 찾아갈 수 있게 부여된 주소
	null(널)	– 자바에서 보통 객체의 상태를 논할 때 많이 사용하는 개념으로 객체(클래스)를 선언하 고 초기화한 경우를 의미 – 아무런 객체도 가리키지 않는 상태를 의미
	일대다(1:N)	하나의 객체가 여러 객체를 가질 수 있는 관계

명령어

```
변수_타입[] 변수_이름;
// 지정된 타입을 가지는 배열을 선언하는 명령
// 예1) int[] iArr; → 정수 타입의 배열 선언
// 예2) float[] fArr; → 소수 타입의 배열 선언
// 예3) String[] sArr; → 문자열 타입의 배열 선언
System.out.println(Arrays.toString());
// 소괄호() 안에 있는 배열의 모든 내용을 출력하는 기능의 메서드
```

2차원 배열 알아보기

필수 예제	용어 및 개념	명령어
TenxTen.java	☐ 2차원 배열	`int[][]`
ArrayDefineAndAssign.java	☐ 행(row)	`arr.length`
TwoDimArrSetValue.java	☐ 열(column)	

2차원 배열은 행과 열로 이루어진 테이블로, 그리드 형태의 데이터를 다룰 때 유용합니다. 앞에서 배운 배열은 1차원 배열이라고 할 수 있고 1차원 배열에 한 차원을 더한 것이 2차원 배열입니다.

2차원 배열은 3*3, 5*5 형태로 행과 열의 개수가 같은 배열뿐 아니라 2*3, 4*2 등 다양한 형태로 만들 수 있습니다.

■ 3*3   ■ 5*5   ■ 2*3   ■ 4*2

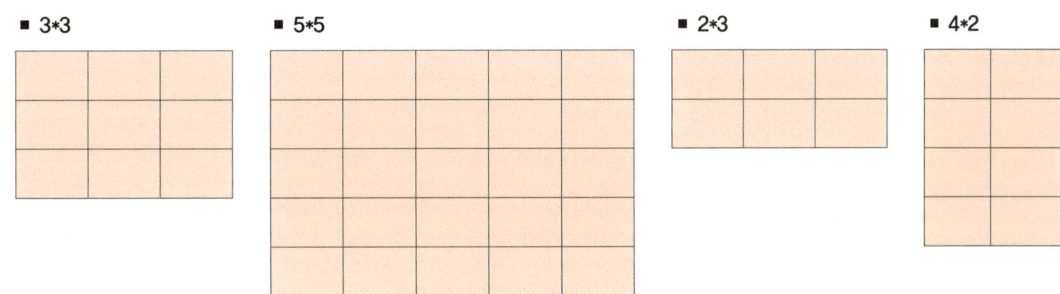

2차원 배열 선언하기

2차원 배열은 배열의 배열입니다. 배열도 '객체'이므로 배열로 구성된 배열을 또 만들 수 있는 것입니다. int 타입의 배열을 만들 때 int[]와 같이 타입 뒤에 대괄호[]를 붙여서 선언을 했으니 타입 뒤에 대괄호를 두 개 붙이면(int[][]) 2차원 배열이 됩니다. 같은 방식으로 2차원 배열뿐 아니라 3차원(int[][][]), 4차원(int[][][][]) 배열도 만들 수 있습니다.

2차원 배열은 다음과 같이 선언합니다.

```
타입[][] 변수_이름 = new 타입[개수1][개수2];
```

다음은 3*3 형태의 int 타입 2차원 배열을 선언하는 코드입니다. int 타입은 원시 타입이므로 초기 값이 있습니다. int 타입의 초기 값은 0이므로 배열을 선언하고 초기화하면 0으로 정해집니다.

```
int[][] arr = new int[3][3];        3*3 형태의 2차원 배열
```

2차원 배열이 만들어지면 다음과 같이 [0][0]부터 [2][2]까지 3*3 총 아홉 칸의 배열이 만들어집니다. 행과 열로 표현한다면 3행 3열의 배열이 만들어진 것입니다.

[0][0]	[0][1]	[0][2]
[1][0]	[1][1]	[1][2]
[2][0]	[2][1]	[2][2]

다음은 2차원 배열을 출력하는 코드입니다. 각각 0, 1, 2번 인덱스를 Arrays.toString()을 이용해 String으로 바꿔서 출력합니다.

결과는 [0, 0, 0] 세 줄이 나옵니다. 3*3 형태의 2차원 배열이므로 세 칸짜리 배열이 세 개 있고, 한 줄씩 .println()으로 다음과 같이 출력됩니다.

```
System.out.println(Arrays.toString(arr[0]));        [0, 0, 0]
System.out.println(Arrays.toString(arr[1]));   ➡    [0, 0, 0]
System.out.println(Arrays.toString(arr[2]));        [0, 0, 0]
```

조금 더 큰 2차원 배열도 만들어 보겠습니다. 앞에서 [3][3]으로 개수1, 개수2의 값을 정해 주었으므로 이 부분만 [10][10]으로 바꾸면 됩니다. 10*10 크기의 배열이라서 arr10x10이라는 이름으로 변수 이름을 지었습니다.

```java
int[][] arr10x10 = new int[10][10];
```

다음은 10*10 크기의 2차원 배열을 만들고 출력하는 전체 코드입니다.

```java
import java.util.Arrays;

public class TenxTen {
    public static void main(String[] args) {
        int[][] arr10x10 = new int[10][10]; // 배열 선언과 초기화
        System.out.println(Arrays.toString(arr10x10[0]));
        System.out.println(Arrays.toString(arr10x10[1]));
        System.out.println(Arrays.toString(arr10x10[2]));
        System.out.println(Arrays.toString(arr10x10[3]));
        System.out.println(Arrays.toString(arr10x10[4]));
        System.out.println(Arrays.toString(arr10x10[5]));
        System.out.println(Arrays.toString(arr10x10[6]));
        System.out.println(Arrays.toString(arr10x10[7]));
        System.out.println(Arrays.toString(arr10x10[8]));
        System.out.println(Arrays.toString(arr10x10[9]));
    }
}
```

TenxTen.java

실행 결과

```
[0, 0, 0, 0, 0, 0, 0, 0, 0, 0]
[0, 0, 0, 0, 0, 0, 0, 0, 0, 0]
[0, 0, 0, 0, 0, 0, 0, 0, 0, 0]
[0, 0, 0, 0, 0, 0, 0, 0, 0, 0]
[0, 0, 0, 0, 0, 0, 0, 0, 0, 0]
[0, 0, 0, 0, 0, 0, 0, 0, 0, 0]
[0, 0, 0, 0, 0, 0, 0, 0, 0, 0]
[0, 0, 0, 0, 0, 0, 0, 0, 0, 0]
[0, 0, 0, 0, 0, 0, 0, 0, 0, 0]
[0, 0, 0, 0, 0, 0, 0, 0, 0, 0]
```

10*10의 2차원 배열을 선언했고, 0번부터 9번까지 배열 안에 또 배열이 들어 있기 때문에 이와 같이 출력되었습니다. 그런데 다음 코드가 계속 반복되고 있습니다.

```
System.out.println(Arrays.toString(arr10x10[인덱스]));
```

반복문은 CHAPTER 05에서 자세히 배우겠지만, 이와 같은 코드가 반복문을 사용했을 때 얼마나
간단해지는지 살펴보기 위해 적용해 보겠습니다. 다음은 10*10 크기의 int 타입 2차원 배열을 선언
하고 반복문을 이용해 출력하는 코드입니다. 따라해 보세요. 실행 결과는 앞서 내용과 동일합니다.

```java
import java.util.Arrays;

public class TenxTenFor {
    public static void main(String[] args) {
        int[][] arr10x10 = new int[10][10];

        for (int i = 0; i < 10; i++) {
            System.out.println(Arrays.toString(arr10x10[i]));
        }
    }
}
```
TenxTenFor.java

대괄호 안의 개수만 바꿔 준다면 원하는 크기의 2차원 배열을 얼마든지 만들 수 있습니다. 개수1
과 개수2가 꼭 같을 필요도 없습니다. 3*2, 6*7 등 크기를 자유롭게 지정해서 만들 수 있습니다.

```java
int[][] arr32 = new int[3][2]; // 3*2 형태의 배열
int[][] arr67 = new int[6][7]; // 6*7 형태의 배열
```

이어서 값을 넣으면서 초기화하는 방법을 알아보겠습니다. 중괄호{}를 이용하면 new를 쓰지 않
고도 배열을 선언하면서 값을 할당할 수 있습니다.

다음은 3*3 크기를 가진 int 타입의 2차원 배열을 만들고 1행에는 10, 20, 30, 2행에는 40, 50,
60, 3행에는 70, 80, 90을 넣어 배열을 초기화하는 코드입니다. 우항의 바깥쪽 중괄호는 배열을
의미하며, 안쪽 중괄호가 각 행을 의미합니다.

```java
int[][] arr2 = { {10, 20, 30}, {40, 50, 60}, {70, 80, 90} };
```

2차원 배열의 보기 좋은 코드 형태

한 줄로 나열된 2차원 배열을 행 단위로 구분해서 나열하면 코드가 훨씬 보기 좋습니다. 각 중괄호 뒤에서 Enter 를 누르면 3행 3열 형태로 구분되니 보기에 편해집니다. 컴퓨터 입장에서는 바로 앞의 한 줄짜리 코드나 다음 코드나 똑같습니다.

```java
int[][] arr2 = { {10, 20, 30}, {40, 50, 60}, {70, 80, 90} };
```

```java
int[][] arr2 = {
    {10, 20, 30},
    {40, 50, 60},
    {70, 80, 90}
};
```

다음 예제는 2차원 배열을 선언하면서 값을 할당하고 각 행을 출력하는 예제입니다.

`ArrayDefineAndAssign.java`

```java
import java.util.Arrays;

public class ArrayDefineAndAssign {
    public static void main(String[] args) {
        int[][] arr2 = {
            {10, 20, 30},
            {40, 50, 60},
            {70, 80, 90}
        };
        System.out.println(Arrays.toString(arr2[0]));
        System.out.println(Arrays.toString(arr2[1]));
        System.out.println(Arrays.toString(arr2[2]));
    }
}
```

실행 결과

```
[10, 20, 30]
[40, 50, 60]
[70, 80, 90]
```

2차원 배열 값에 접근하기

앞에서 배웠던 1차원 배열은 인덱스를 한 개만 쓰면 값에 접근할 수 있었습니다. 하지만 2차원 배열 int[][] arr;에서 값에 접근하려면 두 개의 인덱스를 써야 합니다.

다음은 int형의 1차원 배열 arr을 선언하고 첫 번째 칸에 1을 넣은 후 출력하는 코드입니다. 출력 결과는 1입니다.

```
int[] arr = new int[3];
arr[0] = 1;
System.out.println(arr[0]);
```

앞에서 선언한 1차원 배열 arr은 다음과 같이 0번부터 2번까지 세 개의 인덱스를 이용해 각 칸에 들어 있는 값에 접근할 수 있습니다. 실제로 이 코드에서는 0이라는 인덱스 하나로 첫 번째 칸의 값에 접근할 수 있었습니다.

arr	[0]	[1]	[2]

다음은 3*3 크기의 2차원 배열을 선언하고 초기화하는 코드입니다.

```
int[][] arr = new int[3][3];
```

다음 표는 2차원 배열의 특정 위치에 접근할 때 쓰는 좌표입니다. 2차원 배열은 1차원 배열에 한 차원이 더해졌기 때문에 1차원 배열이 n개 모인 표와 같은 형태가 됩니다. 방금 새로 선언한 arr은 3*3 형태의 2차원 배열이므로 세 칸짜리 배열 세 개가 생성되어 총 아홉 칸이 됩니다. 좌표 또한 [0][0]~[2][2]까지 총 아홉 개가 존재합니다.

	arr[][0]	arr[][1]	arr[][2]
arr[0]	[0][0]	[0][1]	[0][2]
arr[1]	[1][0]	[1][1]	[1][2]
arr[2]	[2][0]	[2][1]	[2][2]

배열을 2차원까지만 생성할 수 있는 것은 아니지만, 2차원 배열은 가장 많이 사용되는 배열 형태입니다. 마치 표처럼 생겼기 때문에 행렬 좌표를 써서 값의 위치를 나타냅니다.

행렬 좌표는 말 그대로 **행**row과 **열**column로 이루어진 좌표입니다. 행은 가로 한 줄을 의미하고, 열은 세로 한 줄을 의미합니다.

배열은 인덱스로 접근하기 때문에 첫 번째 행이 0번이 되고 첫 번째 열도 0번이 됩니다. 회색으로 표시된 행과 열은 각각 두 번째 행이지만 [1]과 같이 인덱스 1번으로 접근합니다.

2차원 배열 arr에서 arr[0]으로 접근하면 2차원 배열 arr에서 첫 번째 칸에 들어있는 1차원 배열인 arr[0] 배열이 나옵니다.

arr[0]은 1차원 배열이므로 다음과 같이 1차원 배열 변수에 넣을 수 있습니다. arr의 0번째 인덱스를 선택했기 때문에 변수 이름을 arr0이라고 했습니다.

```java
int[] arr0 = arr[0];
```

다음은 2차원 배열 arr을 선언하고 0번 인덱스에 있는 첫 번째 행을 선택해 1차원 배열 타입 변수에 넣은 후 첫 번째 열에 1을 할당하여 출력하는 예제입니다.

```java
import java.util.Arrays;

public class TwoDimArray {
    public static void main(String[] args) {
        int[][] arr = new int[3][3]; // 2차원 배열 선언
```

TwoDimArray.java

```java
        int[] arr0 = arr[0];          // 2차원 배열에서 배열을 꺼내 1차원 배열이 됨
        arr0[0] = 1;                  // 1차원 배열인 arr0에서 첫 번째 칸에 값을 할당

        System.out.println(Arrays.toString(arr[0]));
        System.out.println(Arrays.toString(arr[1]));
        System.out.println(Arrays.toString(arr[2]));
    }
}
```


2차원 배열 int[][] arr;에서 arr[0]과 같이 한 차원만 들어가면 1차원 배열입니다. 그런데 2차원 배열 값에 접근하기 위해서 꼭 1차원 배열을 꺼내 1차원 배열에 담은 후 1차원 배열의 특정 인덱스로 접근하는 방법만 있는 건 아닙니다. 2차원 배열에서 바로 값에 접근하는 방법도 있습니다.

다음은 2차원 배열 arr의 [0][0]에 접근하는 코드입니다. 즉 arr의 첫 번째 행인 0행, 첫 번째 열인 0열에 접근하는 것입니다.

```java
int[][] arr = new int[3][3];
arr[0][0]; // 0행 0열
```

다음은 역시 [1][0]과 [0][2]에 접근하는 코드입니다.

```java
arr[1][0]; // 1행 0열
arr[0][2]; // 0행 2열
```

이처럼 2차원 배열의 값에 접근하려면 대괄호[]로 두 개의 인덱스를 표현하면 됩니다. 3차원 배열이면 세 개, n차원 배열이면 대괄호[] n개로 인덱스를 표현하면 되는 것이죠.

2차원 배열에 값 할당하기

2차원 배열에 값을 쓸 때는 다음과 같이 배열의 인덱스로 접근해 값을 쓸 수 있습니다.

```java
arr[행_인덱스][열_인덱스] = 값;
```

3*3 형태의 2차원 배열 [0][0], [1][0], [0][2]에 각각 1, 2, 3을 할당해 보겠습니다. 값은 다음과 같이 할당할 수 있습니다.

```java
arr[0][0] = 1;
arr[1][0] = 2;
arr[0][2] = 3;
```

[0][0], [1][0], [0][2]의 각 값이 들어가는 위치를 표에 표시해 보면 다음과 같습니다.

	arr[][0]	arr[][1]	arr[][2]
arr[0]	[0][0]	[0][1]	[0][2]
arr[1]	[1][0]	[1][1]	[1][2]
arr[2]	[2][0]	[2][1]	[2][2]

이 표에 표시된 [0][0], [1][0], [0][2] 위치에 각각 1, 2, 3을 설정하고 각 행을 출력하는 코드는 다음과 같습니다.

TwoDimArrSetValue.java

```java
import java.util.Arrays;

public class TwoDimArrSetValue {
    public static void main(String[] args) {
        int[][] arr = new int[3][3];
        arr[0][0] = 1;
        arr[1][0] = 2;
        arr[0][2] = 3;
        System.out.println(Arrays.toString(arr[0]));
        System.out.println(Arrays.toString(arr[1]));
        System.out.println(Arrays.toString(arr[2]));
    }
}
```

실행 결과

```
[1, 0, 3]
[2, 0, 0]
[0, 0, 0]
```

[0][0], [1][0], [0][2]의 위치에는 각각 1, 2, 3이 정상적으로 출력된 것을 확인할 수 있습니다. 나머지 위치에는 모두 0이 출력되었습니다. 그 이유는 int의 초기 값이 0이므로 따로 값을 할당하지 않은 위치에는 값으로 0이 출력되기 때문입니다.

배열의 길이

배열의 길이를 알고 싶으면 다음과 같이 length를 사용합니다. 다음은 세 개짜리 배열을 선언하고 개수를 출력하는 예제입니다. 3이 출력됩니다.

```java
int[] arr = new int[3];
System.out.println(arr.length);
```

배열은 길이가 고정이기 때문에 세 개짜리 배열을 선언하고 length를 이용해 길이가 세 개인 것을 구하는 것이 무슨 의미가 있을까 싶습니다. 그러나 배열은 직접 선언하기도 하지만 주어진 배열을 이용해 연산을 해야 하는 경우, 상황에 따라 배열의 길이가 변하는 경우에는 배열의 길이가 필요합니다.

2차원 배열의 길이

앞서 언급한 것과 같이 2차원 배열은 배열의 배열입니다. 그래서 배열의 길이를 어디에서 구하는지에 따라 크기가 다릅니다. length를 사용해 2차원 배열의 길이를 구해 보겠습니다.

```java
int[][] arr = new int[3][5];
System.out.println(arr.length);
```

위 배열 arr은 행렬로 표현하면 다음과 같이 3행 5열로 표현할 수 있습니다. arr.length는 행렬로 표현했을 때 '행'의 길이를 세는 것이기 때문에 3이 나옵니다.

	arr[][0]	arr[][1]	arr[][2]	arr[][3]	arr[][4]
arr[0]	[0][0]	[0][1]	[0][2]	[0][3]	[0][4]
arr[1]	[1][0]	[1][1]	[1][2]	[1][3]	[1][4]
arr[2]	[2][0]	[2][1]	[2][2]	[2][3]	[2][4]

이 배열에서 '열'에 해당하는 길이를 세고 싶다면 arr[0].length를 사용하면 됩니다. 그러면 5라는 결과를 얻을 수 있습니다.

```java
int[][] arr = new int[3][5];
System.out.println(arr[0].length);
```

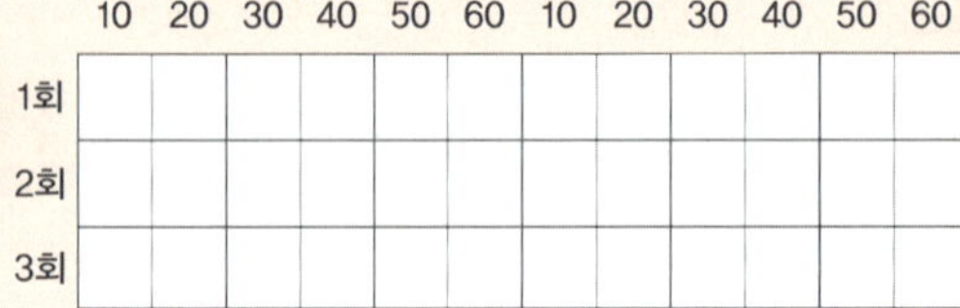

_____월 _____일 걸린 시간:_____시간 _____분

	10	20	30	40	50	60	10	20	30	40	50	60
1회												
2회												
3회												

필수 예제

TenxTen.java	10*10 크기의 2차원 배열을 만드는 클래스
ArrayDefineAndAssign.java	2차원 배열을 선언하고 각 행을 출력하는 클래스
TwoDimArray.java	2차원 배열을 선언하고 1행 1열에 1을 할당하여 출력하는 클래스
TwoDimArrSetValue.java	2차원 배열의 각 행에 값을 입력하는 클래스

용어 및 개념

☐	**2차원 배열**	– 1차원 배열에 한 차원을 더한 배열로, 행과 열로 이루어진 테이블 – 그리드 형태의 데이터를 다룰 때 유용
☐	**행(row)**	데이터를 가로 방향으로 나열한 것
☐	**열(column)**	데이터를 세로 방향으로 나열한 것

명령어

```
변수_타입[][] 변수_이름;
// 지정된 타입을 가지는 2차원 배열을 선언하는 명령
// 예) int[][] iArr; → 정수 타입의 2차원 배열 선언
System.out.println(arr.length);
// 배열의 길이를 알아낼 때 사용하는 명령
// 특정 행의 길이는 arr.length로, 특정 열의 길이는 arr[0].length로 알 수 있음
```

2차원 배열 활용하기

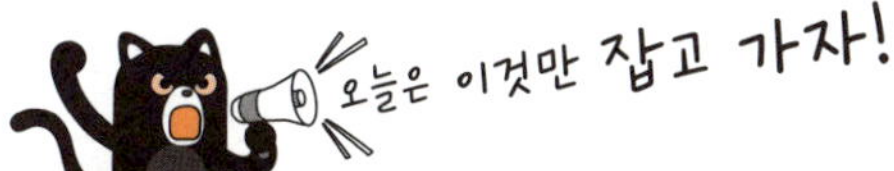

필수 예제	용어 및 개념	명령어
TwoDimArrFillRow.java	☐ 2차원 배열	`int[][]`
Swap.java	☐ 행(row)	`Arrays.toString()`
ArraySplitNextInt.java	☐ 열(column)	`Integer.parseInt()`
ArraySplitParseInt.java		

지금까지 3*3 형태의 2차원 배열만 만들어 보았습니다. 이제는 조금 더 크기를 키워 5*5 형태의 2차원 배열을 만들어 실습해 보겠습니다. 우리가 만들 배열을 표로 나타내면 다음과 같습니다.

	arr[][0]	arr[][1]	arr[][2]	arr[][3]	arr[][4]
arr[0]					
arr[1]					
arr[2]					
arr[3]					
arr[4]					

다음 코드로 앞서 살펴본 표와 같은 5*5 형태의 **2차원 배열**을 만들 수 있습니다.

```
int[][] arr = new int[5][5];
```

가로 한 줄에 값 채우기

이제 본격적으로 가로 한 줄에 값을 채워 보겠습니다. 0번 인덱스 행에 값을 채우는 것은 식상하니 2번 인덱스 행을 1로 채워 보겠습니다. 그러려면 2번 인덱스 행의 다섯 개 열의 위치를 모두 알아야 합니다. 위치는 모두 arr[2][0], arr[2][1], arr[2][2], arr[2][3], arr[2][4]입니다. 즉 다음과 같이 행은 2로 고정이지만 열은 0, 1, 2, 3, 4로 바뀝니다.

2번 인덱스 행을 채우면 다음과 같이 세 번째 줄에 값이 들어갑니다. 이를 이제 코드로 표현해 보겠습니다. arr[2][0]부터 arr[2][4]까지 모두 1을 값으로 할당하고 출력하면 됩니다.

	arr[][0]	arr[][1]	arr[][2]	arr[][3]	arr[][4]
arr[0]					
arr[1]					
arr[2]					
arr[3]					
arr[4]					

다음은 5*5 형태의 2차원 int 배열을 생성하고 배열의 두 번째 행(인덱스 2)에 모두 1을 할당한 후 각 행을 출력하는 예제입니다.

```java
import java.util.Arrays;

public class TwoDimArrFillRow {
    public static void main(String[] args) {
        int[][] arr = new int[5][5];

        arr[2][0] = 1; // 2행 0열에 값 할당
        arr[2][1] = 1; // 2행 1열에 값 할당
        arr[2][2] = 1; // 2행 2열에 값 할당
        arr[2][3] = 1; // 2행 3열에 값 할당
        arr[2][4] = 1; // 2행 4열에 값 할당
        // 행 단위로 출력
        System.out.println(Arrays.toString(arr[0]));
        System.out.println(Arrays.toString(arr[1]));
        System.out.println(Arrays.toString(arr[2]));
        System.out.println(Arrays.toString(arr[3]));
        System.out.println(Arrays.toString(arr[4]));
    }
}
```

실행 결과

```
[0, 0, 0, 0, 0]
[0, 0, 0, 0, 0]
[1, 1, 1, 1, 1]
[0, 0, 0, 0, 0]
[0, 0, 0, 0, 0]
```

첫 번째와 두 번째 행은 모두 0으로 출력됩니다. 2번 인덱스인 세 번째 모두 1로 값을 할당해 주었기 때문에 1로 출력되었습니다. 3번과 4번 인덱스 행도 0으로 출력됩니다.

세로 한 줄에 값 채우기

이번에는 다음과 같이 한 개의 열을 모두 1로 채워 보겠습니다. 대상 열은 2번 인덱스 열입니다.

	arr[][0]	arr[][1]	arr[][2]	arr[][3]	arr[][4]
arr[0]					
arr[1]					
arr[2]					
arr[3]					
arr[4]					

2번 인덱스 열을 모두 1로 채우려면 앞에서 행을 모두 채웠을 때와 마찬가지로 2번 인덱스 열의 다섯 개 열의 위치를 모두 알아야 합니다. 위치는 각각 arr[0][2], arr[1][2], arr[2][2], arr[3][2], arr[4][2]입니다. 행을 한 줄 채울 때와 다르게 행 번호가 바뀌고 열 번호는 고정이라는 사실 아시겠죠?

```
arr[행_인덱스][열_인덱스]    바뀜   고정
```

이제 코드를 작성하겠습니다. 다음 코드는 5*5 크기의 2차원 정수 배열을 생성하고 배열의 세 번째 열(인덱스 2)에 모두 1을 할당한 후 각 행을 출력합니다. 각 행을 출력할 때는 반복문이라는 것을 썼습니다. 우선은 그대로 따라 입력해 봅시다.

```java
import java.util.Arrays;

public class TwoDimArrFillColumn {
    public static void main(String[] args) {
        int[][] arr = new int[5][5];

        arr[0][2] = 1; // 0행 2열에 값 할당
        arr[1][2] = 1; // 1행 2열에 값 할당
        arr[2][2] = 1; // 2행 2열에 값 할당
        arr[3][2] = 1; // 3행 2열에 값 할당
        arr[4][2] = 1; // 4행 2열에 값 할당

        for (int i = 0; i < arr.length; i++) {
            // 출력할 때는 행 단위로 출력
            System.out.println(Arrays.toString(arr[i]));
        }
    }
}
```

실행 결과
```
[0, 0, 1, 0, 0]
[0, 0, 1, 0, 0]
[0, 0, 1, 0, 0]
[0, 0, 1, 0, 0]
[0, 0, 1, 0, 0]
```

각 행을 출력할 때 Arrays.toString() 메서드를 사용했고, 행 단위로 출력합니다. 각 열에 값을 할당하지 않은 요소들은 기본값인 0으로 출력됩니다. 반복문은 뒤에서 배울 것이지만 System.out.println()을 다섯 번 사용했던 코드와 비교해 보면 반복문이 얼마나 코드를 간결하게 하는지 맛볼 수 있을 겁니다.

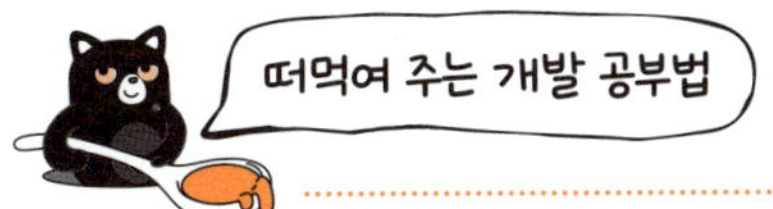

이처럼 간결한 반복문을 빨리 배우고 싶을 겁니다. 조금만 참으세요. 반복문은 차차 배울 수 있습니다. 지금은 이처럼 반복적인 출력에 반복문을 사용하면 편리하다는 사실만 기억해 둡시다. 그리고 반복문을 배운 후에 다시 이 예제를 살펴봅시다. 그러면 반복문을 학습할 때 도움이 될 것입니다.

반복문을 배운 다음 다시 살펴보세요.

배열 인덱스 간에 값 바꾸기

배열 안에서 요소들끼리 자리를 바꾸는 연산은 많이 사용됩니다. 특히 정렬 알고리즘을 할 때 꼭 필요합니다. 이 책에서는 알고리즘을 다루고 있지 않으므로 자리를 바꾸는 과정만 알아보겠습니다.

다음과 같이 2, 1, 4, 8, 7, 6 총 여섯 개의 숫자가 있습니다. 이 숫자를 배열에 넣어 초기화해 보겠습니다.

```
int[] arr = {2, 1, 4, 8, 7, 6};
```

배열에 넣으면 다음과 같이 0번 인덱스부터 5번 인덱스까지 총 여섯 개의 칸이 생기고 각각 2, 1, 4, 8, 7, 6이 들어갑니다.

인덱스	0	1	2	3	4	5
값	2	1	4	8	7	6

여기에서는 0번 인덱스에 있는 2와 1번 인덱스에 있는 1을 서로 바꿔 보겠습니다. 0번 인덱스에는 1이 들어가고 1번 인덱스에는 2가 들어가도록 하는 것이죠.

배열에서 요소 간에 자리를 바꾸고 싶다면 변수를 추가로 한 개 더 선언해야 합니다. 배열은 늘어나거나 줄어들거나 할 수 없기에 배열 안에서 바로 자리를 바꿀 수는 없습니다. 그래서 바뀔 위치의 값을 임시로 저장해 놓고 덮어쓰기 한 후에 임시로 저장한 값을 다시 넣는 방식으로 바꿉니다.

배열 안에서 자리를 바꾸는 과정은 다음과 같이 이루어집니다.

첫째, arr[0]에 있던 2를 temp라는 새로 선언한 변수에 저장합니다.

둘째, arr[1]에 있던 값을 arr[0] 자리에 덮어 씁니다.

이때 기존에 있던 숫자 2는 없어집니다. 대신 앞에서 temp 변수에 저장해 놓았으니 괜찮습니다.

셋째, temp에 저장해 놓았던 숫자 2를 arr[1]에 넣습니다.

그러면 0번 인덱스와 1번 인덱스에 들어 있던 값이 각각 1과 2로 바뀝니다.

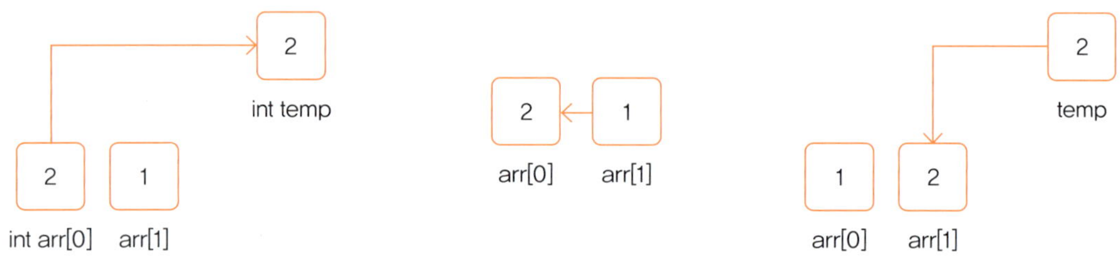

이 과정을 코드에 적용해 보겠습니다. 다음은 arr[0]에 있는 값과 arr[1]의 값을 서로 교환하고 그 결과를 출력하는 코드입니다.

```java
import java.util.Arrays;

public class Swap {
    public static void main(String[] args) {
        int[] arr = {2, 1, 4, 8, 7, 6};
        int temp = arr[0]; // 0번 인덱스에 있는 값을 임시로 저장
        arr[0] = arr[1];   // 1번 인덱스에 있는 값을 0번 인덱스에 덮어쓰기
        arr[1] = temp;     // 임시로 저장한 값을 1번 인덱스에 넣기

        System.out.println(Arrays.toString(arr));
    }
}
```

Swap.java

실행 결과
```
[1, 2, 4, 8, 7, 6]
```

배열을 처음 선언할 때는 2, 1, 4, 8, 7, 6의 순서로 값이 들어 있었습니다. 하지만 0번과 1번 인덱스의 값을 교환했으므로 1, 2, 4, 8, 7, 6이 출력된 것을 볼 수 있습니다.

tip temp는 Temporary의 약자로 의미 그대로 임시로 값 또는 파일을 저장할 때 주로 사용되는 이름입니다. 가까운 예로 윈도우 10과 같은 운영체제에 포함되어 있는 Temp 폴더를 들 수 있습니다. 여기에는 프로그램을 설치하거나 실행할 때 필요한 파일이 임시로 저장됩니다.

한 줄로 숫자를 입력받아서 합계 구하기 ───────

앞에서 살펴본 세 가지 예제를 활용해 입력받은 세 개의 숫자 합을 구하는 프로그램을 만들어 보
겠습니다. 숫자는 "10 20 30"과 같이 띄어 쓰기로 구분되어 있는 한 줄로 입력됩니다.

입력과 출력 예시는 다음과 같습니다.

입력	출력
1 2 3	6
10 20 30	60
3 4 10	17

한 줄로 입력되므로 Scanner에서 한 줄을 읽어 오는 nextLine() 메서드를 이용할 수 있습니다.
그런 다음 split()을 이용해 공백 " "을 기준으로 나누어 배열에 담은 후 이를 더하는 방법을 생각해
볼 수 있습니다.

하지만 이 방법은 약간의 문제가 있습니다. 바로 nextLine() 메서드는 String 타입으로 값을 받아
온다는 것입니다.

```java
Scanner sc = new Scanner(System.in);
String line = sc.nextLine(); // 한 줄 입력받기
```

이게 왜 문제가 되는지 확인해 봅시다. 다음은 nextLine()을 이용해 받아 온 문자열을 .split() 메
서드를 이용해 배열에 나누어 담은 후 더한 결과를 출력하는 예시입니다.

```java
import java.util.Scanner;

public class ArraySplitNextLine {
    public static void main(String[] args) {
        Scanner scanner = new Scanner(System.in);
        String input = scanner.nextLine();
        String[] numbers = input.split(" ");
        System.out.println(numbers[0] + numbers[1] + numbers[2]);
    }
}
```

ArraySplitNextLine.java

실행 결과
```
10 20 30 Enter
102030
```

10 20 30을 입력했습니다. 결과는 10 + 20 + 30의 연산 결과인 60이 아닌 102030이 나왔습니다.

.split()은 문자열을 분리해 주는 메서드이고 String 타입을 분리했기 때문에 String[ ] 배열에 나누어진 문자열을 담아 줍니다. String[ ] 배열에서 값을 꺼내어 + 연산을 했기 때문에 더하기(+) 연산을 한 것이 아니라 합치기^{concatenate} 연산이 된 것입니다. String끼리 + 연산을 하면 합치기 연산을 한다는 사실 기억하죠?

그래서 단순히 값들이 공백으로만 구분되어 있다면 nextLine()보다는 nextInt()를 쓰는 것이 좋습니다. nextInt() 메서드는 \n과 같은 개행 문자(Enter를 누르면 개행 문자가 입력되어 줄이 넘어가지만 개행 문자는 보이지 않습니다)뿐 아니라 공백도 입력 값의 경계로 인식하기 때문입니다.

```java
import java.util.Scanner;

public class ArraySplitNextInt {
    public static void main(String[] args) {
        Scanner sc = new Scanner(System.in);
        int v1 = sc.nextInt();
        int v2 = sc.nextInt();
        int v3 = sc.nextInt();
        System.out.println(v1 + v2 + v3);
    }
}
```

ArraySplitNextInt.java

실행 결과

```
10 20 30 Enter
60
```

nextInt()는 입력된 문자열이 숫자로 변환될 수 있는 값이라면 int 타입으로 변환해 줍니다. int 타입으로 변환되었으므로 int v1 = sc.nextInt();와 같이 int형 변수에 담길 수 있습니다.

10 20 30이 각각 int형 변수인 v1, v2, v3에 담겼고 v1 + v2 + v3를 해서 우리가 원하는 결과인 60이 잘 나온 것을 볼 수 있습니다. 하지만 입력 값이 10, 20, 30과 같이 쉼표(,)로 구분되어 있거나 또는 11&12&13과 같이 앰퍼샌드(&) 등 특정 기호로 구분되어 있다면 어떻게 해야 할까요? 이럴 때는 split()을 써야 합니다. 앞에서 split()을 썼을 때 String[ ] 배열에 담겼기 때문에 우리가 원하는 결과인 60이 나오지 않고 102030이 나왔습니다. 그래서 우리가 원하는 결과를 만들기 위해 추가로 int 타입으로 변환을 한 후 더해야 합니다.

int 타입으로 변환하는 방법은 다음과 같습니다. ⬅ BACK Integer.parseInt()는 194쪽을 참고하세요.

```
Integer.parseInt(변환할_문자열);
```

다음은 사용자로부터 쉼표(,)로 구분된 세 개의 숫자를 입력받아 각각 int 타입으로 변환하여 더한
후 출력하는 예제입니다.

```java
import java.util.Scanner;

public class ArraySplitParseInt {
    public static void main(String[] args) {
        Scanner sc = new Scanner(System.in);
        String input = sc.nextLine();              // 값을 읽어 옴
        String[] numbers = input.split(",");       // , 기준으로 분리
        int v1 = Integer.parseInt(numbers[0]);     // int 타입으로 변환
        int v2 = Integer.parseInt(numbers[1]);
        int v3 = Integer.parseInt(numbers[2]);
        // 세 개 값을 더한 후 출력
        System.out.println(v1 + v2 + v3);
    }
}
```

ArraySplitParseInt.java

실행 결과
```
10, 20, 30 Enter
60
```

프로그램이 실행되면 Scanner 클래스의 .nextLine() 메서드를 이용하여 입력된 값을 문자열로
읽어 옵니다. 입력된 값은 쉼표(,)로 구분된 세 개의 숫자가 들어 있는 문자열 10, 20, 30입니다.
그 다음 split() 메서드를 이용해 입력된 값을 쉼표(,)를 기준으로 분리하여 String 배열 numbers
에 저장합니다. 이후 numbers의 0, 1, 2번 인덱스에 들어 있는 값을 Integer.parseInt() 메서드를
이용해 각각의 문자열 값을 정수형으로 변환하여 int 타입 변수인 v1, v2, v3에 저장합니다. 마지
막으로 v1, v2, v3 값을 더하여 출력하면 우리가 원하는 결과인 60이 잘 출력된 것을 볼 수 있습
니다.

10, 20, 30뿐만 아니라 2, 3, 4를 입력하면 프로그램은 v1에 2, v2에 3, v3에 4를 저장하고 이 값
을 더한 9를 출력합니다.

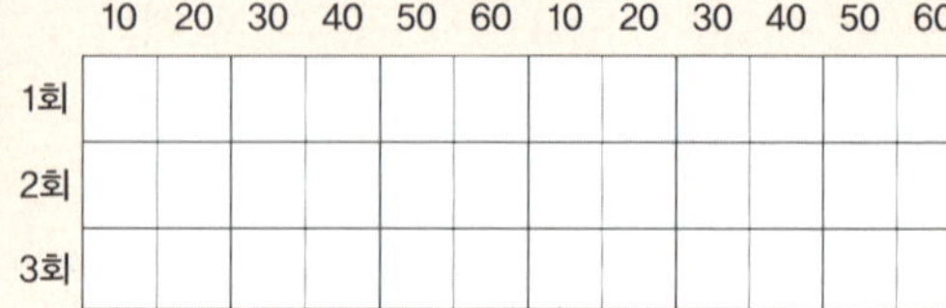

	10	20	30	40	50	60	10	20	30	40	50	60
1회												
2회												
3회												

필수 예제

TwoDimArrFillRow.java	2차원 배열의 두 번째 행에 1을 할당하는 클래스
TwoDimArrFillColumn.java	2차원 배열의 세 번째 열에 1을 할당하는 클래스
Swap.java	arr[0] 값과 arr[1] 값을 서로 교환하는 클래스
ArraySplitNextInt.java	문자열을 배열에 나누어 담은 후 더하는 클래스
ArraySplitParseInt.java	세 개의 숫자를 ,으로 나누어 입력받아 더하는 클래스

용어 및 개념

	2차원 배열	– 1차원 배열에 한 차원을 더한 배열로 행과 열로 이루어진 테이블 – 그리드 형태의 데이터를 다룰 때 유용
	행(row)	데이터를 가로 방향으로 나열한 것
	열(column)	데이터를 세로 방향으로 나열한 것

명령어

```
int[][] arr = new int[5][5];
// 지정된 타입을 가지는 2차원 배열을 선언하는 명령
System.out.println(Arrays.toString(arr));
// 소괄호() 안에 있는 배열의 모든 내용을 출력하는 기능의 메서드
Integer.parseInt(변환할_문자열);
// 문자열로 입력된 숫자를 Int 타입으로 변환
```

CHAPTER 05

연산자

연산이란 수나 식을 일정한 규칙에 따라 계산하는 것을 말합니다. '연산'은 영어의 Operation을 번역한 말입니다. 대표적인 연산인 사칙 연산을 비롯해 대입 연산, 증감 연산, 비교 연산, 논리 연산 등에 대해 알아보겠습니다.

연산자 알아보기

용어 및 개념

☐ 연산	☐ 산술 연산자	☐ 논리 연산자
☐ 연산자	☐ 대입 연산자	☐ 조건 연산자
☐ 피연산자	☐ 증감 연산자	☐ 삼항 연산자
☐ 연산식	☐ 비교 연산자	☐ 연산자 우선순위

CHAPTER 01에서 계산기 이야기를 할 때 '주판'을 언급했습니다. 주판도 계산기의 일종이었다는 내용이었죠. 우리의 조상은 처음에는 손가락으로 계산하다가 10진법이 나왔고 손가락을 넘어선 숫자를 계산하기 위해 주변에 비교적 흔한 대나무를 길게 조각내어 산가지를 만들어서 계산을 했습니다. 다음 단계로 사용된 것이 주판입니다.

손가락

산가지

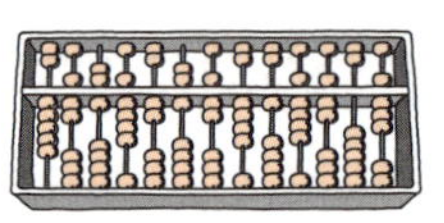

주판

계산기

이러한 도구들은 숫자를 더하고 빼기 위해서, 즉 계산을 하기 위해 만들어졌습니다. 그렇다면 연산이란 무엇일까요? **연산** 역시 본질적으로 더하거나 빼는 것을 말합니다. 흔히 말하는 사칙 연산의 곱하기도 더하기를 반복한 것이고 나누기도 빼기를 반복한 것입니다. 컴퓨터의 모든 연산도 더하기와 빼기를 기본으로 이루어져 있습니다. 다만 연산의 대상이 숫자에 한정되어 있지 않다는 점에서 연산은 계산보다는 조금 더 큰 개념이라고 할 수 있습니다.

연산자와 피연산자

연산operation은 식을 정해 놓은 연산자의 규칙에 따라 계산하는 것입니다. 규칙이라는 것은 + 기호가 있으면 '두 값을 더하라'는 것이고, − 기호가 있으면 '앞 숫자에서 뒤에 있는 숫자를 빼라'는 것입니다. 여기에서 + 기호, − 기호 등이 **연산자**operator입니다.

1 + 2라는 식이 있을 때 이 식의 규칙은 + 기호 양 옆에 있는 숫자 1과 숫자 2를 더하라는 것입니다. 여기에서 앞에 있는 숫자 1과 뒤에 있는 숫자 2는 **피연산자**operand입니다.

이처럼 연산자와 피연산자를 사용해서 연산 과정을 표현하는 것을 **연산식**이라고 합니다.

연산자의 특징

1+2처럼 항상 연산자를 기준으로 양 옆에 있는 숫자만 연산하는 것은 아닙니다. 연산자의 특징을 정리해 보겠습니다.

첫째, 변수도 연산할 수 있습니다.

다음과 같이 연산자를 기준으로 왼쪽과 오른쪽에 변수가 있는 경우도 있습니다.

둘째, 피연산자가 한 개만 있는 연산자도 있습니다.

다음과 같이 연산자를 기준으로 오른쪽에 피연산자가 있는 경우도 있고 왼쪽에 피연산자가 있는
경우도 있습니다.

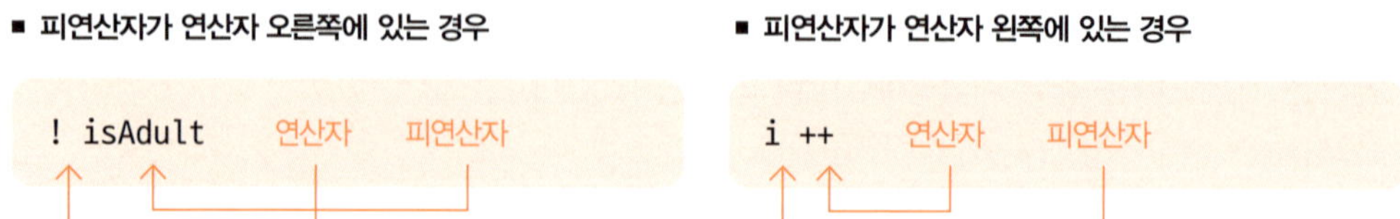

셋째, 세 개의 피연산자를 가지는 연산자도 있습니다.

다음과 같이 피연산자가 세 개인 연산자도 있는데 이를 **삼항 연산자**라고 합니다. 자바에서는 이와
같은 형태를 가지는 연산자는 **조건 연산자**밖에 없으므로 삼항 연산자는 조건 연산자라고 생각해도
무방합니다.

SOON 조건 연산자(삼항 연산자)는 305쪽에서 자세히 다룹니다.

연산자의 종류

자바에는 우리가 많이 쓰는 사칙 연산 외에도 다음과 같이 비교 연산자, 논리 연산자, 대입 연산자
등 여러 가지 연산자가 있습니다.

- 산술 연산자: +, −, *, /, % 등이 있으며, 숫자형 데이터 타입에서 사용됩니다.
- 대입 연산자: =, +=, −=, *=, /= 등이 있으며, 변수에 값을 할당합니다.
- 증감 연산자: ++x, x++, −−x, x−− 가 있습니다.
- 비교 연산자: 〈, 〉, 〈=, 〉=, ==, != 등이 있으며, 두 개의 값을 비교하여 결과를 논리값(참
  이면 1, 거짓이면 0)으로 반환합니다.
- 논리 연산자: &&, ||, ! 등이 있으며, 논리적인 연산을 수행하고 결과를 논리값(참이면 1,
  거짓이면 0)으로 반환합니다.
- 조건 연산자: 조건식은 다음과 같은 형태로 사용됩니다. 조건식이 참이면 표현식1을, 거짓
  이면 표현식2를 반환합니다. 세 개의 피연산자를 가지므로 삼항 연산자라고도 합니다.

조건식 ? 표현식1 : 표현식2

이미 알고 있는 연산자도 있고, 알고 있는 연산자가 여러 개 조합되어 난생 처음 보는 연산자도 있을 것입니다. 각 연산자에 대해서는 CHAPTER 05 전반에 걸쳐 자세히 설명하니 여기서는 이런 종류가 있다 정도로만 알아둡시다.

연산자의 우선순위

자바에서 산술 연산은 수학에서와 마찬가지로 연산자별로 우선순위가 다릅니다. 곱셈과 나눗셈이 덧셈과 뺄셈보다 우선합니다. 산술 연산뿐 아니라 앞으로 배울 다른 연산 간에도 우선순위가 존재합니다.

자바에서 연산자의 우선순위를 정리하면 다음 표와 같습니다. 우선순위가 높은 연산자일수록 우선 연산됩니다. 즉, 다음 표에 의하면 ( )와 =를 함께 사용하는 경우 ()가 먼저 연산된 후 =가 연산되는 것이죠.

우선순위	연산자	의미	결합성
1	() [] ·	괄호 배열 인덱스 멤버 접근	왼쪽에서 오른쪽
2	++i --i	전위 증가 전위 감소	오른쪽에서 왼쪽
3	i++ i-- + - ! ~ (type)	후위 증가 후위 감소 단항 더하기 단항 빼기 논리 부정 비트 부정 타입 캐스트	오른쪽에서 왼쪽
4	* / %	곱하기 나누기 나머지	왼쪽에서 오른쪽
5	+ -	더하기 빼기	왼쪽에서 오른쪽
6	<< >> >>>	비트 왼쪽 시프트 비트 오른쪽 시프트 부호 없는 비트 오른쪽 시프트	왼쪽에서 오른쪽

우선순위	연산자	의미	결합성
7	 <= > >= instanceof	작다 작거나 같다 크다 크거나 같다 타입 비교(객체만)	왼쪽에서 오른쪽
8	== !=	동등 부등	왼쪽에서 오른쪽
9	&	비트 AND	왼쪽에서 오른쪽
10	^	비트 XOR	왼쪽에서 오른쪽
11	|	비트 OR	왼쪽에서 오른쪽
12	&&	논리 AND	왼쪽에서 오른쪽
13	||	논리 OR	왼쪽에서 오른쪽
14	? :	삼항 연산자	왼쪽에서 오른쪽
15	= += -= *= /= %=	대입 더하기 대입 빼기 대입 곱하기 대입 나누기 대입 나머지 대입	오른쪽에서 왼쪽

여기에 있는 우선순위를 모두 외울 필요는 없습니다. 지금은 이런 우선순위를 바탕으로 연산이 진행된다는 사실만 알아두고 필요할 때마다 이 표를 참고합시다.

결합성

앞의 표에 결합성associativity이라는 표현이 사용되었습니다. **결합성**이란 오른쪽에서 왼쪽, 왼쪽에서 오른쪽으로 연산 방향을 의미합니다. 예를 들어, 우선순위 5인 +와 -는 결합성이 왼쪽에서 오른쪽이므로 1 + 2 + 3은 1에 2를 더하고 또 3을 더하는 식으로 연산되는 것이죠.

반대로 우선순위 15인 =(대입)은 결합성이 오른쪽에서 왼쪽입니다. 다음 연산은 int 타입의 변수인 val1에 10을 대입하는 연산입니다. 여기에서는 10을 val1에 대입합니다. 그래서 결합성이 오른쪽에서 왼쪽인 것이죠.

```
int val1 = 10;
```

단항 더하기 연산자 +와 더하기 연산자 +, 단항 빼기 연산자 −와 빼기 연산자 −는 기호가 같지만 다른 역할을 하며 단항 연산자의 우선순위가 더 높습니다. 덧셈은 '이항 덧셈', 뺄셈은 '이항 뺄셈'이라는 표현이 있지만 '덧셈', '뺄셈'은 두 개의 피연산자 간에 이루어지는 연산이 기본이므로 '이항 덧셈', '이항 뺄셈'은 단항 연산과 비교할 때만 씁니다.

−1, −20과 같이 음수를 표현할 때 앞에 −를 붙이게 되는데 이것이 바로 단항 연산자입니다. 양수의 경우 +1, +20과 같이 표현할 수도 있지만 부호가 없으면 양수로 취급하기 때문에 특별한 경우가 아니면 단항 더하기 연산자 +는 잘 쓰지 않습니다.

다음 코드는 단항 빼기 연산자 −와 (이항) 더하기 연산자 +를 자바에서 어떻게 처리하는지를 보여주는 예시입니다.

```java
public static void main(String[] args) {
    int result = 1 + -10;
    System.out.println(result);
}
```

int result = 1 + −10;이라는 식의 연산 결과로 −9가 나오는데 '단항 빼기' 연산의 우선순위가 3이므로 우선순위 5인 '이항 더하기' 연산보다 우선순위가 높아 10을 음수로 만드는 단항 빼기 연산(−10)을 먼저 계산한 후 더하기 연산을 하므로 결과로 −9가 나오는 것입니다.

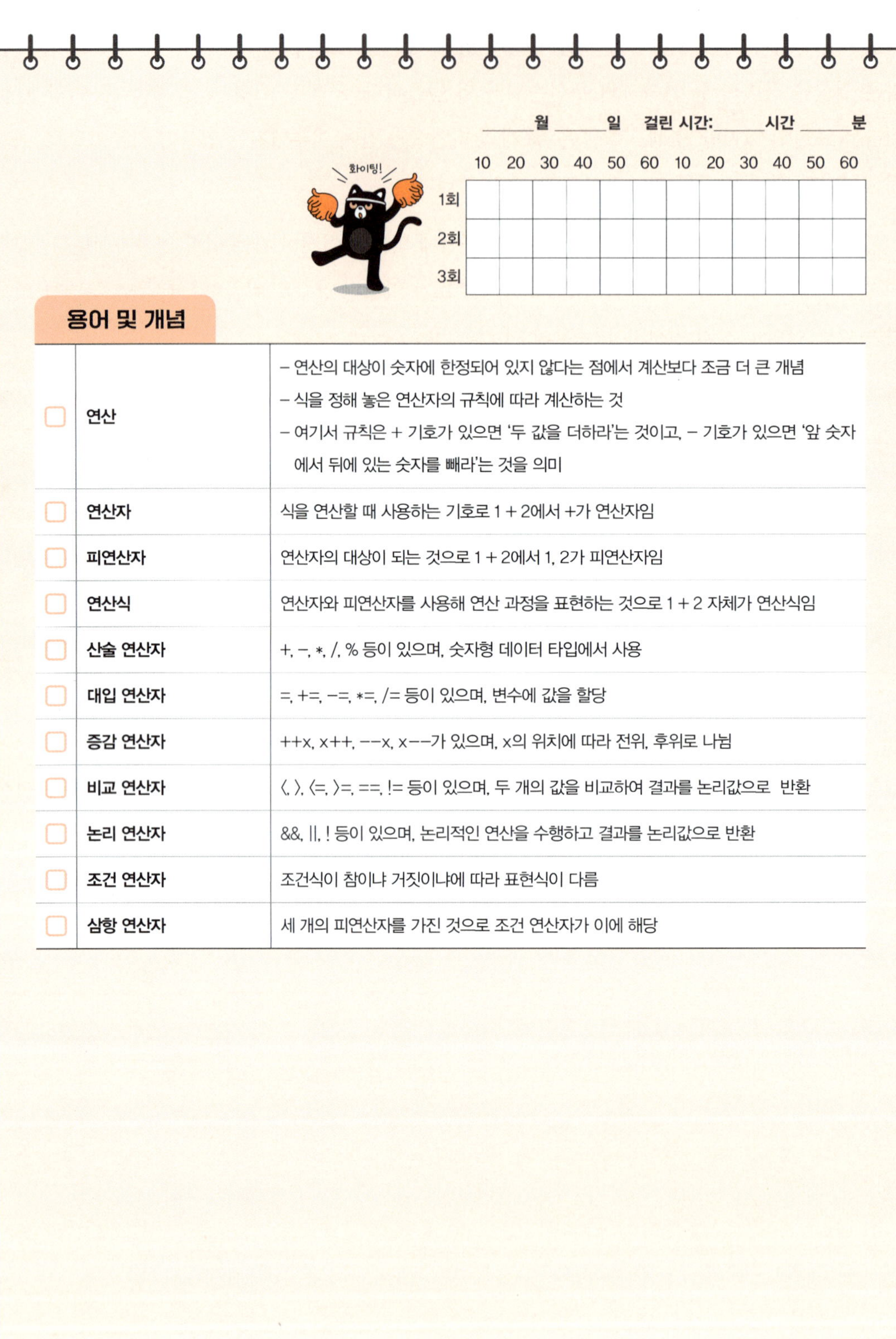

______월 ______일 걸린 시간: ______시간 ______분

	10 20 30 40 50 60	10 20 30 40 50 60
1회		
2회		
3회		

용어 및 개념

☐	**연산**	– 연산의 대상이 숫자에 한정되어 있지 않다는 점에서 계산보다 조금 더 큰 개념 – 식을 정해 놓은 연산자의 규칙에 따라 계산하는 것 – 여기서 규칙은 + 기호가 있으면 '두 값을 더하라'는 것이고, – 기호가 있으면 '앞 숫자에서 뒤에 있는 숫자를 빼라'는 것을 의미
☐	**연산자**	식을 연산할 때 사용하는 기호로 1 + 2에서 +가 연산자임
☐	**피연산자**	연산자의 대상이 되는 것으로 1 + 2에서 1, 2가 피연산자임
☐	**연산식**	연산자와 피연산자를 사용해 연산 과정을 표현하는 것으로 1 + 2 자체가 연산식임
☐	**산술 연산자**	+, −, *, /, % 등이 있으며, 숫자형 데이터 타입에서 사용
☐	**대입 연산자**	=, +=, −=, *=, /= 등이 있으며, 변수에 값을 할당
☐	**증감 연산자**	++x, x++, −−x, x−−가 있으며, x의 위치에 따라 전위, 후위로 나뉨
☐	**비교 연산자**	〈, 〉, 〈=, 〉=, ==, != 등이 있으며, 두 개의 값을 비교하여 결과를 논리값으로 반환
☐	**논리 연산자**	&&, ||, ! 등이 있으며, 논리적인 연산을 수행하고 결과를 논리값으로 반환
☐	**조건 연산자**	조건식이 참이냐 거짓이냐에 따라 표현식이 다름
☐	**삼항 연산자**	세 개의 피연산자를 가진 것으로 조건 연산자가 이에 해당

산술 연산자 알아보기

필수 예제	용어 및 개념	명령어
ArithmeticOperatorsEx1.java	☐ 산술 연산자	+ −
ArithmeticOperatorsEx2.java	☐ 사칙 연산자	* /
	☐ 나머지 연산자	%

자바의 여러 가지 연산자 중 우리에게 가장 익숙한 연산자는 **산술 연산자**arithmetic operator입니다. '산술'은 arithmetic을 번역한 말입니다. **산술**arithmetic은 숫자에 대해 정의한 것으로 더하고 빼고 곱하고 나누는 연산을 했을 때 숫자들이 어떻게 변하고 범위는 어디까지인지를 정하는 것입니다.

> **tip** 산술은 '정수론'이라고도 합니다. '정수론'은 정수의 성질과 정수가 등장하는 경우에 대해 다룬 학문입니다.

자바에서 산술 연산자를 크게 **사칙 연산자** +, −, *, /와 **나머지 연산자** %로 나눌 수 있습니다. 이번에는 이 다섯 가지 연산자를 자바에서 어떻게 사용하는지 배워 보겠습니다.

사칙 연산자와 나머지 연산자의 종류

사칙 연산자는 총 네 가지로 더하기 연산자 +, 빼기 연산자 −, 곱하기 연산자 *, 나누기 연산자 /
가 있습니다. 여기에 자바에는 나머지를 구하는 **나머지 연산자 %**도 있습니다.

연산자	의미	연산식
+	더하기 연산자	피연산자 + 피연산자
−	빼기 연산자	피연산자 − 피연산자
*	곱하기 연산자	피연산자 * 피연산자
/	나누기 연산자	피연산자 / 피연산자
%	나머지 연산자	피연산자 % 피연산자

여기서 더하기 연산자 +를 문자열에 사용하면 문자열을 서로 이어 줍니다. 또한 수학에서는 곱셈
을 X로, 나눗셈을 ÷로 표현하는 것과 달리 자바에서는 곱셈을 곱하기 연산자 *로, 나눗셈을 나누
기 연산자 /로 표시한다는 사실만 기억합시다. 사칙 연산자의 기본적인 역할은 모두 알고 있을 것
이라고 생각되어 그 개념을 하나하나 설명하지는 않겠습니다.

나머지 연산자 %는 A % B와 같이 사용하며 A를 B로 나눴을 때의 나머지 값을 구합니다. 이해를
위해 바로 예제를 살펴보겠습니다.

숫자를 산술 연산하기

다음은 산술 연산자를 사용하여 두 개의 정수 3과 10을 더하고 빼고 곱하고 나누고 나머지를 계산
하는 예제입니다.


```java
public class ArithmeticOperatorsEx1 {
    public static void main(String[] args) {
        System.out.printf("3 + 10 = %d\n", 3 + 10);
        System.out.printf("3 - 10 = %d\n", 3 - 10);
        System.out.printf("3 * 10 = %d\n", 3 * 10);
        System.out.printf("3 / 10 = %d\n", 3 / 10);
        System.out.printf("3 %% 10 = %d\n", 3 % 10);
    }
}
```

실행 결과

```
3 + 10 = 13
3 - 10 = -7
3 * 10 = 30
3 / 10 = 0
3 % 10 = 3
```

실행 결과는 우리가 잘 알고 있는 사칙 연산의 개념과 똑같습니다. 다만 나머지 연산자 %의 값은 3을 10으로 나눌 때의 몫이 아닌 나머지 3이 출력되었습니다.

```java
System.out.printf("3 %% 10 = %d\n", 3 % 10);
```

여기서 또 하나의 특이한 점이 있습니다. printf()로 나머지 연산식을 표현할 때 a % b가 아니라 a %% b를 썼다는 점입니다. 그 이유는 printf() 메서드에서 %는 포맷 문자열의 시작을 의미하기 때문에 %만 단독으로 쓴다면 포맷팅 예외가 발생하기 때문입니다.

변수를 산술 연산하기

산술 연산자는 숫자와 숫자뿐 아니라 숫자와 숫자가 담긴 변수, 변수와 변수 간에도 사용할 수 있습니다. 다음 예제를 살펴봅시다.

```java
public class ArithmeticOperatorsEx2 {
    public static void main(String[] args) {
        int a = 10;
        int b = 3;
        System.out.println(10 + b);      // ❶
        System.out.println(a - 3);       // ❷
        System.out.println(a * b);       // ❸
        System.out.println(10 * 3 / b);  // ❹
        System.out.println(49 % b);      // ❺
    }
}
```

`ArithmeticOperatorsEx2.java`

실행 결과
13
7
30
10
1

❶ 10 + b를 계산합니다. b에 3이 들어있으므로 13을 출력합니다.

❷ a − 3을 계산합니다. a에 10이 들어있으므로 10 − 3인 7을 출력합니다.

❸ a * b를 계산하여 30을 출력합니다.

❹ 10 * 3을 연산한 결과를 b로 나눈 결과를 출력합니다. 즉 10 * 3 / b를 계산하여 10을 출력합니다.

❺ 49 % b를 계산하여 1을 출력합니다.

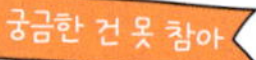

프로그래밍에서 나머지 연산을 사용하는 이유

컴퓨터는 0과 1을 규칙에 맞게 배열한 후 더하고 빼서 문자도 표현하고 게임에서 3D 캐릭터의 움직임도 표현합니다. 컴퓨터는 숫자 계산을 정확하게 해야 하고 또한 사람이 직접 다루기 힘든 큰 숫자를 다루어야 하기 때문에 더하고 빼는 과정뿐만 아니라 숫자(정수)가 어떻게 만들어지는지에 대한 근본적인 원리 이해도 필요합니다.

1보다 큰 모든 정수는 소수 또는 합성수로 표현할 수 있습니다. 이것이 기본 정리입니다. 여기에서 **소수**Prime Number는 1과 자기 자신 외에는 나누어 떨어지는 숫자가 없는 수입니다. '나머지'가 없으면 나누어 떨어지는 것이고 나머지가 있으면 나누어 떨어지지 않는 것입니다.

그래서 정수Integer에서 '나머지'는 아주 중요한 개념입니다. 무한한 정수의 세계에서 큰 숫자를 다룰 때 비교적 효율적으로 다룰 수 있는 방법이 나머지를 이용하는 방법입니다. 우리가 개발할 때 주로 사용하는 타입이 정수이기 때문에 나머지 연산을 사용할 일이 많습니다.

예를 들면 100번마다 특정 명령어를 실행한다든지 1000번마다 혹은 1만 번마다 시간을 출력하게 하는 등 일정한 주기로 반복하는 기능을 개발할 일이 많이 있습니다. 이런 기능을 개발할 때 개수를 100번, 1000번 세는 것은 컴퓨터 입장에서는 부담되는 횟수가 아닙니다. 하지만 10만 번, 100만 번 등 큰 숫자의 연산을 5~6만 번씩 한다면 서버에 무리가 갈 수도 있습니다. 이때 나머지 연산을 사용하면 개수를 한 개씩 세지 않고 100개, 1000개 단위로도 셀 수 있기 때문에 속도 개선이나 최적화를 할 때 매우 유용합니다.

나머지 연산을 잘 쓸 수 있는 개발자는 효율적인 코드를 만들어 낼 수 있습니다. 때문에 나머지 연산은 코딩 테스트의 단골 주제입니다. 나머지 연산을 이용해 홀수인지 짝수인지, 배수인지, 소수인지 등을 알 수 있고, 이러한 수학적인 성질을 알아야 풀 수 있는 코딩 테스트 문제가 많이 출제됩니다.

_____ 월 _____ 일 걸린 시간: _____ 시간 _____ 분

	10	20	30	40	50	60	10	20	30	40	50	60
1회												
2회												
3회												

필수 예제

ArithmeticOperatorsEx1.java	두 개의 정수를 사칙 연산하는 클래스
ArithmeticOperatorsEx2.java	숫자가 담긴 변수를 사칙 연산하는 클래스

용어 및 개념

	산술 연산자	– 더하고 빼고 곱하고 나누는 연산을 했을 때 숫자들이 어떻게 변하고 범위는 어디까지 인지를 정하는 연산자 – 자바에서는 사칙 연산자(+ − * %)와 나머지 연산자(%)가 이에 해당
	사칙 연산자	사칙 연산을 위한 연산자로 더하기 연산자 +, 빼기 연산자 −, 곱하기 연산자 *, 나누기 연산자 /가 있음
	나머지 연산자	– A를 B로 나눴을 때의 나머지 값을 구하는 연산자 – 컴퓨터는 인간과 달리 몫과 나머지를 직관적으로 구분하지 못하므로 별도의 연산자를 만든 것 – 자리수의 값 구하기 등에 사용됨

명령어

```
10 + b;     // 더하기 연산자
a - 3;      // 빼기 연산자
a * b;      // 곱하기 연산자
10 / b;     // 나누기 연산자
49 % b;     // 나머지 연산자
```

산술 연산자 활용하기

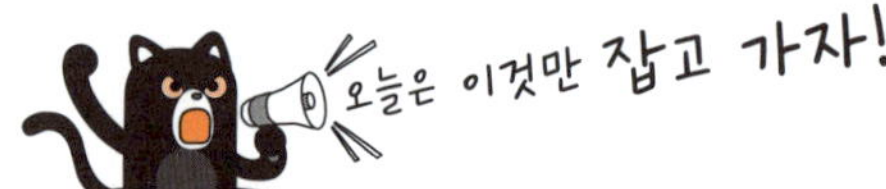

필수 예제	용어 및 개념	명령어
PivotIdx.java	☐ 나누기 연산자	/
MinuteSecond.java	☐ 나머지 연산자	%
Remainder687Sum.java	☐ 밀리초	
	☐ 타임스탬프	

배열의 중간에 있는 숫자 구하기

나누기 연산자 /는 프로그래밍에서 많이 사용됩니다. 단순히 숫자를 나눌 뿐 아니라 배열의 길이를 2로 나누어 배열의 중간이 어디인지 파악할 때도 사용합니다.

다음은 주어진 배열에서 가운데 있는 값을 찾는 예제입니다. 배열의 길이를 구한 후 2로 나누어서 배열의 가운데 인덱스를 구하고 **pivot**이라는 변수에 저장합니다. 그리고 이 pivot을 통해 가운데 있는 값에 접근합니다. pivot은 경계를 뜻합니다. 가운데는 왼쪽과 오른쪽의 경계가 되므로 가운데 인덱스를 담는 변수의 이름을 pivot으로 지었습니다.

```java
public class PivotIdx {
    public static void main(String[] args) {
        int[] arr = new int[]{2, 4, 1, 5, 9}; // 길이가 홀수 개인 배열
        int pivot = arr.length / 2;            // 가운데 인덱스 값을 구함
        System.out.printf("length:%d pivot:%d midValue:%d\n", arr.length, pivot,
                    arr[pivot]);               // 가운데 인덱스로 배열 가운데 있는 값에 접근

        int[] arr2 = new int[]{3, 4, 6, 8};    // 길이가 짝수 개인 배열
        int pivot2 = arr2.length / 2;
        System.out.printf("length:%d pivot:%d midValue:%d\n", arr2.length, pivot2,
                    arr2[pivot2]);
    }
}
```


가운데 있는 값을 찾을 때는 배열이 홀수 개인 경우와 짝수 개인 경우 두 가지를 모두 생각해 볼 필요가 있습니다. 첫 번째 배열은 2, 4, 1, 5, 9로 다섯 개의 값이 들어 있습니다. 길이가 5이기 때문에 2로 나누면 2가 됩니다. 정수Integer를 나누기 연산하면 소수점Float이 나오지 않습니다. 따라서 우리가 아는 지식에서 5를 2로 나누면 2.5이지만 자바에서는 소수점을 버려서 2가 나옵니다. 2는 인덱스로 보면 세 번째 있는 값입니다. 2, 4, 1, 5, 9 중 세 번째 있는 값은 1입니다.

0	1	2	3	4
2	4	1	5	9

두 번째 배열은 짝수입니다. 3, 4, 6, 8로 길이가 4입니다. 4/2는 2입니다. 인덱스로 2는 세 번째 값입니다. 그래서 '길이 / 2'를 연산하면 두 번째 배열의 가운데에 있는 값은 6이 됩니다.

0	1	2	3
3	4	6	8

자바에서 정수를 나누기 연산하면 소수점을 버린다는 사실을 꼭 기억하세요.

초를 "분:초"로 표현하기

나누기 연산자 /를 사용하여 초 단위를 분, 초로 표현하는 로직을 만들어 보겠습니다. 예를 들어 239와 같이 초 단위가 입력되면 3분 59초와 같이 표현하는 예제인 것이죠.

그전에 우선 시간 개념을 다시 한번 생각해 봅시다. 60초는 1분입니다. 90초는 1분 30초이고, 120초는 2분이고, 140초는 2분 20초입니다. 예를 들어 90초 같은 경우는 1분 30초이니 90을 60으로 나누면 몫이 1이고 나머지가 30이기 때문에 1분 30초가 됩니다. 120초의 경우는 2분 0초입니다. 120은 60으로 나누어 떨어지기 때문에 0초가 됩니다.

실습은 239초가 입력된다고 가정해서 진행하겠습니다. 초를 분으로 바꾸고 싶다면 60초가 1분이므로 60으로 나누어 주면 됩니다. 120, 180 등은 각각 60으로 나누어 떨어져 2분, 3분이 되지만, 239의 경우는 60으로 나누어 떨어지지 않기 때문에 초까지 구해야 합니다.

239에서 '초'를 구하는 방법은 나머지를 구하는 연산자인 %를 이용해 60으로 나눈 나머지를 구하면 됩니다. 그래서 239를 60으로 나눈 몫과 나머지를 각각 구해서 'm분 s초' 형식으로 출력해 주면 됩니다. 다음 예제를 살펴봅시다.

```java
public class MinuteSecond {
    public static void main(String[] args) {
        int seconds = 239;
        int minute = seconds / 60;        // 분을 구함
        int remainSeconds = seconds % 60; // 남은 초를 구함
        System.out.printf("%d분 %d초", minute, remainSeconds);
    }
}
```

MinuteSecond.java

실행 결과
```
3분  59초
```

239초를 60으로 나눈 후 몫인 3을 minute 변수에 저장하고, 239초를 60으로 나눈 나머지인 59를 remainSeconds에 저장합니다. printf()를 이용해 minute, remainSeconds를 'm분 s초' 형식으로 출력하면 3분 59초가 출력됩니다.

나머지 구하기

나머지 연산자 %는 우리가 평소에 잘 사용하지 않던 연산자이므로 낯설 수 있습니다. 앞서 나머지 연산자 %를 다루기는 했지만 아직 익숙하지 않을 겁니다. **%**에 익숙해지기 위해 687의 각 자릿수를 더한 값을 구해 보겠습니다.

우리는 687 각 자릿수를 더한다고 하면 백의 자릿수 6, 십의 자릿수 8, 일의 자릿수 7로 분리할 수 있고, 6+8+7을 해서 21이라는 결과를 금방 계산해 낼 수 있습니다. 하지만 컴퓨터 관점에서 687은 이진수 1010111111입니다. 그래서 우리처럼 687에서 6, 8, 7을 각각 분리해서 볼 수 없습니다.

컴퓨터에게 자릿수 합을 계산하도록 하기 위해 조금은 특별한 과정을 거쳐 계산을 해야 합니다. 바로 몫quotient과 나머지remainder를 이용하는 계산입니다. 자바에서 **나누기 연산자 /**를 사용하면 소수점을 버리기에 나누기 연산을 한 결과는 몫이 됩니다. 반대로 **나머지 연산자 %**를 이용하면 몫을 제외한 나머지만 구합니다. 따라서 몫과 나머지를 모두 구하려면 이 두 가지 연산자를 모두 사용해야 합니다.

10으로 나눈 나머지를 구하면 일의 자리 숫자를 분리해 낼 수 있습니다. 687을 10으로 나누면 몫이 68이고 나머지가 7입니다. 같은 방식으로 68을 10으로 나누면 몫이 6, 나머지가 8이 됩니다. 이런 방식으로 숫자를 분리하면 687의 각 자릿수를 분리할 수 있습니다.

먼저 687에서 일의 자릿수를 분리해 보겠습니다. 687을 10으로 나누면 몫이 68이 되고, 나머지가 7이므로 일의 자릿수는 7이 됩니다.

```
int num = 687;
System.out.println(num % 10);
```

687을 10으로 나눈 나머지를 구했으므로 십의 자릿수를 뽑아 보겠습니다. 68을 10으로 나눈 나머지를 구하면 됩니다. 68을 10으로 나누면 몫은 6이고 나머지는 8이기 때문에 num % 10을 하면 8이 나옵니다.

```
int num = 68;
System.out.println(num % 10);
```

마지막으로 백의 자릿수를 뽑아 보겠습니다. 68을 10으로 나누면 몫이 6이기 때문에 6을 이용해 연산을 하면 됩니다. 6은 10으로 나누면 몫이 0이고 나머지가 6이 됩니다.

```java
int num = 6;
System.out.println(num % 10);
```

이렇게 나머지를 구하는 연산(%)을 이용해 687, 68, 6의 나머지를 구해 보았습니다. 이번 예제는 각 자릿수를 구하는 것뿐 아니라 자릿수의 합을 구하는 것이므로 앞에서 계산한 결과의 합을 구해야 합니다. 합은 각 단계별 결과를 변수에 저장해 놓았다가 합치는 방법을 이용할 수 있습니다. 다음 예제를 살펴봅시다.


```java
public class Remainder687Sum {
    public static void main(String[] args) {
        int num = 687;
        int a = num % 10;        // 687을 10으로 나눈 나머지
        num = num / 10;          // num = 68
        int b = num % 10;        // 68을 10으로 나눈 나머지
        num = num / 10;          // num = 6
        int c = num % 10;        // 6을 10으로 나눈 나머지
        System.out.println(a + b + c);
    }
}
```

실행 결과
```
21
```

이 예제에서는 687, 68, 6의 나머지를 각각 int 타입 변수인 a, b, c에 담아서 더한 결과를 출력했습니다. 하나하나 과정을 살펴보겠습니다.

❶ 우선 687을 10으로 나누면 몫이 68이 되고, 나머지가 7이 됩니다. 나머지인 7을 a에 저장하고 몫인 68을 num에 다시 넣습니다.

```java
int num = 687;
int a = num % 10;
num = num / 10;
```

❷ 그 다음 지금은 68이 된 **num** 값을 10으로 나머지 연산해서 나온 값인 8을 **b**에 넣습니다. 그리고 68을 10으로 나누기 연산한 6을 **num**에 저장한 후 나머지 연산을 이용해 10으로 나눈 나머지 6을 얻습니다. 이 6을 **c**에 저장합니다.

```
int b = num % 10;
num = num / 10;
int c = num % 10;
```

따라서 **a**, **b**, **c**의 값은 각각 7, 8, 6이 되고, 이들을 더하기 연산을 하면 합인 21이 출력됩니다.

타임스탬프

컴퓨터는 시간을 **밀리초**millisecond 단위로 표현합니다. 밀리초는 1초를 1,000으로 나눈 단위입니다. 즉 1밀리초는 0.001초를 의미합니다. 예를 들어 1초를 밀리초로 나타내면 1,000밀리초가 되고, 0.5초를 밀리초로 나타내면 500밀리초가 됩니다.

일반적으로 컴퓨터 시스템에서는 1970년 1월 1일 0시 0분 0초부터 현재까지 경과한 밀리초milliseconds를 나타내는 값을 **타임스탬프**로 사용합니다. 현재 이 내용을 쓰고 있는 시간은 2023년 3월 11일 오전 11시 11분(밀리초 생략)이고, 이를 밀리초를 이용하는 타임스탬프로 표현하면 1678500696581이 됩니다. 이 숫자는 1970년 1월 1일 0시 0분 0초를 기준으로 2023년 3월 11일 오전 11시 11분(밀리초 생략)이 몇 밀리초가 지나갔는지를 표현하는 타임스탬프입니다.

인간은 필요에 따라서 분, 초를 표현하는 방법을 꽤나 다양하게 사용합니다. 10시 15분과 같이 한글로 시, 분을 구분하거나, 11:10과 같이 콜론:으로 시, 분을 구분하거나, 11:10, 01:03, 1:03, 13:30과 같이 24시간 체계로 표현하거나, 오후 1:30, am 10:00과 같이 오전과 오후로 구분하는 등 여러 가지 표현 방식을 씁니다. 타임스탬프는 둘 이상의 시각을 비교하거나 기간을 계산할 때 편리하게 사용하기 위해 고안된 것으로(위키백과) 컴퓨터를 포함한 대부분의 전자기기는 이 타임스탬프 한 가지만 이용합니다. 이를 시, 분을 따로 계산해서 다양한 형태로 보여 주는 겁니다.

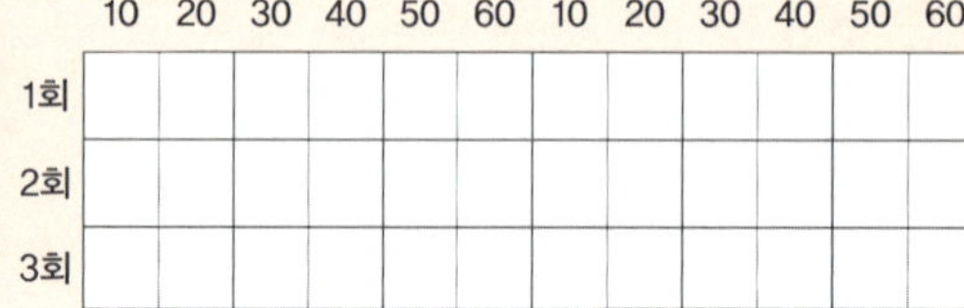

	10 20 30 40 50 60	10 20 30 40 50 60
1회		
2회		
3회		

필수 예제

`PivotIdx.java`	두 개의 정수를 사칙 연산하는 클래스
`MinuteSecond.java`	숫자가 담긴 변수를 사칙 연산하는 클래스
`Remainder687Sum.java`	자릿수에 해당하는 값을 모두 더하는 클래스

용어 및 개념

☐	**나누기 연산자**	– A에서 B를 나누었을 때 몫을 구하는 연산자 – 자바에서 나누기 연산자 /를 사용하면 소수점을 버리기에 나누기를 한 결과는 몫이 됨
☐	**나머지 연산자**	– A를 B로 나눴을 때의 나머지 값을 구하는 연산자 – 컴퓨터는 인간과 달리 몫과 나머지를 직관적으로 구분하지 못하므로 별도의 연산자를 만든 것 – 지릿수의 값 구하기 등에 사용됨
☐	**밀리초**	– 컴퓨터에서 시간을 표현하는 단위로 1초를 1,000으로 나눈 것 – 1밀리초는 0.001초를 의미
☐	**타임스탬프**	일반적인 컴퓨터 시스템에서 1970년 1월 1일 0시 0분 0초부터 현재까지 경과한 밀리초를 나타내는 값

명령어

```
num = num / 10;    // 나누기 연산자
int c = num % 10;  // 나머지 연산자
```

대입 연산자 알아보기

필수 예제	용어 및 개념	명령어
MoneyReceivedAndPaid.java	☐ 대입 연산자	
StringAccumulate.java	☐ 누적	=
Accumulate687.java	☐ 언더바	

대입 연산자 =는 변수에 값을 넣을 때 쓰는 연산자입니다. 영어 assignment operator를 번역한 말입니다. 우리는 다음과 같이 변수를 선언하고 초기화할 때 =를 이용했습니다. =가 바로 대입 연산자입니다.

```java
int val1;
val1 = 10;              // 변수 선언 후 초기화하기
```

```java
int val1 = 10;          // 변수 선언하면서 초기화하기
```

=를 변수에 값을 넣을 때만 사용하지는 않습니다. 인스턴스화시킨 객체^{object}를 대입할 때도 사용합니다. 다음과 같이 말이죠.

```java
PrintHello ph = new PrintHello();
System.out.println(ph);          // 메모리 주소 출력
```

다음은 PrintHello 타입의 변수 ph를 선언하고 new 연산자를 이용해 생성한 PrintHello의 인스턴스를 ph 변수에 대입하는 코드입니다. 실제로 PrintHello는 참조 타입이므로 변수 ph에는 메모리상 주소가 들어갑니다. 결과로 메모리 주소 값이 출력됩니다.

값을 대입한다는 개념 자체는 크게 어려울 것이 없고 지금까지 계속 사용해 왔으므로 비교적 익숙할 것입니다. 하지만 아직 구체적인 사용 방법은 잘 모를 겁니다. 지금부터 예제를 통해 사용 방법을 알아보겠습니다.

변수에 값 누적하기

누적은 기존의 변수를 기준으로 값을 계산하는 것입니다. 변수에 값을 누적하는 방법은 다음과 같습니다. 기존 변수에는 10이 들어 있고 10에 1을 더하고 또 1을 더하는 것을 다음과 같이 표현할 수 있습니다.

```java
int 변수 = 10;
변수 = 변수 + 1;
변수 = 변수 + 1;
```

변수 = 변수 + 1은 오른쪽 '변수'에 있는 기존 값에 1을 더한 값을 왼쪽 '변수'에 대입하는 식입니다. 여기에서 '변수'의 값은 10으로 출발하지만 1을 더한 값을 두 번 대입하므로 결과적으로 12가 됩니다.

누적을 활용한 대표적인 예로는 커뮤니티 사이트의 '좋아요' 기능입니다. 커뮤니티 사이트에는 '좋아요'와 유사한 기능이 많습니다. '좋아요' 기능은 하트♥를 누르면 좋아요 개수가 +1이 되는 기능입니다. 잘못 누른 경우에는 다시 눌러서 취소할 수 있습니다. 그러면 −1이 됩니다. 다섯 명 중 한 명이 좋아요를 취소했다면 −1이 누적되어 좋아요 개수는 4가 됩니다.

다음은 좋아요 개수가 0인 상태에서 두 명으로부터 좋아요를 한 개씩 받은 후 ♥를 눌렀던 사용자가 좋아요를 취소하는 과정을 표현한 예제입니다. 좋아요 한 개를 받은 후 한 개 더 받은 경우 likeCount가 2가 되었고, 그 후 한 개를 취소하여 likeCount가 1이 된 것을 보여 줍니다.

```java
public class LikeAccumulate {
    public static void main(String[] args) {
        int likeCount = 0;
        likeCount = likeCount + 1;
        System.out.println(likeCount); // 좋아요를 한 개만 받은 경우

        likeCount = likeCount + 1;      // 좋아요를 한 개 더 받은 경우
        System.out.println(likeCount);

        likeCount = likeCount - 1;      // 좋아요를 취소한 경우
        System.out.println(likeCount);
    }
}
```


실행 결과

```
1
2
1
```

누적의 또 다른 예제로 은행 계좌에 돈이 입출금되는 과정을 표현해 보겠습니다. 다음 예제는 예금 계좌에 100만 원이 있었고, 50만 원을 출금하여 잔액이 50만 원이 되었으며, 그 후 400만 원을 입금하여 총 예금 금액이 450만 원이 된 것을 보여 줍니다.

```java
public class MoneyReceivedAndPaid {
    public static void main(String[] args) {

        int myAccount = 1_000_000;   // ←── ❶
        myAccount = myAccount - 500_000;
        System.out.println(myAccount);

        myAccount = myAccount + 4_000_000;
        System.out.println(myAccount);
    }
}
```


실행 결과

```
500000
4500000
```

❶을 보면 숫자를 표현할 때 언더 바_를 사용했습니다. 백만을 표현할 때 1000000과 같이 표현하면 자릿수가 눈에 잘 들어오지 않습니다. 그래서 1_000_000와 같이 세 자리마다 언더 바를 써서 가독성 좋게 큰 숫자를 표현할 수 있습니다.

```java
int myAccount = 1_000_000;
```

큰 숫자를 쉼표 , 가 아닌 언더 바 _ 로 표현한 이유

왜 큰 숫자를 쉼표(,)가 아닌 언더 바(_)를 사용해 표현한 것일까요? 자바에서 쉼표는 여러 값을 구분할 때 사용됩니다. 실제로 지금까지 쉼표로 값을 구분했습니다. printf("%d", 10)에서처럼 포맷과 포맷에 들어갈 값을 쉼표로 구분하기도 했고 new int[]{2, 4, 1, 5, 9}에서처럼 배열의 각 인덱스에 들어갈 값을 쉼표로 구분했습니다.

따라서 만약 쉼표를 사용해 백만을 1,000,000처럼 표현했다면 1과 000과 000이 모두 별개의 값으로 구분되어 버립니다. 반면 자바에서는 언더 바를 컴파일하지 않습니다. 즉 소스 코드에는 1_000_000라고 작성되어 있어도 실행 파일에서는 1000000이 되는 것이죠. 그러므로 쉼표가 아닌 언더 바로 큰 숫자를 표현한 것입니다.

참고로 숫자에 _를 써서 가독성을 향상시키는 기능은 자바 7 버전부터 가능합니다.

문자열 누적하기

숫자만 누적할 수 있는 것은 아닙니다. 문자열도 누적할 수 있습니다. 문자열을 누적하는 방법도 숫자를 누적하는 방법과 비슷합니다.

다음 코드는 String 타입의 변수인 answer를 선언하고 빈 문자열("")로 초기화합니다. 그리고 더하기 연산자 +를 사용하여 "쿵" 문자열과 "짝" 문자열을 순서대로 이어 붙이는 예제입니다.

<code>StringAccumulate.java</code>

```java
public class StringAccumulate {
    public static void main(String[] args) {
        String answer = "";
```

```java
        answer = answer + "쿵";
        System.out.println(answer); // "쿵"이 출력됩니다.
        answer = answer + "짝";
        System.out.println(answer); // "쿵짝"이 출력됩니다.
    }
}
```


초기 값이 빈 문자열("")로 설정된 문자열 변수 answer를 선언하고 "쿵" 문자열을 answer에 더합니다. 이제 answer에는 "쿵"이 들어 있습니다. 이 상태에서 "짝"을 answer에 누적합니다. 따라서 answer는 "쿵" 문자열을 먼저 더한 후 "쿵" 문자열 뒤에 "짝" 문자열을 더한 "쿵짝"이 됩니다.

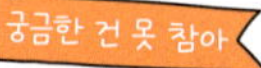

문자열의 누적 빼기

문자열 연산에서 누적은 더하는 것만 되고 빼는 것은 안 됩니다. 숫자는 10−9와 같이 연산이 가능하지만 문자열은 "쿵짝"−"쿵"과 같은 연산이 − 연산자로 가능하지 않습니다. 자바에서 문법적으로 지원하지 않기 때문이죠. 이것이 문법적으로 불가능한 이유는 다음과 같은 예로 이해할 수 있습니다.

예를 들면 "쿵짝"−"쿵"은 "짝"일 것 같지만 "쿵짝쿵"−"쿵"은 맨 앞에 있는 "쿵"을 빼서 "짝쿵"이 되어야 하는지, 맨 뒤에 있는 "쿵"을 빼서 "쿵짝"이 되어야 하는지 혹은 모든 "쿵"을 빼서 "짝"이 되어야 하는지 등 경우의 수가 많아 연산이 불가능합니다.

10으로 나눈 결과를 누적해 자릿수 더하기

앞에서 숫자 687의 각 자릿수 합을 구할 때 각 자릿수를 나머지 연산자 %를 이용해 구하고 각각 a, b, c 변수에 저장해서 a + b + c로 합을 구하는 예제를 실습해 보았습니다.

다음은 앞에서 만들었던 자릿수의 합을 구하는 코드입니다. 아직 누적을 배우기 전이었기에 각각 a, b, c 변수에 값을 저장한 후 더하기 연산을 했습니다.

Remainder687Sum.java

```java
public class Remainder687Sum {
    public static void main(String[] args) {
```

```java
        int num = 687;
        int a = num % 10;                // 변수 a 선언
        num = num / 10;
        int b = num % 10;                // 변수 b 선언
        num = num / 10;
        int c = num % 10;                // 변수 c 선언
        System.out.println(a + b + c);
    }
}
```

이 코드는 사실 조금 문제가 있습니다. 만약 num이 687과 같은 백의 자리까지 있는 숫자가 아닌 6879와 같이 천의 자리, 68791과 같이 만의 자리까지 있는 숫자라면 어떻게 할까요? 지금 코드에서는 자릿수가 늘어남에 따라 a, b, c, d, e, f, g … 이렇게 계속 변수를 선언해야 합니다.

이 문제를 해결하려면 어떻게 해야할까요? '누적'을 쓰면 매번 계산 단계마다 변수를 선언하지 않고도 자릿수의 합을 구하는 것이 가능합니다. 다음은 687의 각 자릿수 합을 '누적'하는 방법을 이용하여 구하는 코드입니다.

Accumulate687.java

```java
public class Accumulate687 {
    public static void main(String[] args) {
        int num = 687;
        int answer = 0;                  // 누적할 변수 선언
        answer = answer + num % 10;      // 나머지를 구해 누적하기
        System.out.printf("answer:%d\n", answer);
        num = num / 10;
        answer = answer + num % 10;      // 나머지를 구해 누적하기
        System.out.printf("answer:%d\n", answer);
        num = num / 10;
        answer = answer + num % 10;      // 나머지를 구해 누적하기
        System.out.printf("answer:%d\n", answer);
    }
}
```

실행 결과

```
answer:7
answer:15
answer:21
```

여기에서 핵심은 답이 들어갈 answer 변수를 선언한 후 answer에 num을 10으로 나눈 나머지를 누적하는 것입니다. 이렇게 하면 앞에 했던 것과 같이 매번 a, b, c, d… 의 변수를 선언해 주지 않아도 됩니다.

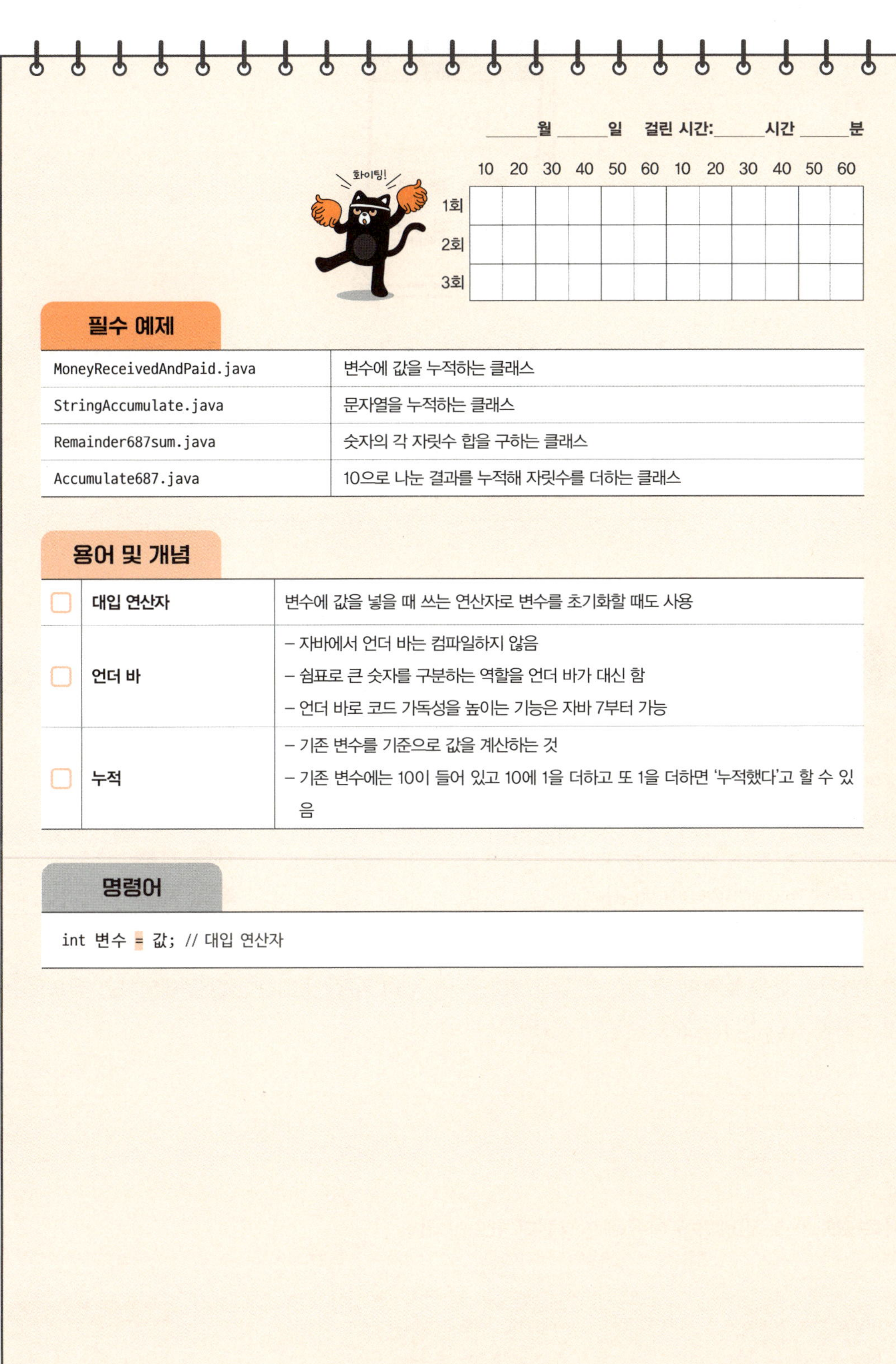

______ 월 ______ 일 걸린 시간: ______ 시간 ______ 분

	10	20	30	40	50	60	10	20	30	40	50	60
1회												
2회												
3회												

필수 예제

`MoneyReceivedAndPaid.java`	변수에 값을 누적하는 클래스
`StringAccumulate.java`	문자열을 누적하는 클래스
`Remainder687sum.java`	숫자의 각 자릿수 합을 구하는 클래스
`Accumulate687.java`	10으로 나눈 결과를 누적해 자릿수를 더하는 클래스

용어 및 개념

☐	**대입 연산자**	변수에 값을 넣을 때 쓰는 연산자로 변수를 초기화할 때도 사용
☐	**언더 바**	– 자바에서 언더 바는 컴파일하지 않음 – 쉼표로 큰 숫자를 구분하는 역할을 언더 바가 대신 함 – 언더 바로 코드 가독성을 높이는 기능은 자바 7부터 가능
☐	**누적**	– 기존 변수를 기준으로 값을 계산하는 것 – 기존 변수에는 10이 들어 있고 10에 1을 더하고 또 1을 더하면 '누적했다'고 할 수 있음

명령어

```
int 변수 = 값; // 대입 연산자
```

복합 대입 연산자와 증감 연산자 알아보기

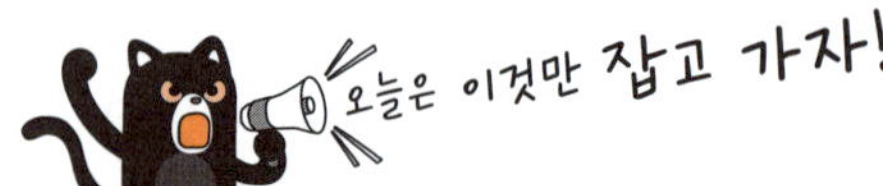

필수 예제	용어 및 개념	명령어
CompoundAssignmentOperator.java	☐ 복합 대입 연산자	+= -= *=
Accumulate687Compound.java	☐ 증감 연산자	/= %=
IncrementDecrementOperatorEx1.java	·	i++ ++i
IncrementDecrementOperatorEx2.java		i-- --i

지금까지는 값을 누적할 때 기존 변수에 '변수 = 변수 +1'과 같이 계산한 값을 대입하는 식으로 누적 연산식을 만들었습니다.

```
변수 = 변수 + 1
```

다음 코드가 누적 방법을 이용해 연산했던 코드입니다.

```java
answer = answer + num % 10;  // 나머지를 구해 누적하기
num = num / 10;              // 기존 값을 10으로 나누기
answer = answer + arr[0];    // 기존 값에 배열의 0번째 값 더하기
```
Accumulate687.java

하지만 이 코드에는 answer, num 등의 변수 이름이 한 줄에 두 번씩 나옵니다. 이러한 표기가 직관적이기는 하지만 반복되는 변수 사용은 개발 시 피로감을 줄뿐 아니라 가독성도 떨어집니다. 그래서 사용하는 것이 **복합 대입 연산자**입니다. 복합 대입 연산자는 '+='와 같이 대입 연산자 앞에 산술 연산자가 붙어 있는 형태로 표현되며 산술 연산을 한 결과를 다시 변수에 대입합니다.

다음은 증감 연산자입니다. 배열을 이용할 때나 좋아요 기능을 만들 때와 같이 값을 한 개씩 늘리거나 줄이는 연산은 너무 많이 사용되기 때문에 **증감 연산자**를 따로 만들어 놓았습니다. 증감 연산자를 사용하면 다음과 같이 짧게 줄여 쓸 수 있습니다.

■ **대입 연산자와 산술 연산자로 표현**

```
i = i + 1
i = i - 1
```

■ **증감 연산자로 표현**

```
i++
i--
```

이와 같이 짧게 줄여 쓰면 코드가 간결해져서 가독성이 좋아지고 코딩할 때나 나중에 코드를 리팩토링하거나 수정할 때도 손이 덜 갑니다. 손이 덜 간다는 것은 조금 더 적극적으로 코드를 고칠 수 있는 전제 조건이 되고 더 세세한 로직을 만들 수 있습니다.

지금부터 코드를 간결하게 만들어 주는 복합 대입 연산자와 증감 연산자에 관해 알아보겠습니다.

복합 대입 연산자의 종류

대입 연산자만 이용해 누적했을 때와 복합 대입 연산자를 썼을 때 코드에 나타나는 차이점을 살펴보며 복합 대입 연산자의 사용법을 알아보겠습니다.

우선 복합 대입 연산자의 사용 방법은 다음과 같습니다.

```
변수 복합_대입_연산자 피연산자;
```

이를 실제로 다음과 같이 표현할 수 있습니다. 여기에서 변수도 일종에 피연산자라고 할 수 있습니다.

```
x += 5;
```

기존 대입 연산자만 사용하는 방식입니다. 변수(x)가 두 번 등장합니다.

```
int x = 10;
x = x + 5;          // x에 5를 더하고 할당, x는 15입니다.
```

+= 연산자를 사용한 코드입니다. 변수(x)와 피연산자(5)가 한 번만 나와서 코드가 간결합니다.

```
int x = 10;
x += 5;             // x에 5를 더하고 할당, x는 15입니다.
```

더하기(+)뿐 아니라 빼기(−), 곱하기(*), 나누기(/), 나머지(%)도 −=, *=, /=, %=와 같이 줄여서 사용할 수 있습니다.

다음은 복합 대입 연산자의 종류입니다. 복합 대입 연산자를 사용하지 않았을 때와 사용했을 때의 표현 방식 차이도 정리해 놨으니 살펴보기 바랍니다.

연산자	의미	연산식	
		대입 연산자만 사용 시	복합 대입 연산자 사용 시
+=	덧셈 후 대입	answer = answer + 1	answer += 1
−=	뺄셈 후 대입	answer = answer − 1	answer −= 1
*=	곱셈 후 대입	answer = answer * 1	answer *= 1
/=	나눗셈 후 대입	answer = answer / 1	answer /= 1
%=	나머지 연산 후 대입	answer = answer % 1	answer %= 1

복합 대입 연산자로 변수에 값 누적하기

다음은 다양한 형태의 복합 대입 연산자로 값을 계속 누적해 나가는 예제입니다.

```java
public class CompoundAssignmentOperator {
    public static void main(String[] args) {
        int x = 10;
        System.out.printf("x = %d\n", x);
        x += 1;
        System.out.printf("x += 1, x = %d\n", x);
        x -= 5;
        System.out.printf("x -= 5 , x = %d\n", x);
        x *= 2;
        System.out.printf("x *= 2, x = %d\n", x);
        x /= 3;
        System.out.printf("x /= 3, x = %d\n", x);
        x %= 8;
        System.out.printf("x %%= 8, x = %d\n", x);
    }
}
```


실행 결과

```
x = 10
x += 1, x = 11
x -= 5, x = 6
x *= 2, x = 12
x /= 3, x = 4
x %= 8, x = 4
```

변수 x의 초기 값은 10으로 설정되어 있습니다. 이후 += 1을 사용하여 x에 1을 더하고, -= 5를 사용하여 x에서 5를 빼고, *= 2를 사용하여 x에 2를 곱하고, /= 3을 사용하여 x를 3으로 나누고, %= 8을 사용하여 x를 8로 나눈 나머지를 구합니다. 따라서 위 코드의 실행 결과는 x가 각각 11, 6, 12, 4, 4가 됩니다.

자릿수 더하기에 복합 대입 연산자 적용하기

앞에서 숫자 687의 각 자릿수를 더하는 코드에 복합 대입 연산자를 적용해 보겠습니다. 복합 대입 연산자를 사용하지 않는 경우에는 다음 코드가 여러 번 반복될 때 변수도 여러 번 나와서 가독성이 좋지 않았습니다.

```java
answer = answer + num % 10; // 나머지 구해 누적하기
num = num / 10;
```

더해서 누적하는 부분은 +=을 사용하도록 바꾸고 10으로 나눈 몫은 /=를 이용하도록 바꿔 보겠습니다. 이러면 코드의 가독성이 좋아집니다.

```java
public class Accumulate687Compound {
    public static void main(String[] args) {
        int num = 687;
        int answer = 0;
        answer += num % 10;
        num /= 10;
        answer += num % 10;
        num /= 10;
        answer += num % 10;
        System.out.printf("answer:%d\n", answer);
    }
}
```

Accumulate687Compound.java

실행 결과
```
answer:21
```

결과는 똑같이 21이 나왔습니다. += 연산자를 사용하여 answer에 값을 더하고, /= 연산자를 사용하여 num에 값을 나눈 몫을 다시 대입하는 것으로 코드를 변경했습니다.

결론적으로 복합 연산자를 사용하고 코드가 이전에 비해 간결해졌습니다. 이전 코드와 비교해 보면 가독성이 좋아진 것을 알 수 있습니다.

■ 복합 대입 연산자 사용 전

```java
int num = 687;
int answer = 0;
answer = answer + num % 10;
num = num / 10;
answer = answer + num % 10;
num = num / 10;
answer = answer + num % 10;
```

■ 복합 대입 연산자 사용 후

```java
int num = 687;
int answer = 0;
answer += num % 10;
num /= 10;
answer += num % 10;
num /= 10;
answer += num % 10;
```

증감 연산자의 종류

증감 연산자는 총 네 가지가 있습니다. 증increase 연산자 i++, ++i가 있고, 감decrease 연산자 i--, --i가 있습니다. **증 연산자**는 한 개씩 올리는 것이고 **감 연산자**는 한 개씩 내리는 연산자입니다.

증감 연산자는 대입 연산자만 썼을 때보다도, 복합 대입 연산자를 썼을 때보다도 더 간결하게 연산식을 표현할 수 있습니다.

■ 대입 연산자

    i = i + 1;

➡

■ 복합 대입 연산자

    i += 1;

➡

■ 증감 연산자

    i++;

i++와 ++i, 그리고 i--와 --i 의 차이점은 쓰고 나서 증가시키는지, 증가시키고 나서 쓰는지의 차이입니다.

연산자	설명
i++	쓰고 나서 증가시킵니다.
++i	증가시키고 나서 씁니다.
i--	쓰고 나서 감소시킵니다.
--i	감소시키고 나서 씁니다.

먼저 올리는지 나중에 올리는지 상관 없이 어차피 1을 올리는 게 아니냐고 생각할 수도 있지만 쓰고 나서 올리는 것과 올리고 나서 쓰는 것은 큰 차이가 있습니다. i--와 --i 의 차이점을 설명하기 위해 조금 극단적인 예를 들어 보겠습니다.

사채 시장에는 '선이자'라는 것이 있다고 합니다. 예를 들어 사채업자에게 100만 원을 10% 이자로 빌리면 선이자 10%인 10만 원을 떼고 90만 원만 받게 됩니다. 100만 원을 빌렸지만 당장 쓸 수 있는 돈은 90만 원입니다. 갚을 때는 100만 원을 빌려 쓴 것이기 때문에 100만 원을 갚아야 하는 것이죠. 하지만 제 1금융권인 은행에서 돈을 빌리면 100만 원을 빌렸을 때 일단 100만 원을 입금받고 정해진 이자율에 따라 시간이 지난 후에 이자를 입금합니다. 돈을 빌린 시점에 100만 원을 빌렸고 내가 쓸 수 있는 돈도 100만 원입니다. 갚아야 할 돈은 역시나 100만 원입니다.

이 예를 증감 연산자에 적용해 보면 i--는 쓰고 나서 1을 빼는 것이므로 은행에서 돈을 빌리는 것이라고 생각하면 되고, --i는 일단 1을 빼고 나서 사용하는 것이기 때문에 사채업자에게 선이자를 떼고 돈을 빌리는 것이라고 생각할 수 있습니다. 이제 이 차이점을 코드를 통해 살펴봅시다.

증감 연산자로 변수 값 증감시키기

먼저 i++를 사용한 예제부터 살펴봅시다.

```java
public class IncrementDecrementOperatorEx1 {
    public static void main(String[] args) {
        int i = 10;
        System.out.println(i++);
        System.out.println(i);
    }
}
```

`IncrementDecrementOperatorEx1.java`

실행 결과
```
10
11
```

특이하게도 i라는 변수를 사용함과 동시에 변화를 주었습니다. i += 1;은 System.out.println(i += 1);로 쓰면 원하는 결과가 나오지 않습니다. 여기에서는 증감 연산자 i++를 사용해 System.out.println(i++);로 썼기 때문에 결과의 첫 번째 줄에는 i의 초기 값인 10이 출력되고, 두 번째 줄에는 1이 증가한 값 11이 출력됩니다.

다음 코드는 ++i를 사용한 예제입니다. ++i는 ++가 i 앞에 있기 때문에 값을 먼저 올린 후 사용합니다.

```java
public class IncrementDecrementOperatorEx2 {
    public static void main(String[] args) {
        int i = 10;
        System.out.println(++i);
        System.out.println(i);
    }
}
```


여기에서는 i의 시작 값이 10이었지만, ++i를 이용해 먼저 올리고 출력했기에 결과에서도 11, 11이 출력됩니다.

복합 대입 연산자(+=, -= 등)도 가독성이나 간결함 면에서 좋지만, 증감 연산자는 사용함과 동시에 값을 변화시키기 때문에 배열 연산을 할 때도 쓸 수 있습니다. 이 점을 이용해 배열 연산할 때 증감 연산자를 쓰면 코드가 조금 더 깔끔해집니다.

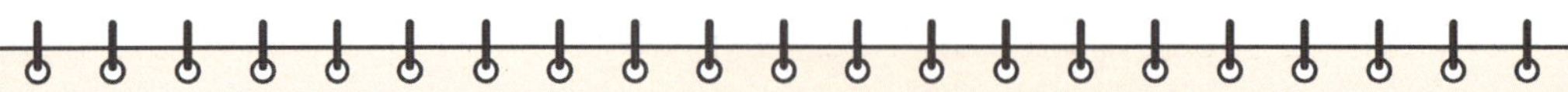

_______월 _______일 걸린 시간: _______시간 _______분

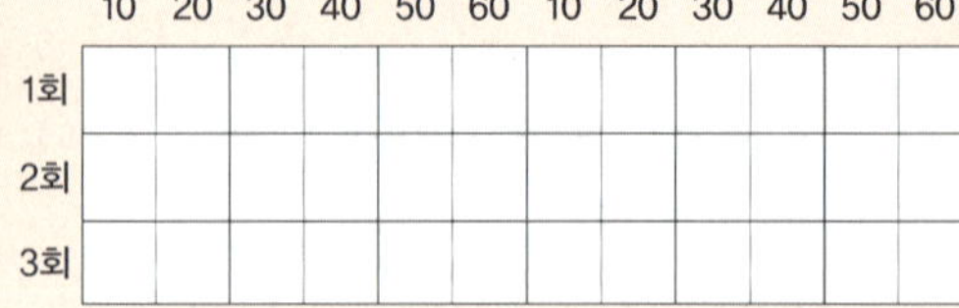

	10	20	30	40	50	60	10	20	30	40	50	60
1회												
2회												
3회												

필수 예제

CompoundAssignmentOperator.java	복합 대입 연산자로 값을 계속 누적해 나가는 클래스
Accumulate687Compound.java	+=를 사용해 더해서 누적하는 클래스
IncrementDecrementOperatorEx1.java	변수 값을 사용한 후 증가시키는 클래스
IncrementDecrementOperatorEx2.java	변수 값을 증가시킨 후 사용하는 클래스

용어 및 개념

☐	복합 대입 연산자	– '+='와 같이 대입 연산자 앞에 산술 연산자가 붙어 있는 형태 – 산술 연산을 한 결과를 다시 변수에 대입하는 연산자
☐	증감 연산자	– 값을 한 개씩 늘리거나 줄이는 연산자 – 해당 기능을 자주 사용해서 별도의 연산자로 만들어 놓은 것

명령어

```
x += 1;    // 더하기 후 대입하는 복합 대입 연산자
x -= 5;    // 빼기 후 대입하는 복합 대입 연산자
x *= 2;    // 곱하기 후 대입하는 복합 대입 연산자
x /= 3;    // 나누기 후 대입하는 복합 대입 연산자
x %= 8;    // 나머지를 구한 후 대입하는 복합 대입 연산자
i++        // 변수 값을 사용한 후 증가시키는 증 연산자. 변수 뒤에 위치
++i        // 변수 값을 증가시킨 후 사용하는 증 연산자. 변수 앞에 위치
i--        // 변수 값을 사용한 후 감소시키는 감 연산자. 변수 뒤에 위치
--i        // 변수 값을 감소시킨 후 사용하는 감 연산자. 변수 앞에 위치
```

대입, 복합 대입, 증감 연산자 활용하기

필수 예제	용어 및 개념	명령어
ArraySum.java	☐ 대입 연산자	`+=` `*=`
IncreaseFirst2.java	☐ 증감 연산자	`++`
InterestExample.java	☐ 복합 대입 연산자	

대입 연산자로 배열에 있는 모든 값 더하기

배열에 있는 값들을 이용해 여러 가지 연산을 하는 코드는 자주 쓰입니다. 배열 연산을 맛볼 수 있는 간단한 예제는 배열에 있는 모든 값을 더하는 코드입니다. 누적하기 위한 변수를 하나 선언하고 초기 값을 0으로 세팅한 후 누적을 이용해 배열에 있는 모든 값을 더한 결과를 알 수 있습니다.

다음 코드는 배열 arr에 들어 있는 네 개의 숫자 2, 1, 7, 9를 누적 방법을 이용해 모두 더하는 예제입니다.

```java
public class ArraySum {
    public static void main(String[] args) {
        int answer = 0;
        int[] arr = {2, 1, 7, 9};
        answer = answer + arr[0];
        answer = answer + arr[1];
        answer = answer + arr[2];
        answer = answer + arr[3];

        System.out.printf("answer: %d", answer);
    }
}
```


초기에 answer 변수의 값은 0으로 설정되어 있습니다. 그리고 배열 arr에 있는 네 개의 값을 0번부터 3번까지 하나씩 꺼내서 answer 변수에 누적해 줍니다. 따라서 이 코드를 실행하면 answer 변수의 값은 2 + 1 + 7 + 9 = 19가 되어 최종적으로 19가 됩니다.

증감 연산자로 배열의 인덱스 값 출력하기

다음은 인덱스를 한 개씩 늘려가면서 배열 arr에 있는 값을 두 개 출력하는 코드입니다. 여기서 idx 변수는 배열 arr의 인덱스를 나타냅니다.

```java
public class IncreaseFirst {
    public static void main(String[] args) {
        int idx = 0;
        int[] arr = {2, 1, 7, 9};
        System.out.println(arr[idx]);        // 0번째 있는 2를 출력
        idx += 1;                            // idx가 1로 증가
        System.out.println(arr[idx]);        // 1번째 있는 1을 출력
        idx += 1;                            // idx가 2로 증가
    }
}
```

❶ idx가 0으로 시작했으므로 결과의 첫 번째 줄에는 arr[0]에 있는 2가 출력됩니다.

```java
int idx = 0;
int[] arr = {2, 1, 7, 9};
System.out.println(arr[idx]);
```

❷ 그리고 idx += 1을 이용해 idx를 1 증가시킨 후 arr[idx]를 사용하면 결과의 두 번째 줄에서는 arr[1]에 있는 1이 출력됩니다. 출력한 후 idx += 1을 했으므로 idx는 2가 되고 프로그램은 끝이 납니다.

```java
idx += 1;
System.out.println(arr[idx])
idx += 1;
```

여기에서 증감 연산자를 이용해 두 줄로 쓰던 연산을 한 줄로 줄일 수 있습니다.

```java
arr[idx];
idx += 1;
```
➡
```java
arr[idx++];
```

참고로 배열에는 arr[idx += 1]과 같이 +=을 쓸 수 없지만 ++는 배열 값에 접근할 때 사용할 수 있습니다.

다음 코드는 증감 연산자 idx++를 이용해 앞에서 arr[idx];와 idx += 1; 이렇게 두 줄로 쓰던 것을 한 줄로 줄여서 표현한 예제입니다.

```java
public class IncreaseFirst2 {
    public static void main(String[] args) {
        int idx = 0;
        int[] arr = {2, 1, 7, 9};
        System.out.println(arr[idx++]);   // 0번째 있는 2를 출력
        System.out.println(arr[idx++]);   // 1번째 있는 1을 출력
    }
}
```

> **IncreaseFirst2.java**

> **실행 결과**
> ```
> 2
> 1
> ```

❶ 맨 처음 System.out.println(arr[idx++]);이 실행될 때 arr[idx]를 출력하고, 그 다음에 idx를 1 증가시키는 연산을 합니다. 따라서 arr[0]에 있는 2가 출력되고 idx는 1이 됩니다.

```
int idx = 0;
int[] arr = {2, 1, 7, 9};
System.out.println(arr[idx++]); // 0번째 있는 2를 출력
```

❷ 그 다음으로 idx 변수가 1이 된 상태에서 System.out.println(arr[idx++]);을 실행하면 idx가 1인 상태에서 arr[idx]를 출력하여 1이 출력된 후 idx를 1 증가시킵니다.

```
System.out.println(arr[idx++]); // 1번째 있는 1을 출력
```

변수를 사용하고 나서 변수에 변화를 주고자 할 때 증감 연산자를 쓰면 한 줄 덜 쓰면서도 같은 효과를 볼 수 있습니다.

복합 대입 연산자로 복리 계산하기

복합 대입 연산자를 이용하는 간단한 예제로 복리 계산을 해보겠습니다. 복리는 이자에 이자가 붙는 것을 의미합니다. 예를 들어 원금이 10,000원이고 연 이자가 10%라면 1년 후에는 10,000원의 10%인 1,000원이 붙어 11,000원이 되고, 2년 후에는 11,000원에 10%가 붙어 12,100원이 되는 식입니다.

원금이 10,000원이고 연 이자가 복리 4%인 경우 1년 후, 2년 후, 3년 후의 원금과 이자를 구하는 코드를 **복합 대입 연산자 *=**를 이용해 작성해 보겠습니다. 연 이자가 복리 4%이므로 1.04를 곱한 결과를 누적하면 됩니다.

```java
public class InterestExample {
    public static void main(String[] args) {
        int principle = 10_000;
        principle *= 1.04; // 1년 후
        principle *= 1.04; // 2년 후
        principle *= 1.04; // 3년 후
        System.out.printf("3년 후 원리금 : %,d", principle);
    }
}
```

InterestExample.java

실행 결과
```
3년 후 원리금 : 11,248
```

int 타입의 principle 변수에 복합 대입 연산자 *=을 이용해 1.04를 세 번 곱한 값을 누적한 결과로 11,248이 출력되었습니다. int 타입이므로 소수점은 버려집니다. 따라서 정수 11248이라는 결과가 나옵니다. 여기에 세 자리마다 ,를 찍도록 printf()에 %,d 포매터를 썼기 때문에 11,248이 출력된 것이죠.

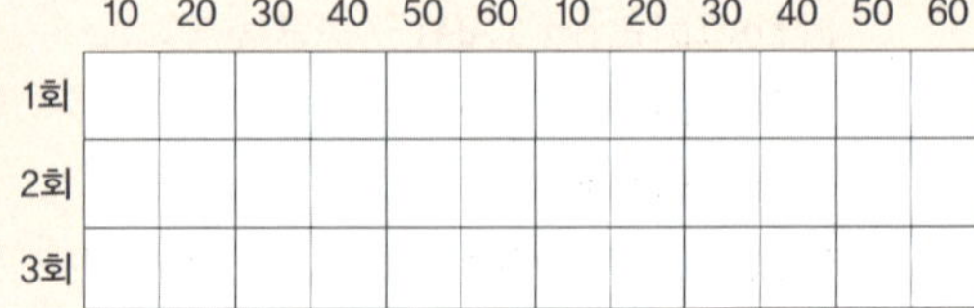

	10	20	30	40	50	60	10	20	30	40	50	60
1회												
2회												
3회												

필수 예제

ArraySum.java	배열에 있는 숫자를 누적해 모두 더하는 클래스
IncreaseFirst2.java	증감 연산자로 배열의 인덱스 값을 출력하는 클래스
InterestExample.java	복합 대입 연산자를 이용해 복리를 계산하는 클래스

용어 및 개념

☐	대입 연산자	변수에 값을 넣을 때 쓰는 연산자로 변수를 초기화할 때도 사용
☐	증감 연산자	– 값을 한 개씩 늘리거나 줄이는 연산자 – 해당 기능을 자주 사용해서 별도의 연산자로 만들어 놓음
☐	복합 대입 연산자	'+='와 같이 대입 연산자 앞에 산술 연산자가 붙어 있는 형태로 표현되며 산술 연산을 한 결과를 다시 변수에 대입하는 연산자

명령어

```java
idx += 1;                            // 더하기 후 대입하는 복합 대입 연산자
System.out.println(arr[idx++]);      // 배열의 인덱스를 사용한 후 증가시키는 증 연산자
principle *= 1.04;                   // 곱하기 후 대입하는 복합 대입 연산자
```

비교 연산자, 논리 연산자, 조건 연산자 알아보기

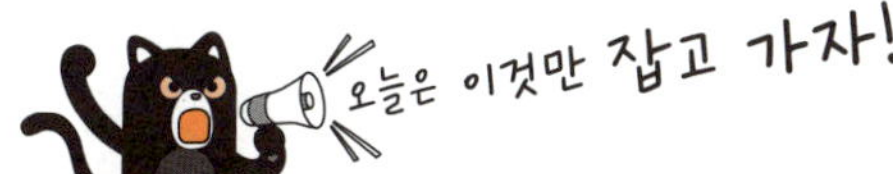

필수 예제	용어 및 개념	명령어
ComparisonOperatorEx2.java	☐ 비교 연산자	`boolean`
AndOperatorEx.java	☐ 논리 연산자	`==` `!=`
OrOperatorEx.java	☐ 논리값	`<` `<=` `>` `>=`
NotOperatorEx.java	☐ 조건 연산자	`&&` `||` `!`

비교 연산자comparison operator는 두 개의 값(왼쪽, 오른쪽)을 비교하여 결과를 **논리값**으로 알려 주는 연산자입니다. 논리값은 **참**true 또는 **거짓**false의 두 가지 상태를 나타내는 **boolean** 타입으로 표현됩니다. 비교 연산자는 예를 들면 홀수인지 짝수인지, 100보다 작은지 큰지, 관리자인지, 댓글을 다섯 개 이상 남겼는지, 로그인할 때 사용자가 입력한 패스워드가 같은지, 로그인의 유효 기간이 지났는지, 통장 잔고가 충분한지를 확인하는 등 매우 광범위하게 사용됩니다.

불리언 타입을 통해 두 가지 조건을 모두 만족하는 또는 둘 중 하나의 조건을 만족하는 경우에 대해 처리하고 싶을 때 그리고 결과를 부정하고 싶을 때 **논리 연산자**logical operator를 씁니다. 조건들은 한 가지 혹은 두 가지만 되는 것은 아니고 연결하면 여러 개의 조건들을 묶어서 지정할 수 있습니다.

이처럼 비교 연산자와 논리 연산자는 밀접한 관계가 있습니다. 지금부터 비교 연산자와 논리 연산자에 관해 알아보겠습니다.

비교 연산자의 종류

왼쪽과 오른쪽에 값이 있고, 왼쪽과 오른쪽이 같은지 여부를 true 또는 false로 나타내는 것입니다. 자바에서 왼쪽과 오른쪽이 같은지 여부를 알고 싶을 때 쓰는 비교 연산자는 ==로 =가 두 개입니다. 왼쪽과 오른쪽이 다른지를 알고 싶을 때는 !=을 씁니다.

```
                 ==
피연산자1        !=        피연산자2
                 >=
```

다음과 같이 ==를 사용하여 왼쪽에 있는 1과 오른쪽에 있는 2가 같은지 물어보면 1은 2와 같지 않기 때문에 false가 됩니다. SOON→ 논리값은 302쪽에서 자세히 다룹니다.

```
1 == 2
```

비교 연산자는 총 여섯 가지가 있습니다. ==, !=, <, <=, >, >=는 차례대로 왼쪽과 오른쪽이 같은지, 다른지, 작은지, 작거나 같은지, 큰지, 크거나 같은지의 결과를 알려 줍니다. 조금 더 자세히 정리하면 다음 표와 같습니다.

연산자	의미	설명
==	같음	두 값이 같으면 true, 다르면 false를 반환합니다.
!=	같지 않음	두 값이 다르면 true, 같으면 false를 반환합니다.
<	작음	왼쪽 값이 오른쪽 값보다 작으면 true, 크거나 같으면 false를 반환합니다.
<=	작거나 같음	왼쪽 값이 오른쪽 값보다 작거나 같으면 true, 크면 false를 반환합니다.
>	큼	왼쪽 값이 오른쪽 값보다 크면 true, 작거나 같으면 false를 반환합니다.
>=	크거나 같음	왼쪽 값이 오른쪽 값보다 크거나 같으면 true, 작으면 false를 반환합니다.

tip String과 같은 문자열을 비교할 때는 앞에서 배웠듯이 == 대신 .equals()를 쓰세요. BACK 209쪽을 참고하세요.

```
"대한".equals("민국");  // false
"대한".equals("대한");  // true
```

비교 연산자로 변수 값 비교하기

+, −, *, /, %의 연산 결과가 숫자로 나온 것(10 + 20 = 30)과는 다르게 비교 연산자의 결과는 논리형인 **불리언 타입**으로 나옵니다. 비교 연산자도 앞에서 배웠던 산술 연산자와 마찬가지로 연산자가 가운데 있고 피연산자가 연산자 기준으로 양쪽에 있습니다.

다음 코드는 두 변수 a와 b의 값을 비교하여 a와 b가 같은지를 판단하는 예제입니다.

`ComparisonOperatorEx1.java`

```java
public class ComparisonOperatorEx1 {
    public static void main(String[] args) {
        int a = 10;
        int b = 20;
        boolean result = a == b;              // ❶
        System.out.printf("a와 b가 같은지? %b", result);   // ❷
    }
}
```

실행 결과
```
a와 b가 같은지? false
```

❶ 각각의 값이 10과 20인 두 개의 정수 변수 **a**와 **b**, 그리고 a와 b가 같은지 비교한 결과가 들어갈 불리언 변수 **result**를 선언하고 비교 결과(a == b)를 result에 저장합니다. 10과 20은 같지 않기 때문에 result에는 false가 저장됩니다.

```java
boolean result = a == b;
```

❷ **System.out.printf**를 사용하여 **result** 값을 포매팅하여 출력합니다. 불리언은 **%b**로 포매팅해 출력할 수 있습니다.

```java
System.out.printf("a와 b가 같은지? %b", result);
```

다음 예제는 10과 20을 ==, !=, 〈, 〈=, 〉, 〉= 여섯 개의 연산자로 연산한 결과입니다.

`ComparisonOperatorEx2.java`

```java
public class ComparisonOperatorEx2 {
    public static void main(String[] args) {
        int a = 10;
```

```java
        int b = 20;
        System.out.printf("%d == %d --> %b\n", a, b, a == b);
        System.out.printf("%d != %d --> %b\n", a, b, a != b);
        System.out.printf("%d < %d --> %b\n", a, b, a < b);
        System.out.printf("%d <= %d --> %b\n", a, b, a <= b);
        System.out.printf("%d > %d --> %b\n", a, b, a > b);
        System.out.printf("%d >= %d --> %b\n", a, b, a >= b);
    }
}
```


결과의 각 줄은 a와 b(10과 20) 사이의 관계를 나타내고, 해당 관계가 참인지 거짓인지를 표시합니다.

논리 연산자의 종류

논리 연산자는 true 또는 false의 불리언 타입의 피연산자를 받아서 연산하고 연산한 결과를 다시 **불리언 타입**으로 알려 줍니다. 예를 들어 age >= 18과 같이 결과가 true 또는 false로 나오는 식 역시 피연산자가 될 수 있습니다.

다음 예제는 논리 연산자 중 하나인 **AND 연산자 &&**를 사용한 예시입니다.

```java
int age = 25;
boolean isStudent = false;


System.out.println(age >= 18 && isStudent);
```

이 예제에서는 두 가지 조건을 검사합니다. 첫 번째 조건은 age가 18 이상인지 확인하고, 두 번째 조건은 isStudent의 불리언 타입을 확인합니다. &&이라는 논리 연산자는 두 가지 조건이 모두 참인지를 확인하여 둘다 참이면 true를, 하나라도 거짓이면 false를 반환합니다. age는 18 이상으로 true이지만 isStudnet가 애당초 false이므로 이 코드의 실행 결과는 false입니다.

논리 연산자는 **&&, ||, !** 세 가지가 있습니다. 순서대로 **AND, OR, NOT** 연산자입니다.

연산자	의미	설명
&&	AND 연산자	두 표현식이 모두 참일 경우에만 참. 그 외의 경우에는 거짓
||	OR 연산자	두 표현식 중 적어도 하나가 참일 경우 참. 두 표현식이 모두 거짓일 경우에만 거짓
!	NOT 연산자	표현식의 결과를 반대로 바꿉니다. 참일 경우 거짓을 반환하고, 거짓일 경우 참을 반환

AND 연산자로 조건 비교하기

AND 연산자 &&는 두 가지 조건이 모두 참true일 때만 참true이 되는 연산입니다.

```
true && true = true
false && true = false
true && false = false
false && false = false
```

다음은 AND 연산자 &&를 이용한 네 가지 연산 예제입니다. true && true일 때만 true가 나오는 것을 확인할 수 있습니다.

```java
public class AndOperatorEx {
    public static void main(String[] args) {
        boolean result = true && true;
        System.out.printf("%b\n", result);
        result = true && false;
        System.out.printf("%b\n", result);
        result = false && true;
        System.out.printf("%b\n", result);
        result = false && false;
        System.out.printf("%b\n", result);
    }
}
```

AndOperatorEx.java

실행 결과

```
true
false
false
false
```

OR 연산자로 조건 비교하기

OR 연산자 ||는 두 가지 조건 중 하나라도 참[true]이면 참[true]이 되는 연산입니다.

```
true || true = true
false || true = true
true || false = true
false || false = false
```

다음은 OR 연산자 ||를 이용한 네 가지 연산 예제입니다. 왼쪽, 오른쪽 피연산자 중 하나라도 true면 true가 나오는 것을 확인할 수 있습니다.

```java
public class OrOperatorEx {
    public static void main(String[] args) {
        boolean result = true || true;
        System.out.printf("%b\n", result);
        result = true || false;
        System.out.printf("%b\n", result);
        result = false || true;
        System.out.printf("%b\n", result);
        result = false || false;
        System.out.printf("%b\n", result);
    }
}
```

OrOperatorEx.java

실행 결과
```
true
true
true
false
```

NOT 연산자로 조건 비교하기

NOT 연산자는 !입니다. NOT 연산자 !는 피연산자가 한 개입니다. true 또는 false 앞에 붙이면 반대의 결과가 나옵니다.

```
!피연산자
```

NOT 연산자 !는 불리언 값을 반대로 바꿔 줍니다. true 앞에 !를 붙이면 false가 나오고 false 앞에 !를 붙이면 true가 나옵니다.

```
!true = false
!false = true
```

다음은 NOT 연산자 !를 이용해 각 논리값(true ¦¦ false)을 반대로 출력하는 예제입니다.

```java
public class NotOperatorEx {
    public static void main(String[] args) {
        boolean result = !true;
        System.out.printf("%b\n", result);
        result = !false;
        System.out.printf("%b\n", result);
    }
}
```

NotOperatorEx.java

실행 결과
```
false
true
```

조건 연산자

조건식이 참이면 표현식1을, 거짓이면 표현식2를 반환하는 **조건 연산자**도 있습니다. 조건 연산자는 다음과 같이 ?와 :로 이루어집니다.

```
변수_이름 = (조건식) ? 피연산자1 : 피연산자2;    조건식도 피연산자로 취급
```

이 식에서는 피연산자1, 피연산자2가 있어서 마치 피연산자가 두 개뿐인 것처럼 보이지만 조건식도 피연산자에 포함됩니다. 그래서 **삼항 연산자**라고도 부릅니다. 삼항 연산자 ?와 :의 역할은 다음과 같습니다.

- ?는 조건식이 참일 때 실행될 부분을 표시합니다.
- :은 조건식이 거짓일 때 실행될 부분을 표시합니다.

조건식과 피연산자1, 피연산자2의 역할은 다음과 같습니다.

- 조건식: 이 식이 참인지 거짓인지에 따라 선택이 이루어집니다.
- 피연산자1: 조건식이 참일 때 사용되는 값 또는 표현식입니다.
- 피연산자2: 조건식이 거짓일 때 사용되는 값 또는 표현식입니다.

다음 예제는 enabled 변수의 값에 따라 onOff가 "On"인지 "Off"인지 판단하는 예시입니다.

```java
public class TernaryOperatorEx {
    public static void main(String[] args) {
        int enabled = 1;
        String onOff = enabled == 1 ? "On" : "Off";
        System.out.println(onOff);
    }
}
```

TernaryOperatorEx.java

실행 결과
```
On
```

enabled == 1은 결과가 true 또는 false로 나오는 조건식입니다. 이 조건식의 결과가 true이면 "On"이 출력되고 false라면 "Off"가 출력됩니다. enabled가 1이므로 enabled == 1은 true가 됩니다. 따라서 onOff에 들어갈 값은 피연산자1인 "On"이 되어 출력됩니다.

	10	20	30	40	50	60	10	20	30	40	50	60
1회												
2회												
3회												

필수 예제

`ComparisonOperatorEx2.java`	10과 20을 비교 연산자로 연산하는 클래스
`AndOperatorEx.java`	AND 연산자로 조건을 비교하는 클래스
`OrOperatorEx.java`	OR 연산자로 조건을 비교하는 클래스
`NotOperatorEx.java`	NOT 연산자로 조건을 비교하는 클래스

용어 및 개념

☐	비교 연산자	두 개의 값(왼쪽, 오른쪽)을 비교하여 결과를 논리값으로 알려주는 연산자
☐	논리 연산자	boolean 타입을 통해 두 가지 조건을 모두 만족하거나 둘 중 하나의 조건을 만족하는 경우를 처리하고 싶을 때 그리고 결과를 부정하고 싶을 때 사용하는 연산자
☐	논리값	참(true) 또는 거짓(false)의 두 가지 상태로 표현되는 불리언 타입의 값
☐	조건 연산자	− 조건식이 참이면 표현식1을, 거짓이면 표현식2를 반환하는 연산자 − 조건식까지 포함해서 피연산자가 모두 세 개이므로 삼항 연산자라고도 지칭

명령어

```java
boolean result = a == b;
// boolean: 논리값을 나타내는 타입, ==: 두 값이 같으면 true, 다르면 false 반환
System.out.printf("%d != %d); // 두 값이 다르면 true, 같으면 false 반환
System.out.printf("%d < %d);  // 왼쪽 값이 오른쪽 값보다 작으면 true, 크거나 같으면 false 반환
System.out.printf("%d <= %d); // 왼쪽 값이 오른쪽 값보다 작거나 같으면 true, 크면 false 반환
System.out.printf("%d > %d --> %b\n", a, b, a > b);
// 왼쪽 값이 오른쪽 값보다 크면 true, 작거나 같으면 false 반환
System.out.printf("%d >= %d --> %b\n", a, b, a >= b);
// 왼쪽 값이 오른쪽 값보다 크거나 같으면 true, 작으면 false 반환
false && true = false
// &&: 두 표현식이 모두 참일 경우에만 true, 그 외에는 false를 반환하는 AND 연산자
// true: 참을 나타내는 논리값, false: 거짓을 나타내는 논리값
true || true = true
// 두 표현식 중 적어도 하나가 참이면 true, 모두 거짓이면 false를 반환하는 OR 연산자
!true = false
// 표현식의 결과를 반대로 바꾸는 NOT 연산자
// 예) true일 경우 false 반환하고, false일 경우 true 반환
```

비교, 논리 연산자 활용하기

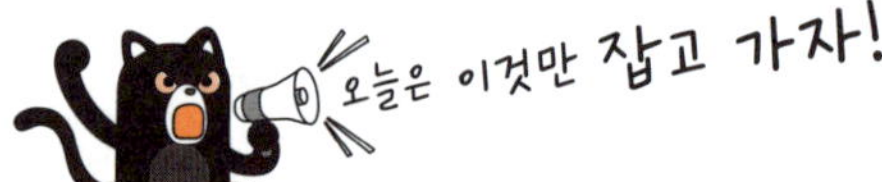

필수 예제	용어 및 개념	명령어
ComparisonArray.java	☐ 비교 연산자	`boolean`
BoilerControl.java	☐ 논리 연산자	`<` `&&` `>`
PromotionCheck.java	☐ 버블 정렬	`||`
CheckWhetherAdult.java		`!`

비교 연산자로 배열 값 간 비교하기

2, 1, 7, 9라는 숫자를 정렬할 때 비교 연산자를 이용해 정렬할 수 있습니다. 오름차순으로 정렬하려면 작은 숫자가 앞으로 오고 큰 숫자가 뒤로 가면 되고(1, 2, 7, 9) 내림차순으로 정렬하려면 큰 숫자가 앞에 오고 작은 숫자가 뒤로 가면 됩니다(9, 7, 2, 1).

정렬하는 알고리즘은 여러 가지가 있지만 **버블 정렬**bubble sort이 가장 직관적이므로 정렬을 처음 배울 때 예제로 많이 사용됩니다. 버블 정렬은 오름차순으로 정렬한다면 arr[0]과 arr[1]을 비교할 때 오른쪽이 더 작으면 교환하고 내림차순으로 정렬한다면 오른쪽이 더 클 때 교환하는 방식으로 반복해 정렬합니다.

note 비교 연산자를 이용해 교환할 것인지 의사 결정을 하는 것은 알고리즘을 깊이 들어가야 하는 부분이므로 여기서는 크기를 비교하는 과정만 알아보겠습니다.

다음은 정수 배열의 0~3에 있는 각 숫자를 옆 숫자와 비교하는 코드입니다. 오름차순으로 정렬하기 위해 왼쪽과 오른쪽을 비교해서 오른쪽이 작으면 바꾸는 로직을 반복하면 정렬됩니다. 0번과 1번, 1번과 2번, 2번과 3번에 있는 값을 **비교 연산자 >**를 이용해 비교하여 결과를 출력합니다.

```java
public class ComparisonArray {
    public static void main(String[] args) {
        int[] arr = {2, 1, 7, 9};
        System.out.printf("%d > %d = %b\n", arr[0], arr[1], arr[0] > arr[1]); ← ❶
        System.out.printf("%d > %d = %b\n", arr[1], arr[2], arr[1] > arr[2]); ← ❷
        System.out.printf("%d > %d = %b\n", arr[2], arr[3], arr[2] > arr[3]);
    }
}
```

실행 결과

```
2 > 1 = true
1 > 7 = false
7 > 9 = false
```

❶ 2, 1, 7, 9에서 0번에 있는 2와 1번에 있는 1을 >로 비교하면 오른쪽에 있는 1이 2보다 작기 때문에 true가 나옵니다.

```java
System.out.printf("%d > %d = %b\n", arr[0], arr[1], arr[0] > arr[1]);
```

❷ 반대로 1번에 있는 1과 2번에 있는 7을 >로 비교하면 오른쪽에 있는 7이 1보다 크기 때문에 false가 나옵니다.

```java
System.out.printf("%d > %d = %b\n", arr[1], arr[2], arr[1] > arr[2]);
```

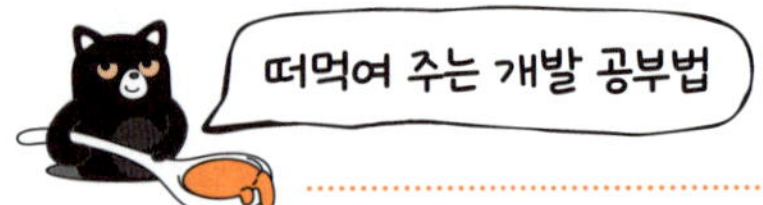

배열 요소 간에 값을 교환하는 로직은 CHAPTER 04에서 다룬 적 있습니다. 교환 로직은 다음과 같습니다.

```java
int temp = arr[0];
arr[0] = arr[1];
arr[1] = temp;
```
Swap.java

이 교환 로직은 2, 1과 같이 오른쪽이 작을 때만 실행해야 합니다. 7, 9와 같이 오른쪽이 더 클 때도 바꾼다면 정렬이 제대로 되지 않습니다. 그래서 조건(2 > 1 = true)을 만족할 때만 작업을 수행하고 조건을 만족하지 않을 때(7 > 9 = false)는 작업을 수행하지 않도록 '제어'를 해 주어야 하는데 이때 쓰는 것이 조건문입니다. 조건문을 배운 이후 실제로 정렬까지 한번 해 보겠습니다.

SOON 조건문은 317쪽에서 자세히 다룹니다.

AND 연산자로 보일러 온도 체크하기

보일러의 온도 조절기를 예로 들어 보겠습니다. 이 보일러는 물 온도와 실내 온도 두 가지를 기준으로 작동합니다. 보일러는 온도를 지정할 수 있고 그 온도보다 낮으면 보일러를 켜서 물을 데우고 실내 온도를 높입니다. 보일러는 물 온도와 실내 온도 센서를 가지고 있습니다. 이 두 가지 온도를 가지고 보일러를 작동시킬지 아니면 현재 상태를 유지할 것인지 여부를 판단하고 싶을 때 AND 연산자를 사용합니다.

보일러에 정해 놓은 조건이 물 온도 50도, 실내 온도 24도라면 보일러는 물 온도가 50도보다 낮고 (AND) 실내 온도가 24도보다 낮을 때 작동한다고 가정해 보겠습니다. 이는 두 가지 조건을 모두 만족할 때 보일러를 가동시키는 것이므로 AND 연산자를 사용할 수 있습니다.

다음은 AND 연산자 &&를 사용하여 물 온도와 실내 온도가 각각 50도, 24도 미만인지를 확인하는 예제입니다.

```java
public class BoilerControl {
    public static void main(String[] args) {
        int waterTemperature = 45;      // 물 온도
        int roomTemperature = 22;       // 실내 온도

        boolean check = waterTemperature < 50 && roomTemperature < 24;
        System.out.printf("check: %b\n", check);
    }
}
```


❶ 물 온도가 45도로 50도 미만이고(true) 실내 온도가 22도로 24도 미만(true)이므로

```java
int waterTemperature = 45;
int roomTemperature = 22;
```

❷ AND(&&) 연산의 결과인 check의 결과는 true가 됩니다. 따라서 "check: true"라는 메시지가 출력됩니다.

```java
boolean check = waterTemperature < 50 && roomTemperature < 24;
```

OR 연산자로 승진 가능 여부 확인하기

승진 기준을 예로 들어 보겠습니다. 만약 근무 연차가 5년을 초과하거나 진행한 프로젝트의 개수가 10개를 초과할 때 팀장 승진 대상이 된다고 가정해 보겠습니다. 이처럼 둘 중 하나의 조건을 만족하는 경우에는 OR 연산자 ||을 쓸 수 있습니다.

다음은 근무 연차(yearsOfExp)가 5년 초과이거나 진행 프로젝트 개수(numOfProj)가 10개 초과인지 확인하는 예제입니다.

```java
public class PromotionCheck {
    public static void main(String[] args) {
        int yearsOfExp = 8;
        int numOfProj = 12;


        boolean isPromotion = yearsOfExp > 5 || numOfProj > 10;
        System.out.printf("팀장 승진 가능 여부: %b", isPromotion);
    }
}
```


실행 결과

```
팀장 승진 가능 여부: true
```

❶ 이 경우 yearsOfExp는 8이고 numOfProj는 12이므로

```java
int yearsOfExp = 8;
int numOfProj = 12;
```

❷ 조건에 맞아 isPromotion 변수에는 true가 저장됩니다. 따라서 "팀장 승진 가능 여부: true"라는 메시지가 출력됩니다.

```java
boolean isPromotion = yearsOfExp > 5 || numOfProj > 10;
```

NOT 연산자로 미성년자 여부 확인하기

미성년자 확인을 예로 들어 보겠습니다. 다음은 사용자의 나이를 이용해 미성년자인지를 확인하는 코드입니다. userAge가 사용자의 나이입니다. 사용자의 나이가 31인 경우는 만 18세 이상 성인이므로 미성년자가 아닙니다.

```java
public class CheckWhetherAdult {
    public static void main(String[] args) {
        int userAge = 31;                    // user의 나이는 31세 ──❶
        boolean isAdult = userAge >= 18;   // 만 18세 이상
        System.out.printf("미성년자입니까? %b", !isAdult); ←──── ❷
    }
}
```


❶ isAdult에는 userAge가 18 이상이면 true 값이 들어가는데 userAge는 31입니다. 따라서 isAdult는 true입니다.

```java
int userAge = 31;
boolean isAdult = userAge >= 18;
```

❷ %b 형식 지정자를 사용하여 불리언 값을 출력하고 있으며, !isAdult를 사용하여 isAdult 변수의 값을 부정한 값을 출력하고 있습니다. 따라서 출력 결과는 "미성년자입니까? false"가 출력됩니다.

```java
System.out.printf("미성년자입니까? %b", !isAdult);
```

	10	20	30	40	50	60	10	20	30	40	50	60
1회												
2회												
3회												

필수 예제

ComparisonOperatorEx2.java	배열에 있는 각 숫자를 옆 숫자와 비교하는 클래스
BoilerControl.java	AND 연산자로 보일러 온도를 체크하는 클래스
PromotionCheck.java	OR 연산자로 승진 가능 여부를 확인하는 클래스
CheckWhetherAdult.java	NOT 연산자로 미성년자 여부를 확인하는 클래스

용어 및 개념

☐	비교 연산자	두 개의 값(왼쪽, 오른쪽)을 비교하여 결과를 논리값으로 알려주는 연산자
☐	논리 연산자	boolean 타입을 통해 두 가지 조건을 모두 만족하거나 둘 중 하나의 조건을 만족하는 경우를 처리하고 싶을 때 그리고 결과를 부정하고 싶을 때 사용하는 연산자
☐	버블 정렬	– 오름차순의 경우 arr[0]과 arr[1]을 비교할 때 오른쪽이 더 작으면 교환하고, 내림차순의 경우 오른쪽이 더 크면 교환하는 방식으로 반복해 정렬하는 방식 – 가장 직관적이므로 정렬을 처음 배울 때 예제로 많이 사용됨

명령어

```java
boolean check = waterTemperature < 50 && roomTemperature < 24;
// boolean: 논리값을 나타내는 타입
// <: 왼쪽 값이 오른쪽보다 작으면 true, 크거나 같으면 false 반환
// &&: 두 표현식이 모두 참이면 true, 그 외에는 false 반환하는 AND 연산자
boolean isPromotion = yearsOfExp > 5 || numOfProj > 10;
// >: 왼쪽 값이 오른쪽보다 크면 true, 작거나 같으면 false 반환
// ||: 두 표현식 중 적어도 하나가 참이면 true, 모두 거짓이면 false를 반환하는 OR 연산자
System.out.printf("미성년자입니까? %b", !isAdult);
// 표현식의 결과를 반대로 바꾸는 NOT 연산자
```

제어문

조건문과 반복문을 제어문이라고 합니다. 제어문은 순서대로 실행되는 코드에 변화를 주는 명령입니다. 자바는 코드를 위에서 아래로 순서대로 실행합니다. 하지만 특정 조건일 때만 실행하거나 실행하지 않거나 반복을 해야 하는 경우가 있습니다. 이럴 때 제어문을 사용합니다.

if문 알아보기

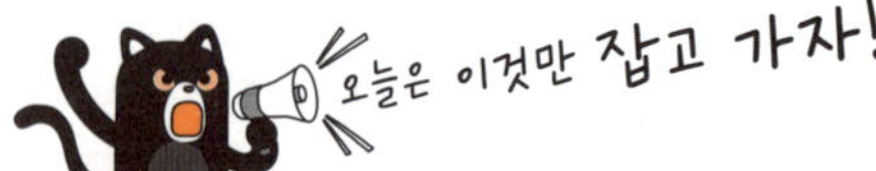

필수 예제	용어 및 개념		명령어
IfComparisonOperation.java	☐ (명령)문	☐ 제어 구조	if
IfLogicalOperation.java	☐ 제어문	☐ 조건문	else if
ElseExam.java	☐ 반복문	☐ if문	else
GetGrade.java	☐ if-else문	☐ if-else if문	

프로그래밍 언어를 배우다 보면 if문, for문, switch-case문, while문 등 '○○문'이라는 말을 자주 접하게 될 것입니다. **문**statements이란 프로그램의 실행 단위입니다. 이 문들이 모인 것이 **프로그램**program이며, 문을 순서에 맞게 나열한 것이 **프로그래밍**programing입니다.

문은 변수를 선언하거나 변수에 값을 지정하고 제어하는 작업을 하도록 컴퓨터에게 내리는 명령입니다. 따라서 문을 **명령문**이라고도 부릅니다. 앞에서 우리가 변수를 선언하거나, 변수에 값을 할당했을 때 작성한 코드가 바로 문입니다.

```java
int x = 1;  // 변수 선언과 값 할당을 포함하는 문입니다.
x = x + 2;  // 값을 할당하는 문입니다.
```

다음 두 가지 코드 역시 문으로 앞으로 배울 조건문 if와 반복문 for입니다. 조건문과 반복문은 각각 중괄호{} 블록 앞에 if( ), for( )와 같이 제어 구조를 포함하고 있습니다.

```java
if (x > 10) {                    // 제어 구조(if)를 포함하는 문입니다.
    System.out.println("x는 10보다 큽니다.");
}
```

```java
for (int i = 0; i < 10; i++) { // 제어 구조(for)를 포함하는 문입니다.
    System.out.println(i);       // i가 0~9까지 변함
}
```

제어 구조control structure란 말 그대로 프로그램의 실행 순서나 흐름을 제어하는 것을 의미합니다. 이와 같은 제어 구조를 가지고 있는 문을 **제어문**control flow statements이라고 합니다. 제어문은 크게 조건문과 반복문 두 가지로 나뉩니다. **조건문**conditional statements은 조건을 만족하는지 하지 않는지에 따라 선택적으로 실행하고자 할 때 사용되는 문장입니다. **반복문**iteration statements은 조건에 따라 특정 동작을 반복할 때 사용합니다.

제어문	
조건문	반복문
if문	for문
switch~case문	while문

다양한 제어문 중에서 가장 많이 사용하는 if문부터 알아보겠습니다. **if문**은 논리 연산이나 비교 연산의 결과로 true 또는 false 값이 나오면 이 값을 기준으로 코드를 실행할 것인지 하지 않을 것인지를 제어하는 조건문입니다.

타입을 배울 때 지하철 개찰구의 예를 들었습니다. '잔액이 충분한가?', '결제가 됐는가?' 등의 조건에 따라 개찰구 통과 여부를 결정하는데 if문이 쓰인다고 했습니다.

BACK 지하철 개찰구 예시는 188쪽을 참고하세요.

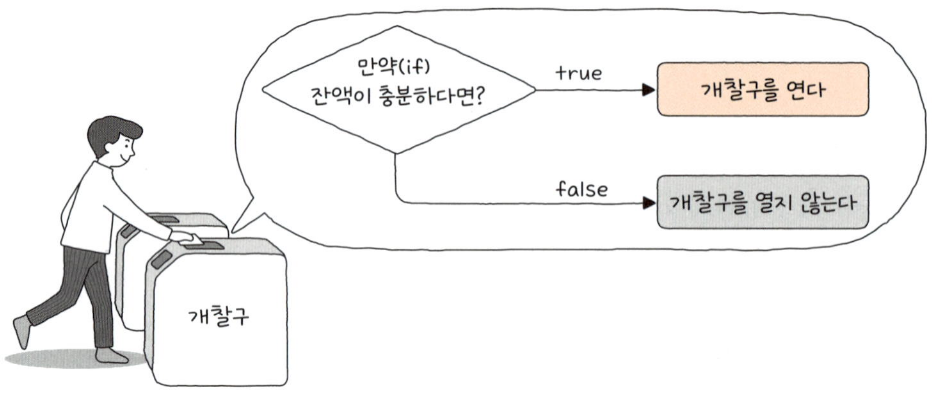

이와 같이 조건에 따라 처리하는 프로그램의 진행을 변화시킬 때 if문을 사용합니다.

if문 사용하기

if문은 세 부분으로 구성되어 있습니다. 먼저 if로 시작하고 그 뒤 소괄호( ) 안에 true 또는 false의 **논리값**boolean type을 받는 부분이 나오고 이어서 중괄호{} 블록이 나옵니다. 그리고 소괄호 안의 논리값이 true일 때 중괄호 블록 안에 있는 코드를 실행합니다.

```
if (논리값) {
    논리값이_참(true)일_때_실행되는_코드
}
```

다음 두 예제는 괄호 안에 들어가는 논리값에 따라 중괄호 블록의 코드가 실행되는지 안 되는지를 확인해 보는 코드입니다. 먼저 소괄호 안에 들어가는 논리값이 true인 경우부터 살펴보겠습니다.

```java
public class IfTrueExam {
    public static void main(String[] args) {
        if (true) {
            System.out.println("항상 실행됩니다.");
        }
    }
}
```

IfTrueExam.java

실행 결과

항상 실행됩니다.

소괄호 안에 들어가는 논리값이 true이므로 중괄호 블록에 있는 코드가 실행되었습니다.

이어서 소괄호 안에 들어가는 논리값이 false인 경우를 살펴보겠습니다.

```java
public class IfFalseExam {
    public static void main(String[] args) {
        if (false) {
            System.out.println("실행되지 않습니다.");
        }
    }
}
```
IfFalseExam.java

소괄호 안에 들어가는 논리값이 false이므로 중괄호 블록에 있는 코드는 실행되지 않았습니다.

비교 연산으로 논리값 받기

if문의 소괄호 안에는 논리값이 들어갈 수 있습니다. 따라서 **불리언**boolean으로 결과가 나오는 비교 연산이나 논리 연산도 들어갈 수 있습니다.

다음은 비교 연산의 결과를 이용하여 사용자 나이에 따라 성인인지 미성년자인지를 판별하는 예제입니다.

```java
public class IfComparisonOperation {
    public static void main(String[] args) {
        int age = 20;
        boolean isAdult = age >= 18;      // boolean 타입 변수 선언
        if (isAdult) {                    // 변수를 if문의 입력 값으로 사용
            System.out.println("성인입니다.");
        }

        if (age < 18) {                   // 비교 연산을 if문의 입력 값으로 사용
            System.out.println("미성년자입니다.");
        }
    }
}
```
IfComparisonOperation.java

실행 결과

성인입니다.

❶ isAdult라는 boolean 타입의 변수를 선언하고 나이가 18 이상인지를 확인하여 그 결과를 저장합니다. age가 18 이상이면 isAdult는 true가 되고 그렇지 않으면 false가 됩니다.

```java
boolean isAdult = age >= 18;
```

❷ 첫 번째 if문에서 isAdult 값이 true인지 확인합니다. 이 코드를 실행하면 age가 20이므로 첫 번째 if문의 논리값은 true가 되어 "성인입니다."라는 메시지를 콘솔에 출력합니다.

```java
if (isAdult) {
    System.out.println("성인입니다.");
}
```

❸ 두 번째 if문에서 age가 18 미만인지 확인합니다. 이 코드에서 age는 20이므로 age < 18 연산의 결과는 false가 되어 중괄호{} 안에 있는 코드가 실행되지 않기 때문에 "미성년자입니다."는 출력되지 않습니다.

```java
if (age < 18) {
    System.out.println("미성년자입니다.");
}
```

논리 연산으로 논리값 받기

논리 연산의 결과로 논리값(true 또는 false)이 나오므로 if문의 소괄호 안에 논리 연산 역시 사용할 수 있습니다. 보통 두 가지 이상의 조건을 조합하여 조건문을 구성할 때 사용합니다.

다음은 논리 연산을 if문의 소괄호 안에 넣어 실행 여부를 제어하는 예제입니다.

```java
public class IfLogicalOperation {
    public static void main(String[] args) {
        int x = 5;
        int y = 10;

        if (x > 0 && y > 0) {                    ❶
            System.out.println("x와 y는 모두 양수입니다.");
        }

        if (x > 0 || y > 0) {                    ❷
            System.out.println("x와 y 중 적어도 하나는 양수입니다.");
        }

        if (!(x > 0)) {                          ❸
            System.out.println("x는 음수 또는 0입니다.");
        }
    }
}
```

실행 결과

```
x와 y는 모두 양수입니다.
x와 y 중 적어도 하나는 양수입니다.
```

❶ 첫 번째 if문에서 x > 0 && y > 0 조건을 검사합니다. x와 y 모두 0보다 큰 양수이므로 이 조건은 true입니다. 따라서 "x와 y는 모두 양수입니다."를 출력합니다.

```java
if (x > 0 && y > 0) {
```

❷ 두 번째 if문에서 x > 0 || y > 0 조건을 검사합니다. x 또는 y 중 하나 이상이 양수이므로 이 조건도 true입니다. 따라서 "x와 y 중 적어도 하나는 양수입니다."를 출력합니다.

```java
if (x > 0 || y > 0) {
```

❸ 세 번째 if문에서 !(x > 0) 조건을 검사합니다. x가 양수이므로 x > 0은 true, 부정인 !(x > 0)은 false입니다. 따라서 이 조건문 내의 코드는 실행되지 않습니다.

```java
if (!(x > 0)) {
```

else 사용하기

if (논리값) {} 형식을 이용하면 입력된 논리값에 따라 중괄호 블록 실행 여부만 결정합니다. 하지만 입력된 논리값이 true일 때와 false일 때 각각 다르게 처리해야 할 때가 있습니다.

지하철 개찰구의 예를 다시 들어 보겠습니다. 교통 카드를 찍었을 때 잔액이 충분하면 금액이 차감이 되지만 충분하지 않은 경우에는 "잔액이 부족합니다."라는 음성이 재생되어야 합니다. 이처럼 논리값에 따라 처리를 달리하고 싶을 때 else를 사용합니다.

else는 다음과 같이 if와 함께 사용합니다. else 뒤에 나오는 중괄호 블록은 소괄호 안에 입력받은 논리값이 false일 때 작동하는 영역입니다.

```
if (논리값) {
    논리값이_참(true)일_때_실행되는_코드
} else {
    논리값이_거짓(false)일_때_실행되는_코드
}
```

다음은 소괄호 안의 논리값이 false일 때 else 뒤 중괄호 블록에 있는 코드가 실행되는 것을 보여주는 예시입니다.

```java
boolean checkFalse = false;
if (checkFalse) { // 논리값이 false인 경우
    System.out.println("true입니다.");
} else {
    System.out.println("false입니다.");
}
```

if문의 논리값(checkFalse)이 false이므로 else 다음에 오는 중괄호 블록 안에 있는 코드가 실행되어 "false입니다."가 출력됩니다.

이제 지하철 개찰구에 else를 적용해 보겠습니다. 다음은 교통 카드에 있는 잔액을 확인해서 승차를 처리하는 예제입니다.

```java
public class ElseExam {
    public static void main(String[] args) {
        int account = 1400;
        if (account >= 1500) {
            System.out.println("잔액을 차감합니다.");
        } else {
            System.out.println("'잔액이 부족합니다.'를 재생합니다.");
        }
    }
}
```


잔고(account)가 1400이기 때문에 if문에서 논리값으로 받는 **account >= 1500**이 false가 됩니다. 따라서 else 블록의 코드가 실행되어 "'잔액이 부족합니다.'를 재생합니다."가 출력되었습니다.

if문을 중첩하지 않고 else문을 사용해야 하는 이유

else를 쓰지 않는다면 여러 개의 조건 중 한 개만 실행해야 하는 상황에서 여러 개의 조건을 만족하여 의도치 않은 코드가 실행될 수 있습니다. 다음 예시를 살펴봅시다. 이 코드의 설명을 확인하기 전에 어떤 결과가 나올지 꼭 먼저 예측해 보세요.

```java
int score = 81;

if (score >= 90) {
    System.out.println("A");
} if (score >= 80) {
    System.out.println("B");
} if (score >= 70) {
    System.out.println("C");
}
```

score는 81점이므로 "B"가 출력되어야 합니다. 하지만 결과로는 "B", "C"가 출력됩니다. 왜냐하면 if (score >= 70) 조건도 만족하므로 "C"도 출력되기 때문입니다. 이런 문제가 있으므로 if만으로는 여러 조건을 제어하기 어렵습니다.

else if 사용하기

if와 else를 사용하면 주어진 조건이 true일 때와 false일 때 두 가지를 다르게 처리할 수 있습니다. 즉, 자리를 바꿀 것인지 말 것인지, 짝수인지 홀수인지 등 특정 조건이 한 가지 있고, 그 조건이 true면 if 블록을 실행하고 false이면 else 블록을 실행하는 양자택일의 상황을 처리할 수 있습니다.

하지만 조건이 여러 개인 경우를 처리하기는 불편합니다. if () {} else {} 안에 또 if () {} else {}를 써야 하기 때문이죠. 이러면 코드 또한 복잡해집니다. 실제로 그런지 예시를 살펴보겠습니다.

다음 예시는 if와 else만을 이용하여 점수에 따라 등급을 부여하는 코드입니다. else {} 영역 안에 if () {} else {}가 들어가고 또 else 안에 if () {} else {}가 들어가는 형태이기 때문에 가독성이 좋지 않고 코드를 짜는 것도 불편합니다.

```java
int score = 75;

if (score >= 90) {
    System.out.println("A");
} else {
    if (score >= 80) {
        System.out.println("B");
    } else {
        if (score >= 70) {
            System.out.println("C");
        } else {
            System.out.println("F");
        }
    }
}
```

이런 문제를 해결하기 위해 else if를 씁니다. else if를 쓰면 조건을 여러 개 쓰면서도 보기 좋게 코드를 만들 수 있습니다. 또한 if, else if, else 중 한 개만 실행되는 것이 보장됩니다.

else if는 다음과 같이 else의 상황, 즉 이전 조건문이 거짓일 때 새로운 논리값을 받아 실행할 부분을 제어할 수 있습니다.

```java
if (논리값1) {
    논리값1이_참일_때_실행되는_코드
} else if (논리값2) {
    논리값2가_참일_때_실행되는_코드
...
} else if (논리값n) {
    논리값n이_참일_때_실행되는_코드
} else {
    모든_논리값이_거짓일_때_실행되는_코드
}
```

else if는 else에 if가 합쳐진 것이라고 생각하면 편합니다. 그래서 if (논리값1) {} 이후에 else if가 나오고 그 뒤 소괄호() 안에 또 다른 (논리값2)가 들어가는 형태를 가집니다. else if를 여러 번 써서 여러 개의 논리값 또는 조건에 따라 다른 처리를 수행할 수 있습니다. 마지막에는 else로 처리합니다. 왜냐하면 보통 마지막에는 더 이상 확인해야 할 조건이 없기 때문입니다.

이제 앞서 살펴본 예시에 else if를 적용해 보겠습니다. 다음은 if, else if, else를 이용하여 학생의 점수로 등급을 출력하는 예제입니다.

```java
public class GetGrade {                                    GetGrade.java
    public static void main(String[] args) {
        int score = 75;

❶ ──→ if (score >= 90) {          // false
            System.out.println("A");
❷ ──→ } else if (score >= 80) {    // false
            System.out.println("B");
❸ ──→ } else if (score >= 70) {    // true
            System.out.println("C");
        } else {
            System.out.println("F");
        }
    }
}
```

실행 결과

```
C
```

❶ 가장 먼저 if (score >= 90) 조건을 검사합니다. score는 90보다 작으므로 이 조건은 false입니다. 첫 번째 조건이 false이므로 등급을 "A"를 줄 수 없습니다.

```
if (score >= 90) {
```

❷ 두 번째 조건을 검사합니다. else if (score >= 80)에서 score는 80보다 작으므로 이 조건도 false입니다.

```
} else if (score >= 80) {
```

❸ 두 번째 조건이 false이므로 else if (score >= 70) 조건을 검사합니다. score는 75로 70보다 크거나 같으므로 이 조건은 true입니다. 따라서 System.out.println("C");가 실행되어 "C"가 출력되었습니다.

else if를 사용하면 여러 조건이 있어도 한 가지 조건만 만족하는 코드를 실행할 수 있습니다. 이제 CHAPTER 03에 남겨 두었던 지하철 개찰구 문제를 해결해 봅시다. 플로차트의 내용을 if, else if, else를 활용하여 구현해 보세요.
↻ 188쪽의 〈true와 false를 저장하는 boolean 타입〉을 다시 살펴보세요.

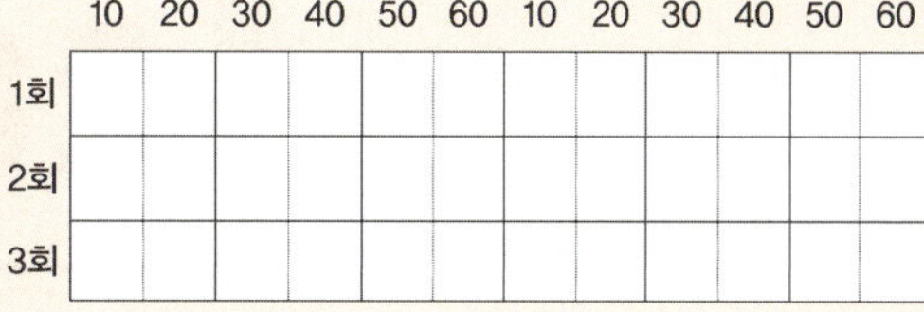

	10	20	30	40	50	60	10	20	30	40	50	60
1회												
2회												
3회												

필수 예제

IfComparisonOperation.java	if문으로 성인 여부를 판별하는 클래스
IfLogicalOperation.java	if문에 논리 연산을 넣은 클래스
ElseExam.java	else문으로 잔액 확인 후 승차 처리하는 클래스
GetGrade.java	else if문으로 학생 점수를 등급으로 출력하는 클래스

용어 및 개념

☐	(명령)문	프로그램의 실행 단위로, 문들이 모인 것을 프로그램, 문을 순서에 맞게 나열하는 것을 프로그래밍이라고 하며, 변수를 선언하거나 변수에 값을 지정하고 제어하는 작업을 하도록 컴퓨터에게 내리는 명령이라고 할 수 있어 '명령문'이라고도 함
☐	제어 구조	프로그램의 실행 순서나 흐름을 제어하는 것
☐	제어문	프로그램의 실행 순서나 흐름을 제어하는 제어 구조를 가지고 있는 문
☐	조건문	조건을 만족하는지 여부에 따라 선택적으로 실행할 때 사용하는 문
☐	반복문	조건에 따라 특정 동작을 반복할 때 사용하는 문
☐	If문	논리 연산이나 비교 연산의 결과로 true 또는 false 값이 나오면 이 값을 기준으로 코드를 실행할 것인지 여부를 제어하는 조건문

명령어

```
if (논리값) {                  // 불리언 값을 기준으로 코드 실행 여부를 제어하는 조건문
    논리값이 참일 때 실행되는 코드
} else if (논리값) {           // 논리값이 false일 때 새로운 if문을 실행하는 조건문
    논리값가 참일 때 실행되는 코드
} else {                       // 논리값이 false일 때 코드를 실행하는 조건문
    모든 논리값이 거짓일 때 실행되는 코드
}
```

필수 예제	용어 및 개념	명령어
OddEven.java	☐ if문	if
CompanyHRSystem.java	☐ if-else if문	else if
IfSwap.java	☐ if-else문	else
IfElseIfExample.java		

홀수인지 짝수인지 판단하기

if와 else를 이용하여 숫자가 홀수인지 짝수인지 판단할 수 있습니다. 홀수인지 짝수인지는 나머지 연산자 %를 이용하여 2로 나눈 결과로 판단할 수 있습니다. 2로 나누었을 때 나머지가 0이라면 짝수이고, 나머지가 0이 아니라면 홀수입니다.

다음은 num이 짝수인지 홀수인지를 알려 주는 예제입니다. if문을 이용하고 논리값에는 num을 2로 나눈 나머지가 0인지를 구하는 연산이 들어갑니다.

```java
public class OddEven {
    public static void main(String[] args) {
        int num = 1;
        if (num % 2 == 0) { // 2로 나누었을 때 나머지가 0인지 확인
            System.out.println("짝수입니다.");
        } else {
            System.out.println("홀수입니다.");
        }
    }
}
```


실행 결과

```
홀수입니다.
```

num은 1이기 때문에 num % 2의 결과는 1입니다. 그러므로 **num % 2 == 0**은 false이고 else 블록이 실행되어 "홀수입니다."가 출력됩니다.

note 홀수인지 짝수인지를 구하는 코드는 알고리즘 입문 난이도 문제에서 주로 등장합니다.

승진 대상자 확인하기

CHAPTER 05에서 OR 연산자를 이용하여 승진 가능 여부 예제를 살펴보았습니다. **BACK** 승진 가능 여부 예시는 311쪽을 참고하세요. 이번에는 그 예제에 if문을 적용하여 근무 연차와 완료한 프로젝트 개수를 입력하면 팀장 승진 여부를 알려 주는 프로그램을 직접 만들어 봅시다. 직원의 근무 연차는 yearsOfExp 변수, 완료한 프로젝트 개수는 numOfProj 변수를 사용합니다. 입력 값과 실행 결과 예시는 다음과 같습니다.

입력 값	실행 결과
8 12 [Enter]	팀장 승진 대상입니다.
5 10 [Enter]	팀장 승진 대상이 아닙니다.
5 11 [Enter]	팀장 승진 대상입니다.
6 10 [Enter]	팀장 승진 대상입니다.

hint 해당 예제에서는 근무 연차가 5년을 초과하거나 진행한 프로젝트 개수가 10개를 초과할 때 '팀장 승진 대상'이라고 가정했습니다. 두 조건을 or(||) 연산을 이용해 하나의 조건문으로 만들어 if문을 구성할 수 있습니다.

hint 입력 값은 "8 12", "5 10"과 같이 공백으로 구분된 두 개의 숫자가 한 줄로 들어오는 형태입니다. 띄어쓰기를 기준으로 숫자를 입력받는 문제는 Scanner 클래스의 nextInt() 메서드를 여러 번 쓰는 방식으로 구현할 수 있습니다.

직접 프로그램을 만들어 보았다면 다음 코드를 확인해 봅시다.

```java
import java.util.Scanner;

public class CompanyHRSystem {
    public static void main(String[] args) {
        Scanner sc = new Scanner(System.in);
        int yearsOfExp = sc.nextInt();
        int numOfProj = sc.nextInt();

        if (yearsOfExp > 5 || numOfProj > 10) {
            System.out.printf("팀장 승진 대상입니다.");
        } else {
            System.out.printf("팀장 승진 대상이 아닙니다.");
        }
    }
}
```

CompanyHRSystem.java

실행 결과

```
5 11 Enter
팀장 승진 대상입니다.
```

근무 연차가 5년 초과 또는 완료한 프로젝트 개수가 10회 초과인지 확인합니다. 둘 중 하나라도 true면 "팀장 승진 대상입니다."를 출력하고, 그렇지 않으면 "팀장 승진 대상이 아닙니다."를 출력합니다.

여기에서는 입력 값을 5 11로 입력했기 때문에 앞의 조건인 연차에서는 false이지만 프로젝트 개수가 10회가 넘는 11회이므로 true가 나옵니다.

or(||) 연산을 했기 때문에 둘 중 하나만 true여도 true가 되므로 if 조건 다음에 나오는 중괄호 블록의 코드가 실행되어 "팀장 승진 대상입니다."가 출력됩니다.

배열에서 자리 바꾸기

비교 연산자를 다룰 때 배열의 요소별로 크기를 비교하는 방법을 배웠습니다.

```java
int temp = arr[0];
arr[0] = arr[1];
arr[1] = temp;
```

Swap.java

이번에는 true 또는 false로 나온 결과를 이용하여 true가 나왔다면 자리를 바꾸는 로직을 실행하고 fasle가 나왔다면 실행하지 않도록 if문을 구성해 보겠습니다.

배열, 비교 연산자에 관한 이해가 필요하므로 아직 이 두 가지가 익숙하지 않다면 216쪽 〈배열 알아보기〉와 299쪽 〈비교 연산자, 논리 연산자, 조건 연산자 알아보기〉를 다시 살펴보세요.

다음은 〈비교 연산자로 배열 값 간 비교하기〉에서 다루었던 0번 인덱스에 있는 2와 1번 인덱스에 있는 1을 **비교 연산자 〉**를 이용하여 왼쪽에 있는 값이 큰지를 비교하는 코드입니다. **BACK** 308쪽을 참고하세요.

```java
int[] arr = {2, 1, 7, 9};
System.out.printf("%d > %d = %b\n", arr[0], arr[1], arr[0] > arr[1]);
```
Swap.java

여기서 주목할 코드는 printf( ) 끝 부분에 있는 arr[0] 〉 arr[1]입니다. 이 부분이 실제로 값을 비교하는 부분입니다. 이 코드는 왼쪽이 2, 오른쪽이 1이므로 오른쪽이 더 작습니다. 자리를 바꾸는 로직은 정렬할 때 씁니다. 뒤로 갈수록 값이 커지는 오름차순(1234…)으로 정렬할 때는 작은 값이 앞으로 와야 하므로 2와 1의 자리를 바꿔 주어야 합니다.

비교 연산자 〉를 이용하여 비교 연산을 한 후 연산 결과에 따라 자리를 바꿀 것인지 그대로 둘 것인지를 if를 통해 제어해 보겠습니다. arr[0] 〉 arr[1]를 if문의 소괄호 안에, 앞서 설명한 자리 교환 코드를 중괄호 블록 안에 넣으면 됩니다. 다음 코드를 살펴봅시다.

```java
import java.util.Arrays;

public class IfSwap {
    public static void main(String[] args) {
        int[] arr = {2, 1, 7, 9};

        if (arr[0] > arr[1]) {
            int temp = arr[0];
            arr[0] = arr[1];
            arr[1] = temp;
        }
        System.out.println(Arrays.toString(arr));
    }
}
```
IfSwap.java

실행 결과
```
[1, 2, 7, 9]
```

배열의 초기 상태는 {2, 1, 7, 9}인데, 2가 1보다 크기 때문에 교환되었습니다. Arrays. toString(arr) 메서드를 사용하여 배열을 문자열로 변환하고, 그 결과를 출력합니다. 따라서 실행 결과로 [1, 2, 7, 9]가 출력되었습니다.

병원 진료 부위 확인하기

다음은 주어진 hospitalName(병원 이름)을 이용하여 신체의 어느 부위를 진료하는 병원인지를 판단하여 알려 주는 간단한 예제입니다. 앞에서 배운 contains( ) 메서드를 사용하여 문자열에 특정 단어가 포함되어 있는지를 확인하고, if–else if 구조를 사용하여 여러 조건을 검사합니다.

```java
public class IfElseIfExample {
    public static void main(String[] args) {
        String hospitalName = "분당 화이트 치과";

❶      if (hospitalName.contains("이비인후과")) {
            System.out.println("귀, 코, 목");
❷      } else if (hospitalName.contains("치과")) {
            System.out.println("치아");
❸      } else if (hospitalName.contains("안과")) {
            System.out.println("눈");
❹      } else if (hospitalName.contains("정형외과")) {
            System.out.println("뼈");
❺      } else {
            System.out.println("기타");
        }
    }
}
```

IfElseIfExample.java

실행 결과

치아

이 코드는 다음과 같은 로직을 가집니다.

❶ 만약 hospitalName(병원 이름)에 이비인후과가 포함되어 있다면 "귀, 코, 목"을 출력합니다.

```java
if (hospitalName.contains("이비인후과")) {
    System.out.println("귀, 코, 목");
```

❷ 그렇지 않고 **치과**가 포함되어 있다면 **"치아"**를 출력합니다.

```java
    } else if (hospitalName.contains("치과")) {
        System.out.println("치아");
```

❸ 그렇지 않고 **안과**가 포함되어 있다면 **"눈"**을 출력합니다.

```java
    } else if (hospitalName.contains("안과")) {
        System.out.println("눈");
```

❹ 그렇지 않고 **정형외과**가 포함되어 있다면 **"뼈"**를 출력합니다.

```java
    } else if (hospitalName.contains("정형외과")) {
        System.out.println("뼈");
```

❺ 어떤 조건도 만족하지 않는 경우에는 **"기타"**를 출력합니다.

```java
    } else {
        System.out.println("기타");
```

여기에서 hospitalName은 "분당 화이트 치과"이고 "치과"가 포함되어 있으므로 "치아"를 치료하는 병원이라는 것을 알 수 있습니다. hospitalName이 "으뜸 정형외과"였다면 "정형외과"가 포함되어 있으므로 "뼈"가 출력될 것입니다.

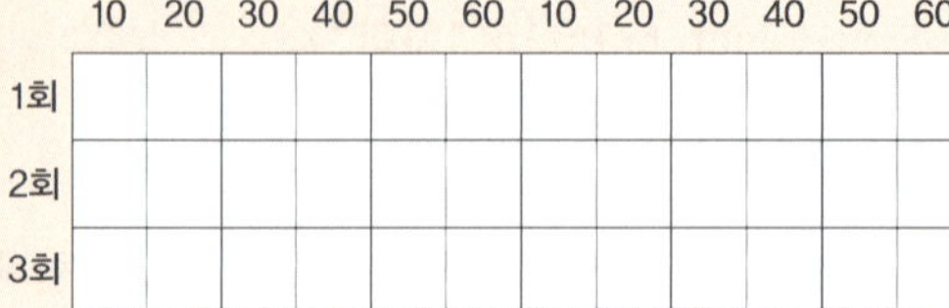

	10	20	30	40	50	60	10	20	30	40	50	60
1회												
2회												
3회												

필수 예제

OddEven.java	if문으로 홀수인지 짝수인지 판별하는 클래스
CompanyHRSystem.java	else문으로 승진 대상자를 판별하는 클래스
IfSwap.java	if문으로 배열에서 자리를 바꾸는 클래스
IfElseIfExample.java	else if문으로 병원 진료 부위를 확인하는 클래스

용어 및 개념

	if문	논리 연산이나 비교 연산의 결과로 true 또는 false 값이 나오면 이 값을 기준으로 코드를 실행할 것인지 여부를 제어하는 조건문
	if–else문	– 주어진 조건이 true일 때와 false일 때 두 가지를 다르게 처리할 수 있음 – else는 if와 함께 사용되며, else 뒤에 나오는 중괄호 블록은 if의 조건식이 false일 때 작동
	if–else if문	– 조건을 여러 개 쓰면서도 보기 좋게 코드를 만들고 싶을 때 사용 – else if는 else의 상황, 즉 이전 조건문이 거짓일 때 새로운 논리값을 받아 실행할 부분을 제어할 수 있음

명령어

```java
if (hospitalName.contains("이비인후과")) {
// 불리언 값을 기준으로 코드 실행 여부를 제어하는 조건문
...
} else if (hospitalName.contains("치과")) {
// 논리값이 false일 때 새로운 if문을 실행하는 조건문
...
} else {
// 논리값이 false일 때 코드를 실행하는 조건문
...
}
```

swith-case문 알아보기

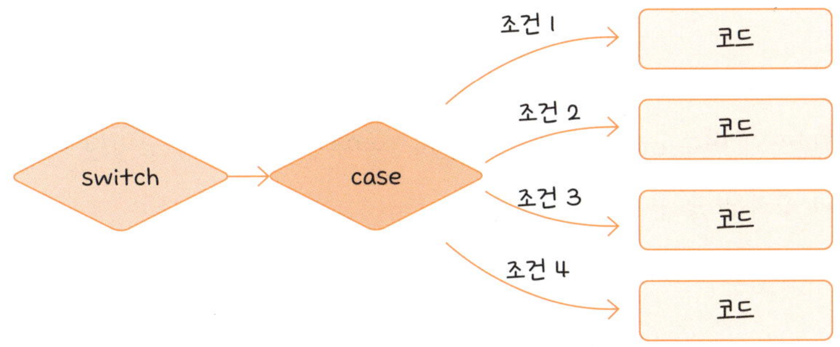

필수 예제	용어 및 개념	명령어
SwitchCaseDayOfWeek.java	☐ switch-case문	switch
SwitchCaseSeason3.java	☐ 표현식	case
NewSwitchCaseSeason.java	☐ switch 표현식	break
NewSwitchCaseDaysOfMonth.java		->

switch-case문은 if문과 사용법이 비슷하지만 한 개의 값을 가지고 여러 개의 조건을 묶어서 처리할 때 사용하면 좋은 조건문입니다.

코드를 살펴보면서 switch-case문이 필요한 상황을 설명하겠습니다. '월'을 입력했을 때 계절을 알려 주는 예제입니다. 한국은 사계절이 있습니다. 봄과 가을은 비교적 짧지만 그래도 구분해 보면 12 · 1 · 2월은 겨울이고, 3 · 4 · 5월은 봄, 6 · 7 · 8월은 여름, 9 · 10 · 11월은 가을이라고 할 수 있습니다. 표로 정리해 보면 다음과 같습니다.

월	계절
12, 1, 2	겨울
3, 4, 5	봄
6, 7, 8	여름
9, 10, 11	가을

표와 같이 이때 '월'을 '계절'로 바꿔서 알려 주는 코드를 다음과 같이 비교 연산자와 논리 연산자 or(¦¦) 그리고 if문을 이용하여 만들 수 있습니다.

```java
int month = 11;
if (month == 12 ¦¦ month == 1 ¦¦ month == 2) {
    System.out.println("겨울");
} else if (month == 3 ¦¦ month == 4 ¦¦ month == 5) {
    System.out.println("봄");
} else if (month == 6 ¦¦ month == 7 ¦¦ month == 8) {
    System.out.println("여름");
} else if (month == 9 ¦¦ month == 10 ¦¦ month == 11) {
    System.out.println("가을");
} else {
    System.out.println("해당하는 계절이 없습니다");
}
```

이처럼 if문을 이용해서도 만들 수 있습니다. 그러나 month == 12 ¦¦ month == 1 ¦¦ month == 2와 같이 OR 연산자와 변수 month, 비교 연산자 ==이 반복되는데, 코딩할 때 번거롭고 코드를 읽을 때 가독성이 좋지 않습니다.

이럴 때 **switch-case문**을 쓰면 month ==와 or(¦¦) 연산자를 반복해서 쓰지 않아도 됩니다. 그렇다면 어떻게 switch-case문을 사용할 수 있을까요? 지금부터 그 사용 방법을 알아보겠습니다.

switch-case문 사용 방법

switch-case문은 다음과 같이 변수 또는 식(x + 1, x * x 등)을 입력받고 변수 값이나 식의 결과 값을 이용하여 결과 값에 해당하는 case문을 찾아 해당 case문에 있는 코드를 실행합니다.

```
switch (변수_또는_식) {
    case 값1:
        변수_또는_식의_연산_결과가_값1에_해당하는_경우_실행할_코드
        break;
    case 값2:
        변수_또는_식의_연산_결과가_값2에_해당하는_경우_실행할_코드
        break;
    ...
    case 값n:
    default:
        해당하는_값이_없는_경우_실행할_코드
}
```

자세한 원리는 이렇습니다. switch문의 소괄호 안에서 변수 값이나 조건식, 혹은 연산 결과 값을 확인합니다. 그런 다음 그 값과 일치하는 case문의 코드를 실행합니다. 코드를 실행하는 중 break;를 만나면 코드 실행을 종료하고 switch문을 빠져 나옵니다. 참고로 case문의 개수는 제한이 없습니다. 필요하다면 원하는 만큼 추가할 수 있습니다.

다만 switch-case문을 사용할 때 두 가지 주의 사항이 있습니다.

첫째, switch문의 소괄호 안의 값 또는 연산 결과 값의 타입이 제한적입니다.

switch문 소괄호 안의 값 또는 연산 결과 값의 타입으로는 byte, short, char, int, enum, String만 가능하다는 것입니다. float, double과 같이 소수점은 불가능하고 사용자가 만든 클래스인 참조 타입도 불가능합니다. SOON enum에 대한 자세한 내용은 624쪽을 참고하세요.

둘째, break를 쓰지 않으면 switch문을 빠져 나가지 못합니다.

break;를 쓰지 않으면 switch문을 빠져 나가지 못해 다음 break;를 만날 때까지 switch문 중괄호 블록의 모든 코드를 실행합니다.

다음은 숫자를 입력하면 요일을 알려 주는 기능을 switch-case문을 이용하여 구현한 예제입니다. 1이 월요일이고, 2가 화요일 그리고 7이 일요일입니다.

```java
public class SwitchCaseDayOfWeek {
    public static void main(String[] args) {
        int dayOfWeek = 4; // 1: 월요일, 2: 화요일, ... , 7: 일요일

        switch (dayOfWeek) {
            case 1:
                System.out.println("월요일");
                break;
            case 2:
                System.out.println("화요일");
                break;
            case 3:
                System.out.println("수요일");
                break;
            case 4:
                System.out.println("목요일");
                break;
            case 5:
                System.out.println("금요일");
                break;
            case 6:
                System.out.println("토요일");
                break;
            case 7:
                System.out.println("일요일");
                break;
            default:
                System.out.println(dayOfWeek + "에 해당하는 요일은 없습니다.");
        }
    }
}
```

> **SwitchCaseDayOfWeek.java**

실행 결과
```
목요일
```

dayOfWeek가 4이므로 switch문의 소괄호 안에 4가 입력됩니다. 따라서 4의 값과 일치하는 case문인 case 4:에 포함된 문장이 실행되어 목요일이 출력되었습니다.

이 코드를 보니 왠지 if문으로도 이 기능을 구현할 수 있을 것 같지 않나요? 숫자를 입력하면 요일을 알려 주는 기능을 if문으로 구현해 보겠습니다.

```java
if (dayOfWeek == 1) {
    System.out.println("월요일");
} else if(dayOfWeek == 2) {
    System.out.println("화요일");
}
// 생략
```

이처럼 모든 switch-case문은 if문으로 변경할 수 있습니다. 이와 같은 경우는 if문을 쓰는 것이 더 좋아 보입니다. 왜냐하면 switch-case문을 쓰는 이득이 별로 없어 보이기 때문입니다. 심지어 if문을 사용할 때보다 switch-case문을 사용할 때 코드의 줄 수가 더 많아졌습니다.

이번에는 switch-case문을 썼을 때가 더 좋은 경우를 알아보겠습니다. 바로 앞에 나왔던 '월'을 입력했을 때 계절을 알려 주는 코드는 switch-case문으로 사용해 볼 만합니다.

다음 코드는 '월'을 입력하면 '계절'을 알려 주는 기능을 switch-case문을 이용하여 구현한 예제입니다. switch-case문을 쓰면 if문에서 반복됐던 month == ¦¦의 사용 빈도를 줄일 수 있습니다. 또한 break;의 사용 시점을 조절하여 여러 개의 조건에 특정 코드 블록을 실행하게 할 수 있습니다. 정말 그런지 예제를 살펴보겠습니다.

SwitchCaseSeason.java

```java
public class SwitchCaseSeason {
    public static void main(String[] args) {
        int month = 3;
        switch (month) {
            case 12:
            case 1:
            case 2:
                System.out.println("겨울");
                break;
            case 3:
            case 4:
            case 5:
                System.out.println("봄");
```

```java
                break;
        case 6:
        case 7:
        case 8:
            System.out.println("여름");
            break;
        case 9:
        case 10:
        case 11:
            System.out.println("가을");
            break;
        default:
            System.out.println("해당하는 계절이 없습니다");
        }
    }
}
```


12, 1, 2인 경우에는 "겨울"을 출력한 후 break;를 써서 month(월)가 12, 1, 2일 때 "겨울"을 출력하게 했고 (3, 4, 5), (6, 7, 8), (9, 10, 11)을 묶어서 처리했습니다. 이 예제는 break문을 쓰는 시점을 조절할 수 있다는 사실도 보여 주지만 break를 쓰지 않으면 switch문이 끝나지 않고 계속 진행된다는 것도 보여 줍니다.

실제로 switch-case문을 써서 month == ¦¦가 반복되는 부분을 줄였습니다. 여기에 더해서 다음과 같이 동일한 문장을 실행하는 case 12:, case 1:, case 2:를 case 12, 1, 2:와 같이 한 줄로 표현할 수 있습니다.

```
case 12:
case 1:        ➡        case 12, 1, 2:
case 2:
```

이 표현 방법을 적용하여 코드를 정리해 보겠습니다. 다음 코드를 살펴봅시다.

```java
public class SwitchCaseSeason2 {
    public static void main(String[] args) {
        int month = 3;
        switch (month) {
            case 12, 1, 2:
                System.out.println("겨울");
                break;
            case 3, 4, 5:
                System.out.println("봄");
                break;
            case 6, 7, 8:
                System.out.println("여름");
                break;
            case 9, 10, 11:
                System.out.println("가을");
                break;
            default:
                System.out.println("해당하는 계절이 없습니다");
        }
    }
}
```


그럼에도 if문을 썼을 때에 비해 줄 수가 길어 아직까지는 switch-case문을 사용해야 할 이유가 없어 보입니다. 여기서 코드를 다시 한번 더 정리해 보겠습니다.

다음과 같이 case문과 case문 아래의 문장을 한 줄로 표현할 수 있습니다.

```java
case 12, 1, 2:
    System.out.println("겨울");
    break;
```

↓

```java
case 12, 1, 2: System.out.println("겨울"); break;
```

이 표현 방법을 앞서 만든 SwitchCaseSeason2 클래스에 적용해 보겠습니다. 다음 코드를 살펴봅시다.

```java
public class SwitchCaseSeason3 {
    public static void main(String[] args) {
        int month = 3;
        switch (month) {
            case 12, 1, 2: System.out.println("겨울"); break;
            case 3, 4, 5: System.out.println("봄"); break;
            case 6, 7, 8: System.out.println("여름"); break;
            case 9, 10, 11: System.out.println("가을"); break;
            default: System.out.println("해당하는 계절이 없습니다");
        }
    }
}
```

SwitchCaseSeason3.java

실행 결과

봄

이렇게 쓰면 if문을 썼을 때보다 더 직관적이고 보기 좋게 코드를 만들 수 있습니다.

```java
case 12, 1, 2: System.out.println("겨울"); break; ❷
      ❶
```

❶ 같은 문장을 실행하는 case문은 case 12, 1, 2:와 같이 한 줄로 합칠 수 있고,

❷ case문 아래의 문장을 case문과 같은 위치에 한 줄로 표현할 수 있습니다.

모든 if문을 switch-case문으로 바꿀 수 있나요?

switch-case문으로 if문을 썼을 때보다 더 직관적이고 보기 좋게 코드를 만들 수 있습니다. 그렇다고 해서 모든 if문을 switch-case문으로 바꿀 수는 없습니다. 왜냐하면 if문은 if ()에 조건식을 넣기 때문에 float, double 등 소수점이나 참조 타입을 이용하여 조건을 만들 수 있지만 switch-case문은 case문에 올 수 있는 타입이 byte, short, char, int, enum, String으로 제한되어 있기 때문입니다.

다음 코드는 value의 값이 1보다 큰지 여부를 확인하는 예제입니다. 하지만 문법적으로 잘못된 코드입니다. **value > 1**이라는 조건식은 결과 값이 **불리언**boolean인데 switch문은 논리값인 boolean을 쓸 수 없기 때문입니다.

```java
public class SwitchCaseToIf {
    public static void main(String[] args) {
        double value = 1.5;

        switch (value > 1) {
            case true:
                System.out.println("1보다 큽니다");
            case false:
                System.out.println("1보다 크지 않습니다.");
        }
    }
}
```

switch-case문을 개선한 switch 표현식

예전에는 switch-case문은 break;를 꼭 써 주어야 하는 번거로움이 있기에 switch-case문 대신 if문을 사용하여 처리하는 경우가 많았습니다. 하지만 자바 14 버전부터는 개선된 switch-case문이 정식으로 도입되었는데 그것이 바로 switch 표현식입니다. if문을 대신 쓰지 않아도 될 정도로 사용하기 편합니다.

switch 표현식은 다음과 같이 break;를 매번 쓰지 않아도 되고 콜론(:) 대신 화살표 연산자 ->를 사용해 값과 실행할 문장을 구분합니다.

```java
switch(변수_또는_식) {
    case 조건1 -> 변수_또는_식의_연산_결과가_조건1에_해당하는_경우_실행할_코드
    case 조건2, 조건3 -> 변수_또는_식의_연산_결과가_조건2_또는_조건3에_해당하는_경
                        우_실행할_코드
    default -> 해당하는_값이_없는_경우_실행할_코드
}
```

다음 예제는 앞에서 작성했던 해당 월(month)의 '계절'을 출력하는 예제를 개선된 switch 표현식으로 작성한 코드입니다.

```java
public class NewSwitchCaseSeason {
    public static void main(String[] args) {
        int month = 11;
        switch (month) {
            case 12, 1, 2 -> System.out.println("겨울");
            case 3, 4, 5 -> System.out.println("봄");
            case 6, 7, 8 -> System.out.println("여름");
            case 9, 10, 11 -> System.out.println("가을");
            default -> System.out.println("해당하는 계절이 없습니다");
        }
    }
}
```


실행 결과

```
가을
```

month에는 11이 들어 있어 case 9, 10, 11에 해당하므로 "가을"이 출력되었습니다. 중간에 break;는 쓰지 않도록 바뀌었습니다. 기존 코드와 비교해 보면 break;를 일일이 적어 주지 않아도 되어서 훨씬 사용하기 편리하다는 사실을 확인할 수 있습니다.

note 자바로 개발하다 보면 자바 8 버전을 사용해야 하는 순간이 가끔 있습니다. 이때 switch 표현식을 쓰지 않도록 switch 표현식은 자바 14 버전 이상에서만 사용 가능하다는 사실을 기억해 둡시다.

표현식과 문의 차이

지금까지 if문, switch-case문을 사용하면서 문이라는 단어에 익숙해졌을 것입니다. 하지만 바로 앞에 있는 예제를 실행하면서 'switch 표현식'이라는 익숙하지 않은 단어가 등장했습니다. 자바에서 문과 표현식은 조금 다른 개념입니다. 간단하게 정리하면 다음과 같습니다.

표현식expression은 값이나 변수, 연산자의 조합이며, 이 조합은 하나의 값으로 평가됩니다. 여기서 평가란 값을 생성, 반환, 대입, 참조한다는 의미입니다. 표현식은 어디서든 사용할 수 있습니다.

```java
int x = 5;
int y = 10;
int sum = x + y; // 결과로 15라는 값을 변수에 대입하기 때문에 x + y는 표현식
```

지금까지 변수, 타입, 연산자 등을 배울 때 나왔던 x + y, answer = answer + i 등과 같은 자바 코드의 대부분을 표현식이라고 할 수 있습니다.

문statement은 앞서 설명한 것과 같이 프로그램의 실행 단위입니다. if문에서 if (조건식) {}, for문에서 for (초기화식; 조건식; 증감식) {}와 같이 문은 하나 이상의 표현식으로 구성되며, 변수 선언, 값 할당, 제어 구조 등과 같은 작업을 수행합니다.

```java
if (x > 10) { // 제어문 중 조건문입니다.
    System.out.println("x is greater than 10");
}
```

'문'과 '표현식'은 이번에 **switch-case문**을 개선한 **switch 표현식**이 나오면서 그 차이가 도드라지는 것을 확인할 수 있습니다. switch 표현식은 1 + 1이나 x + i 같은 '표현식'이기 때문에 결과를 다른 변수에 바로 대입할 수 있습니다.

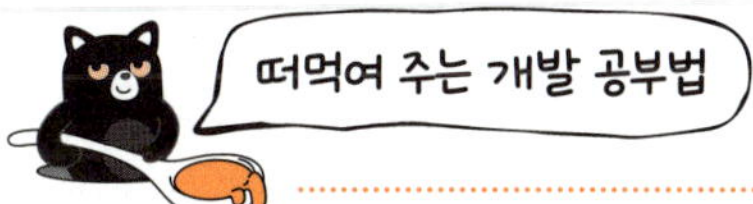

자바 14 버전부터 도입된 switch 표현식을 사용하면 switch-case문을 사용했을 때보다 다음과 같은 세 가지 장점을 얻을 수 있습니다.

- 짧고, 가독성이 좋습니다.
- 실행 결과도 더 예측하기 좋습니다.
- 변수에 결과를 바로 대입할 수 있습니다.

이 세 가지 장점은 여러 사람이 사용하는 서버 프로그램을 만들 때 더 단단하고 안정적인 코드를 작성할 수 있도록 도와줍니다. 이 장점은 이어지는 내용에서 느낄 수 있습니다. 우선 switch 표현식의 장점 중 하나인 '변수에 결과를 바로 대입'할 수 있는 점에 대해 알아보겠습니다.

switch 표현식의 결과를 변수에 대입하기

switch-case문은 실행 결과를 변수에 바로 대입할 수 없습니다. 따라서 switch-case문 밖에 변수를 선언하고 그 변수에 값을 대입해야 합니다.

```
int month = 11;
int lastDate;
switch (month) {
    ...
};
```

여기에서 발생하는 문제는 int 타입의 lastDate가 초기화가 되어 있지 않다는 것입니다. switch-case문은 month에 따라 실행이 될 수도 있고 안 될 수도 있습니다. 예를 들어 month(월)는 1~12까지인데 13이 들어오는 경우는 switch-case문을 타지 않기 때문에 초기화되지 않습니다. 따라서 만약 뒤에 lastDate를 쓰는 코드가 나온다면 에러가 발생하여 프로그램이 멈출 수도 있습니다. 그러므로 switch-case문을 쓰면 개발 과정에서 실수가 발생할 여지가 많습니다.

하지만 switch 표현식의 결과는 값을 반환하기 때문에 다음과 같이 결과를 변수에 바로 대입할 수 있습니다. 초기 값을 반드시 선언하도록 강제하기 때문에 처음 배울 때는 불편할 수 있지만 초기화가 안 되는 실수를 줄일 수 있고 예외가 발생하는 것을 미리 처리할 수 있기 때문에 결과적으로는 안정적인 코드가 만들어집니다.

```
int month = 11;
int lastDate = switch (month) {
    ...
};
```

이 코드는 switch 표현식의 결과를 lastDate에 바로 할당합니다. 이 코드가 어떤 차이를 만드는지 알아보겠습니다.

다음은 '월'을 입력하면 해당 월에 '날'이 몇 개인지 알려 주는 코드를 switch 표현식을 사용하여 작성한 예제입니다. 1, 3, 5, 7, 8, 10, 12월은 31일까지 있고, 4, 6, 9, 11월은 30일까지 그리고 2월은 28일까지 있습니다.

```java
public class NewSwitchCaseDaysOfMonth {
    public static void main(String[] args) {
        int month = 11;
        int lastDate = switch (month) {
            case 1, 3, 5, 7, 8, 10, 12 -> 31;
            case 4, 6, 9, 11 -> 30;
            case 2 -> 28;
            default -> throw new IllegalArgumentException("잘못된 월:" + month);
        };
        System.out.println(lastDate);
    }
}
```


int lastDate = switch (month) {};와 같이 썼을 때 month의 값이 11이기 때문에 lastDate 변수의 값이 30이 되어 원하는 결과가 잘 나왔습니다. 하지만 코드에 처음 보는 것들이 들어 있습니다. default -> throw new IllegalArgumentException();으로 처리된 부분입니다. 이 코드는 예외 처리를 하는 코드입니다. 아직 예외 처리를 배우지는 않았지만 이 코드에서 default를 처리하지 않으면 다음과 같은 예외가 발생합니다.

```
java: the switch expression does not cover all possible input values
```

이러한 예외가 발생하는 이유는 month로 13이나 그 밖에 case에 정의되지 않은 값이 입력되었을 때 처리할 방법이 없기 때문입니다.

단순히 default -> System.out.println("잘못된 월:" + month);와 같이 처리하면 되지 않느냐고 생각할 수도 있을 것 같습니다. 하지만 여기서는 switch 표현식의 값을 int 타입으로 선언된 lastDate 변수에 대입하므로 이와 같은 방식으로 처리하면 타입에 맞지 않다는 예외가 발생합니다.

반면 switch-case문을 사용해서 이 예제를 표현하면 다음과 같이 lastDate라는 변수를 switch-case문 밖에서 선언해야 합니다. 그러면 각 case별로 lastDate 변수에 값을 일일이 대입해야 하는 번거로운 과정을 거쳐야 합니다.

```java
int month = 11;
int lastDate;
switch (month) {
    case 1, 3, 5, 7, 8, 10, 12: lastDate = 31; break;
    case 4, 6, 9, 11: lastDate = 30; break;
    case 2: lastDate = 28; break;
    default: throw new IllegalArgumentException("잘못된 월:" + month);
};
System.out.println(lastDate);
```

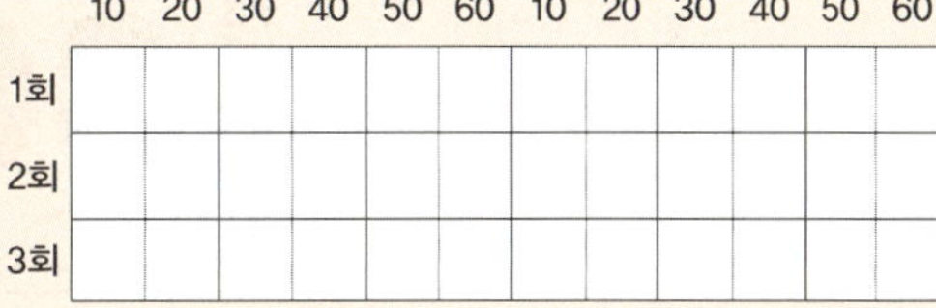

필수 예제

`SwitchCaseDayOfWeek.java`	switch_case문을 이용해 숫자를 입력하면 요일을 알려 주는 클래스
`SwitchCaseSeason3.java`	switch-case문으로 월의 계절을 알려 주는 클래스
`NewSwitchCaseSeason.java`	switch 표현식으로 월의 계절을 알려 주는 클래스
`NewSwitchCaseDaysOfMonth.java`	switch 표현식의 결과를 변수에 대입하는 클래스

용어 및 개념

☐	**switch-case문**	if문과 사용법이 비슷하지만 한 개의 값으로 몇 가지 조건을 묶어서 처리할 때 사용하면 좋은 조건문. if문을 사용할 때 반복되는 조건 연산자나 비교 연산자를 줄일 수 있어 가독성 좋은 코드를 만들 때 용이
☐	**표현식**	값이나 변수, 연산자의 조합이며, 이 조합은 하나의 값으로 평가됨. 여기서 평가란 값을 생성, 반환, 대입, 참조한다는 의미. x + y, answer = answer + i 등과 같은 자바 코드의 대부분은 표현식이라고 할 수 있음
☐	**switch 표현식**	switch-case문을 개선한 것으로, 짧고 가독성이 좋으며, 실행 결과 예측에 용이하고 변수에 결과를 바로 대입할 수 있다는 것이 특징

명령어

```
switch(변수 또는 식) { // 결과 값에 해당하는 case의 코드를 실행하는 조건문
    case 값:            // 결과 값에 해당하는 코드를 실행하는 조건문
        변수 또는 식의 연산 결과가 값1에 해당하는 경우 실행할 코드
        break;          // 코드를 종료하는 키워드. 이 경우에는 switch문을 빠져 나오게 됨
    default:
        해당하는 값이 없는 경우 실행할 코드
}
switch(변수 또는 식) {
    case 조건 -> 변수 또는 식의 연산 결과가 조건에 해당하는 경우 실행할 코드;
    // :(콜론)을 대신해 값과 실행할 문장을 구분하는 switch 표현식의 화살표 연산자
    default -> 해당하는 값이 없는 경우 실행할 코드;
}
```

swith-case문 활용하기

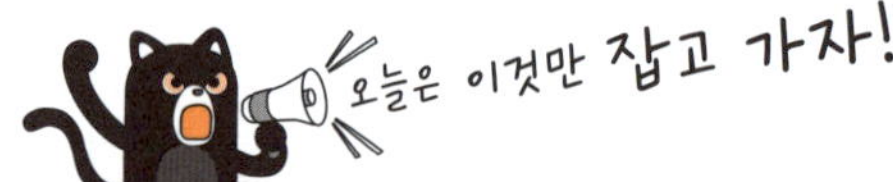

필수 예제	용어 및 개념	명령어
SwitchCaseClinicHours.java	☐ switch-case문	switch
UserRoleExample.java		case

진료 시간 표현하기

switch-case문에 익숙해지기 위해 예제를 더 작성해 보겠습니다. switch-case문을 이용하여 요일에 따라 병원의 진료 시간을 안내해 주는 코드입니다. 다음은 R병원의 진료 시간표입니다.

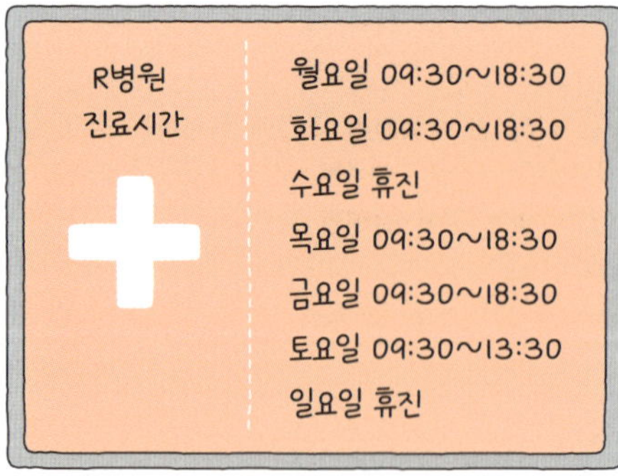

다음은 switch-case문을 이용하여 요일(월, 화, 수, 목, 금, 토, 일)을 넣으면 진료 시간을 알려 주는 코드입니다. 종합 예제이니만큼 Scanner를 사용해서 실제로 값을 입력받아 그에 따라 결과를 출력해 보겠습니다.

```java
import java.util.Scanner;

public class SwitchCaseClinicHours {
    public static void main(String[] args) {
        Scanner sc = new Scanner(System.in);
        System.out.println("요일을 입력해 주세요. (예: 화)");
        String day = sc.next();                 // ❶
        String time = "휴진";                    // ❷
        switch (day) {
            case "월", "화", "목", "금": time = "09:30-18:30"; break;   // ❸
            case "토": time = "09:30-13:00"; break;
            case "수", "일": time = "휴진"; break;
            default: throw new IllegalArgumentException("잘못된 요일:" + day);   // ❹
        }
        System.out.printf("%s요일은 %s입니다.", day, time);
    }
}
```

실행 결과

```
월 [Enter]
월요일은 09:30-18:30입니다.
```

❶ Scanner를 활용해 사용자가 직접 요일을 입력할 수 있습니다.

다음과 같이 **sc.next()**를 변수에 대입할 수 있습니다. 그러면 입력 값이 변수에 할당됩니다.

```java
String day = sc.next();
```

❷ **String** 타입으로 **time** 변수를 선언하고 "휴진"으로 초기화했습니다. switch-case문에서 time 변수에 값을 바꿔 주는 방식을 사용했습니다. int 타입이 아닌 String 타입으로 선언한 이유는 휴진이라는 글자를 표현함과 더불어 09:30과 같은 시간 형식을 표현하기 위함입니다.

```java
String time = "휴진";
```

❸ 줄 수를 줄이는 표현 방법을 이용하여 **case**를 세 가지로 표현했으며, case와 실행할 코드를 한 줄로 표현했습니다.

```
case "월", "화", "목", "금": time = "09:30-18:30"; break;
```

❹ **default: throw new IllegalArgumentException**을 사용하여 잘못 입력된 요일에 대해 예외 처리를 했습니다.

```
default: throw new IllegalArgumentException("잘못된 요일:" + day);
```

앞서 switch 표현식을 사용하면 변수에 값을 바로 대입할 수 있어 편리하다고 했습니다. 이 코드를 switch 표현식으로 변경해 보세요. time 변수에 switch 표현식의 결과 값을 바로 대입하고 default: throw new IllegalArgumentException("잘못된 요일:" day);을 코드에 추가하여 예외 처리하세요.

권한에 따른 접근 제어

다음은 사용자의 역할을 나타내는 변수를 switch-case문으로 처리하는 간단한 예제입니다.

```java
public class UserRoleExample {
    public static void main(String[] args) {
        String userRole = "admin";


        switch (userRole) {
            case "admin":
                System.out.println("관리자 권한: 모든 기능에 접근 가능");
                break;
            case "editor":
                System.out.println("편집자 권한: 글 편집 가능");
                break;
            case "viewer":
                System.out.println("뷰어 권한: 글 읽기만 가능");
                break;
            default:
                System.out.println("알 수 없는 역할");
        }
    }
}
```

`UserRoleExample.java`

실행 결과

```
관리자 권한: 모든 기능에 접근 가능
```

이 코드에서는 사용자의 역할을 나타내는 userRole 변수의 값에 따라 다른 동작을 수행합니다. 예를 들어, "admin"이라는 역할은 모든 기능에 접근할 수 있고, "editor"는 글을 편집할 수 있습니다. 그 외에 "viewer" 역할은 글을 읽기만 가능합니다. 만약 어떤 역할에도 해당하지 않는 경우 default 블록에서 "알 수 없는 역할"을 출력합니다.

이러한 방식으로 switch-case문을 사용하면 복잡한 조건문을 깔끔하게 정리할 수 있습니다. 역할이 추가되거나 변경될 때 switch-case문을 수정하여 새로운 권한을 쉽게 추가하거나 변경할 수 있습니다.

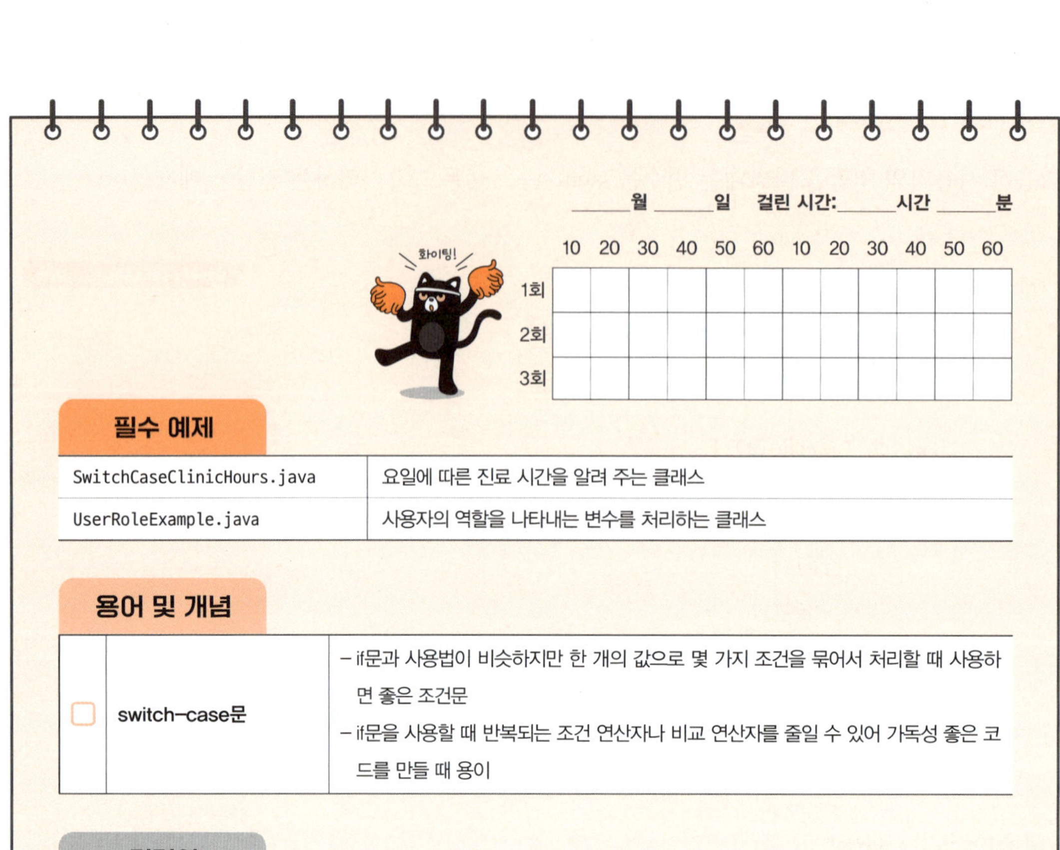

_____월 _____일   걸린 시간: _____시간 _____분

	10	20	30	40	50	60	10	20	30	40	50	60
1회												
2회												
3회												

필수 예제

SwitchCaseClinicHours.java	요일에 따른 진료 시간을 알려 주는 클래스
UserRoleExample.java	사용자의 역할을 나타내는 변수를 처리하는 클래스

용어 및 개념

	switch-case문	– if문과 사용법이 비슷하지만 한 개의 값으로 몇 가지 조건을 묶어서 처리할 때 사용하면 좋은 조건문 – if문을 사용할 때 반복되는 조건 연산자나 비교 연산자를 줄일 수 있어 가독성 좋은 코드를 만들 때 용이

명령어

```
switch(day) {
// 결과 값에 해당하는 case의 코드를 실행하는 조건문
    case "월", "화", "목", "금": time = "09:30-18:30"; break;
    // 결과 값에 해당하는 코드를 실행하는 조건문
}
```

for문 알아보기

필수 예제	용어 및 개념		명령어
ForLoopForward1To10.java	☐ 반복문	☐ 초기화식	
ForLoopForwardStep.java	☐ 조건식	☐ 증감식	for
ForEachExample.java	☐ for문	☐ for-each문	

컴퓨터는 반복하는 것을 매우 빠르게 할 수 있습니다. 인간이 1부터 100만까지 어떠한 수식도 쓰지 않고 하나씩 더한다면 한참 걸리겠지만, 컴퓨터는 눈 깜빡할 사이에 계산할 수 있습니다. 심지어 인간이 수식 $(n(n+1)/2)$를 쓰더라도 컴퓨터의 계산 속도를 따라갈 수 없을 정도입니다.

단순히 더하는 작업뿐 아니라 특정 조건에 따라 주식을 사고 파는 것, 웹에서 데이터를 지속적으로 수집하는 작업도 빠르게 그리고 자동으로 할 수 있습니다. 많은 반복 작업은 프로그램의 반복문을 통해 실행됩니다.

반복문iteration statements은 조건에 따라 특정 동작을 반복할 때 사용합니다. 반복문에는 크게 for문과 while문이 있습니다. 그중 **for문**에 관해 먼저 배워 보겠습니다.

반복문 사용하기

반복문은 초기화식, 조건식, 증감식 세 가지로 구성되어 있고, 이 세 가지 식에 따라 중괄호 블록을 반복합니다. 초기화식, 조건식, 증감식에서 각각의 값은 int 타입의 i로 표현합니다. 각각의 식에 따라 i가 변화하고 변화한 i는 중괄호 블록에서 사용됩니다.

```
for (초기화식; 조건식; 증감식) {
    반복할_코드
}
```

예시를 살펴보면서 이해해 봅시다. 다음은 0부터 9까지 총 열 번 반복하는 for문입니다.

```
for (int i = 0; i < 10; i++) { ❶ ❷ ❸
    System.out.println(i);← ❹
}
```

반복문의 구성 요소를 정리해 보면 다음 표와 같습니다.

번호	종류	코드	값	설명
❶	초기화식	int i = 0	변수의 시작 값	i는 0부터 시작합니다.
❷	조건식	i < 10	반복되는 조건	i는 10보다 작을 때까지만 반복합니다.
❸	증감식	i++	변수의 변화	i를 1씩 증가시킵니다.
❹	반복 영역	.println(i)	반복되는 코드	중괄호 블록 안에 있는 코드를 ❶, ❷, ❸에 따라 반복합니다.

1부터 시작하고 싶다면 **초기화식**을 int i = 0 대신 int i = 1로 바꿔서 i의 시작 값을 바꿀 수 있습니다. **조건식**은 i < 10이면 9번 반복되지만 11번 반복하고 싶다면 i <= 10으로 바꿀 수 있습니다. **증감식**은 i++로 한 개씩 증가하게 되어 있지만 i+=2, i+=3 등과 같이 원하는 만큼 증가하도록 바꿀 수도 있습니다.

초기화식, 조건식, 증감식이 변하는 부분은 뒤에서 알아보도록 하고, 여기서는 앞서 예시로 든 0부터 9까지 총 10번 반복하는 for문을 실행해 보면서 동작 과정을 살펴보겠습니다.

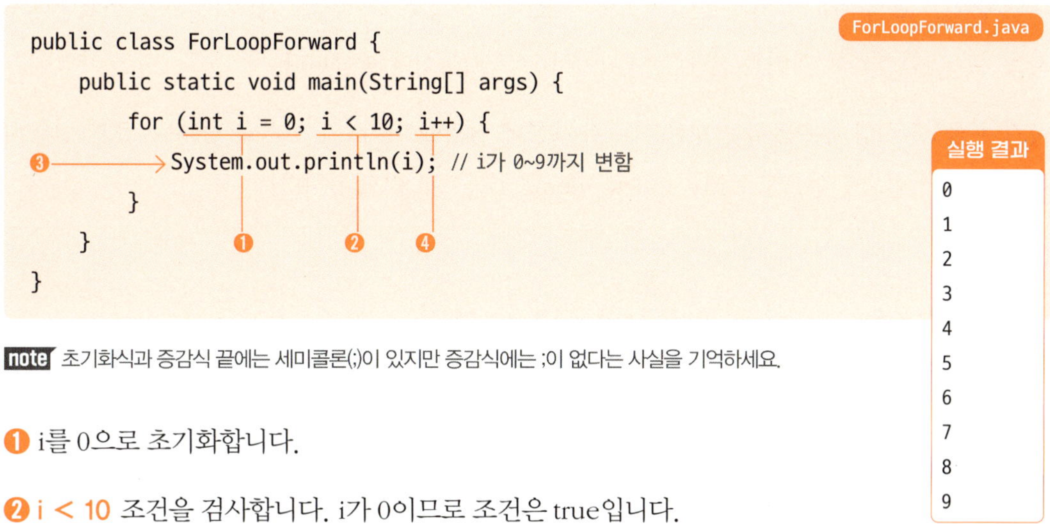

note 초기화식과 증감식 끝에는 세미콜론(;)이 있지만 증감식에는 ;이 없다는 사실을 기억하세요.

❶ i를 0으로 초기화합니다.

❷ i < 10 조건을 검사합니다. i가 0이므로 조건은 true입니다.

❸ 조건이 true이므로 반복문 내의 중괄호 블록에 있는 코드를 실행합니다. 이 경우 System.out.println(i);를 실행하여 i의 값을 출력합니다. i는 0이므로 0이 출력됩니다.

❹ 증감식 i++을 실행하여 i의 값을 1 증가시킵니다.

이 과정을 i가 10 미만인 동안 반복합니다. i++로 인해 i가 10이 되면 중괄호 블록을 더 이상 실행하지 않으므로 9까지만 출력됩니다.

tip 숫자 열 개는 괜찮지만 반복 횟수가 많아지면 보기 불편할 때도 있습니다. 이럴 때는 printf() 메서드를 이용하여 가로로 출력하는 방법을 사용할 수 있습니다. 포맷을 "%d "로 쓰면 개행 문자가 들어가지 않고 가로로 출력할 수 있습니다. 참고로 "%d "에 공백을 꼭 넣어 주어야 숫자 간 한 칸씩 띄어쓰기가 됩니다.

i로 표현하는 이유

열 칸짜리 배열은 다음과 같이 선언합니다.

```
int[] arr = new int[10];
```

배열 arr의 각 칸은 0번부터 9번 **인덱스**index가 부여됩니다. 배열을 쓴다면 반복문 for를 이용하여 배열에 있는 모든 값을 순차적으로 처리하는 코드를 작성하게 되는데, i를 사용하면 '반복문에서 사용하는 인덱스'라는 의미를 전달할 수 있어서 코드 가독성에 좋습니다.

하지만 꼭 i를 사용해야만 하는 것은 아니기 때문에 상황에 따라 i, j, k 등을 씁니다. 또한 반드시 한 글자로 할 필요도 없으므로 idx, index, element 등으로 써도 됩니다.

반복 횟수와 시작 숫자 제어하기

for문은 반복 횟수를 지정할 수 있을뿐 아니라 변수를 지정하여 값을 변화시켜 중괄호 블록에서 사용할 수 있습니다. 또한 그 변수를 for문에서 제어하는 기능도 제공합니다. 초기화식, 조건식, 증감식을 어떻게 쓰는지에 따라 반복 영역에서 사용할 변수 값을 제어할 수 있습니다.

앞에서는 0에서 9까지 총 열 번 반복하도록 만들었습니다. 프로그래밍은 배열 기반으로 연산을 많이 하기 때문에 0번부터 숫자를 세는 경우가 대부분입니다. 하지만 똑같이 열 번을 반복하더라도 0부터 9가 아닌 1부터 10까지 반복이 필요한 경우도 많습니다. 구구단 같은 경우는 2 * 1 = 2, 2 * 2 = 4 … 2 * 9 = 18로 1부터 9까지 반복해야 하는 등 반복하는 횟수와 시작하는 숫자, 끝나는 숫자 등을 세부적으로 제어할 필요가 있습니다.

다음은 초기화식, 조건식, 증감식에 따른 범위와 반복 횟수를 나타낸 표입니다.

범위	증가분	반복문	횟수
0~9까지	1씩 증가	for (int i = 0; i < 9; i++)	10번
1~10까지	1씩 증가	for (int i = 1; i <= 10; i++)	10번
2~10까지	2씩 증가	for (int i = 2; i <= 10; i+=2)	5번

반복문을 어떻게 설계하는지에 따라 이 세 가지 경우 외에도 다양한 반복문 패턴을 만들어 낼 수 있습니다. 우선 초기화식과 조건식을 변경해 보겠습니다.

다음은 앞에서 만들었던 0~9를 출력하는 코드에서 초기화식에 변화를 주어 1부터 10까지 출력하는 예제입니다.

```java
public class ForLoopForward1To10 {
    public static void main(String[] args) {
        for (int i = 1; i <= 10; i++) {
            System.out.println(i);
        }
    }
}
```

ForLoopForward1To10.java

실행 결과
```
1
2
3
4
5
6
7
8
9
10
```

❶ 초기화식을 i = 1로 바꾸었습니다. 따라서 시작 값은 1입니다.

❷ 조건식은 i <= 10입니다. 10 이하인 동안 for문을 반복합니다.

이 조건이 true인 동안 for문이 실행되고 각 반복 후에 i 값은 1씩 증가합니다. 따라서 시작 값은 1이고 총 열 번 실행되어 마지막 값으로 10이 출력됩니다.

역순으로 반복하기

반복할 때는 역순으로 반복해야 하는 경우도 자주 등장합니다. 역순으로 반복할 때는 초기화식, 조건식, 증감식 세 가지를 모두 신경써 주어야 해서 처음 역순으로 반복문을 설계할 때 시행착오를 겪을 수 있습니다.

가장 많이 하는 실수는 다음과 같이 초기화식과 조건식을 역순으로 바꾸었으나, 증감식을 기존에 많이 쓰던 i++로 그대로 두는 것입니다.

```java
for (int i = 5; i > 0; i++)
```

이러면 항상 조건식을 만족하므로 for문이 영원히 실행됩니다. i를 큰 숫자부터 작은 숫자 순서로 역으로 출력하기 위해서는 i++로 증가시키는 게 아니라 i--로 감소시켜야 합니다. 다음 코드는 정수를 5부터 1까지 역순으로 출력하는 예제입니다.

```java
public class ForLoopReverse {                          ForLoopReverse.java
    public static void main(String[] args) {
        for (int i = 5; i > 0; i--) {                  실행 결과
            System.out.println(i);
        }                                              5
    }          ❶           ❷       ❸                   4
}                                                      3
                                                       2
                                                       1
```

❶ 초기화식은 i = 5입니다. 따라서 시작 값은 5입니다.

❷ 조건식은 i > 0입니다. 0보다 큰 동안 for문을 반복합니다.

❸ 증감식은 i--입니다. i 값이 1씩 감소합니다.

이렇게 세 가지 식에 의해 i의 값은 매 반복 때마다 1씩 감소하는데, i > 0이므로 1까지 감소하다가 i가 0이 되었을 때는 중괄호 블록을 실행하지 않습니다. 따라서 5부터 1까지 다섯 개의 숫자가 출력됩니다.

tip 5부터 0까지 여섯 개의 숫자를 출력하고 싶다면 조건식의 비교 연산자를 >에서 >=로 바꾸면 됩니다.

i 값을 2씩 늘리기

지금까지는 증감식에 i++, i--를 써서 1씩 증가하거나 감소하도록 for문을 구성했지만, 다음 예시와 같이 복합 대입 연산자 i+=2를 써서 2만큼 증감시킬 수 있습니다.

```java
for (int i = 0; i < 10; i+=2) {
    System.out.println(i);
}
```

이처럼 복합 대입 연산자를 사용하면 원하는 만큼 i 값을 증감시킬 수 있습니다.

다음은 i가 0부터 10 미만까지 2씩 증가하면서 반복하는 예제입니다. 이 예제를 실행하기에 앞서서 결과가 어떻게 나올지 예상해 보세요. 0~10까지 나올까요? 2, 4, 6, 8이 나올까요? 실행 결과를 확인해 보겠습니다.

```java
public class ForLoopForwardStep {
    public static void main(String[] args) {
        for (int i = 0; i < 10; i+=2) {
            System.out.println(i);
        }
    }
}
```

ForLoopForwardStep.java

실행 결과
```
0
2
4
6
8
```

실행한 결과가 예상과 같은가요? 예상한 결과와 실제 결과가 같을 수도 있겠지만 이 반복문의 코드만 슬쩍 보았을 때는 왠지 2부터 10까지 나올 것 같지 않은가요? 그래서 0부터 8까지 나오는 게 의외의 결과라고 생각할 수도 있습니다. 코드를 잘 살펴보겠습니다.

❶ 초기화식은 i = 0이기 때문에 0부터 출력되는 것이 맞습니다.

❷ 조건은 i < 10이기 때문에 10은 출력되지 않습니다.

❸ 그러면 9라도 출력되어야 하지만 증감식이 i+=2이기 때문에 i는 8이 출력된 후 9를 건너뛰고 10으로 증가합니다.

10은 i < 10이라는 조건에서는 false이기 때문에 중괄호 블록이 출력되지 않아서 8까지만 출력하고 반복문은 끝나게 됩니다.

1부터 n까지 무한히 출력하기

마지막으로 반복문의 세 가지 구성 요소인 초기화식, 조건식, 증감식 중 조건식에 더 다양한 변화를 줘 보겠습니다.

조건식으로 주로 i < n, i <= n, i > n, i >= n과 같은 형태를 많이 씁니다. 하지만 조건식에 이와 같은 형태만 쓸 수 있는 것은 아닙니다. 특정 조건식을 설정해서 그 조건이 만족하기 전까지 변수에 변화를 주는 증감식을 계속 실행하도록 할 수 있습니다.

다음 for문은 조건식 1 == 1이 항상 true이기 때문에 for문이 끝나지 않고 영원히 실행됩니다. 즉

i는 1씩 무한히 증가합니다.

```java
for (int i = 1; 1 == 1; i++) {
    System.out.println(i);
}
```

2i를 조건식의 비교 대상으로 삼기

조건식에는 비교 연산자만 사용할 수 있는 것은 아닙니다. 산술 연산자도 사용 가능합니다. 다른 연산자는 쉽게 이해할 수 있을 것으로 생각되어 곱하기 연산자 *를 활용한 예제를 살펴보겠습니다. 우선 *를 조건식에서 어떻게 사용할 수 있는지 확인해 보겠습니다.

다음 for문은 조건식을 2 * i <= 18로 써서 2i를 조건의 비교 대상으로 합니다. 따라서 i는 2부터 2 * i가 18보다 작거나 같을 때까지 i를 1씩 증가합니다.

```java
for (int i = 2; 2 * i <= 18; i++) {
    System.out.println(i);
}
```

2 * i가 18보다 작거나 같을 때까지 반복하기 때문에 2부터 9까지 출력됩니다.

여기서 한발 더 나아가 *를 사용하여 조건식에서 제곱근을 사용해 보겠습니다. 다음 코드에는 제곱근^{root} 관련된 연산을 할 때 사용할 수 있는 조건식이 들어 있습니다. i * i <= 50을 조건으로 써서 i <= $\sqrt{50}$을 표현할 수 있습니다.

```java
public class ForLoopUntil {
    public static void main(String[] args) {
        for (int i = 2; i * i <= 50; i++) {
            System.out.println(i);
        }
    }
}
```

ForLoopUntil.java

실행 결과
2
3
4
5
6
7

여기에서 i는 1씩 증가하지만 조건은 i * i이므로 조건식에서 i * i는 4, 9, 16, 25, 36, 49, 64로 변화합니다. 49까지가 <=50 조건을 만족하기 때문에 결과는 2~7까지 출력되었습니다.

for-each문

for-each문은 for문을 향상시킨 것이라 할 수 있으며 보통 배열이나 컬렉션에 들어 있는 값들을 하나씩 모두 순회할 때 사용됩니다. 이 구문은 for (int i = 0; i < 10; i++)에서 int i와 같이 반복 변수를 명시적으로 선언하지 않고도 컬렉션의 각 요소에 접근할 수 있게 해 줍니다.

사용 방법은 간단합니다. 다음과 같이 int i 등 변수를 선언하지 않고 사용하면 됩니다.

```
for (요소의_타입 변수_이름: 배열이나_컬렉션) {
    반복해서_실행할_코드
}
```

다음은 int 타입의 배열 arr에 있는 값들을 for-each문을 이용하여 출력하는 예제입니다.

ForEachExample.java

```java
public class ForEachExample {
    public static void main(String[] args) {
        int[] arr = {2, 1, 4, 7};
        for (int num: arr) {
            System.out.printf("%d ", num);
        }
    }
}
```

실행 결과

```
2 1 4 7
```

궁금한 건 못 참아

컬렉션이란

컬렉션collection은 자료 구조와 관련된 작업을 수행할 수 있는 기능과 인터페이스로, 배열array, 리스트list, 셋set, 맵map 등의 다양한 자료 구조를 다루기 위한 기능을 제공합니다. 데이터의 추가, 제거, 검색, 정렬, 필터링, 반복 등의 작업을 지원하며 자바 8부터는 스트림stream API와 결합하여 함수형 프로그래밍 스타일의 작업을 수행할 수 있습니다.

	10	20	30	40	50	60	10	20	30	40	50	60
1회												
2회												
3회												

필수 예제

ForLoopForward.java	for문으로 0~9를 출력하는 클래스
ForLoopForward1To10.java	for문으로 1~10을 출력하는 클래스
ForLoopReverse.java	for문으로 5~1을 출력하는 클래스
ForLoopForwardStep.java	for문으로 0부터 10 미만까지 2씩 증가시켜 출력하는 클래스
ForEachExample.java	for-each문으로 배열의 값을 순회하며 출력하는 클래스

용어 및 개념

☐	반복문	조건에 따라 특정 동작을 반복할 때 사용하는 문
☐	초기화식	반복문에서 변수의 시작 값을 설정하는 식. 가령 int i = 0과 같이 초기화식을 지정하면 i는 0부터 시작
☐	조건식	반복문에서 반복되는 조건을 설정하는 식. 가령 i 〈 10과 같이 초기화식을 지정하면 i는 10보다 작을 때까지만 반복
☐	증감식	반복문에서 반복될 때마다 변수에 발생하는 변화를 설정하는 식. 가령 i++와 같이 초기화식을 지정하면 i는 1씩 증가
☐	for문	초기화식, 조건식, 증감식 세 가지로 구성에 따라 코드를 반복 실행하는 반복문
☐	for-each문	향상된 for문으로 불리며 요소를 순회하며 처리하는 작업에 용이. 보통 배열이나 컬렉션에 들어있는 값을 하나씩 모두 순회할 때 사용됨

명령어

```
for (초기화식; 조건식; 증감식) { ... }
// 소괄호의 식에 따라 코드를 반복하는 반복문
for (요소의_타입 변수_이름: 배열이나_컬렉션) { ...}
// 배열이나 컬렉션에 들어 있는 값을 하나씩 순회하며 코드를 반복하는 반복문
```

for문 활용하기

필수 예제	용어 및 개념	명령어
MultiplicationTableStep.java	☐ for문	for
AccumulateUntilN.java	☐ 중첩 for문	
Factorial.java		

구구단 출력으로 반복문 익히기

for문을 익히기 위한 예제로 구구단을 많이 사용합니다. 1부터 9까지의 수를 반복해서 곱하면 되기 때문입니다.

```
2 * 1 = 2
2 * 2 = 4
...
2 * 9 = 18
```

만약 for문을 쓰지 않고 구구단을 출력한다면 다음과 같이 여러 줄에 걸쳐 일일이 출력해 주어야 하지만 반복문을 쓰면 두 줄이면 됩니다.

```java
System.out.printf("2 * 1 = 2\n");
System.out.printf("2 * 2 = 4\n");
System.out.printf("2 * 3 = 6\n");
// 생략
```

먼저 2단부터 출력해 보겠습니다. for문을 이용하여 2단을 출력하려면 2에 곱하는 i를 1부터 9까지 변하게 조건식을 설정하면 됩니다. 다음은 2부터 18까지 2단을 출력하는 예제입니다.

MultiplicationTableStep.java

```java
public class MultiplicationTableStep {
    public static void main(String[] args) {
        for (int i = 1; i <= 9; i++) {
            System.out.printf("%d\n", 2 * i);
        }
    }
}
```

실행 결과
```
2
4
...
16
18
```

i를 1에서 9까지 변화시키기 위해 초기화식을 int i = 1로, 조건식을 i <= 9로, 증감식을 i++로 작성합니다. 그리고 나서 printf()를 이용하여 2에 i를 곱한 결과를 출력합니다. 2~18까지 잘 출력된 것을 볼 수 있습니다. 구구단 2단의 핵심 로직이 완성되었습니다.

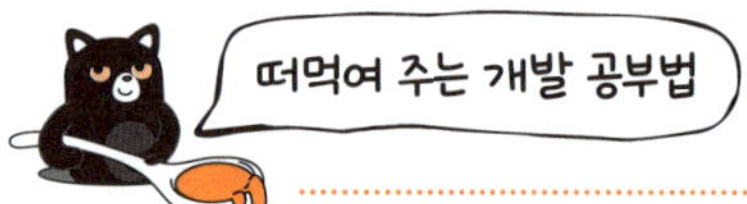

조건식을 i < 10으로 해도 9까지 출력되지만 구구단의 경우는 2 * 9까지 쓰기 때문에 i < 10보다는 i <= 9로 표현하는 것이 직관적입니다. 프로그램을 개발할 때 어떤 방식을 무조건 써야 하는 건 아닙니다. 상황에 맞게, 예측할 수 있게, 읽기 편하게 코드를 만들어야 합니다.

2, 4, 6, 8…만 출력되면 구구단처럼 보이지 않기 때문에 2 * 1 = 2와 같이 나오도록 포매팅해 보겠습니다. i와 2 * i가 들어갈 두 자리에만 %d로 포매팅하면 됩니다. 다음과 같이 2단을 2 * 1 = 2 형태로 출력하도록 예제를 변경합니다.

```java
public class MultiplicationTableStep {
    public static void main(String[] args) {
        for (int i = 1; i <= 9; i++) {
            System.out.printf("2 * %d = %d\n", i, 2 * i);
        }
    }
}
```

MultiplicationTableStep.java

실행 결과

```
2 * 1 = 2
2 * 2 = 4
2 * 3 = 6
2 * 4 = 8
2 * 5 = 10
2 * 6 = 12
2 * 7 = 14
2 * 8 = 16
2 * 9 = 18
```

2 * %d = %d 형식을 사용하여 i가 1, 2, 3 … 9로 출력되고 2와 i를 곱한 결과인 2, 4, 6… 18이 2 * 1 = 2와 같이 잘 출력되는 것을 확인할 수 있습니다.

이제 나머지 단도 완성해 보겠습니다. 앞에서는 2단만 출력했기 때문에 변수가 아닌 상수 2를 썼습니다. 2, 3, 4단을 출력하려면 다음과 같이 기존 코드를 복사 붙여넣기를 하는 방법으로 당장은 문제를 해결할 수 있을지 모르지만, 만약 2~100단까지 출력해야 한다고 가정해 봅시다. 그러면 복사 붙여넣기로 처리하기에는 시간이 오래 걸리고 2~100까지 바꾸는 중에 한군데를 실수로 잘못 바꿔서 결과가 잘못 나올 수도 있습니다. 따라서 이것은 좋은 방법이 아닙니다.

```java
for (int i = 1; i <= 9; i++) {
    System.out.printf("2 * %d = %d\n", i, 2 * i);
}
for (int i = 1; i <= 9; i++) {
    System.out.printf("3 * %d = %d\n", i, 3 * i);
}
for (int i = 1; i <= 9; i++) {
    System.out.printf("4 * %d = %d\n", i, 4 * i);
}
```

그러면 어떻게 해야 할까요? 2에 1에서 9까지 곱하기를 반복한 후 2를 1 증가시켜 다시 1에서 9까지 곱합니다. 이러면 3단이 출력됩니다. 이 과정을 반복하면 100단까지도 출력할 수 있습니다. 이를 위해서는 1에서 9까지 증가시키는 for문과 더불어 좌항 2를 1씩 증가시키는 for문이 필요합니다. 즉 반복문이 두 개가 필요합니다.

좌항 2를 1씩 증가시키는 for문의 중괄호 블록으로 1에서 9까지 증가시키는 for문을 감싸 주면 여러 단을 표현할 수 있습니다. 이처럼 for문 안에 for문을 또 쓰는 것을 **중첩 for문**이라고 부릅니다.

중첩 for문을 구성하면 다음과 같이 기존 for문을 {for문}으로 감싸는 형태가 됩니다.

```java
for (int j = 2; j <= 4; j++) {        // 좌항 2를 1씩 증가시키는 for문
    for (int i = 1; i <= 9; i++) {    // 1에서 9까지 증가시키는 for문
    }
}
```

1에서 9까지 증가시키는 for문에서 변수 i를 이미 쓰고 있으므로 이를 감싸는 반복문에서는 j를 사용하여 초기화식, 조건식, 증감식을 표현합니다.

한 군데 더 바꿔 줄 곳이 있습니다. 구구단의 한 줄을 출력하는 부분입니다. 중첩 for문을 쓰면 상수 2가 있던 자리도 변수로 처리해 주어야 합니다. 포맷에서는 2 대신 %d를 쓰고, 포맷 자리에 들어갈 숫자인 상수 2 대신 변수 j를 씁니다.

```java
System.out.printf("%d * %d = %d\n", j, i, j * i);
```

이제 중첩 for문을 이용하여 4단까지 출력하는 코드를 만들어 보겠습니다. 다음은 2단부터 4단까지 출력하는 예제입니다. 2단부터 4단까지 잘 출력된 것을 확인할 수 있습니다.

```java
public class MultiplicationTableStep {
    public static void main(String[] args) {
        for (int j = 2; j <= 4; j++) {
            for (int i = 1; i <= 9; i++) {
                System.out.printf("%d * %d = %d\n", j, i, j * i);
            }
        }
    }
}
```


하지만 구구단을 출력했을 때 보기가 좋지 않습니다. 2단과 3단, 3단과 4단이 구분이 안 되어 있기 때문입니다. 그래서 각 단 사이에 "----------------"와 같은 구분선을 넣어 보겠습니다.

이때 주의할 점은 구분선 코드가 어떤 for문에서 실행될지 잘 확인하고 넣어야 한다는 것입니다. 예시를 살펴봅시다. 만약 1에서 9까지 증가시키는 for문에 구분선 코드를 넣으면 어떻게 될까요?

```java
for (int j = 2; j <= 4; j++) {
    for (int i = 1; i <= 9; i++) {
        System.out.printf("%d * %d = %d\n",j, i, j * i);
        System.out.println("--------------");
    }
}
```

그러면 다음과 같이 구구단 한 줄이 출력될 때마다 "----------------"이 출력됩니다.

```
2 * 1 = 2
--------------
2 * 2 = 4
--------------
...
```

"――――――――――――――"를 단과 단 사이에 넣으려면 한 개의 단이 끝난 후 한 번씩만 실행하도록 하면 됩니다. 따라서 다음 예제와 같이 System.out.println("――――――――――――――");을 가장 안쪽에 있는 for문 밖에 넣어 꺼내 주면 됩니다.


```java
public class MultiplicationTableStep {
    public static void main(String[] args) {
        for (int j = 2; j <= 4; j++) {
            for (int i = 1; i <= 9; i++) {
                System.out.printf("%d * %d = %d\n", j, i, j * i);
            }
            System.out.println("――――――――――――――");
        }
    }
}
```

실행 결과

```
2 * 1 = 2
2 * 2 = 4
...
2 * 9 = 18
――――――――――――――
3 * 1 = 3
3 * 2 = 6
...
3 * 9 = 27
――――――――――――――
4 * 1 = 4
4 * 2 = 8
...
4 * 9 = 36
――――――――――――――
```

두 코드의 차이점을 다시 한번 잘 비교해 보면서 어떤 자리에 구분선을 넣어 주어야 하는지 확인해 보세요. 편의상 System.out.println은 생략했습니다.

■ **매번 실행됨**

```java
for (int j = 2; j <= 4; j++) {
    for (int i = 1; i <= 9; i++) {
        ("――――――――――――――");
    }
}
```

■ **단마다 한 번씩 실행됨**

```java
for (int j = 2; j <= 4; j++) {
    for (int i = 1; i <= 9; i++) {
    }
    ("――――――――――――――");
}
```

tip for문은 중괄호 블록을 반복하므로 중첩 for문에서 가장 안쪽에 감싸여진 for문이 가장 많이 반복됩니다.

1부터 n까지 합 구하기

for문을 써야 하는 '패턴'을 익혀 보겠습니다. for문은 단순히 출력하고 끝나는 것에서 그치지 않고 for문을 통해 계산을 하는 경우도 많이 있습니다.

for문을 통해 계산을 하는 패턴 중 많이 나오는 하나는 for문 밖에 변수를 선언해 놓고 그 변수에 값을 더하거나 빼거나 곱하거나 나누는 등의 연산을 반복해서 처리하는 것입니다.

```
int answer = 0;   // 변수를 for문 밖에 선언
for (초기화식; 조건식; 증감식) {
        계산식
}
```

1부터 n까지의 합을 구하는 예제는 for문 외부에 변수를 선언한 후 반복문에서 연산한 결과를 저장하는 패턴을 이용하여 구현할 수 있습니다. 다음과 같이 for문을 이용하여 숫자 n을 사용자로부터 입력받아 1부터 n까지 더한 결과를 출력하는 프로그램을 만들어 보겠습니다.

입력	출력
10	55
100	5050

본격적으로 프로그램을 만들기 전에 for문으로 숫자를 1부터 n까지 반복하고 1씩 증가하는 숫자를 누적하는 패턴 코드를 작성할 수 있는지 여부를 확인하겠습니다. 1부터 5까지 누적하는 코드를 만들어 보면서 패턴을 찾아보겠습니다.

for문을 써서 1부터 5까지의 합을 누적하기 위해 다음 코드를 만들었습니다. 하지만 이 코드에는 문제가 있습니다.

```
for (int i = 1; i <= 5; i++) {
    int sum = 0; // 반복문 실행될 때마다 초기화
    sum + i;      // i를 더함
    System.out.println(sum);
}
```

1~5까지 변하는 i를 모두 더하기 위해 sum이라는 변수를 선언했지만 결과가 계속 더해지지는 않고 1, 2, 3, 4, 5만 출력됩니다. 중괄호 블록이 매번 반복될 때마다 int sum = 0;에 의해 sum은 0으로 초기화되고 여기에 i를 더하기 때문입니다.

변수가 매번 0으로 초기화되지 않고 값을 누적하기 위해서는 변수를 for문의 중괄호 블록이 아닌 for문의 바깥쪽에 선언해야 합니다.

```java
int sum = 0;
for (int i = 1; i <= 5; i++) {
    sum + i;
    System.out.println(sum);
}
```

하지만 이 코드를 실행하면 아직도 1, 2, 3, 4, 5만 출력되고 값이 누적되지 않습니다. 왜냐하면 int sum = 0;에 변화를 주는 코드가 없기 때문입니다. 선언한 변수에 값을 누적하려면 sum = sum + i;와 같이 변수에 값을 다시 넣어 주는 대입 연산자 =를 써야 합니다.

```java
int sum = 0;
for (int i = 1; i <= 5; i++) {
    sum = sum + i; // sum에 값을 누적
    System.out.println(sum);
}
```

sum = sum + i 대신 복합 대입 연산자 +=를 쓰면 코드를 간결하게 만들 수 있습니다.

```java
int sum = 0;
for (int i = 1; i <= 5; i++) {
    sum += i; // 복합 대입 연산자 += 사용
    System.out.println(sum);
}
```

값이 누적되는 과정을 직접 확인하려면 for문의 중괄호 블록에 println()을 써야 합니다. 하지만 누적된 결과만 보고 싶다면 for문 밖에 println()을 쓰면 됩니다.

```java
int sum = 0;
for (int i = 1; i <= 5; i++) {
    sum += i;
}
System.out.println(sum); // .println()을 밖으로 꺼냄
```

이를 실행해 보면 1부터 5까지 더한 15가 출력됩니다! 드디어 패턴을 발견한 것입니다. 이 패턴을 활용해서 1부터 n까지의 합을 구하는 프로그램을 만들겠습니다.

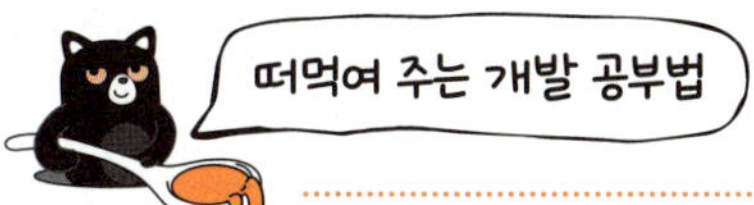

i 값이 10일 때까지 반복해야 하는데 i < 10(i는 10보다 작다)와 같이 '미만'으로 설정하는 실수를 많이 합니다. 이러한 실수는 꽤나 치명적입니다. 지금 만들고 있는 프로그램을 예로 들어 보겠습니다. 조건식을 i < 10으로 설정하는 경우 9까지만 더해서 45가 출력되어 코드 자체가 잘못 되어 버립니다. 따라서 만약 1부터 10까지 더할 때 <(미만)을 쓸 것이라면 i < 11로 처리하거나 <= 10을 씁시다. 조건식을 사용할 때는 <와 <=을 신경써 가면서 사용합시다.

다음은 앞서 발견한 패턴을 적용하여 Scanner로 사용자로부터 num을 입력받아 1부터 num까지 더한 결과를 출력하는 예제입니다.

```java
import java.util.Scanner;                              // AccumulateUntilN.java

public class AccumulateUntilN {
    public static void main(String[] args) {
        Scanner sc = new Scanner(System.in); // Scanner 선언
❶      int num = sc.nextInt();              // 숫자 한 개를 입력받음
        int sum = 0;                         // 값이 누적될 변수 선언
        for (int i = 1; i <= num; i++) {
❷          sum += i;
        }
        System.out.println(sum);
    }
}
```

실행 결과

```
10 Enter
55
```

❶ Scanner로 사용자로부터 값을 입력받습니다. 그리고 num 변수에 sc. nextInt();를 대입하여 입력 값을 받습니다.

❷ 이어서 앞서 발견한 패턴을 사용합니다. 조건식에 num 변수를 사용하고 <=를 통해 입력받은 값까지 누적될 수 있도록 합니다.

따라서 10을 입력하면 1에서 10까지의 합인 55가 출력됩니다. 만약 100을 입력하면 5050이 나올 것입니다.

n! 구하기

특정 계산의 결과를 정확하게 만들어 낼 수 있어야 for문을 제대로 알았다고 할 수 있습니다. 운전을 배울 때 자동차에 시동을 거는 법을 알았다고 해서 차를 몰고 도로로 나갈 수 없듯이 for문의 사용 방법만을 알았다고 해서 충분한 것은 아닙니다.

지금까지 배웠던 변수, 누적, 복합 연산자에 관한 이해가 필요하므로 아직 세 가지가 익숙하지 않다면 앞으로 돌아가다시 공부해 보세요.

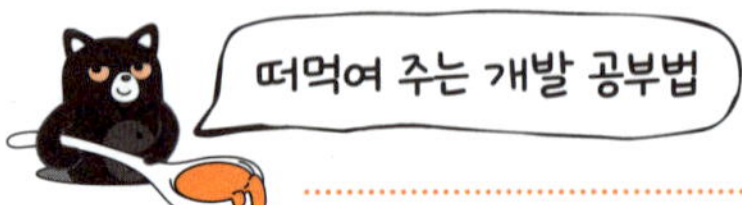

이번 예제는 어려울 수 있지만 지금까지 공부했던 내용들을 잘 이해하고 있는지 점검해 볼 수 있는 기회가 될 것입니다. 하지만 이 예제를 풀지 못했다고 너무 실망하지는 마세요. 이 예제는 처음 프로그래밍을 접하는 입장에서는 어려운 문제입니다. 이번에는 그냥 한번 살펴보고 자바에 어느 정도 익숙해진 다음 다시 한번 읽어 보세요.

숫자 n이 입력될 때 n!의 결과를 출력하는 프로그램을 만들어 보겠습니다. n!(팩토리얼)은 n부터 1까지 1씩 감소하면서 곱하는 것입니다. 3!은 3 * 2 * 1 = 6이고, 5!은 5 * 4 * 3 * 2 * 1 = 120입니다.

입력	출력
3	6
5	120

우선 n과 answer 변수를 선언합니다. n!을 만들 것이기 때문에 변수 n을 선언합니다. 초기 값은 5로 지정하겠습니다. 5로 지정한 부분은 로직을 완성한 후에 Scanner.nextInt( ) 등으로 바꿀 수 있기에 일단은 5로 지정하고 갑니다. 또한 팩토리얼은 '곱하기'이므로 팩토리얼 연산 결과가 담길 변수 answer는 0 대신 1로 선언합니다. 모든 수에 0을 곱하면 0이 되므로 answer의 초기 값은 1로 지정합니다.

```java
int n = 5;
int answer = 1;
```

반복문이 끝났을 때 변수 answer에 들어 있는 값이 답이 되도록 만들 것입니다. 1부터 n까지 더할 때 이용한 '누적'의 방법을 팩토리얼을 구할 때도 씁니다.

이어서 반복문을 구성하겠습니다. 팩토리얼은 '곱하기'이므로 순서에 상관이 없습니다. 5, 4, 3, 2, 1과 같이 역순으로 구성해도 되고 1, 2, 3, 4, 5로 구성해도 됩니다. 다음과 같이 두 가지 방법 중 하나를 선택하여 1~n까지 숫자를 만들어 주면 됩니다. 여기서는 두 번째 방법을 사용합니다.

■ **5부터 1까지**

```java
int n = 5;
int answer = 1;
for (int i = n; i >= i; i--) {
    System.out.println(i);
}
```

```
5
4
3
2
1
```

■ **1부터 5까지**

```java
int n = 5;
int answer = 1;
for (int i = 1; i <= n; i++) {
    System.out.println(i);
}
```

```
1
2
3
4
5
```

마지막으로 answer에 곱을 누적합니다. 반복문을 이용하여 숫자를 만들었으니 answer에 생성한 값들을 순서대로 곱해 보겠습니다. 곱하기만 하면 되는 것이 아니라 곱한 값에 다음 숫자를 또 곱하는 누적의 방식을 써야 합니다.

변수 answer에 i를 곱한 값을 누적하려면 answer = answer * i를 써도 되지만 **복합 대입 연산자** *=를 쓰면 코드가 조금 더 간결해집니다. 다음은 앞의 과정을 모두 적용하여 1부터 5까지 반복하면서 answer에 곱을 누적하여 5!을 구하는 예제입니다.

```java
public class Factorial {
    public static void main(String[] args) {
        int n = 5;
        int answer = 1;
        for (int i = 1; i <= n; i++) { // i = 1 대신 i = 2도 가능
            answer *= i;
        }
        System.out.println(answer);
    }
}
```

Factorial.java

실행 결과
```
120
```

for문을 사용하여 1부터 n(5)까지의 숫자를 차례대로 곱한 결과로 120이 잘 출력된 것을 볼 수 있습니다.

tip 연산 과정을 하나하나 살펴보고 싶다면 System.out.println(answer);를 반복문 안쪽에 넣어 줍니다.

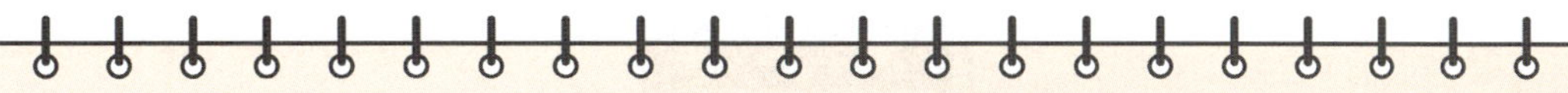

_____ 월 _____ 일   걸린 시간: _____ 시간 _____ 분

	10	20	30	40	50	60	10	20	30	40	50	60
1회												
2회												
3회												

필수 예제

MultiplicationTableStep.java	중첩 for문으로 구구단 4단까지 출력하는 클래스
AccumulateUntilN.java	for문으로 1부터 num까지 더한 결과를 출력하는 클래스
Factorial.java	for문으로 5!을 연산하는 클래스

용어 및 개념

☐	**for문**	조건에 따라 특정 동작을 반복할 때 사용하는 문
☐	**중첩 for문**	for문 안에 for문을 다시 사용하는 것

명령어

```java
for (int j = 2; j <= 4; j++) {            // 소괄호의 식에 따라 코드를 반복하는 반복문
    for (int i = 1; i <= 9; i++) { ... } // 중첩 for문
}
```

DAY 33

while문과 do-while문 알아보기

필수 예제	용어 및 개념	명령어
WhileExIncrease.java	☐ while문	while
EvenNumberInput.java	☐ do-while문	do while

while문은 조건식이 true인 동안 중괄호 블록에 있는 코드를 반복해서 실행하는 반복문입니다. for문과 다른점은 for문은 초기화식, 증감식으로 소괄호( ) 내에서 변수를 제어해서 쓸 수 있지만 while문에는 변수 없이 조건식만 있습니다. 다만 초기화식과 증감식을 중괄호 블록에서 표현할 수 있습니다. 따라서 보통의 경우 for문과 while문을 서로 대신해서 사용할 수 있습니다.

do-while문은 while문을 변형한 것으로 'do'라는 이름이 붙은 만큼 중괄호 블록을 '먼저' 실행한 후 조건식을 판단한다는 차이점이 있습니다. 이는 달리 말해 while문은 조건식을 만족하지 못한다면 중괄호 블록을 실행조차 하지 않지만, do-while문은 처음부터 조건식을 만족하지 못하더라도 무조건 최소 한 번은 중괄호 블록이 실행됩니다.

이제부터 본격적으로 while문과 do-while문의 사용 방법을 익혀 보겠습니다.

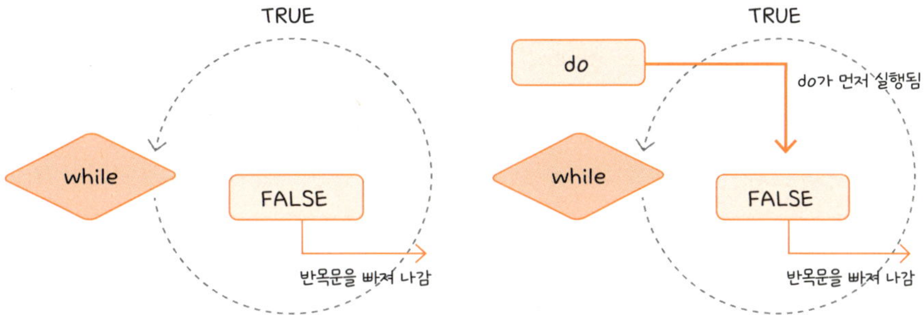

while문 사용 방법

while문은 조건식을 입력하고 중괄호 블록에 반복할 코드를 넣어 만듭니다. 이때 코드를 무한하게 반복하고 싶다면 조건식에 true를 넣어 주면 조건식이 영원히 참^{true}이 되어 코드를 무한히 반복하게 됩니다.

```
while (조건식) {
    반복할_코드
}
```

for문보다 훨씬 간결합니다. 바로 코드를 살펴보면서 while문의 사용 방법을 확인해 봅시다. 다음은 1초에 한 번씩 현재 시간을 출력하는 예제입니다.

```java
import java.time.LocalDateTime;

public class WhileSleep {
    public static void main(String[] args) throws InterruptedException {
        while (true) {
            System.out.println(LocalDateTime.now());  // ❶
            Thread.sleep(1000);  // ❷
        }
    }
}
```

WhileSleep.java

실행 결과

```
2023-04-06T17:19:44.516965800
2023-04-06T17:19:45.521309800
2023-04-06T17:19:46.536803
2023-04-06T17:19:47.545125100
2023-04-06T17:19:48.546398100
(무한 반복)
```

tip 무한 반복을 멈추려면 콘솔 창 상단의 내비게이션 바에 있는 빨간색 정지 버튼을 누르면 됩니다.

이번 예제에서 새롭게 등장한 메서드가 있습니다. LocalDateTime.now()와 Thread.sleep()입니다. ❶ LocalDateTime.now()는 현재 시간을 구하는 메서드이고, ❷ Thread.sleep()은 ()에 넘긴 값만큼 대기하라는 메서드입니다. 시간은 밀리초로 표현되며 1000밀리초는 1초입니다. 2초를 대기하고 싶다면 2000을, 1분을 대기하고 싶다면 60 * 1000, 즉 60000을 넘기면 됩니다. 조건식으로 true를 넣었기 때문에 1초 간격으로 현재 시간을 영원히 출력합니다.

다음 코드 역시 무한히 반복하는 예시입니다. int형 변수 cnt를 0으로 선언했는데 while문의 조건식이 cnt < 11입니다. 따라서 조건이 계속 true이기 때문에 무한히 실행되는 것입니다.

```java
public class WhileExIncrease {
    public static void main(String[] args) {
        int cnt = 0;
        while (cnt < 11) {
            System.out.printf("%d ", cnt);
        }
    }
}
```
WhileExIncrease.java

cnt 변수에 변화를 주어 true였던 조건이 특정 시점부터는 false로 바뀌게 제어해서 원하는 만큼 실행되도록 바꿀 수 있습니다.

다음은 cnt++;라는 증감식을 추가하여 cnt가 1씩 증가하다가 11이 되는 시점에서는 cnt < 11이 false가 되도록 해 while문이 멈추도록 한 예시입니다.

```java
public class WhileExIncrease {
    public static void main(String[] args) {
        int cnt = 0;
        while (cnt < 11) {
            System.out.printf("%d ", cnt);
            cnt++;
        }
    }
}
```
WhileExIncrease.java

증감식 **cnt++**는 printf( )에 변수로 사용할 수 있으므로 줄 수를 줄여 가독성을 좋게 만들 수 있습니다. 다음은 앞서 과정을 모두 적용해 만든 0부터 10까지 **while문**을 이용하여 반복해 출력하는 예제입니다.

```java
public class WhileExIncrease {
    public static void main(String[] args) {
        int cnt = 0;
        while (cnt < 11) {
            System.out.printf("%d ", cnt++);
        }
    }
}
```

> **WhileExIncrease.java**

> **실행 결과**
> 0 1 2 3 4 5 6 7 8 9 10

.printf("%d ")를 써서 공백으로 구분했으므로 한 줄로 출력되었습니다. cnt는 11보다 작은 동안 중괄호 블록 코드가 계속 실행되므로 0일 때부터 10까지 총 11번 반복되어 0~10까지 출력되는 것을 확인할 수 있습니다.

do-while문 사용 방법

do-while문은 조건식에 관계 없이 최소 한 번은 실행되는 while문입니다. do-while문은 사용자의 입력을 받아 실행하는 코드를 만드는 경우 주로 사용됩니다. 사용자의 입력을 받아 실행하는 코드의 경우 입력 값이 유효한지 유효하지 않은지를 사용자가 입력한 후에 알 수 있기 때문입니다.

예로 고객센터 전화 연결이 있습니다. 핸드폰이나 인터넷 서비스 사용 중 고객센터에 전화해 본 경험이 다들 있을 것입니다. 고객센터에 전화를 하면 상담원이 바로 받지 않고 몇 가지 메뉴를 고르라고 안내합니다. 1번이 '요금 안내', 2번이 'AS 접수', 0번이 '상담원 연결' 등의 메뉴가 있습니다. 고객이 고객센터에 전화를 건 후 일단 번호를 눌러야 해당 메뉴로 이동하든지 잘못된 번호라고 안내를 해 준다든지 등 시스템이 반응할 수 있습니다.

여기에서는 1번, 2번, 0번은 해당하는 서비스가 있지만 3~9번까지는 해당하는 서비스가 없습니다. 그래서 3~9

번을 누르면 서비스가 없으므로 "잘못 누르셨습니다."라고 안내해야 합니다. 이러한 안내를 출력하려면 최소한 한 번은 입력받아야 합니다. 앞에서 배운 while문으로 최소한 한 번의 입력을 받으려면 구조가 복잡해지므로 do-while문을 써서 처리하는 것이 좋습니다.

do-while문은 다음과 같이 사용합니다. **do**와 **중괄호 블록**을 먼저 작성한 후 **while (조건식)**을 작성합니다. '조건식'이 false라도 do 중괄호 블록에 있는 코드는 최소 한 번은 반드시 실행됩니다.

```java
do {
    반복할_코드 // 이 영역의 코드를 먼저 실행 ex) 입력받기
} while (조건식);
```

다음은 while문과 do-while문을 비교한 표입니다. 서로 비교해서 보면 차이점을 명확히 알 수 있습니다. **while문**은 **while (조건식)**으로 시작해 반복하는 영역이 나오지만 **do-while문**은 **do**로 시작하고 반복 영역이 나온 후 **while (조건식)**이 나옵니다.

■ while문
while → {반복 영역}

```java
while (조건식) {
    반복할_코드
}
```

■ do-while문
do → {반복 영역} → while

```java
do {
    반복할_코드
} while (조건식);
```

다음 코드는 do-while문 조건이 false이지만 do 중괄호 블록의 코드는 한 번 실행한 뒤 끝납니다.

```java
public class DoWhile {                                          // DoWhile.java
    public static void main(String[] args) {
        int cnt = 10;
        do {
            System.out.println("do 구간에서 실행");
        } while (cnt < 10);
    }
}
```

실행 결과

```
do 구간에서 실행
```

cnt의 값이 10이므로 cnt 〈 10 조건식이 거짓이지만, do-while문은 코드 블록을 최소 한 번 실행하도록 보장하기 때문에 "do 구간에서 실행"이라는 문자열이 한 번 출력됩니다. 그 후 조건식이 거짓이므로 반복이 종료되고 프로그램이 종료됩니다.

앞서 고객센터의 예시처럼 do-while이 빛을 발하는 곳은 사용자의 입력과 함께 로직이 구성되는 부분입니다. 다음은 사용자로부터 짝수를 입력받을 때까지 반복하는 예제입니다. 해당 숫자가 '짝수'인지 구분하는 방법은 앞에서 배웠듯이 2로 나누면 됩니다. 2로 나누었을 때 나누어 떨어지면 짝수이고 나머지가 남으면 홀수입니다. **BACK** 328쪽의 〈홀수인지 짝수인지 판단하기〉를 참고하세요.

```java
import java.util.Scanner;

public class EvenNumberInput {
    public static void main(String[] args) {
        Scanner scanner = new Scanner(System.in);
        int input;

        do {
            System.out.print("짝수를 입력하세요: ");       ❶
            input = scanner.nextInt();
        } while (input % 2 != 0);

        System.out.println("올바른 짝수가 입력되었습니다: " + input);   ❷
    }
}
```


실행 결과
```
짝수를 입력하세요: 1 Enter
짝수를 입력하세요: 100 Enter
올바른 짝수가 입력되었습니다: 100
```

❶ do-while문을 사용하여 코드 블록 내의 코드인 scanner.nextInt()를 실행하여 사용자로부터 입력을 받은 후 조건식을 검사합니다. 조건식은 input % 2 != 0입니다. 조건식이 true인 경우(홀수인 경우) 코드 블록을 반복합니다. 홀수인 1을 입력하면 중괄호 블록 코드가 한 번 더 실행되고, 짝수인 100을 입력하면 조건식이 false가 되므로 do-while문이 끝납니다.

```java
do {
    System.out.print("짝수를 입력하세요: ");
    input = scanner.nextInt();
} while (input % 2 != 0);
```

❷ 이러면 do-while문을 빠져 나오므로 do-while문 다음의 **.println()**이 실행되어 "올바른 짝수가 입력되었습니다: 100"이라는 문장이 출력됩니다.

```java
System.out.println("올바른 짝수가 입력되었습니다: " + input);
```

- **while문**
  입력 값: 1

  > 짝수를 입력하세요: 1 [Enter]
  > 짝수를 입력하세요:

- **do-while문**
  입력 값: 100

  > 짝수를 입력하세요: 100 [Enter]
  > 올바른 짝수가 입력되었습니다: 100

앞서 고객센터 ARS를 예시로 들었습니다. while문을 이용하여 이를 한번 구현해 봅시다. "번호를 입력하세요." 라는 메시지를 먼저 출력한 후 사용자가 1을 입력하면 "요금 안내입니다."라는 메시지가 출력되고, 그외의 경우에는 "잘못 누르셨습니다."라는 메시지가 출력되도록 만들어 봅시다.

______월 ______일 걸린 시간: ______시간 ______분

	10	20	30	40	50	60	10	20	30	40	50	60
1회												
2회												
3회												

필수 예제

WhileExIncrease.java	while문으로 0~10을 출력하는 클래스
EvenNumberInput.java	짝수를 입력받을 때까지 요청을 반복하는 클래스

용어 및 개념

☐	**while문**	– 변수 없이 조건식만 있으며, 조건식이 true인 동안 중괄호 블록에 있는 코드를 반복해서 실행하는 반복문 – 초기화식과 증감식을 중괄호 블록에서 표현할 수 있음
☐	**do-while문**	– while문을 변형한 것 – 'do'라는 이름이 붙은 만큼 중괄호 블록을 먼저 실행한 후 조건식을 판단하는 조건문 – 즉, 처음부터 조건식을 만족하지 못하더라도 무조건 최소 한 번은 중괄호 블록이 실행됨

명령어

```
while (조건식) { ... }        // 조건식에 따라 코드를 반복하는 반복문
do { ... } while (조건식);    // while문에 앞서 먼저 실행되는 문
```

while문과 do-while문 활용하기

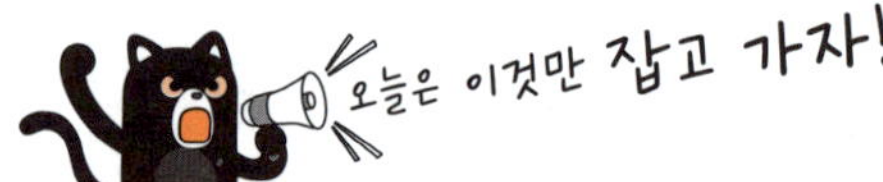

필수 예제	용어 및 개념	명령어
WhileCountdown.java	☐ while문	
WhileFactorial2.java	☐ do-while문	`while`
CallCenterExample.java	☐ switch 표현식	
CallCenterExample2.java		

while문으로 카운트 다운하기

앞에서는 while문을 이용하여 0부터 10까지 1씩 증가하는 예제를 살펴보았습니다.

```java
public class WhileExIncrease {
    public static void main(String[] args) {
        int cnt = 0;
        while (cnt < 11) {
            System.out.printf("%d ", cnt++);
        }
    }
}
```
WhileExIncrease.java

이번에는 5부터 1까지 줄어드는 예제를 알아보겠습니다. 5부터 1까지 줄어들려면 5부터 시작해야 합니다. 그래서 cnt를 5로 지정하고 0보다 큰 동안만 실행되도록 코드를 작성해 보겠습니다.

다음은 while문으로 5부터 1까지 실행하는 코드입니다. 하지만 무한히 실행됩니다. 어떤 것이 문제인지 스스로 생각해 보고 다음 내용을 살펴봅시다.

```java
public class WhileCountdown {
    public static void main(String[] args) {
        int cnt = 5;
        while (cnt > 0) {
            System.out.println(cnt++);
        }
    }
}
```

WhileCountdown.java

실행 결과
```
5
6
7
(중략)
2355446
(무한 반복)
```

실행 결과로 5 4 3 2 1이 나올 것 같지만 무한히 증가하는 것을 볼 수 있습니다. 처음 반복문을 배울 때 흔히 보이는 실수입니다. 어디를 고쳐야 하는지 찾았나요?

문제는 **cnt++**입니다. 이 while문에서 조건을 **cnt > 0**와 같이 0보다 큰 동안만 반복하도록 지정했는데 cnt는 6, 7, 8 … 이런 식으로 계속 커지기 때문에 조건식을 항상 만족합니다. 따라서 무한히 반복되는 것이죠.

cnt++를 **cnt--**로 바꾸면 cnt가 4, 3, 2, 1 … 로 줄어 듭니다. 그러면 **cnt > 0** 조건에 따라 cnt가 0이 될 때 false가 되어 반복이 멈춥니다. 다음은 앞서 코드에서 cnt++를 cnt--로 바꾼 예제입니다. 실행 결과로 5 4 3 2 1이 정확히 출력되는 것을 확인할 수 있습니다.

```java
public class WhileCountdown {
    public static void main(String[] args) {
        int cnt = 5;
        while (cnt > 0) {
            System.out.println(cnt--);
        }
    }
}
```

WhileCountdown.java

실행 결과
```
5
4
3
2
1
```

while문으로 팩토리얼(n!) 구하기

팩토리얼factorial을 구하는 코드는 앞에서 for문을 다룰 때도 작성해 보았습니다. while문도 반복문이고 앞서 살펴본 것처럼 5, 4, 3, 2, 1 형태로 값을 만들어 낼 수 있기 때문에 while문으로 팩토리얼을 구할 수 있습니다. 지금부터 5!을 구하는 while문을 만들어 보겠습니다.

먼저 변수 한 개와 while문이 필요합니다. 앞서 카운트 다운을 위해 만들었던 코드를 활용하여 while문으로 5부터 1까지 1씩 감소한 숫자를 출력하도록 설정합시다.

```java
public class WhileFactorial {
    public static void main(String[] args) {
        int num = 5;
        while (num > 0) {
            System.out.println(num--);
        }
    }
}
```
WhileFactorial.java

그리고 5부터 1까지 1씩 감소하면서 곱한 결과를 저장할 변수 **answer**를 선언합니다.

```java
public class WhileFactorial2 {
    public static void main(String[] args) {
        int answer = 1;
        int num = 5;
        while (num > 0) {
            System.out.println(num--);
        }
    }
}
```
WhileFactorial2.java

answer의 초기 값은 곱한 결과를 누적할 것이기 때문에 1로 합니다. 5, 4, 3, 2, 1 순서로 누적해서 곱하면 answer의 값이 증가합니다. 다음과 같이 **answer *= num - ;**를 이용하여 answer에 5부터 1까지 곱한 결과를 누적합니다.

```java
public class WhileFactorial2 {
    public static void main(String[] args) {
        int answer = 1;
        int num = 5;

        while (num > 0) {
            answer *= num--;
            System.out.println(answer);
        }
    }
}
```


실행 결과

```
5
20
60
120
120
```

하지만 예상과 달리 마지막에 120이 한 번 더 나왔습니다. 한 번 더 나온 이유는 5 * 4 * 3 * 2까지가 120인데 여기에 * 1이 실행되었기 때문입니다.

여기까지만 만들어도 우리가 원하는 5!의 결과인 120을 얻을 수 있습니다. 하지만 이러면 불필요한 연산을 한 번 더 하게 되는 것이므로 120이 한 번 더 출력되는 부분까지 정리하면 좋습니다. answer는 1로 초기화 했으므로 5부터 2까지만 곱해도 5 * 4 * 3 * 2 * 1을 곱한 것이 됩니다. 그래서 조건식을 num > 0에서 **num > 1**로 바꿔 주겠습니다. 그리고 앞에서는 120이 한 번 더 출력되는 것을 보기 위해 println()을 while문 안쪽에 썼으나 5!의 연산 결과인 120만 나오면 되므로 출력하는 지점을 while문이 끝난 다음으로 변경하겠습니다.

다음은 5!을 구하는 완성된 예제입니다. answer = 1에 5, 4, 3, 2 순서로 곱하여 120이라는 결과가 잘 나오는 것을 확인할 수 있습니다.

```java
public class WhileFactorial2 {
    public static void main(String[] args) {
        int answer = 1;
        int num = 5;

        while (num > 1) {
            answer *= num--;
        }
        System.out.println(answer); // 결과는 한번만 출력
    }
}
```


실행 결과

```
120
```

do-while문과 switch 표현식으로 고객센터 메뉴 구현하기 ——————

앞에서 예로 들었던 고객센터 메뉴 선택 기능을 do-while로 구현해 보겠습니다. 메뉴는 총 세 가지입니다. 1번이 '요금 안내', 2번이 'AS 접수', 0번이 '상담원 연결'이고 3~9번은 지정된 기능이 없기 때문에 "잘못 누르셨습니다."가 출력되도록 하겠습니다. 또한 숫자가 아닌 문자열을 입력하면 "숫자를 입력하세요."를 출력하는 기능까지 추가해 보겠습니다.

먼저 do-while문부터 작성하겠습니다. 여기에서 중요한 부분은 int choice;라는 변수입니다. 이 코드의 목적은 고객이 어떤 메뉴를 선택하도록 하는 것입니다. choice는 고객이 0, 1, 2 중 어떤 버튼을 눌렀는지 정보를 담을 변수입니다.

```java
import java.util.Scanner;

public class CallCenterExample {
    public static void main(String[] args) {
        Scanner scanner = new Scanner(System.in);
        int choice; // do-while문에서 쓸 변수 선언

        do {
            choice = scanner.nextInt();
            System.out.println(choice);
        } while (choice < 0 || choice > 9);
    }
}
```

CallCenterExample.java

실행 결과
```
1 Enter
1
```

실행하면 무언가 입력할 수 있는데 입력한대로 결과가 출력됩니다. 받은 숫자를 그대로 출력하기 때문에 1을 입력하면 1이 출력되고 2를 입력하면 2가 출력됩니다.

다음은 a를 입력한 결과입니다. int choice;는 int 타입이므로 choice = scanner.nextInt();와 같이 nextInt() 메서드를 이용하여 숫자 값을 받도록 처리했습니다. 하지만 a는 숫자가 아니므로 에러가 발생합니다. 이 부분은 뒤에서 처리하겠습니다.

```
Exception in thread "main" java.util.InputMismatchException
        at java.base/java.util.Scanner.throwFor(Scanner.java:939)
        at java.base/java.util.Scanner.next(Scanner.java:1594)
        at java.base/java.util.Scanner.nextInt(Scanner.java:2258)
        at java.base/java.util.Scanner.nextInt(Scanner.java:2212)
        at org.book.chapter06.p033.CallCenterExample.main(CallCenterExample.java:11)
```

여기에서 do-while문을 쓰는 목적은 사용자가 0, 1, 2 중 하나를 선택해야 하기 때문입니다. 그래서 사용자에게 값을 입력받기 전에 안내 문구를 출력하겠습니다. 많이 쓰는 println() 대신 **print()**를 사용하여 입력받을 때의 가독성을 좀 더 좋게 처리할 수 있습니다.

```java
import java.util.Scanner;                                       CallCenterExample.java

public class CallCenterExample {
    public static void main(String[] args) {
        Scanner scanner = new Scanner(System.in);
        int choice;

        do {
            System.out.print("메뉴를 선택하세요 (0: 상담원 연결, 1: 요금 안내, 2:
                    AS 접수): ");
            choice = scanner.nextInt();
            System.out.println(choice);

        } while (choice < 0 || choice > 9);
    }
}
```

실행 결과

```
메뉴를 선택하세요 (0: 상담원 연결, 1: 요금 안내, 2: AS 접수): 2 [Enter]
2
```

print()를 썼기 때문에 개행이 되지 않고 :뒤에 입력을 받을 수 있습니다. 아직 별다른 처리를 하지 않았으므로 입력한 값이 그대로 출력됩니다.

다음은 올바른 메뉴(0, 1, 2)를 선택하면 해당 메뉴로 이동하고 3~9를 입력하면 "올바른 번호를 입력하세요." 메시지를 출력하는 기능을 추가하겠습니다. if, else if, else를 사용합니다.

```java
import java.util.Scanner;

public class CallCenterExample {
    public static void main(String[] args) {
        Scanner scanner = new Scanner(System.in);
        int choice;

        do {
            System.out.print("고객센터 메뉴를 선택하세요 (0: 상담원 연결, 1: 요금
                        안내, 2: AS 접수): ");
            choice = scanner.nextInt();

            if (choice == 0) {
                System.out.println("상담원에게 연결됩니다.");
            } else if (choice == 1) {
                System.out.println("요금 안내 서비스를 이용합니다.");
            } else if (choice == 2) {
                System.out.println("AS 접수 서비스를 이용합니다.");
            } else if (choice >= 3 && choice <= 9) {
                System.out.println("잘못된 입력입니다. 올바른 번호를 입력하세요.");
            } else {
                System.out.println("올바른 번호를 입력하세요.");
            }

        } while (choice < 0 || choice > 9);
    }
}
```


실행 결과

```
고객센터 메뉴를 선택하세요 (0: 상담원 연결, 1: 요금 안내, 2: AS 접수): 1 Enter
요금 안내 서비스를 이용합니다.
```

1번 메뉴는 요금 안내이므로 "요금 안내 서비스를 이용합니다."가 출력되었습니다. 다른 번호를 선택한 경우의 결과를 정리하면 다음과 같습니다. 문자열을 입력하면 여전히 예외가 발생합니다.

입력 번호	실행 결과
2	AS 접수 서비스를 이용합니다.
0	상담원에게 연결됩니다.
3~9	잘못된 입력입니다. 올바른 번호를 입력하세요.

문자열	Exception in thread "main" java.util.InputMismatchException
	        at java.base/java.util.Scanner.throwFor(Scanner.java:939)
	        at java.base/java.util.Scanner.next(Scanner.java:1594)
	        at java.base/java.util.Scanner.nextInt(Scanner.java:2258)
	        at java.base/java.util.Scanner.nextInt(Scanner.java:2212)
	        at org.book.chapter06.p033.CallCenterExample3.main(CallCenterExample3.java:12)

이번에는 이 예제를 자바 14 버전부터 도입된 **switch 표현식**으로 표현해 보겠습니다. if문이 겉보기에 쉬워 보여 그냥 if문을 쓰고 싶다는 유혹에 빠질 수 있지만 switch 표현식을 사용하면 코드 가독성과 확장성이 더 좋아집니다. 그 이유는 if문을 사용할 경우 choice == 1과 같이 조건식이 포함되므로 조건까지 신경을 써야 합니다. 하지만 switch 표현식을 사용할 경우 몇 번이 어떤 메뉴를 다루고 있는지 코드상에서 한눈에 확인할 수 있습니다. 또한 확장성이 좋은 이유는 여기에 3번을 눌렀을 때 '해지 문의' 메뉴가 나오도록 코드를 추가할 때도 조건을 확인할 필요가 없기 때문입니다.

```java
import java.util.Scanner;                                    // CallCenterExample2.java

public class CallCenterExample2 {
    public static void main(String[] args) {
        Scanner scanner = new Scanner(System.in);
        int choice;

        do {
            System.out.print("고객센터 메뉴를 선택하세요 (0: 상담원 연결, 1: 요금
                            안내, 2: AS 접수): ");
            choice = scanner.nextInt();

            String result = switch (choice) {
                case 0 -> "상담원에게 연결됩니다.";
```

```java
            case 1 -> "요금 안내 서비스를 이용합니다.";
            case 2 -> "AS 접수 서비스를 이용합니다.";
            case 3, 4, 5, 6, 7, 8, 9 -> "잘못된 입력입니다. 올바른 번호를
                                         입력하세요.";
            default -> "올바른 번호를 입력하세요.";
        };

        System.out.println(result);

    } while (choice < 0 || choice > 9);
}
```


실행 결과는 앞서 if문을 사용해서 만들었던 코드와 동일합니다.

마지막으로 do 안에 while문을 추가하여 숫자가 아닌 경우는 숫자가 입력될 때까지 "숫자를 입력하세요."를 출력하는 기능을 추가하겠습니다. 여기에서 scanner.next()를 이용해 앞에서 입력받은 문자열을 비워 주지 않으면 무한 루프가 되므로 새로 추가한 while문 안에 scanner.next()를 꼭 추가하세요.

CallCenterExample2.java

```java
import java.util.Scanner;

public class CallCenterExample2 {
    public static void main(String[] args) {
        Scanner scanner = new Scanner(System.in);
        int choice;

        do {
            System.out.print("고객센터 메뉴를 선택하세요 (0: 상담원 연결, 1: 요금
                              안내, 2: AS 접수): ");

            while (!scanner.hasNextInt()) {
                System.out.println("숫자를 입력하세요.");
                scanner.next(); // 입력 버퍼 비우기
            }
```

```java
        choice = scanner.nextInt();

        String result = switch (choice) {
            case 0 -> "상담원에게 연결됩니다.";
            case 1 -> "요금 안내 서비스를 이용합니다.";
            case 2 -> "AS 접수 서비스를 이용합니다.";
            case 3, 4, 5, 6, 7, 8, 9 -> "잘못된 입력입니다. 올바른 번호를
                                        입력하세요.";
            default -> "올바른 번호를 입력하세요.";
        };

        System.out.println(result);

    } while (choice < 0 || choice > 9);
  }
}
```



```
고객센터 메뉴를 선택하세요 (0: 상담원 연결, 1: 요금 안내, 2: AS 접수): a [Enter]
숫자를 입력하세요.
a [Enter]
숫자를 입력하세요.
1 [Enter]
요금 안내 서비스를 이용합니다.
```

실행 후 0~9가 아닌 문자열인 a를 입력하면 "숫자를 입력하세요."라는 메시지가 나옵니다. 즉 더 이상 예외가 발생하지 않습니다.

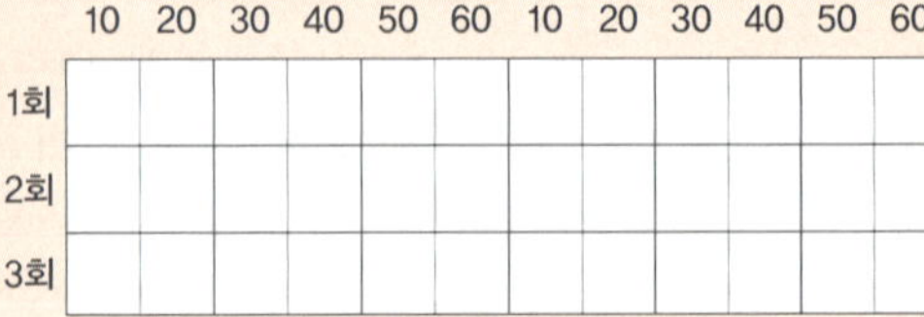

	10	20	30	40	50	60	10	20	30	40	50	60
1회												
2회												
3회												

필수 예제

`WhileCountdown.java`	while문으로 5~1을 출력하는 클래스
`WhileFactorial2.java`	while문으로 5!을 출력하는 클래스
`CallCenterExample.java`	do-while문으로 메뉴 선택 기능을 구현하는 클래스
`CallCenterExample2.java`	switch 표현식으로 메뉴 선택 기능을 구현하는 클래스

용어 및 개념

☐	**while문**	– 변수 없이 조건식만 있으며 조건식이 true인 동안 중괄호 블록에 있는 코드를 반복해서 실행하는 반복문 – 초기화식과 증감식을 중괄호 블록에서 표현할 수 있음
☐	**do-while문**	– while문을 변형한 것 – do라는 이름이 붙은 만큼 중괄호 블록을 먼저 실행한 후 조건식을 판단하는 조건문 – 즉, 처음부터 조건식을 만족하지 못하더라도 무조건 최소 한 번은 중괄호 블록이 실행됨
☐	**switch 표현식**	자바 14 버전부터 도입된 것으로 if문 대신 사용하면 가독성과 확장성이 좋아지는 표현식

반복문과 조건문 함께 쓰기

필수 예제	용어 및 개념	명령어
SumOfOdds.java	☐ break	`for` `continue;`
IsPrime2.java	☐ continue	`if` `break;`
MaxValue.java		`while`

우리가 컴퓨터를 쓰는 이유는 컴퓨터는 반복 작업을 우리보다 훨씬 빠르게 처리할 수 있기 때문입니다. 우리는 그저 코드로 작업을 입력해 놓기만 하면 됩니다. 이때 컴퓨터는 **반복문**을 통해 반복 작업을 수행합니다. 여기에 특정 조건에 따라 다른 선택을 할 수 있는 기능이 바로 **조건문**입니다.

반복문과 조건문을 같이 사용하면 컴퓨터에게 정교한 작업 지시를 내릴 수 있습니다. 이 두 가지 제어 구조를 함께 사용하면 다양한 상황에서 조건에 따라 반복적인 작업을 수행하거나 반복 작업 중 특정 조건을 만족하는 경우에만 코드를 실행하도록 제어할 수 있습니다.

if문과 for문으로 홀수의 합 구하기

반복문인 **for문**과 조건문인 **if문**으로 '홀수의 합'을 구하는 코드를 만들어 보겠습니다. 물론 '짝수의 합'을 구할 수도 있지만 앞에서 짝수는 다뤄 보았기 때문에 이번에는 1부터 10까지 숫자 중 홀수의 합을 구해 보겠습니다.

1, 2, 3, 4, 5, 6, 7, 8, 9, 10 중 홀수는 1, 3, 5, 7, 9로 다섯 개입니다. 홀수만 모두 더하면 1 + 3 + 5 + 7 + 9로 25가 됩니다.

우선 반복문으로 1부터 10까지 출력합니다. 초기화식은 **i = 1**로 하고, 조건식은 **i < 10**이 되도록 구성합니다.

```java
public class SumOfOdds {
    public static void main(String[] args) {
        int n = 10;
        for (int i = 1; i <= n; i++) {
            System.out.printf("%d ", i);
        }
    }
}
```

SumOfOdds.java

이제 여기서 홀수만 걸러 냅니다. 그러려면 조건문이 필요합니다. 홀수일 때만 출력하도록 **if문**으로 제어하는 구간을 for문 중괄호 블록 안에 만들어 줍니다. if문의 조건식에는 홀수만 출력하기 위해 2로 나누었을 때의 나머지가 0이 아니어야 한다는 의미의 **i % 2 != 0**를 작성합니다.

```java
public class SumOfOdds {
    public static void main(String[] args) {
        int n = 10;
        for (int i = 1; i <= n; i++) {
            if (i % 2 != 0) {
                System.out.printf("%d ", i);
            }
        }
    }
}
```

SumOfOdds.java

1 3 5 7 9가 출력됩니다. 마지막으로 answer 변수에 홀수만 더한 결과를 누적합니다. 그리고 더 이상 연산 과정을 확인할 필요가 없으므로 System.out.printf("%d ", i)은 삭제합니다. 그러면 다음과 같이 1부터 10까지의 숫자 중 홀수만 더한 결과를 출력하는 예제가 완성됩니다.

```java
public class SumOfOdds {                                    SumOfOdds.java
    public static void main(String[] args) {
        int answer = 0;
        int n = 10;
        for (int i = 1; i <= n; i++) {
            if (i % 2 != 0) {
                answer += i;
            }
        }
        System.out.println(answer);
    }
}
```

실행 결과

```
25
```

1부터 10까지가 아닌 1부터 n까지 n을 입력받고 싶다면 int n = sc.nextInt();로 바꿔서 사용자로부터 입력 값을 받을 수도 있습니다. 이를 활용해서 사용자로부터 숫자를 입력받아 1부터 n까지의 숫자 중 홀수의 합을 구하는 프로그램을 직접 만들어 봅시다.

while문으로 홀수의 합 구하기

이번에는 for문 대신 while문을 이용하여 1~10 중 홀수만 더하는 연산을 해 보겠습니다. while 문은 소괄호 블록( ) 안의 조건문이 true인 동안 반복되므로 조건식이 언젠가는 false가 나오게 조건문을 작성해야 합니다. num <= n에서 n은 10 고정입니다. 따라서 num을 변하게 만들어야 하는 것이죠.

```java
public class SumOfOddsWhile {
    public static void main(String[] args) {
        int n = 10;
        int answer = 0;
        int num = 1;
        while (num <= n) {
            System.out.println(num);
            num++;
        }
    }
}
```

SumOfOddsWhile.java

실행 결과

```
1
2
3
4
5
6
7
8
9
10
```

여기에서 주의할 점은 while문 안에서 println()을 사용하는 시점입니다. 다음과 같이 num++로 num을 증가시킨 후 출력하면 1부터 10까지 출력되는 것이 아니고 2~11이 출력됩니다.

```java
while (num <= n) {
    num++;
    System.out.println(num);
}
```

이유는 num의 초기 값은 1인데 num++를 이용하여 1을 더한 후 출력했기 때문에 2부터 시작한 것입니다. 순서를 잘 확인하고 사용하세요. 증감 연산자는 앞에서 설명했으니 이 시점에서 다시 한번 복습하는 것을 추천합니다. BACK 증감 연산자의 자세한 내용은 289쪽을 참고하세요.

끝으로 조건문을 추가하여 홀수일 때만 더하도록 코드를 추가하겠습니다.

```java
public class SumOfOddsWhile {                          SumOfOddsWhile.java
    public static void main(String[] args) {
        int n = 10;
        int answer = 0;
        int num = 1;
        while (num <= n) {
            if (num % 2 == 1) answer += num;
            num++;
        }
        System.out.println(answer);
    }
}
```

실행 결과
```
25
```

1 + 3 + 5 + 7 + 9를 더했기 때문에 실행 결과로 25가 출력되는 것을 확인할 수 있습니다. n = 11
로 지정하고 실행해 보면 1 + 3 + 5 + 7 + 9 + 11이 되어 36이 출력됨을 확인할 수 있습니다.

약수 구하기

약수는 어떤 수를 나누어 떨어지게 하는 수입니다. 예를 들면 6의 약수로는 1, 2, 3, 6이 있습니다. 4와 5가 약수가 아닌 이유는 6을 4 또는 5로 나누면 나누어 떨어지지 않고 나머지가 생기기 때문입니다. 따라서 약수를 구할 때는 나머지 연산을 활용하면 됩니다.

% 연산자로 나머지를 구했을 때 0이 나오면 나누어 떨어진다고 할 수 있습니다. 그래서 % 연산의 결과로 0이 나오는 i만 출력해 주면 약수를 구할 수 있습니다. 우선은 나머지를 구해 봅시다.

```java
public class Factor {                                  Factor.java
    public static void main(String[] args) {
        int n = 36;
        for (int i = 1; i <= n; i++) {
            System.out.printf("%d %% %d = %d\n", n, i, n % i);
        }
    }
}
```

실행 결과
```
36 % 1 = 0
36 % 2 = 0
36 % 3 = 0
36 % 4 = 0
36 % 5 = 1
...
36 % 31 = 5
36 % 32 = 4
36 % 33 = 3
36 % 34 = 2
36 % 35 = 1
```

이어서 나머지가 0인 경우만 추려 봅니다. n % i == 0이라는 조건을 만족할 때만 숫자를 출력하도록 if문을 이용하여 제어하는 구간을 다음과 같이 추가하면 됩니다.

```java
public class Factor {
    public static void main(String[] args) {
        int n = 36;
        for (int i = 1; i <= n; i++) {
            if (n % i == 0) {
                System.out.printf("%d %% %d = %d\n", n, i, n % i);
            }
        }
    }
}
```

Factor.java

실행 결과
```
36 % 1 = 0
36 % 2 = 0
36 % 3 = 0
36 % 4 = 0
36 % 6 = 0
36 % 9 = 0
36 % 12 = 0
36 % 18 = 0
36 % 36 = 0
```

결과에서 알 수 있듯 36에는 1, 2, 3, 4, 6, 9, 12, 18, 36 총 아홉 개의 약수가 있습니다. 과정은 충분히 알아봤으므로 약수만 출력되도록 코드를 정리해 보겠습니다.

```java
public class Factor {
    public static void main(String[] args) {
        int n = 36;
        for (int i = 1; i <= n; i++) {
            if (n % i == 0) {
                System.out.printf("%d ", i);
            }
        }
    }
}
```

Factor.java

실행 결과
```
1 2 3 4 6 9 12 18 36
```

if (n % i == 0)에 의해 나누어 떨어졌을 때의 i만 출력하여 36의 약수 1 2 3 4 6 9 12 18 36이 출력되는 것을 확인할 수 있습니다.

소수인지 판별하기

소수는 나누어 떨어지는 수가 1과 자신 밖에 없는 수를 의미합니다. 2, 3, 5, 7, 11 등이 소수입니다. 소수인지 판단하는 방법은 약수가 두 개인 수를 구하면 됩니다. 약수가 두 개만 있다는 뜻은 나누어 떨어지는 수가 1과 자기 자신밖에 없다는 의미이기 때문입니다.

어차피 1과 자기 자신으로는 항상 나누어 떨어지기 때문에 1은 생략하고 2부터 자기 자신 − 1까지 나누어 보면 소수인지 아닌지 판단할 수 있습니다. 예를 들어 7의 경우 2부터 6까지 나누었을 때 나누어 떨어지는 수가 없다면 '소수'입니다. 따라서 소수 역시 나머지 연산을 활용해서 구할 수 있습니다. 다음 예제를 살펴봅시다.

```java
public class IsPrime1 {
    public static void main(String[] args) {
        int num = 7;
        for (int i = 2; i < num; i++) {
            System.out.printf("%d %% %d = %d\n", num, i, num % i);
        }
    }
}
```

IsPrime1.java

실행 결과
```
7 % 2 = 1
7 % 3 = 1
7 % 4 = 3
7 % 5 = 2
7 % 6 = 1
```

num이 7이므로 7을 2부터 6까지 나눈 나머지를 출력해 보았습니다. 각각 1, 1, 3, 2, 1로 모두 나머지가 있습니다. 그러므로 7은 소수입니다.

num을 6으로 바꾸고 실행해 보면 이미 2부터 나누어 떨어집니다. 그리고 6을 3으로 나누었을 때도 나머지가 0으로 나누어 떨어지는 것을 볼 수 있습니다. 따라서 6은 소수가 아닙니다.

```
6 % 2 = 0
6 % 3 = 0
6 % 4 = 2
6 % 5 = 1
```

7과 6의 차이점을 발견했나요? 2부터 n − 1까지 나누어 보았을 때 6은 약수가 두 개이고 7은 약수가 없습니다. 즉 약수의 개수가 0이면 소수이고 0보다 크면 소수가 아니다라는 규칙을 발견할 수 있습니다. 이 규칙을 이용하여 소수인지 아닌지를 판별해 보겠습니다. 다음은 num 변수에 있는 값이 소수인지 판단하는 예제입니다.

```java
public class IsPrime2 {
    public static void main(String[] args) {
        int num = 7;
        int factors = 0;
        for (int i = 2; i < num; i++) {
            if (num % i == 0) {
                factors++;                    ← ❶
            }
        }
        System.out.println("factors:" + factors);
        System.out.println(factors == 0);     ← ❷
    }
}
```


❶ factors라는 변수를 선언하고 나누어 떨어지는 num % i == 0이 true인 경우 factors에 1을 증가시키는 factors++을 추가한 if문으로 약수의 개수를 셀 수 있습니다.

❷ 이어서 factors == 0을 이용하여 약수의 개수가 0이라면 소수이므로 true를 출력하고 0이 아니라면 소수가 아니므로 false를 출력하도록 코드를 작성합니다.

num이 7이고 약수의 개수가 0으로 나왔기에 true입니다. num에 6을 넣고 실행하면 false가 나옵니다. 직접 확인해 보세요.

또한 사용자로부터 특정 숫자를 입력받아서 소수인지 판별하도록 수정하고 싶다면 다음 코드를 추가하면 됩니다.

```java
import java.util.Scanner;
(중략)
Scanner sc = new Scanner(System.in);
int num = sc.nextInt();
```

최대 값 구하기

이어서 반복문과 조건문을 이용해서 최대 값을 구해 보겠습니다. 여기서는 주어진 숫자인 2, 1, 31, 9, 7 중 최대 값을 출력하는 예제를 진행해 보겠습니다. 아시다시피 이중 최대 값은 31입니다.

최대 값을 구할 때는 먼저 주어진 숫자를 다음과 같이 배열에 넣어야 합니다.

```java
public class MaxValue {
    public static void main(String[] args) {
        int[] arr = {2, 1, 31, 9, 7};
    }
}
```
MaxValue.java

그런 다음 최대 값이 저장될 변수를 하나 선언합니다. targetValue라는 이름으로 지정했습니다. 하지만 targetValue를 다음과 같이 0으로 초기화해서는 안 됩니다. targetValue의 초기 값을 0으로 하면 배열에 들어 있는 숫자가 다음과 같이 모두 음수(-)일 때 최대 값을 구하는 경우 배열에 있지도 않은 0이 최대 값이 되기 때문입니다.

```java
int[] arr = {-2, -1, -31, -9, -7};
int targetValue = 0;
```

그래서 targetValue의 초기 값은 배열의 첫 번째 값인 arr[0]으로 해야 합니다.

```java
public class MaxValue {
    public static void main(String[] args) {
        int[] arr = {2, 1, 31, 9, 7};
        int targetValue = arr[0];
    }
}
```
MaxValue.java

다음과 같이 최대 값이 중간에 있을지, 맨 앞에 있을지, 맨 끝에 있을지 모르기 때문에 모든 배열의 값을 한 번씩은 꼭 확인해야 합니다.

2	1	31	9	7
31	2	1	9	7
2	1	9	7	31

targetValue에는 현재 arr[0]인 2가 들어 있습니다. 2보다 큰 값이 나오지 않으면 2가 최대 값이 됩니다. 그래서 for문을 구성할 때는 i가 0번부터가 아닌 1번부터 시작합니다.

```java
public class MaxValue {
    public static void main(String[] args) {
        int[] arr = {2, 1, 31, 9, 7};
        int targetValue = arr[0];
        for (int i = 1; i < arr.length; i++) {
            System.out.printf("%d ", arr[i]);
        }
    }
}
```

arr[1]부터 출력했기 때문에 2는 출력이 안 되고 1, 31, 9, 7순으로 출력되었습니다.

```
1 31 9 7
```

최대 값을 구할 때 핵심은 targetValue와 arr[i] 값을 비교하여 arr[i]가 더 크다면 targetValue를 arr[i]와 교환하는 것입니다. 예를 들어 숫자가 {2, 1}만 있다고 했을 때 targetValue = arr[0]에 의해 targetValue에 2가 들어 있습니다. 이때 arr[1]인 1과 비교해서 arr[1]이 targetValue보다 크면 targetValue를 arr[1]로 교체해야 하는 것이죠.

{2, 1}만 있다면 1은 2보다 크지 않기 때문에 targetValue는 2로 남아 있겠지만 {2, 31}이라면 targetValue에 있는 2와 arr[1]의 31을 비교했을 때 31이 크므로 targetValue는 arr[1]에 들어 있는 숫자인 31로 교체해야 합니다.

교체 과정에 if문이 사용됩니다. if문의 조건식을 통해 현재 targetValue에 들어 있는 값과 for문의 조건식을 통해 추출한 전체 배열 값을 하나하나 비교한 후 값을 교환하면 됩니다. 바로 코드를 살펴보겠습니다. 다음은 배열 arr에 있는 숫자 중 최대 값을 찾는 코드입니다.

```java
public class MaxValue {                                          MaxValue.java
    public static void main(String[] args) {
        int[] arr = {2, 1, 31, 9, 7};
        int targetValue = arr[0];
        for (int i = 1; i < arr.length; i++) {              ❶
            if (targetValue < arr[i]) {   // 기존 값보다 클 경우 교환   ❷
                targetValue = arr[i];              ❸
            }
        }
        System.out.println(targetValue);
    }
}
```

실행 결과
```
31
```

실행 결과로 최대 값 31이 정상적으로 출력되었습니다. 작동 원리를 정리하면 다음과 같습니다.

❶ for문의 조건식을 통해 배열의 인덱스를 추출합니다. 증감식에 의해 for문이 반복될 때마다 인덱스가 1씩 증가합니다. 이 과정을 i ‹ arr.length; 배열의 길이만큼 반복합니다.

```java
for (int i = 1; i < arr.length; i++) {
```

❷ if문의 조건식을 통해 현재 targetValue에 들어 있는 값과 추출한 인덱스로 접근한 배열 값 arr[i]을 비교합니다. 현재 targetValue 값보다 arr[i] 값이 작으면 ❶로 돌아갑니다.

```java
if (targetValue < arr[i]) {
```

❸ 만약 targetValue 값보다 arr[i] 값이 크면 arr[i] 값을 targetValue에 대입한 후 ❶로 돌아갑니다.

```java
targetValue = arr[i];
```

이와 더불어 연산 과정을 정리하면 다음과 같습니다.

- 첫 번째 반복, 2와 1을 비교 → 2가 크기 때문에 유지, targetValue = 2
- 두 번째 반복, 2와 31을 비교 → 31이 크기 때문에 31로 교체, targetValue = 31

- 세 번째 반복, 31과 9를 비교 → 31이 크기 때문에 유지, targetValue = 31
- 네 번째 반복, 31과 7을 비교 → 31이 크기 때문에 유지, targetValue = 31

break로 반복문 멈추기

반복을 하다가 중간에 멈추고 싶을 때는 break;를 이용합니다. 반복문 실행 중에 멈추는 이유는 주로 성능을 개선하기 위해서입니다. 반복문을 이용하여 계산을 하는 중에 반복문을 끝까지 완료하지 않고도 답이 나오는 경우 반복문을 멈추어 쓸데없는 연산을 줄이는 방법을 통해 연산 속도를 높일 수 있습니다. 다음은 0부터 9까지 총 열 번 반복하는 for문 예시입니다.

```java
for (int i = 0; i < 10; i++) {
    System.out.printf("%d ", i);
}
```

이 코드의 실행 결과로 0 1 2 3 4 5 6 7 8 9가 출력됩니다. break;를 써서 반복문을 멈춰보겠습니다.

```java
for (int i = 0; i < 10; i++) {
    break;
    System.out.printf("%d ", i);
}
```

반복문이 시작되자마자 break;에 걸려서 끝났기 때문에 아무것도 출력되지 않습니다. 이번에는 break;를 .printf() 다음에 넣어 보겠습니다.

```java
for (int i = 0; i < 10; i++) {
    System.out.printf("%d ", i);
    break;
}
```

이러면 실행 결과가 앞과는 조금 다릅니다. 0까지 출력하고 멈춥니다. 앞에서는 break;가 가장 먼저 나와서 중괄호 블록문에 들어가자마자 멈춥니다. 하지만 이 코드는 printf()로 출력을 먼저 한 후 break;를 썼기 때문에 i = 0일 때 한 번 출력이 되고 멈추는 것입니다.

이처럼 break;를 반복문에만 쓰면 큰 의미는 없습니다. 아예 실행이 안 되거나, 한 번 실행되고 끝나기 때문입니다. 그래서 보통의 경우 if문과 break;를 함께 사용하여 특정 조건일 때 반복문을 멈추게 합니다. 다음은 if문을 이용하여 i가 5일 때 멈추는 for문 예제입니다.

```java
public class ForBreak {
    public static void main(String[] args) {
        for (int i = 0; i < 10; i++) {
            if (i == 5) {
                break;
            }
            System.out.printf("%d ", i);
        }
    }
}
```

ForBreak.java

실행 결과

```
0 1 2 3 4
```

break;의 조건이 들어 있는 if문이 먼저 나온 후 printf()가 나옵니다. 따라서 i == 5일 때 break;를 만나므로 반복문에서 i는 5까지 올라가지만 4까지만 출력되고 for문이 종료됩니다.

앞에서 소수인지 판단하는 방법으로 나누어 떨어지는 숫자가 1과 자기 자신이라면 소수로 판단했습니다. BACK 〈소수인지 판별하기〉는 403쪽을 참고하세요. 하지만 이 방법은 결과를 내는 데 문제가 없지만 자원을 많이 사용한다는 문제가 있습니다.

예를 들어 36 정도의 숫자는 괜찮지만 9999992와 같이 큰 숫자의 약수를 구할 때 모든 약수를 구한 뒤 소수인지 아닌지 판단하는 방식을 사용하면 자원을 많이 사용하게 됩니다. 이 기능이 웹 서비스로 제공되고 있고 이렇게 큰 숫자를 수백 수천 명이 동시에 입력하면 어떻게 될까요? 1초에 수백 번, 수천 번 실행되어 부하가 걸려 서버가 다운되는 문제가 발생할 수 있습니다.

이러한 부하를 줄이는 방법이 있습니다. 약수를 구하는 중에 하나라도 나누어 떨어지는 수가 나온다면 소수로 판단하는 방법입니다. 예를 들어 9999992의 경우 2로 나누었을 때 나누어 떨어지므로 소수가 아닙니다. 따라서 끝까지 연산할 필요 없이 반복문을 종료하면 됩니다. 이때 if문과 break;를 사용할 수 있습니다.

다음은 앞에서 만들었던 약수의 개수를 이용하여 소수인지 아닌지 판별하는 코드에 n % i == 0으로 나누었을 때 나누어 떨어지는지 판별하여 break;를 이용하여 멈추는 코드를 추가한 예제입니다.

```java
public class IsPrimeBreak {
    public static void main(String[] args) {
        int num = 992;
        int factors = 0;
        for (int i = 2; i < num; i++) {        // ❶
            if (num % i == 0){   // 나누어 떨어지는지 확인
                factors = 1;                   // ❷
                break;           // 나누어 떨어지면 멈춤
            }
        }
        if (factors == 0) {
            System.out.printf("%d는 소수입니다.", num);
        } else {                               // ❸
            System.out.printf("%d는 소수가 아닙니다.", num);
        }
    }
}
```


실행 결과
```
992는 소수가 아닙니다.
```

❶ 소수인지 아닌지를 판단하기 위해 factors 변수를 선언합니다. factors의 값이 0이면 소수이고 1이면 소수가 아닙니다.

❷ for문 중괄호 블록 안에 if문을 추가합니다. if문의 조건식 num % i == 0을 통해 나머지가 0인 경우, 즉 나누어 떨어지는 경우에 factors에 1을 대입하고 break;를 통해 반복문을 빠져 나옵니다.

❸ if−else문을 통해 factors 값에 따라 소수인지 아닌지 결과를 출력합니다. factors = 1이므로 소수가 아니라는 결과가 출력되었습니다.

while문에서 break로 반복문 멈추기

break;는 for문뿐 아니라 while문에서도 사용할 수 있습니다. 다음은 while문을 사용하여 사용자에게 열 번의 기회를 주고, 사용자가 0을 입력하면 break가 실행되도록 해 while문을 종료하는 간단한 프로그램입니다.

```java
import java.util.Scanner;

public class WhileLoopWithLimit {
    public static void main(String[] args) {
        Scanner scanner = new Scanner(System.in);
        int counter = 0;
        final int MAX_ATTEMPTS = 10;

        while (counter < MAX_ATTEMPTS) {
            System.out.print("숫자를 입력하세요 (남은 기회: " + (MAX_ATTEMPTS -
                            counter) + "): ");
            int userInput = scanner.nextInt();

            if (userInput == 0) {
                System.out.println("사용자가 0을 입력했으므로 프로그램을 종료합니다.");
                break;
            }
            // 사용자가 0을 입력하지 않은 경우, 다음 반복을 위해 카운터를 증가시킵니다.
            counter++;
        }
    }
}
```

WhileLoopWithLimit.java

실행 결과

```
숫자를 입력하세요 (남은 기회: 10): 9 [Enter]
숫자를 입력하세요 (남은 기회: 9): 2 [Enter]
숫자를 입력하세요 (남은 기회: 8): 0 [Enter]
사용자가 0을 입력했으므로 프로그램을 종료합니다.
```

continue로 반복문으로 돌아가기

continue는 반복문(while문, for문)에서 사용되며, 현재 반복의 나머지 부분을 건너뛰고 다음 반복으로 넘어가도록 합니다. 인터넷 쇼핑을 할 때 비밀번호를 입력해서 맞으면 결제가 되고 틀리면 다음 단계로 넘어가지 않고 비밀번호를 다시 물어보는 과정을 겪어 본 적이 있을 것입니다. 이와 마찬가지로 continue는 continue가 쓰인 시점 이후의 코드를 실행하지 않고 반복문의 처음으로 가도록 하는 제어문입니다.

다음은 비밀번호를 확인하고, 최대 세 번까지의 시도 동안 사용자에게 기회를 주며, 올바른 비밀번호를 입력할 경우 결제를 진행하는 간단한 예제입니다. 예시로 사용되는 비밀번호는 'secret'입니다.

<code>PaymentWithPassword.java</code>

```java
import java.util.Scanner;

public class PaymentWithPassword {
    public static void main(String[] args) {
        Scanner scanner = new Scanner(System.in);
        final String correctPassword = "secret"; // 예시로 사용하는 비밀번호
        int attempts = 0;
        boolean paymentSuccessful = false;

        while (!paymentSuccessful && attempts < 3) {
            System.out.print("비밀번호를 입력하세요: ");
            String enteredPassword = scanner.next();

            if (!enteredPassword.equals(correctPassword)) {
                System.out.println("비밀번호가 일치하지 않습니다. 다시 시도하세요.");
                attempts++;
                continue; // continue문을 사용해 루프의 처음으로 이동
            }
            System.out.println("비밀번호가 일치합니다. 결제가 진행됩니다.");
            paymentSuccessful = true;
            System.out.println("다음 단계 진행...");
        }

        if (!paymentSuccessful) {
            System.out.println("비밀번호 입력 횟수를 초과하여 프로그램을 종료합니다.");
        }
        // Scanner를 닫습니다.
        scanner.close();
    }
}
```

실행 결과

```
비밀번호를 입력하세요: secrat [Enter]
비밀번호가 일치하지 않습니다. 다시 시도하세요.
비밀번호를 입력하세요: secret [Enter]
비밀번호가 일치합니다. 결제가 진행됩니다.
다음 단계 진행...
```

유효한 비밀번호인 'secret'이 아닌 틀린 비밀번호 'secrat'을 입력하면 반복문의 처음으로 돌아가 비밀번호를 다시 물어봅니다. 맞게 입력하면 다음 단계로 넘어가고 세 번 연속 잘못 입력하면 프로그램이 종료됩니다.

	10	20	30	40	50	60	10	20	30	40	50	60
1회												
2회												
3회												

필수 예제

SumOfOdds.java	1~10 중 홀수만 더해 출력하는 클래스
Factor.java	36의 약수를 출력하는 클래스
IsPrime2.java	변수의 값이 소수인지 판단하는 클래스
MaxValue.java	배열의 최대 값을 찾는 클래스
PaymentWithPassword.java	continue로 반복문으로 돌아가는 클래스

용어 및 개념

☐	break	– 반복을 하다가 중간에 멈추고 싶을 때 사용함 – 쓸데없는 연산을 줄여 연산 속도를 높일 수 있음
☐	continue	현재 반복의 나머지 부분을 건너뛰고 다음 반복으로 건너감

명령어

```java
for (int i = 2; i < num; i++) {
// 소괄호의 식에 따라 코드를 반복하는 반복문
    continue; // 반복문에서 사용되며, 현재 반복을 건너뛰고 다음 반복으로 넘어가는 키워드
}
if (num % i == 0) {
// 불리언 값을 기준으로 코드를 실행 여부를 제어하는 조건문
    break;   // 코드를 종료하는 키워드. 이 경우에는 if문을 빠져 나오게 됨
}
while (num <= n) { … }
// 조건식에 따라 코드를 반복하는 반복문
```

Coffee   Dassert

메서드

개발할 때 가장 많이 쓰는 단위는 메서드입니다. 메서드는 하나의 기능을 말합니다. 메서드를 개발하던 중 혹은 개발 후에 기능을 확장하려면 메서드를 한 개 더 만들어서 처리합니다. 자바는 객체 지향 언어로써 메서드를 반복적으로 활용하기 위해 많은 기능을 제공합니다. 메서드는 요청에 의해 반복적으로 호출됩니다.

메서드 선언하고 호출하기

필수 예제	용어 및 개념		명령어
AccountTest.java	☐ 메서드	☐ 접근 제어자	public void
UserAdultTest.java	☐ 클래스	☐ 리턴 타입	new
SeparateToMethod.java	☐ 호출	☐ 메서드 이름	.

메서드method는 기능을 말합니다. 앞으로 **함수**function라는 말을 많이 사용하게 될 것입니다. 메서드는 클래스 안에 있는 함수를 말합니다. 자바는 모든 것을 클래스 기반으로 작성하기 때문에 함수도 클래스 안에 위치합니다. 그래서 함수와 메서드를 구분하여 말하지 않습니다. '자바에서는 함수를 메서드라고 하는구나'라고 알고 넘어가면 됩니다.

클래스는 상태와 동작(기능)을 가지고 있습니다. 클래스에서 상태에 해당하는 것은 '멤버 변수'이고, '동작'에 해당하는 것이 이번에 배울 메서드입니다. **BACK** **멤버 변수는 161쪽을 참고하세요.** 우리가 이 책에서 가장 처음 만들어 보았던 PrintHello 클래스의 print( ), 사용자의 입력을 받을 때 사용하는 Scanner 클래스의 next( ), nextInt( ) 등이 모두 메서드입니다.

클래스와 메서드

앞서 말한 것과 같이 클래스는 멤버 변수라는 상태와 메서드라는 동작을 가지고 있습니다. 그래서 클래스에 메서드를 만들 때는 클래스에 존재하는 멤버 변수를 이용해 특정 연산을 수행하도록 만들 수 있습니다. 온라인 쇼핑몰에서 결제를 진행할 때 계좌에 잔액이 충분한지 여부를 확인하는 예시를 살펴봅시다.

다음 Account 클래스에는 계좌에 1,000,000원이 있다는 상태를 멤버 변수 balance를 이용하여 표현하고 isSufficient() 메서드를 이용하여 계좌에 10,000원 이상이 있는지를 확인해 주는 기능(동작)이 포함되어 있습니다.

```java
public class Account {
    int balance = 1_000_000;        // 상태

    public boolean isSufficient() { // 동작
        return balance >= 10_000;
    }
}
```


여기에서 클래스, 멤버 변수, 메서드에 대해 다시 한번 정리하겠습니다. 이 코드에서 Account는 public class Account라고 선언했으므로 클래스입니다. Account 클래스는 현재 상태인 잔액을 나타내는 balance라는 멤버 변수와 잔액이 충분한지를 확인하는 isSufficient()라는 메서드를 가지고 있습니다.

자바는 객체 지향 언어이므로 자바에서 모든 것은 클래스 안에 존재해야 합니다. 메서드도 클래스 안에만 존재할 수 있습니다. 그래서 메서드를 클래스 밖에 선언하려고 하면 문법 오류가 발생합니다. 여기에서 중요한 점은 클래스는 상태인 balance와 동작인 isSufficient()를 가짐으로써 isSufficient()가 같은 클래스에 있는 멤버 변수인 balance를 바로 사용할 수 있다는 것입니다.

이 점은 다음과 같은 코드를 가능하게 합니다. 다음은 계좌 A와 계좌 B의 잔액이 충분한지를 확인하는 예제입니다. 한 개의 클래스를 가지고 두 개의 계좌를 만들었습니다. 여기에서 isSufficient()를 클래스 단위로 반복 사용해서 잔액이 충분한지를 확인합니다.

```java
public class AccountTest {                                    AccountTest.java
    public static void main(String[] args) {
        Account accountA = new Account();
        Account accountB = new Account();


        System.out.printf("A계좌에 잔액이 충분한지? %b\n", accountA.isSufficient());
        System.out.printf("B계좌에 잔액이 충분한지? %b\n", accountB.isSufficient());
    }
}
```


결과를 확인해 보면 똑같은 클래스를 만들었으니 결과가 똑같이 나오는 것처럼 보입니다. 왜냐하면 balance가 똑같이 1,000,000으로 초기화되어 있기 때문입니다. 여기까지만 보면 클래스, 멤버 변수, 메서드의 개념이 왜 필요한가 싶을 수 있겠지만 뒤에서 다루는 생성자constructor를 이용하면 balance 값을 클래스의 인스턴스화 시점에서 다음과 같이 교체할 수 있다는 장점이 있습니다.

```java
public class AccountWithConstructor {
    int balance;

    public AccountWithConstructor(int balance) { // 생성자
        this.balance = balance;
    }

    public boolean isSufficient() {
        return balance >= 10_000;
    }
}
```

여기서는 생성자라는 것을 이용해 상태(멤버 변수 값)를 변경할 수 있다는 점만 알아 두고 메서드에 대해 먼저 알아보겠습니다.

⟶ SOON 생성자는 CHAPTER 08에서 자세히 다룹니다.

메서드 선언하기

다음과 같이 접근 제어자, 리턴 타입, 메서드 이름이라는 세 가지 요소를 지정해 메서드를 선언할
수 있습니다.

```
접근_제어자 리턴_타입 메서드_이름() {
    // 메서드의 기능
}
```

접근 제어자는 메서드를 호출할 수 있는 범위를 의미하며, **리턴 타입**은 메서드를 실행한 결과가 가
지는 타입을 의미합니다. **메서드 이름**은 말 그대로 해당 메서드의 이름을 뜻하며 이 이름으로 메서
드를 실행합니다.

메서드를 선언한 예시를 살펴보겠습니다. CHAPTER 01에서부터 지금까지 수많은 메서드를 선
언했습니다. 메서드만 선언할 수는 없기 때문에 클래스와 함께 printHello() 메서드를 선언했습니
다. Hello를 출력하는 메서드를 포함할 것이기 때문에 클래스 이름을 PrintHello라고 지었습니다.
printHello() 메서드는 "Hello"를 출력하는 기능입니다.

```
public class PrintHello {
    public void printHello() {
        System.out.println("Hello");
    }
}
```


❶ **접근 제어자**로 public을 사용합니다. 이는 모든 클래스에서 이 메서드에 접근할 수 있다는 의미
입니다.

❷ **리턴 타입**으로 void를 사용합니다. 이는 실행 결과의 타입이 없다는 뜻입니다.

❸ **메서드 이름**으로 printHello를 사용합니다. 메서드를 호출할 때 이 이름을 사용합니다.

각각의 구성 요소에 대해서는 DAY 37에서 자세히 알아보겠습니다. 여기서는 우선 메서드를 실행
하는 방법을 살펴보겠습니다.

메서드 호출하기

메서드를 실행하기 위해서는 실행하려는 메서드가 들어 있는 클래스가 **인스턴스화**되어야 합니다. 여기서 메서드를 실행하는 것을 '호출'이라고 합니다. '호출'이라고 부르는 이유는 잠시 후에 나오는 〈궁금한 건 못 참아〉에서 설명합니다.

테스트 클래스를 만들어서 PrintHello 클래스를 인스턴스화한 후 printHello() 메서드를 실행했던 것을 기억하나요? 다음과 같이 말이죠.

```java
public class PrintHelloTest {                                          PrintHelloTest.java
    public static void main(String[] args) {
①───→  PrintHello printHello = new PrintHello();   // PrintHello 인스턴스화
        printHello.printHello();  // .printHello() 메서드 호출
    }       ②            ③                                            실행 결과
}                                                                      Hello
```

❶ PrintHelloTest 클래스를 만들고 메인 메서드를 만든 후 참조 변수 PrintHello 타입의 printHello 변수를 선언하고 new 연산자로 PrintHello의 인스턴스를 생성합니다. 이때 printHello 변수는 PrintHello 인스턴스의 메모리 주소로 초기화됩니다.

❷ 따라서 printHello() 메서드를 호출하기 위해 printHello.printHello()와 같이 printHello를 앞에 붙인 것입니다.

❸ 결론적으로 자바에서 기본 제공하는 println() 메서드로 "Hello"가 출력된 것입니다.

이 과정을 정리하면 다음 그림과 같습니다.

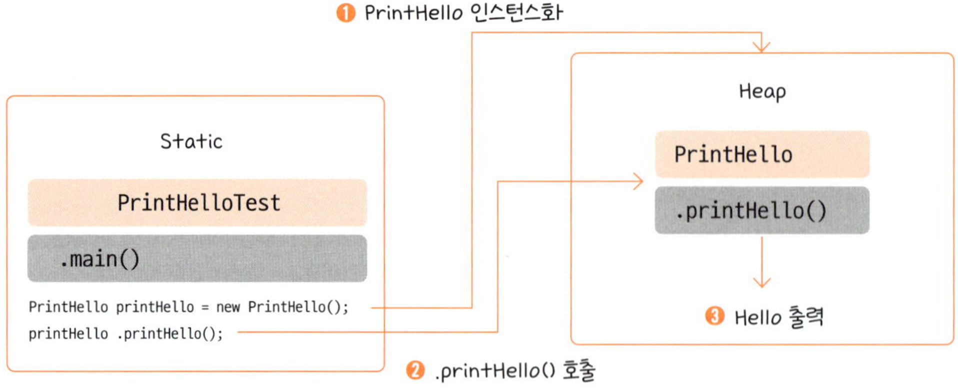

메서드를 실행하는 것을 메서드 호출이라고 부르는 이유

갑자기 실행이 아니라 호출이라는 말을 사용해서 적잖이 당황했을 독자도 있을 것 같습니다. 메서드를 실행하는 것을 '호출'이라고 합니다. 그렇다면 왜 실행을 호출이라고 하는 것일까요? 앞의 PrintHelloTest 클래스를 다시 살펴봅시다. 해당 클래스에서 다음과 같은 방식으로 printHello 메서드를 실행했습니다.

```
printHello.print();
```

근데 이 print() 메서드는 PrintHelloTest 클래스에 있는 것이 아닌 PrintHello 클래스에 있습니다. 즉 PrintHello 클래스에 있는 printHello 메서드를 PrintHelloTest 클래스로 '호출'한 것이죠. 이와 같이 보통 메서드를 미리 정의해 두고 이것이 필요한 곳에서 끌어다 사용합니다. 따라서 메서드를 실행하는 것을 '메서드를 호출한다'라고 표현하는 것입니다.

지금까지 메서드를 다루면서 넘어간 것들이 많습니다. 앞에서 넘어갔던 개념에 관해 본격적으로 알아보겠습니다. 다음은 CHAPTER 03에서 멤버 변수를 배울 때 다루었던 '스페이스 인베이더' 게임의 일부를 나타낸 클래스입니다. 이 클래스에서 moveLeft(), moveRight()가 메서드입니다.

```java
public class SpaceInvadersMemberVariable {            // SpaceInvadersMemberVariable.java
    int location;                      // 멤버 변수 선언
    public void moveLeft() {
    // 왼쪽으로 이동하는 메서드
        location = location - 1; // 기존 값에 -1
    }

    public void moveRight() {
    // 오른쪽으로 이동하는 메서드
        location = location + 1; // 기존 값에 +1
    }
}
```

SpaceInvadersMemberVariable 클래스는 moveLeft( ), moveRight( ) 두 개의 메서드를 가지고 있습니다. 각 메서드는 멤버 변수인 location을 변경하는 기능을 가지고 있습니다. moveLeft( )는 location을 1씩 줄이는 기능이 있고 moveRight( )는 location을 1씩 늘리는 기능을 가지고 있습니다.

다음은 SpaceInvadersMemberVariable 클래스를 인스턴스화한 후 moveLeft( ), moveRight( )를 실행하는 예제입니다. 왼쪽으로 한 번(moveLeft( )), 오른쪽으로 한 번(moveRight( )) 이동했으므로 초기 값인 0이 출력됩니다.

```java
public class SpaceInvadersMemberVariableTest {
    public static void main(String[] args) {
        SpaceInvadersMemberVariable si = new SpaceInvadersMemberVariable();
        si.moveLeft();
        si.moveRight();
        System.out.println(si.location);
    }
}
```
`SpaceInvadersMemberVariableTest.java`

실행 결과

```
0
```

SpaceInvadersMemberVariable si = new SpaceInvadersMemberVariable( );와 같이 new를 이용해 클래스를 인스턴스화한 후 사용할 수 있는 이유는 static main( )이 생성되는 영역과 SpaceInvadersMemberVariable이 new로 인스턴스화되는 영역이 각각 **Static 영역**과 **Heap 영역**으로 다르기 때문입니다. 조금 더 정확하게 말하면 main( )이 호출되는 시점에서는 SpaceInvadersMemberVariable이 생성되지 않았기 때문입니다.

다음은 메인 메서드가 있는 Static 영역과 참조 타입인 SpaceInvadersMemberVariable이 생성된 Heap 영역 그리고 지역 변수인 int val1;이 생성되는 영역이 각각 다름을 표시한 것입니다.

BACK JVM 메모리 구조는 168쪽을 참고하세요.

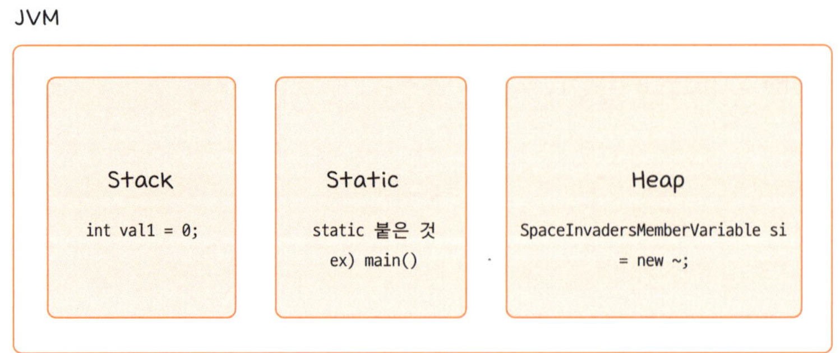

메인 메서드는 자바 애플리케이션이 실행될 때 가장 먼저 호출되는 메서드이고 자바 애플리케이션이 실행될 때 Static 영역에 이미 생성되어 있습니다. 하지만 SpaceInvadersMemberVariable은 new 연산자로 인스턴스를 생성하기 전까지는 존재하지 않습니다. 그래서 new를 사용하기 전에는 호출될 수 없습니다.

```java
public static void main(String[] args) {
    SpaceInvadersMemberVariable si = new SpaceInvadersMemberVariable();
    si.moveLeft();
}
```

new를 쓰지 않고도 메서드를 쓸 수 있는 방법도 있습니다. 이 방법은 뒤에서 자세히 다루겠습니다.

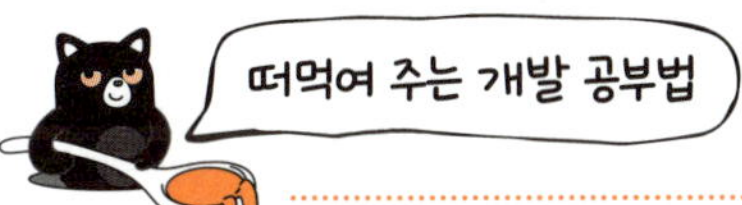

나중에는 메서드와 멤버 변수를 쉽게 구분할 수 있겠지만, 처음 배울 때는 메서드와 멤버 변수를 구분하기 어렵습니다. 이때 구분하는 한 가지 팁이 있습니다. 바로 소괄호()의 유무로 메서드인지 아닌지를 구분합니다. 앞서 살펴본 예제에서 우주선의 위치를 나타내는 location은 멤버 변수이기 때문에 뒤에 소괄호()가 없고 moveLeft()는 메서드이므로 뒤에 소괄호()가 붙어 있습니다.

메서드를 사용하는 이유

'메서드' 없이도 자바 프로그래밍을 할 수는 있습니다. 하지만 메서드를 사용하면 복잡한 기능을 만들 때 시간을 아낄 수 있습니다. 메서드를 만들어 놓기만 하면 반복되는 연산을 다시 만들 필요 없이 해당 연산이 필요한 상황에서 호출해서 사용할 수 있기 때문입니다. 만약 메서드를 쓰지 않는다면 필요할 때마다 기능을 계속 만들어야 합니다. 이러면 개발하는 데 시간도 오래 걸리고 구조도 복잡해집니다. 지금부터 메서드를 사용하는 이유를 예제와 함께 알아보겠습니다.

반복 호출

메서드를 쓰는 이유 중 하나는 기능을 만들어 놓고 반복해서 사용하기 위함입니다. 다음 '꼬부기' 클래스는 '포켓 몬스터' 게임의 포켓몬인 꼬부기를 클래스 형태로 정의한 예시입니다.

```java
public class 꼬부기() {
    public void 물대포() {}
    public void 몸통박치기() {}
}
```

포켓몬스터 게임에서 포켓몬이 기술을 한 번밖에 쓸 수 없다면 게임이 가능할까요? 아마 게임을 계속 진행하기 어려울 것입니다. 게임을 계속 진행하려면 꼬부기를 몬스터볼에서 부른 후에 포켓몬 대결이 끝날 때까지 기술(물대포, 몸통박치기)을 계속 써야 합니다. 다음은 꼬부기를 불러낸 후 기술을 쓰는 상황을 자바로 표현한 예시입니다.

```java
public class 꼬부기Test {
    public static void main(String[] args) {
        꼬부기 kkobugi1 = new 꼬부기(); // 꼬부기 소환(생성)
        kkobugi1.물대포();                // 기술1 사용
        kkobugi1.몸통박치기();            // 기술2 사용
        kkobugi1.물대포();                // 기술1 사용
        kkobugi1.몸통박치기();            // 기술2 사용
    }
}
```

이러면 앞서 만들어 두었던 꼬부기의 기술 메서드를 계속 호출해서 사용할 수 있습니다. 마찬가지로 Scanner 클래스에도 nextInt() 메서드가 있어서 사용자로부터 숫자를 입력받을 때마다 반복해서 사용할 수 있습니다.

'꼬부기' 클래스를 실제 자바에 있는 Scanner 클래스로 표현하면 다음과 같습니다. new를 이용해 Scanner 클래스를 인스턴스화한 후 sc.nextInt();를 이용해 사용자의 입력을 받아 출력하는 코드입니다.

```java
import java.util.Scanner;

public class ScannerTest {
    public static void main(String[] args) {
        Scanner sc = new Scanner(System.in); // Scanner 생성
        int input = sc.nextInt();                 // 숫자로 읽어 오기
        System.out.println(input);
        System.out.println(input);
        System.out.println(input);
    }
}
```

앞에서 예시로 들었던 '꼬부기' 클래스와 구조가 동일합니다. 둘 다 new 연산자를 이용해 인스턴스화한 후 **물대포()**, **nextInt()**와 같이 기능을 호출할 수 있습니다. 또한 기능이 필요하다면 몇 번이고 메서드를 호출하면 됩니다. 심지어 새로운 클래스에서도 호출할 수 있죠.

이처럼 반복해서 사용하는 기능을 메서드로 만들어 두고 필요할 때마다 호출할 수 있습니다. 만약 메서드를 사용하지 않는다면 필요할 때마다 기능을 만들어야 합니다.

멤버 변수와 연계

자바의 클래스는 상태와 동작을 표현하기 위해 멤버 변수와 메서드를 사용합니다. 물론 멤버 변수나 메서드만 만들기도 하지만 대체로는 두 가지를 같이 쓸 것을 고려해서 클래스를 만듭니다.

다음은 CHAPTER 03에서도 멤버 변수를 다룰 때 만들었던 User 클래스에 나이(age)가 만 18세 이상인지, 즉 성인인지 아닌지를 판단하는 **isAdult()** 메서드를 추가한 예시입니다. 총 세 개의 멤버 변수 **name**, **phoneNumber**, **age**를 가지고 있습니다.

<code>UserAdult.java</code>

```java
public class UserAdult {
    String name;
    String phoneNumber;
    int age;

    boolean isAdult() {
        return age >= 18;
    }
}
```

다음은 user1과 user2를 생성하고 각각 이름과 나이를 지정한 후 각 user가 성인인지 아닌지를 출력하는 코드입니다. user1.age는 int 타입의 변수이고 14로 초기화되어 있습니다. 그리고 user1.isAdult()를 호출해 그 결과를 출력합니다.

```java
public class UserAdultTest {
    public static void main(String[] args) {
        UserAdult user1 = new UserAdult();
        user1.name = "김미미";
        user1.age = 14;

        UserAdult user2 = new UserAdult();
        user2.name = "김나나";
        user2.age = 37;

        System.out.printf("%s는 성인입니까? %s\n", user1.name, user1.isAdult());
        System.out.printf("%s는 성인입니까? %s\n", user2.name, user2.isAdult());
    }
}
```

UserAdultTest.java

이 코드에서는 두 명의 사용자 객체(user1, user2)를 생성하고 사용자 객체의 속성(name, age)에 값을 할당합니다. user1의 name은 "김미미"이고 age는 14이며, user2의 name은 "김나나"이고 age는 37입니다.

User 클래스는 isAdult() 메서드를 가지고 있으므로 user1.isAdult(), user2.isAdult()와 같이 isAdult() 메서드를 호출해서 사용할 뿐 아니라 각 user1, user2에 있는 age를 이용해 isAdult()의 결과를 만들어 냅니다.

user1의 age는 14이므로 isAdult()는 false가 되고 user2의 age는 37이므로 isAdult()의 결과는 false가 됩니다. 이처럼 메서드를 이용하면 멤버 변수를 자유자재로 활용할 수 있습니다.

중복 코드 제거

중복 코드 제거는 프로그래밍 과정에서 자주 하는 작업입니다. 정확히 말하면 중복 코드를 통합하는 작업입니다. 중복 코드는 말 그대로 같은 코드가 반복된다는 의미이고 자바에서는 반복되는 코드를 메서드로 '통합'할 수 있습니다.

 중복 코드 제거처럼 기능은 그대로 둔 채로 코드를 재구성하고 수정하여 가독성, 유지 보수성, 성능, 확장성 등을 향상시키는 과정을 **리팩토링(Refactoring)**이라고 합니다.

그래서 중복 코드를 제거할 때 가장 먼저 사용하는 방법은 반복되는 기능을 메서드로 분리하는 것입니다. 다음은 전형적인 중복 패턴 예시입니다. 이 코드는 3*3 형태의 2차원 배열인 arr을 선언하고 배열의 내용을 출력합니다.

```java
import java.util.Arrays;

public class SeparateToMethod {

    public static void main(String[] args) {
        int[][] arr = {
            {10, 20, 30},
            {40, 50, 60},
            {70, 80, 90}
        };

        System.out.println(Arrays.toString(arr[0]));
        System.out.println(Arrays.toString(arr[1]));
        System.out.println(Arrays.toString(arr[2]));
    }
}
```

SeparateToMethod.java

3*3 형태의 배열을 출력하기 위해 System.out.println(Arrays.toString(arr[n]));이 세 번 사용되었습니다. 세 번을 사용하는 것은 크게 문제가 없습니다만, 그 다음이 문제입니다. 이 코드에서 2차원 배열 arr의 대각선 한 줄을 0으로 바꾼 후 배열을 출력하도록 코드를 수정하겠습니다.

```java
import java.util.Arrays;

public class SeparateToMethod {

    public static void main(String[] args) {
        int[][] arr = {
            {10, 20, 30},
            {40, 50, 60},
            {70, 80, 90}
        };

        System.out.println(Arrays.toString(arr[0]));
        System.out.println(Arrays.toString(arr[1]));
        System.out.println(Arrays.toString(arr[2]));

        arr[0][0] = 0;
        arr[1][1] = 0;
        arr[2][2] = 0;

        System.out.println(Arrays.toString(arr[0]));
        System.out.println(Arrays.toString(arr[1]));
        System.out.println(Arrays.toString(arr[2]));
    }
}
```

코드를 살펴보면 앞서 반복되었던 System.out.println(Arrays.toString(arr[n]));이 똑같이 세 번 반복되고 있는 것을 볼 수 있습니다.

```java
System.out.println(Arrays.toString(arr[0]));
System.out.println(Arrays.toString(arr[1]));
System.out.println(Arrays.toString(arr[2]));
```

만약 여기에 오른쪽 위에서 왼쪽 아래까지 대각선 한 줄을 0으로 바꾸고 싶어 다음 코드를 추가하면 어떻게 될까요?

```
arr[0][2] = 0;
arr[1][1] = 0;
arr[0][2] = 0;
```

추가하는 것까지는 크게 문제가 없지만 변경된 상태를 확인하고 싶다면 또 다시 System.out.println(Arrays.toString(arr[n]));을 세 번 입력해야 합니다. 이와 같이 코드가 반복되는 문제는 반복되는 코드를 메서드로 분리해 '반복 호출'을 하는 방식으로 해결할 수 있습니다.

이 코드에서 중복 코드 제거는 메서드를 만들 때 필요한 몇 가지 구성 요소에 대해 더 배우고 나서 진행해 보겠습니다. 우선은 메서드를 사용하면 중복 코드를 제거할 수 있다는 사실만 알아둡시다.

SOON 이 예제의 리팩토링은 480쪽에서 자세히 다룹니다.

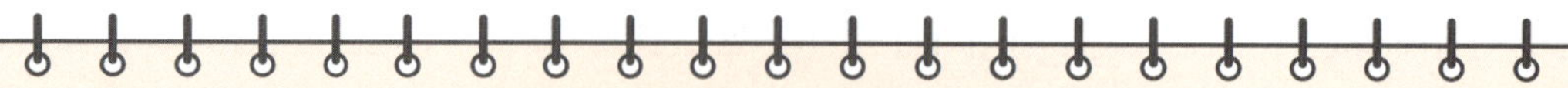

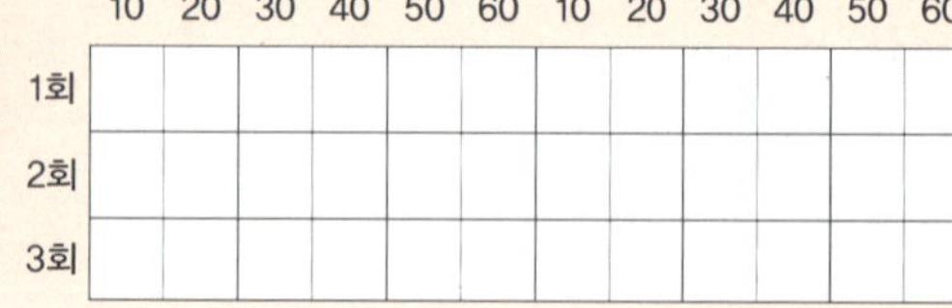

	10	20	30	40	50	60	10	20	30	40	50	60
1회												
2회												
3회												

필수 예제

`AccountTest.java`	온라인 쇼핑몰에서 결제를 진행할 때 계좌에 잔액이 충분한지 여부를 확인하는 클래스
`UserAdultTest.java`	사용자의 이름과 나이를 지정하고 각 사용자가 성인인지 아닌지를 출력하는 클래스
`SeparateToMethod.java`	3*3 형태의 2차원 배열인 arr을 선언하고 배열의 내용을 출력하는 클래스

용어 및 개념

☐	클래스	소스 코드를 여러 번 재사용하기 위해 '상태'와 '동작'을 묶은 단위
☐	메서드	– 클래스에서의 '동작'을 의미하며 여러 개의 명령이나 지정된 연산을 재사용하기 위해 묶어 놓는 단위 – 자바는 모든 기능을 '클래스' 단위로 개발하기 때문에 '함수' 대신 '메서드'라고 지칭
☐	호출	– 메서드를 실행하는 것 – 메서드를 사용하려면 메서드가 포함된 클래스로부터 메서드를 불러들여야 하므로 호출이라고 표현
☐	접근 제어자	메서드를 호출할 수 있는 범위
☐	리턴 타입	메서드를 실행한 결과가 가지는 타입
☐	메서드 이름	말 그대로 해당 메서드의 이름을 뜻하며 이 이름으로 메서드를 실행

명령어

```
public void 메서드 이름 { ... }
// public: 아무나 접근할 수 있다는 사실을 나타내는 접근 제어자
// void: 실행 결과로 리턴되는 값이 없음을 나타내는 리턴 타입
타입 변수 = new 클래스(); // 클래스를 인스턴스화하는 연산자
인스턴스.메서드 이름();
// 해당 클래스의 멤버에 접근하는 연산자로 이 경우 메서드를 호출
```

메서드 구성 요소 알아보기

필수 예제	용어 및 개념		명령어
Greet.java	☐ 접근 제어자	☐ 리턴값	`public` `void`
User.java	☐ 캡슐화	☐ 메서드 이름	`protected`
VariousReturnType.java	☐ 리턴 타입		`default` `private`

메서드는 자바의 핵심 요소입니다. 그러므로 메서드의 구성 요소에 대해 하나씩 살펴본 후 메서드를 어떻게 활용할 수 있는지 알아보겠습니다. 다음은 앞서 살펴본 printHello( ) 메서드를 선언한 예시입니다.

이 예시에는 앞서 메서드 선언 방법을 설명할 때 잠깐 언급했던 메서드의 세 가지 구성 요소인 **접근 제어자**, **리턴 타입**, **메서드 이름**이 있습니다. 각 구성 요소의 역할을 다시 한번 정리해 보면 다음 표와 같습니다.

번호	구분	설명
❶	접근 제어자	메서드를 호출할 수 있는 범위입니다.
❷	리턴 타입	메서드를 실행한 결과 타입입니다.
❸	메서드 이름	메서드 이름입니다.

지금부터 각각의 구성 요소를 하나씩 자세히 알아보겠습니다.

접근 제어자

자바에서 **접근 제어자**access modifier는 클래스, 변수, 메서드에 어떤 클래스가 접근할 수 있는지를 지정하는 키워드입니다. 접근 제어자는 해당 멤버에 접근할 수 있는 범위를 결정하므로 클래스, 변수, 메서드의 사용 권한을 설정할 수 있는 것으로 볼 수 있습니다. 따라서 **캡슐화**encapsulation를 통한 정보 은닉information hiding을 구현하는 데 도움을 줍니다. 여기서 캡슐화는 서로 연관 있는 변수나 메서드를 하나의 클래스로 묶어 외부에서 쉽게 접근하지 못하도록 하는 것을 의미합니다. 이러면 원치 않게 정보가 공개되는 것을 막을 수 있는 것이죠.

접근 제어자는 메서드뿐 아니라 클래스, 변수에서도 사용할 수 있기 때문에 앞서 예시로 살펴본 PrintHello 클래스에도 public이라는 접근 제어자가 붙어 있습니다.

```
public class PrintHello
```

접근 제어자는 다음과 같이 총 네 가지가 있습니다.

접근 제어자	설명
public	· 모든 클래스에서 접근 가능 · 다른 패키지에서도 접근 가능
protected	· 같은 패키지 내의 클래스와 해당 클래스를 상속한 외부 패키지의 클래스에서 접근 가능
default	· 접근 제어자를 쓰지 않은 경우 기본값 · 같은 패키지 내의 클래스에서만 접근 가능
private	· 해당 클래스에서만 접근 가능

표에서 아래로 내려갈수록 접근이 점점 더 제한됩니다. 즉 public 〉 protected 〉 default 〉 private 순으로 더 많은 접근을 허용합니다. 각 접근 제어자의 사용 가능 범위를 표로 정리하면 다음과 같습니다.

접근 제어자	같은 클래스	같은 패키지	자식 클래스	전체
public				
protected				
default				
private				

같은 클래스는 해당 클래스에서만 사용할 수 있다는 의미이고 **패키지**는 디렉토리를 의미합니다. **자식 클래스**는 앞으로 배울 상속과 관련 있습니다. 따라서 지금은 그런 것이 있다는 사실만 알고 넘어 가도록 하고 예제를 통해 각 접근 제어자를 하나씩 알아보겠습니다.

SOON 상속은 535쪽에서 자세히 다룹니다.

변수에 접근 제어자 사용하기

CHAPTER 03에서 변수를 설명할 때 '타입 변수 이름;'과 같은 방식으로 선언한다고 했습니다. 이는 사실 접근 제어자가 생략된 형태입니다. 자바에서는 접근 제어자를 생략하면 default로 인식합니다. 그래서 지금까지 우리도 모르는 사이에 변수를 접근 제어자 default로 선언하고 있었던 것이죠! 만약 변수에 다른 접근 제어자를 사용하고 싶다면 다음과 같이 타입 앞에 접근 제어자를 작성하면 됩니다.

```
접근_제어자 타입 변수_이름;
```

public 사용하기

public은 메서드를 만들면서 계속 써왔던 접근 제어자입니다. public을 사용한 클래스, 메서드, 변수로의 접근은 모든 클래스에서 가능합니다.

그래서 다음과 같이 PrintHello 클래스에 선언한 printHello 메서드를 PrintHelloTest 클래스에서도 사용할 수 있었던 것입니다.

```java
public class PrintHello {
    public void printHello() {
        System.out.println("Hello");
    }
}
```
PrintHello.java

```java
public class PrintHelloTest() {
    public static void main(String[] args) {
        PrintHello printHello = new PrintHello();
        printHello.printHello();
    }
}
```
PrintHelloTest.java

protected 사용하기

protected는 해당 멤버를 선언한 클래스 자체와 해당 클래스를 상속받은 하위 클래스에서 접근할 수 있도록 하는 제어자입니다. 다음은 protected를 사용한 예시입니다.

```java
// 부모 클래스
class AnimalProtected {
    // protected로 선언된 멤버 변수
    protected String name;

    // protected로 선언된 메서드
    protected void eat() {
        System.out.println(name + " is eating.");
    }
}
```
ProtectedExample.java

```java
// AnimalProtected 클래스를 상속받는 자식 클래스
class Dog extends AnimalProtected {
    // Dog 클래스에서는 name 변수에 직접 접근할 수 있음
    void bark() {
        System.out.println(name + " is barking.");
    }
}


public class ProtectedExample {
    public static void main(String[] args) {
        // Dog 클래스의 인스턴스 생성
        Dog myDog = new Dog();

        // protected로 선언된 멤버 변수와 메서드에 접근
        myDog.name = "Buddy";
        myDog.eat();
        myDog.bark();
    }
}
```

이 예시에서 AnimalProtected 클래스의 name 멤버 변수와 eat() 메서드는 protected로 선언되어 있습니다. 그리고 Dog 클래스는 AnimalProtected 클래스를 상속받고 있습니다. 따라서 Dog 클래스에서는 name 변수와 eat() 메서드에 직접 접근할 수 있습니다.

하지만 protected 멤버에 접근하는 권한은 해당 멤버를 선언한 패키지 내의 모든 클래스 및 해당 클래스를 상속받은 클래스에게만 주어집니다. 다른 패키지에 속한 클래스에서는 protected 멤버에 접근할 수 없습니다.

default 사용하기

default는 별도의 접근 제어자 키워드를 명시하지 않았을 때의 기본 접근 수준을 나타냅니다. default를 사용하면 같은 패키지 내에서 접근이 가능하며, 서브 클래스에서도 접근이 가능하지만 다른 패키지에서는 접근이 불가능합니다. 다음은 default를 사용한 예시입니다.

```java
// Animal 클래스는 접근 제어자로 default를 사용하고 있음
class AnimalDefault {
    String name;                                    // default로 선언된 멤버 변수


    void eat() {
        System.out.println(name + " is eating.");  // default로 선언된 메서드
    }
}


// 같은 패키지에 속한 다른 클래스
class Zoo {
    public static void main(String[] args) {
        Animal lion = new Animal();
        lion.name = "Leo";
        lion.eat();
    }
}
```

이 예시에서 AnimalDefault 클래스의 멤버 변수인 name과 eat( ) 메서드에 접근 제어자를 지정하지 않았기 때문에 기본적으로 default로 간주됩니다. 그리고 Zoo 클래스는 AnimalDefault 클래스와 동일한 패키지에 속하므로 AnimalDefault 클래스의 default 멤버에 접근할 수 있습니다. 하지만 패키지가 다르다면 접근할 수 없습니다.

실제 프로젝트에서는 코드의 가독성을 높이고, 의도를 명확히 전달하기 위해 명시적으로 접근 제어자를 사용하는 것이 좋습니다.

private 사용하기

private은 오로지 같은 클래스에서만 접근 가능합니다. 만약 PrintHello 클래스의 printHello( ) 메서드의 접근 제어자를 public에서 private으로 바꾸면 PrintHelloTest 클래스에서 printHello. printHello( );로 호출되지 않을 것입니다. 실제로 그런지 확인해 봅시다.

다음은 PrintHello 클래스의 printHello 메서드의 접근 제어자를 private으로 만든 예제입니다. 구분을 위해 환영을 뜻하는 Greet로 클래스 이름을 지었습니다.

```java
public class Greet {
    private void printHello() {
        System.out.println("Hello");
    }
}
```

`Greet.java`

이제 이 예제를 실행해 봅시다. 실행을 위해 **GreetTest** 클래스를 다음과 같이 만듭니다. 그러면 아마 **printHello()**에 빨간 줄이 그어지면서 실행할 수 없는 상태라는 표시가 나타나는 것을 확인할 수 있습니다. 무시하고 실행하면 예외가 발생합니다.

```java
public class GreetTest {
    public static void main(String[] args) {
        Greet greet = new Greet();
        greet.printHello();
    }
}
```

`GreetTest.java`

```
java: printHello() has private access in org.book.CHAPTER07.Greet
```

private을 붙인 메서드는 같은 클래스 안에서만 호출할 수 있습니다. private으로 되어 있는 printHello() 메서드를 실행하려면 Greet 클래스에 메인 메서드를 선언한 후 호출해야 합니다.

```java
public class Greet {
    private void printHello() {
        System.out.println("Hello");
    }

    public static void main(String[] args) {
        Greet greet = new Greet();
        greet.printHello();
    }
}
```

`Greet.java`

실행 결과

```
Hello
```

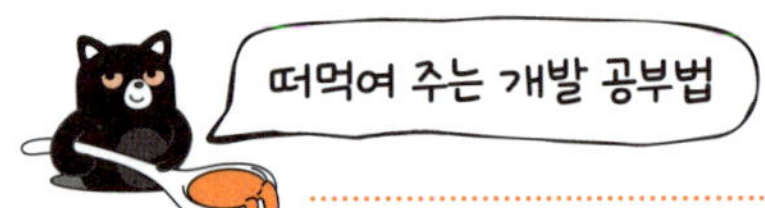

"아니 이렇게 번거롭게 접근 제어자를 구분하지 않고 그냥 public만 사용하면 되지 않나요?"라는 의문이 생길 수도 있습니다. 프로그램은 Greet.printHello()와 같이 단순한 기능만 있는 것이 아닙니다. 프로그램에 기능을 추가하려면 필연적으로 클래스와 메서드를 계속 만들게 됩니다. 그리고 클래스에서 또 다른 클래스를 사용하고 또 그 클래스에서 또 다른 클래스를 사용하는 등 꼬리에 꼬리를 물고 기능이 연결됩니다.

이런 상황에서 모든 클래스, 메서드, 변수를 public으로만 지정하면 아무 곳에서나 호출할 수 있게 되어 우리가 예측 가능한 범위를 넘어 프로그램이 실행될 가능성이 높습니다. 그러면 프로그램이 잘못 실행되거나 시스템이 다운되거나 하는 상황이 발생할 수 있습니다. 하지만 접근 제어자를 사용하면 이를 어느 정도 제어할 수 있습니다. 예측 가능성이 높아지고 그에 따라 프로그램의 신뢰성 또한 높아집니다. 따라서 접근 제어자를 반드시 구분해서 사용해야 합니다.

리턴 타입

메서드는 변수를 선언할 때 타입을 지정하는 것과 마찬가지로 리턴 타입을 꼭 써주어야 합니다. 지정할 수 있는 리턴 타입으로는 변수와 마찬가지로 **원시 타입**primitive type과 **참조 타입**refrence type 이 있습니다. ◀BACK 타입은 179쪽을 참고하세요.

원시 타입이나 참조 타입의 리턴 타입을 지정했다면 메서드가 끝나는 시점에서 **return** 명령어를 이용해 결과를 리턴해 주어야 합니다. 이 명령어는 메서드를 호출한 곳으로 연산 결과를 보낼 때 (리턴할 때) 사용되는데 이때 이 연산 결과 값을 **리턴값**(반환값)이라고 합니다. **리턴 타입**return type 이란 메서드의 연산 결과로 나오는 리턴값이 가지는 타입을 의미합니다.

하지만 메서드에 리턴값이 없을 수도 있습니다. 앞서 살펴본 printHello 메서드를 대표적인 예로 들 수 있습니다. 이 메서드는 단순히 실행되고 끝납니다. 이러한 메서드에 사용하는 리턴 타입이 **void**입니다. void는 말 그대로 '비어 있다'는 의미로 리턴값이 없는 메서드라는 사실을 표현하는 리턴 타입입니다. 따라서 리턴 타입이 void로 지정된 메서드의 경우 호출만 할 수 있고 리턴값을 변수에 저장할 수는 없습니다.

메서드 리턴값을 변수에 대입할 수 있나요?

리턴 타입이 있기 때문에 메서드의 리턴값을 변수에 대입할 수 있습니다. 예를 들어 Scanner 내장 클래스에 포함된 nextInt() 메서드의 리턴 타입은 int입니다. 따라서 다음과 같이 int 타입을 가지는 iNum 변수에 nextInt() 메서드의 리턴값을 대입할 수 있습니다.

```
Scanner sc = new Scanner(System.in);
int iNum = sc.nextInt();
```

이때 주의할 점은 변수 타입과 메서드의 리턴 타입이 일치해야 한다는 점입니다. 만약 다음과 같이 float 타입을 가지는 iFolat 변수에 nextInt() 메서드의 리턴값을 대입하면 예외가 발생합니다.

```
Scanner sc = new Scanner(System.in);
int iNum = sc.nextInt();
```

내장 클래스에서 제공하는 메서드가 아닌 우리가 직접 선언한 메서드의 리턴값을 변수에 대입하는 예제는 이어지는 본문에서 살펴보겠습니다.

이제 리턴 타입의 사용 방법을 알아보겠습니다. 다음은 다양한 리턴 타입을 가진 메서드를 변수에 대입한 예제입니다. 다만 이 예제를 실행하려면 User 클래스가 필요합니다. 다음과 같이 User 클래스를 만듭니다.

```
public class User {
    String name;
    String phoneNumber;
    int age;
}
```
User.java

```
public class VariousReturnType {
    public boolean isAdult() {
        return true;
    }
}
```
VariousReturnType.java

```java
    public int plus() {
        return 1 + 1;
    }
    public User getUser() {
        return new User();
    }
    public void printHello() {
        System.out.println("Hello");
    }

    public static void main(String[] args) {
        VariousReturnType vrt = new VariousReturnType();
        // isAdult() 메서드 리턴값을 isAdult 변수에 저장
        boolean isAdult = vrt.isAdult();
        // plus() 메서드 리턴값을 plusResult 변수에 저장
        int plusResult = vrt.plus();
        // getUser() 메서드 리턴값을 user 변수에 저장
        User user = vrt.getUser();
        System.out.println(isAdult);
        System.out.println(plusResult);
        System.out.println(user);
        vrt.printHello();
    }
}
```

실행 결과

```
true
2
User@7cca494b
Hello
```

boolean 타입을 리턴하는 isAdult(), int 타입을 리턴하는 plus(), 참조 타입인 User 타입을 리턴하는 getUser() 메서드를 선언하고 리턴값을 각 메서드의 리턴 타입에 맞는 변수에 저장했습니다. 리턴 타입이 void인 printHello() 메서드는 변수에 값을 대입할 수 없으므로 호출만 했습니다.

실행 결과를 살펴보면 리턴값이 모두 변수에 잘 저장된 것을 확인할 수 있습니다. getUser() 메서드의 경우 리턴 타입이 참조 타입이므로 메모리 주소가 출력되었습니다.

앞서 언급한 것처럼 리턴 타입이 원시 타입이나 참조 타입인 경우 반드시 메서드 끝에 return 명령어를 작성해 주어야 합니다. 그렇지 않으면 예외가 발생합니다.

⟶ SOON return 명령어는 445쪽에서 자세히 다룹니다.

메서드 이름

한 개의 클래스에 여러 개의 메서드를 만들 수 있습니다. 따라서 다른 메서드와 구분할 수 있게 메서드 이름을 붙여 주어야 합니다. **메서드 이름**은 기능을 유추할 수 있도록 작성하는 것이 좋습니다.

이 규칙을 하나씩 자세히 살펴보겠습니다. 메서드 이름은 보통 소문자로 시작합니다. CHAPTER 01에서 잠시 설명한 것과 같이 printHello( ), nextInt( )와 같이 **캐멀 케이스**camel case 방식을 사용합니다. 클래스 이름도 캐멀 케이스를 썼지만 클래스 이름이 대문자로 시작하는 것과는 달리 메서드 이름은 소문자로 시작합니다.

메서드는 '동작'이기 때문에 메서드 이름은 '동사'로 작성하는 경우가 많습니다. 혹은 동사를 포함해서 작성합니다. 예를 들면 printHello( )는 "Hello"를 출력하는 기능이므로 print라는 동사를 넣었고 Scanner의 nextInt( )의 경우 next는 부사이지만 동작과 관련이 있어 넣었습니다.

바로 앞에서 리턴 타입을 설명하면서 다루었던 **getUser()** 메서드의 이름에도 **get**이라는 동사가 들어 있습니다. 시작은 당연히 소문자이고 연결되는 단어인 User는 대문자로 시작합니다. 이를 통해 '사용자와 관련된 데이터를 가지고 오겠구나' 추측할 수 있습니다.

```java
public User getUser() {
    return new User();
}
```

boolean으로 리턴하는 경우는 동사인 **is**를 붙입니다. 대표적인 예가 **isAdult()** 메서드입니다. 메서드 이름 앞에 is가 붙어 있다면 boolean을 리턴하는 경우라고 예측할 수 있습니다.

```java
public boolean isAdult() {
    return true;
}
```

리턴 타입과 메서드 이름을 결합해서 메서드의 기능을 파악할 수 있습니다. 가령 printHello() 메서드를 처음 본 사람도 '무언가 출력을 하고 끝나겠구나'와 같이 생각할 수 있습니다. 리턴 타입이 void고, 메서드 이름에 접두사로 print를 썼기 때문입니다.

```java
public void printHello() {
}
```

지금까지 알아본 메서드 이름 규칙을 정리하면 다음과 같습니다.

- 첫 글자는 소문자로 시작합니다.
- 동사를 포함해서 짓습니다(리턴 타입이 boolean인 경우 is를 앞에 붙입니다).
- 메서드 이름이 여러 단어의 조합으로 구성된 경우에는 단어와 단어를 연결할 때 시작 단어를 대문자로 씁니다.

메서드 이름을 잘 짓는 것은 팀 작업을 할 때 뿐만 아니라 개인 프로젝트를 할 때도 중요합니다. 개발을 한 달 이상 하다 보면 내가 한 달 전에 만들었던 메서드의 동작을 정확히 기억 못하는 경우가 생깁니다. 하지만 메서드 이름을 잘 지어 놓는다면 메서드의 동작을 금방 유추할 수 있습니다.

필수 예제

Greet.java	private으로 메서드를 선언하는 클래스
User.java	VariousReturnType.java를 실행하기 위해 필요한 클래스
VariousReturnType.java	다양한 리턴 타입의 메서드를 활용하는 클래스

용어 및 개념

☐	접근 제어자	– 클래스, 변수, 메서드에 어떤 클래스가 접근할 수 있는지를 지정하는 키워드 – 해당 멤버에 접근할 수 있는 범위를 결정하므로 클래스, 변수, 메서드의 사용 권한을 설정할 수 있는 것으로 볼 수 있음
☐	캡슐화	서로 연관 있는 변수나 메서드를 하나의 클래스로 묶어 외부에서 쉽게 접근하지 못하도록 하는 것
☐	리턴 타입	메서드의 연산 결과로 나오는 리턴값이 가지는 타입
☐	리턴값	메서드를 호출한 곳으로 보내는 연산 결과 값
☐	메서드 이름	메서드 이름은 기능을 유추할 수 있도록 작성하는 것이 좋으며 보통 printHello(), nextInt()와 같이 캐멀 케이스 방식을 사용해서 작성

명령어

```
public void 메서드_이름 { ... }
// public: 아무나 접근할 수 있다는 사실을 나타내는 접근 제어자
// void: 실행 결과로 리턴되는 값이 없음을 나타내는 리턴 타입
protected void 메서드_이름 { ... }
// 해당 클래스를 상속받은 하위 클래스에서만 접근할 수 있다는 사실을 나타내는 접근 제어자
default void 메서드_이름 { ... }
// 같은 패키지 내에서 접근이 가능하다는 사실을 나타내는 접근 제어자
private void 메서드_이름 { ... }
// 같은 클래스에서만 접근이 가능하다는 사실을 나타내는 접근 제어자
```

리턴 알아보기

필수 예제	
CalculatorExTest.java	BankAccount.java
UserCreatorTest.java	Payment.java

용어 및 개념
☐ 리턴값
☐ 리턴 타입

명령어
return

앞서 메서드의 구성 요소 중 **리턴 타입**을 알아봤습니다. 그때 return이라는 명령어가 나왔죠. 리턴 (return)은 말 그대로 '돌려준다'는 의미로, 메서드를 호출한 곳으로 연산 결과를 돌려줄 때 사용합니다. 값을 '반환한다'라고도 표현합니다. 이처럼 메서드에서 리턴하는 연산 결과를 **리턴값**이라고 합니다. 반환한다는 의미이므로 **반환값**이라고도 합니다.

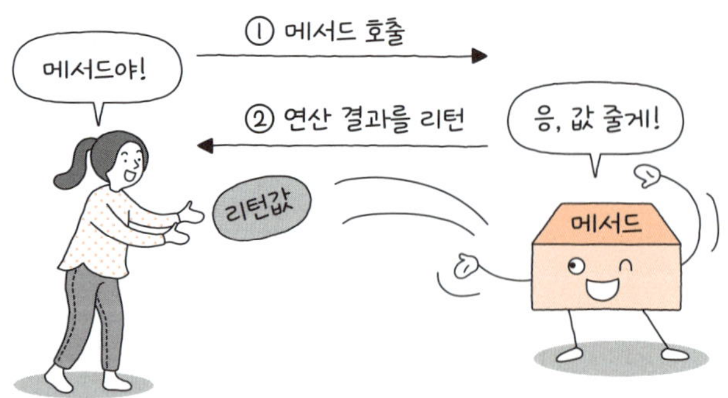

리턴 사용 방법

리턴을 활용하면 다양한 연산을 메서드별로 연계할 수 있습니다. 그렇다고 안써도 되는데 쓰면 좋다는 의미는 아닙니다. return은 유용한 것이 아니라 당연히 써야 하는 것입니다. 지금부터 리턴과 리턴값의 사용 방법을 알아보겠습니다.

다음과 같이 메서드 이름 앞에 **리턴 타입**을 정한 후 메서드의 맨 마지막 줄에 **return** 명령어를 작성하여 메서드를 호출한 곳으로 **리턴값**을 돌려줄 수 있습니다.

```java
public class 클래스_이름 {
    접근_제어자 리턴_타입 메서드_이름() {
        return 리턴값;
    }
}
```

메서드를 호출한 곳에서는 다음과 같이 호출할 메서드가 있는 클래스를 **인스턴스화**한 후 점 연산자를 활용하여 메서드의 **리턴값**을 받을 수 있습니다. 이때 주의할 점은 리턴값을 받을 변수에도 **리턴 타입**을 지정해 주어야 한다는 것입니다.

```java
public class 호출한_클래스_이름 {
    public static void main(String[] args) {
        클래스_이름 변수_이름 = new 클래스_이름();
        리턴_타입 새변수_이름 = 변수_이름.메서드_이름();
    }
}
```

바로 예제를 살펴보면서 사용법을 익혀 보겠습니다. 다음은 리턴 타입으로 int를 가지는 **plus()** 메서드에서 1 + 1을 리턴하는 예제입니다.

```java
public class CalculatorEx {          // CalculatorEx.java
    public int plus() {
        return 1 + 1;          // ❶
    }
}
```

```java
public class CalculatorExTest {
    public static void main(String[] args) {
        CalculatorEx calculatorEx = new CalculatorEx();
        int result = calculatorEx.plus();   ←——— ❷
        System.out.println(result);   ←——— ❸
    }
}
```

CalculatorTest.java

실행 결과
```
2
```

❶ CalculatorEx 클래스의 plus() 메서드는 1 + 1을 리턴합니다.

```java
return 1 + 1;
```

❷ 따라서 CalculatorExTest 클래스의 메인 메서드에서 CalculatorEx의 plus() 메서드를 호출하면 1 + 1의 연산 결과, 즉 2를 리턴합니다. 여기서 result 변수에 calculatorEx.plus()를 적용한 결과를 저장하는데 타입으로 int를 지정했습니다. 리턴값 2는 정수이므로 int를 타입으로 지정한 것입니다. 이처럼 리턴값을 받을 변수에도 리턴값에 맞는 타입을 지정해 주어야 합니다.

```java
int result = calculatorEx.plus();
```

❸ result 변수를 println()으로 출력하니 리턴값인 2가 무사히 나온 것을 확인할 수 있습니다.

```java
System.out.println(result);
```

참조 타입 리턴하기

리턴 타입으로는 원시 타입과 더불어 참조 타입도 지정할 수 있습니다. 지금부터 참조 타입을 리턴해 보겠습니다. 다음은 사용자 정보를 변수로 선언하는 UserPublic 클래스입니다.

```java
public class UserPublic {                                    UserPublic.java
    public String name;
    public String phoneNumber;
    public int age;
}
```

UserCreator 클래스를 만들어 UserPublic 클래스의 정보를 활용해 새로운 사용자를 만들어 보겠습니다. UserCreator 클래스는 getAdultUser() 메서드를 통해 나이가 34세인 User를 새로 만들어서 리턴합니다.

```java
public class UserCreator {                                   UserCreator.java
    public User getAdultUser() {
        User user = new User();
        user.age = 34;
        return user;
    }
}
```

UserCreator 클래스의 getAdultUser() 메서드를 호출해 보겠습니다. 다음은 getAdultUser()를 호출한 결과를 user 변수에 저장하는 예제입니다.

```java
public class UserCreatorTest {                               UserCreatorTest.java
    public static void main(String[] args) {
        UserCreator userCreator = new UserCreator();
        User user = userCreator.getAdultUser();
        System.out.println(user.age);
    }
}
```

실행 결과
```
34
```

getAdultUser( ) 메서드에서 age를 34로 설정한 user를 생성해 리턴했기 때문에 결과에 34가 출력된 것을 확인할 수 있습니다. 이처럼 참조 타입 역시 리턴할 수 있습니다.

리턴값을 이용하여 조건 연산하기

printHello() 메서드와 같이 출력하고 끝나는 경우도 있지만 메서드로 분리한 연산의 결과가 필요한 경우도 있습니다. 다음은 잔액이 충분하면 결제 요청을 하는 로직을 만드는 과정에서 잔액이 충분한지 여부를 확인해 주는 printIsSufficient() 메서드입니다.

```java
public class BankAccount {
    int balance = 1000;
    public void printIsSufficient() {
        System.out.println("잔액이 충분합니다.");
    }
}
```
BankAccount.java

```java
public class Payment {
    public static void main(String[] args) {
        BankAccount bankAccount = new BankAccount();
        bankAccount.printIsSufficient();
    }
}
```
Payment.java

실행 결과

```
잔액이 충분합니다.
```

하지만 printIsSufficient() 메서드는 리턴 타입이 void이기 때문에 잔액이 충분한지 여부를 출력 결과로만 확인할 수 있고 true 또는 false인지와 같이 기계적으로 판단할 수는 없습니다. 자바가 기계적으로 판단을 할 수 있도록 연산 결과를 boolean 값으로 리턴하도록 메서드를 바꿔 보겠습니다. 그러려면 return 명령어를 사용해야 합니다.

다음 코드는 BankAccount 클래스에 있는 printIsSufficient() 메서드를 boolean 값을 리턴하도록 isSufficient() 메서드로 변경한 것입니다. 또한 boolean 값을 받아 조건 연산을 하기 위해 PaymentV2 클래스에 if문을 사용했습니다.

```java
public class BankAccountV2 {
    int balance = 1000;
    public boolean printIsSufficient() { // 리턴 타입, 메서드 이름 변경
        return balance >= 1500;  ←──── ❷
    }
}
```
BankAccountV2.java

```java
public class PaymentV2 {
    public static void main(String[] args) {
        BankAccountV2 bankAccountV2 = new BankAccountV2();
        boolean isSufficient = bankAccountV2.printIsSufficient();  ← ❶
        if(isSufficient) {  ←──────────────────────────── ❸
            System.out.println("결제를 요청합니다.");
        } else {
            System.out.println("잔액이 부족합니다.");
        }
    }
}
```


실행 결과

```
잔액이 부족합니다.
```

이 애플리케이션은 다음 세 단계에 따라 실행됩니다.

❶ PaymentV2 클래스의 메인 메서드에서 BankAccountV2 클래스의 .printIsSufficient() 메서드를 호출합니다.

```java
boolean isSufficient = bankAccountV2.printIsSufficient();
```

❷ printIsSufficient() 메서드에서 잔액(balance)이 충분한지 여부를 확인 후 boolean 값으로 결과를 리턴합니다.

```java
return balance >= 1500;
```

❸ 리턴받은 결과를 이용해 if문에서 조건식을 실행합니다. 조건식의 결과는 false이므로 "잔액이 부족합니다."를 출력합니다.

```java
if (isSufficient) {
```

	10	20	30	40	50	60	10	20	30	40	50	60
1회												
2회												
3회												

필수 예제

CalculatorExTest.java	리턴 타입으로 int를 가지는 plus() 메서드에서 1 + 1을 리턴하는 클래스
UserCreatorTest.java	getAdultUser() 메서드를 통해 나이가 34세인 User를 새로 만들어서 하는 클래스
BankAccount.java	잔액이 충분한지 확인해 주는 printIsSufficient() 메서드를 정의하기 위한 클래스
Payment.java	리턴값을 이용하여 조건 연산을 수행하는 클래스

용어 및 개념

☐	리턴값	– 메서드의 연산 결과 값 – 반환한다는 의미이므로 반환값이라고도 지칭
☐	리턴 타입	리턴값이 가지는 타입

명령어

`return` 리턴값; // 메서드를 호출한 곳으로 연산 결과를 보낼 때(리턴할 때) 사용하는 명령어

매개변수 알아보기

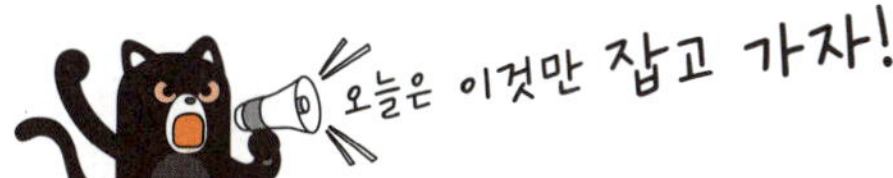

필수 예제	
Calculator.java	CallByValue.java
CalculatorTwoP.java	callByValueObject.java

용어 및 개념	
☐ 매개변수	☐ Call by Value
☐ 인수	☐ Call by Reference

매개변수는 parameter를 번역한 말로 메서드에 전달된 값을 저장하는 변수를 말합니다. 메서드에서 값이나 객체를 전달받을 '매개체'이므로 매개변수라고 불립니다.

다음 Calculator 클래스의 plus() 메서드는 1 + 1의 결과를 출력해 줍니다. 하지만 이 메서드는 아무 기능이 없다고 볼 수 있습니다. 1 + 1 말고는 다른 연산을 전혀 수행할 수 없기 때문입니다.

```java
public class Calculator {
    public void plus() {
        System.out.println(1 + 1);
    }
}
```

1 + 1 말고 2 + 1이나 30 + 1 등 어떤 숫자에 1을 더하는 연산을 하고 싶다면 1 + 1에서 1 대신 다른 값이 오도록 해야 합니다. 이럴 때 쓰는 것이 매개변수입니다. 매개변수는 변수이므로 원시 타입과 참조 타입을 타입으로 가질 수 있습니다. 지금부터 매개변수를 어떻게 사용할 수 있는지 알아보겠습니다.

메서드에 매개변수 사용하기

메서드의 구성 요소를 설명할 때는 접근 제어자, 리턴 타입, 메서드 이름 세 가지만 언급했지만 사실 메서드의 구성 요소는 **매개변수**까지 포함하여 총 네 가지라고 할 수 있습니다. 다음과 같이 메서드를 선언하면서 () 안에 매개변수를 추가할 수 있습니다. 이때 주의할 점은 매개변수의 **타입**을 지정해 주어야 한다는 것입니다.

```
접근_제어자 리턴_타입 메서드_이름(타입 매개변수)
```

매개변수로 값을 전달하는 방법은 다음과 같습니다. 점 연산자를 통해 값을 전달할 메서드가 어떤 클래스에 있는지 알려준 뒤 메서드 이름 뒤의 소괄호 블록 안에 전달할 값을 작성하면 됩니다. 이때 전달되는 값을 **인수**argument라고 합니다.

```
클래스_이름.메서드_이름(인수) // 인수로 값 또는 식을 사용할 수 있음
```

이 명령은 많이 익숙할 것입니다. 지금까지 System.out.println(1 + 1);과 같은 형식으로 많이 사용해 왔기 때문입니다. println()은 자바에서 제공하는 메서드이므로 우리는 알게 모르게 계속 메서드에 인수를 넘기고 있었던 것입니다. 이렇게 추가한 매개변수는 따로 선언할 필요 없이 바로 사용할 수 있습니다. 그 사용 방법을 지금부터 예제를 통해 알아보겠습니다.

다음은 앞의 Calculator 클래스에 int 타입의 매개변수 num이 포함된 printPlusOne() 메서드를 추가한 예제입니다. printPlusOne이라는 이름은 매개변수로 받은 값에 1을 더한 결과를 출력한다는 의미로 지었습니다.

```java
public class Calculator {
    public void plus() {
        System.out.println(1 + 1);
    }

    public void printPlusOne(int num) {
        System.out.println(num + 1);
    }
}
```


메서드는 한 번 만들어 놓고 여러 번 호출해서 쓸 수 있습니다. 그러므로 30, 100, 350을 각각 매개변수로 넘겨서 1을 더한 결과를 잘 출력하는지 확인해 보겠습니다.

다음과 같이 따로 테스트 클래스를 만들지 않고 Calculator 클래스에 메인 메서드를 추가한 후 new 연산자를 이용해 Calculator 클래스를 **인스턴스화**한 후 printPlusOne() 메서드를 호출하겠습니다.

```java
public class Calculator {
    public void plus() {
        System.out.println(1 + 1);
    }
    public void printPlusOne(int num) {
        System.out.println(num + 1);
    }

    public static void main(String[] args) {
        Calculator calculator = new Calculator();
        calculator.printPlusOne(30);
        calculator.printPlusOne(100);
        calculator.printPlusOne(350);
    }
}
```


실행 결과

```
31
101
351
```

실행 결과로 각각 31, 101, 351로 30, 100, 350에 1을 더한 결과가 잘 출력되었음을 확인할 수 있습니다. 이제 코드의 실행 과정을 하나씩 살펴보겠습니다.

❶ Calculator 클래스를 **인스턴스화**합니다.

❷ 메인 메서드에서 calculator.printPlusOne(30);이 실행될 때 30을 printPlusOne 메서드의 매개변수 num으로 전달합니다.

❸ 매개변수 num을 System.out.println(num + 1);과 같이 별 다른 선언 과정 없이 사용할 수 있습니다. 이렇게 사용하면 num에는 30이 담겨 있으므로 System.out.println(num + 1);에 의해 30에 1이 더해지고 31이 출력됩니다.

❷, ❸의 과정을 반복하며 101과 351이 출력됩니다.

두 개 이상의 매개변수 사용하기

매개변수는 두 개 또는 그 이상 만들 수 있습니다. 간단한 예로 국어, 수학, 영어, 사회, 과학 다섯 개 과목의 점수를 받아서 합계와 평균을 구하고 싶을 때는 다섯 개의 매개변수를 만들 수 있습니다.

두 개 이상의 매개변수를 추가하는 방법은 간단합니다. 다음과 같이 콤마(,)로 매개변수를 구분해 주면 됩니다. 이러한 방법으로 매개변수를 몇 개든 추가할 수 있습니다.

> 접근_제어자 리턴_타입 메서드_이름(타입1 매개변수1, 타입2 매개변수2 ...)

또한 매개변수로 인수를 전달할 때도 콤마(,)로 구분해 주면 됩니다. 이러면 인수1은 매개변수1에, 인수2는 매개변수2에 순서대로 들어갑니다. 이때 주의할 점은 매개변수의 개수에 맞게 값을 전달해야 한다는 것입니다.

> 클래스_이름.메서드_이름(인수1, 인수2 ...)

지금부터 예제로 여러 개의 매개변수 사용 방법을 알아봅시다. 다음은 두 개의 매개변수를 받아서 합한 값을 출력하는 예제입니다.

```java
public class CalculatorTwoP {

    public void printPlus(int num1, int num2) {
        System.out.println(num1 + num2);
    }

    public static void main(String[] args) {
        CalculatorTwoP calculatorTwoP = new CalculatorTwoP();
        calculatorTwoP.printPlus(10, 20);
        calculatorTwoP.printPlus(20, 30);
    }
}
```

CalculatorTwoP.java

실행 결과

```
30
50
```

printPlus() 메서드는 두 개의 정수를 매개변수 num1과 num2로 받아 덧셈을 수행하고 결과를 출력합니다. 메인 메서드에서 매개변수로 넘길 인수를 콤마로 구분했습니다. 따라서 num1에는 10이, num2에는 20이 전달됩니다. 그래서 num1 + num2의 실행 결과로 30이 출력됩니다. 이 과정을 반복하므로 50이 이어서 출력됩니다.

그런데 만약 다음과 같이 매개변수 개수보다 인수 개수가 적거나 많으면 어떻게 될까요?

■ 매개변수 개수 〉 인수 개수

```java
public void printPlus(int num1, int num2, int num3) {
    calculatorTwoP.printPlus(10, 20);
```

■ 매개변수 개수 〈 인수 개수

```java
public void printPlus(int num1, int num2) {
    calculatorTwoP.printPlus(10, 20, 30);
```

그러면 다음과 같이 예외가 발생합니다.

```
java: method printPlus in class CalculatorTwoP cannot be applied to given types;
```

이 예외는 매개변수 개수와 인수 개수가 일치하지 않아서 값을 넘길 수 없다는 의미이므로 두 개수를 정확히 일치시켜야 합니다. 매개변수가 세 개이면 인수도 세 개여야 하는 것이죠.

원시 타입을 매개변수로 전달하는 방식 이해하기

자바에서는 원시 타입으로 매개변수를 전달할 때 Call by Value 방식을 사용합니다. 이는 메서드에 매개변수로 전달되는 **값**이 그대로 넘어가는 것이 아니라 **복사**되어 전달되는 것을 의미합니다.

이에 따라 **원시 타입**을 매개변수로 전달할 때 메서드 내에서 매개변수의 값이 변경되더라도 원본 변수에는 영향을 주지 않습니다. 정말 그런지 다음 예제를 살펴봅시다.

```java
public class CallByValue {

    public int callByValueTest(int value) {
        value += 1;
        return value;
    }

    public static void main(String[] args) {
        int val1 = 10;
        CallByValue cbv = new CallByValue();
        int result = cbv.callByValueTest(val1);
        System.out.println("result = " + result);
        System.out.println("val1 = " + val1);
    }
}
```

CallByValue.java

실행 결과
```
result = 11
val1 = 10
```

매개변수로 전달하기 전의 int 타입 val1 변수의 값은 10입니다. val1 변수를 callByValueTest() 메서드로 전달하면 callByValueTest() 메서드는 이를 매개변수로 받아 값을 1 증가시켜 리턴합니다. 따라서 실행 결과로 11이 나옵니다.

하지만 callByValueTest() 메서드를 실행한 후에도 val1의 값은 여전히 10입니다. 이처럼 원시 타입을 매개변수로 전달하면 메서드 내에서 매개변수(value)의 값이 변경되어도 원본 변수(val1)에는 영향을 주지 않습니다. 메인 메서드에 있는 val1의 값을 복사해서 callByValueTest() 메서드로 전달했기 때문입니다.

참조 타입을 매개변수로 전달하는 방식 이해하기 ——————————

참조 타입을 매개변수로 전달하는 경우는 원시 타입을 전달할 때와는 다른 방식으로 작동합니다.
어떻게 작동하는지 코드를 살펴보겠습니다.

다음은 참조 타입을 매개변수로 전달할 경우 참조 타입의 변수 값이 어떻게 변하는지를 보여 주는
예제입니다. callByValueObjectTest() 메서드는 매개변수로 전달받은 User 클래스의 age 변수
를 100 증가시킨 후 리턴합니다.

```java
public class CallByValueObject {                              CallByValueObject.java

    public User callByValueObjectTest(User value) {
        value.age += 100;
        return value;
    }


    public static void main(String[] args) {
        CallByValueObject cbv = new CallByValueObject();
        User user1 = new User();
        user1.age = 37;
        User result = cbv.callByValueObjectTest(user1);
        System.out.println("result.age = " + result.age);
        System.out.println("user1.age = " + user1.age);
    }
}
```

실행 결과
```
result.age = 137
user.age = 137
```

앞에서 원시 타입(int 타입)을 매개변수로 전달한 후 1을 증가시키고 출력했을 때는 원본 변수
(val1)의 값은 10으로 그대로 있습니다. 하지만 참조 타입을 매개변수로 넘기고 100을 증가시키
니 원본 변수(age)의 값도 똑같이 100이 증가되었습니다. callByValueObjectTest() 메서드에서
바꾼 내용이 원본 변수에 영향을 준 것입니다.

이렇게 작동하는 이유는 참조 변수를 매개변수로 전달할 때는 객체의 **주소**를 **복사**해서 전달하기
때문입니다. 따라서 callByValueObjectTest() 메서드에서 매개변수 value는 User 객체의 주소
를 전달받고, 해당 주소를 통해 원본 객체에 접근하여 값을 변경하므로 원본 변수의 값도 바뀐 것
입니다. 이처럼 주소를 복사해서 매개변수로 전달하는 것을 Call by Reference라고 합니다.

note Call By Value와 Call by Reference는 면접 질문으로 자주 등장하는 내용입니다. 반드시 기억해 둡시다.

______ 월 ______ 일 걸린 시간: ______ 시간 ______ 분

	10	20	30	40	50	60	10	20	30	40	50	60
1회												
2회												
3회												

필수 예제

Calculator.java	세 개의 값을 매개변수로 넘겨서 1을 더한 결과를 잘 출력하는지 확인하는 클래스
CalculatorTwoP.java	두 개의 매개변수를 받아서 합한 값을 출력하는 클래스
CallByValue.java	Call by Value로 원시 타입의 매개변수를 전달하는 클래스
CallByValueObject.java	Call by Value로 참고 타입의 매개변수를 전달하는 클래스

용어 및 개념

☐	매개변수	– Parameter를 번역한 말로 메서드에 전달된 값을 저장하는 변수 – 메서드에서 값이나 객체를 전달받을 '매개체'이므로 이런 이름이 붙은 것임
☐	인수	메서드의 매개변수로 전달되는 값
☐	Call by Value	인수를 복사해서 매개변수로 전달하는 방식
☐	Call by Reference	인수의 주소를 복사해서 매개변수로 전달하는 방식

리턴과 매개변수 활용하기

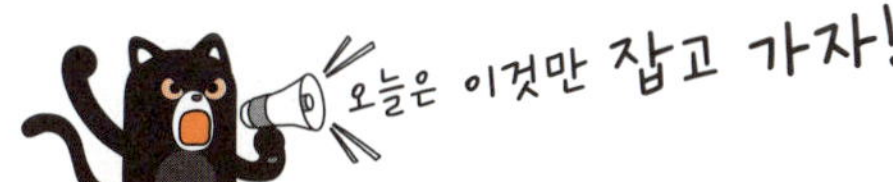

필수 예제	용어 및 개념	명령어
GoodDay.java	☐ 매개변수	return
MachineTest.java		

String 타입의 매개변수 사용하기

생일 쿠폰 문자 등에서 사용자 이름과 쿠폰 결과가 같이 연결되어 나오는 것을 본 적이 있을 겁니다. 이는 사용자 이름을 String 타입의 매개변수로 받아서 출력하기 때문에 가능한 일입니다. String 타입으로 매개변수를 받아 보겠습니다.

다음은 String 타입의 메시지를 매개변수로 받아서 출력하는 **printMessage()** 메서드와 이름과 메시지를 매개변수로 받아서 조합한 결과를 출력하는 **printMessageWithName()** 메서드입니다.

```java
public class GoodDay {

    public void printMessage(String message) {
        System.out.println(message);
    }


    public void printMessageWithName(String name, String message) {
        System.out.printf("%s 님 %s\n", name, message);
    }


    public static void main(String[] args) {
        GoodDay goodDay = new GoodDay();
        goodDay.printMessage("안녕하세요.");
        goodDay.printMessageWithName("김경록", "좋은 하루 보내세요.");
    }
}
```


실행 결과

```
안녕하세요.
김경록 님 좋은 하루 보내세요.
```

GoodDay 클래스의 두 가지 메서드를 실행하기 위해 GoodDayTest 클래스를 따로 만들지 않고 메인 메서드를 추가했습니다. 이처럼 String 타입의 값도 매개변수를 통해 전달할 수 있습니다.

On인지 Off인지 알려 주는 메서드 사용하기

자바는 객체 지향 언어이므로 자바에서 메서드는 클래스(객체)의 멤버 변수를 참조해 특정 연산을 하도록 만드는 경우가 단일 메서드만 사용 가능한 형태로 만드는 경우보다 더 많습니다. 그런 의미로 Machine이라는 클래스에 멤버 변수와 멤버 메서드를 이용한 아주 간단한 연산을 해 보겠습니다.

다음 Machine 클래스에는 세 개의 멤버 변수(id, name, enabled)와 onOff라는 메서드가 포함되어 있습니다. id는 0, 1, 2와 같이 이 기계의 고유 번호를 의미하고, name은 기계 이름, enabled는 기계가 켜져 있는지 꺼져 있는지를 나타냅니다.

기계가 켜져 있는지 꺼져 있는지는 true 또는 false인 불리언boolean 타입으로 되어 있습니다. 하지만 불리언 타입 대신 "On", "Off"라는 문자열로 표현해 달라는 요구 사항이 있다고 가정하고 이 부분을 onOff( )라는 메서드로 추가해 보겠습니다. 이 메서드는 삼항 연산자를 이용해 boolean 타입인 enabled가 true이면 "On", false이면 "Off"를 리턴합니다.

```java
public class Machine {
    long id;
    String name;
    boolean enabled;

    public String onOff() {
        return enabled ? "On" : "Off";
    }
}
```


방금 만든 onOff( ) 메서드를 테스트하기 위해 MachineTest 클래스를 만들어서 실행해 보겠습니다. 다음은 MachineTest라는 클래스를 만들고 main 메서드를 만든 후 Machine 클래스의 인스턴스를 생성하고 멤버 변수인 id, name, enabled에 값을 할당해서 생성합니다. 그리고 onOff( ) 메서드를 실행한 결과를 출력하는 코드입니다.

```java
public class MachineTest {
    public static void main(String[] args) {
        Machine machine1 = new Machine();        // Machine 인스턴스 생성
        machine1.id = 0;                         // id 지정
        machine1.name = "프레스1";               // 이름 지정
        machine1.enabled = true;                 // enabled 지정

        System.out.println(machine1.onOff());    // onOff() 메서드 실행
    }
}
```


실행 결과

```
On
```

enabled가 true이므로 실행 결과로 On이 출력된 것을 확인할 수 있습니다.

onOff( ) 메서드는 멤버 변수를 참조해 작동하도록 되어 있으므로 멤버 변수의 값이 바뀜에 따라 메서드도 그에 맞게 작동합니다. 다음 예제는 Machine 클래스를 이용해 machine2를 생성하고 멤버 변수에 새로운 값을 지정한 후 onOff() 메서드를 호출해 출력합니다.

앞에서 만들었던 machine1과 구분하기 위해 **machine2**라는 이름을 썼고 어떤 기계의 상태인지를 표시하기 위해 **name**도 같이 출력합니다.

```java
public class MachineTest2 {
    public static void main(String[] args) {
        Machine machine1 = new Machine();
        machine1.id = 0;
        machine1.name = "프레스1";
        machine1.enabled = true;

        Machine machine2 = new Machine();
        machine2.id = 1;
        machine2.name = "프레스2";
        machine2.enabled = false;

        System.out.printf("%s %s\n", machine1.name, machine1.onOff());
        System.out.printf("%s %s\n", machine2.name, machine2.onOff());
    }
}
```


실행 결과

```
프레스1 On
프레스2 Off
```

"프레스1"은 enabled가 true이기 때문에 "On"이 출력되고 "프레스2"는 enabled가 false이므로 "Off"가 출력됩니다. 이렇게 **상태**에 해당하는 **멤버 변수**와 **동작**에 해당하는 **메서드**를 함께 사용함으로써 코드를 재사용하기 유리합니다.

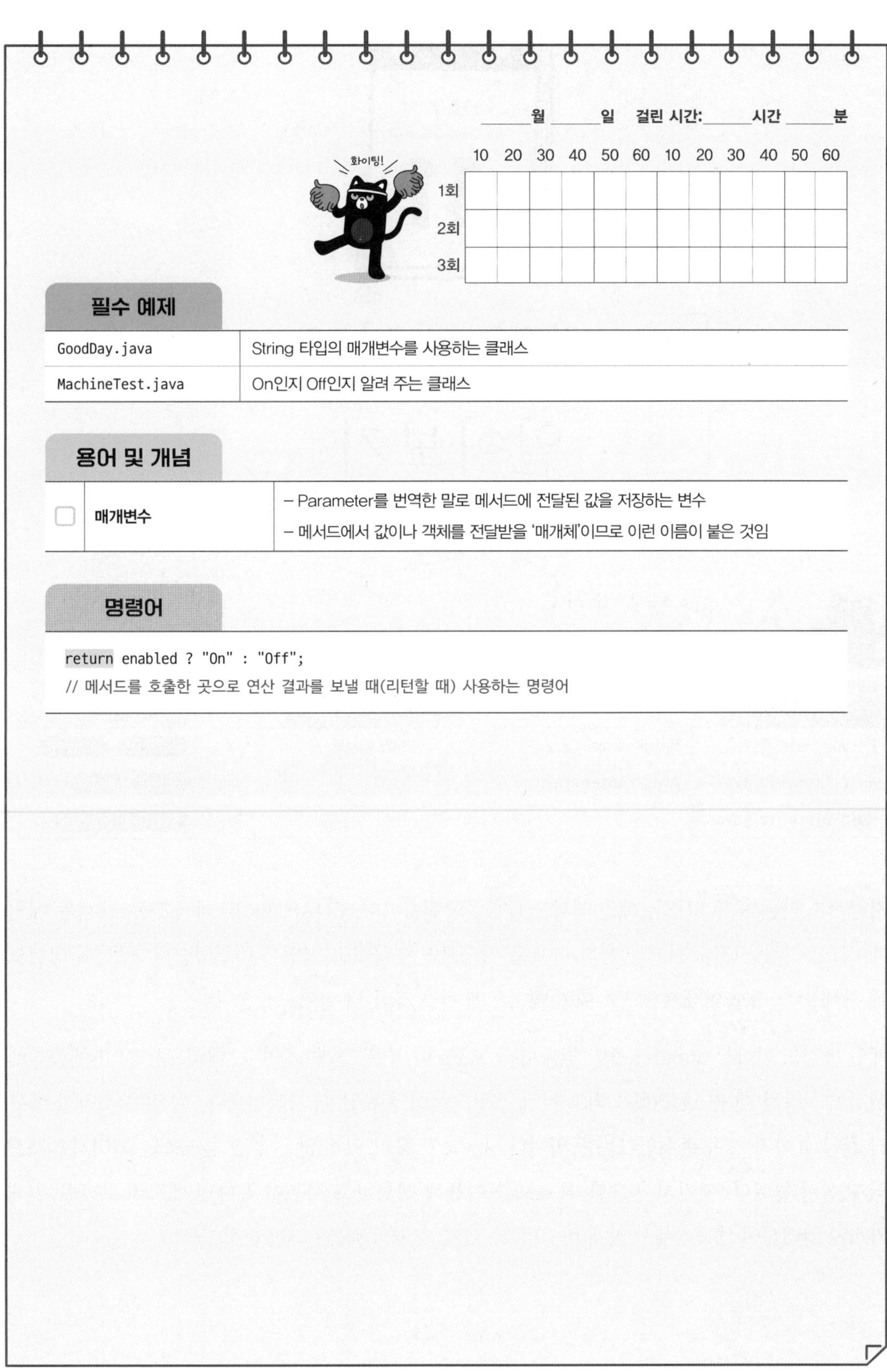

______월 ______일   걸린 시간: ______시간 ______분

	10	20	30	40	50	60	10	20	30	40	50	60
1회												
2회												
3회												

필수 예제

`GoodDay.java`	String 타입의 매개변수를 사용하는 클래스
`MachineTest.java`	On인지 Off인지 알려 주는 클래스

용어 및 개념

☐	**매개변수**	– Parameter를 번역한 말로 메서드에 전달된 값을 저장하는 변수 – 메서드에서 값이나 객체를 전달받을 '매개체'이므로 이런 이름이 붙은 것임

명령어

```
return enabled ? "On" : "Off";
// 메서드를 호출한 곳으로 연산 결과를 보낼 때(리턴할 때) 사용하는 명령어
```

메인 메서드 알아보기

필수 예제		용어 및 개념	명령어
PrivateMain.java	MainRename.java	☐ 메인 메서드	`public` `static`
NoStaticMain.java	ArgsPrinter.java		`void` `main`
MainReturnInt.java			`String[] args`

지금까지 다룬 모든 코드는 **메인 메서드**에서 실행했습니다. CHAPTER 01에서 "자바에서는 메인 메서드를 가장 먼저 찾아서 실행하기 때문"이라고만 언급하고 설명을 미루었습니다. 이제 메서드에 관해 어느 정도 이해했으므로 메인 메서드에 관해 조금 더 알아보겠습니다.

메인 메서드 앞에는 **static**이 붙어 있습니다. static이 붙은 클래스, 변수, 메서드는 자바 애플리케이션이 시작될 때 **인스턴스화**가 되고 자바 프로그램이 종료될 때 사라집니다. 이 말은 시작할 때부터 끝날 때까지 계속 존재한다는 뜻입니다. static이 붙어 있지 않은 일반 클래스는 **가비지 컬렉션**의 대상이 됩니다. 따라서 필요할 때 **new**를 이용해 생성하고 사용이 끝나면 메모리 효율을 위해 가비지 컬렉션이 메모리에서 없애 버립니다. ⬅ BACK 가비지 컬렉션은 170쪽을 참고하세요.

메인 메서드는 static이 붙어 있기 때문에 프로그램이 실행될 때 만들어집니다. 뿐만 아니라 메인 메서드는 자바가 가장 먼저 실행하는 메서드입니다. 메인 메서드가 없다면 시작점을 찾지 못해 자바 애플리케이션이 실행되자마자 바로 종료됩니다.

메인 메서드 구성 요소

다음은 메인 메서드입니다. 인텔리제이에서는 **psvm**을 입력하면 자동 완성됩니다. main 메서드의 구성 요소는 **접근 제어자**, **static**, **리턴 타입**, **메서드 이름**, **매개변수**로 다섯 가지입니다. 하지만 이 구성 요소의 세부 내용은 고정입니다. 어떤 클래스나 어떤 프로젝트를 생성하더라도 메인 메서드는 항상 다음과 같이 선언합니다.

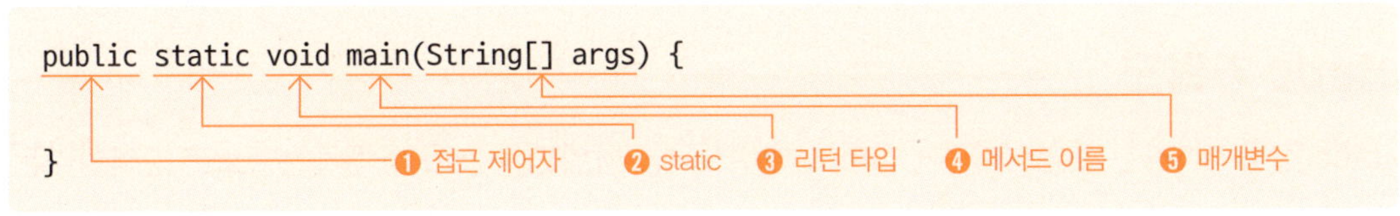

여기에서 바꿀 수 있는 것은 없고 바꿔서도 안 됩니다. 물론 **String[] args**의 변수 이름인 **args**는 바꿀 수도 있지만 대체로 바꾸지 않습니다. 따라서 그냥 메인 메서드는 이 모양을 유지한다고 기억하면 됩니다. 지금부터 메인 메서드의 각 요소에 대해 하나씩 알아보겠습니다.

접근 제어자 public

메인 메서드에서 접근 제어자는 크게 의미가 없습니다. 왜냐하면 다른 곳에서 호출되는 메서드가 아니기 때문입니다. 하지만 public으로 선언되어야 하는 이유는 JVM에서 접근을 하기 때문입니다. 자바 애플리케이션은 JVM에 의해 실행된다는 사실 기억하죠? 만약 private으로 되어 있다면 JVM에서조차 접근할 수 없으므로 메인 메서드를 실행할 수 없습니다.

다음은 main 메서드의 접근 제어자를 private으로 바꾼 코드입니다. 바꾸고 실행해 보려고 하면 메인 메서드를 똑바로 정의하라는 에러 메시지를 출력하거나 인텔리제이에서는 아예 실행을 하지 못합니다.

```java
public class PrivateMain {                              PrivateMain.java
    private static void main(String[] args) {
        System.out.println("private main");
    }
}
```

```
Error: Main method not found in class Main, please define the main method as:
    public static void main(String[] args)
```

static 키워드

static은 정적이라는 뜻입니다. 이 의미 그대로 static 키워드를 사용한 객체는 static 영역이라는 메모리상의 고정된 위치에 컴파일되는 순간 인스턴스화됩니다. 다시 말해 컴파일하는 시점에 이미 존재하고 있는 것이죠. static 키워드를 사용하지 않은 객체는 new 명령어로 인스턴스화해야 비로소 사용할 수 있는 것과 대조적입니다.

그렇다면 왜 메인 메서드에 static 키워드를 사용하는 걸까요? 그 이유는 프로그램이 실행될 때 해당 클래스의 인스턴스를 생성하지 않고도 메서드에 접근할 수 있게 하기 위함입니다.

자바 애플리케이션이 시작될 때 JVM은 메인 메서드를 먼저 호출하여 프로그램을 실행합니다. 메인 메서드를 포함하고 있는 클래스는 자바 애플리케이션이 시작되는 시점에서 아직 인스턴스화가 되지 않은 상태입니다. 따라서 JVM이 메인 메서드를 호출하기 위해서는 메인 메서드가 이미 존재하는 상태여야 하는 것이죠.

다음은 메인 메서드에서 static을 뺀 코드입니다. 이 코드를 실행해 보면 메인 메서드가 static이 아니라는 에러 메시지를 출력하며 실행을 거부합니다.

```java
public class NoStaticMain {
    public void main(String[] args) {
        System.out.println("no static main");
    }
}
```
NoStaticMain.java

```
Error: Main method is not static in class org.book.chapter07.ArgsPrinter, please
define the main method as:
    public static void main(String[] args)
```

리턴 타입 void

메인 메서드를 호출하는 곳은 JVM이 유일합니다. 호출도 단 한 번만 합니다. 메인 메서드의 용도는 자바 애플리케이션의 시작점이기 때문입니다. 애당초 메인 메서드를 호출하는 JVM은 리턴값을 요구하지도 않습니다. 따라서 리턴 타입은 void로 고정입니다.

다음과 같이 메인 메서드의 리턴 타입을 int로 하고 return 0;으로 처리하고 실행하면 역시나 메인 메서드의 리턴 타입은 반드시 void여야 한다는 에러 메시지를 출력합니다.

```java
public class MainReturnInt {
    public static int main(String[] args) {
        System.out.println("main return");
        return 0;
    }
}
```
MainReturnInt.java

```
Error: Main method must return a value of type void in class org.book.chapter07.
MainReturn, please
define the main method as:
    public static void main(String[] args)
```

메서드 이름 main

메인 메서드는 이름도 바꿀 수 없습니다. main이라는 이름을 가지고 이 메서드를 찾기 때문입니다. 다음과 같이 main이 아닌 다른 이름으로 바꾸고 실행해 보면 역시나 메인 메서드를 찾을 수 없다는 에러가 발생합니다.

```java
public class MainRename {
    public static void notMain(String[] args) {
        System.out.println("main rename");
        return 0;
    }
}
```
MainRename.java

```
Error: Could not find or load main class ○○○
Caused by: java.lang.ClassNotFoundException: ○○○
```

매개변수 String[] args

String[] args는 자바 프로그램을 실행할 때 특정 값을 전달받는 매개변수입니다. 프로그램은 한 군데에서만 실행하기 위해 만들기도 하지만 프로그램을 판매한다면 구매한 사용자마다 개인의 설정 값을 바꿔 주어야 할 필요가 있습니다.

예를 들면 이메일을 전송하는 기능이 들어 있다면 이메일을 보낼 때 이메일 주소를 구매한 고객이 사용하고 싶은 것으로 변경해 주어야 합니다. 또한 데이터베이스를 사용하는 경우는 사용자마다 계정과 URL, 비밀 번호 등이 다르기 때문에 이러한 설정 값을 바꿔 주어야 합니다.

이러한 설정 값은 소스 코드를 수정하지 않고도 바꿀 수 있게끔 프로그램을 만들어야 합니다. 그래서 자바 프로그램을 실행할 때 설정 값을 넘겨줄 수 있고 프로그램을 실행할 때 넘긴 값은 메인 메서드의 String[] args로 넘어옵니다. args는 arguments의 줄임말로 함수나 호출 시 전달되는 **인수**를 말합니다.

다음 코드는 자바 애플리케이션을 실행할 때 전달된 인수를 출력하는 예제입니다.

```java
import java.util.Arrays;

public class ArgsPrinter {
    public static void main(String[] args) {
        System.out.println(Arrays.toString(args));
    }
}
```


String[] args에 [ ]가 붙어 있는 것으로 배열임을 알 수 있습니다. 따라서 Arrays.toString()으로 메인 메서드의 매개변수 **args**를 출력했습니다. 자바 프로그램을 실행할 때 아무 값도 전달하지 않았기 때문에 빈 배열이 출력되었습니다.

그렇다면 매개변수 args로 어떻게 값을 전달할 수 있을까요? 우선 명령 프롬프트(CMD)에서 명령어를 입력해서 Gradle을 설치하고 또 명령어를 입력해 Gradle을 실행한 후 다시 명령어로 빌드해야 합니다. 그리고 java -jar app.jar 명령어로 .jar 파일을 실행하는데 이때 java -jar app.jar Hello Bye와 같이 명령어 뒤에 매개변수 args로 넘겨줄 값을 입력할 수 있습니다.

하지만 실제로 이렇게 할 필요는 없습니다. 우리에게는 인텔리제이가 있으니까요. 인텔리제이에서도 명령어를 이용하여 자바 애플리케이션을 실행하긴 하지만 우리가 직접 명령어를 입력할 필요는 없습니다. Main Menu – Run – Run(Alt + Shift F10)을 선택하면 인텔리제이가 알아서 컴파일한 후 실행하죠.

우리가 처음으로 Main Menu – Run – Run(Alt + Shift F10)을 선택하여 실행하면 인텔리제이는 설정 파일을 만듭니다. 두 번째 실행할 때부터는 이 설정 파일의 정보를 읽어 실행합니다. 실행할 때 이 설정 파일을 통해 String[] args로 값을 전달할 수 있습니다. 그럼 지금부터 인텔리제이에서 String[] args로 값을 전달하는 방법을 알아보겠습니다.

01 먼저 ArgsPrinter를 한 번 실행합니다. 그러면 오른쪽 위 내비게이션 바에 ArgsPrinter가 표시됩니다. ArgsPrinter를 클릭하고 Edit Configurations를 선택합니다.

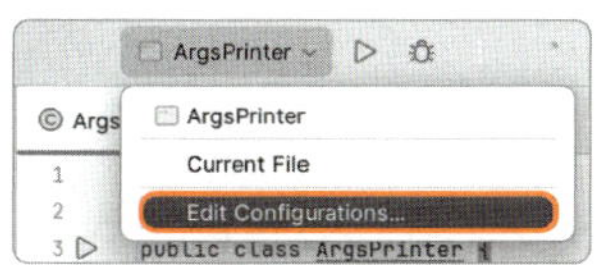

02 이 창에서 인텔리제이가 이 클래스를 실행할 때 사용하는 설정 파일을 편집할 수 있습니다. Build and run 아래에 있는 Program arugments 칸에 전달할 값을 입력할 수 있습니다. 여기에 Hello를 입력한 후 OK를 클릭합니다.

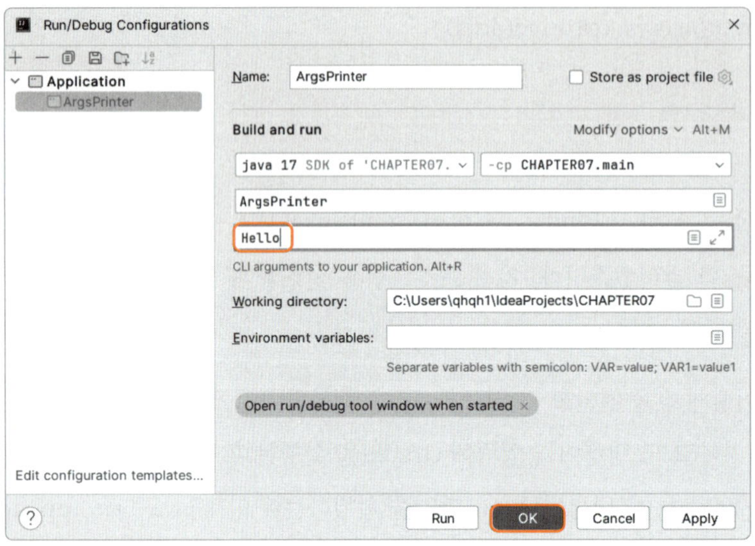

03 이제 다시 ArgsPrinter를 실행합니다. 그러면 앞서 Program arugments에 작성했던 Hello 가 잘 출력되는 것을 볼 수 있습니다. 메인 메서드의 매개변수 args로 값이 잘 넘어간 것입니다.

```java
import java.util.Arrays;

public class ArgsPrinter {
    public static void main(String[] args) {
        System.out.println(Arrays.toString(args));
    }
}
```

ArgsPrinter.java

실행 결과
```
[Hello]
```

참고로 여러 개의 값도 넘길 수 있습니다. 공백으로 각 값을 구분하면 됩니다. 설정 파일 편집 화면의 Program arugments에 Hello Bye를 입력하고 ArgsPrinter를 실행해 봅시다. 그러면 [Hello, Bye]가 출력되는 것을 확인할 수 있습니다.

필수 예제

PrivateMain.java	메인 메서드의 접근 제어자를 잘못 설정한 클래스
NoStaticMain.java	메인 메서드의 static을 잘못 설정한 클래스
MainReturnInt.java	메인 메서드의 리턴 타입을 잘못 설정한 클래스
MainRename.java	메인 메서드의 이름을 잘못 설정한 클래스
ArgsPrinter.java	자바 애플리케이션을 실행할 때 전달된 인수를 출력하는 클래스

용어 및 개념

	메인 메서드	– 자바가 실행될 때 가장 먼저 실행되는 메서드 – 메인 메서드가 없다면 자바 프로그램을 실행할 수 없음 – public static void main(String[] args) 형식으로 선언되어야 하며, 매개변수로 String[] args를 받을 수 있음

명령어

```
public static void main(String[] args){ ... }
// public: 아무나 접근할 수 있다는 사실을 나타내는 접근 제어자
// static: 인스턴스화 없이 사용할 수 있는 변수 또는 메서드를 선언할 때 이용하는 키워드
// 여기서는 자바 가상 머신의 static 영역에 메인 메서드를 만들겠다는 의미
// void: 실행 결과로 리턴되는 값이 없음을 나타내는 리턴 타입
// main: 메서드 이름을 main으로 지정하면 메인 메서드를 의미
// String[] args: 자바 프로그램을 실행할 때 특정 값을 전달하는 매개변수
```

스태틱, 게터, 세터 메서드 알아보기

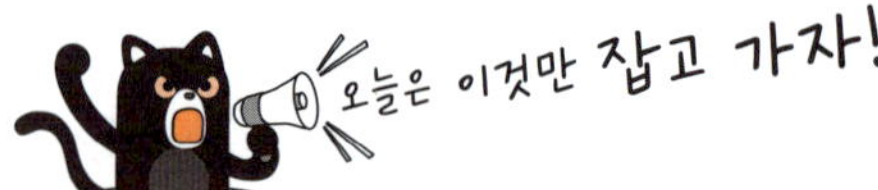

필수 예제	용어 및 개념	명령어
StaticCalculator.java	☐ 스태틱 메서드	static
StaticCalculatorTest.java	☐ 게터 메서드	get
PrivateUser.java	☐ 세터 메서드	set
PrivateUserTest.java		

메서드를 호출하려면 **new**를 이용해 메서드가 들어 있는 클래스의 인스턴스를 생성해야만 합니다. 하지만 **static**을 붙이면 JVM이 실행될 때 인스턴스를 생성하므로 new를 이용해 인스턴스를 생성하지 않고도 메인 메서드뿐 아니라 모든 곳에서 바로 메서드를 호출할 수 있습니다. 이처럼 static을 붙여 선언하는 메서드를 **스태틱 메서드**static method라고 합니다. static에는 정적이라는 의미도 있으므로 **정적 메서드**라고도 불립니다.

알고리즘 문제를 풀거나 메서드를 설계하거나 간단한 계산을 하는 등 메인 메서드에서 바로 메서드를 실행하고 싶을 때 그리고 빈번하게 호출되는 계산식 등을 불러 와서 쓰고 싶을 때 스태틱 메서드를 사용합니다.

또한 자바에서는 클래스의 멤버 변수의 접근 제어자로 private을 주로 사용합니다. 주민등록번호, 비밀번호와 같이 민감한 정보는 꼭 필요한 경우에만 접근해야 하기 때문입니다. 하지만 접근 제어자를 private으로 선언하면 다른 클래스에서는 사용할 수 없다는 문제가 있습니다. 이럴 때 사용하는 것이 바로 **게터 메서드**getter method와 **세터 메서드**setter method입니다. 이 두 메서드를 사용하면 private으로 선언된 멤버 변수에 접근할 수 있습니다.

스태틱 메서드 선언하기

스태틱 메서드를 선언하는 방법은 기존의 메서드 선언 방식과 거의 비슷합니다. 차이는 단 하나입니다. 리턴 타입 앞에 static을 붙이면 스태틱 메서드가 됩니다.

```
접근_제어자 static 리턴_타입 메서드_이름() {
    // 메서드의 기능
}
```

다음은 스태틱 메서드인 printMinus()를 선언하는 예제입니다. 리턴 타입인 void 앞에 static을 붙이기만 했는데 스태틱 메서드가 되었습니다.

```java
public class StaticCalculator {
    public static void printMinus(int num1, int num2) {
        System.out.println(num1 - num2);
    }
}
```
StaticCalculator.java

스태틱 메서드 호출하기

이제 스태틱 메서드를 호출해 보겠습니다. 스태틱 메서드의 호출 방법은 간단합니다. new를 사용해 인스턴스화하지 않아도 바로 호출할 수 있습니다. 다음은 앞에서 static으로 선언한 printMinus() 메서드를 역시나 같은 static 영역에 있는 메인 메서드에서 호출하는 예제입니다.

```java
public class StaticCalculator {

    public static void printMinus(int num1, int num2) {
        System.out.println(num1 - num2);
    }

    public static void main(String[] args) {
        printMinus(10, 20);
    }
}
```


실행 결과

```
-10
```

인스턴스를 따로 생성하지 않고 메서드 이름만으로 호출했습니다. 이처럼 new 연산자를 이용해 StaticCalculator 클래스를 인스턴스화시키지 않아도 printMinus() 메서드를 호출할 수 있습니다. 호출할 수 있는 이유는 static이 붙어 있는 클래스, 메서드, 변수는 자바 애플리케이션이 실행될 때 이미 인스턴스로 생성되기 때문입니다.

스태틱 메서드의 접근 제어자를 public으로 지정했다면 스태틱 메서드가 포함된 클래스가 아닌 다른 클래스에서도 바로 호출해서 쓸 수 있습니다. 다음은 StaticCalculatorTest 클래스에서 StaticCalculator에 있는 printMinus() 메서드를 호출하는 예제입니다.

```java
public class StaticCalculatorTest {
    public static void main(String[] args) {
        StaticCalculator.printMinus(10, 20);
    }
}
```


실행 결과

```
-10
```

메인 메서드에서 호출하는 것과 같이 new를 쓰지 않고도 호출할 수 있습니다. 다만 호출하려는 스태틱 메서드가 어떤 클래스에 선언되어 있는지는 지정해 주어야 합니다. 따라서 점 연산자를 이용하여 StaticCalculator.printMinus(10, 20);와 같이 호출했습니다.

또한 다음과 같이 자주 사용되는 Integer.parseInt() 메서드나 제곱할 때 사용되는 Math.pow() 메서드도 스태틱 메서드이므로 인스턴스를 따로 생성하지 않고도 호출이 가능합니다.

```java
public static void main(String[] args) {
    Integer.parseInt("30");
    Math.pow(2, 10);
}
```

스태틱 메서드는 메인 메서드에서 바로 호출하기 위해 사용하지만 Integer.parseInt( )와 같이 여러 곳에서 널리 사용하는 유틸리티 메서드를 만들 때도 사용합니다. **BACK** parseInt() 메서드는 194쪽을 참고하세요.

게터 메서드와 세터 메서드가 필요한 순간 ━━━━━━━━━━

게터 메서드와 **세터 메서드**를 쓰는 이유는 멤버 변수에 직접 접근하는 것을 피하기 위함입니다. 예시를 통해 더 자세히 살펴봅시다. 다음은 이름, 전화 번호, 나이의 세 가지 정보를 담을 수 있는 **User** 클래스입니다.

```java
public class User {
    public String name;
    public String phoneNumber;
    public int age;
}
```

이 User 클래스는 여러 곳에서 사용됩니다. 따라서 **public**으로 멤버 변수가 선언되어 있습니다. 하지만 여러 곳에서 멤버 변수에 직접 접근하는 코드를 만들면 프로그램이 무거워지고 또 여러 가지 기능을 붙이다 보면 코드가 복잡해집니다. 이러면 지금 당장은 더 편하게 쓸 수 있을지 모르지만 나중에 어떤 부작용이 생길지 예측할 수 없습니다.

또한 User 클래스에는 없지만 비밀번호나 주민등록번호와 같은 민감한 정보가 public 형태로 되어 있어서 어디에서든지 접근이 가능하다면 심각한 보안 문제를 일으킬 수 있습니다. 그래서 보통 다음과 같이 클래스의 멤버 변수를 **private**으로 선언해 접근을 제한합니다.

```java
public class PrivateUser {
    private String name;
    private String phoneNumber;
    private int age;
}
```

그런데 여기서 또 문제가 발생합니다. private으로 멤버 변수를 선언하면 다른 클래스에서 멤버 변수에 접근하려고 할 때 private으로 선언되어 있어 접근할 수 없다는 예외가 발생합니다.

바로 이때 **게터 메서드**와 **세터 메서드**를 사용합니다. 그러면 멤버 변수에 대한 접근 제한을 유지하면서 해당 멤버 변수가 꼭 필요한 곳에서 접근할 수 있습니다. 지금부터 게터와 세터 메서드 사용 방법을 알아보겠습니다.

게터, 세터 사용하기

게터 메서드는 getter라는 말 그대로 해당 멤버 변수의 값을 가져오는 데 사용됩니다. 일반적으로 **get변수_이름()** 형식으로 게터 메서드를 선언합니다. 예를 들어 멤버 변수의 이름이 **name**이라면 **getName()**으로 메서드를 선언합니다.

세터 메서드는 역시 setter라는 말 그대로 해당 멤버 변수에 값을 설정하는 데 사용됩니다. 일반적으로 **set변수_이름(value)** 형식으로 세터 메서드를 선언합니다. 예를 들어, 멤버 변수가 **name**이라면 **setName(value)**로 선언합니다.

이 규칙을 적용해 게터, 세터 메서드를 선언하면 멤버 변수의 값에 접근하거나 값을 수정할 수 있습니다. 그게 어떻게 가능한지 예제를 살펴봅시다. 다음은 멤버 변수 name에 접근하기 위해 **getName()**과 **setName()** 메서드를 추가한 코드입니다. 지금 상태로는 멤버 변수에 직접 접근하는 것과 똑같아 보입니다. 하지만 **getName() 메서드**와 **setName() 메서드**를 이용하면 나중에 본인 또는 관리자만 접근할 수 있도록 제어하는 기능을 추가할 수 있습니다.

`PrivateUser.java`

```java
public class PrivateUser {
    private String name;
    private String phoneNumber;
    private int age;
```

```java
    public String getName() {
        return name;
    }

    public void setName(String name) {
        this.name = name;
    }
}
```

게터, 세터 메서드를 만들었으니 사용해 보겠습니다. 멤버 변수 name에 값을 지정할 때는 setName()을 쓰고, 값을 가져올 때는 getName()을 씁니다. 다음은 세터 메서드와 게터 메서드를 이용해 PrivateUser 클래스의 name 멤버 변수에 값을 지정하고 지정한 값을 가지고 오는 코드입니다.

```java
public class PrivateUserTest {                                          PrivateUserTest.java
    public static void main(String[] args) {
        PrivateUser privateUser = new PrivateUser();
        privateUser.setName("kyeongrok");  ←————————— ❶
        System.out.println(privateUser.getName());  ←— ❷
    }
}
```

실행 결과
kyeongrok

실행 결과를 살펴보면 kyeongrok이라는 이름이 private으로 선언된 멤버 변수 name에 저장되고 또 그 값을 출력할 수 있다는 사실을 확인할 수 있습니다. 이것이 가능한 이유를 알아보기 위해 코드를 하나씩 살펴보겠습니다.

❶ PrivateUserTest 클래스에서 setName() 메서드를 호출합니다. 이때 해당 메서드로 "kyeongrok"이라는 인수를 넘깁니다.

```java
privateUser.setName("kyeongrok");
```

PrivateUser 클래스에 있는 **setName()** 메서드는 매개변수로 **name**을 가집니다. 따라서 **PrivateUserTest** 클래스에서 넘어온 "kyeongrok" 값을 받을 수 있습니다. 이 값이 **this.name = name;** 명령에 의해 멤버 변수 **name**에 대입됩니다. this는 현재 클래스를 의미합니다. setName() 메서드는 PrivateUser 클래스에 속해 있으므로 멤버 변수 **name**에 접근할 수 있기 때문입니다.

```java
public void setName(String name) {
    this.name = name;
}
```

SOON this에 대한 자세한 내용은 513쪽에서 설명합니다.

❷ 이번에는 **PrivateUserTest** 클래스에서 **getName()** 메서드를 호출합니다.

```java
System.out.println(privateUser.getName());
```

getName() 메서드는 PrivateUser 클래스에 있으므로 멤버 변수 **name**에 접근할 수 있습니다. 따라서 **return name;** 명령에 의해 **name** 변수의 값이 **PrivateUserTest** 클래스로 리턴되고 **println()** 메서드에 의해 출력됩니다.

```java
public String getName() {
    return name;
}
```

개발을 하다 보면 개발의 편의성을 위해 모든 멤버 변수에 게터, 세터를 습관적으로 붙이는 경우가 종종 있습니다. 하지만 이것은 좋은 방법이 아닙니다. 모든 멤버 변수에 게터, 세터를 붙이면 게터, 세터를 따로 만드는 의미가 없죠. 세터 대신 뒤에 배울 생성자로 클래스를 생성하면서 값을 초기화 하는 방식을 더 많이 씁니다. 또한 게터도 getAge()가 필요하다면 만들겠지만 앞에서처럼 '성인인지 여부'만 필요하다면 getAge()를 만들지 않고 isAdult()만 만듭니다.

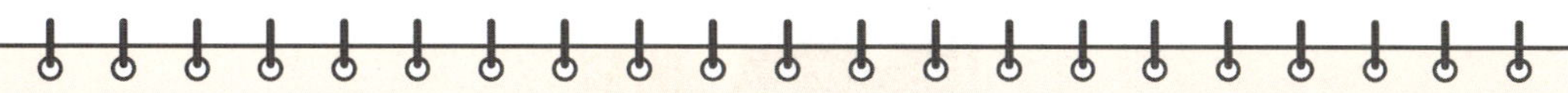

	10	20	30	40	50	60	10	20	30	40	50	60
1회												
2회												
3회												

필수 예제

StaticCalculator.java	스태틱 메서드를 선언하고 호출하는 클래스
StaticCalculatorTest.java	다른 클래스에 선언된 스태틱 메서드를 호출하는 클래스
PrivateUser.java	게터, 세터 메서드를 선언하는 클래스
PrivateUserTest.java	게터, 세터 메서드로 변수에 값을 지정하고 가지고 오는 클래스

용어 및 개념

☐	스태틱 메서드	– static을 붙여 메인 메서드뿐 아니라 모든 곳에서 바로 호출할 수 있게 선언하는 메서드 – static에는 정적이라는 의미도 있으므로 '정적 메서드'라고도 지칭
☐	게터 메서드	private으로 선언된 멤버 변수의 값을 가져오는 데 사용되는 메서드
☐	세터 메서드	private으로 선언된 멤버 변수의 값을 설정하는 데 사용되는 메서드

명령어

```
접근_제어자 static 리턴_타입 메서드_이름() { ... }
// 인스턴스화 없이 사용할 수 있는 변수 또는 메서드를 선언할 때 이용하는 키워드
// 여기서는 스태틱 메서드를 선언하겠다는 의미
public String get변수_이름() { ... }
// 해당 멤버 변수의 값을 가져오는 데 사용되는 게터 메서드
// 일반적으로 get변수_이름() 형식으로 게터 메서드를 선언
public void set변수_이름(타입 변수_이름) { ... }
// 해당 멤버 변수에 값을 설정하는 데 사용되는 세터 메서드
// 일반적으로 set변수_이름(value) 형식으로 세터 메서드를 선언
```

스태틱 메서드 활용하기

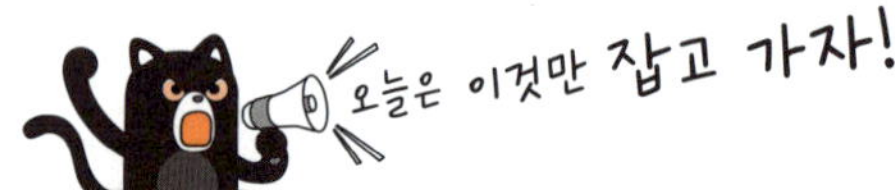

필수 예제	용어 및 개념	명령어
SeparateToMethodStatic.java	☐ 스태틱 메서드	`static`
MultiplicationTableStatic.java	☐ 게터 메서드	`get`
Machine2Test.java	☐ 세터 메서드	`set`
	☐ 리팩토링	

스태틱 메서드로 중복된 코드 제거하기

앞서 메서드를 사용하는 이유를 설명할 때 언급한 배열의 값을 바꾸고 출력하는 예제에서 System.out.println()을 중복 사용했습니다. `BACK` 427쪽을 참고하세요. 이 문제를 해결하기 위해 메인 메서드에서 실행하는 것이므로 스태틱 메서드를 이용해 기능을 분리하겠습니다.

```java
SeparateToMethod.java

import java.util.Arrays;

public class SeparateToMethod {
```

```java
    public static void main(String[] args) {
        int[][] arr = {
            {10, 20, 30},
            {40, 50, 60},
            {70, 80, 90}
        };

        System.out.println(Arrays.toString(arr[0]));
        System.out.println(Arrays.toString(arr[1]));
        System.out.println(Arrays.toString(arr[2]));

        arr[0][0] = 0;
        arr[1][1] = 0;
        arr[2][2] = 0;

        System.out.println(Arrays.toString(arr[0]));
        System.out.println(Arrays.toString(arr[1]));
        System.out.println(Arrays.toString(arr[2]));
    }
}
```

그리고 중복되는 기능을 담기 위한 메서드를 만들겠습니다. 다음은 printArray() 메서드를 static 으로 선언한 예제입니다.

SeparateToMethodStatic.java

```java
import java.util.Arrays;

public class SeparateToMethodStatic {
    public static void printArray() {
        System.out.println("printArray입니다.");        // ❶
    }

    public static void main(String[] args) {
        int[][] arr = {
            {10, 20, 30},
            {40, 50, 60},
            {70, 80, 90}
        };
```

```java
        System.out.println(Arrays.toString(arr[0]));
        System.out.println(Arrays.toString(arr[1]));
        System.out.println(Arrays.toString(arr[2]));

        printArray();    ⟵————— ❷

        arr[0][0] = 0;
        arr[1][1] = 0;
        arr[2][2] = 0;

        System.out.println(Arrays.toString(arr[0]));
        System.out.println(Arrays.toString(arr[1]));
        System.out.println(Arrays.toString(arr[2]));

        printArray();    ⟵————— ❷
    }
}
```


❶ 메인 메서드에서 바로 호출할 수 있도록 static으로 지정합니다. 출력하고 끝나는 로직이므로 리턴 타입은 void로 합니다. 이름은 배열을 출력하므로 printArray()라고 지었습니다. 잘 호출되는지를 확인하기 위해 임시로 System.out.println("printArray입니다.");라는 코드를 작성했습니다. 완성된 후에는 지워 줍시다.

❷ 메인 메서드 가장 아래쪽과 첫 번째 System.out.println(Arrays.toString(arr[2])); 아래쪽에 printArray();를 추가해 방금 만든 printArray() 메서드를 호출하게 했습니다.

이어서 반복되는 기능을 메서드로 분리하겠습니다. 반복되는 기능은 다음과 같이 이차원 배열 arr의 0번, 1번, 2번 행을 출력하는 부분입니다. 이 코드를 방금 만든 printArray() 메서드로 옮깁니다.

```java
System.out.println(Arrays.toString(arr[0]));
System.out.println(Arrays.toString(arr[1]));
System.out.println(Arrays.toString(arr[2]));
```

다음은 반복되는 코드를 printArray() 메서드 중괄호 블록으로 옮긴 예제입니다. 기존에 메서드가 잘 호출되는지 확인하기 위해 출력했던 System.out.println("printArray입니다.")는 지웁니다.

```java
import java.util.Arrays;

public class SeparateToMethodStatic {
    public static void printArray() {
        System.out.println(Arrays.toString(arr[0]));
        System.out.println(Arrays.toString(arr[1]));
        System.out.println(Arrays.toString(arr[2]));
    }

    public static void main(String[] args) {
        int[][] arr = {
                {10, 20, 30},
                {40, 50, 60},
                {70, 80, 90}
        };
        printArray();

        arr[0][0] = 0;
        arr[1][1] = 0;
        arr[2][2] = 0;
        printArray();
    }
}
```
<code>SeparateToMethodStatic.java</code>

하지만 이 코드는 실행할 수 없습니다. 새로 만든 메서드 안에는 배열 arr이 없기 때문입니다. 이 코드를 실행하려면 매개변수를 만들어서 메인 메서드에 있는 arr을 printArray() 메서드로 넘겨주어야 합니다. 다음과 같이 printArray() 메서드의 소괄호 블록에 int[][] arr을 추가합니다.

```java
import java.util.Arrays;

public class SeparateToMethodStatic {
    public static void printArray(int[][] arr) {
        System.out.println(Arrays.toString(arr[0]));
        System.out.println(Arrays.toString(arr[1]));
        System.out.println(Arrays.toString(arr[2]));
    }
```
<code>SeparateToMethodStatic.java</code>

```java
    public static void main(String[] args) {
        int[][] arr = {
                {10, 20, 30},
                {40, 50, 60},
                {70, 80, 90}
        };
        printArray();

        arr[0][0] = 0;
        arr[1][1] = 0;
        arr[2][2] = 0;
        printArray();
    }
}
```

매개변수의 타입으로 int 타입의 이차원 배열인 **int[][]**를 사용했습니다. 메인 메서드에 있는 변수 **arr**가 다음과 같이 int 타입의 이차원 배열이기 때문입니다.

```java
int[][] arr = {
    {10, 20, 30},
    {40, 50, 60},
    {70, 80, 90}
};
```

매개변수를 만들어 주었으므로 이제 메인 메서드에서 printArray() 메서드를 호출할 때 2차원 배열인 arr을 넘겨줄 수 있습니다. **printArray(arr);**와 같이 .printArray()를 호출하면서 () 안에 arr을 넣어 주면 됩니다. 이러면 다음과 같이 중복을 제거한 코드가 완성됩니다.

`SeparateToMethodStatic.java`

```java
import java.util.Arrays;

public class SeparateToMethodStatic {

    public static void printArray(int[][] arr) {
        System.out.println(Arrays.toString(arr[0]));
        System.out.println(Arrays.toString(arr[1]));
```

```java
        System.out.println(Arrays.toString(arr[2]));
    }

    public static void main(String[] args) {
        int[][] arr = {
                {10, 20, 30},
                {40, 50, 60},
                {70, 80, 90}
        };
        printArray(arr);

        arr[0][0] = 0;
        arr[1][1] = 0;
        arr[2][2] = 0;
        printArray(arr);
    }
}
```

실행 결과
```
[10, 20, 30]
[40, 50, 60]
[70, 80, 90]
[0, 20, 30]
[40, 0, 60]
[70, 80, 0]
```

앞에서 출력해 봤던 것과 똑같이 10~90까지 세 줄에 걸쳐 출력되고 이어서 값을 바꾼 배열 역시 출력되었습니다. 이렇게 기능은 똑같이 유지하면서 구조만 바꾸는 것을 **리팩토링**refactoring이라고 합니다. 지금 한 리팩토링은 중복되는 코드를 호출해서 재사용할 수 있도록 메서드로 분리한 것입니다.

스태틱 메서드로 구구단 선택 출력하기

앞에서 중첩 for문을 이용해 구구단을 2단에서 4단까지 출력해 보았습니다. BACK 368쪽을 참고하세요. 2~4단, 3~7단과 같이 연속적인 단을 출력할 때는 중첩 for문을 쓰면 되지만 2, 4, 8, 9단과 같이 연속되지 않은 특정 단을 출력할 때는 중첩 for문으로는 해결이 잘 안 됩니다. 이럴 때는 n단을 출력하는 부분만 분리해서 2단, 4단, 8단, 9단을 각각 호출하는 방법으로 처리하는 것이 좋습니다. 지금부터 그 방법을 알아보겠습니다.

```java
public class MultiplicationTableStep4 {
    public static void main(String[] args) {
        for (int j = 2; j <= 4; j++) {
            for (int i = 1; i <= 9; i++) {
                System.out.printf("%d * %d = %d\n", j, i, i * j);
            }
            System.out.println("--------");
        }
    }
}
```

MultiplicationTableStep4.java

특정 단만 호출을 하기 위해 중첩 for문 안쪽의 단을 출력하는 부분을 스태틱 메서드로 분리하겠습니다. 이때 특정 단을 선택적으로 출력해야 하므로 매개변수도 지정해 주어야 합니다.

다음은 printMultiplicationTable() 메서드에서 매개변수 ofN을 통해 단에 해당하는 숫자를 받아 해당 단을 출력하는 예제입니다.

```java
public class MultiplicationTableStatic {
    public static void printMultiplicationTable(int ofN) {        // ❶
        for (int i = 1; i <= 9; i++) {
            System.out.printf("%d * %d = %d\n", ofN, i, ofN * i);
        }
        System.out.println("--------");        // ❷
    }

    public static void main(String[] args) {
        for (int j = 2; j <= 4; j++) {
            printMultiplicationTable(j);        // ❸
        }
    }
}
```

MultiplicationTableStatic.java

실행 결과

```
2 * 1 = 2
(중략)
--------
3 * 1 = 3
(중략)
--------
4 * 1 = 4
(중략)
```

❶ 기존에 중첩 for문 안쪽에 있던 단을 출력하는 코드를 printMultiplicationTable() 메서드로 분리했습니다. 메인 메서드에서 호출하므로 static으로 선언했습니다. 단에 해당하는 숫자를 받으므로 매개변수 ofN을 int 타입으로 지정했습니다.

❷ **printMultiplicationTable()** 메서드의 for문 외부에 구분선을 추가하는 코드를 이동시킵니다.

❸ **메인 메서드**에서 **printMultiplicationTable()** 메서드를 호출합니다. 이때 넘겨줄 값을 변수 j로 지정했습니다. 메인 메서드는 1~4까지의 값을 순차적으로 printMultiplicationTable()로 전달합니다. 만약 여기서 반복을 사용하지 않고 원하는 숫자를 넣고 넘기면 해당 단만 출력됩니다.

실행해 보면 변경 전과 동일하게 1~4단을 출력하는 것을 확인할 수 있습니다. 실행 결과는 똑같지만 리팩토링한 효과로 한 개의 단만 출력할 수 있게 되었습니다. 실제로 확인해 보겠습니다.

다음과 같이 메인 메서드의 for문을 지우고 2, 4, 7, 9단을 출력하도록 코드를 수정하겠습니다.

```java
public class MultiplicationTableStatic {
    public static void printMultiplicationTable(int ofN) {
        for (int i = 1; i <= 9; i++) {
            System.out.printf("%d * %d = %d\n",ofN, i, ofN * i);
        }
        System.out.println("--------");
    }
    public static void main(String[] args) {
        printMultiplicationTable(2);
        printMultiplicationTable(4);
        printMultiplicationTable(7);
        printMultiplicationTable(9);
    }
}
```

MultiplicationTableStatic.java

실행 결과
```
2 * 1 = 2
(중략)
--------
4 * 1 = 4
(중략)
--------
7 * 1 = 7
(중략)
--------
9 * 1 = 9
(중략)
```

printMultiplicationTable(); 명령으로 2, 4, 7, 9를 **printMultiplicationTable()** 메서드로 넘겼습니다. 이에 따라 2, 4, 7, 9단이 무사히 출력되었습니다. 스태틱 메서드로 당초 계획했던 기능을 구현한 것입니다.

게터, 세터를 Machine 클래스에 적용하기

앞에서 만들었던 Machine 클래스에 게터getter와 세터setter를 붙여 보겠습니다.

```java
public class Machine {
    long id;
    String name;
    boolean enabled;

    public String onOff() {
        return enabled ? "On" : "Off";
    }
}
```
Machine.java

먼저 멤버 변수의 접근 제어자를 **private**으로 지정합니다. 접근 제어자를 지정하지 않으면 default가 됩니다. default는 public과 같이 아무 곳에서나 접근할 수는 없지만 같은 패키지에 있다면 멤버 변수에 직접 접근 가능합니다. 따라서 클래스 안에 있는 메서드를 통해서만 접근할 수 있도록 private으로 바꾸어 줍니다. 기존 Machine 클래스와 구분하기 위해 **Machine2**라는 이름으로 변경하겠습니다.

```java
public class Machine2 {
    private long id;
    private String name;
    private boolean enabled;

    public String onOff() {
        return enabled ? "On" : "Off";
    }
}
```
Machine2.java

이어서 값을 지정하는 메서드인 세터setter를 추가해 보겠습니다. 세터의 접근 제어자는 아무 곳에서나 접근할 수 있도록 **public**이어야 합니다. 그리고 매개변수로 값을 한 개 받아서 **this.변수_이름 = 매개변수_이름**과 같이 지정해 줍니다. 메서드 이름은 멤버 변수 이름(name) 앞에 set을 붙여 **set멤버_변수_이름()**과 같은 형태로 지어 줍니다. name에 세터를 붙여 Machine2 클래스에 추가하면 다음과 같습니다. 이어서 id, name, enabled 세 개의 멤버 변수에 세터를 추가하겠습니다.

```java
public class Machine2 {
    private long id;
    private String name;
    private boolean enabled;

    public void setId(long id) {
        this.id = id;
    }

    public void setName(String name) {
        this.name = name;
    }

    public void setEnabled(boolean enabled) {
        this.enabled = enabled;
    }

    public String onOff() {
        return enabled ? "On" : "Off";
    }
}
```


끝으로 get멤버_변수_이름()과 같은 형태로 id와 name에 게터를 추가하겠습니다. 각 값을 테스트 코드를 실행할 클래스로 넘길 수 있도록 return 멤버_변수_이름;과 같은 형태로 작성해 줍니다. 그리고 기계가 켜져 있는지 혹은 꺼져 있는지의 값도 넘길 수 있도록 public boolean isEnabled() 도 추가하겠습니다. 이러면 게터와 세터를 사용할 준비가 모두 끝났습니다.

```java
public class Machine2 {
    private long id;
    private String name;
    private boolean enabled;

    public long getId() {
        return id;
    }

    public String getName() {
        return name;
    }

    public boolean isEnabled() {
        return enabled;
    }

    public void setId(long id) {
        this.id = id;
    }

    public void setName(String name) {
        this.name = name;
    }

    public void setEnabled(boolean enabled) {
        this.enabled = enabled;
    }

    public String onOff() {
        return enabled ? "On" : "Off";
    }
}
```

이제 마지막으로 게터와 세터가 잘 설정되었는지 코드를 확인해 보겠습니다. 다음과 같이 Machine2Test 클래스를 작성한 후 실행해 봅시다. 게터와 세터를 사용하므로 소괄호 블록을 이용해 매개변수로 값을 넘겨 주어야 한다는 사실에 유의합시다.

```java
public class Machine2Test {
    public static void main(String[] args) {
        Machine2 machine2 = new Machine2();
        machine2.setId(0);
        machine2.setName("프레스1");
        machine2.setEnabled(true);


        System.out.println(machine2.onOff());
    }
}
```


실행 결과

```
On
```

게터와 세터를 쓰지 않았던 때와 마찬가지로 동일한 실행 결과인 **On**이 출력된 것을 확인할 수 있습니다. 두 코드를 비교해 보면 다음과 같습니다.

■ 세터를 쓰지 않을 때

```java
Machine machine1 = new Machine();
machine1.id = 0;
machine1.name = "프레스1";
machine1.enabled = true;
```

■ 세터를 쓸 때

```java
Machine machine1 = new Machine();
machine1.setId(0);
machine1.setName("프레스1");
machine1.setEnabled(true);
```

실행 결과에서는 큰 차이가 없지만 세터를 사용하므로써 private으로 접근 제어자가 설정된 id, name, enabled에 외부 클래스에서 접근할 수 있다는 내부적인 차이가 있습니다.

필수 예제

`SeparateToMethodStatic.java`	스태틱 메서드로 중복된 코드가 제거된 클래스
`MultiplicationTableStatic.java`	스태틱 메서드로 구구단을 선택 출력하는 클래스
`Machine2Test.java`	MachineTest.java에 세터, 게터 메서드를 적용한 클래스

용어 및 개념

☐	**스태틱 메서드**	– static을 붙여 메인 메서드뿐 아니라 모든 곳에서 바로 호출할 수 있도록 선언하는 메서드 – static에는 정적이라는 의미도 있으므로 '정적 메서드'라고도 지칭
☐	**게터 메서드**	private으로 선언된 멤버 변수의 값을 가져오는 데 사용되는 메서드
☐	**세터 메서드**	private으로 선언된 멤버 변수에 값을 설정하는 데 사용되는 메서드
☐	**리팩토링**	코드 개선을 위해 기능은 똑같이 유지하면서 구조만 바꾸는 것

명령어

```java
public static void printArray() { ... }
// 인스턴스화 없이 사용할 수 있는 변수 또는 메서드를 선언할 때 이용하는 키워드
// 여기서는 스태틱 메서드를 선언하겠다는 의미
public string getName() {
// 해당 멤버 변수의 값을 가져오는 데 사용되는 게터 메서드
// 일반적으로 get변수_이름() 형식으로 선언
    return name;
}
public void setName(String name) {
// 해당 멤버 변수에 값을 설정하는 데 사용되는 세터 메서드
// 일반적으로 set변수_이름(value) 형식으로 세터 메서드를 선언
    this.name = name;
}
```

DAY 44

메서드 오버로딩 활용하기

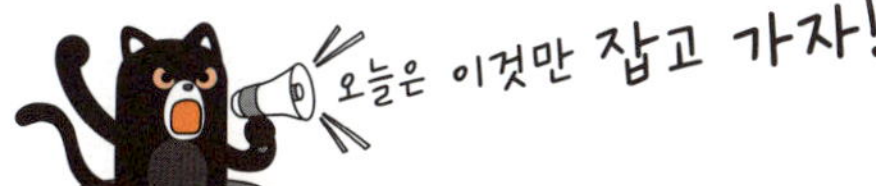

필수 예제

CalculatorOverloading.java

CalculatorOverloadingType.java

Ticket.java / ParkingStationTest.java

용어 및 개념

- [ ] 객체 지향 프로그래밍(OOP)
- [ ] 오버로딩
- [ ] 메서드 오버로딩

객체 지향 프로그래밍OOP은 현실을 객체로 구현할 때 **오버로딩**overloading 기법을 사용합니다. 오버로딩 개념은 주차장의 정산 시스템에서 찾아 볼 수 있습니다.

주차장에 주차하고 다시 자동차를 가지고 나갈 때 주차한 시간만큼 요금을 정산합니다. 물건을 구매한 후 주차권을 받을 수 있는 경우도 있습니다. 그러면 정산할 때 현금을 지불하거나 주차권을 낼 수도 있습니다. 그리고 주차권을 초과한 시간에 관한 요금은 현금으로 지불해야 합니다.

이처럼 같은 정산이지만 현금과 주차권 각각의 처리 방법을 다르게 구현하는 것을 오버로딩이라고 합니다. 이를 자바 애플리케이션으로 어떻게 구현할 수 있을까요? 정산이라는 이름의 메서드를 두 개 만들고 각각의 매개변수를 현금과 주차권으로 설정하면 됩니다. 이를 **메서드 오버로딩**method overloading이라고 합니다.

메서드 오버로딩하기

메서드 오버로딩method overloading은 객체 지향 프로그래밍에서 동일한 이름을 가진 메서드를 여러 개 정의하는 것을 말합니다. 메서드 오버로딩은 메서드 이름은 같지만 메서드 호출 시 전달되는 매개변수의 종류, 개수, 또는 순서에 따라 다르게 동작하는 메서드를 만들 수 있습니다.

메서드 오버로딩은 다음과 같은 특징을 가지고 있습니다.

- 메서드 이름은 동일해야 합니다.
- 매개변수의 종류, 개수, 또는 순서가 달라야 합니다.
- 리턴 타입은 메서드 오버로딩에 영향을 주지 않습니다.

다음의 CalculatorOverloading 클래스에는 plus() 메서드가 있습니다. 이 메서드는 두 개의 매개변수 a, b를 받아서 더한 결과를 리턴합니다.

```java
public class CalculatorOverloading {
    public int plus(int a, int b) {
        return a + b;
    }
}
```
CalculatorOverloading.java

지금은 두 개의 값만 더할 수 있지만 만약 세 개의 값을 더하는 기능을 구현하고 싶다면 어떻게 해야 할까요? 지금 상태로 매개변수 세 개를 입력받으면 에러가 발생합니다. 이와 같은 상황에서 메서드 오버로딩을 사용할 수 있습니다. plus()라는 같은 이름으로 메서드를 추가하고 세 개의 값을 더하는 기능을 구현하면 됩니다.

다음은 CalculatorOverloading 클래스에 plus() 메서드를 한 개 더 추가한 예제입니다. 이름은 plus()로 같지만 매개변수의 개수가 다릅니다. 앞에 있는 plus()는 메서드가 두 개이고 뒤에 있는 plus() 메서드는 매개변수가 세 개입니다.

```java
public class CalculatorOverloading {
    public int plus(int a, int b) {
        return a + b;
    }


    public int plus(int a, int b, int c) {
        return a + b + c;
    }
}
```


오버로딩한 메서드 plus()를 호출해서 결과를 출력하겠습니다. 전달하는 매개변수의 개수를 다르게 해서 이름은 같지만 서로 다른 메서드를 호출할 수 있습니다. 다음 예제를 살펴봅시다. plus(10, 20);과 같이 값을 두 개만 전달하면 plus(int a, int b)가 호출되고 값을 세 개 전달하면 plus(int a, int b, int c)가 호출됩니다.

```java
public class CalculatorOverloadingTest {
    public static void main(String[] args) {
        CalculatorOverloading calculatorOverloading = new CalculatorOverloading();
        int result1 = calculatorOverloading.plus(10, 20);
        int result2 = calculatorOverloading.plus(10, 20, 30);
        System.out.println("result1 = " + result1);
        System.out.println("result2 = " + result2);
    }
}
```


실행 결과

```
result1 = 30
result2 = 60
```

매개변수의 개수는 같지만 타입이 다른 경우에도 오버로딩이 가능합니다. 다음은 매개변수가 두 개지만 타입이 float인 plus() 메서드를 하나 더 추가한 예제와 float 타입을 매개변수로 받는 .plus()를 추가로 호출한 예제입니다.

```java
public class CalculatorOverloadingType {
    public int plus(int a, int b) {              ❶

        return a + b;
    }


    public int plus(int a, int b, int c) {
        return a + b + c;
    }


    public float plus(float a, float b) {        ❷
        return a + b;
    }
}
```


```java
public class CalculatorOverloadingTypeTest {
    public static void main(String[] args) {
        CalculatorOverloadingType calculator = new CalculatorOverloadingType();
        int result1 = calculator.plus(10, 20);               ❶
        int result2 = calculator.plus(10, 20, 30);
        float result3 = calculator.plus(1.5f, 2.6f);         ❷
        System.out.println("result1 = " + result1);
        System.out.println("result2 = " + result2);
        System.out.println("result3 = " + result3);
    }
}
```


실행 결과

```
result1 = 30
result2 = 60
result3 = 4.1
```

❶ int 타입의 값 두 개를 넘기면 int plus(int a, int b) 메서드가 호출됩니다.

```java
int result1 = calculator.plus(10, 20);
```

```java
public int plus(int a, int b) {
```

❷ 반면 float 타입의 값 두 개를 넘기면 float plus(float a, float b) 메서드가 호출됩니다.

```java
float result3 = calculator.plus(1.5f, 2.6f);
```

```java
public float plus(float a, float b) {
```

여기에서 메서드의 리턴 타입이 각각 int와 float로 다릅니다. 하지만 메서드 오버로딩에서는 리턴 타입이 다른 것은 구분하지 않습니다. 다음 코드는 에러가 발생합니다. 왜냐하면 plus() 메서드의 리턴 타입은 서로 다르지만 매개변수의 개수와 타입이 같기 때문입니다. 메서드 오버로딩에서는 매개변수의 개수와 타입만 구분합니다.

```java
public int plus(int a, int b) {
    return a + b;
}

public float plus(int a, int b) {
    return a + b;
}
```

메서드 오버로딩으로 주차 정산하기

오버로딩에 대한 이해도를 높이기 위해 앞서 언급한 주차 정산 시스템을 구현해 보겠습니다. 주차 정산을 할 때 현금을 지불해도 되지만 대신 주차권으로 정산을 할 수도 있습니다. pay()라는 메서드를 통해 정산을 한다고 가정하면 매개변수로 현금(amount) 또는 주차권(Ticket)을 받는 두 가지 기능을 제공해야 합니다. 다음 pay() 메서드는 현금(amount)을 받아서 결제를 처리합니다.

```java
public class ParkingStation {                          ParkingStation.java
    public void pay(int amount) {
        System.out.println("현금 결제가 완료되었습니다.");
    }
}
```

여기에 현금(amount) 대신 주차권(Ticket)을 받는 기능을 메서드 오버로딩을 이용해 추가해 보겠습니다. 티켓을 받기 위해 먼저 Ticket이라는 클래스를 만들겠습니다. Ticket 클래스는 주차권 역할을 합니다.

주차권이라고 하면 유효 기간이나 무료 주차 시간 등의 멤버 변수가 들어갈 수 있겠지만 이번에는 메서드 오버로딩에 대해 알아보는 예제이므로 구체적인 멤버 변수나 메서드는 추가하지 않고 다음과 같이 클래스만 만들겠습니다.

```
public class Ticket {
}
```
Ticket.java

이어서 주차권(Ticket) 클래스를 매개변수로 받는 pay() 메서드를 오버로딩하겠습니다.

```
public class ParkingStation {
    public void pay(int amount) {
        System.out.println("현금 결제가 완료되었습니다.");
    }

    public void pay(Ticket ticket) {
        System.out.println("주차 정산이 완료되었습니다.");
    }
}
```
ParkingStation.java

pay( )로 메서드 이름은 같지만 매개변수가 다릅니다. 주차권(Ticket)은 클래스이므로 참조 타입 Ticket으로 매개변수를 지정합니다. 이제 이 메서드를 호출해 보겠습니다.

```
public class ParkingStationTest {
    public static void main(String[] args) {
        ParkingStation parkingStation = new ParkingStation();
        parkingStation.pay(3000);
        parkingStation.pay(new Ticket());
    }
}
```
ParkingStationTest.java

실행 결과

```
현금 결제가 완료되었습니다.
주차 정산이 완료되었습니다.
```

int 타입으로 주차 요금 3,000원을 넘기면 **pay(int amount)** 메서드가 호출되고, **Ticket**을 넘기면 **pay(Ticket ticket)** 메서드가 정상적으로 호출됩니다. 하지만 여기에 기능을 더 추가해야 합니다.

쇼핑센터에 주차를 한 경우 쇼핑을 하면 주차권을 줍니다. 하지만 종일 주차권을 주는 곳은 많지 않습니다. 보통은 2시간이나 3시간 동안의 주차 요금을 면제해 주는 주차권을 줍니다. 따라서 주차권으로 할인을 받고 나머지 금액은 현금으로 결제하는 경우도 있습니다. 이 경우에는 현금과 주차권을 모두 받는 **pay()** 메서드를 오버로딩해 주는 방법으로 기능을 구현할 수 있습니다.

다음은 현금과 주차권 두 가지 수단을 이용해 결제할 수 있는 **pay()** 메서드를 한 개 더 추가한 예제입니다.

```java
public class ParkingStation {
    public void pay(int amount) {
        System.out.println("현금 결제가 완료되었습니다.");
    }

    public void pay(Ticket ticket) {
        System.out.println("주차 정산이 완료되었습니다.");
    }

    public void pay(int amount, Ticket ticket) {
        System.out.printf("할인된 금액 %d원이 결제되었습니다.", amount);
    }
}
```

<code>ParkingStation.java</code>

새로 추가한 세 번째 **pay()** 메서드는 **amount**, **ticket** 두 가지를 매개변수로 받습니다. 티켓이 입력되고 남은 금액을 현금으로 처리하면 주차 요금이 정산되는 것이죠.

이제 주차 정산기에서 세 가지 방법(현금, 주차권, 현금+주차권)을 이용해 주차 정산을 할 수 있게 되었습니다. 현금 1,000원과 주차권인 new Ticket()을 두 개의 값으로 같이 넘겨서 pay() 메서드를 호출하면 pay(int amount, Ticket ticket); 메서드를 통해 주차 정산을 할 수 있습니다.

```java
public class ParkingStationTest {
    public static void main(String[] args) {
        ParkingStation parkingStation = new ParkingStation();
        parkingStation.pay(3000);
        parkingStation.pay(new Ticket());
        parkingStation.pay(1000, new Ticket()); // 매개변수 두 개
    }
}
```
ParkingStationTest.java

실행 결과

```
현금 결제가 완료되었습니다.
주차 정산이 완료되었습니다.
할인된 금액 1000원이 결제되었습니다.
```

실행 결과를 통해 int 타입의 3000을 보냈을 때, new Ticket()을 보냈을 때, 1000과 new Ticket()을 보냈을 때 각각 다른 pay() 메서드가 호출된 것을 확인할 수 있습니다. 이처럼 메서드 오버로딩을 이용하면 이렇게 여러 가지 상황에 대응할 수 있습니다.

_____ 월 _____ 일 걸린 시간:_____ 시간 _____ 분

	10	20	30	40	50	60	10	20	30	40	50	60
1회												
2회												
3회												

필수 예제

`CalculatorOverloading.java`	이름은 같게, 매개변수 개수는 다르게 메서드를 선언한 클래스
`CalculatorOverloadingType.java`	매개변수 개수는 같게, 타입은 다르게 메서드를 선언한 클래스
`Ticket.java / ParkingStationTest.java`	메서드 오버로딩으로 주차 정산을 구현하는 클래스

용어 및 개념

☐	**객체 지향 프로그래밍(OOP)**	– 현실 세계에 있는 복잡한 개념을 구조적이고, 이해하기 쉬우며, 유지 보수하기 쉽게 만들어 더 많은 일을 시키기 위해 나온 소프트웨어 개발 패러다임 중 하나 – OOP; Object Oriented Programming
☐	**오버로딩**	목적은 같지만 각각의 처리 방법을 다르게 구현하는 것
☐	**메서드 오버로딩**	– 객체 지향 프로그래밍에서 동일한 이름을 가진 메서드를 여러 개 정의하는 것 – 이를 활용하면 메서드 이름은 같지만 메서드 호출 시 전달되는 매개변수의 종류, 개수 또는 순서에 따라 다르게 동작하는 메서드를 만들 수 있음

08

생성자

클래스를 인스턴스화할 때 멤버 변수의 초기 값을 인스턴스마다 다르게 설정할 수 있습니다. 클래스의 멤버 변수는 int, long과 같은 원시 타입이 될 수도 있지만 참조 타입의 다른 클래스도 될 수 있습니다. 이때 클래스의 멤버 변수를 외부에서 주입받을 때 생성자가 사용됩니다.

생성자 알아보기

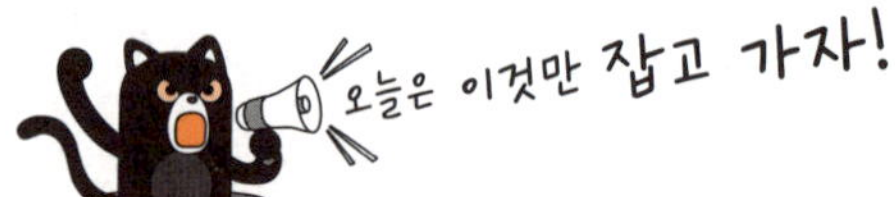

필수 예제
CompanyMessage.java
CompanyMessageTest.java
InitializeCompanyTest.java

용어 및 개념	
☐ 생성자	☐ 접근 제어자
☐ 인스턴스화	☐ public

생성자constructor는 클래스의 인스턴스를 초기화하는 특별한 메서드입니다. 클래스를 인스턴스화할 때 호출하며, 인스턴스의 초기 값을 설정하는 역할을 합니다. 이때 클래스를 인스턴스화한 쪽에서 생성자의 매개변수로 값을 넘겨 주어 인스턴스의 초기 값을 설정합니다.

생성자는 메서드이지만 조금 특별하게 생겼습니다. 앞에서 만들었던 메서드들은 printHello( )와 같이 소문자로 시작하고 단어의 첫 글자마다 대문자를 썼습니다. 하지만 생성자 이름은 클래스 이름과 같게 짓기 때문에 소문자로 시작하지 않고 대문자로 시작합니다. 이렇게 특별한 메서드인 생성자에 대해 하나씩 알아보겠습니다.

생성자 선언하기

생성자를 선언하는 방법은 간단합니다. 다음과 같이 클래스와 동일한 이름으로 메서드를 선언하면 됩니다.

```java
public class 클래스_이름 {
    public 클래스_이름() { // 생성자 이름
    }
}
```

생성자 이름 앞에 접근 제어자 public이 붙어 있습니다. public을 붙이지 않고도 생성자를 만들 수 있지만 보통은 public을 붙여서 만듭니다. 자바는 클래스가 많아지면 유사한 기능의 클래스를 패키지로 모아서 관리하는데 public이 붙어 있지 않다면 다른 패키지에서 생성자를 호출할 수 없기 때문입니다. BACK 접근 제어자 public은 466쪽을 참고하세요.

또한 보통 생성자가 있는 클래스 역시 public으로 선언하므로 다음과 같이 public으로 생성자를 만듭니다.

```java
public class Company {
    public Company() { // 생성자 이름은 클래스 이름과 같아야 함
    }
}
```
`Company.java`

클래스를 만들고 생성자도 만들었으니 실행해 보겠습니다. 다음은 방금 만든 Company 클래스를 인스턴스화하는 코드입니다. 이러면 실행 결과가 눈에 보이지 않습니다. Company() 생성자에 아무 내용도 없으니 말이죠.

```java
public class CompanyTest {
    public static void main(String[] args) {
        Company company = new Company();
    }
}
```
`CompanyTest.java`

생성자가 잘 실행되는지 확인하기 위해 println()을 이용해 생성자가 호출되었을 때 콘솔에 값을 출력해 보겠습니다. 다음은 앞서 만든 Company 클래스의 Company( ) 생성자가 실행될 때 메시지를 출력하도록 한 코드입니다.

```java
public class CompanyMessage {
    public CompanyMessage() {
        System.out.println("Company 클래스의 생성자가 호출되었습니다.");
    }
}
```
CompanyMessage.java

```java
public class CompanyMessageTest {
    public static void main(String[] args) {
        CompanyMessage companyMessage = new CompanyMessage();
    }
}
```
CompanyMessageTest.java

실행 결과

```
Company 클래스의 생성자가 호출되었습니다.
```

CompanyMessageTest 클래스에서 **new**를 이용해 **CompanyMessage** 클래스를 인스턴스화합니다. 이때 companyMessage.CompanyMessage( )와 같은 코드로 생성자를 호출하지 않고 **new CompanyMessage();**로 인스턴스만 생성했습니다. 그런데도 생성자가 호출되고 실행 결과로 메시지가 출력되었습니다.

이처럼 생성자는 생성자를 따로 호출하지 않아도 new 연산자를 이용해 인스턴스를 생성할 때 자동으로 실행됩니다. 마치 자동차의 시동이 걸리면 블랙박스와 내비게이션에 전원이 들어오는 것과 같죠.

그러면 다르게 생각해서 만약 클래스 작성자가 생성자를 선언하지 않았다면 어떻게 될까요? 생성자가 실행되어야 인스턴스가 초기화가 될텐데 초기화가 되지 않는 인스턴스를 자바에서 사용할 수는 없지 않을까요? 값이 없는 인스턴스를 사용할 수는 없으니 말입니다.

결론부터 말하면 생성자를 선언하지 않아도 인스턴스가 생성됩니다. 왜냐하면 자바에서 기본 생성자를 자동으로 추가하여 인스턴스를 생성하기 때문이죠. 다만 이렇게 자동 생성된 기본 생성자는 매개변수가 없으며 그저 클래스의 인스턴스를 생성하기 위한 용도로만 사용됩니다.

다음 클래스는 생성자가 없습니다.

```java
public class CompanyNoConstructor {

}
```

하지만 **new Company();**를 이용해 Company 클래스를 생성하면 실행되는 시점에서는 다음과 같이 빈 생성자를 자바가 자동으로 추가합니다.

```java
public class CompanyNoConstructor {
    public Company() {
    }
}
```

개발자가 생성자를 만들지 않았어도 자바가 빈 생성자를 넣기 때문에 클래스가 인스턴스화될 때 생성자는 반드시 실행됩니다. 이것이 지금까지 생성자를 만들지 않아도 클래스가 인스턴스화되었던 이유입니다.

생성자로 초기 값 설정하기

생성자는 new를 이용해 클래스를 인스턴스화할 때 초기 값을 다르게 설정하기 위해 주로 사용됩니다. 다음은 앞서 여러 번 다루었던 '스페이스 인베이더' 게임을 클래스로 표현한 예시입니다.

```java
public class SpaceInvaders {
    private int life = 3;  // 목숨
    private int score = 0; // 점수

    private void moveLeft() {}
    private void moveRight() {}
}
```

이 게임에서 초기 목숨은 세 개만 있습니다. 초기 목숨을 다르게 설정하고 싶을 때는 어떻게 해야 할까요? 다음과 같이 private int life = 3;을 **private int life = 5;**로 바꾸면 됩니다. 하지만 이렇게 소스 코드를 직접 고치면 코드를 잘못 건드려 에러가 발생할 수 있으므로 좋은 방법이 아닙니다.

```java
public class SpaceInvaders {
    private int life = 5; // 소스 코드를 직접 변경하는 것은 좋지 않음
    // 중략
}
```

또한 다음과 같이 SpaceInvaders를 2개 동시에 실행할 때 초기 목숨을 각각 다르게 설정할 수 없습니다.

```java
public class RunSpaceInvaders {
    public static void main(String[] args) {
        SpaceInvaders spaceInvaders1 = new SpaceInvaders();
        SpaceInvaders spaceInvaders2 = new SpaceInvaders();
    }
}
```

이럴 때 다음과 같이 생성자를 이용해 값을 넘겨 받아 멤버 변수에 지정하는 방법을 사용합니다.

```java
SpaceInvaders spaceInvaders1 = new SpaceInvaders(3);
SpaceInvaders spaceInvaders2 = new SpaceInvaders(5);
```

이처럼 **생성자**가 하는 역할은 객체의 초기 상태를 설정하는 것입니다. 지금부터 생성자를 이용해 객체의 초기 상태를 어떻게 설정하는지 알아보겠습니다.

다음은 InitializeCompany(회사) 클래스입니다. 이 클래스는 int 타입의 debit(자본금)이라는 멤버 변수를 가지고 있습니다. 그리고 클래스와 이름이 같은 public Company(int debit)라는 메서드가 존재합니다. 여기에서 InitializeCompany() 메서드가 **생성자**입니다. InitializeCompany() 생성자는 debit라는 매개변수를 가지고 있기 때문에 매개변수를 통해 값을 전달받을 수 있습니다.

```java
public class InitializeCompany {
    private int debit;

    public InitializeCompany(int debit) { // 생성자
        this.debit = debit;
    }
}
```


매개변수 debit을 통해 값을 전달받은 생성자는 this.debit을 이용해 자신의 멤버 변수인 debit에
전달받은 값을 지정합니다.

다음 코드는 생성자의 매개변수인 int 타입의 debit으로 자본금을 각각 5,000만 원과 3,000만 원
을 전달해 company1과 company2를 인스턴스화하고 있습니다.

```java
public class InitializeCompanyTest {
    public static void main(String[] args) {
        InitializeCompany company1 = new InitializeCompany(50_000_000);
        InitializeCompany company2 = new InitializeCompany(30_000_000);
    }
}
```


new InitializeCompany(50_000_000)처럼 소괄호 블록에 값을 입력합니다. 소괄호 블록에 값
을 입력하면 Company 클래스를 인스턴스화하면서 값을 넘기겠다는 의미입니다. 즉 new를 이렇
게 사용할 수 있는 것이죠.

```
new 클래스_이름(인수1, 인수2 ... 인수n)
```

생성자 InitializeCompany()를 통해 전달받은 값은 this.debit = debit;을 통해 Initialize
Company 클래스의 멤버 변수에 값으로 할당됩니다. 따라서 이렇게 인스턴스화하면 다음과 같이
Company1, Company2 클래스를 선언하고 각각의 멤버 변수 debit에 5,000만 원, 3,000만 원을
지정하는 것과 같은 효과가 발생합니다.

```java
public class Company1 {
    private int debit = 50_000_000;
}


public class Company2 {
    private int debit = 30_000_000;
}
```

지금까지 생성자를 이용해 InitializeCompany 클래스를 직접 수정하지 않고 멤버 변수 debit의 값을 변경시켜 보았습니다. 지금까지 배운 내용을 통해 알 수 있는 생성자의 특징은 다음과 같습니다.

- 생성자의 이름은 클래스의 이름과 동일합니다.
- 생성자는 메서드의 일종이지만 리턴 타입을 가지지 않습니다(void도 사용하지 않습니다).
- 객체를 생성할 때 자동으로 호출되며, 명시적으로 호출하지 않습니다.
- 생성자는 객체를 초기화하는 역할을 수행하며, 필요한 초기 값을 매개변수로 받아 객체의 상태를 설정합니다.

생성자는 클래스 내부에 정의되며 다양한 형태와 매개변수를 가질 수 있습니다. 매개변수를 통해 생성자에 필요한 초기 값을 전달할 수 있으며 객체를 생성할 때 전달된 값으로 객체의 상태를 설정합니다. 따라서 **생성자**라고 불리는 것이죠.

______월 ______일 걸린 시간: ______시간 ______분

	10	20	30	40	50	60	10	20	30	40	50	60
1회												
2회												
3회												

필수 예제

`CompanyMessage.java`	생성자를 선언하는 클래스
`CompanyMessageTest.java`	생성자를 호출하는 클래스
`InitializeCompanyTest.java`	생성자로 초기 값을 설정하는 클래스

용어 및 개념

☐	**생성자**	– 클래스의 인스턴스를 초기화하는 특별한 메서드 – 클래스를 인스턴스화할 때 호출되며 인스턴스의 초기 값을 설정
☐	**인스턴스화**	작성한 자바 클래스 소스 코드를 메모리에 올리는 과정
☐	**접근 제어자**	클래스, 변수, 메서드에 어떤 클래스가 접근할 수 있는지를 지정하는 키워드
☐	**public**	– 모든 클래스에서 접근 가능 – 다른 패키지에서도 접근 가능

this를 사용하여 생성자로 초기 값 설정하기

필수 예제		명령어
UseThisCompany.java	UseThisCompanyTest.java	
CafeMenu.java	CafeMenuTest.java	this
TwoCtorCompany.java	TwoCtorCompanyTest.java	

this는 객체를 나타내는 특별한 참조 변수입니다. 클래스 내부의 변수인지 메서드에서 받은 매개변수인지 구분하기 위해 주로 사용됩니다.

this를 간단하게 말하면 해당 클래스의 멤버 변수와 메서드를 가리키는 키워드입니다. 따라서 해당 클래스의 멤버 변수와 메서드를 지시하는 경우라면 어디서든 사용 가능합니다. 다만 스태틱 메서드에서는 사용 불가합니다.

스태틱 메서드에서 this를 사용할 수 없는 이유

스태틱 메서드는 스태틱(static) 영역에 생성됩니다. 하지만 클래스의 인스턴스는 힙(heap) 영역에 생성됩니다. this는 해당 클래스의 멤버 변수와 메서드를 가리키는 키워드인데 스태틱 영역과 힙 영역 자체가 별개이다 보니 사용할 수 없는 것이죠.

또한 this를 사용하려면 명확한 멤버 변수와 메서드가 필요합니다. 하지만 스태틱 메서드의 경우 new를 이용해 인스턴스를 생성하지 않아도 사용할 수 있습니다. 그러므로 스태틱 메서드에는 this가 참조할 멤버 변수와 메서드가 있을 수도 있고 없을 수도 있습니다. 따라서 스태틱 메서드에서 this를 사용하는 것은 자녀를 낳지 않은 상태에서 아들 또는 딸의 통장을 개설하려고 하는 것과 같습니다. 아직 자녀를 낳지 않은 상태인데 미래에 아들을 낳을지 딸을 낳을지 알 수 없는데 말이죠.

this를 사용하여 멤버 변수의 초기 값 설정하기

이번에는 앞서 잠시 언급한 this를 사용해서 멤버 변수를 초기화하는 방법을 실습해 보겠습니다. 우선 생성자를 통해 값을 전달받기 위해 멤버 변수와 매개변수를 만들겠습니다.

다음은 생성자 UseThisCompany()에 int 타입의 매개변수 money를 만들고 money를 통해 들어온 값을 UseThisCompany 클래스의 멤버 변수인 debit에 할당하는 예제입니다. 또한 값이 잘 할당되었는지 확인하기 위해 printDebit() 메서드를 작성해 현재 UseThisCompany 클래스의 멤버 변수인 debit의 값을 확인할 수 있도록 합니다.

```
public class UseThisCompany {
    private int debit;          ← ❶

    public UseThisCompany(int money) {  ← ❷
        debit = money;
    }

    public void printDebit() {
        System.out.println("debit = " + debit);  ← ❸
    }
}
```

UseThisCompany.java

❶ 멤버 변수 debit를 선언합니다.

❷ 생성자 UseThisCompany()를 만든 후 매개변수로 int 타입의 money를 지정합니다. 이 생성자는 매개변수 money로 받은 값으로 멤버 변수 debit의 초기 값을 설정합니다.

❸ 멤버 변수 debit의 값을 확인할 수 있도록 합니다.

생성자 UseThisCompany()에 매개변수 money를 만든 후 new를 이용해 UseThisCompany 클래스를 인스턴스화할 때는 꼭 값을 넘겨 주어야 합니다. 다음은 new를 이용해 UseThis Company 클래스를 인스턴스화할 때 30,000,000이라는 값을 넘겨 초기화하는 예제입니다.

```java
public class UseThisCompanyTest {
    public static void main(String[] args) {
        UseThisCompany useThisCompany = new UseThisCompany(30_000_000);
        useThisCompany.printDebit();
    }
}
```

UseThisCompanyTest.java

실행 결과
```
debit = 30000000
```

생성자를 통해 30,000,000이 잘 넘어갔고 생성자의 debit = money;를 통해 넘어온 값이 멤버 변수에 잘 할당되었다는 사실을 확인할 수 있습니다.

이번에는 this를 사용해서 멤버 변수를 초기화해 보겠습니다. this는 생성자를 통해 값을 받아 멤버 변수에 할당할 때 많이 사용합니다. 그 이유를 지금 알아보겠습니다.

다음은 앞에서 만든 생성자 UseThisCompany()입니다. 이 코드는 크게 헷갈릴 것이 없습니다.

```java
private int debit;

public UseThisCompany(int money) {
    debit = money;
}
```

생성자를 만들 때는 대부분 다음과 같이 매개변수 이름을 멤버 변수 이름과 동일하게 짓습니다. 생성자의 매개변수와 클래스의 멤버 변수 이름이 같으면 해당 생성자가 어떤 멤버 변수를 초기화하는지 바로 알 수 있기 때문입니다. 하지만 여기서 문제가 생깁니다. int debit와 debit = debit;

에 사용된 세 가지 debit는 모두 같은 매개변수만을 가리키게 되는 것이죠.

```
private int debit;

public UseThisCompany(int debit) { // 매개변수를 가리킴
    debit = debit;                 // 매개변수를 가리킴
}
```

매개변수 이름을 money로 하면 debit = money;에서 debit이 멤버 변수를 가리켜서 아무 문제가 없습니다. 하지만 매개변수 이름을 멤버 변수 이름과 같은 debit으로 하면 debit = debit;에서 앞에 있는 debit도 매개변수를 가리키고, 뒤에 있는 debit도 매개변수를 가리키게 됩니다. 이러면 멤버 변수를 초기화할 수 없습니다.

■ **매개변수 이름을 money로 하는 경우**

```
private int debit;

public UseThisCompany(int money) {
    debit = money;
}
```

■ **매개변수 이름을 debit으로 하는 경우**

```
private int debit;

public UseThisCompany(int debit) {
    debit = debit;
}
```

멤버 변수와 매개변수를 구분하기 위해서는 this를 사용합니다. this의 사용 방법은 특정 멤버 변수를 가리킬 때와 똑같습니다. 다음과 같이 **클래스 이름.** 대신 **this.**를 사용하면 되는 것이죠.

```
this.멤버_변수_이름 // 메서드의 경우 메서드 이름
```

이제 코드를 살펴봅시다. 다음 코드는 생성자의 매개변수 이름을 클래스의 멤버 변수와 동일한 debit으로 짓고 멤버 변수 앞에 **this**를 붙인 예제입니다.

```java
public class UseThisCompany {
    private int debit;

    public UseThisCompany(int debit) {
        this.debit = debit;
    }

    public void printDebit() {
        System.out.println("debit = " + debit);
    }
}
```


this를 사용하면 다음과 같이 매개변수와 이름이 같은 경우 멤버 변수와 매개변수를 구분해서 사용할 수 있습니다.

■ **this를 사용하지 않는 경우**

```java
private int debit;

public UseThisCompany(int debit) {
    debit = debit;
}
```

■ **this를 사용하는 경우**

```java
private int debit;

public UseThisCompany(int debit) {
    this.debit = debit;
}
```

여러 개 멤버 변수의 초기 값 설정하기

지금까지 배운 생성자와 this를 이용해 객체를 생성(클래스의 인스턴스화)해 보겠습니다. 예제로 카페의 메뉴를 클래스로 만들겠습니다. 카페에 가면 음료를 주문할 수 있고 케이크나 빵도 주문할 수 있습니다. 이때 메뉴를 커피(Coffee)나 빵(Bread) 같이 분류별로 클래스를 만들면 클래스가 엄청 늘어날 것입니다. 따라서 빵과 커피 등을 아우르는 CafeMenu 클래스를 만들겠습니다.

CafeMenu 클래스에는 메뉴의 이름(name), 가격(price), 수량(quantity)이 있어야 하고 음료인지 빵인지 구분하기 위한 카테고리(category)도 있어야 합니다. 다음은 이를 멤버 변수로 선언한 CafeMenu 클래스입니다.

```java
public class CafeMenu {                                    // CafeMenu.java
    private String name;
    private int price;
    private int quantity;
    private String category;
}
```

CafeMenu 클래스의 멤버 변수는 name, price, quantity, category로 총 네 개입니다. 이 네 개의 값을 생성자를 이용해 초기화하겠습니다.

```java
public class CafeMenu {                                    // CafeMenu.java
    private String name;
    private int price;
    private int quantity;
    private String category;

    public CafeMenu(String name, int price, int quantity, String category) {
        this.name = name;
        this.price = price;
        this.quantity = quantity;
        this.category = category;
    }
}
```

앞에서 UseThisCompany 클래스의 멤버 변수 debit를 초기화할 때 생성자에 debit라는 이름의 매개변수를 지정해서 this.debit = debit;로 초기화를 했습니다. 여기에서도 매개변수와 멤버 변수의 이름을 같게 합니다. 그리고 this를 이용해 초기화합니다.

초기 값이 잘 지정되었는지 확인해 보겠습니다. 다음은 CafeMenu 클래스에 printStatus() 메서드를 추가해 멤버 변수의 초기 값을 출력할 수 있도록 수정한 예제입니다.

```java
public class CafeMenu {                                        CafeMenu.java

    private String name;
    private int price;
    private int quantity;
    private String category;


    public CafeMenu(String name, int price, int quantity, String category) {
        this.name = name;
        this.price = price;
        this.quantity = quantity;
        this.category = category;
    }


    public void printStatus() {
        System.out.printf("%s은(는) %s이고 가격은 %d원이고 %d개 남았습니다.\n",
                          name, category, price, quantity);
    }
}
```

하지만 아직 멤버 변수의 초기 값을 출력할 수는 없습니다. 왜냐하면 아직 생성자의 매개변수에 값을 넘겨주지 않았기 때문이죠. 생성자에 매개변수를 네 개 만들었기 때문에 네 개의 값을 넘겨주어야 합니다. 이때 순서와 타입을 맞춰야 합니다. name, price, quantity, category 순으로, 각각의 타입인 String, int, int, String에 맞는 값을 넘겨야 합니다.

여기에서는 두 가지 메뉴를 생성해 보겠습니다. 첫 번째는 '아메리카노'이고 가격은 5,000원, 수량은 원두만 충분하다면 계속 만들 수 있기 때문에 넉넉히 1만 개로 하겠습니다. 분류는 음료이므로 'beverage'로 지정합니다. 두 번째는 '딸기케이크'입니다. 가격은 7,500원, 수량은 7개, 분류는 'cake'로 만듭니다. 다음은 두 가지 메뉴의 사양을 생성자의 매개변수에 넘겨주는 CafeMenuTest 클래스입니다.

```java
public class CafeMenuTest {                                CafeMenuTest.java
    public static void main(String[] args) {
        CafeMenu cafeMenu1 = new CafeMenu("아메리카노", 5000, 10000, "beverage");
        cafeMenu1.printStatus();
```

```java
CafeMenu cafeMenu2 = new CafeMenu("딸기케이크", 7500, 7, "cake");
        cafeMenu2.printStatus();
    }
}
```



```
아메리카노은(는) beverage이고 가격은 5000원이고 10000개 남았습니다.
딸기케이크은(는) cake이고 가격은 7500원이고 7개 남았습니다.
```

cafeMenu1을 선언하면서 "아메리카노", 5000, 10000, "beverage"를 값으로 생성자 CafeMenu의 매개변수에 넘겼습니다. cafeMenu2를 선언하면서는 "딸기케이크", 7500, 7, "cake"를 값으로 넘겼습니다.

이는 각각 생성자의 매개변수인 String 타입 name, int 타입 price, int 타입 quantity, String 타입 category 순서대로 넘어갑니다. 생성자 CafeMenu에서는 다음과 같이 this를 활용해 매개변수로 받은 값을 멤버 변수에 할당합니다.

```java
public CafeMenu(String name, int price, int quantity, String category) {
    this.name = name;
    this.price = price;
    this.quantity = quantity;
    this.category = category;
}
```

이에 따라 printStatus() 메서드를 호출하여 출력하면 생성자에 의해 CafeMenu 클래스의 멤버 변수에 각 값들이 할당되었음을 확인할 수 있습니다.

상황에 따라 유동적으로 매개변수의 초기 값 설정하기

앞에서 생성자 UseThisCompany를 만들 때 값을 전달하여 멤버 변수 debit를 초기화했습니다. 만약 이 생성자의 매개변수에 값을 전달하지 않고 UseThisCompany 클래스를 인스턴스화하면 어떻게 될까요? 다음 코드는 앞에서 만들었던 UseThisCompany 클래스입니다. 이 클래스의 생성자는 UseThisCompany이며 debit라는 한 개의 매개변수를 가집니다.

```java
public class UseThisCompany {
    private int debit;

    public UseThisCompany(int debit) {
        this.debit = debit;
    }
    // 생략
}
```

다음과 같이 new로 인스턴스를 생성할 때 생성자의 매개변수로 값을 전달하면 아무런 문제가 없습니다.

```java
public class UseThisCompanyTest {
    public static void main(String[] args) {
        // 반드시 값을 넘겨주어야 함
        UseThisCompany useThisCompany = new UseThisCompany(30_000_000);
    }
}
```

하지만 다음과 같이 생성자의 매개변수에 값을 제대로 전달하지 않고 실행하면 생성자에 값을 주어야 한다는 예외가 발생합니다.

```java
public class UseThisCompanyTestErr {
    public static void main(String[] args) {
        UseThisCompany useThisCompany = new UseThisCompany();
    }
}
```

그러므로 생성자로 멤버 변수의 초기 값을 설정하고 싶다면 인스턴스를 생성할 때마다 new Company(30_000_000);와 같이 값을 넘겨야만 합니다. 하지만 이러면 너무 번거롭습니다.

빈번하게 사용되면서 예외 상황이 그다지 발생하지 않는 경우에는 초기 값을 생성자에 지정해 두는 것이 더 편할 수 있습니다. 초기 값이 달라져야 할 때만 생성자에 값을 넘기는 것이죠. 이와 같이 상황에 따라 초기 값을 유동적으로 설정하려면 매개변수가 없는 생성자를 하나 더 추가하면 됩니다.

다음과 같이 매개변수가 없는 생성자를 추가하면 인스턴스를 생성할 때 값을 매개변수에 전달하지 않아도 됩니다. 왜냐하면 값을 전달하지 않으면 매개변수가 없는 생성자가 호출되기 때문입니다. 참고로 이 클래스 이름의 Ctor은 생성자constructor의 약어입니다.

```java
public class TwoCtorCompany {                         TwoCtorCompany.java
    private int debit;

    public TwoCtorCompany() {
        this.debit = 50_000_000; // 매개변수가 없는 생성자
    }

    public TwoCtorCompany(int debit) {
        this.debit = debit;       // 매개변수가 있는 생성자
    }

    public void printDebit() {
        System.out.println("debit = " + debit);
    }
}
```

실제로 그런지 한번 확인해 보겠습니다. 다음은 new를 이용해 TwoCtorCompany 클래스를 인스턴스화할 때 매개변수가 있는 생성자와 매개변수가 없는 생성자를 선택해서 호출하는 예제입니다.

```java
public class TwoCtorCompanyTest {                          TwoCtorCompanyTest.java
    public static void main(String[] args) {
        TwoCtorCompany company1 = new TwoCtorCompany(30_000_000); ← ❶
        company1.printDebit();

        TwoCtorCompany company2 = new TwoCtorCompany(); ← ❷
        company2.printDebit();
    }
}
```

실행 결과
```
debit = 30000000
debit = 50000000
```

❶ company1의 인스턴스는 두 개의 생성자 중 매개변수가 있는 생성자가 호출되어 생성되었습니다. 따라서 매개변수에 값을 넘겨 멤버 변수 debit를 30000000으로 초기화합니다.

```java
TwoCtorCompany company1 = new TwoCtorCompany(30_000_000);
```

↓ 호출

```java
public TwoCtorCompany(int debit) {
    this.debit = debit;
}
```

❷ 반면 company2는 매개변수가 없는 생성자가 호출되어 생성되었습니다. 따라서 해당 생성자에서 멤버 변수 debit를 50000000으로 직접 초기화합니다.

```java
TwoCtorCompany company2 = new TwoCtorCompany();
```

↓ 호출

```java
public TwoCtorCompany() {
    this.debit = 50_000_000;
}
```

________월 ________일 걸린 시간: ________시간 ________분

	10	20	30	40	50	60	10	20	30	40	50	60
1회												
2회												
3회												

필수 예제

`UseThisCompany.java`	this로 멤버 변수의 초기 값을 설정하는 클래스
`UseThisCompanyTest.java`	UseThis Company 클래스를 인스턴스화할 때 30,000,000이라는 값을 넘겨 초기화하는 클래스
`CafeMenu.java`	printStatus() 메서드를 추가해 멤버 변수의 초기 값을 출력하는 클래스
`CafeMenuTest.java`	두 가지 메뉴의 사양을 생성자의 매개변수에 넘겨주는 클래스
`TwoCtorCompany.java`	유동적으로 매개변수의 초기 값을 설정하는 클래스
`TwoCtorCompanyTest.java`	TwoCtorCompany 클래스를 인스턴스화할 때 매개변수가 있는 생성자와 매개변수가 없는 생성자를 선택해서 호출하는 클래스

명령어

`this.`멤버_변수_이름_또는_메서드_이름
// 해당 클래스의 멤버 변수와 메서드를 가리키는 키워드

생성자 오버로딩 알아보기

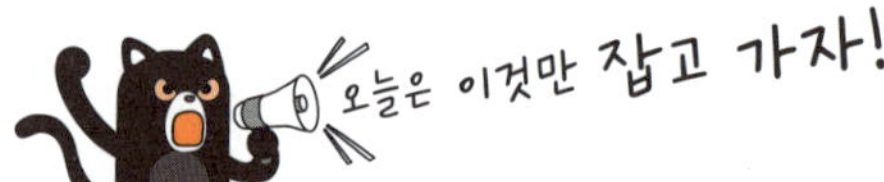

필수 예제	용어 및 개념	명령어
StudentCtorTest.java	☐ 생성자 오버로딩	`this`
OtherStudentCtorTest.java		

생성자를 만들 때 Company()와 같이 매개변수가 없는 생성자와 Company(int debit)과 같이 매개변수가 있는 생성자를 만들고 이를 호출해 인스턴스를 생성해 보았습니다. 매개변수의 타입과 개수를 다르게 해서 같은 이름의 메서드도 여러 개 만들었습니다. 바로 메서드 오버로딩을 한 것이죠.

생성자도 메서드의 한 종류입니다. 따라서 생성자도 오버로딩을 할 수 있습니다. **생성자 오버로딩**은 멤버 변수의 값을 여러 가지 방법으로 지정하기 위해 사용합니다. 예제를 통해 자세히 알아보겠습니다.

생성자 오버로딩하기

다음은 이름(name), 나이(age), 학년(grade), 반(classNo)의 네 가지 학생 정보를 나타내는 StudentCtor 클래스입니다.

```java
public class StudentCtor {
    private String name;
    private int age;
    private int grade;
    private int classNo;

    public StudentCtor(String name, int age, int grade, int classNo) {
        this.name = name;
        this.age = age;
        this.grade = grade;
        this.classNo = classNo;
    }

    public void printInfo() {
        System.out.printf("%s %d세 %d학년 %d반\n", name, age, grade, classNo);
    }
}
```

생성자 StudentCtor에서 이름(name), 나이(age), 학년(grade), 반(classNo)의 네 가지 값을 받기 때문에 이 값을 넘겨 학생별로 정보를 초기화할 수 있습니다. 같은 학년, 같은 반인 학생 세 명을 생성하고 printInfo()를 호출해 학생 정보를 출력해 보겠습니다.

```java
public class StudentCtorTest {
    public static void main(String[] args) {
        StudentCtor studentCtor1 = new StudentCtor("김경록", 14, 1, 1);
        StudentCtor studentCtor2 = new StudentCtor("김미미", 14, 1, 1);
        StudentCtor studentCtor3 = new StudentCtor("김나나", 14, 1, 1);

        studentCtor1.printInfo();
        studentCtor2.printInfo();
        studentCtor3.printInfo();
    }
}
```

실행 결과

```
김경록 14세 1학년 1반
김미미 14세 1학년 1반
김나나 14세 1학년 1반
```

이 코드에서 생성한 학생 세 명의 나이, 학년, 반은 모두 같습니다. 같은 반이면 특별한 경우가 아니면 나이가 같을 것입니다. 그러므로 이름(name), 학년(grade), 반(classNo)의 세 개 값만 넘겨주고 나이는 학년을 통해 자동으로 계산해서 넣어 주면 조금 더 편할 겁니다. 중학생이라고 가정하면 학년에 13을 더하기만 하면 됩니다.

다음은 생성자를 오버로딩해서 이름(name), 학년(grade), 반(classNo)의 값만 매개변수에 전달하고 나이(age)는 **학년(grade) + 13**으로 계산하는 생성자를 추가한 예제입니다.

```java
public class StudentCtor {
    private String name;
    private int age;
    private int grade;
    private int classNo;

    public StudentCtor(String name, int age, int grade, int classNo) {
        this.name = name;
        this.age = age;
        this.grade = grade;
        this.classNo = classNo;
    }

    public StudentCtor(String name, int grade, int classNo) {
        this.name = name;
        this.age = grade + 13;
        this.grade = grade;
        this.classNo = classNo;
    }

    public void printInfo() {
        System.out.printf("%s %d세 %d학년 %d반\n", name, age, grade, classNo);
    }
}
```

StudentCtor.java

new StudentCtor("김경록", 1, 1)과 같이 name, grade, classNo 순으로 세 개의 값만 넘겨주면 age는 grade + 13으로 자동 계산이 되도록 했습니다. 또한 기존에 값을 네 개 받는 생성자도 그대로 두었으므로 new StudentCtor("이루리", 13, 1, 1)과 같이 네 개의 값을 넘겨 조기 입학을 하거나 1년 휴학을 한 경우도 모두 대응할 수 있습니다. 실제로 잘 작동하는지 테스트해 보겠습니다.

실행 결과를 먼저 살펴보면 실제로 new StudentCtor("김경록", 1, 1)로 StudentCtor 클래스를 인스턴스화하면 생성자 StudentCtor(String name, int grade, int classNo)가 호출되고 new StudentCtor("이루리", 13, 1, 1)의 경우 StudentCtor(String name, int age, int grade, int classNo)가 호출된 것을 확인할 수 있습니다.

```java
public class StudentCtorTest {
    public static void main(String[] args) {
        StudentCtor studentCtor1 = new StudentCtor("김경록", 1, 1);
        StudentCtor studentCtor2 = new StudentCtor("김미미", 1, 1);
        StudentCtor studentCtor3 = new StudentCtor("이루리", 13, 1, 1);
        StudentCtor studentCtor4 = new StudentCtor("최정하", 15, 1, 1);

        studentCtor1.printInfo();
        studentCtor2.printInfo();
        studentCtor3.printInfo();
        studentCtor4.printInfo();
    }
}
```

StudentCtorTest.java

실행 결과

```
김경록  14세  1학년  1반
김미미  14세  1학년  1반
이루리  13세  1학년  1반
최정하  15세  1학년  1반
```

this()로 다른 생성자 호출하기

this()를 사용하여 같은 클래스 내의 다른 생성자를 호출할 수 있습니다. 이렇게 하면 중복되는 코드를 방지하고 생성자 간의 코드를 재사용할 수 있습니다. 여기서 this()는 **생성자**를 가리킵니다. 앞에서 배웠던 this와는 다릅니다. this는 **멤버 변수**나 메서드를 가리킵니다. this()는 생성자의 내부에서만 사용할 수 있고 항상 첫 줄에 와야 한다는 제약이 있습니다.

this()	this
· 생성자를 가르킴 · 생성자의 내부에서만 사용 가능 · 항상 첫 줄에 있어야 함	· 클래스 내의 멤버 변수와 메서드를 가리킴 · 어디서든 사용 가능, 단 static 메서드에서는 사용 불가 · 멤버 변수나 메서드 앞에 붙여야 함

this()의 사용 방법은 간단합니다. 오버로딩된 생성자는 매개변수 개수와 타입에 따라 구별되므로 소괄호 블록 안에 호출하려는 생성자의 매개변수 개수와 타입에 맞게 전달할 인수(값)를 모두 적으면 됩니다.

```
public 생성자_이름(매개변수1, 매개변수2 ... 매개변수n) {
    this(호출하려는_생성자에_보낼_인수1, 인수2 ... 인수n);
    // 추가로 수행할 코드
}
```

다시 StudentCtor 클래스의 생성자를 살펴봅시다. 오버로딩하여 같은 이름에 매개변수 개수가 다른 두 개의 생성자가 존재하는 상태로 중복이 발생하고 있습니다.

```java
public StudentCtor(String name, int age, int grade, int classNo) {
    this.name = name;
    this.age = age;
    this.grade = grade;
    this.classNo = classNo;
}

public StudentCtor(String name, int grade, int classNo) {
    this.name = name;
    this.age = grade + 13;
    this.grade = grade;
    this.classNo = classNo;
}
```

this()를 이용해 기존 생성자를 호출하는 방식으로 중복 문제를 해결하겠습니다. 다음은 this()를 이용해 매개변수가 세 개인 생성자에서 매개변수가 네 개인 생성자를 호출하는 예제입니다.

OtherStudentCtor.java

```java
public class OtherStudentCtor {
    private String name;
    private int age;
    private int grade;
    private int classNo;
```

```java
    public OtherStudentCtor(String name, int age, int grade, int classNo) {
        this.name = name;
        this.age = age;
        this.grade = grade;
        this.classNo = classNo;
    }
    public OtherStudentCtor(String name, int grade, int classNo) {
        this(name, grade + 13, grade, classNo); // this() 적용
    }
    public void printInfo() {
        System.out.printf("%s %d세 %d학년 %d반\n", name, age, grade, classNo);
    }
}
```

this()의 소괄호 블록 안에는 네 개의 값이 있습니다. 각 값은 생성자 OtherStudentCtor(String name, int grade, int classNo)에서 매개변수로 받은 값을 활용합니다. 네 개의 값을 넘기는 이유는 호출하고자 하는 생성자가 네 개의 매개변수를 가지고 있기 때문입니다. 그러니 넘길 값도 네 개여야 하죠. 이때 타입과 순서도 맞춰야 한다는 사실에 유의합시다.

```java
this(name, grade + 13, grade, classNo);
```

↓ 호출

```java
OtherStudentCtor(String name, int age, int grade, int classNo)
```

이제 제대로 작동하는지 확인해 보겠습니다. 다음과 같이 인수를 세 개 입력해서 OtherStudent Ctor 클래스를 인스턴스화합시다.

```java
public class OtherStudentCtorTest {
    public static void main(String[] args) {
        OtherStudentCtor Student1 = new OtherStudentCtor("김경록", 1, 1);
        OtherStudentCtor Student2 = new OtherStudentCtor("김미미", 1, 1);

        Student1.printInfo();
        Student2.printInfo();
    }
}
```


실행 결과

```
김경록  14세  1학년  1반
김미미  14세  1학년  1반
```

this()를 사용하게 바꾼 후 실행해도 값이 잘 지정되는 것을 확인할 수 있습니다.

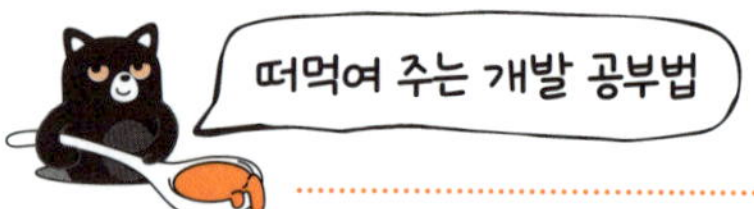

객체 지향 프로그래밍(OOP)에서 생성자는 값을 받아주는 것 이상의 중요한 역할을 합니다. 뒤에 나올 추상 클래스, 인터페이스 등을 배울 때 생성자의 개념에 대한 이해도가 부족하다면 공부를 하기 어렵습니다. 따라서 이번 장의 내용은 여러 번 보면서 꼭 이해하고 넘어갑시다.

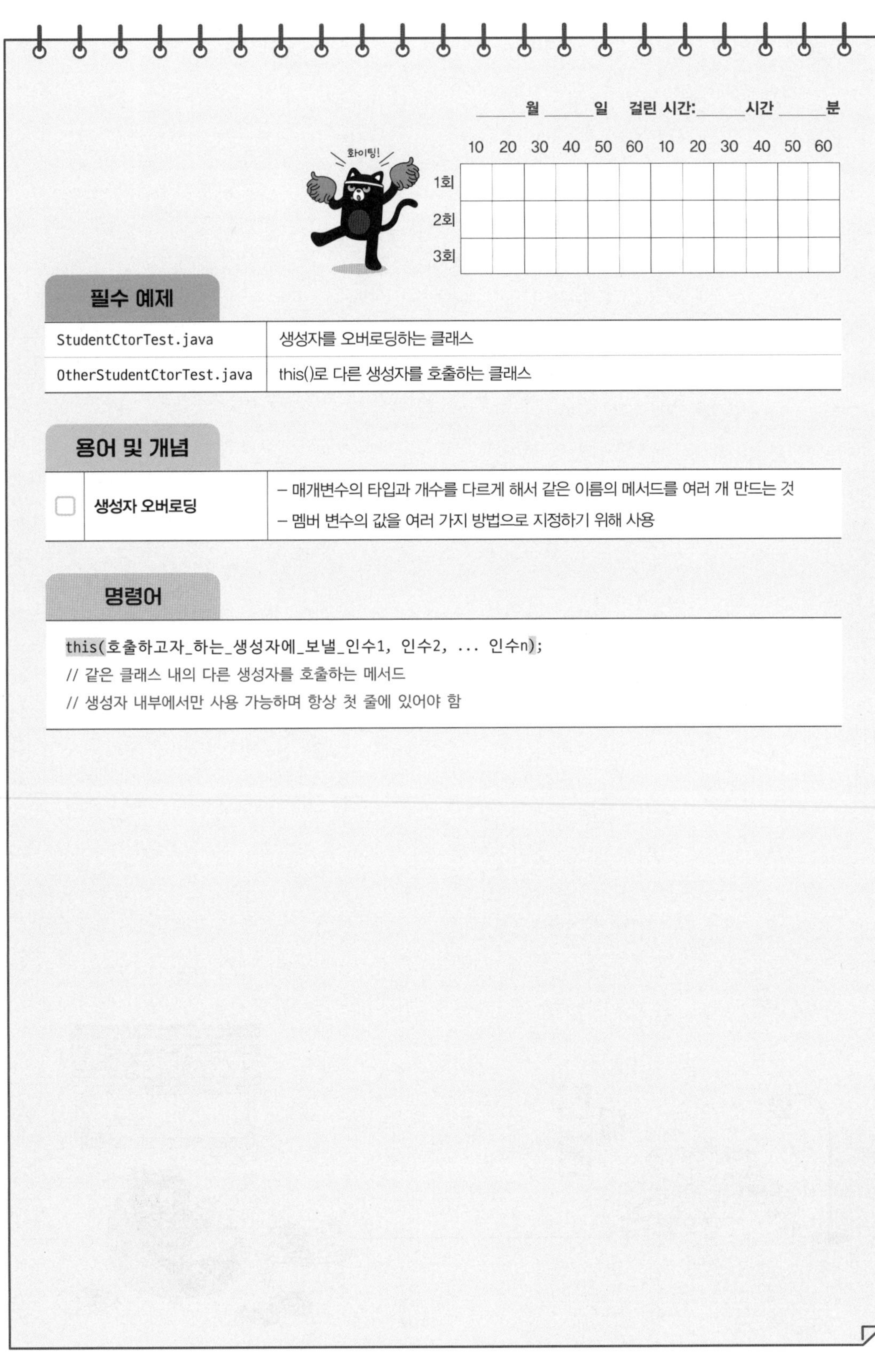

______월 ______일 걸린 시간: ______시간 ______분

	10	20	30	40	50	60	10	20	30	40	50	60
1회												
2회												
3회												

필수 예제

StudentCtorTest.java	생성자를 오버로딩하는 클래스
OtherStudentCtorTest.java	this()로 다른 생성자를 호출하는 클래스

용어 및 개념

☐ 생성자 오버로딩	– 매개변수의 타입과 개수를 다르게 해서 같은 이름의 메서드를 여러 개 만드는 것
	– 멤버 변수의 값을 여러 가지 방법으로 지정하기 위해 사용

명령어

```
this(호출하고자_하는_생성자에_보낼_인수1, 인수2, ... 인수n);
// 같은 클래스 내의 다른 생성자를 호출하는 메서드
// 생성자 내부에서만 사용 가능하며 항상 첫 줄에 있어야 함
```

상속과 추상 클래스

객체 지향 프로그래밍을 이용해 프로그램을 개발하는 이유는 우리가 이미 만들어 놓았던 프로그램을 확장하기가 비교적 편하기 때문입니다.

패스트푸드점의 탄산음료 기계를 예로 들어보겠습니다. 탄산음료를 만드는 디스펜서를 본 적 있을 겁니다. 이 기계에서 탄산음료는 탄산수를 베이스로 만들어집니다. 여기에 콜라 원액을 넣으면 콜라가 되고, 사이다 원액을 넣으면 사이다가 되는 것이죠. 여기서 탄산수는 공통된 클래스에서 상속받고, 음료 원액은 추상 클래스를 사용해 표현할 수 있습니다.

상속과 오버라이딩 알아보기

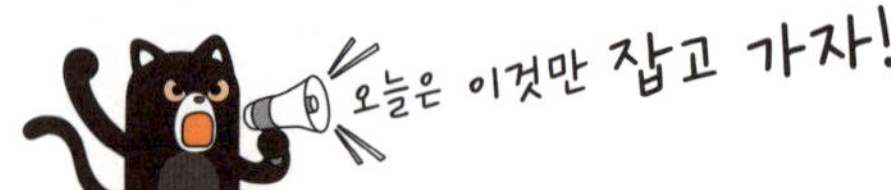

필수 예제	용어 및 개념	명령어
ClassParent.java	☐ 상속	
ClassChild.java	☐ 부모 클래스	
ClassChildTest.java	☐ 자식 클래스	extends
OverrideParent.java	☐ 메서드 오버라이딩	
OverrideChild.java	☐ 다형성	

자바의 **상속**extends은 객체 지향 프로그래밍의 주요 특성 중 하나로, 클래스 간에 코드를 재사용하고 관리하기 위해 사용합니다. 상속은 부모 클래스의 멤버 변수와 메서드를 자식 클래스가 물려받는 것을 의미합니다. 물려주는 쪽이 **부모 클래스**, 물려받는 쪽이 **자식 클래스**인 것이죠.

상속의 주요 이점은 코드 재사용과 계층 구조를 통한 다형성을 지원한다는 점입니다. **다형성**이란 객체가 여러 가지 타입의 데이터를 가질 수 있는 성질을 뜻합니다. 타입에 따라 다양한 결과가 나오는 것이죠. 따라서 기존의 클래스를 수정하지 않고도 새로운 기능을 추가하거나 기능을 변경할 수 있습니다. 또한 다형성을 통해 부모 클래스로 타입을 선언하고 자식 클래스의 객체를 할당함으로써 유연하게 프로그래밍할 수 있습니다.

상속 사용 방법

상속은 extends 키워드를 사용하여 표현합니다. 다음과 같이 자식 클래스에서 부모 클래스를 extends 키워드로 선언해 부모 클래스의 멤버 변수와 메서드를 상속받을 수 있습니다. 이러면 자식 클래스는 부모 클래스의 멤버 변수와 메서드에 직접 접근하여 사용할 수 있습니다.

```
접근_제어자 class 자식_클래스_이름 extends 부모_클래스_이름 {
}
```

바로 예제를 살펴봅시다. ClassParent 클래스는 parentMethod() 메서드를 가지고 있습니다.

```java
// ClassParent.java
public class ClassParent {
    public void parentMethod() {
        System.out.println("부모 클래스의 메서드입니다.");
    }
}
```

다음 예제에서 **자식 클래스**인 ClassChild는 extends 키워드를 이용해 **부모 클래스**인 ClassParent를 상속받고 있습니다. 이러면 중괄호 블록에 아무런 내용을 작성하지 않아도 ClassParent의 메서드를 ClassChild가 사용할 수 있습니다.

```java
// ClassChild.java
public class ClassChild extends ClassParent {
    // 상속만 받고 아무것도 하지 않음
}
```

ClassChild 클래스가 상속받은 ClassParent 클래스의 parentMethod() 메서드를 정말 호출할 수 있는지 확인해 보겠습니다.

```java
public class ClassChildTest {
    public static void main(String[] args) {
        ClassChild child = new ClassChild();
        child.parentMethod();
    }
}
```


ClassChild에는 parentMethod() 메서드가 없지만, ClassParent의 메서드를 상속받았기 때문에 parentMethod()를 사용할 수 있습니다. 우리 눈에는 보이지 않지만 자바 내부적으로는 다음과 같이 ClassChild에 parentMethod()가 있다고 인식하는 것이죠.

```java
public class ClassChild extends ClassParent {
    // ClassParent를 상속받았으므로 자바에서는 이렇게 인식함
    public void parentMethod() {
        System.out.println("부모 클래스의 메서드입니다.");
    }
}
```

따라서 "부모 클래스의 메서드입니다."라는 실행 결과가 출력되는 것입니다.

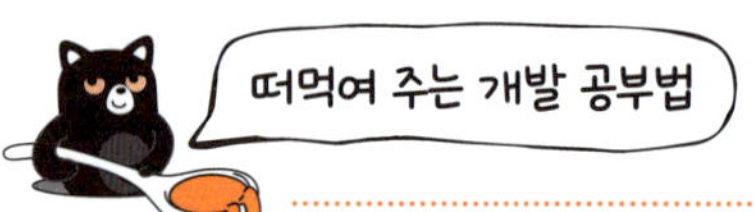

자바에서는 상속을 많이 사용합니다. 그중에서 상속을 가장 쉽게 이해할 수 있는 것이 예외 클래스입니다. 예외 클래스는 예외 처리를 할 때 사용합니다. CHAPTER 02에서 사용한 IOException이 바로 예외 클래스죠. 예외 처리에 대해서 간단하게 설명하자면 프로그램을 실행하면서 개발자가 의도하지 않은 상황에서 프로그램이 멈추는 것을 방지하기 위한 기능입니다.

사용자가 입력 값을 넘기지 않거나 잘못된 값을 입력했을 때 예외 처리로 IllegalArgumentException 클래스를 사용합니다. IllegalArgumentException 클래스는 다음과 같이 RuntimeException 클래스를 상속받습니다. RuntimeException은 프로그래머의 실수나 예측 불가능한 상황으로 인해 발생할 수 있는 예외를 나타냅니다.

```java
public class IllegalArgumentException extends RuntimeException {
    public IllegalArgumentException() {
        super();
    }


    public IllegalArgumentException(String s) {
        super(s);
    }
    // 생략
}
```

super()는 자바에서 부모 클래스의 생성자를 호출할 때 사용하는 키워드입니다. IllegalArgument
Exception 클래스에서 super()를 호출하는 것은 IllegalArgumentException의 부모 클래스인
RuntimeException의 기본 생성자를 호출하는 것으로, 부모 클래스가 가진 초기화 작업을 수행합니다. 즉,
IllegalArgumentException 객체가 생성될 때 부모 클래스의 기본적인 초기화 과정이 완료됩니다.

예외 처리 이외에도 자바에서는 상속을 이용해 구현한 기능이 많기 때문에 자바를 이해하기 위해서라도 상
속의 개념은 꼭 익힐 필요가 있습니다.

SOON 예외 처리는 DAY 57에서 자세히 다룹니다.

메서드 오버라이딩하기

자식 클래스에서는 부모 클래스로부터 상속받은 메서드를 필요에 맞게 재정의할 수 있습니다. 이
를 **메서드 오버라이딩**overriding이라고 합니다. 예제를 바로 살펴보겠습니다.

다음은 OverrideParent 클래스와 이를 상속받아 OverrideParent 클래스에 있는 whoAmI() 메서
드를 실행하는 OverrideChild 클래스입니다.

OverrideParent.java

```java
public class OverrideParent {
    public void whoAmI() {
        System.out.println("Parent입니다.");
    }
}
```

```java
public class OverrideChild extends OverrideParent {
    public static void main(String[] args) {
        OverrideChild overrideChild = new OverrideChild();
        overrideChild.whoAmI();
    }
}
```


whoAmI() 메서드를 사용했기 때문에 당연히 "Parent입니다."가 출력되었습니다. 자식 클래스를 실행했는데도 Parent(부모)라고 출력되니 뭔가 조금 어색합니다. OverrideChild라는 이름에 맞게 "Child입니다."라는 메시지가 출력되도록 whoAmI() 메서드를 오버라이딩해 보겠습니다.

```java
public class OverrideChild extends OverrideParent {
    public void whoAmI() {
        System.out.println("Child입니다.");
    }
    public static void main(String[] args) {
        OverrideChild overrideChild = new OverrideChild();
        overrideChild.whoAmI();
    }
}
```


상속을 받은 상태이므로 OverrideChild에는 내부적으로 이미 부모 클래스인 OverrideParent에 있는 whoAmI() 메서드가 있습니다. 이 상태에서 자식 클래스인 OverrideChild 중괄호 블록에 부모 클래스에 있는 것과 동일한 형태의 whoAmI() 메서드를 다시 작성했습니다.

이러면 상속받은 OverrideParent의 whoAmI()가 OverrideChild의 whoAmI()로 덮어 써집니다. 즉 **오버라이딩**되어 "Child입니다."가 출력된 것이죠.

덮어 쓴다고 해서 메서드를 아무렇게나 만들어서는 안 됩니다. 어디까지나 상속을 받은 메서드를 활용하는 것이므로 메서드 오버라이딩을 할 때는 몇 가지 제약사항이 있습니다. 부모 클래스의 메서드와 같은 이름, 같은 리턴 타입, 동일한 매개변수 타입과 개수를 갖도록 작성해야 합니다. 만약 이것들이 부모 클래스와 다르면 어떻게 될까요? 다음 예제를 살펴봅시다.

다음은 OverrideParent 클래스의 whoAmI() 메서드를 오버라이딩할 때 리턴 타입을 int로 바꾼 예제입니다.

```java
public class OverrideChildErr extends OverrideParent {
    public int whoAmI() {
        System.out.println("Child입니다.");
        return 1;
    }

    public static void main(String[] args) {
        OverrideChildErr overrideChildErr = new OverrideChildErr();
        overrideChildErr.whoAmI();
    }
}
```

인텔리제이에서는 실행하기 전부터 빨간줄로 오류가 있음을 알려 줍니다. 무시하고 실행하면 '리턴 타입 int는 void와 호환 가능하지 않다(return type int is not compatible with void)'는 내용의 메시지가 출력됩니다. OverrideParent 클래스에 있는 **whoAmI()** 메서드는 리턴 타입이 **void**인데 **int** 타입으로 바꿔서 오버라이딩하려고 했기 때문입니다. 리턴 타입뿐 아니라 매개변수의 개수와 타입을 다르게 해서 오버라이딩할 수 없다는 사실도 꼭 기억합시다.

이쯤이면 이런 의문이 들 것입니다. "부모 클래스의 메서드를 그대로 다시 자식 클래스에 작성할 거면 굳이 메서드 오버라이딩을 사용해야 하나요?" 이 예제에서는 그렇습니다. 하지만 오버라이딩을 해야 하는 경우가 있습니다. 그 경우는 이어서 살펴보도록 하겠습니다.

메서드 오버라이딩과 메서드 오버로딩의 차이

메서드 오버라이딩과 메서드 오버로딩은 똑같이 '오버'라는 단어가 들어가 있어서 많이 헷갈립니다. 이 둘의 차이를 명확히 정리하고 갑시다. **메서드 오버로딩**은 동일한 이름을 가진 메서드를 매개변수를 다르게 하여 여러 개 정의하는 것으로, 상황에 맞게 메서드를 선택하기 위해 사용됩니다. **BACK** 메서드 오버로딩은 DAY 44를 참고하세요. 반면 **메서드 오버라이딩**은 부모 클래스로부터 상속받은 메서드를 자식 클래스에 맞게 재정의하는 것을 의미합니다. 헷갈리지 않도록 주의합시다.

메서드 오버라이딩으로 관리자 계정 만들기

메서드 오버라이딩을 사용해야 하는 이유를 알아보기 위해 예제를 살펴보겠습니다. 다음은 name, age, email 세 개의 멤버 변수와 생성자 그리고 이 정보를 출력하는 displayUserInfo() 메서드를 가지고 있는 OverrideUser 클래스입니다.

```java
public class OverrideUser {
    private String name;
    private int age;
    private String email;

    public OverrideUser(String name, int age, String email) {
        this.name = name;
        this.age = age;
        this.email = email;
    }

    public void displayUserInfo() {
        System.out.println("이름: " + name);
        System.out.println("나이: " + age);
        System.out.println("이메일: " + email);
    }
}
```

서비스를 개발하던 중 관리자와 일반 사용자를 구분하기 위해 AdminUser 클래스를 만드는 경우를 생각해 보겠습니다. AdminUser도 OverrideUser입니다. OverrideUser의 멤버 변수와 기능을 모두 필요로 하기 때문에 AdminUser는 OverrideUser를 상속받아 구현할 수 있죠.

다음 AdminUser 클래스는 OverrideUser 클래스를 상속받고, 추가적으로 adminLevel을 멤버 변수로 가지며, displayUserInfo() 메서드를 오버라이딩하여 관리자 정보를 출력합니다.

```java
public class AdminUser extends OverrideUser {                    // AdminUser.java
    private int adminLevel;

    public AdminUser(String name, int age, String email, int adminLevel) {
        super(name, age, email);
        this.adminLevel = adminLevel;
    }


    public void displayUserInfo() {
        super.displayUserInfo();
        System.out.println("관리자 레벨: " + adminLevel);
    }
}
```

오버라이딩할 때 부모 클래스인 OverrideUser의 displayUserInfo() 메서드를 활용하기 위해
super.displayUserInfo();를 한 후 AdminUser에 추가된 멤버 변수인 adminLevel만 추가로 출
력하도록 구성했습니다.

이제 실행해 보겠습니다. OverrideUser와 OverrideUser를 상속받은 AdminUser 타입의 변수를
각각 생성하고 displayUserInfo() 메서드를 호출하는 코드입니다.

```java
public class AdminUserTest {                                    // AdminUserTest.java
    public static void main(String[] args) {
        OverrideUser overrideUser = new OverrideUser("김경록", 37, "kyeongrok@
                                                      example.com");
        AdminUser admin = new AdminUser("김관리", 36, "admin@example.com", 3);

        overrideUser.displayUserInfo();
        admin.displayUserInfo();
    }
}
```

실행 결과

```
이름: 김경록
나이: 37
이메일: kyeongrok@example.com
이름: 김관리
나이: 36
이메일: admin@example.com
관리자 레벨: 3
```

AdminUser 클래스에서는 **displayUserInfo()** 메서드를 오버라이딩했습니다. 여기서 admin Level만 추가로 출력하도록 구성했으므로 부모 클래스의 displayUserInfo()에서 출력되던 이름, 나이, 이메일은 그대로 출력되고 '관리자 레벨'만 한 줄 더 출력되는 것을 확인할 수 있습니다.

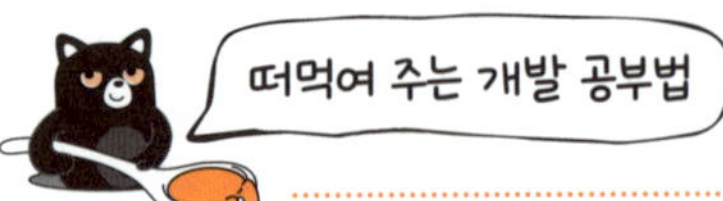

실제 프로젝트에서 상속은 신중하게 그리고 조심히 사용하거나 혹은 아예 사용하지 않는 경우가 많습니다. 상속을 계획없이 쓴다면 문제가 생기기 쉽기 때문입니다. 상속은 요구사항을 가지고 치밀하게 설계한 후 공통점을 잘 묶어서 사용해야 합니다. 또한 상속을 사용하는 개발자는 프로젝트에서 정한 규칙을 잘 지키면서 사용해야 합니다.

자바의 창시자 제임스 고슬링도 한 컨퍼런스에서 "자바를 다시 만든다면 뭘 바꾸시겠습니까?"라는 질문에 상속을 없애겠다고 했습니다. 상속이 기존에 있는 기능을 비교적 쉽게 확장할 수 있게 해 주지만 프로그램이 복잡해질수록 상속을 잘못 사용했을 때의 안 좋은 영향도 큽니다. 그래서 실제로 가장 많이 사용하는 것은 인터페이스입니다. 하지만 그간 자바의 많은 개념에 상속이 사용되었습니다. 추상 클래스나 인터페이스도 모두 상속을 활용하는 것이죠. 따라서 상속을 이해해야 이들을 사용하는 데 문제가 없기 때문에 상속에 대해 잘 알아두는 것이 중요합니다.

SOON 인터페이스는 CHAPTER 10에서 자세히 다룹니다.

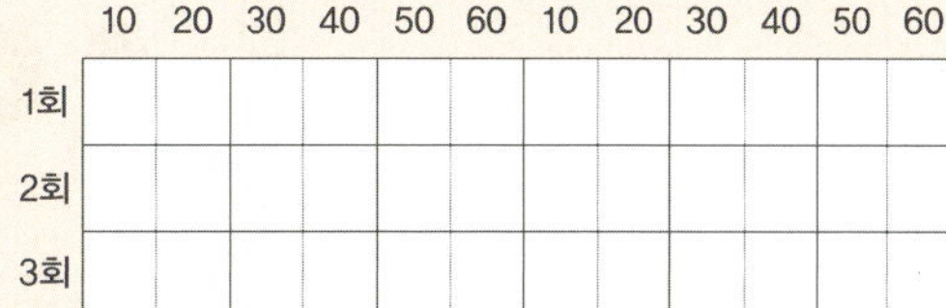

	10	20	30	40	50	60	10	20	30	40	50	60
1회												
2회												
3회												

필수 예제

`ClassParent.java`	상속을 위한 부모 클래스
`ClassChild.java`	상속을 위한 자식 클래스
`ClassChildTest.java`	자식 클래스에서 부모 클래스의 메서드를 호출하는 클래스
`OverrideParent.java`	메서드 오버라이딩을 위한 부모 클래스
`OverrideChild.java`	메서드 오버라이딩을 위한 자식 클래스

용어 및 개념

☐	**상속**	– 부모 클래스의 멤버 변수와 메서드를 자식 클래스가 물려받는 것을 의미 – 객체 지향 프로그래밍의 주요 특성 중 하나로, 클래스 간에 코드를 재사용하고 관리하기 위해 사용
☐	**부모 클래스**	상속하는 클래스
☐	**자식 클래스**	상속받는 클래스
☐	**메서드 오버라이딩**	부모 클래스로부터 상속받은 메서드를 자식 클래스에 맞게 재정의하는 것
☐	**다형성**	– 객체가 여러 가지 타입의 데이터를 가질 수 있는 성질을 의미함 – 이 특성으로 인해 자바에서는 기존의 클래스를 수정하지 않고도 새로운 기능을 추가하거나 기능을 변경할 수 있음

명령어

```
접근_제어자 class 자식_클래스_이름 extends 부모_클래스_이름 { ... }
// 자식 클래스에서 부모 클래스의 멤버 변수와 메서드를 상속받을 수 있게 하는 키워드
```

추상 클래스 알아보기

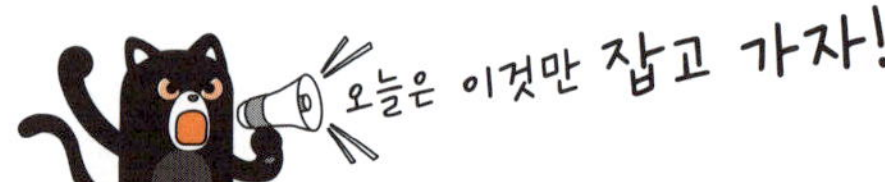

필수 예제	용어 및 개념		명령어
AbsPrintMessage.java	☐ 추상 클래스	☐ 디자인 패턴	abstract
AbsPrintMessageHello.java	☐ 추상 메서드	☐ 템플릿 메서드 패턴	@Override
AbsPrintMessageBye.java	☐ 구현 클래스		

추상 클래스abstract class란 한 개 이상의 추상 메서드를 가진 클래스를 뜻합니다. 그렇다면 추상 메서드는 무엇일까요? 구현체가 없는 메서드를 **추상 메서드**abstract method라고 합니다. 구현체가 없다는 것은 중괄호 블록이 없다는 의미입니다.

추상 클래스만으로는 인스턴스화시킬 수 없습니다. 반드시 상속을 받아 추상 메서드를 구현해야 인스턴스화할 수 있습니다. 보통의 경우 처음부터 추상 클래스를 만들지는 않고 수정을 최소화하면서 기능을 확장하고 싶을 때 만듭니다. 공통된 부분은 그대로 두면서 바뀌는 부분만 추상 클래스를 이용해 표현하는 것이죠.

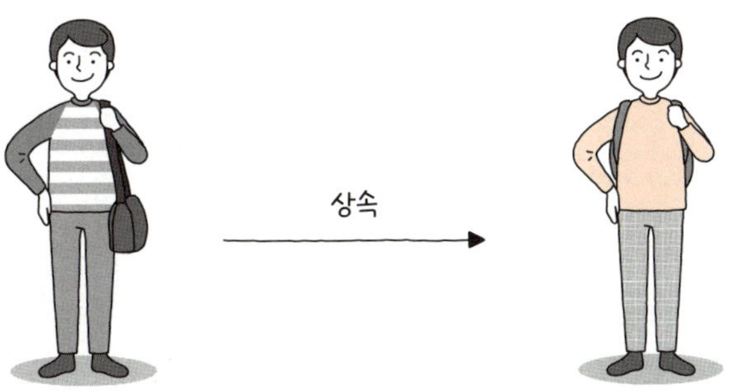

추상 클래스 선언하기

추상 클래스는 다음과 같이 선언할 수 있습니다. 클래스를 생성하는 방법과 비슷합니다. 다른 점은 접근 제어자와 class 사이에 **abstract** 키워드가 추가된다는 것입니다.

```
접근_제어자 abstract class 클래스_이름 {
}
```

이와 같이 메서드를 한 개도 만들지 않고도 추상 클래스를 선언할 수는 있습니다. 하지만 이러면 일반 클래스와 다를 게 없습니다. 앞서 잠시 언급한 것처럼 **추상 클래스**의 특별한 점은 **추상 메서드**를 포함하고 있다는 것입니다. 추상 메서드는 다음과 같이 선언할 수 있습니다.

```
접근_제어자 abstract 리턴_타입 메서드_이름();
```

바로 예제를 살펴보면서 추상 메서드 선언 방법의 특징을 살펴보겠습니다. 다음은 draw()라는 추상 메서드 한 개를 포함하고 있는 추상 클래스 ShapeDrawer입니다.

```
public abstract class ShapeDrawer {
    public abstract void draw();
}
```
ShapeDrawer.java

draw() 메서드를 자세히 보면 **draw();**와 같이 ;으로 끝나는 것을 확인할 수 있습니다. 일반적인 메서드라면 draw() {}와 같이 소괄호 블록 뒤에 중괄호 블록이 등장하지만 draw()는 추상 메서드이기 때문에 구체적인 구현체(중괄호 블록)가 없습니다.

메서드의 이름인 draw를 보니 어떤 도형을 그리는 기능을 담당할 것 같습니다. 클래스 이름 역시 ShapeDrawer로 어떤 모양을 그리는 기능을 담당할 것 같습니다. 하지만 추상 메서드는 말 그대로 추상적인 상태로 구체적인 기능이 없습니다. 따라서 추상 클래스 역시 지금은 아무 기능도 하지 않죠. 추상 클래스를 통해 어떤 모양을 그리는 기능을 구현하려면 추상 클래스를 상속받아 draw의 구체적인 부분을 구현하는 클래스가 필요합니다.

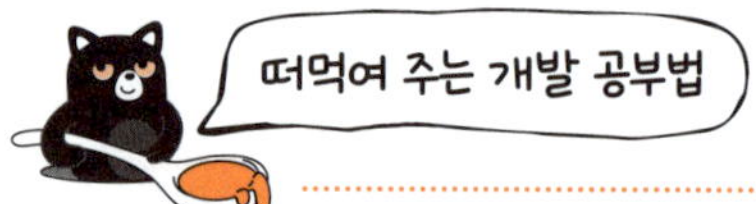

어떤 모양을 그리는 기능을 구현할 것이기 때문에 추상 클래스 이름을 ShapeDrawer라고 지었습니다. 이 클래스를 상속받아 어떤 모양을 그릴 것인지 구체적인 로직을 구현할 클래스에는 TriangleShapeDrawer, PyramidShapeDrawer와 같이 삼각형, 피라미드 모양을 그린다는 것을 떠올릴 수 있는 이름을 지어야 나중에 알아 보기도 쉽고 다른 사람과 협업할 때 헷갈리지도 않습니다. 여러 번 얘기했지만 클래스 이름은 클래스의 역할을 정확히 표현할 수 있도록 지어야 합니다.

추상 클래스를 상속받아 구현하는 방법

앞서 언급한 것과 같이 추상 클래스 자체로는 바로 사용할 수 없으므로 다른 클래스에서 추상 클래스를 상속받아 추상 메서드를 구현해서 사용해야 합니다. 추상 클래스를 상속받는 방법은 일반 클래스를 상속받는 방법과 다르지 않습니다. extends 키워드를 이용해 상속받을 추상 클래스 이름을 써 주면 됩니다.

```
접근_제어자 class 클래스_이름 extends 상속받을_추상_클래스_이름 {
}
```

앞에서 살펴본 ShapeDrawer 추상 클래스를 상속받아 draw( ) 메서드를 구현해 보겠습니다. ShapeDrawer는 '어떤' 모양을 그리는 클래스입니다. 여기에서 '어떤'은 추상적입니다. 추상 클래스를 상속받은 클래스는 '어떤'에 해당하는 부분을, 가령 '삼각형'과 같이 구체적으로 구현해야 합니다. 이처럼 추상 클래스를 상속받아 기능을 구현하는 클래스를 의미 그대로 **구현 클래스**라고 합니다. 또 실질적인 기능을 만들기 대문에 **실체 클래스**라고도 합니다.

그런 의미로 ShapeDrawer를 상속받은 클래스로 삼각형을 그려 봅시다. 목적에 따라 클래스 이름을 다음과 같이 TriangleShapeDrawer라고 짓고 ShapeDrawer를 상속받겠습니다.

```java
public class TriangleShapeDrawer extends ShapeDrawer {
}
```
TriangleShapeDrawer.java

여기까지는 일반 클래스를 상속받는 것과 크게 다르지 않습니다. 하지만 여기까지만 구현하면 인텔리제이에서 빨간줄을 띄우며 문제가 있다고 알려 줍니다. ShapeDrawer 추상 클래스는 draw() 추상 메서드를 가지고 있는데 이것이 구현되지 않았다는 것이죠.

일반 클래스를 상속받는 것과 추상 클래스를 상속받는 것의 차이점은 여기서 드러납니다. 추상 메서드를 하나라도 가지고 있는 추상 클래스를 상속받는다면 반드시 추상 메서드를 구현해 주어야 하는 것이죠. 따라서 draw() 메서드를 구현하겠습니다. 구현 방법은 간단합니다. 다음과 같이 draw() 추상 메서드를 오버라이딩하면 됩니다.

```java
public class TriangleShapeDrawer extends ShapeDrawer {
    public void draw() {

    }
}
```
TriangleShapeDrawer.java

여기서 '구현한다'는 실제로 작동하는 기능을 모두 추가하는 것을 의미하지 않습니다. 자바에서는 다음과 같이 구현체(중괄호 블록)가 없는 추상 메서드에 구현체(중괄화 블록)만 추가해도 '구현했다'고 판단합니다.

■ 구현되지 않은 추상 메서드

```java
public void draw();
```

➡

■ 구현된 메서드

```java
public void draw() {

}
```

따라서 중괄호 블록만 추가해서 draw() 추상 메서드를 오버라이딩하면 TriangleShapeDrawer 클래스를 인스턴스화하고 draw() 추상 메서드를 호출할 수 있는 상태가 됩니다.

그럼 실제로 ShapeDrawer 추상 클래스를 상속받고 draw() 추상 메서드를 구현한 Triangle ShapeDrawer를 인스턴스화하겠습니다.

```java
public class TriangleShapeDrawerTest {
    public static void main(String[] args) {
        TriangleShapeDrawer tsd = new TriangleShapeDrawer();
        tsd.draw();
    }
}
```
TriangleShapeDrawerTest.java

draw() 추상 메서드의 중괄호 블록에 아무 내용이 없으므로 아무것도 출력되지 않습니다. 하지만 실행 자체는 되는 것으로 보아 ShapeDrawer 추상 클래스를 상속받고 draw() 추상 메서드를 구현한 TriangleShapeDrawer 클래스의 인스턴스가 잘 생성되고 에러가 나지 않는 것을 확인할 수 있습니다.

추상 클래스 사용하기

지금부터는 본격적으로 추상 클래스를 이용해 공통 부분과 바뀌는 부분을 분리해 공통 부분은 재사용하고 바뀌는 부분만 구현해 보겠습니다. 추상 클래스는 바로 만드는 경우보다 기존 기능을 확장할 때 만들기 때문에 일반 클래스에서부터 시작해 보겠습니다.

다음은 "Hello!" 메시지를 출력하는 greet() 메서드를 가지는 일반 클래스입니다. 추상 클래스는 아니지만 기존에 만들었던 PrintHello와 구분하기 위해 AbsPrintHello라는 이름을 지었습니다.

```java
public class AbsPrintHello { // 일반 클래스(추상 클래스 아님)
    public void greet() {
        System.out.println("Hello!");
    }
}
```
AbsPrintHello.java

메서드가 한 개만 있는 경우는 추상 클래스로 잘 만들지 않습니다. 메서드가 두 개 이상인 경우에 추상 클래스 도입을 고려합니다. 여러 개의 메서드 중 재사용하면 좋은 메서드가 있을 때 추상 클래스를 사용하기 때문입니다. 메서드가 하나라면 추상 클래스를 쓸 이유가 없습니다. 그러므로 여기에 지정한 횟수만큼 반복하는 기능을 추가해 보겠습니다.

다음은 AbsPrintHello 클래스에 repeat() 메서드를 추가한 예제입니다. repeat( ) 메서드는 입력받은 횟수만큼 greet()를 호출하는 역할을 합니다. 그리고 바로 실행할 수 있도록 메인 메서드도 추가합니다.

```java
public class AbsPrintHello {
    public void repeat(int n) {
    // 입력받는 만큼 반복하기 위해 횟수 n을 받습니다.
        for (int i = 0; i < n; i++) {
            greet();  // n만큼 greet() 메서드를 호출합니다.
        }
    }
    public void greet() {
        System.out.println("Hello!");
    }

    public static void main(String[] args) {
        AbsPrintHello ph = new AbsPrintHello();
        ph.repeat(5);
    }
}
```

`AbsPrintHello.java`

실행 결과
```
Hello!
Hello!
Hello!
Hello!
Hello!
```

AbsPrintHello를 ph로 인스턴스화한 후 다섯 번 반복하기 위해 ph.repeat(5);와 같이 5를 넘겨 repeat( ) 메서드를 호출했습니다. 결과로 "Hello!"가 다섯 번 출력되었습니다.

AbsPrintHello 클래스에는 현재 두 가지 기능이 있습니다.

- "Hello!"를 출력하는 기능 → .greet()
- 입력받은 횟수만큼 반복하는 기능 → .repeat()

여기에서 새로운 요구사항이 등장합니다. "Bye!"도 출력하고 싶다는 요구사항이죠. 이 요구사항은 반복하는 기능이 아닌 출력하는 메시지를 선택할 수 있게 수정해 달라는 것이므로 repeat( ) 메서드는 재사용하면 됩니다. 그리고 greet() 메서드만 추상 메서드로 바꾸면 됩니다. 방법은 간단합니다. greet() 메서드의 중괄호 블록을 포함해 그 안에 있는 내용을 지우고 void 앞에 abstract 키워드를 붙이면 됩니다.

다음은 greet() 메서드를 추상 메서드로 변경한 AbsPrintMessage 클래스입니다. "Bye!"도 출력할 것이므로 이름도 AbsPrintMessage로 변경했습니다.

AbsPrintMessage.java

```java
public class AbsPrintMessage {
    public void repeat(int n) {
        for (int i = 0; i < n; i++) {
            greet();
        }
    }
    public abstract void greet(); // 중괄호 블록과 그 내용도 삭제함
}
```

하지만 이 클래스에는 문제가 있습니다. 인텔리제이에 다음 코드를 입력하면 빨간줄이 뜨면서 문제가 있다는 것을 알려 줍니다. 문제는 public class AbsPrintMessage 때문에 발생합니다.

AbsPrintMessage 클래스는 greet()라는 추상 메서드를 포함하고 있습니다. 클래스에 추상 메서드가 한 개라도 포함되어 있다면 클래스 선언부에 abstract라는 키워드를 붙여 해당 클래스를 추상 클래스로 선언해야 합니다. 그러므로 다음과 같이 class AbsPrintMessage 앞에 abstract를 붙여 줍니다.

AbsPrintMessage.java

```java
public abstract class AbsPrintMessage {
    public void repeat(int n) {
        for (int i = 0; i < n; i++) {
            greet();
        }
    }

    public abstract void greet();
}
```

하지만 AbsPrintMessage 추상 클래스를 인스턴스화해서 사용할 수 없습니다. 왜냐하면 앞에서 설명한 것처럼 추상 클래스를 상속받은 클래스에서 추상 메서드를 구현한 후에야 인스턴스화할 수 있기 때문입니다. 추상 메서드를 구현하는 김에 삭제했던 "Hello!"를 출력하는 기능도 다시 추가하겠습니다.

먼저 클래스를 만듭니다. 클래스 이름은 어떤 것을 써도 상관이 없지만 AbsPrintMessage를 상속받고 "Hello!"를 출력하는 기능을 넣을 것이기 때문에 클래스 이름을 **AbsPrintMessageHello**라고 지었습니다. 그리고 AbsPrintMessage를 상속받기 위해 **extends**를 붙여 선언했습니다.

```java
public class AbsPrintMessageHello extends AbsPrintMessage {        AbsPrintMessageHello.java
}
```

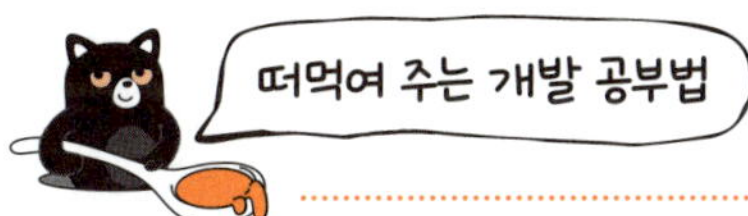

떠먹여 주는 개발 공부법

앞에서는 '어떤 도형'을 그리기 위한 ShapeDrawer를 상속받아 '삼각형'을 그리는 TriangleShapeDrawer를 만들어 보았습니다. ShapeDrawer 앞에 Triangle이라는 단어를 붙였죠. 하지만 여기에서는 반대로 PrintMessage라는 클래스 이름 뒤에 Hello라는 단어를 붙여서 구성했습니다. 단어를 어디에 붙일지는 정해진 규칙은 없습니다. 이름에 따라 실행이 될 게 안되는 것은 아니므로 상황에 맞게 또는 팀의 정책에 맞게 이름을 정하면 됩니다.

물론 extends를 쓰는 것으로 끝이 아닙니다. 추상 클래스를 상속받은 자식 클래스는 부모의 추상 메서드를 반드시 구현해야 합니다.

이번에는 직접 입력해서 추상 메서드를 구현하는 것이 아닌 인텔리제이의 자동 완성을 활용해 보겠습니다. 인텔리제이는 자식 클래스에서 부모 클래스의 추상 메서드를 자동 완성으로 구현할 수 있는 기능을 제공합니다.

01 빨간줄이 나온 곳으로 마우스 포인터를 가져가 Alt + Enter 를 누르고 **Implement methods**를 선택합니다.

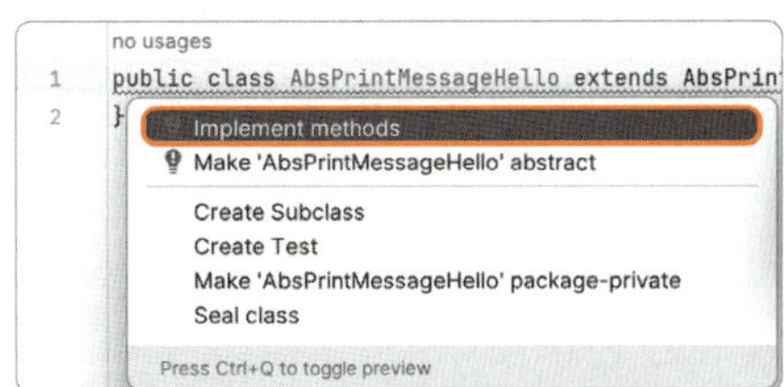

02 구현할 메서드 선택 창이 나옵니다. 추상 메서드가 하나 뿐이라 greet():void만 나옵니다. 이를 선택하고 OK를 클릭합니다.

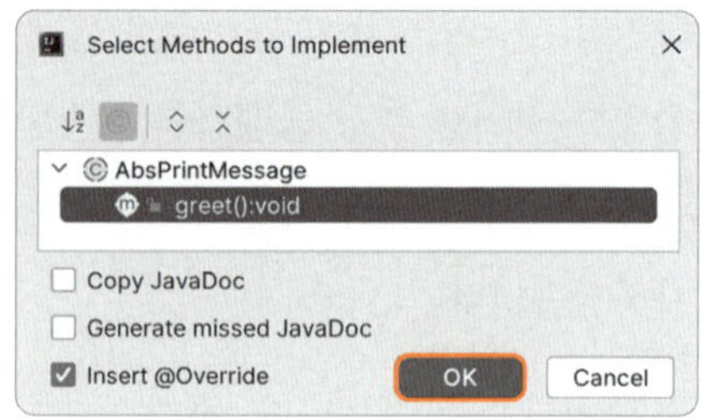

그러면 다음과 같이 부모 클래스의 greet() 메서드가 자동으로 구현됩니다.

```java
public class AbsPrintMessageHello extends AbsPrintMessage {
    @Override
    public void greet() {

    }
}
```

@Override가 추가된 이유

인텔리제이에서 자동 완성 기능을 쓰면 **어노테이션** @Override가 greet() 메서드 위에 추가됩니다. 자바에서 **@Override**는 자식 클래스에서 메서드가 오버라이드될 때 사용됩니다. @Override를 필수로 써야 하는 것은 아니지만 코드의 가독성과 유지 보수를 돕기 위해 권장되기 때문에 인텔리제이에서는 자동으로 추가해 준 것입니다.

@Override를 사용하는 이유는 크게 두 가지입니다.

첫째, 컴파일러에게 이 메서드가 부모 클래스나 인터페이스의 메서드를 오버라이드하려는 의도임을 명확하게 알려 줍니다. 만약 부모 클래스에 해당 메서드가 없다면 컴파일 에러를 발생시켜 실수를 미리 잡아낼 수 있게 해 줍니다.

둘째, 개발자가 코드를 읽을 때 이 메서드가 오버라이드된 메서드라는 것을 빠르게 인식하게 해 줍니다. 이러면 코드를 빠르게 이해할 수 있습니다.

greet() 메서드에 System.out.println("Hello!");를 추가해 .greet()의 기능을 완성해 줍니다. 그리고 new를 이용해 AbsPrintMessageHello 클래스를 인스턴스화한 후 repeat() 메서드를 호출해 봅시다.

```java
public class AbsPrintMessageHello extends AbsPrintMessage {
    @Override
    public void greet() {
        System.out.println("Hello!");
    }

    public static void main(String[] args) {
        AbsPrintMessageHello pmh = new AbsPrintMessageHello();
        pmh.repeat(5);
    }
}
```

`AbsPrintMessageHello.java`

실행 결과
```
Hello!
Hello!
Hello!
Hello!
Hello!
```

AbsPrintMessageHello는 AbsPrintMessage를 상속받은 클래스이므로 AbsPrintMessage에 있는 repeat() 메서드를 사용할 수 있습니다. 그래서 반복하는 기능을 따로 선언할 필요 없이 바로 호출만 해도 되는 것이죠.

```java
pmh.repeat(5);
```

코드에 숨겨져 있는 템플릿 메서드 패턴

이 코드에서 패턴이 숨겨져 있다는 사실 알고 계셨나요? repeat() 메서드를 살펴봅시다. repeat() 메서드에서는 greet() 메서드를 호출하고 있습니다.

```java
public void repeat(int n) {
    for (int i = 0; i < n; i++) {
        greet();
    }
}
```

부모 클래스인 AbsPrintMessage는 추상 클래스이므로 greet() 추상 메서드를 구현한 자식 클래스를 만들기 전까지 repeat() 메서드는 greet() 추상 메서드를 반복한다는 기능만 담고 있을 뿐입니다. 즉 어떤 기능을 반복할 것인지는 자식 클래스에서 결정하는 구조입니다.

이와 같이 알고리즘의 골격을 정의하는 추상 클래스를 사용하여 알고리즘의 일부 단계를 서브 클래스에서 구체화하는 방식을 **템플릿 메서드 패턴**template method pattern이라고 합니다.

자바의 세계에는 이와 같이 구조화된 설계 패턴이 많습니다. 이를 **디자인 패턴**design pattern이라고 하는데 관심이 있다면 이 책을 다 읽고 난 다음에 따로 공부해 봅시다.

이제는 요구사항을 완료할 때입니다. "Hello!"를 출력하는 기능과 별개로 "Bye!"를 출력하도록 AbsPrintMessage를 상속받은 새로운 자식 클래스인 AbsPrintMessageBye를 만들겠습니다.

```java
public class AbsPrintMessageBye extends AbsPrintMessage {
    @Override
    public void greet() {
        System.out.println("Bye!");
    }

    public static void main(String[] args) {
        AbsPrintMessageBye pmh = new AbsPrintMessageBye();
        pmh.repeat(5);
    }
}
```

AbsPrintMessageBye.java

실행 결과
```
Bye!
Bye!
Bye!
Bye!
Bye!
```

이렇게 해서 부모 클래스인 AbsParentMessage의 repeat() 기능은 그대로 사용하고 greet() 메서드만 재정의하여 사용할 수 있습니다. 추상 클래스를 활용하면 나중에 반복하는 기능에 다른 기능을 추가하더라도 부모 클래스만 수정하면 되므로 실수할 확률이 현저히 낮아집니다.

지금까지 추상 클래스를 사용하는 방법에 대해 알아보았습니다. 하지만 추상 클래스는 클래스에 기능을 추가하거나 확장을 고려할 때 사용하기 때문에 "Hello"를 "Bye"로 바꾸는 것 같이 간단한 연산에는 잘 적용하지 않습니다. 이어서 조금 더 복잡한 예제에 추상 클래스를 적용해 보고 어떤 부분이 확장이 되고 재사용이 되는지 알아보겠습니다.

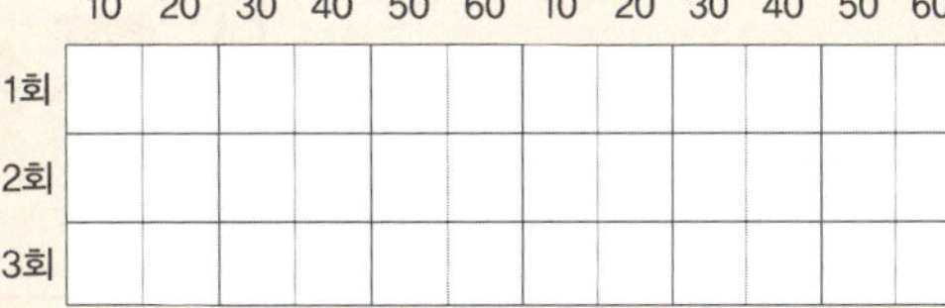

	월 일 걸린 시간: 시간 분

	10 20 30 40 50 60	10 20 30 40 50 60
1회		
2회		
3회		

필수 예제

ShapeDrawer.java	추상 메서드 한 개를 포함하고 있는 추상 클래스
TriangleShapeDrawer.java	추상 클래스를 상속받는 구현 클래스
AbsPrintMessage.java	메시지를 출력하는 추상 클래스
AbsPrintMessageHello.java	추상 클래스를 상속받아 "Hello!" 메시지를 출력하는 구현 클래스
AbsPrintMessageBye.java	추상 클래스를 상속받아 "Bye!" 메시지를 출력하는 구현 클래스

용어 및 개념

	추상 메서드	구현체(중괄호 블록)가 없는 메서드
	추상 클래스	한 개 이상의 추상 메서드를 가진 클래스
	구현 클래스	추상 클래스를 상속받아 기능을 구현하는 클래스. 실질적인 기능을 만들기 때문에 실체 클래스라고도 지칭
	디자인 패턴	구조화된 코드 설계 패턴
	템플릿 메서드 패턴	알고리즘의 골격을 정의하는 추상 클래스를 사용해 알고리즘의 일부 단계를 서브 클래스에서 구체화하는 디자인 패턴

명령어

```
접근_제어자 abstract class 클래스_이름{ ... }
접근_제어자 abstract 리턴_타입 메서드_이름();
// 추상 클래스나 추상 메서드를 선언할 때 사용하는 키워드
@Override
// 자식 클래스에서 메서드가 오버라이드될 때 사용하는 어노테이션
// 어떤 기능을 하는 것은 아니지만 이 메서드가 오버라이드된 메서드라는 것을 알리는 일종의 표식
```

추상 클래스 활용하기

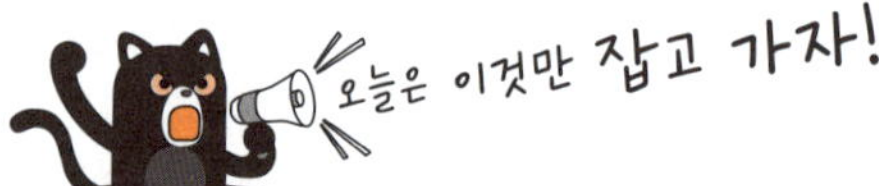

필수 예제	용어 및 개념	명령어
ShapePrinter.java	☐ 클래스 다이어그램	extends abstract
TriangleShapePrinter.java		repeat()
PyramidShapePrinter.java		@Override

직각삼각형 모양으로 별표 출력하기

별표*를 직각삼각형 형태로 출력해 보면서 추상 클래스를 조금 더 이해해 봅시다. 이번에 다룰 예제는 높이 h의 직각삼각형을 출력하는 것입니다. 높이 h만큼 반복하며 첫 번째 줄에는 * 한 개, 두 번째 줄에는 * 두 개, 세 번째 줄에는 * 세 개 순서로 *의 개수를 한 개씩 늘려 직각삼각형 모양으로 *를 출력할 수 있습니다.

```
*
**
***
****
```

이때 repeat( )이라는 자바 내장 메서드를 쓰면 비교적 편하게 개수만큼 *를 만들 수 있습니다. **repeat( )**은 특정 문자열을 지정한 개수만큼 만들어 리턴하는 메서드입니다. 예제를 살펴보며 사용 방법을 알아봅시다. 다음은 **repeat( )**을 사용해 "*"를 한 번, 두 번, 세 번 반복한 클 문자열을 만들어 출력하는 예제입니다.

```java
public class PrintStars {
    public static void main(String[] args) {
        System.out.println("*".repeat(1));
        System.out.println("*".repeat(2));
        System.out.println("*".repeat(3));
    }
}
```

PrintStars.java

실행 결과
```
*
**
***
```

repeat( )은 소괄호 블록에 넘긴 숫자만큼 지정한 문자열을 반복하는 메서드입니다. 1을 넘기면 한 번을 반복하고, 2를 넘기면 두 번을 반복하고, 3을 넘기면 세 번을 반복하는 것이죠. 이때 반복할 문자열은 repeat( ) 앞에 점. 연산자를 붙여 지정할 수 있습니다. 예제에서는 문자열 "*"를 지정했습니다.

```
"*".repeat(1)    // 문자열.repeat(반복 횟수)
"*".repeat(2)
"*".repeat(3)
```

따라서 **"*".repeat(1)**의 결과로 *, **"*".repeat(2)**의 결과로 **, **"*".repeat(3)**의 결과로 ***가 출력되어 결과적으로 3층 높이의 직각삼각형 모양이 만들어졌습니다.

note repeat( )은 자바 11에서 새로 추가된 기능입니다. 오래된 애플리케이션의 경우 여전히 자바 8 버전을 사용하는 경우가 많습니다. 따라서 그런 애플리케이션을 유지 보수할 때는 repeat( )은 쓸 수 없다는 사실을 명심해 둡시다.

지금은 높이가 3이라서 repeat( )을 세 번만 쓰면 되었습니다. 하지만 높이(h)가 5, 10, 100 등으로 커지면 어떻게 될까요? 그럼 repeat( )을 다섯 번, 열 번, 백 번 써 줘야 합니다. 이러면 코드가 엄청 복잡해집니다.

따라서 이 코드에 **for문**을 적용해 다듬어 보겠습니다. **BACK** for문은 DAY 31~32를 참고하세요.

```java
public class PrintStars {                                    // PrintStars.java
    public static void main(String[] args) {
        for (int i = 1; i <= 3; i++) { // for문으로 변경
            System.out.println("*".repeat(i));
        }
    }
}
```

실행 결과
```
*
**
***
```

하지만 아직도 기능이 충분하지 않습니다. 혹시 부족한 점을 발견했나요? 높이가 5, 10, 100인 삼각형을 출력하려면 조건식 i <= 3;을 직접 수정해야 합니다. 이 부분을 매개변수로 받아서 입력받은 횟수만큼 반복할 수 있도록 메서드를 분리해 보겠습니다.

삼각형을 그리는 메서드이므로 메서드 이름을 **draw()**라고 짓겠습니다. draw() 메서드는 출력될 삼각형의 높이에 해당하는 int 타입의 매개변수 h를 가집니다. 메인 메서드에 있는 별표 반복 출력 기능을 draw() 메서드로 분리하는 것이므로 메인 메서드에서 PrintStar 인스턴스를 생성해서 draw() 메서드를 호출하도록 수정하겠습니다. 다음과 같이 말이죠.

```java
public class PrintStars {                                    // PrintStars.java
    public void draw(int h) {                      // 반복 출력 기능 분리
        for (int i = 1; i <= h; i++) {
❷          System.out.println("*".repeat(i));
        }
    }
    public static void main(String[] args) {
        PrintStars ps = new PrintStars();   // PrintStar 인스턴스 생성
❶      ps.draw(5);
    }
}
```

실행 결과
```
**
***
****
*****
```

❶ ps라는 변수에 **PrintStars**라는 참조 타입으로 인스턴스를 생성하고 5라는 높이를 인수로 넘겨 **draw()** 메서드에 전달합니다.

```java
PrintStars ps = new PrintStars();
ps.draw(5);
```

❷ draw() 메서드는 매개변수 h로 받은 5를 for문에 전달합니다. 따라서 for문은 다섯 번 반복되어 *가 한 개부터 다섯 개까지 총 다섯 줄에 걸쳐 출력이 되었습니다.

```java
for (int i = 1; i <= h; i++) {
    System.out.println("*".repeat(i));
}
```

여기에 직각삼각형 대신 피라미드도 출력할 수 있어야 한다는 요구사항이 추가된다면 어떻게 해야 할까요? 우선 지금 draw() 메서드의 기능부터 다시 살펴보겠습니다.

- h만큼 반복하는 기능 → for()
- 한 줄을 만드는 기능 → repeat()

직각삼각형이든 피라미드든 아래로 내려갈수록 넓어지는 형태입니다. 즉 별표의 반복 횟수가 늘어나는 것이죠. 따라서 h번 반복하는 부분은 수정할 필요가 없습니다. 한 줄을 어떻게 만드는지에 따라 삼각형이 출력될 수도 있고 피라미드가 출력될 수도 있습니다.

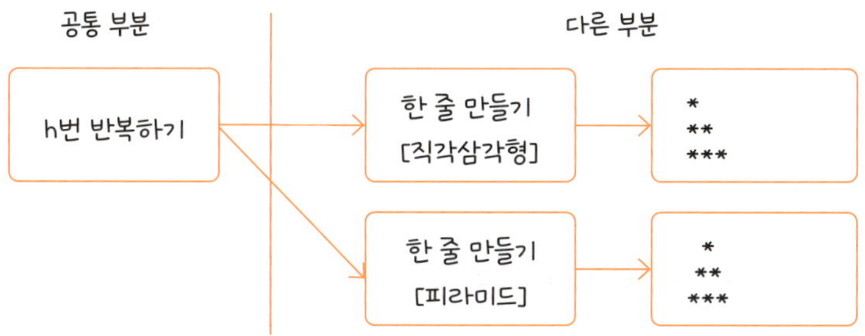

그래서 한 줄을 만드는 기능만 교체할 수 있도록 메서드를 분리합니다. 분리할 때 주의할 점은 높이에 해당하는 h와 반복 출력 횟수에 해당하는 n의 값을 받도록 두 개의 매개변수를 만들어 주어야 합니다. 사실 지금 당장은 두 개의 매개변수가 필요하지 않습니다. 하지만 피라미드를 출력할 때는 이 두 개의 값이 필요하므로 미리 만들어 두는 것입니다.

다음은 한 줄을 만드는 기능을 makeALine() 메서드로 분리한 예제입니다. 이제 draw()에는 h만큼 반복하는 기능만 남았습니다. draw() 메서드에서 makeALine()을 호출하도록 변경합니다.

```java
public class PrintStars {
    public String makeALine(int h, int n) {       // 한 줄을 만드는 기능 분리
        return "*".repeat(n);
    }
    public void draw(int h) {
        for (int i = 1; i <= h; i++) {
            System.out.println(makeALine(h, i)); // makeALine() 호출
        }
    }
    public static void main(String[] args) {
        PrintStars ps = new PrintStars();
        ps.draw(5);
    }
}
```

PrintStars.java

실행 결과
```
*
**
***
****
*****
```

분리한 후 실행해도 직각삼각형이 잘 출력되는 것을 확인할 수 있습니다.

이제 한 줄을 만드는 기능의 makeALine() 메서드만 교체해서 사용할 수 있도록 makeALine() 메서드를 **추상 메서드**로 만들겠습니다. 그리고 추상 메서드가 하나라도 포함되어 있는 클래스는 **추상 클래스**가 되므로 abstract를 이용해 ShapePrinter 클래스도 추상 클래스로 선언해야 합니다. 또한 클래스 이름도 이전 이름인 PrintStars를 그대로 사용해도 되지만 조금 더 추상적인 의미를 담은 ShapePrinter로 바꿔 줍니다.

```java
public abstract class ShapePrinter {
    public abstract String makeALine(int h, int n);

    public void draw(int h) {
        for (int i = 1; i <= h; i++) {
            System.out.println(makeALine(h, i));
        }
    }
}
```

ShapePrinter.java

추상 클래스로 만들면 바로 사용할 수 없습니다. 왜냐하면 추상 메서드인 makeALine()을 아직 구현하지 않았기 때문입니다. 이전에 사용하던 직각삼각형 출력 기능을 다시 구현하겠습니다.

우선 ShapePrinter 추상 클래스를 상속받는 TriangleShapePrinter 클래스를 만듭니다. 추상 클래스는 반드시 구현해야 하기 때문에 구체적인 내용이 없더라도 중괄호 블록을 넣어서 메서드를 오버라이딩해 주어야 합니다.

```java
public class TriangleShapePrinter extends ShapePrinter {

    @Override
    public String makeALine(int h, int n) {
        return null;
    }
}
```

TriangleShapePrinter.java

다음으로 앞에서 만들었던 직각삼각형을 출력하는 기능을 구현해 줍니다. 구현 결과를 바로 확인하기 위해서 메인 메서드를 추가하고 별표를 출력해 보겠습니다.

```java
public class TriangleShapePrinter extends ShapePrinter {

    @Override
    public String makeALine(int h, int n) {
        return "*".repeat(n);
    }

    public static void main(String[] args) {
        TriangleShapePrinter tsp = new TriangleShapePrinter();
        tsp.draw(3);
    }
}
```

TriangleShapePrinter.java

실행 결과

```
*
**
***
```

makeALine() 메서드는 매개변수로 넘겨받은 n만큼 별표를 만들어서 리턴해 줍니다. tsp. draw(3);으로 실행했기 때문에 3층의 직각삼각형이 출력되는 것을 확인할 수 있습니다. 이렇게 해서 직각삼각형 모양으로 별표 출력 기능을 모두 구현했습니다. 이어서 repeat() 메서드는 재사용하고 makeALine() 메서드만 다시 구현해 피라미드 모양으로 별표 출력 기능을 만들어 보겠습니다.

피라미드 모양으로 별표 출력하기

3층 높이의 피라미드를 출력하면 다음과 같은 모양이 됩니다. 앞에서 출력했던 직각삼각형과는 한 줄에 출력되는 별표의 개수도 다르고 위치도 다릅니다.

```
  *
 ***
*****
```

앞에서 직각삼각형을 출력할 때는 별표를 *, **, *** 순으로 한 개씩 늘려가면서 출력했습니다. 하지만 피라미드의 경우는 앞의 그림과 같이 별표가 *, ***, ***** 순으로 두 개씩 증가합니다.

하지만 그냥 별표를 두 개씩 증가시키면 어떻게 될까요? 다음과 같이 직각삼각형 모양이 됩니다. 그렇다면 피라미드 모양을 만들려면 어떻게 해야 할까요? 두 개씩 증가하는 직각삼각형의 별표 앞에 공백을 추가하면 됩니다.

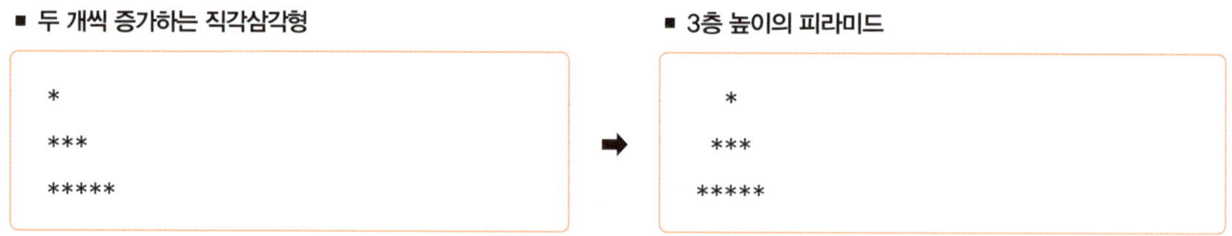

그러므로 지금부터 직각삼각형 모양으로 별표를 출력하는 기능을 변형하여 피라미드 모양을 출력해 보겠습니다. 먼저 *를 두 개씩 증가시켜 출력하는 기능부터 추가해 보겠습니다.

피라미드 모양으로 출력하는 부분만 다르게 구현하기 위해 ShapePrinter 추상 클래스를 상속받아 PyramidShapePrinter 클래스를 구현합니다. makeALine() 추상 메서드도 오버라이딩해 줍니다.

```java
public class PyramidShapePrinter extends ShapePrinter {

    @Override
    public String makeALine(int h, int n) {
    }
}
```


두 개씩 증가시키려면 '2 * n' 식을 사용할 수 있습니다. 하지만 '2 * n'의 경우 최소 2부터 출력되기 때문에 피라미드 모양이 부자연스럽습니다. 피라미드 모양은 별표가 홀수 단위로 출력되기 때문이죠. 첫 번째 줄에 별표를 한 개만 출력하려면 '2 * n − 1' 식을 사용해야 합니다. 그러면 이제 홀수 단위로 별표가 만들어질 것입니다. 예제를 살펴봅시다.

다음은 '2 * n − 1'을 이용해 홀수 단위로 별표를 두 개씩 증가시키는 makeALine() 메서드입니다.

```java
public class PyramidShapePrinter extends ShapePrinter {

    @Override
    public String makeALine(int h, int n) {
        return "*".repeat(2 * n - 1);
    }

    public static void main(String[] args) {
        PyramidShapePrinter psp = new PyramidShapePrinter();
        psp.draw(5);
    }
}
```


실행 결과

```
*
***
*****
*******
*********
```

draw() 메서드에 5를 넣고 호출하면 총 다섯 줄이 출력됩니다. 각 줄은 1부터 2씩 증가하므로 각 줄마다 별표가 1, 3, 5, 7, 9개 출력됩니다. 이제 공백을 출력하는 기능을 추가해 보겠습니다.

공백을 아무렇게나 넣어서는 안 됩니다. 공백을 출력하기에 앞서 어떻게 공백을 추가해야 하는지 그 패턴을 살펴보겠습니다. 앞서 살펴본 피라미드에서 공백을 0으로 교체해 보면 다음과 같습니다.

```
00*
0***
*****
```

첫 번째 줄에는 공백이 두 개, 두 번째 줄에는 공백이 한 개, 세 번째 줄에는 공백이 없습니다. 공백의 개수가 하나씩 줄어드는 것 같습니다. 하지만 아직 공백의 패턴이 잘 보이지 않습니다. 한 층 더 올려서 패턴을 살펴보겠습니다.

피라미드가 4층이라면 공백과 별은 다음과 같이 출력될 것입니다.

```
000*
00***
0*****
*******
```

첫 번째 줄은 000*로 공백이 세 개, 두 번째 줄은 00***로 공백이 두 개, 세 번째 줄은 0*****로 공백이 한 개, 마지막 줄은 *******로 공백이 없습니다. 이제 공백이 출력되는 규칙이 보이나요? 이 내용을 표로 옮겨 보겠습니다.

높이(줄 수)	별표 개수	공백
1	1	3
2	3	2
3	5	1
4	7	0

공백의 개수는 높이가 4일 때 위에서부터 3, 2, 1, 0 순으로 변합니다. 아까 높이 3일 때는 공백의 개수가 2, 1, 0 순으로 변했죠. 이를 통해 유추해 보면 높이가 n일 때, 공백의 개수는 n−1, n−2, n−3 … n−n이라는 패턴을 발견할 수 있습니다.

피라미드 모양으로 별표 출력 기능을 구현할 때 어려운 점은 공백 추가입니다. 왜냐하면 증가와 감소가 동시에 이루어져야 하기 때문이죠. for문에서 i는 1부터 1씩 증가하고 별 개수는 1부터 2씩 증가합니다. 여기까지는 할만 합니다만 i가 1씩 증가할 때 공백은 3부터 1씩 감소하게 만들어야 하는 부분은 조금 까다롭습니다.

별표 개수를 출력하는 식은 '2 * i − 1'로 앞에서 만들었습니다. 이처럼 별표만 출력하려면 i만 이용하면 되지만 공백을 출력하려면 값이 한 개 더 필요합니다. 바로 높이입니다. 앞서 직각삼각형 모양으로 별표 출력하는 기능을 만들 때 makeALine()에 int 타입의 매개변수 h, n을 두 개 만들었습니다. 여기서 h가 높이인데, 바로 지금 사용하는 것이죠.

반복문의 i와 높이 h를 이용해 공백 개수를 구하는 식을 만들 수 있습니다. i가 1일 때 공백 개수는 3, 2일 때 2, 3일 때 1, 4일 때 0이므로 h − i가 공백의 개수를 구하는 식이 됩니다. 다음은 i가 1부터 4까지 증가하고 h가 4일 때 별표 출력 식과 공백 출력 식을 보여 주는 표입니다.

i	별표 출력 식(2 * i − 1)	별표 개수	공백 출력 식(h − i)	공백
1	2 * 1 − 1	1	4 − 1	3
2	2 * 2 − 1	3	4 − 2	2
3	2 * 3 − 1	5	4 − 3	1
4	2 * 4 − 1	7	4 − 4	0

공백 출력 식 'h − i'도 찾았습니다. 이 식을 적용해 공백을 출력하는 기능을 makeALine() 메서드에 추가해 보겠습니다.

```java
public class PyramidShapePrinter extends ShapePrinter {

    @Override
    public String makeALine(int h, int n) {
        return " ".repeat(h - n) + "*".repeat(2 * n - 1);
    }

    public static void main(String[] args) {
        PyramidShapePrinter psp = new PyramidShapePrinter();
        psp.draw(5);
    }
}
```

PyramidShapePrinter.java

실행 결과
```
    *
   ***
  *****
 *******
*********
```

makeALine() 메서드는 높이 h와 현재 몇 번째 줄인지를 알려 주는 n을 받습니다. 따라서 별다른 수정 없이 " ".repeat(h − n)을 기존의 별표 출력 기능 앞에 더하기 연산자로 연결해 주기만 하면 됩니다.

```java
public String makeALine(int h, int n) {
    return " ".repeat(h - n) + "*".repeat(2 * n - 1);
}
```

이렇게 별표 앞에 공백이 출력되어 피라미드 모양이 완성되었습니다. 지금까지 한 개의 추상 클래스 ShapePrinter와 이 추상 클래스를 상속받은 두 개의 클래스 TriangleShapePrinter, PyramidShapePrinter를 만들어 보았습니다. 다음은 세 클래스의 관계를 나타내는 **클래스 다이어그램**입니다.

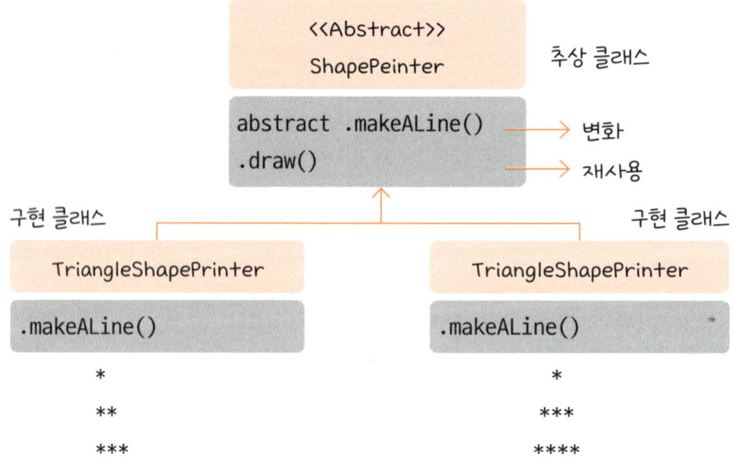

TriangleShapePrinter, PyramidShapePrinter 클래스가 makeALine() 추상 메서드를 구현하고 ShapePrinter 추상 클래스는 일반 메서드로 draw() 메서드를 가지고 있습니다.

여기에서는 화살표가 TriangleShapePrinter, PyramidShapePrinter 클래스에서 나와서 추상 클래스인 ShapePrinter 클래스로 향하고 있습니다. 이 뜻은 TriangleShapePrinter, PyramidShapePrinter 클래스가 ShapePrinter 추상 클래스를 사용했다는 것을 의미합니다.

지금까지 추상 클래스에 대해 알아보았습니다. 추상 클래스를 사용하면 재사용할 부분은 그대로 둔 채로 바뀌는 부분만 교체해 줄 수 있습니다.

통합 모델링 언어(UML)와 클래스 다이어그램

클래스 다이어그램은 통합 모델링 언어UML의 다양한 다이어그램 중 하나로 클래스들 간의 관계와 구조를 보여 주는 것에 사용됩니다. 자바는 클래스로 구성되어 있습니다. 이 클래스 간의 관계를 표현하는 방식을 **클래스 다이어그램**이라고 합니다. 마치 음악은 소리지만 '악보'로 표현하는 것처럼 클래스를 '이름'과 '멤버 변수'와 '메서드'로 표현한 것입니다.

Object 클래스: Java에서 Object 클래스는 모든 클래스의 최상위 부모 클래스입니다. 자바에서 정의된 모든 클래스는 암묵적으로 Object 클래스를 상속받습니다. 이는 자바 언어의 기본 특징이며, 모든 객체가 Object 클래스의 메서드를 사용할 수 있습니다. Object 클래스는 equals(), toString() 등 자바에서 많이 사용하는 메서드를 제공합니다.

public boolean equals(Object obj): 두 객체가 같은지 비교할 때 사용합니다. 기본 구현은 두 객체의 참조가 같은지를 비교하며 필요에 따라 메서드를 오버라이드하여 객체의 논리적 동등성을 정의합니다.

public final Class〈?〉 getClass(): 런타임 시 객체의 클래스 정보를 반환합니다. 이를 통해 클래스의 메타데이터에 접근할 수 있습니다.

public int hashCode(): 객체의 해시 코드를 반환합니다. 해시 코드는 해시 기반 컬렉션(예: HashMap, HashSet)에서 객체를 사용할 때 필요합니다. 이 메서드를 오버라이드할 때는 equals() 메서드와의 일관성을 유지해야 합니다.

public String toString(): 객체의 문자열 표현을 반환합니다. 기본 구현은 객체의 클래스 이름과 해시 코드의 16진수 표현을 반환합니다. 객체의 의미 있는 문자열을 표현하기 위해 이 메서드를 오버라이드할 수 있습니다.

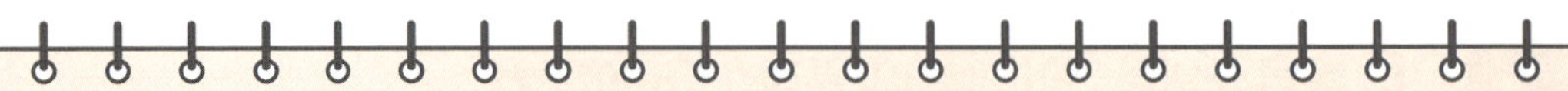

_____월 _____일 걸린 시간: _____시간 _____분

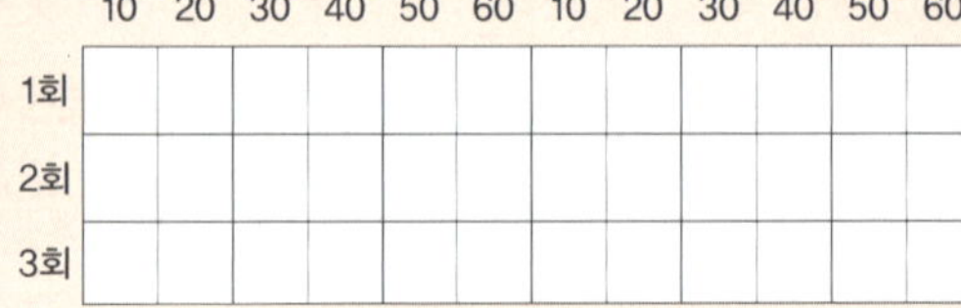

	10	20	30	40	50	60	10	20	30	40	50	60
1회												
2회												
3회												

필수 예제

ShapePrinter.java	추상 메서드 한 개를 포함하고 있는 추상 클래스
TriangleShapePrinter.java	추상 클래스를 상속받는 구현 클래스
PyramidShapePrinter.java	추상 클래스를 상속받아 메서드를 재사용하는 클래스

용어 및 개념

☐ **클래스 다이어그램**	– 통합 모델링 언어(UML)의 다양한 다이어그램 중 하나
	– 클래스 간의 관계와 구조를 보여 주는 것에 사용

명령어

```java
public class PyramidShapePrinter extends ShapePrinter {
// 자식 클래스에서 부모 클래스의 멤버 변수와 메서드를 상속받을 수 있게 하는 키워드
public abstract String makeALine(int h, int n);
// 추상 클래스나 추상 메서드를 선언할 때 사용하는 키워드
System.out.println("*".repeat(1));
// 특정 문자열을 지정한 개수만큼 만들어 리턴하는 내장 메서드
@Override
public String makeALine(int h, int n) { ... }
// 자식 클래스에서 메서드가 오버라이드될 때 사용하는 어노테이션
// 어떤 기능을 하는 것은 아니지만 이 메서드가 오버라이드된 메서드라는 것을 알리는 일종의 표식
```

인터페이스

인터페이스는 객체 지향 프로그래밍의 꽃입니다. 인터페이스를 이용하면 의존성을 줄일 수 있고 확장에는 열려 있으며 변화에는 닫혀 있도록 객체를 설계할 수 있습니다. CHAPTER 10에서는 인터페이스를 이용해 '의존성을 줄인다는 것'의 의미, '확장에 열려있다'는 의미에 대해 자세히 알아보겠습니다.

인터페이스 알아보기

필수 예제	용어 및 개념		명령어
Calculatorable.java	☐ 인터페이스	☐ 의존성	interface
PlusCalculator.java	☐ 실체화	☐ 강결합	implements
PlusCalculatorTest.java	☐ 업캐스팅	☐ 약결합	

실생활에서 볼 수 있는 대표적인 인터페이스 예제는 USB입니다. 규격만 지키면 키보드, 마우스, 웹캠, 메모리 스틱 등 어떤 것이라도 USB 포트에 꽂아서 그 기능을 쓸 수 있습니다. USB 규격을 이용하면 PC나 노트북에 따로 손을 대지 않고도 기능을 확장할 수 있습니다.

이처럼 **인터페이스**^{interface}는 서로 다른 장치나 시스템 간 신호를 주고받는 접점을 의미합니다. 더 넓은 의미로는 컴퓨터와 사용자 간의 통신이 가능하도록 하는 장치 또는 프로그램입니다. 이와 유사하게 **자바 인터페이스**는 개발자가 작성한 자바 클래스 간의 협업을 위한 규약을 제공하는 일종의 추상 클래스입니다.

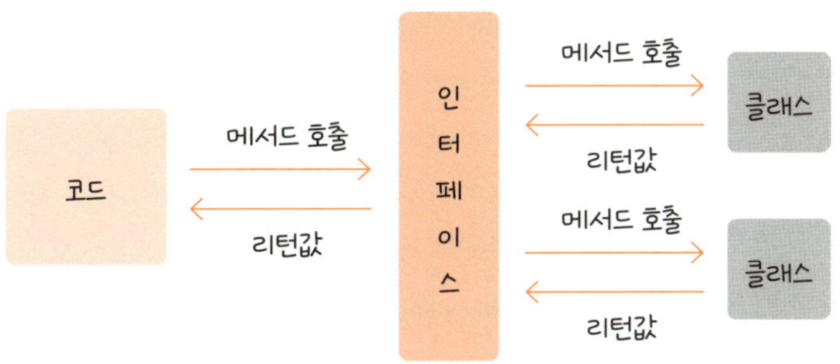

자바 인터페이스는 클래스가 특정한 메서드를 반드시 구현하도록 요구합니다. 여기에서 '구현하도록 요구한다'는 것은 규격에 맞춰 USB 포트에 연결하는 것과 비교할 수 있습니다. USB 규격만 맞추면 마우스를 크게 만들든, 작게 만들든, 게임용으로 버튼을 다섯 개를 더 만들든, 손목을 보호하기 위해 버티컬 마우스로 만들든 형태에 상관없이 USB 포트에 꽂아 연결할 수 있습니다.

인터페이스 선언하기

앞서 인터페이스를 일종의 추상 클래스라고 했습니다. 즉 인터페이스는 추상 메서드의 모임인 것이죠. 하지만 클래스를 선언할 때와는 다르게 **인터페이스**는 interface 키워드를 이용해 선언합니다. 또한 인터페이스의 추상 메서드는 주로 매개변수를 받도록 만듭니다. 매개변수는 다음과 같이 두 개 이상 만들 수 있습니다.

```
접근_제어자 interface 인터페이스_이름 {
    리턴_타입 메서드_이름(타입1 매개변수_이름1, 타입2 매개변수_이름2 ...);
}
```

인터페이스 이름은 클래스 이름과 동일한 규칙을 적용해 짓습니다. 다만 클래스와 구별하기 위해 끝에 ible, able을 붙여 짓는 경우도 있습니다. BACK 클래스 이름 규칙은 63쪽을 참고하세요.

이제 자바로 인터페이스를 만들어 보겠습니다. 다음은 Calculatorable이라는 인터페이스입니다. 이 인터페이스는 calculate() 추상 메서드를 하나 가지고 있습니다. 이 추상 메서드는 두 개의 int 타입 값을 받아서 다시 int 타입을 리턴합니다.

```java
// Calculatorable.java
public interface Calculatorable {
    int calculate(int val1, int val2);
}
```

인터페이스는 규격같은 것입니다. 앞에서 USB 포트에 비유를 했는데요. USB 포트만 있으면 '연결'은 할 수 있지만 마우스든 웹캠이든 실제 제품이 있어야 기능을 사용할 수 있는 것은 당연합니다. 그래서 인터페이스를 반드시 구현해 주어야 합니다. 이어서 인터페이스를 구현하는 방법을 알아보겠습니다.

인텔리제이에서 인터페이스 생성하기

인텔리제이에서는 인터페이스를 바로 생성할 수 있는 편리한 기능을 제공합니다. 인텔리제이에서 인터페이스를 생성하려면 클래스를 생성하는 기능을 이용하면 됩니다.

우선 인터페이스를 생성하고 싶은 패키지에서 **마우스 오른쪽 버튼 – New – Java Class**를 클릭합니다. 클래스를 생성하는 창이 나타나면 아래 메뉴에서 Interface를 선택한 후 이름을 입력합니다. 여기서는 앞서 선언한 인터페이스 이름인 Calculatorable을 입력했습니다.

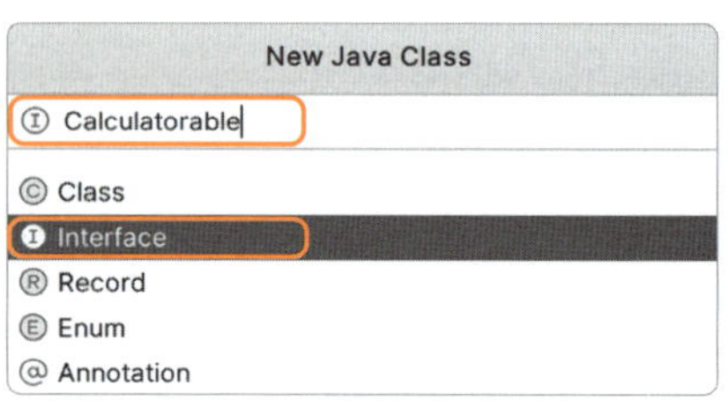

그러면 다음과 같이 패키지에 Calculatorable 인터페이스가 추가된 것을 확인할 수 있습니다. 참고로 여기서 ①는 인텔리제이에서 이 파일이 인터페이스라는 사실을 알려 주는 표시입니다.

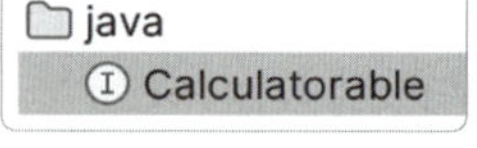

인터페이스 구현하기

인터페이스를 선언했다면 구현해 주어야 합니다. 다음과 같이 implements 키워드를 이용해 인터페이스를 구현할 수 있습니다. implements는 '구현'이라는 뜻입니다.

```
접근_제어자 class 클래스_이름 implements 구현할_인터페이스_이름 {
}
```

implements 키워드를 이용해 앞에서 만든 Calculatorable 인터페이스를 바로 구현해 보겠습니다. 다음은 Calculatorable 인터페이스를 상속받는 PlusCalculator 클래스입니다.

```
public class PlusCalculator implements Calculatorable {        PlusCalculator.java
}
```

하지만 에러가 발생합니다. Calculatorable 인터페이스에 calculate()라는 추상 메서드가 선언되어 있는데 이를 구현해 주지 않았기 때문입니다. 이 추상 메서드를 구현해 주어야 합니다.

○ 추상 메서드를 구현하지 않으면 에러가 난다는 내용이 이해가 되지 않는다면 인터페이스를 학습하기 어렵습니다. 만약 이해가 되지 않는다면 546쪽의 〈추상 클래스를 상속받아 구현하는 방법〉을 다시 살펴보세요.

인터페이스만 implements 키워드로 구현하고 인터페이스에 선언된 추상 메서드를 구현하지 않는 것은 USB 장치에 연결할 수 있는 부분만 있고 실제 제품은 없는 것과 같습니다.

USB 포트에 USB 단자를 연결했는데 아무 일도 일어나지 않는 것이죠. USB 단자에 구체적인 기능을 담당하는 장치를 붙여 구현해야 PC나 노트북의 기능을 확장할 수 있습니다.

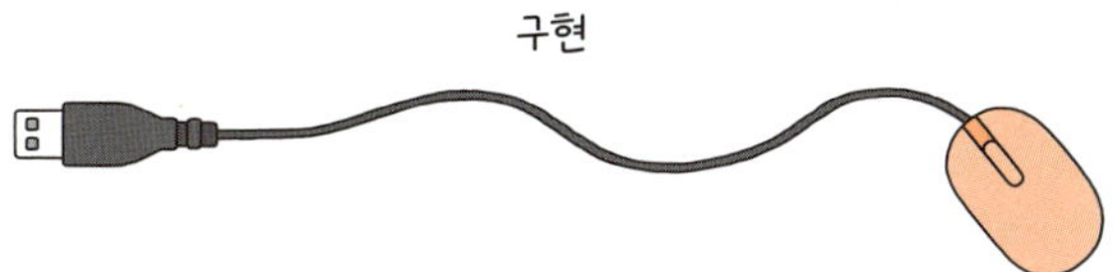

인터페이스에 선언한 추상 메서드를 구현하지 않으면 인터페이스가 아무런 역할도 하지 못합니다. USB 포트에 마우스를 구현하듯이 PlusCalculator 클래스에 Calculatorable 인터페이스의 구체적인 기능을 구현해 보겠습니다.

다음은 PlusCalculator 클래스에 Calculatorable 인터페이스의 calculate 추상 메서드를 오버라이딩해 구현한 예제입니다. PlusCalculator라는 클래스 이름에 맞게 두 값을 매개변수 val1, val2로 받아서 더하는 기능을 추가했습니다. 더하기 말고도 다른 기능을 구현해 볼 수 있지만 일단 인터페이스의 상속과 구현에 대한 예제이므로 간단한 더하기 기능만 넣었습니다.

```java
public class PlusCalculator implements Calculatorable {
    @Override
    public int calculate(int val1, int val2) {
        return val1 + val2;
    }
}
```
PlusCalculator.java

인터페이스의 calculate() 추상 메서드의 구현이 완료되었습니다. 이제 Calculatorable 인터페이스의 구현체인 PlusCalculator 클래스가 이상 없이 작동하는지 테스트 클래스를 만들어서 실행해 보겠습니다.

다음은 PlusCalculator 클래스를 인스턴스화한 후 calculate() 메서드를 호출하고 그 결과 값을 출력하는 예제입니다.

```java
public class PlusCalculatorTest {
    public static void main(String[] args) {
        Calculatorable PlusCalculator = new PlusCalculator();
        System.out.println(PlusCalculator.calculate(10, 20));
    }
}
```
PlusCalculatorTest.java

실행 결과

```
30
```

return val1 + val2;와 같이 매개변수로 받은 두 값을 더해 리턴하도록 calculate() 추상 메서드를 구현했습니다. 따라서 10, 20을 넘겼을 때 더한 값인 30이 출력되었습니다.

다음은 Calculatorable 인터페이스와 PlusCalculator 클래스의 관계를 나타낸 클래스 다이어그램입니다.

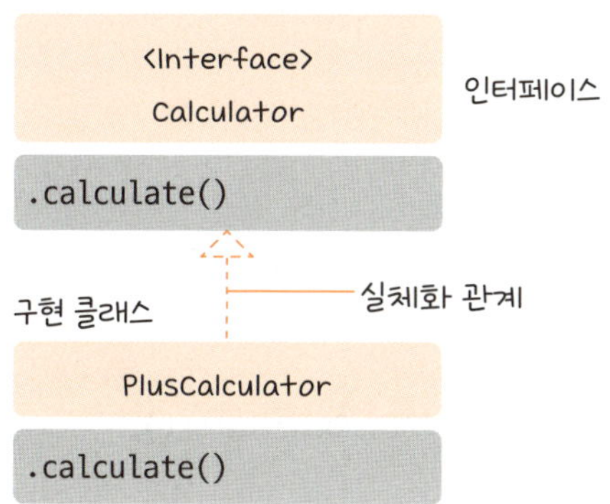

이 다이어그램에서 인터페이스와 구현 클래스는 빈 삼각형에 점선으로 연결되어 있습니다. 이를 **실체화**realization 관계라고 합니다. 실체화란 PlusCalculator 클래스는 Calculatorable 인터페이스의 추상 메서드인 calculate()를 구현하고 있다는 뜻입니다.

인텔리제이 자동 완성으로 인터페이스 추상 메서드 구현하기

PlusCalculator 클래스로 추상 메서드를 구현하지 않고 Calculatorable 인터페이스만 구현할 경우 인텔리제이에서는 빨간줄로 문제가 있다는 것을 알려 줍니다. 이때 CHAPTER 09에서 추상 메서드를 자동 완성으로 구현했던 것처럼 인터페이스의 추상 메서드 역시 자동 완성 기능으로 구현할 수 있습니다. **BACK** 인텔리제이 자동 완성으로 추상 메서드 구현은 551쪽을 참고하세요.

Alt + Enter 를 누르고 **Implement methods**를 선택합니다. 구현할 메서드 선택 창에서 **calculate()**를 선택하고 **OK**를 클릭합니다. 그러면 다음과 같이 메서드가 자동 완성되는 것이죠.

```java
public class PlusCalculator implements Calculatorable {
    @Override
    public int calculate(int val1, int val2) {
        return 0;
    }
}
```

구체적인 기능까지는 자동 완성되지 않으므로 중괄호 블록에는 return 0;이 입력된 것을 볼 수 있습니다. 이처럼 인텔리제이는 구현이 아직 안 된 추상 메서드를 자동으로 구현하는 기능을 제공하고 있습니다. 실제로도 많이 사용되는 기능이니 그 사용법을 익혀 둡시다.

업캐스팅

앞서 PlusCalculatorTest 클래스 코드에는 조금 특별한 부분이 있습니다. 바로 다음 코드입니다.

```
Calculatorable PlusCalculator = new PlusCalculator();
```

PlusCalculator 클래스를 본인의 PlusCalculator 타입이 아닌 인터페이스의 Calculatorable 타입으로 인스턴스화한 것을 볼 수 있습니다. 타입이 다른데 어떻게 가능한 것일까요?

PlusCalculator 클래스는 Calculatorable 인터페이스를 상속받았으므로 Calculatorable과 PlusCalculator는 부모-자식 관계입니다. 객체 지향 프로그래밍에서는 이러한 부모-자식 관계에서 보이지 않게(암시적으로) 자식 클래스 객체를 부모 클래스 타입으로 캐스팅하는 것을 지원합니다. 그것이 바로 업캐스팅^{upcasting}입니다. 따라서 타입이 다른데 Calculatorable plusCalculator = new PlusCalculator();와 같은 코드를 사용할 수 있는 거죠. BACK 타입 캐스팅은 DAY 14를 참고하세요.

업캐스팅은 부모 클래스 타입으로 바뀌는 것이므로 부모 클래스에 있는 메서드만 쓸 수 있다는 한계가 있습니다. 하지만 바꾸어 말하면 부모 인터페이스를 구현한 자식 클래스는 부모 인터페이스가 사용된 곳이라면 어디서든 사용될 수 있습니다.

예를 들어 다음과 같이 Calculatorable 인터페이스를 구현한 PlusCalculator 클래스에 checkEven() 메서드를 추가합니다.

```java
public class PlusCalculator implements Calculatorable {
    public int calculate(int val1, int val2) {
        return val1 + val2;
    }
    public boolean checkEven(int num) {
        return num % 2 == 0;
    }
}
```

그런 다음 Calculatorable 타입으로 업캐스팅해 checkEven() 메서드를 호출하면 checkEven()
메서드를 찾을 수 없다는 에러가 발생합니다. 즉 업캐스팅하면 부모 인터페이스(Calculatorable)
에 있는 메서드만 사용할 수 있는 것이죠.

```java
public class PlusCalculatorTest {
    public static void main(String[] args) {
        Calculatorable PlusCalculator = new PlusCalculator();
        PlusCalculator.checkEven(10); // 사용 불가
    }
}
```

이러한 제약이 있지만 확장성이라는 장점을 취할 수 있어 인터페이스를 사용합니다.

tip checkEven() 메서드를 이용하고 싶다면 이때까지 해왔던 것과 같이 Calculatorable로 업캐스팅하는 대신 PlusCalculator
타입으로 선언하면 됩니다.

다른 계산도 구현하기

Calculatorable 인터페이스의 calculate( ) 추상 메서드는 int 타입의 값 두 개를 받아서 int 타입을
리턴합니다. 앞에서는 val1 + val2를 리턴하도록 코드를 만들었지만 이번에는 10 * val1 − val2
를 리턴하도록 만들어 보겠습니다.

다음은 Calculatorable 인터페이스를 상속받아 SomeCalculator 클래스를 만들고 calculate()
메서드를 구현한 예제입니다.

```java
public class SomeCalculator implements Calculatorable {
    @Override
    public int calculate(int val1, int val2) {
        return 10 * val1 − val2;
    }
}
```
SomeCalculator.java

이어서 SomeCalculator 클래스를 Calculatorable 타입으로 업캐스팅을 하고 calculate() 메
서드를 호출해 보겠습니다. 다음 예제에서 PlusCalculator와 SomeCalculator 클래스 모두
Calculatorable 타입이 될 수 있다는 사실을 꼭 다시 한번 확인해 보세요. 이 점은 객체 지향 프로

그래밍에서 아주 중요합니다.

```java
public class SomeCalculatorTest {
    public static void main(String[] args) {
        Calculatorable plusCalculator = new PlusCalculator();
        Calculatorable someCalculator = new SomeCalculator();
        System.out.println(plusCalculator.calculate(10, 20));
        System.out.println(someCalculator.calculate(20, 30));
    }
}
```


SomeCalculator 클래스의 calculate() 메서드를 10 * val1 − val2로 구현했으므로 20, 30을 넘기면 170이 출력되는 것을 확인할 수 있습니다. PlusCalculator 클래스는 이전과 똑같이 30이 출력되는 것을 확인할 수 있습니다.

Calculatorable 인터페이스와 PlusCalculator, SomeCalculator 클래스의 관계를 표현하면 다음의 클래스 다이어그램과 같습니다. PlusCalculator, SomeCalculator 클래스는 Calculatorable 인터페이스를 구체화한 클래스이며 부모−자식 관계입니다.

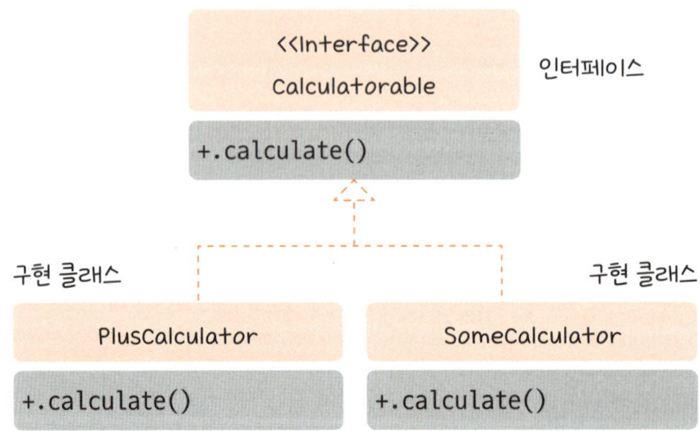

이처럼 인터페이스를 사용하면 하나의 인터페이스로 비슷한 기능을 쉽게 구현할 수 있습니다.

인터페이스를 사용하는 이유

인터페이스를 쓰는 이유는 **의존성**dependency을 줄이기 위함입니다. 프로그램에 기능을 추가하다 보면 클래스를 여러 개 만들게 되고, 클래스 간 서로 호출하는 의존 관계가 생깁니다. 의존 관계가 계속 늘어나는 상황에서 구체적인 클래스에 의존하게 되면 의존성은 더더욱 커집니다. 의존성이 커지면 프로그램을 수정하기 어려워집니다. 그러므로 의존성을 줄이기 위해 구체적인 클래스보다 추상적인 인터페이스를 사용합니다.

다음은 계산(calculate)하는 업무를 직원(Employee)이 한다고 했을 때 클래스를 직접 참조하는 경우와 인터페이스를 참조하는 경우를 나타내는 예제입니다. 보통 클래스를 직접 참조하는 경우는 **강결합**, 인터페이스를 참조하는 경우는 **약결합**으로 표현합니다.

다음은 Employee 클래스에서 PlusCalculator 클래스를 직접 멤버 변수로 선언해 사용하고 있는 강결합된 예제입니다.

```java
public class Employee {
    private PlusCalculator plusCalculator;

    public Employee() {
        this.plusCalculator = new PlusCalculator();
    }

    public void startCalculate() {
        plusCalculator.calculate();
    }
}
```

다이어그램으로 나타내면 다음과 같습니다. Employee 클래스에 **–plusCalculator :Plus Calculator**라고 되어 있는 부분은 plusCalculator 멤버 변수가 PlusCalculator 타입으로 선언되어 있다는 의미입니다.

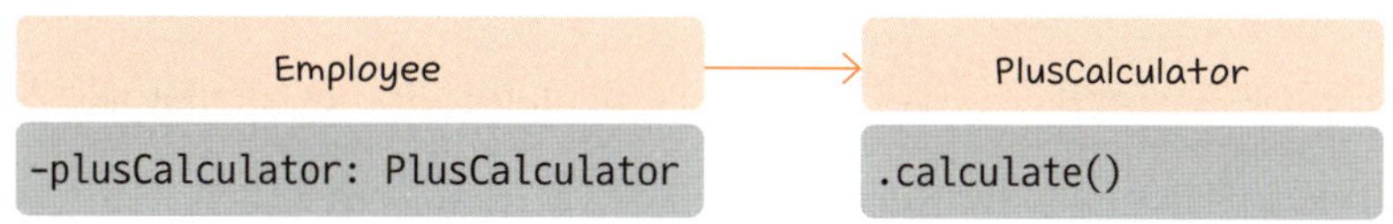

Employee 클래스에서 PlusCalculator 클래스를 직접 사용하고 있기 때문에 val1 + val2 대신 다른 연산으로 교체하고 싶다면 PlusCalculator 클래스를 직접 수정해야 합니다. 그렇지 않고 PlusCalculator 클래스를 SomeCalculator 클래스와 같이 다른 연산을 하는 클래스로 바꾸는 방

법을 사용한다고 하면 다음과 같이 Employee 클래스를 많이 수정해야 합니다.

```java
public class Employee {
    private SomeCalculator someCalculator;

    public Employee() {
        this.someCalculator = new SomeCalculator();
    }

    public void startCalculate() {
        someCalculator.calculate();
    }
}
```

이러한 문제를 인터페이스를 사용하는 약결합으로 해결할 수 있습니다. 다음은 Employee 클래스에서 Calculatorable 인터페이스를 멤버 변수로 선언해 사용하는 예제입니다.

```java
public class Employee {
    private Calculatorable calculatorable;

    public Employee(Calculatorable calculatorable) {
        this.calculatorable = new Calculatorable();
    }

    public void startCalculate() {
        calculatorable.calculate();
    }
}
```

Employee 클래스와 구체적인 구현 클래스인 PlusCalculator, SomeCalculator는 서로의 존재를 모르는 상태입니다. 서로 Calculatorable 인터페이스만을 알고 있을 뿐이죠.

그렇지만 Calculatorable 인터페이스에는 calculator() 메서드가 있고 이를 PlusCalculator, SomeCalculator 클래스가 구현하고 있죠. 이러면 업스캐팅에 의해 PlusCalculator와 SomeCalculator 클래스는 모두 Calculatorable 타입의 calculatorable 멤버 변수에 대입될 수 있

습니다. 따라서 Employee 클래스나 PlusCalculator 클래스의 코드를 변경할 필요 없이 생성자를 통해 PlusCalculator와 SomeCalculator 클래스의 인수로 받아 멤버 변수에 대입하기만 하면 연산을 교체할 수 있는 것이죠.

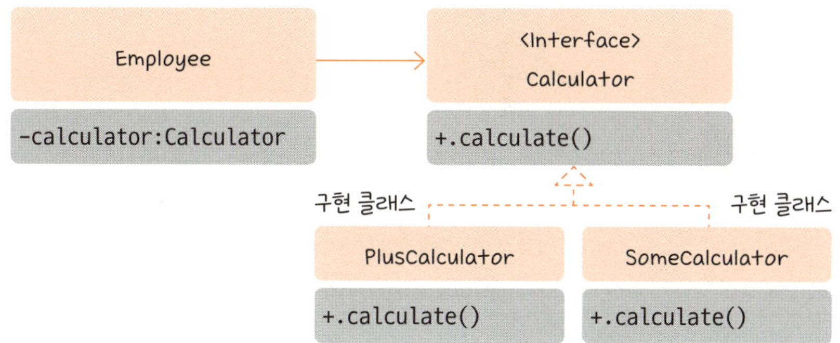

이처럼 인터페이스를 이용하면 강결합을 약결합으로, 결합도를 낮출 수 있습니다. **결합도**를 낮춘다는 것은 프로그램이 유연해진다는 것을 의미합니다. 하지만 인터페이스를 도입해 결합도를 낮추면 반대로 **복잡도**가 증가하게 됩니다. 얻는 것이 있으면 잃는 것이 있죠. 자동차를 타면 편리하지만 매년 자동차세를 내야 하고 기름이 떨어지면 기름을 넣어 주어야 하는 것처럼 말이죠.

복잡도가 증가함에도 인터페이스를 쓰면 확장에 유리합니다. 확장이 반드시 필요하다면 인터페이스를 사용해야 합니다. 다만 당장 확장할 필요가 없거나 또는 프로젝트 마감 시한이 얼마 남지 않았다면 시간 여유가 있는지 복잡도가 높아져도 되는지를 꼭 고려하여 인터페이스를 도입하세요.

이쯤되면 "그냥 추상 클래스를 사용하면 되지 않을까?"라고 생각할 수 있습니다. 인터페이스와 추상 클래스의 가장 큰 차이점은 **구현체** 포함 여부입니다. 추상 클래스는 구현체가 있고, 인터페이스는 구현체가 없습니다. 추상 클래스는 구현체가 일부 포함되어 있으므로 확장에 제한이 있습니다. 따라서 추상 클래스보다는 인터페이스를 주로 사용하는 것이죠.

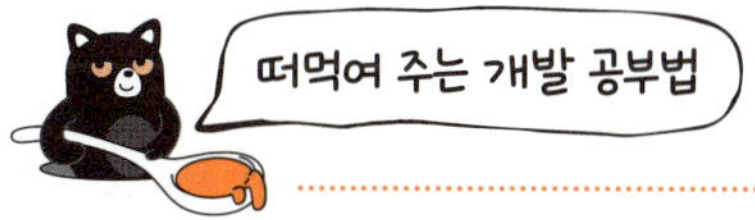

프로그램을 확장하고 싶다면 코드의 일부분만 부수 효과 없이 교체할 수 있어야 합니다. **부수 효과**란 내가 수정을 했을 때 수정한 부분만 수정되는 것을 의미합니다. 아주 당연한 이야기같지만 프로그램이 조금만 복잡해져도 A라는 버그를 수정했더니 B라는 새로운 문제가 생기는 경우가 있습니다. 이는 클래스 간 **강결합** 상태이기 때문에 발생하는 문제입니다. 그래서 결합을 낮추는 **인터페이스**를 사용하는 것입니다. 지금 당장은 이해가 가지 않을 수 있습니다. 뒤에 내용을 조금 더 공부해 보면서 이 의미를 다시 한번 생각해 보세요. 아주 중요한 부분입니다.

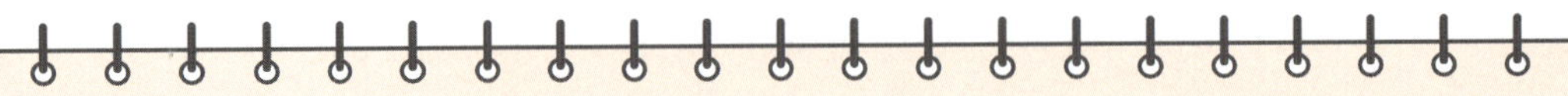

_____월_____일 걸린 시간:_____시간_____분

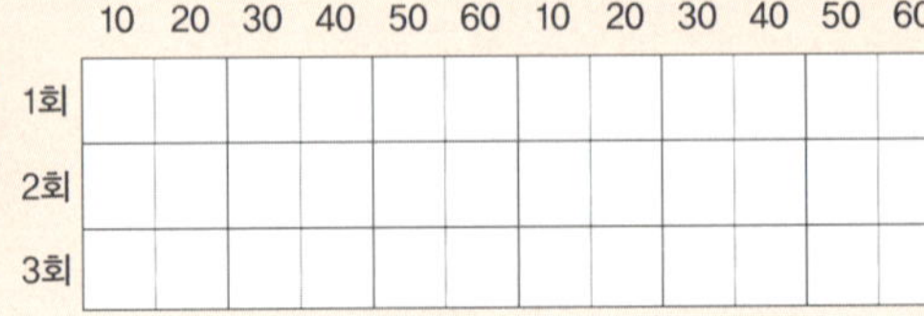

	10 20 30 40 50 60	10 20 30 40 50 60
1회		
2회		
3회		

필수 예제

Calculatorable.java	두 개의 값을 받아서 다시 리턴하는 인터페이스
PlusCalculator.java	인터페이스의 추상 메서드를 오버라이딩한 구현 클래스
PlusCalculatorTest.java	구현 클래스의 메서드를 호출하는 클래스

용어 및 개념

	인터페이스	개발자가 작성한 자바 클래스 간의 협업을 위한 규약을 제공하는 일종의 추상 클래스
	실체화	인터페이스의 추상 메서드를 특정 클래스에서 구현하는 것
	업캐스팅	부모-자식 관계에서 보이지 않게(암시적으로) 자식 클래스의 객체를 부모 클래스의 타입으로 캐스팅하는 것
	의존성	– 여러 개의 클래스가 서로 얼마나 연관되게 호출되는지를 나타내는 성질 – 의존성이 커지면 프로그램을 수정하기 어려움
	강결합	클래스를 직접 참조하는 경우
	약결합	인터페이스를 참조하는 경우

명령어

```
접근_제어자 interface 인터페이스_이름 { // 인터페이스를 선언하는 키워드
  리턴_타입 메서드_이름(타입1 매개변수_이름1, 타입2 매개변수_이름2 ...);
}
접근_제어자 class 클래스_이름 implements 구현할_인터페이스_이름 { ... }
// 인터페이스를 구현하는 키워드
```

DAY 52

인터페이스 다중 상속하기

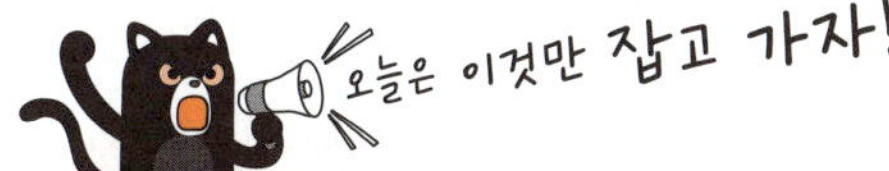

필수 예제	
AudioInterface.java	HeadPhoneTest.java
BluetoothInterface.java	CustomerTest.java
HeadPhone.java	

용어 및 개념
☐ 다중 상속

클래스의 상속은 단일 상속만 가능하지만 인터페이스는 **다중 상속**을 지원합니다. 즉 여러 번 상속을 할 수 있는 것이죠. 이해를 돕기 위해 일상에서 예제를 찾아 보겠습니다. 다중 상속이 사용된 곳은 무선 헤드폰입니다. 무선 헤드폰은 블루투스를 통해 무선으로 연결할 수도 있고 오디오 포트를 이용해 AUX 선으로 연결할 수도 있습니다.

이때 무선 헤드폰은 오디오 인터페이스와 블루투스 인터페이스 두 가지를 상속받았다고 할 수 있습니다. 지금부터 인터페이스를 다중 상속하는 방법을 알아보겠습니다.

다중 상속 구현하기

앞서 살펴본 무선 헤드폰의 오디오 인터페이스와 블루투스 인터페이스를 구현해 보겠습니다. 다음은 AudioInterface와 BluetoothInterface를 선언한 예제입니다. AudioInterface는 String 타입의 analogSignal을 매개변수로 받고, BluetoothInterface는 int 타입의 digitalSignal을 매개변수로 받습니다.

```java
public interface AudioInterface {
    void play(String analogSignal);
}
```
AudioInterface.java

```java
public interface BluetoothInterface {
    void play(int digitalSignal);
}
```
BluetoothInterface.java

다음은 AudioInterface와 BluetoothInterface 인터페이스를 다중 상속받은 HeadPhone 클래스입니다.

```java
public class HeadPhone implements AudioInterface, BluetoothInterface {
    @Override
    public void play(String analogSignal) {
        System.out.printf("String 타입의 아날로그 신호 %s가 들어왔습니다.
                    재생합니다\n", analogSignal);
    }

    @Override
    public void play(int digitalSignal) {
        System.out.printf("int 타입의 디지털 신호 %d가 들어왔습니다.
                    재생합니다\n", digitalSignal);
    }
}
```
HeadPhone.java

HeadPhone 클래스에는 AudioInterface, BluetoothInterface를 모두 구현했으므로 play() 메서드를 두 개 가지고 있습니다. String 타입의 analogSignal로 넘어와도 메시지를 출력할 수 있고 int 타입의 digitalSignal로 넘어와도 메시지를 출력할 수 있는 것이죠. 이 관계를 클래스 다이어그램으로 표현하면 다음과 같습니다.

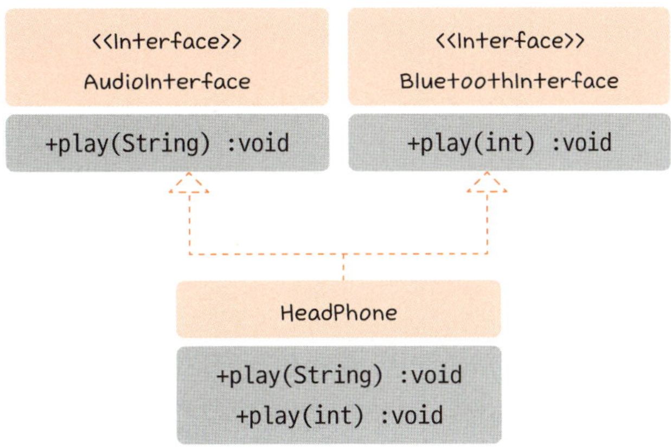

다음은 인터페이스 두 개를 상속받는 HeadPhone 클래스가 각각 AudioInterface, BluetoothInterface 타입으로 선언될 수 있음을 보여 주는 예제입니다.

```java
public class HeadPhoneTest {
    public static void main(String[] args) {
        AudioInterface audioInterface = new HeadPhone();
        BluetoothInterface bluetoothInterface = new HeadPhone();
        audioInterface.play("analog signal");
        bluetoothInterface.play(1010101);
    }
}
```

실행 결과

```
String 타입의 아날로그 신호 analog signal가 들어왔습니다. 재생합니다
int 타입의 디지털 신호 1010101가 들어왔습니다. 재생합니다
```

❶ AudioInterface 타입의 audioInterface와 BluetoothInterface 타입의 bluetoothInterface 변수를 선언함과 동시에 new로 HeadPhone 클래스를 인스턴스화합니다. HeadPhone 클래스는 **다중 상속**을 받았으므로 이처럼 인스턴스화해서 각각의 변수에 대입할 수 있는 것이죠.

```java
AudioInterface audioInterface = new HeadPhone();
BluetoothInterface bluetoothInterface = new HeadPhone();
```

❷ audioInterface, bluetoothInterface 변수 모두 HeadPhone 클래스를 가리킵니다. 따라서 play() 메서드에 "analog signal"과 1010101을 인수로 각각 넘기면 타입에 알맞은 메서드가 실행되어 메시지가 출력됩니다.

```java
audioInterface.play("analog signal");
bluetoothInterface.play(1010101);
```

다중 상속 사용하기

HeadPhone 클래스는 인터페이스 두 개를 상속받았으므로 이제 오디오 인터페이스와 블루투스 인터페이스 두 가지 모두 대응할 수 있습니다. 예를 들어 유선 사용자인 고객1은 오디오 인터페이스, 무선 사용자인 고객2는 블루투스 인터페이스로 서로 다른 인터페이스를 사용하는 경우에도 HeadPhone 클래스의 소스 코드를 수정하지 않고 사용할 수 있죠.

다음은 앞서 예로 든 고객1과 고객2를 클래스로 나타낸 예제입니다.

```java
                                                                    Customer1.java
public class Customer1 {
    private AudioInterface audioInterface;  ←————————————————  ❶

    public Customer1(AudioInterface audioInterface) {
        this.audioInterface = audioInterface;           ←  ❷
    }

    public void listen() {
        audioInterface.play("analog signal");           ←  ❸
    }
}
```

❶ Customer1 클래스는 AudioInterface를 멤버 변수로 선언합니다.

❷ audioInterface 멤버 변수를 초기화하기 위한 생성자를 선언합니다.

❸ AudioInterface는 String 타입의 analogSignal 매개변수로 값을 받아 작동합니다. 따라서 AudioInterface의 play() 메서드에 String 타입의 "analog signal"을 인수로 보냅니다.

```java
public class Customer2 {
    private BluetoothInterface bluetoothInterface;

    public Customer2(BluetoothInterface bluetoothInterface) {
        this.bluetoothInterface = bluetoothInterface;
    }

    public void listen() {
        bluetoothInterface.play(1010101);
    }
}
```


Customer2는 반대로 BluetoothInterface를 멤버 변수로 사용합니다. BluetoothInterface는 int 타입의 digitalSignal 매개변수로 값을 받아 작동합니다. 따라서 bluetoothInterface의 play() 메서드에 int 타입의 1010101을 인수로 보냅니다.

HeadPhone 클래스는 AudioInterface, BluetoothInterface 총 두 개의 인터페이스를 상속받으므로 AudioInterface를 쓰는 Customer1은 물론이거니와 BluetoothInterface를 사용하는 Customer2도 헤드폰을 사용할 수 있습니다. 실제로 그런지 한번 확인해 보겠습니다.

다음은 서로 다른 인터페이스를 사용하는 Customer1과 Customer2 클래스가 앞서 다중 상속받은 HeadPhone 클래스를 사용하는 CustomerTest 클래스 예제입니다.

```java
public class CustomerTest {
    public static void main(String[] args) {
        AudioInterface audioInterface = new HeadPhone();         ─┐
        Customer1 audioUser = new Customer1(audioInterface);     ─┘ ←❶
        BluetoothInterface bluetoothInterface = new HeadPhone();
        Customer2 bluetoothUser = new Customer2(bluetoothInterface);

        audioUser.listen(); ←───────────── ❷
        bluetoothUser.listen();
    }
}
```


실행 결과

```
String 타입의 아날로그 신호 analog signal가 들어왔습니다. 재생합니다
int 타입의 디지털 신호 1010101가 들어왔습니다. 재생합니다
```

❶ 우선 Customer1 클래스를 인스턴스화합니다. 이때 HeadPhone()을 인스턴스화해서 저장한 **audioInterface** 변수를 Customer1의 **생성자**로 전달합니다.

```
AudioInterface audioInterface = new HeadPhone();
Customer1 audioUser = new Customer1(audioInterface);
```

그럼 Customer1의 생성자는 HeadPhone 클래스를 매개변수로 받아 audioInterface 멤버 변수에 대입합니다. 이제 **AudioInterface** 타입의 **audioInterface** 멤버 변수는 HeadPhone 클래스를 가리킵니다.

```
public Customer1(AudioInterface audioInterface) {
    this.audioInterface = audioInterface;
}
```

따라서 다음과 같이 audioInterface 멤버 변수로 **HeadPhone** 클래스의 **play()** 메서드에 접근할 수 있는 것이죠.

```
public void listen() {
    bluetoothInterface.play(1010101);
}
```

❷ **audioUser**의 **listen()**을 호출하면 아날로그 신호가 들어왔다는 메시지를 출력합니다.

```
audioUser.listen();
```

Customer2 클래스 역시 이와 같은 과정을 통해 디지털 신호가 들어왔다는 메시지를 출력합니다.

다음 클래스 다이어그램에서 Customer1, Customer2 클래스는 HeadPhone 클래스와 직접 관계가 없음을 표시하고 있습니다. Customer1은 AudioInterface만을, Customer2는 BluetoothInterface만을 알고 있죠. 하지만 HeadPhone 클래스는 두 가지 인터페이스를 모두 구현하고 있습니다. 따라서 서로 다른 인터페이스에 의존하고 있지만 Customer1, Customer2에서

HeadPhone 클래스를 각각 AudioInterface, BluetoothInterface 타입을 받아 사용할 수 있는 것이죠.

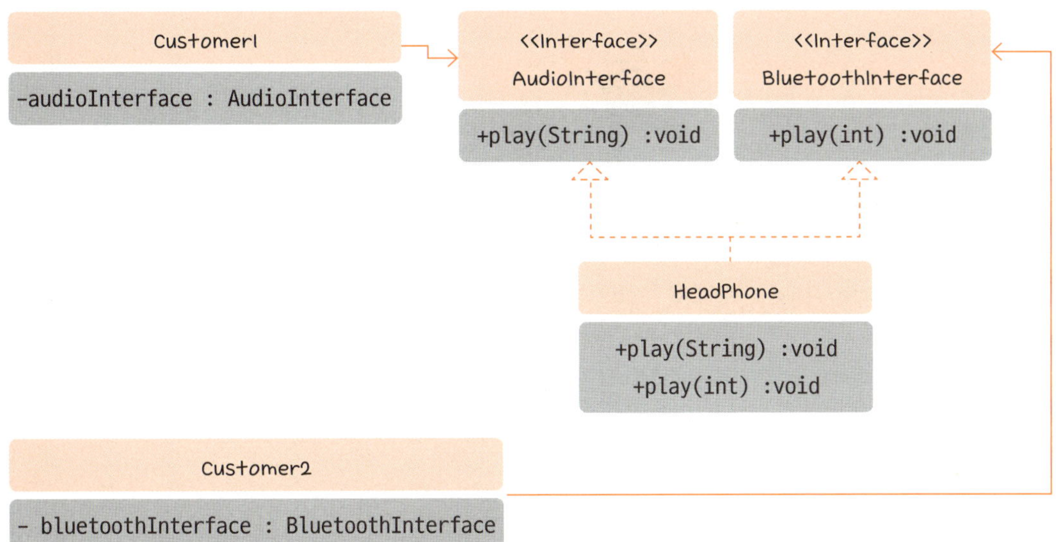

유선 사용자(오디오 인터페이스)   무선 사용자(블루투스 인터페이스)

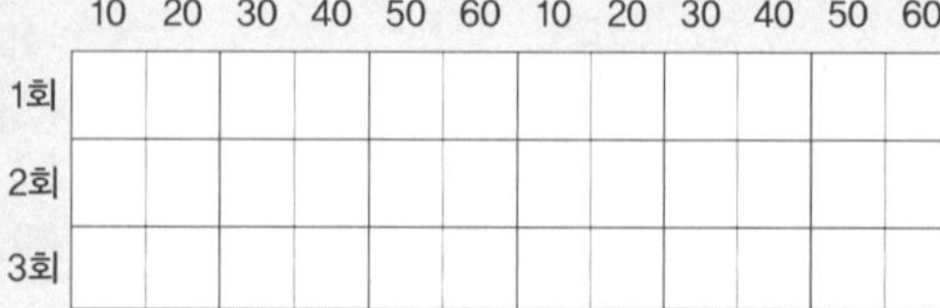

_____월 _____일 걸린 시간:_____시간 _____분

	10	20	30	40	50	60	10	20	30	40	50	60
1회												
2회												
3회												

필수 예제

AudioInterface.java	String 타입을 매개변수로 받는 인터페이스
BluetoothInterface.java	int 타입을 매개변수로 받는 인터페이스
HeadPhone.java	두 가지 인터페이스를 다중 상속받은 클래스
HeadPhoneTest.java	다중 상속 클래스를 각각 참조 타입으로 선언하는 클래스
CustomerTest.java	서로 다른 인터페이스의 클래스를 다중 상속 클래스로 사용할 수 있음을 보여 주는 클래스

용어 및 개념

☐	**다중 상속**	– 여러 번 상속하는 것 – 클래스의 경우 단일 상속만 가능하지만, 인터페이스의 경우 다중 상속이 가능

인터페이스 활용하기

필수 예제	용어 및 개념	명령어
Changeable.java	☐ 인터페이스	`interface`
MaxChangeable.java	☐ 다중 상속	`implements`
MinChangeable.java		
MaxMinWithInter.java		

최대 값과 최소 값을 구하는 기능에 인터페이스를 적용해 기능을 확장해 보겠습니다. 다섯 개의 숫자 7, 8, 2, 9, 1에서 최대 값을 구하는 기능부터 만들어 보겠습니다. 사실 앞서 제어문을 다룰 때 살펴보았습니다. **BACK** 405쪽의 〈최대 값 구하기〉를 참고하세요. 하지만 복습하는 마음으로 하나 하나 다시 만들어 보겠습니다.

최대 값 구하기

최대 값을 구하기 위해서는 먼저 배열에 있는 모든 값들을 한 번씩 확인해야 하기 때문에 반복문을 이용해 0번부터 4번까지 다섯 개의 숫자를 한 번씩 확인해야 합니다.

```java
public class MaxWithInter {                                    MaxWithInter.java
    public static void main(String[] args) {
        int[] arr = {7, 8, 2, 9, 1};
        for (int i = 0; i < arr.length; i++) {
            System.out.println(arr[i]);
        }
    }
}
```

실행 결과

```
7
8
2
9
1
```

메인 메서드 안에 기능이 들어 있으면 확장하는 데 불편하기 때문에 메서드로 분리해 보겠습니다. 배열을 넘기면 그 배열에서 가장 큰 수를 찾는 findMax() 메서드를 만들고 메인 메서드에서는 호출만 하도록 구조를 바꿉니다.

```java
public class MaxWithInter {                                    MaxWithInter.java
    public int findMax(int[] arr) {                            ❶
        int result = arr[0];
        for (int i = 1; i < arr.length; i++) {                 ❷
            System.out.println(arr[i]);
        }
        return result;
    }

    public static void main(String[] args) {
        int[] arr = {7, 8, 2, 9, 1};
        MaxWithInter max = new MaxWithInter();
        max.findMax(arr);                                      ❸
    }
}
```

실행 결과

```
8
2
9
1
```

❶ findMax() 메서드는 최대 값을 구하는 역할만 합니다. 따라서 구한 결과 값을 메인 메서드로 넘겨 주기 위해 리턴 타입을 int로 지정합니다.

❷ 최대 값을 구하기 위해 result 변수를 선언하고 배열의 첫 번째 값인 arr[0]을 초기 값으로 지정합니다. for문도 1부터 반복하도록 바꿉니다. 왜냐하면 result에는 배열 arr의 0번에서 4번 인덱스까지 숫자 중 하나가 들어가게 되는데 첫 번째 값인 arr[0]을 이미 result에 넣었기 때문입니다.

❸ 메인 메서드에 남겨둔 배열을 **findMax()** 메서드를 호출할 때 인수로 전달합니다.

arr[1]부터 반복되므로 7을 제외한 8, 2, 9, 1이 출력되었습니다. 여기에서 최대 값을 구하기 위해 result보다 더 큰 값이 오면 교체하는 기능을 추가해 보겠습니다.

반복문 안쪽에 최대 값이 들어갈 result 변수와 arr[i]를 비교해 arr[i]가 더 크면 result 값을 arr[i]로 교체하는 기능을 추가하면 최대 값을 구할 수 있습니다. 다음은 최대 값을 구하는 기능을 완성한 예제입니다.

```java
public class MaxWithInter {
    public int findMax(int[] arr) {
        int result = arr[0];
        for (int i = 1; i < arr.length; i++) {
            if (result < arr[i]) {
                result = arr[i];
            }
        }
        return result;
    }

    public static void main(String[] args) {
        int[] arr = {7, 8, 2, 9, 1};
        MaxWithInter max = new MaxWithInter();
        int result = max.findMax(arr);
        System.out.println("result = " + result);
    }
}
```

MaxWithInter.java

실행 결과

```
result = 9
```

result에는 초기 값으로 arr[0]이 들어 있기 때문에 arr[1]부터 arr[4]까지 (8, 2, 9, 1) 순서대로 비교하면서 arr[i]가 크다면 교체하는 로직을 숫자마다 한번씩 실행합니다. 그 결과, result에는 최대 값 9가 남게 됩니다. **return result;**를 통해 최대 값을 메인 메서드로 리턴했으므로 result = 9라는 결과가 출력되었습니다.

최대 값을 이용해 최소 값 구하기

최대 값을 구하는 방법을 알면 최소 값도 쉽게 구할 수 있습니다. result에 값을 교체하는 조건을 result보다 작을 때 변경하는 if (result > arr[i])로 바꾸면 됩니다. 즉, 〈를 〉로 바꾸면 되는 것이죠. 최대 값을 구하는 기능과 최소 값을 구하는 기능의 차이는 이것뿐입니다.

하지만 이렇게 만들면 값을 교체하는 조건을 제외한 모든 코드가 중복됩니다.

- **최대 값을 구하는 메서드**

```java
public int findMax(int[] arr) {
    int result = arr[0];
    for (int i = 1; i < arr.length; i++) {
        if (result < arr[i]) {
            result = arr[i];
        }
    }
    return result;
}
```

- **최소 값을 구하는 메서드**

```java
public int findMin(int[] arr) {
    int result = arr[0];
    for (int i = 1; i < arr.length; i++) {
        if (result > arr[i]) {
            result = arr[i];
        }
    }
    return result;
}
```

이런 상황이 최대 값과 최소 값을 구할 때만 발생하는 것은 아닙니다. 자바 애플리케이션에 기능이 조금만 추가 되어도 이런 상황은 비일비재하게 발생합니다. 이 예제에서는 메서드가 두 개뿐이지만 여러 개의 메서드를 만들었다면 수정 사항이 발생했을 때 복사해서 만든 모든 메서드를 바꿔주어야 하는 문제가 발생합니다. 따라서 중복되는 기능을 분리하면 좋습니다.

교체하는 조건 if (result < arr[i]), if (result > arr[i])를 살펴보면 두 개의 값(result, arr[i])이 있고 연산의 결과는 true 또는 false 형태인 boolean 타입이 된다는 사실을 확인할 수 있습니다. 그러므로 두 개의 값 val1, val2를 매개변수로 받고 연산 결과를 boolean 타입으로 리턴하는 메서드를 만들어 교체할지 판단하는 부분을 분리해 보겠습니다.

최소 값(Min)을 구하는 기능도 구현할 것으므로 앞에서 만들었던 MaxWithInter 클래스를 MaxMinWithInter라는 이름으로 바꾸고 findMax( ) 메서드의 이름도 find()로 바꿔서 진행하겠습니다. 다음은 result의 값을 교체할 것인지 여부를 판단해 주는 기능을 isChangeable() 메서드로 분리한 예제입니다.

```java
public class MaxMinWithInter {

    public boolean isChangeable(int val1, int val2) {
        return val1 < val2;
    }


    public int find(int[] arr) {
        int result = arr[0];
        for (int i = 1; i < arr.length; i++) {
            if (isChangeable(result, arr[i])) {
                result = arr[i];
            }
        }
        return result;
    }

    public static void main(String[] args) {
        int[] arr = {7, 8, 2, 9, 1};
        MaxMinWithInter max = new MaxMinWithInter();
        int result = max.find(arr);
        System.out.println("result = " + result);
    }
}
```

MaxMinWithInter.java

실행 결과

```
result = 9
```

구조만 바꾼 것이기 때문에 동일하게 최대 값인 9가 출력되는 것을 확인할 수 있습니다. 여기에서 최소 값을 구하고 싶다면 다음과 같이 isChangeable( ) 메서드의 return val1 < val2;를 return val1 > val2;로 바꾸면 됩니다.

```java
public boolean isChangeable(int val1, int val2) {
    return val1 > val2;
}
```

그러면 최소 값인 1이 출력되는 것을 확인할 수 있습니다.

인터페이스로 최대 값과 최소 값 동시에 구하기

중복 문제는 해결했지만 아직도 소스 코드를 직접 바꿔 주어야 하는 문제가 남아 있습니다. 또한 최대 값과 최소 값을 동시에 구할 수도 없습니다. 이럴 때 인터페이스를 이용하면 문제를 해결할 수 있습니다. 바뀌는 부분인 값 두 개를 보내서 바꿀 것인지를 판단해 true 또는 false로 알려 주는 기능에 인터페이스를 적용하면 되는 것이죠.

다음은 int 타입의 값 두 개를 보내고 boolean 타입으로 리턴하는 check( ) 추상 메서드를 가지고 있는 Changeable 인터페이스입니다.

```java
public interface Changeable {
    boolean check(int val1, int val2);
}
```
Changeable.java

Changeable 인터페이스로 MaxChangeable 클래스를 구현합니다. 그리고 첫 번째 매개변수인 val1과 두 번째 매개변수인 val2를 비교해 val2가 큰지 여부를 리턴해 주도록 check() 메서드를 오버라이딩합니다.

```java
public class MaxChangeable implements Changeable {
    @Override
    public boolean check(int val1, int val2) {
        return val1 < val2;
    }
}
```
MaxChangeable.java

Changeable 인터페이스를 사용하도록 MaxMinWithInter 클래스의 코드를 수정해 보겠습니다. Changeable 인터페이스를 멤버 변수로 선언하고 isChangeable()을 지웁니다. 그리고 MaxMinWithInter의 find() 메서드에서 Changeable 인터페이스의 check()를 호출하도록 변경합니다.

```java
public class MaxMinWithInter {
    private Changeable changeable;

    public int find(int[] arr) {
        int result = arr[0];
        for (int i = 1; i < arr.length; i++) {
            if (changeable.check(result, arr[i])) {
                result = arr[i];
            }
        }
        return result;
    }

    public static void main(String[] args) {
        int[] arr = {7, 8, 2, 9, 1};
        MaxMinWithInter max = new MaxMinWithInter();
        int result = max.find(arr);
        System.out.println("result = " + result);
    }
}
```

MaxMinWithInter.java

check()의 결과는 어떤 Changeable인 터페이스를 구현한 클래스를 사용하는지에 따라 달라집니다. Changeable을 멤버 변수로 선언하고 check() 메서드를 사용하도록 바꾸었지만 지금 상태로는 Changeable을 바꿀 수 있는 방법이 없습니다. 생성자도 없고 세터도 따로 없기 때문입니다. 따라서 다음과 같이 Changeable 인터페이스 구현체를 받을 수 있도록 생성자를 추가해 줍시다. MaxMinWithInter 클래스의 메인 메서드에서 MaxChangeable 클래스를 인스턴스화한 후 이를 생성자로 넘겨 주었습니다. 따라서 두 개의 값을 보내서 바꿀 것인지를 판단하는 기능을 사용할 수 있게 되어 결과로 9가 출력되었습니다.

```java
public class MaxMinWithInter {
    private Changeable changeable;

    public MaxMinWithInter(Changeable changeable) {
        this.changeable = changeable;
    }

    public int find(int[] arr) {
        int result = arr[0];
        for (int i = 1; i < arr.length; i++) {
            if (changeable.check(result, arr[i])) {
                result = arr[i];
            }
        }
        return result;
    }

    public static void main(String[] args) {
        int[] arr = {7, 8, 2, 9, 1};
        Changeable maxChangeable = new MaxChangeable();
        MaxMinWithInter max = new MaxMinWithInter(maxChangeable);
        int result = max.find(arr);
        System.out.println("result  = " + result);
    }
}
```


이제 마지막으로 최소 값을 구하는 기능을 구현하겠습니다. MaxChangeable 클래스의 코드를
복사한 후 return val1 〈 val2;를 return val1 〉 val2;로 바꾸면 됩니다.

```java
public class MinChangeable implements Changeable {
    @Override
    public boolean check(int val1, int val2) {
        return val1 > val2;
    }
}
```

이제 다음과 같이 MaxMinWithInter 클래스의 메인 메서드에서 MinChangeable 클래스를 인스턴스화해서 생성자로 넘겨 주면 최소 값을 구할 수 있습니다.

```java
public class MaxMinWithInter {
    private Changeable changeable;

    public MaxMinWithInter(Changeable changeable) {
        this.changeable = changeable;
    }

    public int find(int[] arr) {
        int result = arr[0];
        for (int i = 1; i < arr.length; i++) {
            if (changeable.check(result, arr[i])) {
                result = arr[i];
            }
        }
        return result;
    }

    public static void main(String[] args) {
        int[] arr = {7, 8, 2, 9, 1};
        Changeable maxChangeable = new MaxChangeable();
        MaxMinWithInter max = new MaxMinWithInter(maxChangeable);
        int result = max.find(arr);
        System.out.println("result = " + result);

        Changeable minChangeable = new MinChangeable();
        MaxMinWithInter min = new MaxMinWithInter(minChangeable);
        result = min.find(arr);
        System.out.println("result = " + result);
    }
}
```


실행 결과

```
result = 9
result = 1
```

인터페이스를 활용해서 최대 값과 최소 값을 동시에 구할 수 있게 되었습니다. MaxMinWithInter 클래스 내 메인 메서드 수정 중 발생하는 예기치 않은 문제는 의존성 주입을 사용해 해결하겠습니다.

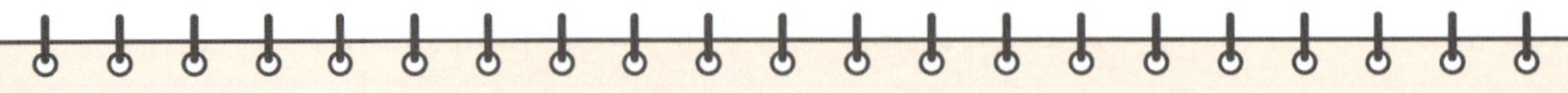

______ 월 ______ 일 걸린 시간: ______ 시간 ______ 분

	10	20	30	40	50	60	10	20	30	40	50	60
1회												
2회												
3회												

필수 예제

Changeable.java	int 타입의 값을 boolean 타입으로 리턴하는 인터페이스
MaxChangeable.java	최대 값을 구하는 구현 클래스
MinChangeable.java	최소 값을 구하는 구현 클래스
MaxMinWithInter.java	생성자를 받아 최대 값과 최소 값을 구하는 클래스

용어 및 개념

☐	인터페이스	개발자가 작성한 자바 클래스 간의 협업을 위한 규약을 제공하는 일종의 추상 클래스
☐	다중 상속	– 여러 번 상속하는 것 – 클래스의 경우 단일 상속만 가능하지만, 인터페이스의 경우 다중 상속이 가능

명령어

```
public interface Changeable { ... }                    // 인터페이스를 선언하는 키워드
public class MinChangeable implements Changeable{ ... } // 인터페이스를 구현하는 키워드
```

의존성 주입 활용하기

필수 예제	용어 및 개념		명령어
MaxMinTest.java	☐ 의존성 주입	☐ 람다 표현식	→
MinTestWithAnon.java	☐ 익명 클래스	☐ 타입 추론	
MinTestWithLambda.java			

의존성 주입 Dependency Injection, DI은 객체 지향 프로그래밍에서 사용되는 설계 원칙 중 하나로 객체 간의 의존 관계를 외부에서 결정하고 제공하는 방식을 의미합니다. 이는 객체가 직접 의존하는 객체를 생성하거나 제어하지 않고, 외부에서 의존성을 주입하여 객체 간의 결합도를 낮추는 방법입니다.

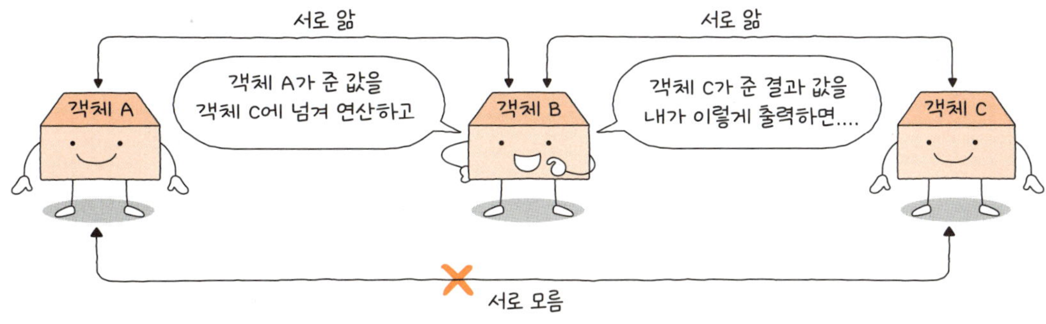

다음은 MaxTest 클래스로 앞서 실습했던 MaxMinWithInter 클래스의 메인 메서드 중 최대값을 구하는 부분을 분리한 것입니다. MaxMinWithInter 클래스 내부가 아닌 외부에서 어떤 Changeable 인터페이스 구현체를 사용할 것인지 결정한 후 생성자를 통해 전달하고 있습니다.

```java
public class MaxTest {                                          MaxTest.java
    public static void main(String[] args) {
        int[] arr = {7, 8, 2, 9, 1};
        Changeable maxChangeable = new MaxChangeable();
        MaxMinWithInter max = new MaxMinWithInter(maxChangeable);
        int result = max.find(arr);
        System.out.println("result = " + result);
    }
}
```

MaxMinWithInter 클래스를 구성하는 곳은 MaxTest 클래스인데 MaxMinWithInter 클래스 외부에 있습니다. MaxTest 클래스가 Changeable maxChangeable = new MaxChangeable();을 통해 구체적인 구현체인 MaxChangeable 클래스를 인스턴스화해서 생성자에게 넘겨 주고 있지만, MaxMinWithInter 클래스는 그곳에서 무슨 일이 일어나는지 알 수 없습니다. MaxMinWithInter max = new MaxMinWithInter(maxChangeable);을 통해 MaxTest 클래스가 전달해 준 인수를 그저 받을 뿐이죠. 클래스 다이어그램으로 객체 간의 관계를 표현하면 다음과 같습니다.

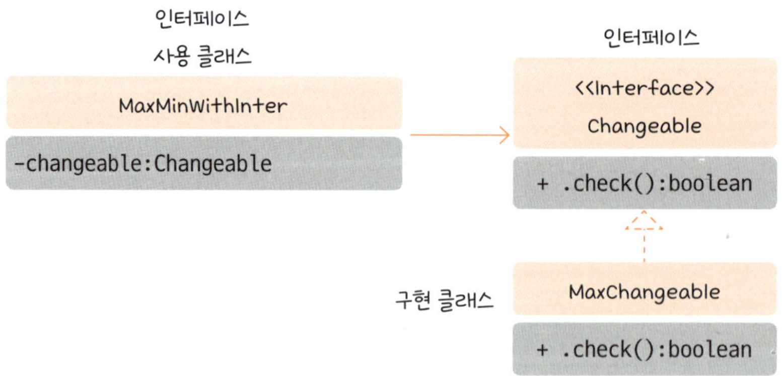

이처럼 MaxMinWithInter 클래스는 이 코드에서 사용된 MaxChangeable을 직접 알고 있지 않습니다. 단지 Changeable이라는 인터페이스만 알고 있을 뿐이죠. 이 형태의 장점은

MaxMinWithInter 클래스를 변경하지 않은 채로 최대 값을 구하는 기능 대신 최소 값을 구하는 기능을 사용할 수 있습니다. 이것이 바로 **의존성 주입**의 핵심입니다.

의존성 주입 적용하기

의존성 주입을 활용하는 방법은 간단합니다. 인터페이스 구현체의 인스턴스를 생성하는 부분을 외부로 분리하면 됩니다. 앞서 의존성 주입을 설명하면서 MaxMinWithInter 클래스에서 최대 값을 구하는 부분을 분리한 예제를 제시했습니다. 그와 같은 방법으로 최대 값과 최소 값을 구하는 기능을 분리하면 됩니다.

```java
public class MaxTest {
    public static void main(String[] args) {
        int[] arr = {7, 8, 2, 9, 1};
        Changeable maxChangeable = new MaxChangeable();
        MaxMinWithInter max = new MaxMinWithInter(maxChangeable);
        int result = max.find(arr);
        System.out.println("result = " + result);
    }
}
```

MaxTest.java

실행 결과

```
result = 9
```

```java
public class MinTest {
    public static void main(String[] args) {
        int[] arr = {7, 8, 2, 9, 1};
        Changeable minChangeable = new MinChangeable();
        MaxMinWithInter min = new MaxMinWithInter(minChangeable);
        int result = min.find(arr);
        System.out.println("result = " + result);
    }
}
```

MinTest.java

실행 결과

```
result = 1
```

인터페이스를 이용해 의존성을 낮추고 약하게 결합하도록 만들었으므로 이제 MaxMinWithInter 클래스를 수정하지 않고도 재사용하면서 최대 값과 최소 값을 구하는 기능을 구현했습니다. 최대 값을 구하고 싶으면 MaxTest 클래스를, 최소 값을 구하고 싶으면 MinTest 클래스를 실행하면 되는 것이죠.

변수를 선언하지 않고 의존성 주입하기

매번 구현체를 주입할 때마다 변수를 선언하면 비효율적입니다. 메서드를 호출할 때도 매번 변수를 선언한 후 값을 전달하지 않듯이 생성자를 통해 인터페이스의 구현체를 주입할 때도 마찬가지입니다. 변수를 선언하지 않고 의존성 주입하는 방법은 간단합니다.

다음과 같이 변수를 따로 선언하지 않고 구현체를 인스턴스화해 생성자의 매개변수로 전달하면 됩니다.

```
new 클래스_이름(new 구현체_이름())
```

바로 예제를 살펴보면서 확인해 봅시다. 다음은 최대 값과 최소 값을 동시에 구하는 예제입니다.

```java
public class MaxMinTest {
    public static void main(String[] args) {
        int[] arr = {7, 8, 2, 9, 1};
        // MaxChangeable 주입
        MaxMinWithInter max = new MaxMinWithInter(new MaxChangeable());
        // MinChangeable 주입
        MaxMinWithInter min = new MaxMinWithInter(new MinChangeable());
        System.out.println("result max = " + max.find(arr));
        System.out.println("result min = " + min.find(arr));
    }
}
```

MaxMinTest.java

실행 결과
```
result max = 9
result min = 1
```

Changeable 타입의 변수를 따로 선언하지 않고 new MaxMinWithInter(new MaxChangeable());과 같이 인수를 전달하고 있습니다. 이러면 두 줄이었던 코드가 한 줄로 줄어서 입력할 때도 편하고 코드의 가독성 역시 좋아집니다.

■ 변수를 선언하고 구현체를 주입하는 방식

```java
Changeable maxChangeable = new MaxChangeable();
MaxMinWithInter max = new MaxMinWithInter(maxChangeable);
```

↓

■ 구현체를 인스턴스화하면서 바로 인수로 전달하는 방식

```java
MaxMinWithInter max = new MaxMinWithInter(new MaxChangeable());
```

익명 클래스 사용하기

익명 클래스anonymous class는 의미 그대로 이름이 없는 클래스를 말합니다. 인터페이스의 구현체를 모두 클래스로 만들어 줄 필요는 없습니다. 일부 구현체는 크게 필요하지 않을 수 있기 때문입니다. 그러면 별로 사용하지도 않는데 관리에 신경을 써야 하는 문제가 생깁니다.

다음은 앞에서 만들었던 MinChangeable 구현체입니다. 이해를 돕기 위해 .java 파일을 만들어 구현했지만 MinChangeable 구현체의 경우 구현이 아주 간단하므로 .java 파일을 만들어 사용하는 것은 비효율적입니다.

```java
public class MinChangeable implements Changeable {
    @Override
    public boolean check(int val1, int val2) {
        return val1 > val2;
    }
}
```
MinChangeable.java

그래서 다음과 같이 파일을 만들지 않고 코드 단에서 바로 Changeable 인터페이스를 구현할 수 있습니다. Changeable 타입의 minChangeable 변수 선언으로 인터페이스를 구현하여 MaxMin 으로 넘겨준 것이죠. 이렇게 하면 .java 파일을 만들지 않고도 매개변수 두 개를 받아 비교 연산자로 비교한 결과를 리턴하는 연산을 구현할 수 있습니다.

```java
public class MinTestWithAnon {                                    // MinTestWithAnon.java
    public static void main(String[] args) {
        int[] arr = {7, 8, 2, 9, 1};
        Changeable minChangeable = new Changeable() {
            @Override
            public boolean check(int val1, int val2) {
                return val1 > val2;
            }
        };

        MaxMinWithInter min = new MaxMinWithInter(minChangeable);
        int result = min.find(arr);
        System.out.println("result = " + result);
    }
}
```

실행 결과

```
result = 1
```

Changeable minChangeable = new Changeable()에서 중괄호 블록에 MinChangeable.java
파일의 내용을 작성하면 MinChangeable.java 파일을 삭제해도 최소 값인 1이 잘 출력됩니다.

여기서 Changeable 타입의 minChangeable 변수를 꼭 선언할 필요는 없습니다. 왜냐하면
minChangeable이라는 변수는 MaxMinWithInter 클래스를 인스턴스화할 때 넘겨주는 것 빼고
는 사용되지 않기 때문입니다. 그래서 다음과 같이 변수 선언 부분을 생략하고 인터페이스의 구현
체를 생성자의 매개변수로 바로 넘겨줄 수 있습니다.

```java
public class MinTestWithAnon {                                    // MinTestWithAnon.java
    public static void main(String[] args) {
        int[] arr = {7, 8, 2, 9, 1};
        MaxMinWithInter min = new MaxMinWithInter(new Changeable() {
            @Override
            public boolean check(int val1, int val2) {
                return val1 > val2;
            }
        });
        int result = min.find(arr);
        System.out.println("result = " + result);
    }
}
```

Changeable 인터페이스를 바로 구현하면서 인스턴스화하고 이를 MaxMinWithInter 클래스의 생성자에 바로 넘겨주기에 new MaxMinWithInter()의 소괄호 블록 안에 new Changeable()을 작성한 후 다시 중괄호 블록이 들어 있는 것을 확인할 수 있습니다.

.java 파일을 만들지 않고도 그리고 변수를 선언하지 않고도 인터페이스의 구현체를 생성자를 통해 넘길 수 있습니다. 이처럼 변수를 선언하지 않으므로 이름은 없지만 클래스의 역할을 하는 것을 **익명 클래스**라고 합니다.

람다 표현식 사용하기

인터페이스를 통한 의존성 주입은 자바 프로그래밍에서 자주 사용됩니다. 그래서 매번 new를 이용해 인터페이스를 인스턴스화할 때마다 메서드 전체를 구현하면 굉장히 불편합니다.

또한 코드 가독성도 나빠집니다. 실제로 앞서 만들었던 익명 클래스는 단지 val1 > val2를 연산할 뿐이지만 인터페이스의 구현체이므로 접근 제어자, 리턴 타입, 메서드 이름, 매개변수 이름 등이 모두 표시되어 매우 복잡해 보이죠.

```java
MaxMinWithInter min = new MaxMinWithInter(new Changeable() {
    @Override
    public boolean check(int val1, int val2) {
        return val1 > val2;
    }
});
```

이러한 문제를 해결하기 위해 자바 8부터 **람다 표현식**lambda expression이라는 것으로 이 과정을 간결하게 할 수 있는 방법을 지원합니다. 다음은 람다 표현식 (val1, val2) -> val1 > val2을 이용해 new Changeable() { ... }의 구현을 대신한 예제입니다.

```java
public class LambdaEx {
    public static void main(String[] args) {
        Changeable changeable = (val1, val2) -> val1 > val2;
        boolean result = changeable.check(10, 20);
        System.out.println("result = " + result);
    }
}
```


다음과 같이 복잡하고 가독성이 떨어지던 코드와 비교해 보면 한 줄로 인터페이스 구현을 대신할
수 있다는 것은 정말 다행입니다.

```java
Changeable minChangeable = new Changeable() {
    @Override
    public boolean check(int val1, int val2) {
        return val1 > val2;
    }
};
```

↓

```java
Changeable changeable = (val1, val2) -> val1 > val2;
```

그렇다면 람다 표현식이란 무엇일까요? 앞서 사용한 람다 표현식 (val1, val2) -> val1 > val2에
대해 간단히 살펴보겠습니다.

```java
(val1, val2) -> val1 > val2
     ❶            ❷
```

❶ (val1, val2)은 check(int val1, int val2)를 의미합니다.

❷ ->는 **화살표 연산자**이며 리턴을 의미합니다. 따라서 이 식은 return val1 > val2라는 뜻이죠. 여
기에서 메서드 이름 check나 접근 제어자 public은 중요하지 않기 때문에 과감히 생략을 하는 것
입니다.

자바는 강타입 언어라서 타입이 꼭 필요합니다. BACK 139쪽을 참고하세요. 하지만 (val1, val2)에는 타입이 보이지 않습니다. 이게 어떻게 가능한 것일까요? 다음과 같이 Changeable 인터페이스에는 check( ) 추상 메서드가 있습니다.

```java
public interface Changeable {
    boolean check(int val1, int val2);
}
```

이 람다 표현식은 check( ) 추상 메서드를 구현했다는 사실을 바탕으로 자바 컴파일러에서 매개변수 두 개가 있고 그 타입은 int임을 추론한 것입니다. 이처럼 개발자가 변수의 타입을 명시적으로 정해 주지 않아도 컴파일러에서 알아서 해당 변수의 타입을 추론하는 것을 **타입 추론**이라고 합니다.

이제 이 람다 표현식을 MinTestWithLambda 클래스에 적용해 보겠습니다. 다음은 MaxMinWith Inter 클래스의 생성자를 람다 표현식으로 주입하는 예제입니다.

```java
public class MinTestWithLambda {
    public static void main(String[] args) {
        int[] arr = {7, 8, 2, 9, 1};
        MaxMinWithInter min = new MaxMinWithInter((val1, val2) -> val1 > val2);
        int result = min.find(arr);
        System.out.println("result = " + result);
    }
}
```

MinTestWithLambda.java

실행 결과
```
result = 1
```

역시나 잘 실행되는 것을 확인할 수 있습니다. Changeable 인터페이스 타입으로 변수를 선언하지 않고 익명 클래스를 사용했던 방식 그대로 의존성 주입을 할 수 있습니다. 이렇게 해서 코드가 아주 간결해지고 가독성도 좋아졌습니다.

인터페이스를 설명하는 CHAPTER이므로 람다 표현식에 대한 설명은 여기까지만 하겠습니다. 지금은 이렇게 인터페이스를 통한 의존성 주입을 간단하게 할 수 있다는 정도로만 알아 둡시다.

SOON 람다 표현식은 DAY 58에서 자세히 다룹니다.

람다 표현식을 배운 후 다시 살펴보세요.

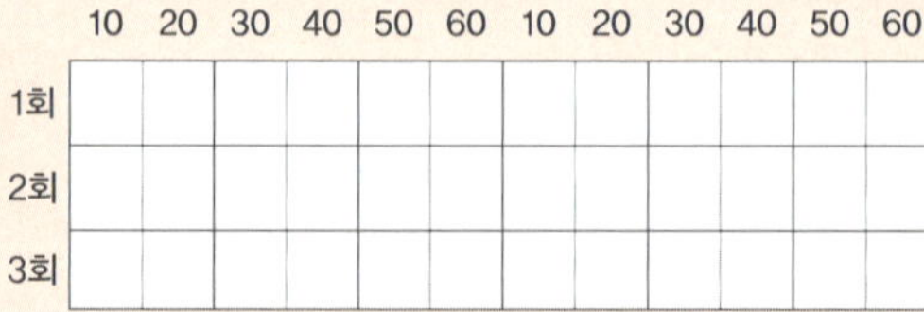

_____월 _____일 걸린 시간: _____시간 _____분

	10	20	30	40	50	60	10	20	30	40	50	60
1회												
2회												
3회												

필수 예제

`MaxMinTest.java`	변수 선언 없이 최대 값과 최소 값을 동시에 구하는 클래스
`MinTestWithAnon.java`	익명 클래스로 인터페이스를 구현한 클래스
`MinTestWithLambda.java`	람다 표현식으로 인터페이스를 구현한 클래스

용어 및 개념

☐	**의존성 주입**	– 객체 지향 프로그래밍에서 사용하는 설계 원칙 중 하나 – 객체 간의 의존 관계를 외부에서 결정하고 제공하는 방식 – 객체가 직접 의존하는 객체를 생성하거나 제어하지 않고 외부에서 의존성을 주입하여 객체 간의 결합도를 낮추는 방법
☐	**익명 클래스**	– 이름이 없는 클래스 – 인터페이스를 별도의 .java 파일로 만들지 않고 구현할 때 사용
☐	**람다 표현식**	익명 클래스로 인터페이스를 구현할 때 접근 제어자, 리턴 타입, 메서드 이름, 매개변수 이름 등이 모두 표시되는데 이를 간결하게 표기하기 위해 자바 8에서 도입된 표현식
☐	**타입 추론**	개발자가 변수의 타입을 명시적으로 정해 주지 않아도 컴파일러가 알아서 해당 변수의 타입을 추론하는 것

명령어

```
(val1, val2) -> val1 > val2
// 람다 표현식에서 리턴을 의미하는 화살표 연산자
```

자바 더 알아보기

이제 이 책의 마지막 CHAPTER입니다. 여기서는 열거 타입enumeration type을 나타내는 특별한 유형의 클래스인 enum, 코드로 인해서 발생하는 문제인 예외, 클래스에서 사용할 타입을 바꿀 수 있게 해 주는 제네릭, 익명 함수를 작성하기 위한 한 줄짜리 표현식인 람다 표현식과 같이 책 전체에서 간간히 언급되었던, 상급자로 가기 위해 필요한 다양한 자바의 기능에 대해 알아보겠습니다.

제네릭 알아보기

필수 예제		용어 및 개념	명령어
GenericInterfaceTest.java	ListEx.java	☐ 제네릭	`<T>`
GenericTwoTypesFlIn.java	MapEx.java	☐ 타입 매개변수	`<E>`
GenericOperatorExample.java			`<K, V>`

자바는 강타입 언어이기 때문에 모든 변수와 메서드의 리턴값은 타입을 가집니다. 하지만 메서드의 리턴 타입을 한 가지만 쓸 수 있다면 다형성에 문제가 생깁니다. **BACK** 다형성은 535쪽을 참고하세요. 이 부분을 해결해 주는 것이 제네릭입니다.

제네릭generic이란 클래스에서 사용할 타입을 바꿀 수 있게 하는 기능을 말합니다. 따라서 처음부터 타입을 지정하지 않고 클래스의 인스턴스를 생성하거나 인터페이스를 구현할 때 메서드에서 사용할 매개변수의 타입과 리턴 타입을 지정할 수 있습니다. 즉 하나의 값이 여러 다른 타입을 가질 수 있게 하는 것이죠.

제네릭 선언 방법

다음과 같이 클래스나 인터페이스를 선언할 때 이름 뒤에 **〈타입 매개변수〉**를 붙여 이들이 제네릭을 이용한다는 사실을 표현할 수 있습니다.

접근_제어자 class(또는 interface) 클래스_이름〈타입_매개변수〉

여기서 **타입 매개변수**type parameter란 제네릭을 이용하는 클래스나 인터페이스를 인스턴스할 때 개발자가 지정하는 타입을 받는 특수한 매개변수입니다. 즉 타입 매개변수를 통해 전달받은 타입을 인터페이스나 클래스의 메서드에 사용할 수 있습니다. 보통 **〈T〉**와 같은 형태로 제네릭을 표시하는데 T는 type의 약자입니다.

예제를 살펴보며 제네릭 사용 방법을 익혀보겠습니다. 우선 인터페이스에 적용하는 방법부터 알아보겠습니다.

인터페이스에 제네릭 적용하기

다음은 GenericInterface에 타입을 전달할 수 있도록 클래스 이름 뒤에 **〈T〉**를 붙여 인터페이스를 선언한 코드입니다.

```java
public interface GenericInterface<T> {
    T calculate(T val1, T val2);
}
```

GenericInterface.java

제네릭으로 선언한 인터페이스는 구현할 때 타입을 지정할 수 있습니다. 다음과 같이 Generic Interface를 구현할 때 **implements GenericInterface〈Float〉**와 같이 **〈T〉** 자리에 특정 타입을 지정하면 GenericInterface에서 T로 되어 있던 모든 부분을 지정한 타입으로 바꾸어 사용할 수 있습니다. 여기서는 **Float** 타입을 지정해 보았습니다. 리턴할 때 Float 타입을 float로 타입 캐스팅해 주었습니다.

```java
public class FloatGeneric implements GenericInterface<Float> {
    @Override
    public Float calculate(Float val1, Float val2) {
        return (float) val1 + val2;
    }
}
```
FloatGeneric.java

 참고로 (float) val1 + val2와 같이 타입 캐스팅을 하지 않아도 자바에서는 Float 타입을 float로 자동 형 변환해 줍니다.

이처럼 인터페이스가 제네릭으로 선언되어 있으면 이를 구현할 때 추상 메서드의 타입을 바꿀 수 있습니다. 그리고 인터페이스를 구현할 때 타입을 결정하므로 Float 이외의 다른 타입으로도 구현체를 선언할 수 있습니다. 예제를 살펴봅시다.

다음은 GenericInterface를 구현할 때 타입을 String으로 지정한 구현체입니다.

```java
public class StringGeneric implements GenericInterface<String> {
    @Override
    public String calculate(String val1, String val2) {
        return val1 + val2;
    }
}
```
StringGeneric.java

제네릭을 통해 어떤 타입이 전달되었는지에 따라 calculate() 메서드는 Float 타입을 리턴하기도 하고 String 타입을 리턴하기도 합니다. GenericInterface는 한 개의 인터페이스지만 제네릭을 이용해 여러 가지 타입에 대응할 수 있도록 만들 수 있는 것이죠. 실제로 그런지 확인해 봅시다.

다음은 Float 타입을 전달받은 인터페이스와 String 타입을 전달받은 인터페이스의 calculate() 메서드를 호출해 각각 float, String 타입의 변수를 출력하는 예제입니다.

```java
public class GenericInterfaceTest {
    public static void main(String[] args) {
        GenericInterface<Float> gi = new FloatGeneric();
        float fResult = gi.calculate(10.1f, 10.2f);
        System.out.println(fResult);
```
GenericInterfaceTest.java

```java
        GenericInterface<String> gis = new StringGeneric();
        String sResult = gis.calculate("hello", "world");
        System.out.println(sResult);
    }
}
```


두 개 이상의 타입을 받는 인터페이스에 제네릭 적용하기 ————

연산을 하다 보면 매개변수와 리턴 타입이 일치하지 않는 경우도 많습니다. 실제로 5 / 2 연산을 하는 경우 5, 2는 둘 다 int 타입이므로 결과 역시 int 타입이 되어 2가 출력됩니다. 하지만 소수점까지 출력해 2.5가 나오도록 하고 싶다면 float 타입이 되어야 하죠.

GenericInterface〈T〉와 같이 한 개의 타입만 받을 수 있다면 다양한 연산을 하는데 문제가 발생합니다. 이런 일을 방지하기 위해 자바에서는 두 개 이상의 타입을 받을 수 있도록 되어 있습니다.

두 개 이상의 타입을 받는 방법은 간단합니다. 다음과 같이 〈〉 안의 타입 매개변수를 쉼표(,)로 구분해 주면 됩니다.

접근_제어자 class(또는 interface) 클래스_이름<타입_매개변수1, 타입_매개변수2 ...>

다음은 두 가지 타입을 받는 인터페이스입니다. 이러면 타입 매개변수 S로 타입을 받고 타입 매개변수 T로 받은 타입으로 리턴할 수 있습니다. 가령 타입 매개변수 S로 int 타입을 받고 타입 매개변수 T로 String 타입을 받으면 int 타입의 연산 결과를 String 타입으로 리턴하는 것이죠.

```java
public interface GenericInterfaceTwoTypes<T, S> {
    T calculate(S val1, S val2);
}
```

GenericInterfaceTwoTypes.java

반대로 다음과 같이 타입 매개변수 T로 타입을 받고 타입 매개변수 S로 받은 타입으로 리턴할 수 있습니다. 참고로 타입 매개변수 S는 두 번째 타입second type이라는 의미로 필자가 임의로 지은 것입니다.

```java
S calculate(T val1, T val2);
```

제네릭으로 두 가지 타입을 받는 GenericInterfaceTwoTypes 인터페이스를 만들었으므로 이를 사용해 5 / 2 연산을 해 보겠습니다. 우선 구현체부터 만들겠습니다. 다음은 GenericInterface TwoTypes 인터페이스를 구현할 때 Float, Integer 타입을 지정한 구현체입니다.

GenericTwoTypesFlIn.java

```java
public class GenericTwoTypesFlIn implements GenericInterfaceTwoTypes<Float, Integer>
{                                                           ❶

    @Override
    public Float calculate(Integer val1, Integer val2) {  ❷
        return (float) val1 / val2;                        ❸
    }
}
```

❶ 〈T, S〉 자리에 각각 Float, Integer 타입을 지정합니다.

❷ 연산할 타입은 Integer로 지정합니다. 어차피 정수가 들어오면 자동으로 int로 타입 캐스팅되므로 int 타입으로 지정하지 않고 알아보기 쉽게 Integer라는 참조 타입을 지정한 것입니다.

❸ 리턴 타입은 Float로 구현합니다. 이때 (float) val1 / val2와 같이 Float 타입을 float로 타입 캐스팅해 주었습니다.

이제 GenericTwoTypesFlIn 클래스를 호출해 5 / 2를 연산해 보겠습니다.

GenericTwoTypesTest.java

```java
public class GenericTwoTypesTest {
    public static void main(String[] args) {
        GenericTwoTypesFlIn gttfi = new GenericTwoTypesFlIn();
        float fResult = gttfi.calculate(5, 2);
        System.out.println(fResult);
    }
}
```

실행 결과

```
2.5
```

calculate() 메서드는 Integer 타입의 5, 2를 받았습니다. 5, 2는 int 타입으로 자동 형 변환되어 연산되고 그 결과를 Float 타입으로 리턴합니다. Float 타입은 float로 타입 캐스팅되므로 결과적으로 2.5가 출력되었습니다.

클래스에 제네릭 적용하기

지금까지 인터페이스에 제네릭을 적용하는 방법을 알아보았습니다. 앞서 설명한 것과 같이 제네릭은 인터페이스뿐 아니라 클래스에도 적용할 수 있습니다. 따라서 클래스에 제네릭을 적용하는 방법도 알아보겠습니다.

다음 Box 클래스의 멤버 변수 item의 타입은 제네릭으로 되어 있습니다. 따라서 클래스를 인스턴스화할 때 지정한 타입으로 item의 타입이 바뀝니다.

```java
public class Box<T> {                                          Box.java
    private T item;

    public void setItem(T item) {
        this.item = item;
    }

    public T getItem() {
        return item;
    }
}
```

실제로 그렇게 바뀌는지 확인해 봅시다. 다음은 Box 클래스를 인스턴스화할 때 타입 매개변수 T 에 String 타입과 Integer 타입을 넘겨주는 예제입니다.

```java
public class GenericOperatorExample {          GenericOperatorExample.java
    public static void main(String[] args) {
        // String 타입을 저장하는 Box 생성
        Box<String> stringBox = new Box<>();  ←——❶
        stringBox.setItem("Hello");
        String greeting = stringBox.getItem();
```

```java
        System.out.println(greeting); // 출력: Hello


        // Integer 타입을 저장하는 Box 생성
        Box<Integer> intBox = new Box<>();
        intBox.setItem(42); ←——————————————————— ❷
        int number = intBox.getItem();
        System.out.println(number);    // 출력: 42
    }
}
```


❶ Box 클래스를 인스턴스화할 때 Box〈String〉을 이용해 String 타입으로 지정하면 setItem() 메서드를 호출할 때 T item이 String item으로 바뀝니다.

❷ 반대로 Box〈Integer〉를 이용해 Integer 타입으로 지정하면 setItem() 메서드를 호출할 때 42라는 Integer 타입의 값을 넘길 수 있죠.

이에 따라 getItem() 메서드도 마찬가지로 리턴 타입이 String이 되기도 하고 Integer가 되기도 합니다. 이처럼 클래스에 제네릭을 적용하면 하나의 클래스로 여러 타입을 다룰 수 있습니다.

내장 인터페이스에 제네릭 적용하기

직접 선언한 클래스에 제네릭을 적용할 수 있을 뿐 아니라 자바에서 기본으로 제공하는 내장 인터페이스와 클래스에도 제네릭을 적용할 수 있습니다. 이를 모두 다루면 설명이 길어지므로 여기서는 제네릭을 적용할 수 있는 대표적인 인터페이스인 List와 Map만 살펴보겠습니다.

List 인터페이스에 제네릭 적용하기

List는 데이터를 일렬로 늘어놓은 자료 구조입니다. 자바에서는 List를 쉽게 사용할 수 있도록 List 인터페이스를 기본으로 제공하는데 여기에는 제네릭이 미리 적용되어 있습니다. 따라서 List 인터페이스를 인스턴스화할 때 List에 어떤 타입을 담을 것인지 지정할 수 있습니다.

다음과 같이 자바에서 제공하는 List 인터페이스의 선언부를 살펴보면 〈E〉를 이용해 타입을 지정할 수 있다는 사실을 확인할 수 있습니다.

```java
public interface List<E> extends Collection<E> {}
```

다음은 List 인터페이스를 이용해 Integer 타입과 String 타입으로 List를 선언한 예제입니다. Integer 타입으로 선언한 리스트인 iList에는 10, 20과 같은 int 타입의 값만 들어갈 수 있고 String 타입으로 선언한 리스트인 sList에는 "Hello", "Bye"와 같은 문자열만 들어갈 수 있습니다.

```java
import java.util.ArrayList;
import java.util.List;

public class ListEx {
    public static void main(String[] args) {
        List<Integer> iList = new ArrayList<>();
        iList.add(10);
        iList.add(20);
        int number = iList.get(1);          // ❶
        System.out.println(number);

        List<String> sList = new ArrayList<>();
        sList.add("Hello");
        sList.add("Bye");
        String greeting = sList.get(0);     // ❷
        System.out.println(greeting);
    }
}
```


이 코드에서는 get() 메서드가 두 번 사용되었습니다.

❶ 첫 번째 사용된 get() 메서드의 리턴 타입은 Integer이므로 int number에 담을 수 있습니다.

❷ 두 번째 사용된 get() 메서드의 리턴 타입은 String이므로 String greeting에 담을 수 있습니다.

같은 get() 메서드를 호출했지만 리턴 타입이 다를 수 있는 이유는 제네릭을 이용해 메서드의 리턴 타입을 바꿀 수 있기 때문입니다. 실제로 List 인터페이스에는 다음과 같이 get() 메서드가 있습니다. 리턴 타입이 E로 되어 있다는 사실을 확인할 수 있습니다.

```java
public interface List<E> extends Collection<E> {
    E get(int index);
}
```

List를 선언할 때 List<Integer>로 선언하면 E가 Integer가 되므로 Integer get(int index);와 같이 메서드의 타입이 지정됩니다. 마찬가지로 List<String>으로 선언하면 E 자리에 String이 들어가므로 String get(int index);가 되죠.

Map 인터페이스에 제네릭 적용하기

Map은 Key와 Value를 이용해 값을 저장하고 접근하는 자료 구조입니다. 자바에서는 Map을 쉽게 만들 수 있도록 Map 인터페이스로 제공하고 있습니다.

다음의 Map 인터페이스를 살펴보면 제네릭이 적용되어 있으며 두 가지 타입을 받을 수 있다는 사실을 확인할 수 있습니다.

```java
public interface Map<K, V> {
}
```

바로 예제를 살펴봅시다. 다음은 Map에 데이터를 저장하는 예제입니다.

```java
import java.util.HashMap;
import java.util.Map;

public class MapEx {
    public static void main(String[] args) {
        Map<String, String> ssMap = new HashMap<>();  // ❶
        ssMap.put("name", "Kyeongrok");
        ssMap.put("phone", "010-1234-1234");

        Map<String, Integer> siMap = new HashMap<>();  // ❷
        siMap.put("A", 10);
        siMap.put("B", 20);
    }
}
```
MapEx.java

❶ ssMap의 경우 타입을 String, String으로 지정했습니다. 그래서 Key, Value 모두 "name", "Kyeongrok"과 같이 String 타입으로 값을 저장합니다.

❷ 이와는 다르게 siMap은 타입을 String, Integer로 지정했으므로 "A", 10과 같이 Key는 String으로, Value는 Integer 타입으로 값을 저장합니다.

일반적으로 사용하는 타입 매개변수

지금까지 타입 매개변수를 표기할 때 〈T〉로 했다가 〈E〉로 했다가 〈K, V〉로 하는 등 여러 가지를 사용했습니다. 이를 보니 타입 매개변수에 어떤 문자열을 반드시 사용해야 할 것만 같습니다. 하지만 반드시 써야 하는 문자열은 없습니다.

사실 〈T〉, 〈E〉, 〈K, V〉 등이 프로그램 실행에 미치는 영향은 전혀 없습니다. 〈T〉를 쓰는 대신 〈Type〉과 같이 써도 됩니다. 어떤 문자열을 사용해도 무방하죠. 다만 코드의 가독성을 좋게 하기 위해 몇 가지 많이 사용하는 문자가 있을 뿐입니다.

일반적으로 사용하는 **타입 매개변수**는 다음과 같습니다.

타입 매개변수	설명
〈T〉	타입 매개변수의 일반적인 표현으로 "Type"의 첫 글자 T를 따서 표기한 것입니다. 어떤 타입이든 사용될 수 있으며, 제네릭으로 선언한 클래스나 메서드에서 일반적인 타입으로 활용됩니다.
〈E〉	"Element"의 약자로, 주로 컬렉션 클래스에서 요소 타입을 나타내는 데 사용됩니다.
〈K, V〉	"Key"와 "Value"의 약자로, 주로 Map과 관련된 타입을 나타내는 데 사용됩니다. K는 맵의 key의 타입을, V는 value의 타입을 나타냅니다.
〈N〉	"Number"의 약자로, 주로 숫자 타입(정수, 실수 등)을 나타내는 데 사용됩니다.
〈R〉	"Result"의 약자로, 주로 메서드의 반환 타입을 나타내는 데 사용됩니다.
〈A〉	"Array"의 약자로, 배열 타입을 나타내는 데 사용됩니다.

컬렉션 인터페이스

컬렉션 인터페이스는 자바에서 '묶음'을 다룰 때 사용하는 인터페이스 중 가장 근본이 되는 것입니다. 병원으로 예를 들면 감기 걸렸을 때 가는 '내과', 눈을 진료하는 '안과', 치아를 치료하는 '치과' 등의 여러 분과가 있지만 "병을 치료한다"라는 명제가 병원의 근본입니다.

그래서 내과, 안과, 치과는 각각 다루는 인체 부위가 다르지만 "병을 치료한다"라는 인터페이스를 구현한 구현체라고 할 수 있습니다.

컬렉션 인터페이스는 "묶음을 다룬다"라는 근본에 해당하는 인터페이스로 병원에 해당한다고 할 수 있습니다. '컬렉션'은 내과, 안과, 치과처럼 묶음을 어떻게 다루는지에 따라 여러 가지 분과로 나누어집니다. 대표적인 분과로는 순서가 있는 List가 있고 key, value 방식으로 데이터를 저장 및 접근하는 Map을 가장 많이 사용합니다. 그래서 앞에서 두 가지를 다룬 것입니다.

	10	20	30	40	50	60	10	20	30	40	50	60
1회												
2회												
3회												

필수 예제

GenericInterfaceTest.java	다른 타입을 가지는 인터페이스 두 개를 호출하는 클래스
GenericTwoTypesFlIn.java	두 가지 타입을 받는 인터페이스의 구현 클래스
GenericOperatorExample.java	타입 매개변수에 두 가지 타입을 넘겨주는 클래스
ListEx.java	List 인터페이스에 제네릭을 적용한 구현 클래스
MapEx.java	Map 인터페이스에 제네릭을 적용한 구현 클래스

용어 및 개념

☐	제네릭	– 클래스에서 사용할 타입을 바꿀 수 있게 해 주는 기능 – 하나의 값이 여러 다른 타입을 가질 수 있게 하는 것
☐	타입 매개변수	– 제네릭을 이용하는 클래스나 인터페이스를 인스턴스할 때 개발자가 지정하는 타입을 받는 특수한 매개변수 – 타입 매개변수로 전달받은 타입을 인터페이스나 클래스의 메서드에 사용할 수 있음

명령어

```
접근_제어자 class(또는 interface) 클래스_이름<T>
// "Type"의 약자로, 타입 매개변수의 일반적인 표현
public interface List<E> extends Collection<E> { ... }
// "Element"의 약자로, 컬렉션 클래스에서 요소 타입을 표현
public interface Map<K, V>
// "Key"와 "Value"의 약자로, Map과 관련된 타입을 표현
// K는 맵의 key 타입을, V는 value 타입을 표현
```

필수 예제		용어 및 개념	명령어
Role.java	Seasons.java	☐ 열거 타입	
User.java	EnumSwitch.java	☐ enum	enum
UserTest.java			

enum(이늄)은 **열거 타입**enumeration type을 나타내는 특별한 유형의 클래스입니다. enum은 봄, 여름, 가을, 겨울 또는 1월 … 12월과 같이 '상수의 집합'을 코드에서 헷갈리지 않도록 가독성 있게 나타내는 데 사용합니다.

이늄은 상수의 집합을 표현합니다. 이쯤에서 상수에 대해서 다시 한번 떠올려 보겠습니다. 자바에서 상수를 선언하려면 **final float PI = 3.14f;**와 같이 선언해야 합니다. **BACK** 150쪽을 참고하세요. 그런데 계절(SPRING, SUMMER, FALL, WINTER), 요일(SUN, MON, TUE …), 권한(ADMIN, MANAGER, USER) 등 상수를 그룹으로 표현할 때는 이와 같은 방법이 불편할 때가 있습니다. 왜냐하면 다음과 같이 모든 상수를 하나하나 선언해 주어야 하기 때문이죠.

```
static final string = SEASON_SPRING
static final string = SEASON_SUMMER
static final string = SEASON_FALL
static final string = SEASON_WINTER
```

이럴 때 '열거 타입' 이늄을 사용하면 상수 그룹을 쉽게 선언할 수 있으며 클래스에 메서드를 추가하는 것처럼 특정 동작을 처리할 수 있습니다.

'이늄'인지 '이넘'인지?

enum은 Enumeration을 줄여 쓴 단어입니다. Enumeration의 발음 기호는 injùːməréiʃən인데 이를 읽어 보면 '이뉴머레이션'이 됩니다. 그래서 '이늄'이라고 읽는 것이죠. 이 책에서는 이러한 발음 기호에 따라 이늄이라고 표기했습니다.

하지만 현업 개발자들 사이에서는 '이늄', '이넘'을 혼용해서 사용합니다. 심지어 영어권 사람들조차 enum을 '이넘'이라고 발음하는 사람이 더 많죠. 이는 조금 더 쉽게 읽기 위해 발음이 변화한 것으로 보입니다. 아무튼 '이늄'과 '이넘' 모두 enum을 지칭한다는 사실을 기억합시다.

열거 타입 선언 방법

열거 타입은 다음과 같이 선언할 수 있습니다. 열거 타입은 상수의 모임이므로 중괄호 블록 안에는 상수 이름을 나열하면 됩니다.

```
접근_제어자 enum 열거_타입_이름 {
    상수_이름1, 상수_이름2 ... 상수_이름n
}
```

열거 타입 이름은 클래스를 선언할 때처럼 맨 앞글자를 대문자로 사용합니다. 그리고 타입을 지정하지 않고 열거 타입의 각 값을 추가합니다. 열거 타입의 각 값은 상수와 마찬가지로 대문자로 작성합니다.

선언한 열거 타입을 다음과 같이 사용할 수 있습니다. 상수를 쓰는 것과 비슷하게 new를 이용해 인스턴스를 선언하지 않고도 바로 사용할 수 있습니다.

```
열거_타입_이름.상수_이름1;
열거_타입_이름.상수_이름2;
...
열거_타입_이름.상수_이름n;
```

다음은 enum을 이용해 일요일 ~ 토요일까지 선언한 열거 타입 예제입니다.

```
public enum Days {
    SUN, MON, TUE, WED, THU, FRI, SAT
}
```
Days.java

열거 타입은 선언 후 인스턴스화시키지 않고 바로 쓸 수 있습니다. 따라서 MON이라는 열거 타입의 상수 중 하나를 쓰고 싶다면 Days.MON과 같이 작성하면 됩니다. 다음은 상수 중 하나인 MON을 사용하는 예제입니다.

```
public class DaysTest {
    public static void main(String[] args) {
        System.out.println(Days.MON);
    }
}
```
DaysTest.java

실행 결과
```
MON
```

열거 타입은 다음과 같이 역할(Role)을 지정할 때 많이 사용합니다.

```
public enum Role {
    ADMIN, MANAGER, USER
}
```
Role.java

이처럼 로그인한 사용자가 관리자(Admin)인지 매니저(Manager)인지 일반 사용자(User)인지를 구분할 때 Role이라는 enum에 있는 값만을 사용하도록 하면 "ADMLN" 등과 같이 String으로 썼을 때 오타가 나는 등의 실수를 방지할 수 있습니다.

enum은 단독으로 사용되는 경우보다 클래스의 멤버 변수로 사용되는 경우가 많습니다. 다음은
User 클래스에서 Role 열거 타입을 사용하는 예제입니다. 생성자를 통해 이름과 역할(Role)을 전
달하도록 했습니다.

```java
public class User {                                    // User.java
    private String userName;
    private Role role;

    public User(String userName, Role role) {
        this.userName = userName;
        this.role = role;
    }

    public String getUserName() {
        return userName;
    }

    public Role getRole() {
        return role;
    }
}
```

다음은 User 클래스에 선언한 멤버 변수인 Role을 열거 타입의 Role.ADMIN과 비교해 관리자인
경우와 관리자가 아닌 경우를 분기 처리한 예제입니다.

```java
import java.util.Objects;                              // UserTest.java

public class UserTest {
    public static void main(String[] args) {
        User user = new User("kyeongrok", Role.ADMIN);
        System.out.println(user.getRole());

        if (Objects.equals(user.getRole(), Role.ADMIN)) {
            System.out.println("관리자입니다.");
```

```java
        } else {
            System.out.println("관리자가 아닙니다.");
        }
    }
}
```


user를 생성할 때 Role.ADMIN으로 생성했기 때문에 Objects.equals(user.getRole(), Role.ADMIN)이 true가 되어 "관리자입니다."가 출력되었습니다. user.getRole()을 했을 때의 값과 Role.ADMIN의 값을 비교하기 때문에 String을 이용해 비교하는 것보다 코드의 신뢰성과 가독성이 좋아졌습니다.

열거 타입의 상수에 값 지정하기

열거 타입은 단순히 값을 구분할 때만 사용되지는 않습니다. 열거 타입의 상수에 특정한 값을 지정해서 사용할 수도 있습니다. 이를테면 데이터베이스에 대용량 데이터를 저장하는데 문자열인 '봄', '여름', '가을', '겨울'보다는 봄일 때 1, 여름일 때 2, 가을일 때 3, 겨울일 때 4와 같이 저장하고 싶거나 특정 코드로 반환해야 하는 경우도 enum으로 처리할 수 있습니다.

상수에 값을 지정하는 방법은 다음과 같습니다. 각 상수 이름 뒤에 소괄호 블록을 추가하고 지정할 값을 작성하면 됩니다. 이때 주의할 점은 마지막 상수 끝에 반드시 세미콜론(;)을 붙여야 한다는 점입니다. 여기에서 끝이 아닙니다. 이늄은 일종의 클래스이기 때문에 값을 추가로 지정하려면 클래스에 변수를 선언해 주어야 합니다.

```java
접근_제어자 enum 열거_타입_이름 {
    상수_이름1(값), 상수_이름2(값) ... 상수_이름n(값); // 끝에 반드시 ;을 붙여야 함
}
```

다음은 Seasons 열거 타입에 int 타입의 value 멤버 변수를 추가한 후 생성자를 이용해 값을 넘겨 value에 저장된 값을 사용할 수 있도록 만든 예제입니다. 이늄은 클래스와 마찬가지로 멤버 변수를 선언할 수 있습니다.

```java
public enum Seasons {                                    // Seasons.java
    SPRING(1), SUMMER(2), FALL(3), WINTER(4);
    private final int value;

    Seasons(int value) {
        this.value = value;
    }
    public int getValue() {
        return value;
    }
}
```

Seasons 열거 타입의 Seasons( ) 생성자를 통해 전달한 int 타입의 1, 2, 3, 4 값을 **getValue()**
로 불러올 수 있습니다. 열거 타입의 값을 정의하는 부분인 SPRING(1), SUMMER(2), FALL(3),
WINTER(4)에서 생성자가 작동되어 value에 숫자 값이 저장되는 것입니다.

```java
public class SeasonsTest {                               // SeasonsTest.java
    public static void main(String[] args) {
        System.out.println(Seasons.FALL.getValue());
    }
}
```

실행 결과

```
3
```

Seasons.FALL에 **getValue()**를 호출한 결과 3이 출력된 것을 확인할 수 있습니다. 이렇게
enum을 이용하면 특정 값만 사용하도록 제한하여 코드의 신뢰성과 가독성이 좋아지도록 할 수 있습
니다.

switch 표현식에 열거 타입 활용하기

switch 표현식에 열거 타입을 사용할 수 있습니다. **BACK** switch 표현식은 343쪽을 참고하세요. 방법은
간단합니다. switch 표현식에서 확인할 값을 열거 타입의 상수로 지정하고 case 조건에 열거 타입
의 모든 상수를 작성해 주면 됩니다. 다음은 앞에서 만든 Role 열거 타입을 switch 표현식에 사용
한 예제입니다.

```java
public class EnumSwitch {
    public static void main(String[] args) {
        Role role = Role.ADMIN;
        int result = switch (role) {
            case ADMIN -> 1;
            case MANAGER -> 2;
            case USER -> 3;
        };
        System.out.println(result);
    }
}
```


실행 결과

```
1
```

role 변수에 Role.ADMIN을 할당했으므로 실행 결과로 1이 출력되었습니다. 그런데 만약 case 조건에 열거 타입의 상수를 하나 빠뜨리면 어떻게 될까요? switch 표현식은 예외 메시지를 통해 상수가 빠졌다는 사실을 알려 줍니다.

```java
public class EnumSwitchErr {
    public static void main(String[] args) {
        Role role = Role.ADMIN;
        int result = switch (role) {
            case ADMIN -> 1;
            case MANAGER -> 2; // case USER -> 3;이 빠졌음
        };
        System.out.println(result);
    }
}
```


실행 결과

```
java: the switch expression does not cover all possible input values
```

메시지의 내용을 번역하면 '이 switch 표현식은 모든 경우를 커버하지 않는다'라는 의미입니다. Role 열거 타입은 총 세 가지 상수 ADMIN, MANAGER, USER가 있는데 이 코드에서는 USER가 없기 때문에 이러한 예외가 발생합니다.

이처럼 switch 표현식을 사용하면 열거 타입의 상수가 빠졌을 때 미리 알려주기 때문에 조금 더 신뢰성 있는 코드를 만들 수 있습니다. 열거 타입을 굳이 쓰지 않고도 프로그램을 개발할 수는 있지만 열거 타입을 쓴다면 더 신뢰성 있는 코드를 만들 수 있습니다. 그래서 프로그램이 복잡해지는 시점에는 열거 타입을 도입하게 됩니다.

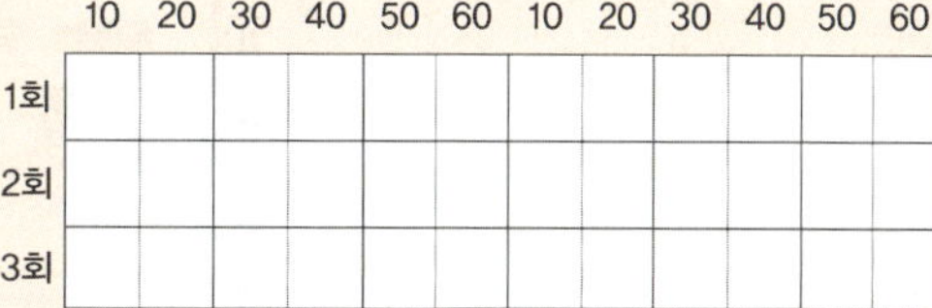

	10	20	30	40	50	60	10	20	30	40	50	60
1회												
2회												
3회												

필수 예제

Role.java	열거 타입으로 역할을 지정한 클래스
User.java	역할 열거 타입을 사용하는 클래스
UserTest.java	멤버 변수와 열거 타입을 비교해 관리자 여부를 판단하는 클래스
Seasons.java	열거 타입에 멤버 변수를 추가한 클래스
EnumSwitch.java	열거 타입을 switch 표현식에 사용한 클래스

용어 및 개념

☐	**열거 타입**	상수의 모임으로 맨 앞글자를 대문자로 사용하고, 타입을 지정하지 않고 각 값을 추가하며, 각 값은 상수와 마찬가지로 대문자로 작성
☐	enum	열거 타입을 나타내는 특별한 유형의 클래스

명령어

```
접근_제어자 enum 열거_타입_이름 { // 열거 타입을 나타내는 명령어
    상수_이름, 상수_이름, 상수_이름, ...
}
```

필수 예제	용어 및 개념	명령어
ExceptionEx.java	☐ 예외	try catch finally throws
TryCatchFinally.java	☐ 예외 처리	
ThrowsEx.java	☐ try-catch문	
ExceptionDoWhileRefact.java	☐ try-catch-finally문	

자바에서 **예외**exception란 잘못된 코드로 인해서 발생하는 문제를 뜻하며, 예외가 발생하면 프로그램이 종료됩니다. 지금까지 만들었던 코드는 단순 계산이나 메시지를 출력하는 코드이기 때문에 프로그램이 종료되는 일이 그리 심각하게 생각되지 않을 수 있습니다.

하지만 여러 사람이 사용하는 프로그램이 종료되면 큰 손해가 날 수 있습니다. 유튜브, 카카오톡, 쿠팡, 네이버 등의 서비스가 한 시간 동안 먹통이 된다고 생각해 보세요. 그 시간만큼의 기대 수익이 줄어들고 주가도 떨어지고 신뢰성도 떨어지게 될 것입니다.

그렇다고 너무 걱정하지 마세요. 의도하지 않은 상황에서 예외가 발생해 프로그램이 종료되지 않도록 프로그램을 개발할 때 **예외 처리**exception handling를 할 수 있습니다.

예외 처리란

보통 개발자가 직접 사용하기 위해서가 아니라 다른 사람이 사용하도록 프로그램을 개발합니다. 많은 사용자가 프로그램을 사용하므로 사용자의 모든 행동을 예측할 수 없습니다. 숫자 형태로 나이를 입력해야 하는데 "이십사"라고 한글로 입력할 수도 있죠.

이러면 예외가 발생합니다. 예외가 발생하면 프로그램이 종료됩니다. 자바를 공부하는 과정에서 예외가 발생하면 코드를 수정하고 다시 실행하면 됩니다. 하지만 서비스 중인 프로그램을 수정하기란 쉽지 않습니다. 그래서 프로그램을 개발할 때 의도하지 않은 상황에서는 종료가 되지 않도록 예외 처리를 해 놓아야 합니다.

다음은 숫자 100을 입력한 값으로 나눈 '몫'을 출력하는 애플리케이션입니다.

```java
import java.util.Scanner;

public class ExceptionDoWhile {
    public static void main(String[] args) {
        int input;
        do {
            System.out.print("100을 나누어 몫을 구할 숫자를 입력해 주세요:");
            input = new Scanner(System.in).nextInt();
            System.out.printf("%d로 나눈 몫은 %d입니다.\n", input, 100 / input);
        } while (input != 9);
    }
}
```

실행 결과

```
100을 나누어 몫을 구할 숫자를 입력해 주세요:10 Enter
10로 나눈 몫은 10입니다.
100을 나누어 몫을 구할 숫자를 입력해 주세요:20 Enter
10로 나눈 몫은 5입니다.
```

10, 20 등의 숫자를 넣으면 몫을 잘 계산해 줍니다. 하지만 0을 입력하면 어떻게 될까요? 100을 0으로 나눌 수 있을까요? 안타깝게도 0으로 나누는 것은 수학적으로 정의되지 않은 연산입니다. 그래서 다음과 같이 예외가 발생합니다.

```
Exception in thread "main" java.lang.ArithmeticException: / by zero
    at ExceptionDoWhile.main(ExceptionDoWhile.java:11)
```

이 상황에서 애플리케이션이 멈추는 대신 "0으로 나눌 수 없습니다."라는 메시지를 출력하고 다시 한번 나눌 수 있는 값을 입력하라는 메시지를 출력하도록 할 수 있습니다. 이처럼 예외가 발생하는 상황을 대비한 코드를 미리 작성해 두는 것을 **예외 처리**라고 합니다.

예외 처리를 위해서는 우선 어떤 예외인지 정확히 파악하는 일이 중요합니다. 당연하지만 어떤 예외인지 알아야 문제를 해결할 수 있으니까요.

처음 프로그래밍을 배울 때는 예외가 발생하면 예외 메시지를 잘 읽어 보지 않고 '짐작'만으로 코드를 수정하는 경우가 제법 있습니다. 그렇게 해서 운 좋게 해결하면 다행이지만 해결되지 않으면 예외의 미궁에 빠져 버리게 됩니다. 그러므로 예외 파악에서 예외 메시지를 읽는 일이 매우 중요합니다.

앞에서 0으로 나누었을 때 출력된 예외 메시지를 다시 살펴보겠습니다.

```
Exception in thread "main" java.lang.ArithmeticException: / by zero
    at ExceptionDoWhile.main(ExceptionDoWhile.java:11)
```

자바에서 발생하는 예외는 java.lang.Exception이라는 패키지에 정의되어 있습니다. 이 패키지를 보면 어떤 예외가 발생했는지 확인할 수 있는 것이죠. java.lang. 뒤를 살펴봅시다. 그러면 ArithmeticException이라는 예외가 발생한 것을 확인할 수 있습니다. ArithmeticException은 수학적인 계산을 할 때 발생하는 예외입니다.

그리고 콜론(:) 뒤에 있는 내용을 살펴봅시다. / by zero라고 되어 있습니다. 이는 '0(zero)으로 (by) 나누기 연산(/)을 했다'는 뜻으로 이 예외가 발생한 원인을 알려 주는 부분입니다.

즉 ArithmeticException이 발생했는데 그 원인은 0으로 나누었기 때문이죠.

```
java.lang.ArithmeticException: / by zero
        발생한 예외              원인
```

개발을 하다 보면 자주 접할 수 있는 NullPointerException도 발생시켜 보겠습니다. 다음은 예외를 일부러 발생시킨 예제입니다. returnNull() 메서드는 빈 값null을 리턴하게 되어 있습니다. 빈 값을 리턴하므로 String str = returnNull();의 str 변수는 null이 됩니다. 이 상황에서 str 변수의 길이를 알아보기 위해 length() 메서드를 사용했습니다. 값이 없는데 길이를 세라고 했기 때문에 예외가 발생합니다.

```java
public class ExceptionMessage {
    public static String returnNull() {
        return null;
    }
    public static void main(String[] args) {
        String str = returnNull();
        System.out.println(str.length());
    }
}
```
ExceptionMessage.java

```
Exception in thread "main" java.lang.NullPointerException: Cannot invoke
"String.length()" because "str" is null
    at ExceptionMessage.main(ExceptionMessage.java:9)
```

이 메시지에서도 java.lang. 주변을 잘 보면 발생한 예외와 원인을 파악할 수 있습니다. 여기에서 NullPointerException이 발생했는데 그 원인은 str 변수가 null이기 때문이라는 사실을 확인할 수 있습니다. 이를 정리하면 다음과 같습니다.

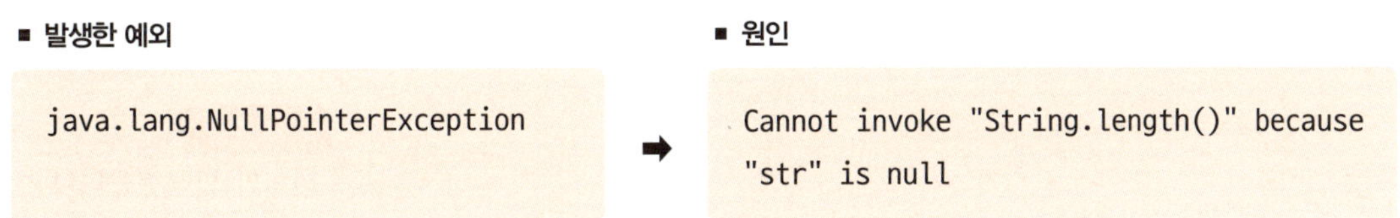

자바에 정의된 예외는 아주 많으므로 이 책에서 모두 다룰 수는 없습니다. 그래도 이제 예외 메시지를 읽을 수 있게 되었으니 앞으로 개발 시 예외가 발생하면 그때그때 검색을 통해 찾아봅시다.

예외 처리하기

예외는 **try-catch문**을 이용해 처리할 수 있습니다. **try** 중괄호 블록에는 예외가 발생할 가능성이 있는 코드를 넣습니다. 그러면 예외가 발생할 때 **catch** 중괄호 블록에 있는 코드가 실행됩니다. catch 소괄호 블록에 발생 가능성이 있는 예외를 작성하는데 예외를 참조 타입으로 하는 변수로 선언합니다. 보통은 **예외명 e**로 선언합니다. 변수 e는 exception의 앞글자를 딴 것입니다.

```
try {
    예외가_발생할_가능성이_있는_코드
} catch (타입 변수_이름) { // 발생 가능성이 있는 예외를 변수로 선언
    예외가_발생했을_때_실행할_코드
}
```

예제를 바로 살펴보겠습니다. 100을 0으로 나누고 그 결과를 출력하는 **System.out.println(100 / 0);**이 있습니다. 이 코드는 예외가 발생할 것이므로 **try-catch문**을 써서 예외 처리했습니다.

```java
public class ExceptionEx {
    public static void main(String[] args) {
        try {
            System.out.println(100 / 0);
        } catch (ArithmeticException e) {
            System.out.println("예외가 발생했습니다.");
        }
    }
}
```

ExceptionEx.java

실행 결과
```
예외가 발생했습니다.
```

이는 앞서 살펴본 것과 같이 100을 0으로 나누면 ArithmeticException이 발생하는데 이 예외를 변수에 저장해 두는 것입니다. try 중괄호 블록을 실행하지 않고 catch 중괄호 블록에 있는 "예외가 발생했습니다."가 출력되었습니다.

그렇다면 예외가 발생하지 않으면 어떻게 될까요? 바로 알아보겠습니다. 다음은 try 중괄호 블록에서 예외가 발생하지 않은 예제입니다. 예외가 발생하지 않도록 100을 10으로 나누었습니다.

```java
public class ExceptionEx2 {
    public static void main(String[] args) {
        try {
            System.out.println(100 / 10);
        } catch (ArithmeticException e) {
            System.out.println("예외가 발생했습니다.");
        }
    }
}
```

ExceptionEx2.java

실행 결과

```
10
```

예외가 발생하지 않으니 try 중괄호 블록에 있는 코드가 그대로 실행되었습니다. 따라서 실행 결과로 10이 출력되었습니다.

이렇게 예외 처리를 했는데 예외가 발생하지 않으면 코드를 그대로 실행하고, 예외가 발생하면 예외가 발생하지 않은 것처럼 지나갈 수 있습니다. 즉 예외가 발생해도 프로그램이 종료되지 않는 것이죠.

catch 소괄호 블록에 있는 변수 사용하기

앞서 catch 소괄호 블록에 발생 가능성이 있는 예외를 예외명 e와 같이 변수로 선언한다고 했습니다. 실제로 실습에서도 ArithmeticException 타입의 변수 e를 선언했었죠. 이러면 이 변수를 활용해서 다양한 변수나 메서드를 호출할 수 있습니다. 바로 다음 예제를 살펴봅시다.

```java
public class ExceptionEx3 {
    public static void main(String[] args) {
        try {
            System.out.println(100 / 0);
        } catch (ArithmeticException e) {
            System.out.println("예외가 발생했습니다.");
            e.printStackTrace();
        }
    }
}
```

ExceptionEx3.java

실행 결과
```
예외가 발생했습니다.
java.lang.ArithmeticException: / by zero
        at ExceptionEx3.main(ExceptionEx3.java:4)
```

이 코드에서 주목할 점은 바로 e.printStackTrace();입니다. 앞서 선언한 변수 e로 printStack Trace() 메서드를 호출하고 있습니다. 여기서 printStackTrace()는 상세한 예외 내용을 출력해 주는 내장 메서드입니다.

변수 e를 사용하는 방법을 설명하기 위해 printStackTrace() 메서드를 사용했습니다. 하지만 보안 문제가 있기 때문에 개발 단계에서만 사용하고 운영 단계에서는 표시되지 않도록 처리할 것을 권장합니다.

예외 발생 여부와 상관 없이 코드 실행하기

예외가 발생하든 발생하지 않든 간에 반드시 실행되어야 하는 코드가 있을 수도 있습니다. 연 파일을 닫거나, DB의 접속을 종료하는 코드 등을 예로 들 수 있습니다. 그럴 때는 다음과 같이 catch 뒤에 finally를 추가한 후 중괄호 블록에 해당 코드를 입력해 주면 됩니다.

```java
try {
    예외가_발생할_가능성이_있는_코드
} catch (타입 변수_이름) { // 발생 가능성이 있는 예외를 변수로 선언
    예외가_발생했을_때_실행할_코드
} finally {
    예외_발생_여부를_떠나_무조건_실행할_코드
}
```

바로 예제를 통해 **try-catch-finally문**의 사용 방법을 익히겠습니다. 다음은 앞서 살펴본 ExceptionEx2 클래스에 finally를 추가한 예제입니다.


```java
public class TryCatchFinally {
    public static void main(String[] args) {
        try {
            System.out.println(100 / 0);
        } catch (ArithmeticException e) {
            System.out.println("예외가 발생했습니다.");
        } finally {
            System.out.println("finally가 실행되었습니다.");
        }
    }
}
```

실행 결과

```
예외가 발생했습니다.
finally가 실행되었습니다.
```

100을 0으로 나누었으므로 예외가 발생했지만 **finally**는 반드시 실행됩니다. 따라서 catch 중괄호 블록에 있는 "예외가 발생했습니다."와 함께 finally 중괄호 블록에 있는 "finally가 실행되었습니다."라는 메시지도 출력되었습니다.

try 중괄호 블록의 System.out.println(100 / 0);을 **System.out.println(100 / 0);**으로 변경해서 실행해 봅시다. 그러면 예외가 발생하지 않은 상황에서도 다음과 같이 finally 중괄호 블록이 실행된다는 사실을 확인할 수 있습니다.

```
10
finally가 실행되었습니다.
```

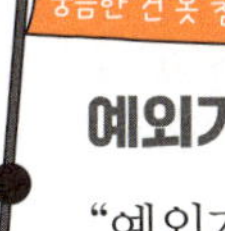

예외가 발생하면 프로그램이 종료되어 연결이 끊기지 않나요?

"예외가 발생하면 프로그램이 종료되어서 어차피 연결이 끊기지 않나요?"라고 생각할 수도 있지만 자바는 주로 서버 프로그램을 만들 때 사용하고 여러 명이 사용한다면 파일을 닫지 않거나 DB 접속을 종료하지 않았을 때 다른 사용자가 사용하지 못하는 경우가 생길 수 있습니다. 그래서 파일을 열었으면 닫아 주어야 하고 DB에 연결했으면 끊어 주어야 합니다.

throws를 이용한 예외 처리하기

try-catch문을 사용하면 해당 메서드 안에 있는 코드 한 줄 또는 일정 부분에 대한 예외 처리를 할 수 있습니다. 메서드 단위로 예외 처리를 할 수 있는 방법은 없을까요? 그럴 때는 다음과 같이 메서드를 선언할 때 throws 키워드를 이용해 발생할 수 있는 예외를 추가해 주면 됩니다.

throws 키워드는 의미 그대로 예외가 발생하면 이 메서드를 호출한 쪽으로 던지겠다는 뜻입니다. 따라서 이 메서드를 호출하는 쪽에서 예외 처리를 해 주어야 합니다.

```
접근_제어자 리턴_타입 메서드_이름() throws 예외_타입1, 예외_타입2 ... {
    예외가_발생할_수_있는_코드
}
```

다음은 throws 키워드를 이용해 메서드 단위로 예외 처리한 예제입니다.

```java
public class ThrowsEx {                                          ThrowsEx.java
    public int quote(int divisor) throws ArithmeticException {←─ ❶
        return 100 / divisor;
    }
    public void run() {
        try {
            quote(0);
        } catch (ArithmeticException e) {                       ←─ ❷
            System.out.println("잘못된 연산입니다.");
        }
    }
    public static void main(String[] args) {
        ThrowsEx te = new ThrowsEx();
        te.run();
    }
}
```

실행 결과

```
잘못된 연산입니다.
```

❶ quote() 메서드는 100을 매개변수로 받은 값으로 나누는 메서드입니다. 매개변수로 0이 입력
된다면 quote( ) 메서드에서 예외가 발생하므로 throws 키워드를 이용해 발생할 수 있는 예외인
ArithmeticException을 추가했습니다. 이제 예외가 발생하면 호출한 메서드로 예외를 넘깁니다.

```java
public int quote(int divisor) throws ArithmeticException {
```

❷ run()에서 quote()를 호출하고 있으므로 run( )에서 try catch문으로 ArithmeticException에
대한 처리를 해 주었습니다. 인수로 0을 넘겨 quote( )를 호출했으므로 예외가 발생하여 catch 중
괄호 블록의 코드가 실행됩니다. 그 결과로 "잘못된 연산입니다."가 출력되었습니다.

```java
try {
    quote(0);
} catch (ArithmeticException e) {
    System.out.println("잘못된 연산입니다.");
}
```

예외 처리 활용하기

앞에서 살펴봤던 숫자 100을 입력한 값으로 나눈 '몫'을 출력하는 애플리케이션에 예외 처리를 적
용해서 예외가 발생해도 프로그램이 종료되지 않도록 하겠습니다.

ExceptionDoWhile.java

```java
import java.util.Scanner;

public class ExceptionDoWhile {
    public static void main(String[] args) {
        int input;
        do {
            System.out.print("100을 나누어 몫을 구할 숫자를 입력해 주세요: ");
            input = new Scanner(System.in).nextInt();
            System.out.printf("%d로 나눈 몫은 %d입니다.\n", input, 100 / input);
        } while(input != 9);
    }
}
```

예외 처리를 적용하기 전에 메인 메서드에서 실행하던 코드를 메서드로 분리하겠습니다. 메인 메서드에 주요 기능을 넣으면 객체 지향에서의 캡슐화가 깨지기 때문입니다. 다음은 메인 메서드에 있는 코드를 run() 메서드를 만들어 옮긴 예제입니다. 메인 메서드에는 실행만을 위한 코드를 추가했습니다.

```java
import java.util.Scanner;


public class ExceptionDoWhileRefact {
    public void run() {
        int input;
        do {
            System.out.print("100을 나누어 몫을 구할 숫자를 입력해 주세요: ");
            input = new Scanner(System.in).nextInt();
            System.out.printf("%d로 나눈 몫은 %d입니다.\n", input, 100 / input);
        } while (input != 9);
    }
    public static void main(String[] args) {
        ExceptionDoWhileRefact exceptionDoWhileRefact = new ExceptionDoWhileRefact();
        exceptionDoWhileRefact.run();
    }
}
```
ExceptionDoWhileRefact.java

이제 try catch문을 이용해 예외 처리해 보겠습니다. 다음은 100 / input이 들어있는 부분을 try-catch문을 이용해 예외 처리한 예제입니다.

```java
import java.util.Scanner;

public class ExceptionDoWhileRefact {
    public void run() {
        int input;
        do {
            System.out.print("100을 나누어 몫을 구할 숫자를 입력해 주세요: ");
            input = new Scanner(System.in).nextInt();
            try {
                System.out.printf("%d(으)로 나눈 몫은 %d입니다.\n", input, 100 /
                        input);
```
ExceptionDoWhileRefact.java

```java
            } catch (ArithmeticException e) {
                System.out.printf("%d로 나누는 것은 안됩니다. 다른 숫자를 입력해
                    주세요.\n", input);
            }
        } while (input != 9);
    }
    public static void main(String[] args) {
        ExceptionDoWhileRefact exceptionDoWhileRefact = new ExceptionDoWhileRefact();
        exceptionDoWhileRefact.run();
    }
}
```


실행한 후 10을 입력하면 100을 10으로 나눈 몫인 10이 정상적으로 출력되는 것을 확인할 수 있습니다. 여기까지는 이전 코드와 똑같습니다.

이번에는 0을 입력해 봅시다. 이전 코드에서는 ArithmeticException이 발생하면서 애플리케이션이 멈추었습니다. 하지만 이번에는 try-catch문을 이용해 예외 처리를 했으므로 프로그램이 멈추는 대신 catch 중괄호 블록에 작성된 메시지가 출력됩니다. 즉 애플리케이션이 계속 실행됩니다.

```java
catch (ArithmeticException e) {
    System.out.printf("%d로 나누는 것은 안됩니다. 다른 숫자를 입력해 주세요.\n",
            input);
}
```

자바에서는 특정 상황에 예외가 발생하도록 처리된 곳이 많습니다. 하지만 우리는 자바에서 제공하는 기능뿐 아니라 우리가 만든 코드에서 직접 예외를 발생시켜야 할 때도 있습니다.

과금 요소가 많거나 잔인한 게임의 경우 미성년자는 못하게 해야 하는데, 18세 미만의 미성년자가 회원가입을 시도할 수 있습니다. 이때 18세 미만이면 예외를 발생시켜서 회원가입이 진행되지 않도록 해야 합니다. 이 시나리오로 예외를 발생시키는 코드를 만들어 보겠습니다. 다음은 회원가입을 할 때 사용하는 Customer 클래스입니다. 이름(name), 나이(age) 두 가지 멤버 변수만 있습니다.

```java
public class Customer {                                    Customer.java
    private String name;
    private int age;

    public Customer(String name, int age) {
        this.name = name;
        this.age = age;
    }

    public int getAge() {
        return age;
    }
}
```

다음은 회원가입 요청이 들어왔을 때 나이가 18세 미만이라면 IllegalArgumentException을 발생시키는 코드입니다. 잘못된 인자를 넘겼을 때 발생하는 예외입니다.

```java
public class CustomerException {                           CustomerException.java
    public static void main(String[] args) {
        Customer customer = new Customer("김경록", 16);
        if (customer.getAge() < 18) {
            throw new IllegalArgumentException("18세 미만입니다.");
        }
    }
}
```

실행 결과

```
Exception in thread "main" java.lang.IllegalArgumentException: 18세 미만입니다.
        at org.book.chapter13.CustomerException.main(CustomerException.java:7)
```

new 키워드를 이용해 IllegalArgumentException을 직접 발생시킬 수 있습니다. new IllegalArgumentException()과 같이 자바에 내장된 예외 메서드를 인스턴스화하면 프로그램이 종료됩니다. 이때 IllegalArgumentException의 소괄호 블록 안에 내용을 작성하면 해당 내용이 원인으로 출력됩니다. 실제로 16세인 사용자를 인스턴스화했으므로 IllegalArgumentException 이 발생하고 실행 결과의 : 이후에 "18세 미만입니다." 라고 출력되는 것을 확인할 수 있습니다.

```java
throw new IllegalArgumentException("18세 미만입니다.");
```

new IllegalArgumentException()뿐 아니라 대부분의 예외 메서드는 생성자를 통해 이 예외가 왜 발생했는지 설명할 수 있게 String을 받도록 되어 있습니다. 따라서 예외를 발생시킬 때 출력할 설명을 추가해서 디버깅하는 데 도움이 되도록 작성하는 것이 좋습니다.

예외와 에러의 차이점

예외exception는 '미리 손을 쓸 수 있는 문제'를, 에러error는 '미리 손을 쓸 수 없는 문제'를 의미합니다. 두 가지 경우를 코드로 알아보겠습니다.

다음은 앞서 살펴보았던 예외가 발생하는 코드입니다. 입력한 숫자로 나누어 주는 코드입니다. 하지만 숫자 대신 'a'와 같은 문자를 입력했다면 나눌 수 없겠죠? 그래서 숫자가 아닌 문자를 입력하면 '예외'가 발생합니다. 그래서 여기에서는 InputMismatchException이라는 예외가 발생했습니다.

```java
import java.util.Scanner;

public class ExceptionDoWhile2 {
    public void run() {
        int input;
        do {
            System.out.print("숫자를 입력해 주세요:");
            input = new Scanner(System.in).nextInt();
            System.out.printf("%d(으)로 나눈 몫은 %d입니다.\n", input, 100 /
                              input);
        } while (input != 9);
    }
    public static void main(String[] args) {
        ExceptionDoWhile2 exceptionDoWhile = new ExceptionDoWhile2();
        exceptionDoWhile.run();
    }
}
```

실행 결과

```
숫자를 입력해 주세요:a
Exception in thread "main" java.util.InputMismatchException
        at java.base/java.util.Scanner.throwFor(Scanner.java:939)
        at java.base/java.util.Scanner.next(Scanner.java:1594)
        at java.base/java.util.Scanner.nextInt(Scanner.java:2258)
        at java.base/java.util.Scanner.nextInt(Scanner.java:2212)
        at org.book.chapter13.ExceptionDoWhile2.run(ExceptionDoWhile2.java:10)
        at org.book.chapter13.ExceptionDoWhile2.main(ExceptionDoWhile2.java:16)
```

이 코드를 개발하는 시점에서는 '예외'가 발생할 수 있다는 점을 개발자가 충분히 예측할 수 있습니다. '입력'을 받을 때 "숫자를 입력해 주세요:"라고 안내를 하지만 실제 사용자가 입력할 때는 오타를 낼 수도 있고, 사용자가 일부러 숫자 대신 문자를 입력할 수도 있습니다. 그래서 개발자는 try {} catch {}를 이용한 **예외 처리**를 통해 이 상황을 대비할 수 있습니다.

하지만 **에러**는 대비할 수 없습니다. 따라서 만약 에러가 발생하면 프로그램을 재설계해야 합니다.

다음은 OutOfMemoryError를 발생시키는 예시로 '스택'이라는 저장 공간을 선언한 후 2,147,483,647개의 100을 넣고 있습니다.

```java
import java.util.Stack;

public class StackOverFlow {
    public static void main(String[] args) {
        Stack st = new Stack();
        for (int i = 0; i < Integer.MAX_VALUE; i++) {
            st.push(100);
        }
    }
}
```

StackOverFlow.Java

```
Exception in thread "main" java.lang.OutOfMemoryError: Java heap space
    at java.base/java.util.Arrays.copyOf(Arrays.java:3512)
    at java.base/java.util.Arrays.copyOf(Arrays.java:3481)
    at java.base/java.util.Vector.grow(Vector.java:262)
    at java.base/java.util.Vector.grow(Vector.java:266)
    at java.base/java.util.Vector.add(Vector.java:782)
    at java.base/java.util.Vector.addElement(Vector.java:617)
    at java.base/java.util.Stack.push(Stack.java:66)
    at org.book.chapter13.StackOverFlow.main(StackOverFlow.java:9)
```

이 코드는 메모리 크기에 따라 에러가 날 수도 있고 안 날 수도 있습니다. 메모리가 충분히 크다면 에러가 발생하지 않겠지만 충분하지 않다면 발생할 것입니다.

메모리의 크기는 개발자가 어떻게 할 수 없습니다. 내가 만든 코드를 내가 쓴다면 어떻게 할 수도 있겠지만 내가 만든 코드를 다른 사람이 쓴다면 어떤 환경에서 어떻게 사용할지 알 수 없습니다. 그래서 메모리를 아주 많이 사용하는 코드는 되도록이면 만들지 않고 재설계해야 합니다.

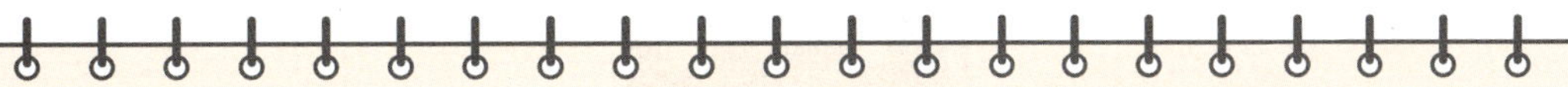

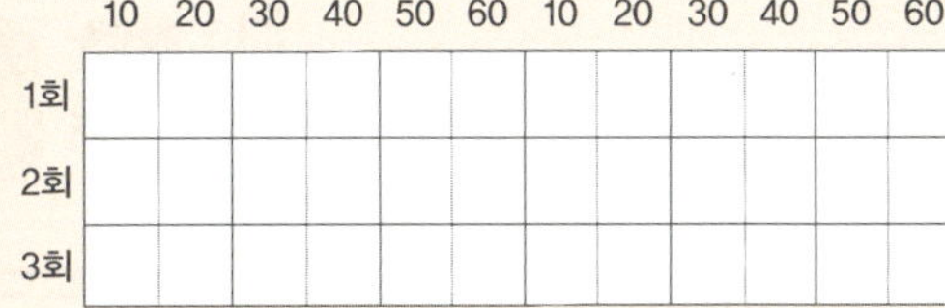

	10	20	30	40	50	60	10	20	30	40	50	60
1회												
2회												
3회												

필수 예제

ExceptionEx.java	try–catch문으로 예외 처리한 클래스
TryCatchFinally.java	try–catch문에 finally문을 추가한 클래스
ThrowsEx.java	throws 키워드로 메서드 단위의 예외 처리를 한 클래스
ExceptionDoWhileRefact.java	예외 처리를 적용해 '입력 값/100'의 몫을 출력하는 클래스

용어 및 개념

☐	예외	잘못된 코드로 발생하는 문제를 뜻하며 예외가 발생하면 프로그램 종료
☐	예외 처리	의도하지 않은 상황에서 예외가 발생해 프로그램이 종료되지 않도록 사전 조치하는 것
☐	try–catch문	예외 처리를 위한 문으로 try 중괄호 블록에는 예외가 발생할 가능성이 있는 코드를, catch 중괄호 블록에는 예외 발생 시 실행할 코드를 작성
☐	try–catch–finally문	try–catch문에 finally가 추가된 문으로 finally 중괄호 블록에 코드를 넣으면 예외가 발생하든 발생하지 않든 해당 코드는 반드시 실행됨

명령어

```
try {
// 예외가 발생할 가능성이 있는 코드를 테스트하는 문
} catch (타입 변수_이름) {
// 예외가 발생했을 시 코드를 실행하는 문
} finally {
// 예외 발생 여부를 떠나 무조건 코드를 실행하는 문
}
접근_제어자 리턴_타입 메서드_이름() throws 예외_타입1, 예외_타입2 ... { ... }
// 메서드 안에 있는 코드 한 줄 또는 일정 부분에 대한 예외 처리를 하는 문
```

람다 표현식 알아보기

필수 예제	용어 및 개념	명령어
StatementNoArgs.java	☐ 람다 표현식	->
StatementWithArg.java	☐ 익명 함수	@FunctionalInterface
StatementWithTwoArgs.java	☐ 함수형 인터페이스	

CHAPTER 10에서 인터페이스를 다룰 때 람다 표현식을 사용한 적이 있습니다. 그때 매번 new를 이용해 인터페이스를 인스턴스화할 때마다 메서드 전체를 구현하면 굉장히 불편한데 이런 불편함을 해결하기 위해 자바에서는 람다 표현식을 지원한다고 했습니다. 그렇다면 람다 표현식이란 정확히 무엇일까요?

람다 표현식lambda expression은 자바 8부터 도입된 함수형 프로그래밍 개념입니다. 람다 표현식은 **익명 함수**를 작성하기 위한 한 줄짜리 표현식입니다.

CHAPTER 07에서 "자바는 모든 것을 클래스 기반으로 작성하기 때문에 함수도 클래스 안에 위치합니다. 그래서 함수와 '메서드'를 구분하여 말하지 않습니다."라고 설명한 적이 있습니다. 그런데 여기서는 익명 함수라는 말이 나왔습니다.

람다 표현식으로 표현되는 익명 함수는 메서드와 같이 동작(기능)을 나타내지만, 메서드와 달리 클래스에 종속되지 않기 때문에 함수라고 불리는 것이죠.

그렇다면 익명은 또 무슨 의미일까요? 익명 클래스를 생각해 보면 쉽게 그 이유를 떠올릴 수 있습니다. **BACK** 605쪽을 참고하세요. 익명 클래스와 마찬가지로 익명 함수 역시 이름 없이 사용할 수 있기 때문에 익명이라는 말이 붙은 것이죠.

정리하면 람다 표현식으로는 메서드와 동일한 기능을 하면서도 클래스에 종속되지 않는 익명 함수를 표현할 수 있습니다. 익명 함수에 관한 설명은 이쯤하고 람다 표현식에 대해 본격적으로 알아보겠습니다.

람다 표현식 선언 방법

람다 표현식의 모양은 인터페이스에 선언한 추상 메서드의 매개변수 개수에 따라 달라집니다. 앞서 인터페이스를 다룰 때 다음과 같이 람다 표현식으로 익명 함수를 선언한 적이 있습니다.

```
(val1, val2) -> val1 > val2
```

이때 타입을 작성하지 않았습니다. 왜냐하면 타입 추론에 의해 변수의 타입을 명시적으로 정해 주지 않아도 컴파일러가 알아서 해당 변수의 타입을 추론하기 때문이었죠. **BACK** 609쪽을 참고하세요. 따라서 타입이 달라진다고 해서 람다 표현식의 모양이 바뀌지는 않습니다.

하지만 val1, val2와 같은 매개변수는 여전히 있습니다. 그러므로 인터페이스에 선언한 추상 메서드의 매개변수 개수가 없는지, 한 개인지, 두 개 이상인지에 따라 모양이 달라집니다. 람다 표현식 선언 방법을 정리하면 다음과 같습니다.

```
(매개변수1, 매개변수2...) -> 식
        ❶            ❷ ❸
```

❶ ()은 매개변수를 표현하는 부분입니다. 매개변수가 여러 개인 경우 쉼표(,)로 구분합니다. 소괄호 블록 안을 비워 두면 매개변수가 없다는 것을 의미합니다.

❷ **–>**는 화살표 연산자이며 리턴을 의미합니다. 매개변수와 함수 구현을 분리하는 역할도 합니다.

❸ **식**은 10 + 10과 같은 함수의 실질적인 기능을 담당하는 부분입니다.

이제 본격적으로 매개변수의 개수에 따른 람다 표현식 사용 방법을 알아보겠습니다.

매개변수가 없는 인터페이스 구현하기

다음은 매개변수가 없는 calculate() 추상 메서드 한 개를 포함하고 있는 인터페이스입니다. 람다 표현식은 추상 메서드가 한 개만 있는 **함수형 인터페이스**에서만 쓸 수 있습니다. 함수형 인터페이스에 관한 내용은 잠시 후에 다루겠습니다.

```java
public interface StatementNoArgs {
    int calculate();
}
```

StatementNoArgs.java

추상 메서드에 매개변수가 없는 경우 인터페이스의 구현체를 람다 표현식으로 구현할 때 다음과 같이 작성합니다. 매개변수가 없으며 10 + 10을 연산한 결과를 리턴한다는 의미입니다.

```java
() -> 10 + 10
```

이 람다 표현식은 다음과 같은 인터페이스의 구현체와 동일한 역할을 합니다.

```java
int calculate() {
    return 10 + 10;
}
```

이제 이 람다식을 코드에 적용해 보겠습니다. 다음은 StatementNoArg 인터페이스를 람다 표현식으로 구현한 예제입니다. () –> 10 + 10과 같이 한 줄의 식으로 인터페이스의 구현체를 표현할 수 있다는 사실을 확인할 수 있습니다.

```java
public class StatementNoArgsTest {
    public static void main(String[] args) {
        StatementNoArgs statementNoArgs1 = () -> 10 + 10;
        System.out.println(statementNoArgs1.calculate());
    }
}
```


실행 결과

```
20
```

() -> 10 + 10은 인터페이스의 구현체이므로 인스턴스화해 주어야 합니다. 인스턴스화한 후 실행해 보면 20이 잘 출력되는 것을 확인할 수 있습니다.

매개변수가 없는 람다 표현식은 호출할 때마다 같은 값을 출력하므로 식으로써 별 의미가 없어 보입니다. 하지만 그렇지 않습니다. 람다 표현식을 메서드 내의 또 다른 변수와 조합해서 사용할 수 있기 때문이죠.

다음은 메서드의 지역 변수에 10을 더하는 람다 표현식을 구현한 예제입니다.

```java
public class StatementNoArgsTest2 {
    public static void main(String[] args) {
        int val = 20;
        StatementNoArgs statementNoArgs1 = () -> val + 10;
        System.out.println(statementNoArgs1.calculate());
    }
}
```


실행 결과

```
30
```

val은 20의 값을 가지고 있으므로 val + 10이 연산되어 30이 출력되었습니다.

람다 표현식을 한 줄로만 사용해야 하는 것은 아닙니다. 다음과 같이 람다 표현식을 여러 줄에 걸쳐 사용할 수 있습니다. 방법은 간단합니다. **화살표 연산자 ->** 뒤의 중괄호 블록에 코드를 작성하면 됩니다. 이때 각 명령마다 세미콜론(;)을 붙여야 하고 return을 통해 값을 반환해 주어야 합니다. 메서드와 비슷하죠.

```
(매개변수1, 매개변수2 ...) -> {
    식1;
    식2;
    ...
    return 식n;
}
```

바로 예제를 살펴보겠습니다. 다음은 앞서 메인 메서드에 선언했던 int 타입의 val을 람다 표현식 내부에서 선언한 예제입니다.

```
public class StatementNoArgsTest3 {
    public static void main(String[] args) {
        StatementNoArgs statementNoArgs1 = () -> {
            int val = 20;
            return val + 10;
        };
        System.out.println(statementNoArgs1.calculate());
    }
}
```
StatementNoArgsTest3.java

실행 결과

```
30
```

이처럼 람다 표현식 역시 메서드와 같이 내부에 지역 변수를 선언할 수 있습니다.

매개변수가 한 개인 인터페이스 구현하기

이번에는 매개변수가 한 개인 인터페이스를 람다 표현식으로 구현해 보겠습니다. 먼저 인터페이스를 선언합니다. int 타입의 값을 하나 받고 리턴 타입으로 int를 리턴하는 인터페이스입니다.

```
public interface StatementWithArg {
    int calculate(int val);
}
```
StatementWithArg.java

매개변수가 한 개인 인터페이스를 구현하는 람다 표현식을 다음과 같이 작성할 수 있습니다. 소괄호 안에 매개변수를 하나만 추가하면 됩니다. val + 10은 매개변수로 받은 val에 + 10을 하라는 뜻입니다.

```
(val) -> val + 10
```

이 람다 표현식을 메서드로 표현하면 다음과 같습니다.

```
int calculate(int val) {
    return val + 10;
}
```

매개변수 이름을 꼭 인터페이스와 똑같이 써야 하는 것은 아닙니다. 람다 표현식을 쓸 때는 다음과 같이 매개변수 이름을 원하는 대로 바꿔서 써도 됩니다.

```
(x) -> x + 10
(a) -> a + 20
```

다만 매개변수로 선언한 것을 구현체에도 똑같이 사용해야 합니다. 다음과 같이 매개변수는 a로 선언하고 구현에서는 b로 사용하면 당연히 안 됩니다.

```
(a) -> b + 20 // 잘못된 매개변수 사용
```

매개변수가 한 개 뿐이라면 소괄호 블록을 생략해서 더 간결하게 표현할 수 있습니다.

```
x -> x + 10
a -> a + 20
val -> val + 100
```

이제 앞서 작성한 (val) -> val + 10을 코드에 적용해 보겠습니다. 소괄호를 생략하고 선언해 보겠습니다. 다음 코드는 매개변수가 한 개인 StatementWithArg 인터페이스를 val -> val + 10으로 구현한 예제입니다.

```java
public class StatementWithArgTest {
    public static void main(String[] args) {
        StatementWithArg statement = val -> val + 10;
        System.out.println(statement.calculate(30));
    }
}
```

StatementWithArgTest.java

실행 결과

```
40
```

매개변수로 입력받은 값에 10을 더하는 기능이 한 줄로 간결하게 표현되었습니다. x에 30을 넘겼으므로 실행 결과로 40이 출력되었습니다.

매개변수가 두 개인 인터페이스 구현하기

다음과 같이 인터페이스의 메서드에 매개변수가 두 개 이상인 경우 람다 표현식을 선언하는 방법은 특별한 것이 없습니다.

```java
public interface StatementWithTwoArgs {
    int calculate(int val1, int val2);
}
```

StatementWithTwoArgs.java

소괄호 안에 매개변수를 추가한 후 쉼표로 구분한 뒤 사용해 주면 끝이죠. 바로 예제를 살펴보겠습니다. 다음은 매개변수가 두 개인 람다 표현식을 이용해 각각 x + y 연산, 2x + 3y 연산을 하는 코드입니다.

```java
public class StatementWithTwoArgsTest {
    public static void main(String[] args) {
        StatementWithTwoArgs stmt1 = (x, y) -> x + y;
        StatementWithTwoArgs stmt2 = (x, y) -> 2 * x + 3 * y;
        System.out.println(stmt1.calculate(10, 20));
        System.out.println(stmt2.calculate(5, 6));
    }
}
```


다만 여기서 주의할 점은 메서드의 매개변수와 마찬가지로, 람다 표현식에서 매개변수를 두 개 썼다면 그 매개변수를 -〉 이후의 식에서 모두 사용해 주어야 합니다. 다음과 같이 사용하면 예외가 발생합니다.

```java
(x, y) -> x + 10; // 잘못된 람다 표현식
```

람다 표현식의 제약사항

람다 표현식을 이용하면 인터페이스의 구현체를 짧은 표현식으로 구현할 수 있습니다. 하지만 람다 표현식으로 인터페이스 구현체를 완전히 대체할 수는 없습니다. 왜냐하면 앞서 잠깐 언급한 것처럼 함수형 인터페이스인 경우에만 람다 표현식을 사용할 수 있기 때문입니다.

함수형 인터페이스functional interface는 람다 표현식과 함께 사용하기 위해 자바에서 도입한 인터페이스입니다. 함수형 인터페이스는 딱 한 개의 추상 메서드만을 가지고 있으며, 람다 표현식이 이 추상 메서드를 구현하는 익명 함수를 생성할 수 있도록 합니다. 익명 함수를 생성하는 람다 표현식에 사용되는 인터페이스이므로 함수형이라는 이름이 붙은 거죠.

앞서 만들었던 인터페이스는 다음과 같이 모두 추상 메서드를 한 개만 가지고 있습니다. 인터페이스에 추상 메서드가 한 개만 있다면 함수형 인터페이스인 것이죠.

```java
public interface StatementNoArgs {
    int calculate();
}


public interface StatementWithArg {
    int calculate(int val);
}


public interface StatementWithTwoArgs {
    int calculate(int val1, int val2);
}
```

다음과 같이 함수형 인터페이스로 사용하기로 한 인터페이스에는 @FunctionalInterface 어노테이션을 붙여 줄 수 있습니다. 반드시 붙여 주지 않아도 실행은 됩니다. 하지만 가급적 붙이는 것을 권장합니다. @FunctionalInterface 어노테이션을 붙이면 이 인터페이스가 함수형이라는 사실을 한 눈에 알아볼 수 있고 이 인터페이스에 추상 메서드를 추가하여 '함수형 인터페이스'가 아니게 바꾸는 실수를 막을 수 있습니다.

```java
@FunctionalInterface
public interface StatementNoArgs {
    int calculate();
}
```

함수형 인터페이스인 경우에만 람다 표현식을 사용할 수 있고 함수형 인터페이스는 추상 메서드를 한 개만 가집니다. 즉 람다 표현식을 인터페이스로 구현하려면 해당 인터페이스에 추상 메서드가 한 개만 있어야 한다는 것이죠.

실제로 그런지 확인해 보겠습니다. 다음은 추상 메서드가 두 개 존재하는 인터페이스입니다. 이 인터페이스는 '함수형 인터페이스'가 아닙니다. 고로 람다 표현식을 이용해 구현할 수 없습니다.

```java
public interface TwoAbstractMethods {
    int calculate(int val1, int val2);
    boolean check(int val);
}
```


이 인터페이스에 존재하는 두 개의 추상 메서드 중 check( ) 메서드를 람다 표현식으로 구현하려고 하면 인텔리제이에서 빨간줄을 그어 주며 문제가 있음을 알려 줍니다. 이를 무시하고 실행하면 다음과 같은 에러가 발생합니다.

```java
public class TwoAbstractMethodsTest {
    public static void main(String[] args) {
        TwoAbstractMethods twoAbstractMethods = (val) -> true;
    }
}
```



```
java: incompatible types: org.book.chapter13.TwoAbstractMethods is not a
functional interface
    multiple non-overriding abstract methods found in interface
org.book.chapter13.TwoAbstractMethods
```

TwoAbstractMethods is not a functional interface, 즉 함수형 인터페이스가 아니라서 람다 표현식을 사용할 수 없다는 에러죠.

지금까지 람다 표현식에 관해 알아보았습니다. 람다 표현식을 사용하면 의존성 주입을 더욱 간편하게 할 수 있습니다. 의존성 주입Dependency Injection, DI은 다형성의 핵심입니다. 의존성 주입 기법을 사용하면 바뀌는 부분을 클래스 외부로 분리한 후 클래스를 직접 바꾸지 않고 외부에서 변경하므로 변경에 따른 리스크를 줄일 뿐 아니라 확장에도 열려 있도록 할 수 있습니다.

⟳ DAY 54의 〈의존성 주입 활용하기〉를 다시 살펴보세요.

_____ 월 _____ 일 걸린 시간: _____ 시간 _____ 분

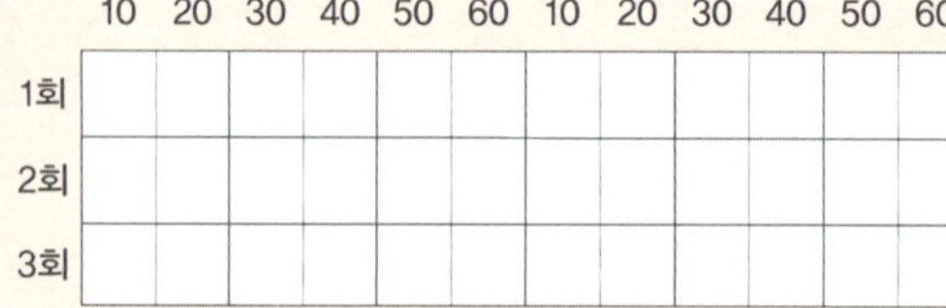

	10	20	30	40	50	60	10	20	30	40	50	60
1회												
2회												
3회												

필수 예제

StatementNoArgs.java	매개변수가 없는 추상 메서드 한 개를 포함하는 인터페이스
StatementWithArg.java	매개변수가 한 개인 추상 메서드를 포함하는 인터페이스
StatementWithTwoArgs.java	매개변수가 두 개 이상인 추상 메서드를 포함하는 인터페이스

용어 및 개념

☐	람다 표현식	익명 클래스로 인터페이스를 구현할 때 접근 제어자, 리턴 타입, 메서드 이름, 매개변수 이름 등이 모두 표시되는데 이를 간결하게 표기하기 위해 자바 8에 도입된 표현식
☐	익명 함수	– 메서드와 같이 동작(기능)을 나타내지만, 메서드와 달리 클래스에 종속되지 않는 함수 – 익명 클래스와 마찬가지로 이름 없이 사용할 수 있어서 익명이라고 지칭
☐	함수형 인터페이스	– 람다 표현식과 함께 사용하기 위해 자바에서 도입한 인터페이스로 딱 한 개의 추상 메서드만을 가짐 – 람다 표현식이 이 추상 메서드를 구현하는 익명 함수를 생성할 수 있도록 함

명령어

```
(매개변수1, 매개변수2 ...) -> 식
// 화살표 연산자이며 리턴을 의미. 매개변수와 함수 구현을 분리하는 역할도 함
@FunctionalInterface
public interface StatementNoArgs { ... }
// 함수형 인터페이스라는 사실을 나타내는 어노테이션
```